U0925611

中国应急管理年鉴

（2021 年卷）

中华人民共和国应急管理部　编

应急管理出版社

·北　京·

编 写 说 明

2021年是党和国家历史上具有里程碑意义的一年。一年来，面对复杂严峻的国内外形势和诸多风险挑战，全国应急管理系统在以习近平同志为核心的党中央坚强领导下，坚持以习近平新时代中国特色社会主义思想为指导，坚决贯彻落实习近平总书记关于应急管理重要论述和党中央、国务院决策部署，全力以赴防范化解重大安全风险，持续加强安全生产和防灾减灾救灾工作，积极有效应对处置了一系列灾害事故，全国安全生产形势持续稳定，自然灾害防治能力不断提升，有力维护了人民群众生命财产安全，为庆祝中国共产党成立100周年营造了安全稳定环境，实现了“十四五”良好开局。

由应急管理部组织编撰的《中国应急管理年鉴（2021年卷）》(简称《年鉴》) 紧紧围绕部党委中心工作，全面记录了2021年度我国应急管理事业发展概况，客观反映了重要工作进展。主要内容以全国应急管理系统各单位报送的工作资料和统计数据为基础，并参阅主流媒体、部委门户网站和《中国应急管理报》等媒体的公开报道，经过系统整理、编辑和加工后成稿，全书共计约55万字。具体说明如下：

一、《年鉴》编写工作坚持权威、全面、系统、准确的原则，力求做到宗旨明确、重点突出、系统完整、层次清晰、客观记载、行文规范，使之真正起到记载过往、鉴启未来、资政育人的作用。

二、《年鉴》主要内容共十一篇，包括党中央、国务院重大部署，应急管理综述，安全生产和消防安全，防灾减灾救灾，应急救援，基础保障与能力建设，党的建设，英雄模范，地方应急管理，典型事故案例和附录。

三、《年鉴》中事故案例均引自已结案批复对外公开的事故调查报告。

四、《年鉴》重点收录了应急管理系统2021年度主要工作信息。所涉信息除特殊注明外，时间均为2021年。

五、为方便读者阅读和使用，并克服纸质版容量有限等问题，文中配置了一些照片和图、表，加载了媒体报道内容的二维码等。

六、《年鉴》编写工作由应急管理部办公厅牵头，会同应急管理部信息研究院及应急管理出版社共同完成，并得到了应急管理部机关各司局、部属各单位和各省级应急管理部门、单位的大力支持。

《中国应急管理年鉴》编写组

2022 年 3 月

目　录

第一篇　党中央、国务院重大部署

第二篇　应急管理综述

第三篇　安全生产和消防安全

第四篇　防灾减灾救灾

第五篇　应　急　救　援

第六篇　基础保障和能力建设

第七篇　党　的　建　设

第八篇　英　雄　模　范

第九篇　地方应急管理

第十篇　典型事故案例

第十一篇　附　　录

第一篇

党中央、国务院重大部署

第一章　重　大　决　策

一、中共中央政治局会议强调　要做好民生保障和安全生产

2021年7月30日，中共中央政治局召开会议，分析研究当前经济形势，部署下半年经济工作。中共中央总书记习近平主持会议。会议强调，要绷紧安全生产和公共安全这根弦，抓细抓实各项防汛救灾措施，确保人民群众生命财产安全。

二、中国共产党第十九届中央委员会第六次全体会议强调　统筹发展和安全

2021年11月8日至11日，中国共产党第十九届中央委员会第六次全体会议在北京举行。全会强调，党的十八大以来，在维护国家安全上，国家安全得到全面加强，经受住了来自政治、经济、意识形态、自然界等方面的风险挑战考验，为党和国家兴旺发达、长治久安提供了有力保证。全会强调，全党必须坚持马克思列宁主义、毛泽东思想、邓小平理论、“三个代表”重要思想、科学发展观，全面贯彻习近平新时代中国特色社会主义思想，用马克思主义的立场、观点、方法观察时代、把握时代、引领时代，不断深化对共产党执政规律、社会主义建设规律、人类社会发展规律的认识。必须坚持党的基本理论、基本路线、基本方略，增强“四个意识”，坚定“四个自信”，做到“两个维护”，坚持系统观念，统筹推进“五位一体”总体布局，协调推进“四个全面”战略布局，立足新发展阶段、贯彻新发展理念、构建新发展格局、推动高质量发展，全面深化改革开放，促进共同富裕，推进科技自立自强，发展全过程人民民主，保证人民当家做主，坚持全面依法治国，坚持社会主义核心价值体系，坚持在发展中保障和改善民生，坚持人与自然和谐共生，统筹发展和安全，加快国防和军队现代化，协同推进人民富裕、国家强盛、中国美丽。

三、习近平对湖北十堰市张湾区艳湖社区集贸市场燃气爆炸事故作出重要指示　要求全面排查各类安全隐患　切实保障人民群众生命和财产安全　维护社会大局稳定　为建党百年营造良好氛围

新华社北京6月13日电　6月13日6时40分许，湖北十堰市张湾区艳湖社区集贸市场发生燃气爆炸。截至目前，事故已造成12人死亡、37人重伤，另有部分群众不同程度受伤。事故发生后，党中央、国务院高度重视。中共中央总书记、国家主席、中央军委主席习近平立即作出重要指示，湖北十堰市燃气爆炸事故造成重大人员伤亡，教训深刻！要全力抢救伤员，做好伤亡人员亲属安抚等善后工作，尽快查明原因，严肃追究责任。习近平强调，近期全国多地发生生产安全事故、校园安全事件，各地区和有关部门要举一反三、压实责任，增强政治敏锐性，全面排

查各类安全隐患，防范重大突发事件发生，切实保障人民群众生命和财产安全，维护社会大局稳定，为建党百年营造良好氛围。中共中央政治局常委、国务院总理李克强作出批示，要求全力以赴组织抢险救援和救治受伤人员，尽最大努力减少伤亡，认真查明事故原因，依法依规严肃问责。近期安全事故仍呈多发势头，国务院安委会、应急管理部要督促各地切实加强重点领域安全监管和隐患排查，坚决遏制重特大事故发生。

四、习近平对防汛救灾工作作出重要指示　要求始终把保障人民群众生命财产安全放在第一位　抓细抓实各项防汛救灾措施

新华社北京 7 月 21 日电　中共中央总书记、国家主席、中央军委主席习近平对防汛救灾工作作出重要指示。习近平指出，近日，河南等地持续遭遇强降雨，郑州等城市发生严重内涝，一些河流出现超警水位，个别水库溃坝，部分铁路停运、航班取消，造成重大人员伤亡和财产损失，防汛形势十分严峻。习近平强调，当前已进入防汛关键期，各级领导干部要始终把保障人民群众生命财产安全放在第一位，身先士卒、靠前指挥，迅速组织力量防汛救灾，妥善安置受灾群众，严防次生灾害，最大限度减少人员伤亡和财产损失。解放军和武警部队要积极协助地方开展抢险救灾工作。国家防总、应急管理部、水利部、交通运输部要加强统筹协调，强化灾害隐患巡查排险，加强重要基础设施安全防护，提高降雨、台风、山洪、泥石流等预警预报水平，加大交通疏导力度，抓细抓实各项防汛救灾措施。习近平要求，各地区各有关部门要在做好防汛救灾工作的同时，尽快恢复生产生活秩序，扎实做好受灾群众帮扶救助和卫生防疫工作，防止因灾返贫和“大灾之后有大疫”。

五、习近平会见全国应急管理系统先进模范和消防忠诚卫士表彰大会代表

新华社北京 11 月 6 日电　中共中央总书记、国家主席、中央军委主席习近平 11 月 5 日上午在北京亲切会见全国应急管理系统先进模范和消防忠诚卫士表彰大会代表，向他们表示热烈祝贺，并向全国应急管理系统广大干部和消防救援指战员致以诚挚问候。中共中央政治局常委、中央书记处书记王沪宁，中共中央政治局常委、国务院副总理韩正参加会见。上午 11 时 15 分，习近平等来到人民大会堂金色大厅，全场响起热烈掌声。习近平等走到代表们中间，同大家亲切交流并合影留念。

第二章　重要会议活动

一、李克强对全国安全生产电视电话会议作出重要批示强调　进一步压实各环节安全生产责任　增强应急响应和救援能力　坚决防范遏制重特大事故

2021 年 1 月 23 日，国务院召开全国安全生产电视电话会议。中共中央政治局常委、国务院总理李克强作出重要批示。批示指出：安全生产事关重大，须臾不可放松。2020 年，经过各方共同努力，全国安全生产形势保持总体稳定。同时不稳定不确定因素仍然较多，安全生产工作任务十分繁重。各地区、各有关部门和各单位要坚持以习近平新时代中国特色社会主义思想为指导，认真贯彻党中央、国务院决策部署，坚持人民至上、生命至上，落实统筹发展与安全的要求，进一步压实各环节安全生产责任，持续抓好安全生产基础建设；提高精准执法和服务水平，强化源头治理，聚焦重点行业领域和薄弱环节，深入开展安全生产专项整治三年行动集中攻坚，有效化解风险隐患；创新安全监管方式，建立企业安全风险分级管控和主动报告等制度，提高监管效能，增强应急响应和救援能力，坚决防范遏制重特大事故，为维护人民群众生命财产安全、保障经济社会发展、实现“十四五”良好开局作出新贡献！

二、李克强在政府工作报告中提出　切实增进民生福祉　不断提高社会建设水平

2021 年 3 月 5 日，国务院总理李克强代表国务院向十三届全国人大四次会议作政府工作报告。李克强在政府工作报告中提出，切实增进民生福祉，不断提高社会建设水平。加强应急救援力量建设，提高防灾减灾抗灾救灾能力，切实做好洪涝干旱、森林草原火灾、地质灾害、地震等防御和气象服务。完善和落实安全生产责任制，深入开展安全生产专项整治三年行动，坚决遏制重特大事故发生。

三、李克强对森林草原防灭火工作作出重要批示强调　从源头防范化解火灾风险　加快补齐防灭火基础设施短板　保障人民群众生命财产安全和生态安全

新华社北京 3 月 18 日电　中共中央政治局常委、国务院总理李克强日前对森林草原防灭火工作作出重要批示。批示指出：森林草原防灭火工作是关系安全与发展的大事。当前，我国大部分地区已进入森林草原春季防火期。各地区各有关部门要坚持以习近平新时代中国特色社会主义思想为指导，认真贯彻党中央、国务院决策部署，坚持人民至上、生命至上，坚持预防为主、防救结合、高效扑救、安全第一方针，抓实抓细森林草原火灾防控工作。进一步压紧压实各级各环节责任，有效发挥应急管理部门综合优势和林草等部

门专业优势，形成工作合力。加强宣传教育、监测预警、火源管控、隐患排查等基础工作，从源头防范化解火灾风险。加快补齐防灭火基础设施短板，加强预案体系、专业队伍等建设，做好应急处置各项准备，提高迅速响应、高效扑救能力，坚决遏制重特大森林草原火灾发生，保障人民群众生命财产安全和生态安全。

四、李克强对防汛抗旱工作作出重要批示强调 深入开展风险隐患排查整改 全力保障人民群众生命财产安全

新华社北京 4 月 15 日电　中共中央政治局常委、国务院总理李克强日前对防汛抗旱工作作出重要批示。批示指出：防汛抗旱事关经济社会发展和安全稳定大局。各地区各部门要坚持以习近平新时代中国特色社会主义思想为指导，认真贯彻落实党中央、国务院决策部署，坚持人民至上、生命至上，按照更好统筹发展和安全的要求，坚持以防为主、防抗救相结合，未雨绸缪，立足防大汛、抗大旱、抢大险、救大灾，深入开展风险隐患排查整改，细化完善应急预案，进一步健全监测预警、工程调度、抢险救援、救灾救助等防救协同机制，加强应急抢险救援队伍和装备物资保障，加快补齐防汛抗旱应急能力短板。地方各级政府要严格落实主体责任，国家防总要发挥好牵头抓总作用、加强统筹协调，相关部门各尽其责、发挥专业优势，各方面形成合力，有效防范重大水旱、台风等灾害，全力保障人民群众生命财产安全。

五、李克强对防灾减灾救灾、防震减灾和自然灾害综合风险普查工作作出重要批示强调　夯实全社会防灾减灾基础　最大程度减轻自然灾害风险和损失

2021 年 6 月 22 日，第一次全国自然灾害综合风险普查工作电视电话会议在京召开。中共中央政治局常委、国务院总理李克强对防灾减灾救灾、防震减灾和自然灾害综合风险普查工作作出重要批示。批示指出：我国自然灾害多发频发，提高防灾减灾救灾能力至关重要，开展全国自然灾害综合风险普查是重要的基础性工程。各地区各有关部门要坚持以习近平新时代中国特色社会主义思想为指导，认真贯彻落实党中央、国务院决策部署，坚持人民至上、生命至上，进一步强化责任落实，完善防灾减灾救灾预案体系和各项准备，增强抢险救援能力，提升公众防灾意识，最大程度减轻自然灾害风险和损失。要扎实做好第一次全国自然灾害综合风险普查，全面摸清风险底数，深入分析和用好普查资料，进一步完善综合减灾区划，夯实全社会防灾减灾基础，为有效防范化解重大灾害风险提供科学决策依据，切实保障人民群众生命财产安全和经济社会持续健康发展。国务委员、国家减灾委主任王勇出席会议并讲话。

六、李克强主持召开国务院常务会议　部署抓紧抓实防汛救灾工作　确保人民生命财产安全

2021 年 7 月 21 日，国务院总理李克强主持召开国务院常务会议，部署抓紧抓实防汛救灾工作，确保人民生命财产安全。会议指出，近日我国多地强降雨，昨日河南局地又遭遇极端强降雨，发生严重洪涝

灾害特别是罕见的城市内涝，造成重大人员伤亡和财产损失。当前我国正处“七下八上”主汛期和防汛关键期，据气象预报，近期部分地方仍有强降雨。要贯彻党中央、国务院部署，把保障人民生命财产安全放在第一位，强化责任制，落实各环节责任。一是组织相关专业力量，调集资金和物资，支持帮助河南全力抢险救灾，做好遇险人员搜救、伤员救治、受灾群众转移安置、遇难者善后等工作。二是加大对重点地区防汛抗灾的支持，增派人力，备足物料，加强对大江大河、小型病险水库等水利工程堤防严密巡查和除险。做好交通设施应急预案。防范城市内涝和泥石流等次生灾害。三是加强气象监测预警，做足防范异常天气可能导致灾害的各项准备，该避险的避险、该撤离的撤离，防患于未然，最大限度保障群众安全、减少灾害损失，确保安全度汛。

七、李克强在国家防汛抗旱总指挥部主持召开抗洪抢险救灾和防汛工作视频会议强调　把保障人民群众生命财产安全放在第一位　强化责任完善措施全力做好防汛救灾工作

2021年7月26日上午，中共中央政治局常委、国务院总理李克强在国家防汛抗旱总指挥部主持召开视频会议，研究做好当前和下一步抗洪抢险救灾和防汛工作。李克强说，近期我国局地极端强降雨，造成重大人员伤亡和财产损失，令人痛心。受灾地区和有关方面全力抢险救灾，做了大量工作。要继续贯彻习近平总书记对防汛救灾工作的重要指示精神，落实党中央、国务院部署，毫不放松抓好下一步工作。当前正值“七下八上”防汛最关键阶段，据预报北方部分地区还可能有极端强降雨，台风会对沿海地区带来较大影响，防汛形势十分严峻，要全方位采取措施，防患于未然，把损失降至最低。李克强指出，要始终把保障人民群众生命财产安全放在第一位，全力以赴做好防汛救灾工作。人命关天，河南等受灾地区要把救援受困群众作为防汛救灾首要任务，不留死角，不落一人，最大限度减少人员伤亡。只要有一线希望，就要尽百倍努力。及时调度专业队伍和设备，动员社会力量，支持需要的地方救灾。实事求是、公开透明发布救援等信息。李克强说，要突出重点，加强薄弱环节。密切雨情汛情和台风监测预报，强化预警响应机制，做到及时预警、及时反应，提高应急处置能力和群众自我防护意识。紧急情况下，针对城市严重内涝，要及时组织群众避险，除特殊行业外果断实施停工停学停业，保障医院等重要单位电力、供水、通讯畅通。特别是对人流密集的城市地铁、隧道、地下空间等，要有保障群众安全的硬措施，宁可过一些、严一些，该停就停、该封就封，切实避免人员伤亡。聚焦重点江河、水库、堤坝、重大基础设施安全和城市重点公共场所防涝等，加强巡查值守，备足防汛救灾物料，一有险情立即处置，决不能有丝毫疏忽延迟。严防山洪、泥石流等灾害。李克强说，要妥善安抚和抚恤遇难者家属，保障好受灾和转移群众基本生活，加强灾区卫生防疫，加快清淤排涝，尽快恢复供电供水、交通通讯等。开展生产恢复和灾后重建，立即动用中央财政预备费，先预拨几十亿元资金支持受灾严重地区，按灾情核查进度再加大支持力度。地方也要安排专门资金。同时公开透明用好社会捐助资金。李克强强调，要细化并压实各方面、各层级、各环节责任，落实到人，对失职者严肃追责。认真总结经验教训，

完善应急预案和相关制度，提高防范和应对重大突发事件能力。各地区各部门要在以习近平同志为核心的党中央坚强领导下，坚持以人民为中心，守护好一方平安，促进经济社会平稳健康发展。

八、李克强在河南考察并主持召开灾后恢复重建专题会议时强调　保障好受灾群众生活　扎实推进灾后恢复重建

2021 年 8 月 18 日至 19 日，中共中央政治局常委、国务院总理李克强在河南鹤壁、新乡、郑州考察，看望受灾群众，主持召开灾后恢复重建专题会议。李克强强调，要认真贯彻落实习近平总书记对防汛救灾工作的重要指示精神，始终把保障人民群众生命财产安全放在第一位，抓实防汛救灾措施，加快灾后恢复重建。专题会上，李克强说，灾后重建任务艰巨，要以习近平新时代中国特色社会主义思想为指导，贯彻党中央、国务院部署，加快推进这项工作。地方要负起主体责任，做好受灾严重地区重建规划，抓好水毁农田修复、秋冬种、房屋重建和加固，加快水毁学校、医院维修恢复，帮扶企业、商户复工复业。同时要通过工程性措施补短板、强基础，加快解决城市内涝等突出问题。中央预备费等资金、金融等政策将给予强有力支持。目前汛期还没有过，据预报河南等部分地区可能还有暴雨，要持续不懈做好防汛救灾准备和应急工作。

九、李克强对森林草原防灭火工作作出重要批示强调　构建群防群治工作格局　切实加强隐患排查整治　坚决防范重特大森林草原火灾和扑火人员伤亡事件发生

新华社北京 9 月 24 日电　中共中央政治局常委、国务院总理李克强日前对森林草原防灭火工作作出重要批示。批示指出：森林草原防灭火工作事关人民群众生命财产安全和国家生态安全。当前，各地正陆续进入秋冬季防火期，各地区各有关部门要坚持以习近平新时代中国特色社会主义思想为指导，认真贯彻党中央、国务院决策部署，坚持人民至上、生命至上，更好统筹发展和安全，深入扎实做好森林草原防灭火工作。要压紧压实属地、部门、单位、个人责任，构建群防群治工作格局，形成工作合力。强化底线思维，切实加强隐患排查整治，及时发布预警信息，采取针对性响应措施，主动防范化解火灾风险。要时刻做好应急准备，优化指挥机制，科学布防力量，完善应急预案，加强培训演练，安全高效扑救，坚决防范重特大森林草原火灾和扑火人员伤亡事件发生。

十、刘鹤出席全国安全生产电视电话会议

2021 年 1 月 23 日，国务院召开全国安全生产电视电话会议，国务院副总理、国务院安委会主任刘鹤，国务委员、国务院安委会副主任王勇、赵克志出席会议。会议要求，认真学习贯彻习近平总书记关于加强安全生产的一系列重要指示批示精神，按照李克强总理重要批示要求，统筹发展和安全，自觉提高政治站位，坚持人民至上、生命至上，主动适应新发展阶段、贯彻新发展理念、构建新发展格局的要求，牢牢把安全生产工作抓在手上，推动实现更为安全的发展。要深入分析安全生产面临的新形势和新特点，坚决扛起政治责任，严格落实“三个必须”监督管理责任。严把安全关口，把安全发展理念

落实到规划建设全过程。筑牢安全防控体系，健全落实风险分级管控和隐患排查治理双重预防工作机制，全面推行企业风险主动报告制度。完善安全生产法规制度，健全省市县三级安全生产执法体系。提升本质安全水平，加强重大安防工程建设。会议强调，要全力打好专项整治三年行动集中攻坚战，深入细致排查风险，彻底根治重大问题隐患，深化各重点行业领域专项整治，严肃认真开展督导检查，确保见到实效。

2021 年 6 月 17 日，国务院安委会召开全国安全生产电视电话会议。会议要求认真贯彻落实习近平总书记关于安全生产的重要指示精神，按照李克强总理重要批示要求，充分发挥制度优势，举一反三、压实责任，全力抓好安全生产，坚决遏制各类事故多发势头，为庆祝建党 100 周年创造安全稳定环境。中共中央政治局委员、国务院副总理、国务院安委会主任刘鹤出席会议并讲话，国务委员、国务院安委会副主任王勇主持会议并通报 2021 年以来全国安全生产情况，国务委员、国务院安委会副主任赵克志出席会议并就做好公共安全工作作出具体部署。会议指出，近期安全事故接连发生，安全生产形势严峻，各地区各部门各单位要切实增强政治敏锐性和政治责任感，坚持人民至上、生命至上，统筹好发展和安全，保障人民群众生命和财产安全，以实际行动做到“两个维护”。会议强调，要群策群力坚决遏制重特大事故，深入开展化工和矿山、燃气管道、工业园区、危化品运输、道路交通安全等领域安全整治，全面排查治理各类重大风险隐患。严格安全生产执法，严厉打击各类违法违规行为，依法依规严肃事故调查和责任追究。强化社会面防控，坚决防止发生极端暴力案事件。扎实提升本质安全水平，加大基础设施安全投入，加强应急处置能力建设。广泛开展安全宣传教育，提升全社会安全意识能力，筑牢安全生产的人民防线。

十一、王勇出席相关会议并开展调研

2021 年 2 月 5 日，国务委员王勇赴应急管理部调研时强调，要深入学习贯彻习近平总书记关于加强应急管理的一系列重要指示和党的十九届五中全会、中央经济工作会议精神，坚持人民至上、生命至上，统筹疫情防控和应急管理，加强应急值班值守，压紧压实责任措施，细化应急备勤安排，有效防范化解重大安全风险，切实保障人民群众欢度平安祥和的新春佳节。王勇强调，各级应急管理部门要严格落实领导干部在岗带班制度，密切监控灾害事故形势，对就地过节人员集体宿舍、防疫安置场所，以及人员密集场所、商业综合体、建筑工地、烟花爆竹产储销等重点区域和企事业单位，实行前置备勤、流动巡防、现场监护，强化督导检查，严格用火用电用气管控，严防重特大事故发生。消防救援队伍时刻保持应急状态，科学快速处置突发状况，最大限度降低灾害事故损失。要持续深化改革创新，扎实推进安全生产专项整治三年行动，加快应急管理信息化建设，提升事故监控、灾害预报预警和综合应急救援能力，巩固安全形势稳定向好势头，为“十四五”良好开局和庆祝建党 100 周年营造安全稳定环境。

2021 年 4 月 12 日，国务委员王勇出席 2020 年度安全生产和消防工作考核巡查动员部署会并讲话。王勇强调，要深入

贯彻习近平总书记关于加强安全生产工作的重要指示精神，严格考核巡查，坚持以查促改，推动各地各有关部门更好统筹发展和安全，持续提升安全生产工作和安全发展水平，切实把确保人民生命安全放在第一位落到实处。2021 年在对省级政府进行安全生产和消防工作考核巡查的同时，首次开展国务院安委会成员单位安全生产工作考核。王勇指出，考核巡查重在查摆问题、改进工作、防控风险，要紧紧围绕全面贯彻习近平总书记重要指示精神和党中央、国务院决策部署，巡查地方党委和政府领导责任、相关部门“三个必须”责任落实情况，督促提高政治站位，落实落细安全生产各项举措。要紧盯当前事故易发多发行业领域，强化安全监管执法，深入排查整改各类安全隐患，最大限度降低事故风险。要深入推进安全生产专项整治三年行动，加快补漏洞强弱项，确保安全生产形势持续稳定向好，为庆祝建党100 周年营造安全稳定环境。

2021 年 6 月 27 日至 28 日，国务委员王勇在湖南调研检查防汛和安全生产工作。王勇强调，要坚决贯彻习近平总书记关于加强防汛和安全生产工作的重要指示精神，严格落实统筹发展和安全要求，抓实抓细各项责任措施，全力确保安全度汛，坚决遏制重特大灾害事故发生，为庆祝建党百年营造安全稳定环境。王勇强调，要全面落实党中央、国务院决策部署，强化督促检查，层层压紧压实防汛和安全生产责任措施，明确到岗到人，严格值班值守，盯紧江河湖库重要堤防，密切监测雨情汛情，科学调度水利工程，加大巡查排险力度，备足用好抢险物资，及时科学处置险情和组织群众转移避险。全面清疏各类河道和城区排水管网，加强洪涝联排联调和防范应对，严防局地强降雨引发中小河流洪水、山洪地质灾害和城市内涝。要深刻吸取近期事故教训，强化重点领域、重点单位、重大活动安全管控，持续开展全覆盖拉网式安全大检查，坚决彻底整治安全隐患，严防各类事故发生，全力保障人民群众生命财产安全和社会大局稳定。

2021 年 9 日至 10 日，国务委员王勇在山西调研安全生产和防灾减灾工作。王勇强调，要深入贯彻习近平总书记关于加强安全生产和防灾减灾工作的重要指示精神，坚持人民至上、生命至上，更好统筹发展和安全，扣紧压实各方责任，抓实抓细防范措施，最大限度降低事故灾害风险，确保把人民生命财产安全放在第一位落到实处。王勇强调，要以矿山、化工、建筑施工、城镇燃气、道路交通等为重点，加大安全监管执法力度，坚决整治违法违规转包分包、资质挂靠等突出问题，督促生产经营单位落实主体责任，健全风险分级管控和隐患排查治理双重预防工作机制，完善全链条全覆盖的安全责任体系和监管体系，推动安全生产专项整治三年行动取得更大实效。要加快补齐防洪排涝工程短板，开展城市地下备用电源等设施防汛改造，加强预报预警、应急指挥、排涝救援等能力建设，夯实城乡防灾减灾基础。随着中秋、国庆假期临近，要全面加强旅游景区、文保单位等重点区域安全管控，严格野外火源治理，严防森林草原火灾，切实维护人民群众生命财产安全。

2021 年 11 月 4 日，国务委员王勇出席首届全国应急管理系统先进模范和消防忠诚卫士表彰大会并讲话。王勇要求全国应急管理系统坚持以习近平新时代中国特

色社会主义思想为指导，牢记习近平总书记重要训词精神，全面落实党中央、国务院决策部署，坚持人民至上、生命至上，更好统筹发展和安全，尽心竭力做好应急管理各项工作，坚决扛起保民平安、为民造福的神圣职责，努力在新的奋斗征程上为党和人民作出更大贡献、争取更大光荣。

2021 年 12 月 2 日，国务委员、国务院安委会副主任王勇在全国城镇燃气安全排查整治工作电视电话会议上强调，要深入贯彻党的十九届六中全会精神和习近平总书记关于防范燃气安全风险的重要指示精神，落实李克强总理批示要求，全面排查整治燃气安全隐患，有效防范化解重大安全风险，坚决遏制燃气事故多发势头，切实保障人民生命财产安全。王勇指出，燃气安全事关千家万户和民生大计，要坚持人民至上、生命至上，层层压实属地管理、行业监管和企业主体责任，健全城镇燃气安全责任体系，深查彻改燃气建设、经营、输送、使用全链条风险隐患，实施燃气管道老化更新改造，严格监管检查执法，切实消除各类燃气事故安全隐患。加快建设燃气管网数字地图和风险监测预警平台，实现实时在线监控、提前预警、科学处置，增强全社会燃气安全意识，提升燃气本质安全水平。全面加强岁末年初安全生产工作，深入推进安全生产专项整治三年行动，为促进经济社会高质量发展、迎接党的二十大胜利召开营造安全稳定环境。

十二、国务院督导四川省森林草原防灭火专项整治工作总结会议召开

2021 年 7 月 15 日，国务院督导四川省森林草原防灭火专项整治工作总结会议以电视电话会议形式召开。国务院督导组组长、应急管理部党委书记、部长黄明，四川省委书记、省森林草原防灭火专项整治工作领导小组组长彭清华分别在应急管理部主会场、四川省主会场出席会议并讲话。省委副书记、省长、省森林草原防灭火专项整治工作领导小组组长黄强主持会议。

黄明在讲话中指出，国务院督导组自 2020 年 5 月 7 日进驻四川以来，指导帮助四川集中开展了一年的专项整治。一年来四川各级党委政府从做到“两个维护”的政治高度，认真贯彻落实习近平总书记重要指示精神，以前所未有的力度、超乎常规的措施，开展全方位、系统性集中整治，充分发挥集中力量攻坚克难的组织领导优势，森林草原防灭火责任链条和指挥体系逐步健全完善，依靠人民群众构筑的安全防线不断扎实扎紧，基础设施建设成效显著，四川森林草原火灾多发频发、扑火伤亡事故屡现的被动局面得到明显改变，基本完成了集中整治督导的目标任务。下一步将转为常态化治理、继续巩固深化。黄明强调，要紧密结合经济社会高质量发展，持续推进森林草原防灭火工作向高水平迈进。在充分肯定成绩的同时，还要清醒看到，森林草原防灭火工作的长期性、复杂性、艰巨性仍然十分突出，历史长期积累的问题比较多，要在强化思想观念上持续用力，始终绷紧安全神经，始终把人民生命安全放在第一位，强化为民保平安、为民谋幸福的思想理念。要在强化制度体系建设上持续用力，落实和完善整治期间建立的 25 项制度性成果，严格落实风险会商研判机制，深入落实党政同责的森林草原防灭火责任体系，严格执行各级领导干部包保责任制度，不断完善防灭火指挥体制机制，严厉打击野外违法违规用火。要在强化基层基础保障上持续用力，继续加强地方专业队伍建设，发扬首创精神，在重点问题上继续加大力度、扩大战果，加快编制实施 2022 年至 2025 年项目投入计划，扎实推进防火道、隔离带等基础设施建设，发动和依靠人民群众建立健全群防群治的人民防线。要抓紧自查评估问题的整改，国家森防指办公室和有关部委将继续提供支持和帮助，并于 12 月组织开展整改落实情况"回头看"。要在强化重大安全风险防控上持续用力，立足从根本上消除事故隐患、从根本上解决问题，在持续加强森林草原防灭火工作的同时，统筹抓好自然灾害防治和安全生产各项工作。围绕防汛、防震、防地质灾害和抗大险、救大灾，不间断开展风险会商研判，突出重点领域、盯住重点地区、抓住薄弱环节，精准施策、精准治理，牢牢掌握主动权、打好主动仗，切实把确保人民生命安全放在第一位落到实处。

十三、国务院河南郑州"7·20"特大暴雨灾害调查组进驻动员会在郑州召开

2021 年 8 月 20 日，国务院河南郑州"7·20"特大暴雨灾害调查组进驻动员会在郑州召开，部署全面开展调查工作。国务院调查组组长、应急管理部部长黄明作动员讲话，通报调查安排、提出工作要求。河南省委书记楼阳生作表态讲话，省长王凯主持会议。

7 月 17 日至 23 日，河南持续遭遇极端强降雨天气，特别是 7 月 20 日郑州市遭受特大暴雨灾害，造成重大人员伤亡和财产损失。国务院 8 月 2 日决定成立调查组，对河南郑州"7·20"特大暴雨灾害进行调查，并派出前期工作组，在落实疫情防控要求前提下开展相关工作。在进驻动员会上，黄明指出，对特别重大灾害开展调查，充分体现了以习近平同志为核心的党中央对人民生命安全的责任担当，体现了总书记深厚的人民情怀，体现了党的初心使命。要自觉把思想和行动统一到习近平总书记重要指示精神上来，统一到党中央、国务院决策部署上来，坚持以习近平新时代中国特色社会主义思想特别是总书记关于防灾减灾救灾重要论述为指导，深入查明灾害原因，深入反思在贯彻新发展理念上的差距，深入谋划推进防灾减灾救灾工作，真正把"人民至上、生命至上"和"两个坚持、三个转变"理念树得更牢，适应新时代党和人民新要求新期待，下决心下功夫提高灾害防御应对能力和城市安全保障水平，不断推进应急管理体系和能力现代化，更加有力有效保护人民群众生命财产安全。黄明强调，这次开展全域性综合灾害调查，党中央、国务院高度重视，人民群众高度关注。要坚持依法依规、实事求是、科学严谨、全面客观的原则，既充分肯定在各级党委政府领导下，广大干部群众上下一心为防汛救灾所付出的艰苦努力，也实事求是地复盘灾害过程、查清问题短板、厘清相关责任，并着眼长远提出改进和完善的政策措施建议；对存在失职渎职的行为，依法依规移交纪检监察机关追责问责。希望河南省、郑州市各级党委政府和广大干部与国务院调查组同心同向、齐心协力，共同做好这次调查工作，以实实在在的成效回应社会关切，给党和人民一个负责任的交代。

第三章　重要法律法规、文件

一、全国人民代表大会常务委员会关于修改《中华人民共和国安全生产法》的决定

2021年6月10日，第十三届全国人民代表大会常务委员会第二十九次会议审议通过《全国人民代表大会常务委员会关于修改〈中华人民共和国安全生产法〉的决定》，自2021年9月1日起施行。现行的《安全生产法》为2002年制定，2009年和2014年进行过两次修改。这是第三次修改。这部法律对预防和减少生产安全事故发挥了重要作用。这次共修改了42条，大约占原来条款的1/3，主要包括5个方面的内容。一是贯彻新思想新理念，以习近平新时代中国特色社会主义思想为指导，立足于人民群众对平安的需求向往，着眼解决影响构建新发展格局、实现高质量发展的安全生产突出问题，将习近平总书记关于安全生产工作一系列重要指示批示精神转化为法律规定，增加了安全生产工作坚持人民至上、生命至上，树牢安全发展理念，从源头上防范化解重大安全风险等规定，为统筹发展和安全两件大事提供坚强的法治保障。二是落实中央决策部署，深入贯彻中央文件精神，增加了规定重大事故隐患排查治理情况报告、高危行业领域强制实施安全生产责任保险、安全生产公益诉讼等重要制度。三是健全安全生产责任体系，强化党委和政府的领导责任，明确各有关部门的监管职责，压实生产经营单位的主体责任。四是强化新问题新风险的防范应对，深刻汲取近年来事故教训，对安全生产事故中暴露的新问题作了针对性规定。五是加大对违法行为的惩处力度，罚款金额更高，处罚方式更严，惩戒力度更大。

二、全国人民代表大会常务委员会关于修改《中华人民共和国消防法》的决定

2021年4月29日，第十三届全国人民代表大会常务委员会第二十八次会议审议通过《全国人民代表大会常务委员会关于修改〈中华人民共和国道路交通安全法〉等八部法律的决定》，对《中华人民共和国消防法》进行修改，并以主席令第八十一号发布，自2021年4月29日起施行。这次修改是全面贯彻落实中央决策部署，深化“证照分离”改革和消防执法改革，推进“放管服”改革的重要举措，对于持续优化营商环境，释放市场主体创业创新活力，强化事中事后监管，改革消防监督管理工作具有重要意义。修改后的《消防法》明确：全面实行公众聚集场所投入使用、营业前消防安全检查告知承诺管理；取消消防技术服务机构资质许可，改为符合从业条件，同时对相应违法行为设定了法律责任。

三、国务院关于印发“十四五”国家应急体系规划的通知

2021年12月30日，国务院印发《“十

四五”国家应急体系规划》(国发〔2021〕36 号)，对“十四五”时期安全生产、防灾减灾救灾等工作进行全面部署。《规划》提出，坚持党的领导、以人为本、预防为主、依法治理、精准治理、社会共治，到 2025 年，应急管理体系和能力现代化建设取得重大进展，形成统一指挥、专常兼备、反应灵敏、上下联动的中国特色应急管理体制，建成统一领导、权责一致、权威高效的国家应急能力体系，防范化解重大安全风险体制机制不断健全，应急救援力量建设全面加强，应急管理法治水平、科技信息化水平和综合保障能力大幅提升，安全生产、综合防灾减灾形势趋稳向好，自然灾害防御水平明显提升，全社会防范和应对处置灾害事故能力显著增强。到 2035 年，建立与基本实现现代化相适应的中国特色大国应急体系，全面实现依法应急、科学应急、智慧应急，形成共建共治共享的应急管理新格局。《规划》部署了 7 个方面主要任务，明确了五大类 17 小类重大工程。《规划》从加强组织领导、投入保障和监督评估三方面保障实施，确保目标任务落到实处。

四、国务院办公厅关于加强城市内涝治理的实施意见

2021 年 4 月 8 日，国务院办公厅制定《关于加强城市内涝治理的实施意见》(国办发〔2021〕11 号)。《意见》提出，将城市作为有机生命体，根据建设海绵城市、韧性城市要求，因地制宜、因城施策，提升城市防洪排涝能力，用统筹的方式、系统的方法解决城市内涝问题，维护人民群众生命财产安全，为促进经济社会持续健康发展提供有力支撑。《意见》从三个方面部署了重点工作任务。一是系统建设城市排水防涝工程体系。实施河湖水系和生态空间治理与修复、管网和泵站建设与改造、排涝通道建设、雨水源头减排工程、防洪提升工程。二是提升城市排水防涝工作管理水平。强化日常维护，汛前要全面开展隐患排查和整治，清疏养护排水设施，实行洪涝“联排联调”，提升应急管理水平，加强专业队伍建设，加强智慧平台建设。三是统筹推进城市内涝治理工作。优化城市布局加强竖向管控，强化规划管理与实施，加快开工建设一批内涝治理重大项目，强化监督执法。

五、国务院第一次全国自然灾害综合风险普查领导小组办公室、中共中央宣传部关于印发《第一次全国自然灾害综合风险普查宣传工作方案》的通知

2021 年 5 月 11 日，国务院第一次全国自然灾害综合风险普查领导小组办公室、中共中央宣传部联合制定《第一次全国自然灾害综合风险普查宣传工作方案》(国灾险普办发〔2021〕11 号)。第一次全国自然灾害综合风险普查宣传的工作目标是紧密围绕风险普查各阶段的中心工作，以风险普查的重大意义、工作内容、成果及其应用、典型经验、先进人物和事迹等为宣传重点，通过开展风险普查知识普及、宣传动员，发布权威解读、监测舆情动态、回应社会关切等系统工作，引导各级党委政府和社会各界了解、认同、支持普查工作，为普查工作顺利实施创造良好舆论环境。

六、国务院第一次全国自然灾害综合风险普查领导小组关于调整国务院第一次全国自然灾害综合风险普查领导小组成员的通知

2021年6月10日，国务院第一次全国自然灾害综合风险普查领导小组印发《关于调整国务院第一次全国自然灾害综合风险普查领导小组成员的通知》(国灾险普发〔2021〕1号)。调整后，国务委员王勇为国务院第一次全国自然灾害综合风险普查领导小组组长，应急管理部部长黄明、国务院副秘书长孟扬、财政部副部长余蔚平为副组长。部分领导小组成员作了调整。领导小组办公室主任由国家减灾委员会秘书长郑国光兼任。

第二篇

应急管理综述

第一章 2021年中国应急管理综述

2021年，是党和国家历史上具有里程碑意义的一年，也是应急管理系统经受严峻考验的一年。全国应急管理系统在以习近平同志为核心的党中央坚强领导下，坚持以习近平新时代中国特色社会主义思想为指导，全面贯彻党的十九大和十九届历次全会精神，深入贯彻落实习近平总书记关于应急管理重要论述和党中央、国务院决策部署，坚持人民至上、生命至上，坚持统筹发展和安全，全力推动防范化解重大安全风险，持续提升自然灾害防治水平。在各方面共同努力下，全国生产安全事故起数和死亡人数同比分别下降9.0%和4.0%，未发生特别重大事故，自然灾害受灾人次、因灾死亡失踪人数、倒塌房屋数量和直接经济损失较近5年均值分别下降28.0%、10.4%、18.6%和5.5%，最大程度减少了灾害事故损失，为庆祝建党100周年创造了和谐稳定的安全环境，实现“十四五”良好开局。

一、坚决稳控安全生产形势

坚持底线思维，咬定目标、稳扎稳打，狠抓安全防范责任措施落实。

（一）积极推动树牢理念落实责任

把解决指导思想问题摆在首位，联合中共中央宣传部组织各级党委（党组）集中学习《生命重于泰山——学习习近平总书记关于安全生产重要论述》电视专题片，用习近平总书记关于安全生产重要论述统一思想；充分发挥国务院督导江苏安全生产专项整治、四川森林草原防灭火专项整治的警示推动作用，持续开展典型事故和违法行为通报曝光，人民至上、生命至上理念更加深入人心，各地抓安全生产的主动性自觉性明显提高。国务院对各省级政府开展安全生产和消防工作考核巡查，并首次对39家安委会成员单位开展安全生产工作考核，国务院安委会办公室严肃约谈事故多发的6个省份和9个地市负责人；各地普遍将安全生产纳入高质量发展综合绩效考评，常态化开展巡查，细化企业主体责任特别是法人的责任清单，拧紧明责、履责、追责链条。

（二）扎实推进安全生产专项整治三年行动集中攻坚

推动各地区各部门加强“攻坚之年”整治督导，细化问题隐患和制度措施“两个清单”，累计排查安全隐患4858万项。组织对2.3万处危险化学品重大危险源逐一开展两轮检查督导，对全国358家大型油气储存基地全覆盖开展安全风险评估，强化化学品储罐区风险治理，深化非法违法“小化工”、精细化工“四个清零”[①]专项整治；扎实推进矿山安全大排查和矿山外包工程、资源整合煤矿、托管煤矿、安全评价机构执业行为等专项整治；开展大型商业综合体达标建设，推动

① “四个清零”：反应安全风险评估“清零”、自动化控制装备改造“清零”、从业人员学历资质不达标“清零”、人员密集场所搬迁改造“清零”。

全国 3564 家 5 万平方米以上商业综合体完成自查自评；工贸行业专项整治 21 项重点执法事项逐步清零；地方党委政府统筹、行业部门参与的“商渔共治”机制成效明显；“两客一危”车辆、电动自行车等安全整治取得新的进展。

（三）准确研判有力应对重大风险

密切跟踪风险变化和事故暴露出的问题，主动采取针对性防控整治措施。积极应对能源增产保供压力，推动和支持释放优质煤炭先进产能 3.1 亿吨/年，对保供煤矿“一对一”指导服务，开展隐蔽致灾因素普查和采掘接续专项检查，集中开展打击非法盗采煤炭等矿产资源专项整治，部署开展以“一检查、两机制”为主要内容的天然气开采、长输管道、LNG 接收站、储气库 4 类 592 家保供企业安全风险防控专项工作，集中排查整治各类问题隐患 2.9 万项，有力防范事故冲击保供大局。对易地扶贫搬迁安置点高楼消防安全和电化学储能电站、密室逃脱类场所、私人影院、冷烟花、平台经济等新产业新业态快速发展带来的安全风险，主动上手组织全面整治，推动完善相关法规标准。针对郑州地铁 5 号线亡人、燃气事故多发、台湾高雄“城中城”大楼火灾等教训，立即组织全国举一反三开展排查治理，严防重蹈覆辙。圆满完成建党百年庆祝活动、第十四届全国运动会等重大安保任务。

（四）下大气力解决“安全检查查不出问题”的难题

制定实施加强安全生产执法工作的意见，推进明查暗访、交叉互检、异地执法、“消地协作”等监管机制常态化，推动加大事故前危险作业行为刑事责任追究力度，公布行刑衔接典型案例，深化延伸调查，固化案例复盘机制，加强执法案例报送，对成绩突出的记功嘉奖，激励执法人员较真碰硬，不断提升监管执法的精准化规范化水平，执法处罚率同比上升 60%。铁腕治理安全评价机构执业行为，净化安全评价市场。对危险化学品重点县、光气和氟化等重点企业、化工园区开展专家指导服务，深入开展煤矿安全科技进矿区活动，更好地服务基层、服务企业。

二、奋力夺取抢险救灾新胜利

2021 年，我国极端天气气候事件频发，自然灾害形势严峻复杂，重大涉险事故屡有发生，特别是继 2020 年遭遇 1998 年以来最严重汛情后，北方多地遭受严重洪涝灾害，河南省特别是郑州市遭受特大暴雨灾害，黄河、海河发生历史罕见秋汛，黑龙江上游发生特大洪水，给人民群众生命财产安全造成重大威胁。全国应急管理系统强化应急准备，战洪涝、抗地震、化危机，切实把确保人民生命安全放在第一位（图 2-1-1）。

（一）坚决打赢防汛救灾硬仗

紧紧咬住“不死人、少伤人、少损失”的目标，加强统筹协调、加密会商研判，国家防汛抗旱总指挥部 22 次启动调整防汛防台风应急响应，最长连续维持响应状态 60 天，其中Ⅱ级应急响应 13 天。河南特大暴雨灾害发生后，连夜跨区域调集消防救援专业力量和安全生产等救援队伍 5600 余人紧急驰援，争分夺秒营救被困群众，按国家救灾Ⅰ级响应开展救灾救助，指导支持灾后恢复重建。经党中央批准，牵头成立国务院河南郑州“7·20”特大暴雨灾害调查组，第一次在国家层面对特大自然灾害开展全域性综合调查评估。

（二）全力做好抗震救灾工作

加强重点地区地震监测研判，科学把

图 2-1-1 国家防总副总指挥、应急管理部部长黄明在河南实地指导防汛救灾工作

握强震趋势。立足应对大震巨灾，认真梳理历史经验教训，下大力气解决“断、乱、慢”问题，从预案、机制、力量、物资、保障等方面全面强化应急准备。联合四川省人民政府举行“应急使命·2021”抗震救灾演习，全方位锻炼队伍、提升能力，成功应对云南漾濞 6.4 级、青海玛多 7.4 级“一夜双震”和四川泸县 6.0 级地震。

（三）高效应对各类灾害事故

累计组织 222 次应急会商，启动 96 次应急响应，派出 99 个工作组深入一线，有力应对了四川冕宁“4·20”森林火灾、云南玉龙“4·23”森林火灾、内蒙古 2 座水库垮坝、强台风“烟花”、山东栖霞笏山金矿“1·10”爆炸、山东威海“4·19”“中华富强”轮火灾、河北沧州鼎睿石化“5·31”火灾、湖北十堰“6·13”燃气爆炸、山西孝义“12·15”盗采煤炭资源导致透水、陕西凤县酒奠梁隧道“8·30”坍塌等灾害事故。危急关头、危难时刻，广大党员、干部和消防救援队伍、安全生产应急救援队伍挺身而出、逆向而行、忘我拼搏，谱写了一曲曲感天动地的生命赞歌。

三、积极推进应急管理体系和能力建设

始终把推进应急管理体系和能力现代化作为紧迫任务，按照“全灾种、大应急”要求，加快固根基、补短板、强弱项。

（一）体制机制改革取得突破

配合中共中央办公厅调研室深入开展应急管理体制运行情况专题调研。积极争取消防救援队伍改革配套政策，协调推动人员退休、医疗待遇、住房保障等配套政策出台落地。制定《关于进一步健全完善地方防震减灾救灾体制机制的意见》，加强地震灾害防抗救工作统筹协调，进一步理顺防汛抗旱、森林草原防灭火、抗震救灾等应急指挥体系。全面推进省级矿山安全监察机构组建，进一步优化机构设置、力量配置，实现煤矿、非煤矿山一体化监察；全面实施应急管理综合行政执法

改革，将应急管理执法纳入我国综合行政执法体系，地方应急管理综合行政执法改革体系和队伍逐步建立，执法制式服装和执法车辆标识正式亮相。

（二）应急救援能力加快提升

国家综合性消防救援队伍在救援理念、组织指挥、能力建设等方面加快转型升级、提质强能，新组建水域、山岳、地震、空勤等专业队 3000 余支，打造高层、化工等灭火救援“尖刀”力量，长航时无人机、大型排涝车、高层消防车、水底机器人等重型装备陆续列装，应对处置各类灾害事故的专业能力显著提升。健全国家航空应急救援体系，启动国家航空消防关键力量建设。组建国家应急医学研究中心。进一步优化物资储备品种和布局，完善应急资源管理平台，健全快速调拨机制。

（三）风险防范体系建设明显见效

深入推进自然灾害防治重点工程建设，第一次全国自然灾害综合风险普查全面铺开，国家灾害综合监测预警平台初步建成，地震预警网在重点地区推广覆盖。总结推广安徽合肥城市生命线安全工程经验做法，在 18 个城市（区）推动开展城市安全风险综合监测预警平台试点建设。积极推进智能化矿井、烟花爆竹转型升级集中区建设和危险化学品企业自动化改造，推动分类处置 991 座“头顶库”，闭库销号 547 座尾矿库，源头治理取得新进展。完成编制《“十四五”国家应急体系规划》。成功举办“一带一路”自然灾害防治和应急管理国际合作部长论坛、首届中国-东盟灾害管理部长级会议，助推构建人类命运共同体。

四、持续夯实应急管理基层基础

立足新部门、刚起步的实际，着力在强基固本上下功夫，推动基层基础工作迈上新台阶。

（一）以建强基层守牢风险防控前沿阵地

贯彻落实《中共中央　国务院关于加强基层治理体系和治理能力现代化建设的意见》，推动建立常态化管理和应急管理动态衔接的基层治理机制，及时推广各地出台的一系列好措施好办法，提升基层应急管理能力。

（二）以法治方式夯实筑牢安全屏障

新修改的《消防法》经第十三届全国人大常委会第二十八次会议审议通过并公布施行；完成《安全生产法》修改工作，将“三个必须”写入法律，增加了重大事故隐患排查治理情况报告、高危行业领域强制实施安全生产责任保险等制度规定，大幅度提高了对违法行为的惩处力度；出台《高层民用建筑消防安全管理规定》《工贸企业粉尘防爆安全规定》《社会消防技术服务管理规定》等部门规章，健全安全生产、消防法律法规体系。加紧修订国家突发事件总体应急预案及防汛抗旱、自然灾害救助等专项应急预案。稳步推进“全灾种、大应急”应急管理标准化建设，公告发布加油（气）站油（气）储存安全、人员密集场所消防安全等 19 项国家标准、行业标准，印发《个体防护装备标准化提升三年专项行动计划（2021—2023）》。配合全国人大常委会开展消防法执法检查。

（三）以科技和人才助力提升应急效能

中国地震科学实验场纳入国家“十四五”规划纲要，深化“智慧应急”试点，应急管理云计算平台全面应用，“应急一张网”上下贯通，“应急一张图”持续升级，指挥调度、辅助决策、应急通信等核心能力快速提升，信息化有力助推应急管理现代化。多措并举解决专业人才缺口问题，稳步推进应急管理大学筹建，确定首批部重点实验室，线上线下、分级分类相结合，深入实施全国应急管理干部大培训，全年累计培训近285万人次。持续深入推进高危行业领域安全技能提升行动，全年开展各类安全培训1600余万人次（含网络培训319万人次）。

（四）以新闻宣传广泛凝聚社会共识

深入开展全国“安全生产月”、全国防灾减灾日等活动和防汛防台风、森林草原防灭火等公益宣传。精心组织重点任务宣传报道，突出做好春节、清明、中秋、国庆等节假日安全提示，协调中央主要媒体刊播应急管理新闻报道5000余条，其中，央视播出2000余条次、“新闻联播”播出109条，《人民日报》刊发190篇、新华社播发708篇，全面展示应急管理工作进展成效和队伍形象风貌。组织开展“防灾减灾 全民行动”“人民安全守护者”“点亮火焰蓝”“守护万家灯火”等一系列网络互动引导和访谈活动，着力打造权威宣传窗口，形成正面舆论强势。

五、不断提升干部队伍战斗力

加强党对应急管理工作的全面领导，深入推进全面从严治党，为推动事业发展提供坚强政治保证。

（一）持续深化理论武装

把学习贯彻习近平新时代中国特色社会主义思想作为首要政治任务，及时传达学习贯彻习近平总书记重要指示批示精神和党中央、国务院决策部署。组织21次部党委理论学习中心组学习，举办5期应急管理“大讲堂”。开展习近平总书记授旗致训词三周年系列宣贯活动，持续加强初心使命教育和对党忠诚教育，教育引导党员、干部把信仰信念树得更牢。

（二）高质量开展党史学习教育

系统学习百年党史，围绕学习习近平总书记系列重要讲话精神开展研讨，教育引导党员、干部从党的百年奋斗史中汲取智慧和力量，弘扬伟大建党精神，深入践行对党忠诚、纪律严明、赴汤蹈火、竭诚为民“四句话方针”，把学习教育成效转化为奋进动力和工作实绩（图2-1-2）。总结党的防灾减灾史、安全生产史、应急管理史，不断深化规律性认识。尽心尽力为群众办实事，制定部级层面7个办实事项目清单36条具体措施，一件一件抓出成效。

（三）建设忠诚干净担当应急管理队伍

隆重举行首届全国应急管理系统先进模范和消防忠诚卫士表彰大会，习近平总书记等党和国家领导人在北京人民大会堂亲切会见表彰大会代表，极大地激发了全系统守初心、担使命的奋进动力。积极履行实战部门、战斗队伍职责，强化过硬作风养成，大力培育斗争精神、牺牲奉献精神和应急管理职业文化。持之以恒正风肃纪反腐，认真贯彻落实加强对“一把手”和领导班子监督的实施意见；选取建部以来58起违纪违法案例编发警示录、制作警示教育片，以身边事教育身边人；深化巡视整改，刀刃向内、自我革命，不断实现队伍的自我净化和提升。坚持激励与约束并重，大力提升职业荣誉感和吸引力，推动建立应急管理职业保障制度，推出“时代楷模”肖文儒、“感动中国”年度人物陈陆等一级英雄模范，评选“最美应急管理工作者”，大力提升职业荣誉感和吸引力。

当前，世纪疫情和复杂外部环境冲击仍在持续，各类安全风险增多给安全生产工作带来较大压力，气候灾害形势复杂对自然灾害防控带来较大挑战。应急管理工作中一些涉及改革发展的重点问题还没有根本突破，一些新情况新问题还缺乏深入系统研究，在推进国家治理体系和治理能力现代化大局中，应急管理与党和人民的要求还有较大差距，还有许多短板亟须补齐。坚持人民至上、生命至上，更好地统筹发展和安全，推动实现以高水平安全服务高质量发展还需要做出更多艰苦的工作，付出更大的努力。

图 2-1-2　组织参观“不忘初心、牢记使命——中国共产党历史展览”并集体重温入党誓词

第二章　应急管理部重要会议活动

一、全国应急管理工作会议在京召开

2021 年 1 月 7 日，全国应急管理工作会议在京召开（图 2-2-1）。应急管理部党委书记、副部长黄明在会上作工作报告。会议以视频形式召开。黄明在会上强调，要认真贯彻党中央、国务院决策部署，以推动高质量发展为主题，以防范化解重大安全风险为主线，以改革创新为根本动力，以满足人民日益增长的安全需要为根本目的，坚持总体国家安全观，更好统筹发展和安全，着力化解存量风险、防范增量风险，深入推进应急管理体系和能力现代化，全力保护人民群众生命财产安全和维护社会稳定，为“十四五”开好局、起好步创造良好安全环境，以优异成绩庆祝建党 100 周年。会议要求，把学习贯彻习近平新时代中国特色社会主义思想，特别是总书记有关重要论述作为首要政治任务，深刻理解精神实质和丰富内涵，切实转化为推动“十四五”时期应急管理事业发展的生动实践。要做到“两个维护”，立足“两个大局”，坚持“两个至上”，统筹“两件大事”，强化“两个根本”。同时，要编制好应急管理“十四五”规划，坚持以人的现代化为基本，着力构建现代化的应急指挥体系、风险防范体系、应急救援力量体系、应急物资保障体系、科技支撑和人才保障体系、应急管理法治体系，深入推进应急管理体系和能力现代化。会议指出，2021 年是我国现代化建设进程中具有特殊重要性的一年，应急管理工作要有新气象、新作为。防范化解重大安全风险要破难题、见

图 2-2-1　2021 年 1 月 7 日，全国应急管理工作会议在京召开

实效，深化体制机制改革要有新突破、新进展，综合应急能力要有量的增加、更要有质的提升，基层基础工作要战略谋划、全面发力。要加强党对应急管理工作的全面领导，建设一支让党和人民始终信得过、靠得住、能放心的应急管理队伍。

二、应急管理部党委召开 2020 年度民主生活会

2021 年 1 月 28 日，应急管理部党委召开 2020 年度民主生活会。部党委聚焦认真学习贯彻习近平新时代中国特色社会主义思想，加强政治建设，提高政治能力，坚守人民情怀，夺取决胜全面建成小康社会、实现第一个百年奋斗目标的伟大胜利，开启全面建设社会主义现代化国家新征程这个主题，认真对照检查，深入查摆问题、剖析原因，严肃认真开展批评和自我批评，提出整改措施。部党委书记黄明主持会议，中央第 27 督导组全体同志到会指导。黄明代表部党委班子作对照检查，紧扣民主生活会主题，从五个方面进行对照检查，查摆具体问题，深刻剖析原因。并从深入学习习近平新时代中国特色社会主义思想，坚决做到“两个维护”；加强党的全面领导、不折不扣贯彻落实党中央决策部署；履职尽责、担当作为，有效防范化解重大安全风险；加强系统谋划、着力补齐短板弱项；持续深化全面从严治党，从严正风肃纪反腐等五个方面提出了具体整改措施。

三、应急管理部党委召开党史学习教育动员会议

2021 年 3 月 5 日下午，应急管理部党委召开党史学习教育动员会议，对应急管理系统高标准高质量开展党史学习教育进行动员部署。部党委书记黄明出席会议并在讲话中强调，要深入学习贯彻习近平总书记在党史学习教育动员大会上的重要讲话精神和党中央部署要求，聚焦“六个进一步”要求，强化责任落实，高标准高质量开展好党史学习教育，以优异成绩向党的百年华诞献礼。黄明要求，全系统各级党组织要高度重视，把握党史学习教育时间跨度长、覆盖范围广、工作标准高的特点，精心组织、狠抓落实。要强化责任落实，主要负责人扛起第一责任人责任，其他班子成员履行好“一岗双责”，成立领导机构，抓好组织实施。要强化学习实效，加强政治引领，把潜心自学作为重要基点，把握开展“我为群众办实事”实践活动的有利契机，创新方式方法，营造浓厚氛围，推动学习教育往深里走、往心里走、往实里走。要强化督促检查，成立若干指导组，采取巡回指导、随机抽查、调研访谈等方式，对全系统进行督促指导、全过程把关。要强化统筹结合，坚持把党史学习教育与统筹疫情防控和深化应急管理体制改革、防范化解重大安全风险，以及创建模范政治机关和为基层减负等有机结合起来，相互渗透、相互促进，力戒形式主义、官僚主义。

四、应急管理部召开全系统视频会议，传达学习贯彻习近平总书记在全国两会期间的重要讲话和全国两会精神

2021 年 3 月 12 日，应急管理部召开全系统视频会议，传达学习贯彻习近平总书记在全国两会期间的重要讲话和全国两会精神。部党委书记、副部长黄明出席会议并讲话，强调要把思想和行动迅速统一

到习近平总书记重要讲话和全国两会精神上来，把党中央决策部署抓紧抓实抓落地，推进应急管理高质量发展，为完成全年经济社会发展主要目标任务提供有力安全保障，以优异成绩庆祝建党 100 周年。会议强调，学习贯彻习近平总书记重要讲话和全国两会精神，要把握大局、顺应大势，做到知行合一、以知促行。要提高政治能力，抓住开展党史学习教育的宝贵机遇，学史明理、学史增信、学史崇德、学史力行，不断提高政治判断力、政治领悟力、政治执行力，永葆对党的忠诚之心、对人民的赤子之心。要强化责任落实，对标对表习近平总书记重要讲话精神，按照政府工作报告有关部署，以知重负重、攻坚克难的精神，把各项重点工作任务抓实抓细抓落地，力求取得一批重大战略成果。要锤炼严实作风，从实际出发谋划事业和工作，持续为基层减负，既推动责任措施落实，又帮助基层解决实际困难，同时持之以恒正风肃纪，持续抓好中央巡视整改，大力营造风清气正的政治生态。

五、应急管理部举办应急管理系统党史学习教育专题宣讲报告会

2021 年 4 月 20 日，应急管理部举办应急管理系统党史学习教育专题宣讲报告会，中央宣讲团成员、中央党史和文献研究院院长曲青山应邀作宣讲报告。部党委书记黄明主持报告会。黄明强调，开展党史学习教育是贯穿全年的一项重要工作，各级党组织要强化政治责任，切实把党史学习教育抓紧抓好。要持续深化学习研讨，紧扣“六个进一步”重点任务，围绕部党委提出的五个问题深入研讨，创新运用个人自学和集中促学、讲座辅导、参观见学等方式方法，提高学习教育实效。要持续深化实践活动，把握应急管理工作最大的实事就是切实保护好人民群众生命财产安全，研究细化“我为群众办实事”项目清单，用心用情用力解决好群众的“急难愁盼”。要持续深化主题宣传，在全系统开展以“永远跟党走”为主题的群众性主题宣传教育活动，注重特色鲜明、形式多样，增强实效性和感染力。各级领导干部要以上率下，发挥好带头表率作用。

六、应急管理部召开全系统 2021 年党风廉政建设工作视频会议

2021 年 5 月 7 日，应急管理部召开全系统 2021 年党风廉政建设工作视频会议，部党委书记、部长黄明出席会议并讲话。他强调，要坚持以习近平新时代中国特色社会主义思想为指导，深入贯彻习近平总书记在十九届中央纪委五次全会上的重要讲话精神和全会部署，认真贯彻国务院第四次廉政工作会议精神，增强“四个意识”、坚定“四个自信”、做到“两个维护”，一刻不停推进全系统党风廉政建设和反腐败斗争，以高质量应急管理服务保障“十四五”良好开局，以优异成绩庆祝建党 100 周年。黄明指出，2020 年是新中国历史上极不平凡的一年。面对大疫大汛和各类重大安全风险挑战，部党委坚持以习近平新时代中国特色社会主义思想为指导，胸怀“两个大局”，坚决扛起管党治党政治责任，牢牢把握中央巡视重大宝贵机遇，坚定不移推进全面从严治党，坚定不移抓好党风廉政建设和反腐败工作，坚定不移加强党的建设，在大战大考中经受住了考验，也加深了对抓好全面从严治党的认识和思考，必须提高政

治能力、强化理想信念、强化责任链条、强化自我革命、强化监督合力，不断推动全面从严治党取得新的进展。

七、应急管理部系统 2021 年第一轮巡视巡察动员部署会召开

2021 年 5 月 8 日，应急管理部系统 2021 年第一轮巡视巡察动员部署会在京召开。会议对部党委和国家矿山安全监察局、中国地震局党组以及消防救援局、森林消防局党委巡视巡察工作进行统一动员和部署安排，决定成立 24 个巡视巡察组，对 24 家单位开展常规巡视巡察，对 10 家单位开展整改情况专项巡视巡察。部党委书记、部长，巡视工作领导小组组长黄明出席会议并强调，要深入学习贯彻习近平总书记关于巡视工作重要论述，贯彻落实全国巡视工作会议暨十九届中央第七轮巡视动员部署会精神，坚守政治巡视定位，落实巡视工作方针，更加科学精准有效推进部系统巡视巡察工作，高质量推进巡视巡察全覆盖。

八、应急管理部党委理论学习中心组集体学习习近平总书记关于安全生产重要论述

2021 年 6 月 21 日，应急管理部党委理论学习中心组举行集体学习，观看《生命重于泰山——学习习近平总书记关于安全生产重要论述》电视专题片。部党委书记黄明主持学习并强调，学深悟透习近平总书记重要论述是做好安全生产工作的首要前提，要带头深入学习贯彻，更加自觉坚持人民至上、生命至上，更加自觉坚定信心担起责任，整合一切条件、尽最大努力防范化解重大安全风险，着力从根本上消除事故隐患、从根本上解决问题，推动实现更为安全的发展，切实把确保人民生命安全放在第一位落到实处。

九、应急管理部举行专题党课报告会暨部直属机关“两优一先”表彰大会

2021 年 6 月 28 日，在中国共产党成立 100 周年之际，应急管理部举行专题党课报告会暨部直属机关“两优一先”表彰大会。部党委书记、部长黄明代表部党委向应急管理系统党员干部和消防指战员致以节日的问候，向受到表彰的优秀共产党员、优秀党务工作者、先进基层党组织和优秀青年干部表示热烈祝贺，希望全系统各级党组织和广大党员干部向先进学习。黄明围绕“从百年党史中汲取智慧和力量，以伟大自我革命引领应急管理事业高质量发展”讲授专题党课，强调要以昂扬的精神和勤勉的奋斗践行入党誓言，永葆共产党员政治本色，在大有可为的应急管理事业舞台上不断创造新的业绩。部党委同志为部直属机关 100 名优秀共产党员、40 名优秀党务工作者、60 个先进基层党组织、10 名优秀青年干部标兵、40 名优秀青年干部代表和 2020 年度优秀领导班子主要负责人颁发荣誉证书和奖牌。

十、应急管理部举办应急管理系统学习贯彻习近平总书记“七一”重要讲话精神专题宣讲报告会

2021 年 7 月 16 日，应急管理部举办应急管理系统学习贯彻习近平总书记“七一”重要讲话精神专题宣讲报告会。部党委书记、部长黄明主持报告会。党史

学习教育中央宣讲团成员欧阳淞应邀作专题宣讲报告。黄明强调，学习贯彻习近平总书记“七一”重要讲话精神，关键是要把学深与做实结合起来，观照现实、推动工作。要把学习成果转化为政治能力，深刻领悟党的领导是我们事业发展的根本所在，把忠诚于党作为第一要求，不断提高政治判断力、政治领悟力、政治执行力，增强“四个意识”、坚定“四个自信”，始终以实际行动和实际效果做到“两个维护”，永远做党和人民的忠诚卫士。要把学习成果转化为动力和实绩，坚持人民至上、生命至上，把保护人民群众生命财产安全作为最现实的“国之大者”和政治责任，在破解难题、守正创新上持续用力，统筹发展和安全，履行好保民平安的核心职能，更加有力有效防控重大安全风险，为国家长治久安、人民幸福安宁、民族伟大复兴守住安全底线。要把学习成果转化为力量和斗志，传承伟大建党精神，勇于自我革命，持续培育极端认真负责精神、甘于牺牲奉献精神、敢于斗争精神，培育应急人的精气神和应急文化，以“赶考”的清醒和坚定答好新时代的答卷，始终让党和人民信得过靠得住能放心。

十一、应急管理部党委理论学习中心组集体学习习近平总书记重要讲话精神

2021 年 10 月 19 日，应急管理部党委理论学习中心组围绕深入学习贯彻习近平总书记在 2021 年秋季学期中央党校（国家行政学院）中青年干部培训班开班式上的重要讲话精神，结合学习领会习近平总书记“七一”重要讲话精神，促进年轻干部成长成才，建设过硬班子过硬干部队伍，为推进应急管理事业高质量发展提供坚强组织保证开展集体学习研讨。部党委书记黄明主持学习研讨并讲话。党史学习教育中央第二十三指导组、中央和国家机关工委有关同志到会指导。黄明在讲话中强调，要深刻认识以坚定理想信念永葆对党忠诚的根本要求，增强做到“两个维护”的高度自觉。应急管理是急难险重岗位，不仅担风险还担责任，只有有理想有信仰、真正甘于为党和人民牺牲奉献的人，才能始终坚守。要把坚定理想信念作为终身课题，自觉做习近平新时代中国特色社会主义思想的坚定信仰者和忠实实践者，努力提高党性修养、政治觉悟、理论水平，涵养为党为国、我将无我、不负人民的家国情怀和使命担当，筑牢对党忠诚、纪律严明、赴汤蹈火、竭诚为民的根和魂，不断提高做到“两个维护”的能力和效果。

十二、应急管理部党委传达学习贯彻党的十九届六中全会精神

2021 年 11 月 12 日，应急管理部党委书记、部长黄明先后主持召开部党委会议和部系统动员部署会，传达党的十九届六中全会精神，对学习贯彻落实工作提出明确要求。黄明强调，要全面深入学习贯彻全会精神，从党的奋斗历程中汲取智慧和力量，更加自觉落实党的全面领导，始终把保护人民群众生命安全作为最现实的“国之大者”，强化使命担当，勇于自我革命，全力防范化解重大安全风险，奋力推进应急管理体系和能力现代化，为实现第二个百年奋斗目标、实现中华民族伟大复兴的中国梦而不懈奋斗。会议强调，学习宣传贯彻全会精神是当前和今后一个时期的重大政治任务，各司局各单位要把学习贯彻全会精神与党史学习教育结合起

来，与巩固初心使命主题教育成果结合起来，与深化中央巡视整改结合起来，推动学习贯彻工作走深走实。要抓紧制定具体方案，充分发挥理论学习中心组示范带动作用和领导干部领学促学作用，认真组织传达学习，深入开展学习研讨，紧紧围绕“两个确立”的决定性意义、“4 个历史时期”的伟大成就、“10 个坚持”的历史经验等深学细悟。要抓住有利契机深化党史学习教育，引导广大党员、干部群众准确把握党的历史发展的主题主线、主流本质，进一步做到学史明理、学史增信、学史崇德、学史力行，达到学党史、悟思想、办实事、开新局的目的。要紧密联系工作实际，把全会精神切实转化为干事创业、艰苦奋斗的强大动力，主动履责严守安全底线，扎实抓好冬季防灾减灾救灾工作，坚决遏制重特大事故发生，全力打赢年底安全风险防范这场硬仗，以安全发展支持保供大局、支持经济社会发展大局，以优异成绩迎接党的二十大胜利召开。

十三、应急管理部党委理论学习中心组举行集体学习研讨深入学习贯彻习近平总书记重要讲话和党的十九届六中全会精神

2021 年 11 月 29 日，应急管理部党委理论学习中心组举行集体学习研讨，主题是深入学习贯彻习近平总书记在党的十九届六中全会上的重要讲话和全会精神，增强“四个意识”、坚定“四个自信”、做到“两个维护”，始终把保护人民群众生命安全作为最现实的“国之大者”，忠实践行初心使命，不断深化自我革命，建设敢于斗争、勇于担当、让党和人民放心的应急管理干部队伍，切实扛起防范化解重大安全风险的政治责任，为全面建设社会主义现代化国家、实现中华民族伟大复兴的中国梦不懈奋斗，以优异成绩迎接党的二十大胜利召开。部党委书记黄明主持会议并讲话。党史学习教育中央第二十三指导组组长姜洋到会指导。黄明在讲话中指出，党的十九届六中全会在重大历史关头召开，最重要的成果是审议通过了《中共中央关于党的百年奋斗重大成就和历史经验的决议》，这对于看清楚过去我们为什么能够成功、弄明白未来我们怎样才能继续成功，更加坚定、更加自觉地践行初心使命，在新时代更好坚持和发展中国特色社会主义，具有重大而深远的意义。特别是《决议》强调“两个确立”，反映了全党全军全国各族人民共同心愿，对新时代党和国家事业发展、对推进中华民族伟大复兴历史进程具有决定性意义。在新征程上，要深刻理解“两个确立”的决定性意义，真正把“两个确立”转化为做到“两个维护”的政治自觉、思想自觉、行动自觉，更好肩负起党和人民赋予的职责使命，始终以实际行动实际效果做到“两个维护”。

十四、应急管理部举办应急管理系统学习贯彻党的十九届六中全会精神专题宣讲报告会

2021 年 12 月 23 日，应急管理部举办应急管理系统学习贯彻党的十九届六中全会精神专题宣讲报告会。部党委书记、部长黄明主持报告会，中共中央党校（国家行政学院）副校（院）长谢春涛应邀到会作专题宣讲报告。黄明在主持报告会时强调，学习贯彻全会精神是应急管理系统当前和今后一个时期的重大政治任务。各级党组织和广大党员干部要在深化

党史学习教育中，联系实际、紧扣职责，进一步把全会精神学习好、领会好，不折不扣落实到工作中、体现到行动上。要学深悟透全会精神，深刻领会“两个确立”的决定性意义，党的十八大以来，党和国家事业取得历史性成就、发生历史性变革，以及应急管理事业取得的显著成效，根本在于有以习近平同志为核心的党中央领航掌舵，有习近平新时代中国特色社会主义思想指引航向。新征程上，应急管理系统肩负的责任更重、面对的风险挑战更大，要倍加珍惜党的百年奋斗重大成就和历史经验，坚定不移沿着习近平总书记指引的方向砥砺前行，始终旗帜鲜明讲政治、矢志不渝讲忠诚、如饥似渴学理论、持之以恒抓落实，以实际行动和实际效果捍卫“两个确立”、做到“两个维护”，当好党和人民的忠诚卫士。

十五、应急管理部召开党史学习教育总结会议

2021 年 12 月 30 日，应急管理部召开党史学习教育总结会议，深入学习贯彻习近平总书记重要指示精神及中央召开的党史学习教育总结会议精神，深刻理解和把握在全党开展党史学习教育的成功经验，总结部系统党史学习教育开展情况，巩固拓展党史学习教育成果。部党委书记、部长黄明出席会议并讲话，强调要深入学习贯彻习近平新时代中国特色社会主义思想，从百年党史中汲取把握新发展阶段、贯彻新发展理念、构建新发展格局的智慧和力量，以强烈的历史主动精神履行职责使命，科学应对风险挑战，不断推动改革发展，在新时代新征程上展现应急人新作为、书写应急管理新篇章。党史学习教育中央第二十三指导组组长姜洋及相关同志到会指导。

第三章　2021 年应急救援典型案例

一、山东五彩龙投资有限公司栖霞市笏山金矿“1·10”重大爆炸事故救援

2021 年 1 月 10 日 13 时 13 分许，山东五彩龙投资有限公司栖霞市笏山金矿在基建施工过程中，回风井发生爆炸，造成井下 22 名工人被困。

事故发生后，应急管理部持续调度指导救援，派出工作组赶赴现场指导处置，并调集矿山救援专家及矿山救援专业力量和设备前往增援。山东省委、省政府主要负责同志赶赴现场指挥救援处置，连夜成立省市县一体化应急救援指挥部，紧急调集省内外 20 支救援队伍、690 余名救援人员及 420 余套救援装备全力搜救被困人员（图 2-3-1）。山东省消防救援总队调派消防救援人员，承担给养、生命探测、通信保障、设备冷却水保障等任务。事故矿井为近 700 米深的“独眼井”，岩层地质、井下涌水等各种情况复杂，经过 1000 多名抢险救援人员 14 个昼夜的连续奋战，11 名被困人员获救生还。

主要经验：科学研判，分析被困人员生存条件，坚信井下有人生存；各级领导靠前指挥，现场指挥部坚强有力、组织有序，救援方案不断优化调整，专家团队技术支撑，科学论证、综合施策，为成功救援打下坚实基础。地面钻孔救援技术发挥关键作用，部署专业钻孔救援队伍多点同

图 2-3-1　山东五彩龙投资有限公司栖霞市笏山金矿“1·10”重大爆炸事故救援

步开钻，确保能贯通困人巷道。在跨省快速通行机制保障下，快速调动国家级矿山应急救援队伍、高精尖装备和技术专家团队成建制、高效投入救援，攻克钻孔施工技术难题，在被困生命极限时刻，成功打通生命探测、维护通道，延续了井下被困生命，为救援赢得了宝贵时间。营救被困人员多措并举，施工排水钻孔减轻矿井涌水对被困人员的威胁，施工大口径生命救援钻孔与井筒清障，同步推进、相互保障，开辟救生通道，实现科学救援。

二、四川凉山州冕宁县“4·20”森林火灾扑救

2021年4月20日16时30分，四川省凉山州冕宁县石龙镇马鞍村发生森林火灾。在扑救过程中，受大风天气影响，23日傍晚火场发生飞火，在距北侧火线直线距离2.53公里山顶处形成新的火场，严重威胁十几万人的冕宁县城和灵山寺景区。

火情发生后，国家森防指办公室、应急管理部持续调度指导，连夜派出工作组赴四川指导支持地方开展火灾扑救工作。四川省政府负责同志带领工作组前往火场一线指挥扑救。经森林消防队伍、消防救援队伍、航空救援力量、地方专业扑火队伍、解放军和武警部队等2300余人、6架直升机历时六天持续扑救（图2-3-2），明火于26日13时被成功扑灭，火场区域133户500人紧急避险，安全转移可能受影响的585户2611名群众。

主要经验：坚持“人民至上、生命至上”的理念。针对火势不断扩大蔓延的不利态势和县城、景区同时受到威胁的严峻局面，部工作组指导联合指挥部及各方参战力量完整准确全面贯彻“两个至上”核心要义，深入践行训词精神，定下“力保县城、兼顾景区，积极扑救、解除风险，安全第一、严防伤亡”的战

图2-3-2 四川凉山州冕宁县“4·20”森林火灾扑救

略战术。坚持“打早打小打了”的根本要求。针对久战不决的被动局面，每日会商研判火场态势，及时调整改变战略战术，抓住有利气象条件，早打快打坚决打，采取州县主要领导分方向指挥、各负责同志分片包干、工作组现场督战等举措，及时为火灾扑救赢得转机。坚持“尽快形成封控圈”的作战原则。针对火场过火面积渐成规模的蔓延态势，充分利用防火道、隔离带、天然水系等形成封控合围兜底，先打外线火、再清内线火，以最小成本实现最大收益。坚持“专业指挥、地空配合、专群协同”的作战样式。针对火场瞬息万变的复杂形势，果断任命四川省森林消防总队主要负责人为火场总指挥，南方航空护林总站主要负责人为空中力量总调度，提升专业化指挥水平。灭火机群精准打点洒面，国家队打火头、攻险段，地方队及时跟进清理整固，当地群众用“土办法”就地取材保供水源，充分整合释放协同效能。

三、云南大理州漾濞县6.4级地震和青海果洛州玛多县7.4级地震救援

2021年5月21日21时、22日2时，云南省大理州漾濞县、青海省果洛州玛多县相继发生6.4级、7.4级地震，共造成3人死亡、53人受伤。

地震发生后，应急管理部分别启动国家抗震救灾三级、二级应急响应，派出工作组分赴云南、青海，调派国家综合性消防救援队伍赴震区开展抢险救援，紧急调拨救灾物资全力支持地方抗震救灾，组织专家组开展灾情核查评估。云南、青海两省主要负责同志深入一线、靠前指挥，共投入各类救援力量2.3万余人，全力开展抗震救灾救援工作（图2-3-3），累计转移疏散群众5662人，紧急转移安置5.7

图2-3-3　青海果洛州玛多县7.4级地震救援

万人。

主要经验：坚持统一协调、密切协作，为抗震救灾提供重要组织保障，国家、省、市、县各级抗震救援救灾指挥部高效运行，应急、交通、工信、卫生健康、自然资源等各部门通力协作。消防救援、军队、武警等救援队伍闻令而动，第一时间前突踏勘现场，科学划定救援区域，逐村逐户开展拉网式、地毯式人员排查搜救。妥善安置受灾群众，紧急调拨救灾物资，预拨救灾资金，做好疫情防控，尽快复工复学。做好次生灾害防范，严防地质灾害、危化品爆炸、堤防溃坝、堰塞湖、环境污染等灾害发生。抢修交通、电力、通信等基础设施，云南在震后 17 小时、青海在震后 9 小时内全部恢复灾区电力供应。及时公布震情灾情和抗震救灾信息，统一、及时、准确、客观回应社会关切，两地共举办 13 场新闻发布会。同时，做好交通疏导和治安秩序维护工作。

四、河北沧州市渤海新区南大港东兴工业区鼎睿石化有限公司“5·31”火灾事故救援

2021 年 5 月 31 日 14 时 28 分，河北省沧州市渤海新区南大港产业园区东兴工业区鼎睿石化有限公司储油罐发生火灾，严重威胁公司内其他储罐和工业园区内企业及附近村庄人员安全。

事故发生后，应急管理部持续调度指导应对处置工作，派出工作组赶赴现场，迅速调集周边消防救援专业力量跨区域增援（图 2-3-4）。河北省政府负责同志带领有关部门人员赶赴现场指挥火灾扑救工作。应急管理部、河北省政府、现场指挥部迅速构建了协同作战指挥体系，应急、消防、公安、生态环境、气象等相关部门协调联动，全力开展火灾扑救、交通管

图 2-3-4　河北沧州市渤海新区南大港东兴工业区鼎睿石化有限公司“5·31”火灾事故救援

制、人员疏散、地下管网封堵、环境监测、气象预警等救援处置工作。河北省、山东省和天津市消防救援总队，华北油田消防支队以及国家危险化学品应急救援天津石化队参与火灾扑救。经过 84 小时全力扑救，明火于 6 月 4 日 2 时 30 分被扑灭，事故未造成人员伤亡。

主要经验：迅速启动重大灾害事故响应机制，跨区域、成建制调集多方力量到场参与处置。构建“一部六组”指挥体系，实行扁平化指挥，保证指令快速执行。确定了初期重“控火”，中期重“排险”，后期重“歼灭”的战略步骤。采取“冷却控火、围堰分割、水幕隔断、分段封堵、放空点燃、分步歼灭”等技战术措施，成功扑灭大火，确保了厂区及周边企业和整个产业园区的安全。

五、黑龙江鸡西矿业有限公司滴道盛和煤矿立井“6·5”煤与瓦斯突出涉险事故救援

2021 年 6 月 5 日 12 时，黑龙江省鸡西矿业有限公司滴道盛和煤矿立井发生煤与瓦斯突出事故，造成 8 人被困。应急管理部立即指导部署救援处置工作，派出工作组赶赴现场指导协助救援处置。

事故发生后，黑龙江省政府主要负责同志赶赴现场，组织指挥地方相关部门开展救援工作。现场成立抢险救援指挥部，调集鸡西矿业有限公司救护大队、当地消防救援队伍以及公安民警等救援力量开展应急救援处置。经过 32 小时不间断全力施救，8 名被困人员于 6 日 19 时 58 分全部获救升井（图 2-3-5）。

主要经验：坚持不抛弃不放弃，本次救援从指挥人员到救援一线工人，分组分班，全力清理巷道中突出的煤岩，用最短

图 2-3-5　黑龙江鸡西矿业有限公司滴道盛和煤矿立井“6·5”煤与瓦斯突出涉险事故救援

时间快速打开“生命通道”，创造了煤与瓦斯突出事故被困人员全部获救的救援奇迹。坚持科学救援，防止次生灾害发生，用专业手段排放瓦斯，不间断地洒水降尘、消尘，防止瓦斯爆炸。被困矿工正确自救，利用压风自救系统，分时段轮流补充氧气，并卧地静待救援，相互鼓励，保存体力。

六、辽宁大连市开发区凯旋国际大厦“8·27”火灾扑救

2021年8月27日16时许，辽宁省大连市开发区凯旋国际大厦发生火灾，威胁大厦内群众。

火情发生后，应急管理部立即调度指导火灾扑救工作，派出工作组赶赴现场指导处置。辽宁省消防救援总队调派力量赴现场进行火灾扑救，应急、交警等部门和供水、燃气公司等联动协助处置，全力开展人员疏散、火灾扑救等救援处置工作（图2-3-6）。经全力救援，明火于当日23时许被扑灭，共疏散群众110余人，未造成人员伤亡。

主要经验：按照高层建筑火灾作战编成，精准调派充足力量和装备到场处置，现场指挥部第一时间确立“优先疏散、内外夹击、立体防御”的战术原则和“全力控制B座及空中连廊火势，坚决保证A座不过火”的作战目标，采取“内攻近战、内外结合、上下合击、逐层消灭、逐户清理”的战术措施，充分发挥举高消防车、双光无人机等装备优势，及时疏散抢救群众110余人，成功保住了大厦A座整体、共用裙楼和B座大部分房间，将火灾损失降到了最低。

图2-3-6 辽宁大连市开发区凯旋国际大厦“8·27”火灾扑救

七、陕西宝鸡市凤县 316 国道酒奠梁隧道“8·30”坍塌涉险事故救援

2021 年 8 月 30 日 16 时 24 分许，陕西省宝鸡市凤县 316 国道酒奠梁隧道留凤关出口方向在施工作业过程中发生坍塌，造成 10 人被困。

事故发生后，应急管理部持续调度指导救援处置工作，派出工作组赶赴现场，调派专业救援力量增援并协调专家参与处置。陕西省政府负责同志带领应急、交通运输等有关部门人员赶赴现场组织救援处置工作。宝鸡市成立救援现场指挥部，调集专业力量安全、高效、有序推进救援工作。国家隧道应急救援中国交建重庆队和当地消防、公安、卫生等救援力量以及灾害、隧道、施工等方面专家共 700 余人参加救援（图 2-3-7）。经过 53 小时持续救援，成功打通救援通道，10 名被困人员于 9 月 1 日 21 时 43 分全部获救。

主要经验：迅速响应，精准研判，立即调动国家隧道应急救援中国交建重庆队携大口径水平钻机、生命探测仪、地质雷达等关键救援装备赶赴现场参加救援。现场指挥部组织有力、方法科学，事故发生后 1 小时 25 分钟，打通了生命联络通道，与被困人员建立联系、保障给养。多措并举，制定了以大口径水平钻机钻进为主、坍塌体侧下方小导硐作业为辅、坍塌体顶部顶管机掘进为备的“一主一辅一备”救援方案，确保救援顺利进行。国家隧道应急救援中国交建重庆队在救援过程中操作大口径水平钻机切碎坍塌体内 7 根工字钢、4 块连接板，累计进尺 23.33 米，为打通救援通道顺利营救 10 名被困人员提供了保障，创造了 53 小时隧道钻孔救援的纪录。

图 2-3-7　陕西宝鸡市凤县 316 国道酒奠梁隧道“8·30”坍塌涉险事故救援

八、陕西渭南市大荔县朝邑镇紫阳村、赵渡镇乐合村漫堤决口险情处置

2021 年 10 月 7 日至 9 日，陕西省渭南市大荔县朝邑镇紫阳村、赵渡镇乐合村先后发生生产围堤漫堤决口，洪水漫至赵渡镇 10 个行政村，造成 17.5 万亩农田被淹，直接经济损失约 5 亿元。

险情发生后，国家防办、应急管理部立即作出部署。陕西省应急管理厅派出工作组赶赴现场协调指导抢险救援工作。当地组织应急、消防、水利和防汛抢险队伍 1.1 万人次、运输设备 76 辆次、机械设备 152 台（套）等，全力开展封堵决口、转移安置危险区群众、巡查堤防等抢险救援工作（图 2-3-8）。经全力抢修封堵，生产围堤紫阳段和赵渡镇乐合段决口分别于 12 日 17 时 36 分和 13 日 16 时 35 分成功完成合拢，转移安置 25126 名群众。

主要经验：迅速启动应急响应机制，模块化调派消防救援专业力量投入战斗，针对受灾群众点多面广的实际，采取舟艇编队行进和无人机空中侦查相结合的方式，对被困人员进行精准定位，综合评估灾害风险，制定科学救援方案，划分 5 个救援区域，联合社会应急力量按照“1+1”的编组模式开展协同救援，同时调集多台大型铲车涉水对被困群众进行摆渡救助，橡皮艇遂行保护，提升综合救援成效。

图 2-3-8 陕西渭南市大荔县朝邑镇紫阳村漫堤决口险情处置

九、河北石家庄市“10·11”通勤车涉水倾覆重大事故救援

2021 年 10 月 11 日 7 时许，河北省石家庄市平山县敬业集团一辆载有 51 人的通勤班车，行驶至钢城路滹沱河大桥施工临时便道（过水路面）中段时涉水倾覆，

造成 14 人死亡。

事故发生后，应急管理部立即调度指导救援处置工作，会同公安部、交通运输部派出工作组赶赴现场。河北省政府主要负责同志带领有关部门人员赶赴现场组织救援处置，调集消防救援队伍、武警部队、民兵以及社会应急力量，出动救援人员 3146 人次，调配各类救援装备 365 台，对事发水域展开拉网式排查搜救，全力开展人员搜救等处置工作（图 2-3-9）。经过 31 小时的全力搜寻，搜救出 51 名落水人员，其中 37 人获救生还。

主要经验：快速响应，迅速启动应急联动机制，第一时间调集消防水域救援力量和社会救援力量开展救援。采取空中无人机搜索，水面舟艇、声呐探测搜索和水下潜水员、机器人搜索相结合的立体侦察搜索模式，加快救援速度。根据水流情况，在河道上下游划分作业区域和搜救网格，探测仪器搜索定位、多舟合并同时推进，经各参战救援力量齐心协力，高效合作，遇险人员全部被救出。

图 2-3-9　河北石家庄市“10·11”通勤车涉水倾覆重大事故救援

十、山西吕梁市孝义市西辛庄镇杜西沟村“12·15”盗采煤炭资源导致透水被困人员救援

2021 年 12 月 15 日 23 时许，山西省吕梁市孝义市西辛庄镇杜西沟村发生盗采煤炭资源导致透水刑事案件，造成 22 人被困。

事故发生后，应急管理部持续调度指导抢险救援工作，派出工作组连夜赶赴现场，调派专业救援力量和专家支援。山西省政府主要负责同志带领有关部门人员赶赴现场指挥救援工作，成立现场救援指挥部，调集山西省消防救援总队、国家矿山应急救援汾西队、华阳新材料科技集团有限公司矿山救护大队和山西焦煤霍州煤电集团矿山救护大队等 8 支专业救援队伍，以及应急、自然资源、卫健等部门各种救援力量共计400余人，全力开展抢险救援工作（图2-3-10）。经过近45小时持续营救，22名被困人员于17日20时全部升井，其中20人获救生还、2人遇难。

主要经验：坚持科学决策，在保证稳定的前提下尽可能增加排水装备和方式方法，提高排水效率。及时调度救援力量，以国家矿山应急救援汾西队为主的专业救援力量，发挥科学严谨的专业能力和顽强拼搏的战斗精神，不畏严寒，在零下十几摄氏度的夜间不间断开展救援工作，确保救援行动高效推进；保障到位，国投大功率发电车在救援现场提供应急电源，保障救援工作顺利推进；坚持科学救援，利用井下摄像窥视仪发现被困人员，提振救援人员信心；针对暗立井井筒直径小、设备多、空间狭小，无法架设提升设备的难题，采用绳索救援，快速营救被困人员升井，同时保证排水工作不间断，确保搜救与遇险人员安全。

图2-3-10 山西吕梁市孝义市西辛庄镇杜西沟村“12·15”盗采煤炭资源导致透水被困人员救援

第四章　重　要　文　件

一、应急管理部发文

（一）“高风险非煤矿山建设项目安全设施设计审查”事项移交至国家矿山安全监察局

2021 年 1 月 26 日，中华人民共和国应急管理部公告（2021 年第 1 号）公告应急管理部“高风险非煤矿山建设项目安全设施设计审查”事项自 2021 年 1 月 26 日起移交至国家矿山安全监察局，由国家矿山安全监察局受理和办理。应急管理部行政审批窗口不再受理。

（二）高层民用建筑消防安全管理规定

2021 年 6 月 21 日，中华人民共和国应急管理部令（第 5 号）公布《高层民用建筑消防安全管理规定》，自 2021 年 8 月 1 日起施行。为加强高层民用建筑消防安全管理，预防火灾和减少火灾危害，《规定》明确高层民用建筑的消防安全主体责任，规定日常消防安全管理，强化消防宣传教育和灭火疏散预案演练，对高层民用建筑的消防安全影响较大的常见违法行为，按照规章设定处罚的权限，设定了一定数额罚款的行政处罚。

（三）工贸企业粉尘防爆安全规定

2021 年 7 月 25 日，中华人民共和国应急管理部令（第 6 号）公布《工贸企业粉尘防爆安全规定》，自 2021 年 9 月 1 日起施行。为加强工贸企业粉尘防爆安全工作，预防和减少粉尘爆炸事故，保障从业人员生命安全，《规定》从企业安全管理和技术保障方面、监管部门监督管理措施方面提出了具体要求，突出重点企业、聚焦重点环节、强化技术支撑，在法律责任部分对有上位法处罚依据的违法行为进行了具体化表述，与新修改的《中华人民共和国安全生产法》相关条款相衔接。

（四）应急管理部关于国家综合性消防救援队伍 2021 年面向社会招录消防员的公告

2021 年 7 月 30 日，中华人民共和国应急管理部公告（2021 年第 4 号）发布《应急管理部关于国家综合性消防救援队伍 2021 年面向社会招录消防员的公告》。经应急管理部、人力资源社会保障部批准，此次国家综合性消防救援队伍共招录消防员 10300 名（均为男性），其中，高校应届毕业生 3435 名、退役士兵 3432 名、社会青年 3433 名。此次消防员招录在四个方面作了改进完善：一是政策制度更加健全，二是招录周期更加合理，三是考核选拔更加优化，四是训练模式更加科学。

（五）社会消防技术服务管理规定

2021 年 9 月 13 日，中华人民共和国应急管理部令（第 7 号）公布《社会消防技术服务管理规定》，自 2021 年 11 月 9 日起施行。为规范社会消防技术服务活动，维护消防技术服务市场秩序，促进提高消防技术服务质量，《规定》进一步强化利企便民，取消机构资质许可，健全事中事后监管体系，针对消防技术服务机构从业活动中存在的突出问题进行了规范。

（六）应急管理部关于加强安全生产执法工作的意见

2021年3月29日，应急管理部印发《关于加强安全生产执法工作的意见》(应急〔2021〕23号)。《意见》围绕精准、严格、规范三个执法要素，要求通过强化执法狠抓风险防控和事故预防，从坚持精准执法、着力提高执法质量，坚持严格执法、着力提升执法效能，规范执法行为、着力强化执法权威，推进执法信息化建设、着力完善执法手段，加强执法力量建设、着力增强执法队伍能力水平5个方面提出了17项工作措施。

（七）应急管理部关于推进应急管理信息化建设的意见

2021年5月6日，应急管理部印发《关于推进应急管理信息化建设的意见》(应急〔2021〕31号)。《意见》提出，坚持以信息化推进应急管理现代化，强化实战导向和“智慧应急”牵引，规划引领、集约发展、统筹建设、扁平应用，夯实信息化发展基础，补齐网络、数据、安全、标准等方面的短板弱项，推动形成体系完备、层次清晰、技术先进的应急管理信息化体系，全面提升监测预警、监管执法、辅助指挥决策、救援实战和社会动员能力。

（八）应急管理部关于贯彻实施新修改《中华人民共和国消防法》全面实行公众聚集场所投入使用营业前消防安全检查告知承诺管理的通知

2021年5月11日，应急管理部印发《关于贯彻实施新修改〈中华人民共和国消防法〉全面实行公众聚集场所投入使用营业前消防安全检查告知承诺管理的通知》(应急〔2021〕34号)。《通知》要求，要充分认识《消防法》修改实施的重要意义，全面实行公众聚集场所投入使用、营业前消防安全检查告知承诺管理，加强对消防技术服务活动的监督管理，开展对新修改《消防法》的宣传教育。

（九）应急管理部关于进一步做好安全生产责任保险工作的紧急通知

2021年9月6日，应急管理部印发《关于进一步做好安全生产责任保险工作的紧急通知》(应急〔2021〕61号)。《通知》提出，要依法依规做好安全生产责任保险实施工作，严格按照《中华人民共和国安全生产法》和相关规定，认真开展自查自纠。针对各类问题和违法违规行为严肃查处，各级应急管理部门要强化监督落实安全生产责任保险工作。

（十）应急管理部关于印发《消防救援机构办理行政案件程序规定》《消防行政法律文书式样》的通知

2021年10月15日，应急管理部印发《消防救援机构办理行政案件程序规定》《消防行政法律文书式样》(应急〔2021〕77号)。《规定》明确了办理行政案件的总体要求、一般性规定和三种基本程序，在调查取证的基本要求、案件执行、终结和移送等方面作出了系统性规定。《文书式样》通过对立案、移送案件、询问、调查取证、处罚前告知、听证、作出处罚决定、催告、强制执行、送达等执法环节进行梳理，统一制定了消防救援机构在办案过程中使用的25种配套的消防行政法律文书式样。

（十一）应急管理部关于印发《企业安全生产标准化建设定级办法》的通知

2021年10月27日，应急管理部印发《企业安全生产标准化建设定级办法》(应急〔2021〕83号)。该办法是对《企业安全生产标准化评审工作管理办法(试行)》(安监总办〔2014〕49号)的修订，共17条，对标准化建设定级工作进行了规范，主要内容包括适用范围、等级划分和定级权限，定级程序，激励和监督保障措施。与原《办法》相比，主要有三个方面的调整完善：评审费用不再由企业承担，申请和撤销条件更加严格，激励措施更加明确。

二、议事协调机构文件

（一）国务院安全生产委员会印发《关于加强水上运输和渔业船舶安全风险防控工作的意见》

2021 年 2 月 5 日，国务院安全生产委员会印发《关于加强水上运输和渔业船舶安全风险防控工作的意见》（安委〔2021〕5 号）。《意见》提出 13 项针对性措施，要求各有关地区和部门进一步完善水上交通安全协调机制，强化水上安全联合执法和源头监管，加强从业人员安全培训，提升水上安全技防水平和救助能力，依法依规严肃做好事故调查处理，切实防范化解水上重大安全风险。

（二）国家防汛抗旱总指挥部关于防汛抗旱行政责任人的通报

2021 年 5 月 18 日，国家防汛抗旱总指挥部印发《关于防汛抗旱行政责任人的通报》（国汛〔2021〕2 号），通报了全国防汛抗旱行政责任人，大江大河、大型及防洪重点中型水库、主要蓄滞洪区、重点防洪城市、南水北调东线及中线工程沿线防汛行政责任人和沿海地区防台风行政责任人名单。

（三）国家防汛抗旱总指挥部关于调整国家防汛抗旱总指挥部组成单位和人员的通知

2021 年 5 月 26 日，国家防汛抗旱总指挥部印发《关于调整国家防汛抗旱总指挥部组成单位和人员的通知》（国汛〔2021〕3 号）。调整后，国务委员王勇为国家防汛抗旱总指挥部总指挥，应急管理部部长黄明、水利部部长李国英、中央军委联合参谋部副参谋长吴亚男、国务院副秘书长孟扬为副总指挥。国家防汛抗旱总指挥部部分成员作了调整。国家防汛抗旱总指挥部办公室设在应急管理部，办公室主任由应急管理部副部长兼水利部副部长周学文兼任。

（四）国务院抗震救灾指挥部关于调整国务院抗震救灾指挥部组成人员的通知

2021 年 6 月 5 日，国务院抗震救灾指挥部印发《关于调整国务院抗震救灾指挥部组成人员的通知》（国震发〔2021〕1 号）。调整后，国务委员王勇为国务院抗震救灾指挥部指挥长，应急管理部部长黄明、中央军委联合参谋部副参谋长吴亚男、国务院副秘书长孟扬为副指挥长。国务院抗震救灾指挥部部分成员作了调整。国务院抗震救灾指挥部办公室设在应急管理部，办公室主任由应急管理部党委委员兼地震局局长闵宜仁担任。

（五）国务院安全生产委员会关于调整国务院安全生产委员会组成人员的通知

2021 年 7 月 7 日，国务院安全生产委员会印发《关于调整国务院安全生产委员会组成人员的通知》（安委〔2021〕6 号）。调整后，国务院副总理刘鹤为国务院安全生产委员会主任；国务委员王勇，国务委员、公安部部长赵克志，应急管理部党委书记、部长黄明，国务院副秘书长孟扬为副主任。安委会部分成员作了调整。安委会办公室主任由黄明兼任。

（六）国务院安全生产委员会　国家防汛抗旱总指挥部印发《关于切实加强城市安全工作的通知》

2021 年 7 月 26 日，国务院安全生产委员会、国家防汛抗旱总指挥部印发《关于切实加强城市安全工作的通知》（安委明电〔2021〕2号)。《通知》提出,要强化人民至上、生命至上的思想理念和责任担当,强化以地铁为重点的城市交通安全工作,强化城市防汛排涝工作,强化城市建筑和市政设施建设运行安全监管,强化城市消防和危险化学品等的安全防范,强化应急救援救灾工作实效,有效防范化解重大安全风险,有力维护人民群众生命财产安全和社会稳定。

(七)国务院抗震救灾指挥部印发《关于进一步健全完善地方防震减灾救灾体制机制的意见》

2021年7月26日,国务院抗震救灾指挥部印发《关于进一步健全完善地方防震减灾救灾体制机制的意见》(国震发〔2021〕2号)。《意见》在推动各地落实防震减灾救灾工作责任、落实抗震救灾指挥机构职责、完善省级应急管理厅(局)与地震局协同联动工作机制、推动落实市县防震减灾工作责任等方面提出了明确指导意见,以期各地防震减灾救灾体制机制更加完善,防震减灾救灾能力水平得到进一步提升。

(八)国务院安全生产委员会关于印发《全国城镇燃气安全排查整治工作方案》的通知

2021年11月25日,国务院安全生产委员会印发《全国城镇燃气安全排查整治工作方案》(安委〔2021〕9号)。《方案》要求各地在2021年11月至2022年12月期间开展全国城镇燃气安全排查整治工作,深刻吸取国内外燃气事故教训,全面排查燃气管网和涉及燃气各领域安全风险隐患,摸清底数、强化措施,整改治理一批重大安全隐患、依法严惩一批非法违法行为、关闭取缔一批违法违规和不符合安全生产条件的企业、联合惩戒一批严重失信市场企业、问责曝光一批责任措施不落实的单位和个人,坚决防范遏制燃气重特大事故和有影响的事故。

(九)国务院安全生产委员会关于印发《全国危险化学品安全风险集中治理方案》的通知

2021年12月31日,国务院安全生产委员会印发《全国危险化学品安全风险集中治理方案》(安委〔2021〕12号)。《方案》提出,利用一年时间开展危险化学品安全风险集中治理工作。对照安全发展理念不牢、安全生产责任不落实两大类突出问题,以及生产储存、交通运输、废弃处置、化工园区四个环节的重大安全风险进行重点排查;完善强化统筹协调和监管责任落实、提升本质安全水平、健全重大风险防范化解机制、提升专业人员能力素质、提升危险化学品安全风险数字化智能化管控水平等五个方面22项重点制度保障措施。

(十)国家防汛抗旱总指挥部办公室关于印发《关于加强强降雨期间山丘区人员转移避险工作的指导意见》的通知

2021年2月9日,国家防汛抗旱总指挥部办公室印发《关于加强强降雨期间山丘区人员转移避险工作的指导意见》(国汛办〔2021〕1号)。我国山丘区山洪灾害点多面广、频繁发生,每年导致较大数量人员死亡失踪,群死群伤事件时有发生,《指导意见》针对性地提出山丘区人员转移避险具体措施。

(十一)国务院安委会办公室关于加强矿山安全生产工作的紧急通知

2021年2月24日,国务院安委会办公室印发《关于加强矿山安全生产工作的紧急通知》(安委办〔2021〕3号)。《通知》要求,地方各级安委会要结合本地实际抓好"六严禁、三严格"九项措施的组织实施,及时研究解决工作中的问题，并以此为重点开展矿山安全大排查，坚决遏制矿山事故多发势头。

（十二）国务院安委会办公室关于印发生产安全事故防范和整改措施落实情况评估办法的通知

2021年3月3日，国务院安委会办公室印发《生产安全事故防范和整改措施落实情况评估办法》(安委办〔2021〕4号)。《办法》明确，事故结案后10个月至1年内，负责事故调查的地方政府和国务院有关部门要组织开展评估。评估工作组依据生产安全事故调查报告，逐项对照防范和整改措施建议，重点评估事故发生单位、相关企业和有关政府、部门落实事故防范和整改措施采取的具体举措、工作成效以及对事故责任单位和责任人员行政处罚建议等落实情况。组织评估工作的地方政府应当依据评估报告，向有关地区和部门反馈评估情况，并将评估报告报送上一级安委会办公室备案。

（十三）国家减灾委员会办公室关于做好2021年全国防灾减灾日有关工作的通知

2021年3月12日，国家减灾委员会办公室印发《关于做好2021年全国防灾减灾日有关工作的通知》(国减办发〔2021〕8号)。2021年5月12日是我国第13个全国防灾减灾日，主题是“防范化解灾害风险，筑牢安全发展基础”，5月8日至14日为防灾减灾宣传周。《通知》提出：突出“防范化解灾害风险，筑牢安全发展基础”主题，扎实开展防灾减灾活动；加大宣传教育力度，提升全民灾害风险防范意识和能力；聚焦风险源头管控，深入开展灾害风险隐患排查治理；筑牢安全发展基础，加快推进规划编制和重点工程建设；加强灾害应急准备，有力有序有效应对各类灾害；修订完善应急预案，广泛开展防灾减灾救灾演练。

（十四）国家减灾委员会办公室印发《2021年全国地质灾害风险形势分析报告》

2021年3月23日，国家减灾委员会办公室印发《2021年全国地质灾害风险形势分析报告》(国减办发〔2021〕11号)。《报告》综合考虑2021年气候、地震、防灾减灾能力、人类工程活动等外在因素的影响，对2021年全国地质灾害总体趋势进行了分析研判。

（十五）国家森林草原防灭火指挥部办公室、国家林业和草原局、公安部、应急管理部关于联合组织开展野外火源治理和查处违规用火行为专项行动的通知

2021年3月29日，国家森林草原防灭火指挥部办公室、国家林业和草原局、公安部、应急管理部联合印发《关于联合组织开展野外火源治理和查处违规用火行为专项行动的通知》(国森防办发〔2021〕3号)。决定自4月1日起至12月20日，分两个阶段联合组织开展野外火源治理和查处违规用火行为专项行动。有效管控野外火源，严厉查处违规用火行为，减少人为因素引发森林草原火灾。

（十六）国务院安委会办公室　应急管理部关于开展2021年全国“安全生产月”活动的通知

2021年4月26日，国务院安委会办公室、应急管理部印发《关于开展2021年全国“安全生产月”活动的通知》(安委办〔2021〕5号)。2021年6月是第20个全国“安全生产月”，主题是“落实安全责任，推动安全发展”。《通知》提出：突出“落实安全责任，推动安全发展”主题，推动学习习近平总书记关于安全生产重要论述精神走深走实；注重总结经验

做法，开展好“专项整治集中攻坚战”专题宣传活动；强化问题隐患警示曝光，开展好“安全生产万里行”活动；创新方式方法，开展好“6·16安全宣传咨询日”活动；强化全媒体联动，提高安全宣传“五进”的针对性精准性。

（十七）国务院安委会办公室关于印发《城市安全风险综合监测预警平台建设指南（试行）》的通知

2021年9月23日，国务院安委会办公室印发《城市安全风险综合监测预警平台建设指南（试行）》（安委办函〔2021〕45号）。《指南》明确了城市安全风险综合监测预警平台建设内容以及配套机制保障要求，突出平台建设中的政府统一领导和部门分工协作，确保不断提升城市安全风险监测预警和应急处置能力和水平。

（十八）国家减灾委员会办公室关于做好2021年国际减灾日有关工作的通知

2021年9月27日，国家减灾委员会办公室印发《关于做好2021年国际减灾日有关工作的通知》（国减办发〔2021〕21号）。2021年10月13日是第32个国际减灾日，主题是“构建灾害风险适应性和抗灾力”。《通知》强调在新冠肺炎流行和灾害风险日益复杂的状况下，建立完善政府主导、社会参与、多方协同的灾害风险治理模式，着力构建灾害风险适应性和抗灾力，提高全社会灾害风险治理能力，不断增强人民群众的获得感、幸福感、安全感。突出“构建灾害风险适应性和抗灾力”主题，积极组织开展防灾减灾活动；强化合作协同，全面做好自然灾害综合风险普查和风险防范工作；坚持多管齐下，努力构建多元主体参与的防灾减灾救灾格局；加强宣传教育，大力普及防灾减灾知识和技能；强化底线思维，扎实做好自然灾害防范应对工作。

三、联合发文

（一）住房和城乡建设部　公安部　交通运输部　商务部　应急管理部　市场监管总局关于加强瓶装液化石油气安全管理的指导意见

2021年3月19日，住房和城乡建设部、公安部、交通运输部、商务部、应急管理部、市场监管总局联合印发《关于加强瓶装液化石油气安全管理的指导意见（建城〔2021〕23号）》。《意见》明确，到2022年底，瓶装液化石油气安全专项整治取得积极成效，安全管理制度基本完善，安全事故总量持续下降，较大及以上事故有效遏制，行业整体安全水平明显提高。《意见》要求，督促落实企业主体责任，切实履行部门监管职责，强化监管部门协调配合，加快完善管理制度，加强市场准入管理，加强瓶装液化石油气配送管理，完善用户用气管理制度，提升用户用气服务质量，强化餐饮经营单位安全管理，推广使用先进技术，提高监管信息化水平，加强组织领导，注重宣传引导。

（二）应急管理部　国家矿山安监局　国家发展改革委　国家能源局关于印发煤矿生产能力管理办法和核定标准的通知

2021年4月27日，应急管理部、国家矿山安监局、国家发展改革委、国家能源局联合印发《煤矿生产能力管理办法》和《煤矿生产能力核定标准》（应急〔2021〕30号）。修订后的《办法》和《标准》明确了煤矿核定生产能力档次、核增幅度原则、20种不得核增生产能力情形和生产能力核定标准，进一步加强和完善了煤矿生产能力管理，规范了生产能力核定工作。

（三）人力资源社会保障部　国家发展改革委　交通运输部　应急管理部　市场监管总局　国家医保局　最高人民法院　全国总工会关于维护新就业形态劳动者劳动保障权益的指导意见

2021 年 7 月 16 日，人力资源社会保障部、国家发展改革委、交通运输部、应急管理部、市场监管总局、国家医保局、最高人民法院、全国总工会联合印发《关于维护新就业形态劳动者劳动保障权益的指导意见》（人社部发〔2021〕56 号）。《意见》对近年来平台经济迅速发展，创造了大量就业机会，依托互联网平台就业的网约配送员、网约车驾驶员、货车司机、互联网营销师等新就业形态劳动者数量大幅增加，维护劳动者劳动保障权益面临的新情况新问题，提出要规范用工，明确劳动者权益保障责任；健全制度，补齐劳动者权益保障短板；提升效能，优化劳动者权益保障服务；齐抓共管，完善劳动者权益保障工作机制。《意见》强调，要健全并落实劳动安全卫生责任制，严格执行国家劳动安全卫生保护标准。

（四）人力资源社会保障部　应急管理部关于印发《国家综合性消防救援队伍消防员招录办法》的通知

2021 年 7 月 29 日，人力资源社会保障部、应急管理部印发《国家综合性消防救援队伍消防员招录办法》（人社部发〔2021〕58 号）。《招录办法》在招录工作机制、招录条件、考核规程、待遇保障等方面作了调整完善。

（五）应急管理部　工业和信息化部　公安部　交通运输部　海关总署关于进一步加强硝酸铵安全管理的通知

2021 年 9 月 13 日，应急管理部、工业和信息化部、公安部、交通运输部、海关总署联合印发《关于进一步加强硝酸铵安全管理的通知》（应急〔2021〕64 号）。《通知》要求：强化硝酸铵安全风险源头管控，严格硝酸铵生产过程安全管理，完善硝酸铵储存安全设备设施和管理措施，加强硝酸铵运输安全风险管控，严格硝酸铵销售、购买环节管理，落实部门监管责任严格监督管理，提升硝酸铵安全技术标准。

（六）住房和城乡建设部　应急管理部关于加强超高层建筑规划建设管理的通知

2021 年 10 月 22 日，住房和城乡建设部、应急管理部印发《关于加强超高层建筑规划建设管理的通知》（建科〔2021〕76 号）。《通知》明确要求：严格管控新建超高层建筑，从严控制建筑高度，合理确定建筑布局，深化细化评估论证，强化公共投资管理，压紧夯实决策责任；强化既有超高层建筑安全管理，全面排查安全隐患，系统推进隐患整治，提升安全保障能力，完善运行管理机制。

（七）应急管理部、司法部关于印发《应急管理综合行政执法技术检查员和社会监督员工作规定（试行）》的通知

2021 年 11 月 30 日，应急管理部、司法部联合印发《应急管理综合行政执法技术检查员和社会监督员工作规定（试行）》（应急〔2021〕93 号）。《规定》提出：紧紧围绕有效防范遏制生产安全事故发生，结合应急管理综合行政执法工作实际，一方面通过聘用应急管理综合行政执法技术检查员，为安全生产工作提供专业技术支撑，有力提升安全监管执法效能，有效防范化解安全风险、消除事故隐患；另一方面通过聘任应急管理综合行政执法社会监督员，向应急管理部门反映意见和建议，为行政执法工作提供问题线

索，帮助规范执法行为，提高执法质量。

（八）人力资源社会保障部　应急管理部关于实施危险化学品企业工伤预防能力提升培训工程的通知

2021年12月10日，人力资源社会保障部、应急管理部印发《关于实施危险化学品企业工伤预防能力提升培训工程的通知》（人社部函〔2021〕168号）。《通知》提出，紧紧围绕从源头上消除事故隐患，扎实落实工伤预防五年行动计划，将工伤预防作为工伤保险优先事项，全覆盖、高质量培训危险化学品企业重点人员，切实提升工伤预防意识和能力，推动落实企业工伤预防主体责任，保障劳动者生命安全与健康，促进劳动者稳定就业，促进危险化学品企业安全发展。

第三篇

安全生产和消防安全

综 述

2021年，面对外部环境复杂多变、极端天气灾害增多增强的双重压力，各地区各有关部门和单位认真贯彻落实习近平总书记重要指示精神和党中央、国务院决策部署，紧紧围绕为建党百年营造良好环境的目标，坚持人民至上、生命至上，深化系统治理、综合治理、源头治理，切实把确保人民群众生命安全放在首位落到实处，全力以赴推进防范化解重大安全风险各项工作，有效防范和坚决遏制重大事故，有力推动全国安全生产形势稳定好转。全国生产安全事故起数和死亡人数同比分别下降9.0%和4.0%，连续第二个整年未发生特别重大事故，实现了“十四五”良好开局。

一、积极推动树牢安全发展理念落实责任体系

应急管理部党委始终将安全生产作为应急管理工作的基本盘、基本面，坚决贯彻习近平总书记“从根本上消除事故隐患、从根本上解决问题”重要指示精神，坚持把人民群众生命安全作为最现实的“国之大者”，充分发挥国务院安委会办公室统筹协调作用，推动各地区各部门树牢安全发展理念、拧紧责任落实链条。联合中共中央宣传部组织各级党委（党组）集中学习《生命重于泰山——学习习近平总书记关于安全生产重要论述》电视专题片，用习近平总书记关于安全生产重要论述统一思想，推动各地树牢安全发展理念。组织对32个省级政府2020年度安全生产工作进行现场考核巡查，并首次对39个国务院安委会成员单位安全生产工作进行考核，先后核查抽查81个市级政府、593家重点单位，暗访重点企业单位135家，发现各类问题隐患2185项，对各省级政府、各有关部门分别形成考核通报，并逐一反馈意见，有效推动了地方党政领导干部以及有关部门“三个必须”安全监管责任落实。以国务院安委会办公室名义约谈事故多发的6个省份和9个地市负责人，及时督促建议有关部门强化行业监管责任落实。制定《国务院安全生产委员会2021年工作要点》，印发《国务院安全生产委员会成员单位安全生产工作任务分工》，完善重要节点联合会商研判、重大及典型事故联合督导机制，进一步凝聚形成安全生产齐抓共管工作合力。

二、扎实推进全国安全生产专项整治三年行动集中攻坚

聚焦重点难点问题，扎实推动各地区各部门加强“攻坚之年”整治督导，梳理形成2021年82项重点工作任务、8个方面32项重点攻坚督办任务，细化问题隐患和制度措施“两个清单”，突出矿山、危险化学品、消防、交通运输、建筑施工等重点行业领域，强化企业安全生产主体责任落实，累计排查安全隐患4858万项，整改率92.8%，深化重点问题攻坚。组织对2.3万处危险化学品重大危险源逐一开展两轮检查督导，对全国358家大型油气储存基地全覆盖开展安全风险评

估，强化化学品储罐区风险治理，深化非法违法“小化工”、精细化工“四个清零”专项整治；矿山安全大排查和矿山外包工程、整合煤矿、托管煤矿等专项整治扎实推进；地方党委政府统筹、行业部门参与的“商渔共治”机制成效明显；“两客一危”车辆和用作经营的农村自建房、电动自行车等安全整治取得新的进展。

三、全力以赴防范化解重大安全风险

紧盯重点行业领域，滚动研判风险，及时发现问题，采取切实有效措施防范化解安全风险。一是吸取事故教训，强化高危行业领域安全监管。狠抓矿山安全风险管控，积极应对能源增产保供压力，推动和支持释放优质煤炭先进产能3.1亿吨/年，对保供煤矿“一对一”指导服务，开展隐蔽致灾因素普查和采掘接续专项检查，集中开展打击非法盗采煤炭等矿产资源专项整治，严防事故冲击保供大局。加大工贸行业事故警示力度，及时跟踪典型事故，组织研究有限空间、新能源电池等新风险及解决措施，督促各地防范夏季有限空间作业风险，通过自媒体平台发布工贸重点行业领域25项执法检查重点事项培训视频。持续筑牢消防安全防线，加强大型商业综合体、教育培训机构、电化学储能电站、密室逃脱场所、养老福利机构、连片村寨等重点场所、新业态火灾风险管控。二是坚持重点突破，坚决守住安全底线。强化燃气安全监管，会同住房和城乡建设部等联合印发《关于加强瓶装液化石油气安全管理的指导意见》，以国务院安委会名义印发《全国城镇燃气安全排查整治工作方案》，召开全国城镇燃气安全排查整治工作电视电话会议，深入开展为期一年的全国城镇燃气安全排查整治工作。强化外卖骑手安全保障，约谈平台经济企业负责人，开展《安全生产法》宣贯，督促落实企业主体责任，规范平台经营活动，会同人力资源社会保障部等8部门联合印发《关于维护新就业形态劳动者劳动保障权益的指导意见》，加强外卖骑手权益保障。强化农村道路交通安全，协调交通运输部、农业农村部印发《关于加强农村地区重点时段群众出行服务保障工作的通知》《关于推动农村客运高质量发展的指导意见》，协调公安部、农业农村部部署持续开展公路违法超员、违法载人专项治理行动和国省道货车超限超载违法行为专项整治行动以及拖拉机安全整治，严查农村地区各类交通违法。三是严格督导检查，组织开展常态化明查暗访。2021年，围绕建党100周年、“五一”、国庆等重点时段，国务院安委会办公室组织开展了6轮明查暗访，坚持“‘四不两直’执法检查+专家指导服务+主流媒体曝光”，派出78个工作组，检查各类企业单位900余家，排查问题隐患4000余项；组织协调80余家次新闻媒体的200余名记者全程参与，针对发现的突出问题和重大隐患采写刊播350余篇原创报道和专题节目，各类媒体和网络平台广泛转载，有效督促有关地方、部门和企业举一反三，进一步压紧压实安全责任。

四、持续夯实安全生产基层基础

以法治筑牢安全屏障，完成《安全生产法》的修改，推动强化企业安全生产主体责任落实；3月1日起施行的《刑法修正案（十一）》中增加了“危险作业罪”，加大了对事故前安全生产严重违法行为的追究力度；制定发布《高层民用建筑消防安全管理规定》《工贸企业粉尘防爆安全规定》等部门规章，推进修订《危险化学品企业特殊作业安全规范》《化工建设项目安全设计管理导则》等标准规定，进一步完善安全生产法规制度。健全风险防范体系，提升本质安全水平，积极推进智能化矿井、烟花爆竹转型升级集中区建设和危险化学品企业自动化改造，推动分类处置991座“头顶库”，闭库销号547座尾矿库，全面推进安全风险监测预警建设试点，以点带面提升城市风险防控能力。持续深入实施安全技能提升行动，全年开展补贴性安全培训430万人次。铁腕治理安全评价机构执业行为，净化安全评价市场。持续强化执法质量和实效，印发《关于加强安全生产执法工作的意见》，推进明查暗访、交叉互检、异地执法、“消地协作”等监管机制常态化，推动加大事故前危险作业行为刑事责任追究力度，建立典型执法案例分析报告和公开制度，推动各地规范执法、科学执法，不断提升安全生产监管执法效能。

第一章　全国安全生产总体情况

2021 年，全国发生各类生产安全事故 34612 起、死亡 26307 人，同比减少 3438 起、1105 人，分别下降 9.0% 和 4.0%。其中：未发生特别重大事故，与上年持平；发生重大事故 17 起、死亡 241 人，同比增加 1 起、上升 6.3%，减少 21 人、下降 8.0%；发生较大事故 515 起、死亡 1935 人，同比减少 2 起、49 人，分别下降 0.4% 和 2.5%。

从行业领域看：12 个重点统计的行业领域中，农业机械、渔业船舶、煤矿、化工、铁路运输、道路运输、水上运输 7 个行业事故起数和死亡人数同比“双下降”，占 58.3%；金属非金属矿山 1 个行业事故起数同比下降，死亡人数同比上升，占 8.4%；烟花爆竹、冶金机械八行业、建筑业、航空运输 4 个行业事故起数和死亡人数同比“双上升”，占 33.3%。

在各行业领域事故中，交通运输业事故起数和死亡人数最多，分别占 76.2% 和 67.7%；其次是建筑业，事故起数和死亡人数分别占 11.1% 和 15.2%；商贸制造业事故起数和死亡人数分别占 7.0% 和 9.4%；采矿业事故起数和死亡人数分别占 1.9% 和 2.2%；农林牧渔业事故起数和死亡人数分别占 0.8% 和 1.2%；其他行业事故起数和死亡人数分别占 2.9% 和 4.3%。

2021 年全国生产安全事故情况（按行业领域分）见表 3-1-1。

从地区情况看：全国 32 个省级统计单位中，有 25 个单位实现事故总量同比“双下降”，占 78.1%；有 3 个单位同比“双上升”，占 9.4%；有 3 个单位事故起数同比下降，死亡人数同比上升，占 9.4%；有 1 个单位事故起数同比上升，死亡人数同比下降，占 3.1%。发生事故的单位中，事故起数居前三位的分别是广东 3158 起、湖北 2052 起、广西 2000 起，事故起数居后三位的分别是新疆生产建设兵团 35 起、西藏 78 起、宁夏 172 起；死亡人数居前三位的分别是广东 2329 人、湖南 1586 人、云南 1579 人，死亡人数居后三位的分别是新疆生产建设兵团 30 人、西藏 61 人、宁夏 169 人。

2021 年全国生产安全事故情况（按地区分）见表 3-1-2。

一、全国较大生产安全事故情况

2021 年，全国发生较大生产安全事故 515 起、死亡 1935 人，同比减少 2 起、49 人，分别下降 0.4% 和 2.5%。

从行业领域看：12 个重点统计的行业领域中，农业机械 1 个行业未发生较大事故，占 8.3%；化工、建筑业和道路运输 3 个行业较大事故同比“双下降”，占 25.0%；渔业船舶、烟花爆竹、冶金机械八行业和水上运输 4 个行业较大事故同比“双上升”，占 33.3%。

在各行业领域较大事故中，交通运输业较大事故起数和死亡人数最多，分别占 60.8% 和 59.3%；其次是商贸制造业，较大事故起数和死亡人数分别占 12.6% 和 13.3%；建筑业较大事故起数和死亡人数

表 3-1-1 2021 年全国生产安全事故情况表（按行业领域分）

行业		事故起数（起）	同比增减		死亡（人）	同比增减	
			起	%		人	%
合计		34612	-3438	-9.0	26307	-1105	-4.0
A 农林牧渔业	小计	262	-29	-10.0	327	-38	-10.4
	其中：1. 农业机械	96	-15	-13.5	80	-16	-16.7
	2. 渔业船舶	72	-28	-28.0	138	-23	-14.3
	其他	94	14	17.5	109	1	0.9
B 采矿业	小计	664	-107	-13.9	569	-40	-6.6
	其中：1. 煤矿	342	-107	-23.8	182	-62	-25.4
	2. 金属非金属矿山	272	-8	-2.9	331	11	3.4
	3. 石油天然气	14	5	55.6	17	3	21.4
	其他	36	3	9.1	39	8	25.8
C、F、H 商贸制造业	小计	2421	-53	-2.1	2477	10	0.4
	其中：1. 化工	130	-55	-29.7	157	-60	-27.6
	2. 烟花爆竹	11	3	37.5	13	5	62.5
	3. 冶金机械八行业	1953	612	45.6	1968	583	42.1
	其他	327	-613	-65.2	339	-518	-60.4
E 建筑业	小计	3854	531	16.0	3993	432	12.1
	其中：1. 房屋建筑业	1349	131	10.8	1372	51	3.9
	2. 土木工程建筑业	1005	178	21.5	1124	230	25.7
	其他	1500	222	17.4	1497	151	11.2
G 交通运输业	小计	26390	-5479	-17.2	17808	-2884	-13.9
	其中：1. 铁路运输	499	-96	-16.1	438	-62	-12.4
	2. 道路运输	25616	-5386	-17.4	16998	-2789	-14.1
	3. 水上运输	92	-25	-21.4	201	-60	-23.0
	4. 航空运输	16	9	128.6	18	6	50.0
	其他	167	19	12.8	153	21	15.9
D、I-T 其他行业		1021	-52	-4.8	1133	41	3.8

表 3-1-2　2021 年全国生产安全事故情况表（按地区分）

地区	事故起数（起）	同比增减		死亡（人）	同比增减		地区	事故起数（起）	同比增减		死亡（人）	同比增减	
		起	%		人	%			起	%		人	%
合计	34612	-3438	-9.0	26307	-1105	-4.0	湖北	2052	510	33.1	1415	305	27.5
北京	469	83	21.5	498	86	20.9	湖南	1491	-90	-5.7	1586	-81	-4.9
天津	1260	-15	-1.2	516	-47	-8.3	广东	3158	-605	-16.1	2329	-256	-9.9
河北	1031	-224	-17.8	884	-108	-10.9	广西	2000	-946	-32.1	1544	-336	-17.9
山西	564	-105	-15.7	605	-80	-11.7	海南	236	73	44.8	232	63	37.3
内蒙古	747	-181	-19.5	691	-97	-12.3	重庆	1332	-113	-7.8	856	-94	-9.9
辽宁	1628	-160	-8.9	1459	10	0.7	四川	1163	-143	-10.9	1147	-108	-8.6
吉林	1648	-200	-10.8	604	-96	-13.7	贵州	708	-240	-25.3	571	-201	-26.0
黑龙江	1226	-185	-13.1	548	-40	-6.8	云南	1488	-97	-6.1	1579	-24	-1.5
上海	539	-208	-27.8	453	-48	-9.6	西藏	78	-19	-19.6	61	-37	-37.8
江苏	1492	-768	-34.0	909	-392	-30.1	陕西	547	-190	-25.8	484	-92	-16.0
浙江	1255	-179	-12.5	1012	-142	-12.3	甘肃	697	-22	-3.1	600	-16	-2.6
安徽	1121	-109	-8.9	1136	-31	-2.7	青海	390	-2	-0.5	261	11	4.4
福建	986	-201	-16.9	684	-63	-8.4	宁夏	172	-24	-12.2	169	1	0.6
江西	1307	-458	-25.9	941	-133	-12.4	新疆	921	57	6.6	395	-8	-2.0
山东	1698	-515	-23.3	1134	-394	-25.8	新疆兵团	35	-25	-41.7	30	-13	-30.2
河南	1173	-40	-3.3	974	-84	-7.9							

分别占 12.6% 和 12.2%；采矿业较大事故起数和死亡人数分别占 4.1% 和 4.9%；农林牧渔业较大事故起数和死亡人数分别占 3.9% 和 4.7%；其他行业较大事故起数和死亡人数分别占 6.0% 和 5.6%。

2021 年全国较大生产安全事故情况（按行业领域分）见表 3-1-3。

从地区情况看：全国 32 个省级统计单位中，有 15 个单位实现较大事故同比“双下降”。较大事故起数居前四位的分别是云南 36 起、辽宁 34 起，广西、浙江各 30 起，较大事故起数居后四位的分别是西藏 1 起、新疆生产建设兵团 2 起，海南和青海各 4 起；死亡人数居前三位的分别是辽宁 148 人、云南 128 人、浙江 121 人，死亡人数居后三位的分别是西藏 4 人、新疆生产建设兵团 8 人、青海 12 人。

2021 年全国较大生产安全事故情况（按地区分）见表 3-1-4。

表 3-1-3　2021 年全国较大生产安全事故情况表（按行业领域分）

行　业		事故起数（起）	同比增减		死亡（人）	同比增减	
			起	%		人	%
合计		515	-2	-0.4	1935	-49	-2.5
A 农林牧渔业	小计	20	-2	-9.1	91	-1	-1.1
	其中：1. 农业机械						
	2. 渔业船舶	16	4	33.3	79	20	33.9
	其他	4	-6	-60.0	12	-21	-63.6
B 采矿业	小计	21	1	5.0	95	9	10.5
	其中：1. 煤矿	12	1	9.1	52		
	2. 金属非金属矿山	7	-1	-12.5	37	8	27.6
	3. 石油天然气	1			3	-2	-40.4
	其他	1	1		3	3	
C、F、H 商贸制造业	小计	65	10	18.2	257	18	7.5
	其中：1. 化工	9	-1	-10.0	35	-6	-14.6
	2. 烟花爆竹	1	1		3	3	
	3. 冶金机械八行业	50	8	19.0	197	12	6.5
	其他	5	2	66.7	22	9	69.2
E 建筑业	小计	65	-19	-22.6	237	-71	-23.1
	其中：1. 房屋建筑业	19	-30	-61.2	73	-112	-60.5
	2. 土木工程建筑业	30	17	130.8	105	54	105.9
	其他	16	-6	-27.3	59	-13	-18.1
G 交通运输业	小计	313	-8	-2.5	1147	-60	-5.0
	其中：1. 铁路运输	1	-3	-75.0	9	3	50.0
	2. 道路运输	279	-12	-4.1	998	-85	-7.8
	3. 水上运输	29	6	26.1	125	16	14.7
	4. 航空运输	3			12	3	33.3
	其他	1	1		3	3	
D、I-T 其他行业		31	12	63.2	108	44	68.8

表 3-1-4　2021 年全国较大生产安全事故情况表（按地区分）

地区	事故起数（起）	同比增减		死亡（人）	同比增减		地区	事故起数（起）	同比增减		死亡（人）	同比增减	
		起	%		人	%			起	%		人	%
合计	515	-2	-0.4	1935	-49	-2.5	湖北	18	6	50.0	61	9	17.3
北京	8	3	60.0	24	8	50.0	湖南	21			74	3	4.2
天津	6	1	20.0	19	-2	-9.5	广东	26	-12	-31.6	93	-53	-36.3
河北	17	2	13.3	69	9	15.0	广西	30			109	-10	-8.4
山西	24	-7	-22.6	92	-11	-10.7	海南	4	-4	-50.0	14	-10	-41.7
内蒙古	18	2	12.5	63	8	14.5	重庆	8	-1	-11.1	29	-8	-21.6
辽宁	34	18	112.5	148	76	105.6	四川	26			96	8	9.1
吉林	5	-4	-44.4	20	-11	-35.5	贵州	15	-9	-37.5	65	-32	-33.0
黑龙江	18			70	3	4.5	云南	36	3	9.1	128	12	10.3
上海	5	1	25.0	20	-4	-16.7	西藏	1	-4	-80.0	4	-18	-81.8
江苏	12	-1	-7.7	41	-11	-21.2	陕西	15	-3	-16.7	51	-20	-28.2
浙江	30	16	114.3	121	63	108.6	甘肃	14	-8	-36.4	54	-26	-32.5
安徽	19	-6	-24.0	68	-24	-26.1	青海	4	-4	-50.0	12	-19	-61.3
福建	21	6	40.0	87	20	29.9	宁夏	6	3	100.0	24	11	84.6
江西	17	-3	-15.0	69	-3	-4.2	新疆	6	-1	-14.3	21	-12	-36.4
山东	27	3	12.5	104	12	13.0	新疆兵团	2	2		8	8	
河南	22	-5	-18.5	77	-37	-32.5							

二、全国重大生产安全事故情况

2021 年，全国发生重大生产安全事故 17 起、死亡 241 人，同比事故起数增加 1 起、上升 6.3%，死亡人数减少 21 人、下降 8.0%。

从行业领域看：12 个重点统计的行业领域中，农业机械、渔业船舶、化工、烟花爆竹、冶金机械八行业、铁路运输和航空运输 7 个行业未发生重大事故，占 58.3%；渔业船舶、煤矿和水上运输 3 个行业重大事故同比“双下降”，占 25.0%；金属非金属矿山和道路运输 2 个行业重大事故同比“双上升”，占 16.7%。

在各行业领域重大事故中，交通运输业重大事故起数和死亡人数最多，分别占 47.1% 和 35.7%；其次是采矿业，重大事故起数和死亡人数分别占 23.5% 和 27.0%；建筑业重大事故起数和死亡人数分别占 11.8% 和 12.9%；其他行业重大事故起数和死亡人数分别占 17.6% 和 24.5%。

2021 年全国重大生产安全事故情况（按行业领域分）见表 3-1-5。

表 3-1-5　2021 年全国重大生产安全事故情况表（按行业领域分）

行　业		事故起数（起）	同比增减		死亡（人）	同比增减	
			起	%		人	%
合计		17	1	6.3	241	-21	-8.0
A 农林牧渔业	小计		-1	-100.0		-21	-100.0
	其中：1. 农业机械						
	2. 渔业船舶		-1	-100.0		-21	-100.0
	其他						
B 采矿业	小计	4	1	33.3	65	13	25.0
	其中：1. 煤矿	2	-1	-33.3	41	-11	-21.2
	2. 金属非金属矿山	2	2		24	24	
	3. 石油天然气						
	其他						
C、F、H 商贸制造业	小计						
	其中：1. 化工						
	2. 烟花爆竹						
	3. 冶金机械八行业						
	其他						
E 建筑业	小计	2			31	-27	-46.6
	其中：1. 房屋建筑业	1	1		17	17	
	2. 土木工程建筑业	1	1		14	14	
	其他		-2	-100.0		-58	-100.0
G 交通运输业	小计	8	-1	-11.1	86	-32	-27.1
	其中：1. 铁路运输						
	2. 道路运输	6	2	50.0	75	14	23.0
	3. 水上运输	2	-3	-60.0	11	-46	-80.7
	4. 航空运输						
	其他						
D、I-T 其他行业		3	2	200.0	59	46	353.8

从地区情况看：全国 32 个省级统计单位中，北京、天津、内蒙古、辽宁、上海、浙江、福建、江西、湖南、广西、海南、重庆、四川、贵州、云南、西藏、陕西、宁夏和新疆生产建设兵团 19 个单位未发生重大事故，占 59.4%。重大事故起数居前三位的分别是山东 3 起，江苏、安徽各 2 起；死亡人数居前四位的分别是江苏 28 人，湖北 26 人，安徽、山东各 22 人。

2021 年全国重大生产安全事故情况（按地区分）见表 3-1-6，2021 年全国重大生产安全事故简要情况见表 3-1-7。

表 3-1-6　2021 年全国重大生产安全事故情况表（按地区分）

地区	事故起数（起）	同比增减		死亡（人）	同比增减	
		起	%		人	%
合计	17	1	6.3	241	-21	-8.0
北京						
天津						
河北	1	1		14	14	
山西	1	-1	-50.0	13	-29	-69.0
内蒙古						
辽宁						
吉林	1	-1	-50.0	15	-15	-50.0
黑龙江	1	1		15	15	
上海		-1	-100.0		-14	-100.0
江苏	2	2		28	28	
浙江		-3	-100.0		-51	-100.0
安徽	2	2		22	22	
福建		-3	-100.0		-52	-100.0
江西						
山东	3	2	200.0	22	12	120.0
河南	1	1		18	18	
湖北	1	1		26	26	
湖南		-1	-100.0		-13	-100.0
广东	1			14	3	27.3
广西						
海南						
重庆		-2	-100.0		-39	-100.0
四川						
贵州						
云南						
西藏						
陕西						
甘肃	1	1		13	13	
青海	1	1		20	20	
宁夏						
新疆	1	1		21	21	
新疆兵团						

表 3-1-7　2021 年全国重大生产安全事故简要情况表

序号	事故发生时间	事故发生地点	死亡（人）	事故简要情况
1	1 月 10 日 13 时 13 分许	山东省烟台市栖霞市	11	山东五彩龙投资有限公司笏山金矿发生重大爆炸事故，造成 10 人死亡、1 人失踪
2	4 月 4 日 0 时 48 分许	江苏省盐城市响水县	11	江苏省盐城市响水县沈海高速 898 公里处，一辆货车由北向南行驶时突然穿越中央隔离带，与对向行驶的客车相撞，致客车侧翻，随后 2 辆货车为避让前方事故车辆追尾侧翻，造成 11 人死亡、19 人受伤
3	4 月 10 日 18 时 11 分许	新疆维吾尔自治区昌吉州呼图壁县	21	新疆维吾尔自治区昌吉回族自治州呼图壁县白杨沟丰源煤矿在技术改造过程中突发透水事故，导致井下断电，通信中断，造成 21 人死亡
4	4 月 19 日 22 时许	山东省威海市	0	山东省威海市海大客运有限公司所属滚装客船“中华富强”轮在由威海港驶往大连港途中，第三甲板汽车舱一辆货车载运的硅泥发生自燃，造成“中华富强”轮第三甲板汽车舱以上船体过火，未造成人员伤亡和水域污染，直接经济损失约 9233.25 万元
5	6 月 10 日 7 时 20 分许	山西省忻州市代县	13	山西省忻州市代县大红才矿业有限公司在基建打主斜坡道施工过程中发生重大透水事故，造成 13 人死亡
6	6 月 13 日 6 时 42 分许	湖北省十堰市张湾区	26	湖北省十堰市张湾区艳湖集贸市场发生重大燃气爆炸事故，造成 26 人死亡、138 人受伤
7	6 月 25 日 3 时许	河南省商丘市柘城县	18	河南省商丘市柘城县远襄镇北街震兴武馆发生重大火灾事故，造成 18 人死亡、11 人受伤
8	7 月 12 日 15 时 31 分许	江苏省苏州市吴江区	17	江苏省苏州市吴江区松陵街道油车路 188 号四季开源酒店辅房发生坍塌，造成 17 人死亡、5 人受伤
9	7 月 15 日 3 时 30 分许	广东省珠海市香洲区	14	广东省珠海市兴业快线（南段）一标段工程石景山隧道右线在施工过程中发生透水事故，造成 14 人死亡
10	7 月 24 日 15 时 40 分许	吉林省长春市净月区	15	吉林省长春市净月区银丰路 472 号吉林省李氏婚纱影楼有限公司拍摄基地李氏婚纱梦想城发生火灾事故，造成 15 人死亡、25 人受伤
11	7 月 26 日 14 时 5 分许	甘肃省平凉市	13	G22 青兰高速公路距甘肃平凉泾川服务区约 2 公里处一大巴车（核载 63 人，实载 63 人）发生单方侧翻事故，造成 13 人死亡、44 人受伤
12	8 月 14 日 12 时 10 分许	青海省海北州	20	青海省海北州西海煤炭开发有限责任公司柴达尔煤矿发生顶板抽冒导致溃砂溃泥事故，造成 20 人死亡

表 3-1-7（续）

序号	事故发生时间	事故发生地点	死亡（人）	事故简要情况
13	9 月 4 日 4 时 20 分	黑龙江省七台河市勃利县	15	黑龙江省七台河市勃利县 G229 国道 399 公里 500 米处（大四站镇双兴岭路段），一辆重型半挂牵引车追尾一搭载采摘药材群众的无号牌四轮拖拉机，造成 15 人死亡、1 人受伤
14	9 月 5 日 14 时 30 分许	安徽省安庆市太湖县	12	安徽省安庆市太湖县牛镇镇龙湾村百岭组的乡村道路路段，一辆用于生产作业的皮卡车翻车坠入山沟，造成 12 人死亡、2 人受伤
15	10 月 11 日 6 时 43 分许	河北省石家庄市平山县	14	河北省石家庄市平山县敬业集团一辆载有 50 人的通勤班车在滹沱河王母桥侧翻落水，造成 14 人死亡
16	11 月 15 日 22 时 11 分许	安徽省马鞍山市博望区	10	安徽省马鞍山市博望区博望镇秦岭大道，一辆重型自卸货车由北向南行驶至新合西路交叉口时，与一辆拉载在南京溧水区物流园承担分拣工作的下班人员的小型普通客车相撞，造成 10 人死亡、6 人受伤
17	12 月 12 日 4 时 57 分	山东省烟台市	11	山东潍坊寿光籍货船“天丰 369”轮在烟台港东北方向约 30 海里处自沉。船上共 14 名船员，搜救起 12 人，其中 9 人死亡，另外 2 人失联

三、全国特别重大生产安全事故情况

全国 32 个省级统计单位中，未发生特别重大生产安全事故，同比持平。

四、主要问题

一是事故总量仍然偏大。2021 年，尽管事故总量实现连续同比“双下降”，但事故总量仍然偏大，全年发生 3.46 万起生产安全事故，造成 2.63 万人死亡，平均每天仍有 95 起事故发生，造成 72 人死亡，安全风险仍然偏高，安全生产形势依然严峻。

二是部分行业领域和地区安全状况不容乐观。2021 年交通运输业事故起数和死亡人数仍均居第 1 位，分别占 76.2% 和 67.7%。全年共有 13 个省级单位发生了重特大事故，11 个省级单位较大事故同比“双上升”。

三是重大事故起数出现反弹。2021 年，重大事故起数同比增加 1 起，自 2011 年以来首次出现重大事故起数上升，结束了重大事故连续 10 年“双下降”态势，防范化解重大事故风险仍是重中之重。

四是一些时段事故较为频发多发。2021 年第二、三季度安全生产形势仍较严峻，其中，第二季度事故起数和死亡人数居各季度之首。从月度趋势分析看，5 月份事故起数和死亡人数最多。

五、国务院安委会办公室部署安全生产工作

（一）国务院安委办召开重特大生产安全事故整改措施落实情况“回头看”工作整改交办视频会议

2021 年 1 月 29 日，国务院安委办召

开近5年来重特大生产安全事故整改措施落实情况“回头看”工作整改交办视频会议。按照国务院安委会统一部署，2020年8月至10月，国务院安委办集中组织开展了对2015年至2019年发生的12起特别重大、120起重大生产安全事故整改措施落实情况“回头看”，目前系统评估工作已经全面完成，进入了公开发布、推进整改阶段。会议指出，这次“回头看”工作主要任务是为了认真贯彻落实习近平总书记关于安全生产重要指示精神，督促有关地方贯彻落实党中央、国务院决策部署，有效落实事故整改措施，防止重蹈覆辙，坚决防范化解重大安全风险。会议强调，各地各部门要提高站位，切实扛起防范重大安全风险的政治责任，继续抓好后续措施扎实落实，举一反三，坚决防控重大安全风险，要把“回头看”问题整改与贯彻落实全国安全生产电视电话会议精神结合起来，推动工作任务落实，确保春节、全国两会期间安全生产形势平稳。

（二）国务院安委办联合多部门召开视频会议，对水上运输、渔业船舶安全和深入开展全国安全生产专项整治三年行动进行部署

2021年3月19日，国务院安委办和交通运输部、农业农村部、应急管理部联合召开视频会议，深入分析水上运输和渔业船舶安全形势，查找存在的突出问题和薄弱环节，安排下步水上运输和渔业船舶安全重点工作，并对全国安全生产专项整治三年行动2021年重点攻坚任务措施落实作出部署。国务院安委会副主任、应急管理部党委书记黄明强调，要认真贯彻落实习近平总书记关于防范化解重大安全风险重要指示精神，统筹发展和安全两件大事，抓紧抓实水上运输和渔业船舶安全工作，深入开展全国安全生产专项整治三年行动，以高水平安全生产服务高质量发展，切实把确保人民生命安全放在第一位落到实处。

（三）国务院安委会办公室、应急管理部举行2021年全国“安全生产月”活动启动视频会议

2021年6月1日，国务院安委会办公室、应急管理部在京举行2021年全国“安全生产月”活动启动视频会议（图3-1-1）。国务院安委会副主任、应急管理部部长黄明出席并讲话。2021年6月是第20个全国“安全生产月”，主题为“落实安全责任　推动安全发展”，主要任务是深入贯彻落实习近平总书记关于安全生产重要论述，扎实推进全国安全生产专项整治三年行动集中攻坚和安全宣传“五进”工作，引导各地区、各有关部门和单位树牢安全发展理念，强化底线思维，压实安全责任，防控安全风险，提升安全素养，全面提升本质安全水平。

（四）国务院安委办、应急管理部召开视频会议，部署庆祝建党100周年重大活动和端午假期安全防范工作

2021年6月11日，国务院安委办、应急管理部召开全国安全防范工作视频会议，分析研判当前安全生产和防灾减灾救灾形势任务，部署庆祝建党100周年重大活动和端午假期安全防范工作。国务院安委会副主任、应急管理部部长黄明主持会议，强调要认真贯彻落实习近平总书记关于防范化解重大安全风险重要指示精神，坚决打好防风险除隐患攻坚

图 3-1-1 2021 年 6 月 1 日，2021 年全国“安全生产月”活动在京启动

战，坚决防范遏制重特大事故，切实维护人民群众生命财产安全和社会稳定，为建党 100 周年创造安全稳定环境。

（五）国务院安委办、应急管理部召开全国安全防范工作视频会议对当前安全防范工作进行再部署、再推动、再落实

2021 年 6 月 14 日，国务院安委办、应急管理部召开全国安全防范工作视频会议，对当前安全防范工作进行再部署、再推动、再落实。国务院安委会副主任、应急管理部部长黄明主持会议，强调要认真贯彻落实习近平总书记重要指示精神和李克强总理批示要求，深刻汲取湖北十堰燃气爆炸事故教训，举一反三，严格落实地方各级党委政府安全生产领导责任、各相关部门安全监管责任和企业主体责任，深化各地区、各重点行业领域隐患排查治理，进一步加强安全监管和执法检查，坚决遏制各类事故多发势头，切实保障人民群众生命和财产安全，为建党百年创造安全稳定环境。

（六）国务院安委办、国家防办、应急管理部、交通运输部联合召开视频会议部署全国城市地铁安全防范工作

2021 年 7 月 26 日，国务院安委办、国家防办、应急管理部、交通运输部联合召开全国城市地铁安全防范专题视频会议，深入贯彻落实习近平总书记重要指示精神和党中央、国务院决策部署，对城市地铁安全防范工作进行再动员、再部署、再落实。国务院安委会副主任、国家防总副总指挥、应急管理部部长黄明出席会议并讲话。会议要求，各地区各有关部门特别是地铁所在城市和地铁运营单位要深刻认识地铁安全的极端重要性，自觉把保护人民生命安全作为最现实的“国之大者”，全力抓实抓好地铁安全工作，始终以实际行动和实际效果做到“两个维护”。要以强烈的底线思维落实地铁防汛安全措施，严格落实地方领导责任、预警响应和应急处置措施，遇有突发事件、自然灾害等危及运营安全，地铁运营单位要依法果断处置，按规定暂停部分区段或者

全线网的运营，及时启动应急保障预案，并报告地铁交通运营主管部门。会议强调，地铁所在城市要以从严从实的标准迅速开展城市地铁安全自查整改，重点查各级领导干部指导思想有没有到位，查行政首长负责制有没有到位，查分级分部门负责制有没有到位，查地铁运营单位防汛主体责任有没有到位，查应急响应措施有没有到位。要从根本上提高地铁运行安全管理水平，强化新发展理念贯彻落实，建立健全地铁运营安全风险分级管控和隐患排查治理双重预防制度，对运营全过程、全区域、各管理层级实施安全监管，建立健全地铁运营安全第三方评估制度，地铁规划涉及公共安全方面的设施设备和场地、用房等，与地铁工程同步规划、同步设计、同步施工、同步验收、同步投入使用。地铁运营单位要按规定建立健全专业应急救援队伍，配足应急设施设备和应急物资，提高第一时间处置应对能力。在各地自查整改的基础上，交通运输部、应急管理部将组织专家对部分重点城市开展专项督导。

（七）国务院安委办、应急管理部召开紧急视频会议部署进一步加强安全防范工作

2021 年 8 月 16 日，国务院安委办、应急管理部召开全国安全防范工作紧急视频会议，认真贯彻落实习近平总书记坚决抓好安全生产和防范化解重大安全风险的重要指示精神，按照李克强总理批示要求，对安全防范工作进行再部署、再推动、再落实。国务院安委会副主任、应急管理部部长黄明主持会议并强调，要坚持“两个至上”，既立足当前稳定安全形势、坚决遏制重特大事故，又着眼长远健全完善从根本上消除事故隐患、从根本上解决问题的治本之策，强化源头治理、系统治理，切实把确保人民生命安全放在第一位落到实处。

（八）国务院安委办部署加强安全生产执法工作

2021 年 8 月 31 日，国务院安委会办公室召开视频会议，部署加强安全生产执法工作。国务院安委会副主任、应急管理部部长黄明强调，要深入贯彻落实习近平总书记关于安全生产重要指示精神，以落实新修改的《安全生产法》为契机，大力提升安全执法检查质量和效果，坚决整治安全执法检查中的突出问题，坚决履行好保护人民生命安全的职责使命。会议要求，切实增强政治自觉和责任自觉，坚决扛起防范化解重大安全风险的政治责任，严格安全准入、严格监管执法，深入排查各类风险，发现重大隐患坚决整治，有效防范遏制各类事故，以守护人民生命安全的实际行动和实际效果，践行“两个维护”。学好用好新修改的《安全生产法》，吃透法律精神，准确把握、精准运用法律条款，发挥典型带动作用，集中宣传一批有指导性案例，总结推广经验做法，提升依法治安能力，自觉学习、提高法治意识和法律素养，依法行政、依法开展执法检查，培养引进法律专业人才，深入研究安全生产工作涉及的法律问题，提高运用法治思维和法治手段解决问题、推动工作的能力。

（九）国务院安委办等部门联合召开视频会议部署加强水上安全防范工作

2021 年 8 月 31 日，国务院安委会办公室、交通运输部、农业农村部、应急管理部联合召开视频会议，部署加强水上安全防范工作。国务院安委会副主任、应急

管理部部长黄明强调，要进一步把思想和行动统一到习近平总书记重要指示精神上来，统一到党中央、国务院决策部署上来，真抓实干、狠抓落实，有效防范化解重大安全风险，切实把确保人民生命安全放在第一位落到实处。

（十）国务院安委办召开城市安全风险监测预警工作现场推进会

2021 年 9 月 24 日，国务院安委办在安徽合肥召开城市安全风险监测预警工作现场推进会，深入学习贯彻习近平总书记重要指示精神，总结交流推广城市安全工作经验做法，部署推进城市安全风险监测预警工作。会议强调，城市安全风险监测预警是城市安全治理体系和能力现代化的重要标志。要坚持规划引领，分两阶段在城市生命线工程、公共安全、生产安全、自然灾害防治四个板块建设城市安全风险综合监测预警平台。要具备“能监测、会预警、快处置”三个功能，确保监测预警系统为城市安全而建，为城市安全而用。要找准突出风险点，高危先建、急用先建，着力化解与群众生命安全息息相关的突出风险。要坚持探索创新，因地制宜开展监测预警工作建设试点，以点带面提升城市安全风险防范能力。

六、全国安全生产专项整治三年行动情况

2021 年，是全国安全生产专项整治三年行动“集中攻坚之年”。国务院安委会办公室、应急管理部认真贯彻落实习近平总书记关于安全生产重要论述，立足“从根本上消除事故隐患、从根本上解决问题”，会同各地区各有关部门抓紧抓实 8 个方面 32 项攻坚任务，取得明显成效。

（一）重大风险和难点问题集中攻坚取得实效

提前研判能源增产保供带来的安全风险，国家发展改革委、国家能源局、国家矿山安全监察局积极推动释放优质煤炭先进产能 3.1 亿吨/年，各级矿山安全监察机构深入煤矿“一对一”指导服务，严防事故冲击保供大局。应急管理部持续开展光气和氟化企业等专项治理，治理“小化工”非法违法企业 2769 家；开展山东非煤矿山安全专项督导，推动建立民爆物品、施工管理等 18 项制度。公安部深入推进公路违法载人治理“百日行动”，会同交通运输部查处“百吨王”货车超限超载案件 5.4 万起。交通运输部与农业农村部联手开展“商渔共治 2021”专项行动，水上运输和渔业船舶重大事故同比减少 4 起。民政部门制定养老机构安全服务规范，市场监管总局制定电动自行车电气安全、充电器安全等强制性国家标准，着力解决长期存在的风险隐患。

（二）防范化解新风险取得实效

针对易地扶贫搬迁后一些群众消防安全意识薄弱问题，应急管理部指导各地对 4300 余栋高层建筑安置点“逐一过筛”，打通消防车通道 6335 处。针对外卖骑手交通安全突出问题，人力资源社会保障部、中华全国总工会、应急管理部等约谈美团等平台企业负责人，开展网约车、外卖配送、快递等新业态从业人员安全权益保障工作。针对电化学储能电站安全风险增大的情况，国家能源局组织开展专项督查检查，并组织专家研究制定相关规范标准。国务院安委会办公室指导各地积极完善和落实景区玻璃栈道、网红吊桥、冷烟花、海上风电等新领域新业态安全监管责任，防止漏管失控。

（三）源头治理综合治理取得实效

国务院安委会办公室、中共中央宣传部组织各地各部门党委（党组）集中观看《生命重于泰山——学习习近平总书记关于安全生产重要论述》电视专题片，用习近平总书记关于安全生产重要论述统一思想，推动增强抓安全的主动性自觉性。应急管理部推动各地制定危险化学品“禁限控”目录，推动436处煤矿取消夜班采掘作业，关闭3202座不具备基本安全条件的非煤矿山，闭库销号547座重大病险尾矿库，会同国家发展改革委、国家能源局推动建成687个煤矿智能化工作面。公安部、工业和信息化部加强货车生产和登记管理，处理104家车辆生产企业，撤销72个违规产品。交通运输部完成公路安全生命防护工程7.5万公里，推动2044座独柱墩公路桥梁完成改造加固，剩余的1113座均已启动或纳入改造计划。

（四）安全生产依法治理取得实效

自然资源部组织打击无证开采、盗采资源等违法行为，应急管理部开展为期7个月的安全评价机构弄虚作假执业行为专项整治。应急管理部、司法部推动完成《安全生产法》修改工作，大幅提高违法行为的惩处力度；推动制定《刑法修正案（十一）》涉及安全生产有关规定的司法解释，公布4批8起行刑衔接执法案例；出台《关于加强安全生产执法工作的意见》，首次建立安全生产执法典型案例报送公开制度，各级应急管理部门共报送1.4万余个，公开发布推广一批优秀案例，带动规范严格执法上新台阶。

第二章　煤　矿　安　全

一、基本情况

2021年，全国在册煤矿4446处，原煤产量41.3亿吨。全年发生生产安全事故91起、死亡178人，同比减少32起、50人，分别下降26%和21.9%；煤矿百万吨死亡率由2020年的0.059下降到0.044，同比下降25%。

从事故级别看，发生一般事故77起、死亡85人，同比减少32起、39人；发生较大事故12起、死亡52人，同比事故起数增加1起、死亡人数持平；发生重大事故2起、死亡41人，同比减少1起、11人；未发生特别重大事故，同比持平。

从事故类别看，顶板事故起数最多，为25起，其次是运输、机电事故；水害事故死亡人数最多，为48人，其次是顶板事故、瓦斯事故。

2021年全国煤矿事故按事故类别统计情况见表3-2-1。

表3-2-1　2021年全国煤矿事故按事故类别统计情况表

事故类别	总计				较大事故				重大事故				特别重大事故			
	事故起数（起）	同比增减（起）	死亡（人）	同比增减（人）	事故起数（起）	同比增减（起）	死亡（人）	同比增减（人）	事故起数（起）	同比增减（起）	死亡（人）	同比增减（人）	事故起数（起）	同比增减（起）	死亡（人）	同比增减（人）
顶板	25	-16	37	-21	3	0	10	-1	0	0	0	0	0	0	0	0
冲击地压	2	1	7	3	2	1	7	3	0	0	0	0	0	0	0	0
瓦斯	8	3	34	12	6	3	30	11	0	0	0	0	0	0	0	0
煤尘	0	-1	0	-7	0	-1	0	-7	0	0	0	0	0	0	0	0
机电	13	-4	13	-5	0	0	0	0	0	0	0	0	0	0	0	0
运输	20	-3	20	-6	0	0	0	0	0	0	0	0	0	0	0	0
爆破	1	-2	1	-2	0	0	0	0	0	0	0	0	0	0	0	0
水害	4	-3	48	23	1	-1	5	-3	2	1	41	28	0	0	0	0
火灾	0	-2	0	-39	0	0	0	0	0	-2	0	-39	0	0	0	0
其他	18	-5	18	-8	0	-1	0	-3	0	0	0	0	0	0	0	0
总量	91	-32	178	-50	12	1	52	0	2	-1	41	-11	0	0	0	0

从较大以上事故原因看，2021年，全国煤矿共发生较大以上事故14起、死亡93人。水害事故占3起（其中2起为重大事故），其中，1起是由于未严格按要求进行探放水，综掘机掘透采空区，引发透水事故；1起是在未查明地表河床积水及煤层上覆基岩厚度情况下，冒险开采造成抽冒塌陷，引发地表水裹挟泥沙溃至

工作面；1起是工作面顶煤垮落导通上部原露天矿开采后充填的矸石，矸石和煤泥溃至工作面引发事故。瓦斯事故占6起，其中，3起为煤与瓦斯突出事故，主要是防突措施执行不到位、未消除事故地点突出危险性、违章冒险掘进作业诱导突出；3起为中毒窒息事故。顶板事故占3起，其中，1起是因大跨度施工，受断层应力集中影响，在支护过程中发生冒顶；2起（其中1起为瞒报事故）是在未加固支架、顶板漏冒情况下，冒险作业，发生顶板垮落。冲击地压事故占2起，主要是防治冲击地压措施落实不到位、违规冒险打开已封闭的采区进行回撤作业、超员平行作业引发事故。

尽管2021年煤矿安全生产工作取得明显成效，但重大事故尚未杜绝，较大事故时有发生，安全生产形势依然复杂严峻，还存在一些突出问题。一是安全发展理念不牢的问题依然突出，有的地区没有处理好发展和安全的关系，有的企业负责人红线意识不强、片面追求短期效益，冒险蛮干。二是违法违规行为屡禁不止的问题依然突出，有的企业法治意识淡薄，拒不执行停产指令、超能力超强度超定员、超层越界等行为屡查屡犯、屡罚不改，甚至弄虚作假、逃避监督、瞒报谎报事故。三是企业主体责任落实不到位的问题依然突出，有的煤矿不顾安全条件盲目增产保供，安全大排查不认真、集中攻坚不深入，有的存在靠增加管理层级逃避责任，甚至以包代管、包而不管。四是安全基础薄弱的问题依然突出，有的煤矿隐蔽致灾因素普查不清，技术装备落后，安全管理水平低，人员素质不高，机械化、自动化、智能化还有较大差距。五是监管监察能力不足的问题依然突出，有的地方安全监管人员不足，安全检查针对性、精准性还有待提升，个别地区还存在不会查、查不出和“花式”检查等问题。

（注：本章生产安全事故数据按国家矿山安全监察局口径统计）

二、重点工作

（一）扎实推进煤矿安全专项整治三年行动

立足“两个根本”，聚焦煤矿安全专项整治三年行动集中攻坚目标，制定140项攻坚任务措施。对11个地区开展矿山安全综合督查。每月调度1次各地集中攻坚进展和“两个清单”动态更新情况，每季度开展一次进展情况成效评估，累计印发13期工作专刊、4次工作通报。组织各级矿山安全监察机构共开展“全系统各环节”监察3720矿次，累计发现问题隐患58931项（其中重大隐患391项），停产整顿煤矿248处、停止采掘工作面作业2711个，从危险区域撤出作业人员36次。组织各级煤矿安全监管部门共开展大排查及“回头看”12682矿次（图3-2-1），累计发现问题隐患232534项（其中重大隐患191项），停产整顿煤矿351处、停止采掘工作面作业982个，从危险区域撤出作业人员179次，提请关闭矿井15处。推动各地排查政府层面问题11182条，制定整改制度措施14916项；煤矿企业层面排查出问题隐患119591项，制定整改制度措施136418项。

（二）推进煤矿法规标准体系建设

加大法规政策供给力度，持续推进煤矿安全条例制定工作，出台《煤矿防灭火细则》，完成《煤矿安全规程》修订，印发《国家矿山安全监察局行政复议及行政应诉办法》《矿山重大隐患调查处理办法（试行）》等规范性文件，编制“十四五”矿山安全生产规划，形成以“1个

图 3-2-1　突击检查关闭的煤矿

指导思想、7 项基本原则、8 项主要任务、6 项重大工程”为总体布局的《“十四五”矿山安全生产规划（送审稿）》，进一步健全完善了煤矿安全法规政策体系。扎实开展普法工作，开展《煤矿重大事故隐患判定标准》培训解读活动，举办 4 期“学法规、抓落实、强管理”专题网络视频讲座和矿山安全普法网络知识竞赛，累计 118.5 万人参加，进一步推动提升了依法治安水平。

（三）有力有序推进煤炭安全保供

把煤炭增产保供作为重要政治任务，采取一系列措施推进煤矿安全增产保供，用安全的“刚性”保障供给的“韧性”。国家矿山安全监察局成立安全保供专班，会同国家发展改革委、国家能源局等部门出台煤矿增产保供 4 个规范性文件，坚守安全底线，优化核增程序，压缩办理时间，审核确认 207 处保供煤矿，增加产能 3.1 亿吨/年。截至 2021 年底，207 处保供煤矿共生产煤炭 2.75 亿吨，同比增产 1.1 亿吨；2021 年第四季度发生 1 起事故、死亡 1 人，百万吨死亡率为 0.003，为确保经济社会平稳运行、能源安全保供、人民群众温暖过冬作出了积极贡献。各地加强保供煤矿监管监察，坚持执法和服务相结合，开展“一对一”会诊服务，指导督促企业向煤矿派驻工作组、签订包保责任书，实现稳定保供、安全保供。

（四）全力以赴防范化解重大灾害风险

组织开展采掘接续、防溃水溃砂、隐蔽致灾因素普查治理、露天改井工等专项检查，常态化开展矿山事故及风险分析研判，风险监测预警系统联网接入煤矿 3327 处，“电子封条”国家平台联网接入煤矿 110 处，用电量与安全风险关联监测分析覆盖煤矿 1720 处，发布警示信息 99 次，瓦斯报警从单月最多的 1314 起降至 200 起左右，精准化解了一批重大灾害风险。贵州严肃查处 5 起煤矿故意遮蔽、包裹、移动传感器行为，将 10 名责任人移送司法机关处理。四川排查出 69 处采掘接续失调煤矿，对其中 18 处采取停产限产措施。湖南对全省 14 个市（州）开展解剖式检查，推动全省排查整治重大隐患

937 项。云南推进重大灾害治理示范煤矿建设。河南、山西暴雨期间多次及时撤出人员，避免了淹井伤人情况。

（五）持续夯实矿山安全基础

一是深入推进煤矿安全生产标准化管理体系建设。考核、抽查煤矿 1169 处，降级或撤销等级 159 处，推动煤矿企业投入建设资金 727.8 亿元，更新设备设施 11.6 万台（套），达到三级标准化以上煤矿 2508 处，其中一级标准化 540 处。二是加快推进智能化建设。建立 8 部委参加的煤矿智能化发展协调机制，成立矿山智能化专家委员会，联合印发《煤矿智能化建设指南（2021 年版）》，推动建成煤矿智能化采掘工作面 687 个，“一井一面”或“一井两面”煤矿达 1914 处，推动矿山安全生产由“人海战术”向智能化发展转变。三是加快解决“大班次”问题。持续推进“一优三减”，督促单班入井人数 500 人以上矿井“一矿一策”采取减人措施，全国已有 436 处煤矿取消夜班采掘作业，有效防范化解群死群伤事故。四是持续提升从业人员素质。推进安全技能提升行动，累计培训矿山从业人员 68.25 万人次。坚持常态化“逢查必考”，抽查矿山负责人、安全管理人员 17.41 万人，6915 名矿山负责人、安全管理人员被调整岗位。持续规范劳动用工，推动转隶清退劳务派遣工 11.06 万人，采用劳务派遣用工的煤矿减少至 12 处。

（六）深入推进体制机制改革

健全完善“国家监察、地方监管、企业负责”的矿山安全监管监察体制，加快省级矿山安全监察机构改革，24 个省级局已挂牌运行。科学调配各省级局行政编制，解决监察任务和力量不平衡不匹配的老问题。矿山监察系统管理层级由三级变两级，实现扁平化管理，一线执法编制增加了 277 名、比例上升 9.6%，充实了一线执法力量。加快推进“放管服”改革，将煤矿 4 项行政许可事项移交地方有关部门实施，更加聚焦监察执法主业主责。

第三章　非煤矿山安全

一、基本情况

2021 年，全国非煤矿山发生生产安全事故 265 起、死亡 325 人，同比减少 47 起、23 人，分别下降 15.1% 和 6.6%。其中，较大事故 6 起、31 人，同比减少 2 起、增加 2 人，分别下降 25% 和上升 6.9%；重大事故 2 起、24 人。

2016—2021 年全国非矿山事故变化趋势如图 3-3-1 所示。

（注：本章生产安全事故数据按国家矿山安全监察局口径统计）

二、重点工作

（一）稳妥实现非煤矿山安全监管职责调整

一是主动担当作为，确保尽快履行新职责，认真履行监察职责。编制《全国非煤矿山安全生产总体情况》，分发学习金属非金属矿山采矿概论教材，在国家矿山安全监察局政府网站增加非煤矿山法律法规等专栏，谋划非煤矿山安全生产总体工作思路。第一时间赶赴山东栖霞笏山金矿“1·10”重大爆炸事故等现场，督促指导事故救援和调查工作。推动机构改革和非煤矿山安全生产互促共进，实现思想不乱、工作不断、队伍不散、干劲不减。二是狠抓改革期间非煤矿山安全生产。实施“印发一份通知、实施一周一提醒制度、开展一轮专项督查、组织一次座谈交流、曝光一批典型案例”非煤矿山安全“五个一”行动。印发《关于切实做好岁末年初非煤矿山安全生产工作的通知》，每周“一对一”对各地进行风险研判和工作提醒，每月对 2 个重点地区进行明查暗访，集中曝光一批典型违法违规案例，推送 15 部警示教育片，分别召开北方和南方片区非煤矿山安全监管工作座谈会，

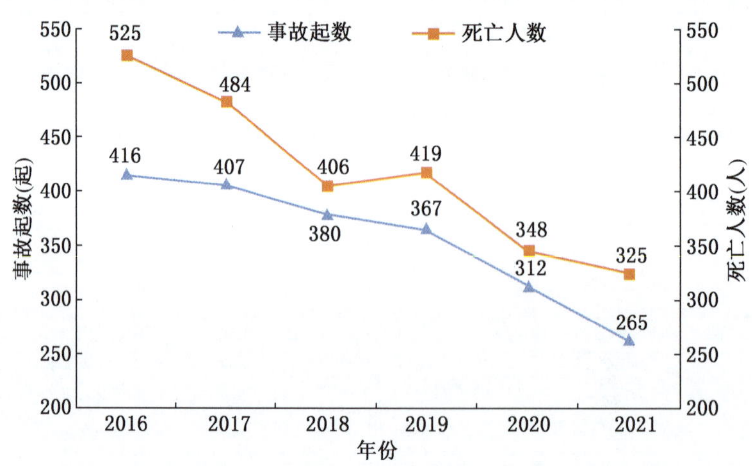

图 3-3-1　2016—2021 年全国非煤矿山事故变化趋势

推动各地保持队伍稳定，落实属地安全监管责任，落实落细安全防控措施。

（二）压紧压实地方非煤矿山安全监管责任

一是利用信息化手段推动安全监管责任落实。督促各地明确每一处矿山的日常安全监管主体，确定省、市、县三级非煤矿山安全监管部门负责直接监管的矿山名单。完善地方政府领导尾矿库包保责任管理系统，录入全国6731座尾矿库基础信息，实现精度达到米级定位，开通各级监管部门和企业账户1.2万个，更新21260个地方政府包保责任人信息。推行实施非煤地下矿山安全生产包保责任制度，明确7504座地下矿山的政府包保领导，并研发试运行地下矿山包保责任动态管理系统。二是开展非煤地下矿山和尾矿库安全大排查。全国共排查整改隐患29.6万项（重大隐患1319项），清退外包工程队伍448个，责令停产整顿1158座次，暂扣、吊销安全生产许可证155个，提请关闭矿山和尾矿库251座，媒体曝光80次，集中消除了一批重大事故隐患，集中解决了一批突出问题，有力遏制了事故多发势头。三是严格规范实施非煤矿山安全国家监察。督促指导各省级局配齐配强非煤矿山安全监察人员力量，聚焦重点工作实施监察，推动地方安全监管责任落实。起草出台《国家矿山安全监察局关于规范非煤矿山安全监察工作的意见》等一批全面规范履行非煤矿山安全国家监察职责的制度规定，部署非煤矿山安全监管监察部门科学合理编制2022年度非煤矿山安全监管监察执法检查工作计划。

（三）深入开展非煤矿山安全专项整治三年行动

一是强化领导细化分工推动落实。成立非煤矿山安全专项整治三年行动领导小组和办公室，组建工作专班，印发工作规则，建立工作长效机制。细化明确各项工作任务分工、责任单位、完成时限等，推动深化落实。二是多措并举强化安全生产源头治理。以“北招远、南平江”（山东省招远市、湖南省平江市）为典型，打造关闭、整合、提升“三个一批”示范县区，推动各地加大关闭力度，2021年共关闭3202座非煤矿山。督促各地严格尾矿库总量控制，严禁审批新建“头顶库”、总坝高超过200米的尾矿库等，尾矿库数量由2020年的7278座降至2021年的6731座。推动各地应急管理与自然资源部门联合提高铁、铜、金、建筑用石等重点矿种最小开采规模和最低服务年限标准。印发《国家矿山安全监察局关于严格非煤地下矿山建设项目施工安全管理的通知》等，建立非煤矿山安全生产长效机制，有力防范化解非煤矿山重大安全风险，坚决遏制重特大事故发生。

（四）全力攻坚非煤矿山重点地区和重点领域

一是实施山东矿山安全生产专项整治督导。共完成对烟台、临沂等矿山集中的9个地市及其32个县（区、市）和53个部门的督导，抽查检查208座矿山。细化出台67条非煤矿山企业主体责任规定，风险隐患排查治理取得明显成效，整治了一批重大隐患。山东省非煤地下矿山和尾矿库实现精准诊断，矿山结构得到大幅优化，山东省全年矿山事故起数和死亡人数同比分别下降68.2%和25.8%。二是开展“7+30”重点地区非煤矿山安全攻坚。选取确定7个非煤矿山安全生产重点省份和30个重点县（市、区、旗），深入开展“解剖式”监察摸底，摸清了30个重点县2452座非煤矿山（其中地下矿山1014座、露天矿山603座和尾矿库835

座）情况。建立定期报告工作进展情况、定期会商研究解决问题、定期检查落实情况、定期总结提炼成果“四个定期”工作机制，对“7+30”重点地区实现全覆盖监察，努力打造“双零”非煤矿山安全示范县。三是持续推进防范化解尾矿库安全风险。推动26个地区出台省级层面尾矿库闭库销号办法，共闭库销号尾矿库547座。分类处置991座“头顶库”，争取财政部8亿元专项资金支持地方和企业闭库销号213座“头顶库”，推动企业提高等级管理及改造338座在用“头顶库”和405座停用“头顶库”，推动企业尾砂回采并闭库销号35座“头顶库”。争取财政部2.9亿元专项资金支持嘉陵江上游四川、陕西和甘肃3省综合治理59座尾矿库，推动长江经济带10省（市）闭库治理130座、销号23座尾矿库，持续推动黄河流域9省按照“一库一策”的要求制定治理方案。推进尾矿库在线安全监测系统建设，实现873座尾矿库在线监测数据接入系统。四是全面管控汛期极端天气安全风险。针对台风及强降雨等极端天气，提前发布预警信息40余条，提前将暴雨红色预警地区、台风十级风圈范围内地区所有非煤矿山企业停产撤人。建立尾矿库安全生产风险监测预警工作机制，连续发出48期尾矿库安全风险预警报告、100期专题气象日报、90期专题地震日报，累计对全国500余座尾矿库及时进行监测分析，对210余座尾矿库提出具体对策建议。主汛期间组织开展非煤矿山汛期安全生产专项监察。组织开展对出现过24小时内降雨量超过100毫米的尾矿库进行汛后安全专项检查，排查治理因强降雨等自然灾害导致尾矿库产生的各类风险隐患。

第四章　危险化学品安全

一、基本情况

2021年，我国取得危险化学品安全生产许可证的企业有1.2万家，取得危险化学品经营许可证的企业有23.3万家，其中，构成重大危险源的生产经营企业7000余家。

2021年，全国危险化学品经营环节未发生生产安全事故。

2021年，全国共发生化工事故130起、死亡157人，同比减少14起、21人，分别下降9.7%和11.8%。其中，一般事故121起、死亡122人，同比减少13起、12人，分别下降9.7%和9.0%；较大事故9起、死亡35人，同比减少1起、6人，分别下降10.0%和14.6%。未发生重特大事故，同比持平。

从事故发生地区分布看，事故起数排前8位的省份是山东（9起）、甘肃（8起）、浙江（7起）、安徽（7起）、湖北（7起）、辽宁（6起）、广东（6起）、山西（5起），死亡人数排前8位的省份是湖北（11人）、甘肃（10人）、山西（10人）、贵州（9人）、山东（8人）、河南（8人）、浙江（7人）、安徽（7人）。从事故类型看，中毒窒息事故死亡人数最多，发生25起、死亡45人，分别占19.2%和28.7%；其次是爆炸事故，发生25起、39人，分别占19.2%和24.8%。

2021年，全国化工事故总起数、死亡总人数，较大及以上事故起数、死亡人数均同比下降，未发生重特大事故。但化工事故总量依然较大，9起较大事故中，贵州三强兴兴化工贸易有限公司“6·12”中毒事故造成9人死亡、3人受伤，险些酿成重大事故；河北沧州鼎睿石化“5·31”火灾事故社会影响恶劣，国务院领导同志高度关注；进入12月，甘肃白银、山西临汾接连发生两起涉及硝化工艺的较大事故，教训深刻。化工行业发生重特大事故的风险依然存在，安全生产形势不容乐观。

二、重点工作

（一）谋划部署全国危险化学品安全风险集中治理

深入贯彻习近平总书记重要指示精神和中央领导同志批示要求，坚持系统治理、重点突破、合力攻坚，围绕中共中央办公厅、国务院办公厅《关于全面加强危险化学品安全生产工作的意见》和危险化学品安全专项整治三年行动计划重点任务落实情况，吸取国内外典型事故教训，针对树牢安全发展理念、落实安全生产责任“两个方面”突出问题和生产储存、运输、废弃处置、化工园区“四个环节”重大安全风险，提出5个方面、22项重要制度保障措施。制定印发《全国危险化学品安全风险集中治理方案》，集中利用一年时间，解决一批难点问题，确保重大安全风险隐患排查见底、防范治理措施落实到位。

（二）重大安全风险防控进一步强化

一是重大危险源安全风险管控体系持

续健全。印发《危险化学品企业重大危险源安全包保责任制办法（试行）》，2.3 万处重大危险源全部明确主要负责人、技术负责人、操作负责人三级包保责任人。印发《危险化学品重大危险源企业专项检查督导工作指南》，制定重大危险源和油气储存两类检查细则，进一步规范检查内容；组织对全国 7000 余家重大危险源企业开展 2 轮“消地协作”全覆盖检查（图 3-4-1），排查督办治理 23 万余项事故隐患。制定《危险化学品重大危险源监督管理规定》(修订稿)，建立线上线下安全风险分级管控机制和常态化制度体系。

二是高危细分领域安全风险管控机制不断完善。探索实施专家指导服务、“一企一策”整治、健全长效机制、适时“回头看”的组合治理措施，巩固 3 轮硝酸铵等危险化学品安全专项治理成果，5 部委联合印发《关于进一步加强硝酸铵安全管理的通知》，强化硝酸铵全链条全生命周期安全监管。组织对全国 176 家光气、氟化、多晶硅有机硅生产企业开展专家指导服务，排查 8055 项问题隐患，责令 40 家企业停产整改，通过召开现场反馈交流会议以会代训、以训促改。编制《有机硅单体安全生产规范》《多晶硅安全生产规范》等标准规范，完善高危细分领域安全风险管控机制。

三是精细化工“四个清零”取得阶段性成效。通过建立定期调度通报机制、专家指导服务等多种方式，推动各地加快落实精细化工“四个清零”，全流程反应风险评估完成率 95%，自动化控制改造完成率 91%，内部人员密集场所搬迁改造完成率 98%，主要负责人、安全管理人员等达标率 86%。

四是化工产业转移风险专项整治启动实施。组织开展以中西部和东北地区 17 个省份为重点的危险化学品企业产业转移安全风险调研，深入分析化工产业转移的主要特点与主要风险，提出针对性的对策措施。印发危险化学品产业转移项目和化工园区安全风险防控专项整治工作方案并筹办全国视频推进会，对承接转移项目的中西部和东北地区 21 个省份开展为期一

图 3-4-1　危险化学品重大危险源督导检查

年的专项整治，对现有企业、在建项目进行安全设计诊断和“四个清零”整治措施落实情况“回头看”，对化工园区进行整治提升。编制《危险化学品生产建设项目安全风险防控指南（试行）》（征求意见稿），对新建项目从准入、安全条件审查、设施设计审查、施工、试生产、竣工验收等全流程全环节提出安全风险防控要求，为地方编制项目安全准入条件和加强项目安全管理提供支撑。

五是老旧装置安全风险管控工作不断加强。组织完成老旧装置安全风险防控研究，系统分析老旧装置安全风险，推进《危险化学品生产使用企业老旧装置安全风险评估整治指南》编制工作，确定老旧装置范围、选定风险分级矩阵及判定标准，提出老旧装置淘汰和分类整治策略。

六是开展大型油气储存基地安全风险评估工作。制定印发《关于开展大型油气储存基地安全风险评估工作的通知》，对全国358个大型油气储存基地部署开展了安全风险评估，推动企业制定并落实“一库一策”整改提升方案。责令26家基地停产整改，暂扣危险化学品经营许可证1家，整改问题隐患1.55万项。

七是重点时段重点地区安全生产工作扎实推进。精心谋划两会、建党百年华诞、国庆和党的十九届六中全会等重点时段工作，坚持事故警示和安全提醒不间断，强化安全风险管控，发挥危险化学品安全生产风险监测预警平台作用，深入开展明查暗访，保持安全生产形势平稳，营造良好氛围。重点地区安全风险隐患处置工作取得阶段性成效。

（三）本质安全水平进一步提升

一是化工园区整治提升大力推进。推动29个省份认定公布618个园区，558个园区完成安全风险等级评估，聚焦“两集一低”（集群发展、集中布局，降低安全风险等级）目标，针对园区安全风险评估不准、安全监管力量薄弱等突出问题，组织完成15个省份39个园区专家指导服务，发现各类问题隐患428项，提出“一园一策”整治提升建议513项，建议15个园区降级管理。针对做好重点化工产业聚集区重大安全风险防控项目申报，编制工作总体方案、项目申报指南，推动园区建设安全风险智能化管控平台、配备易燃易爆有毒有害气体泄漏监测监控设备、构建安全预防控制体系等工作。6部委联合印发《化工园区建设标准和认定管理办法》。

二是非法违法“小化工”专项整治成效显著。推动各地排查化工企业、闲置和废弃关停厂房（仓库）、闲置民房、废弃养殖场、偏僻地点等重点场所部位413万家次，发现非法违法“小化工”企业（个人）2769家，已全部处置完毕，立案查处1252家，没收违法所得1974万元，移送司法机关244家、350人，追究主要负责人、实际控制人责任212人。整治工作情况两次在央视《新闻联播》中报道。

三是危险化学品企业分类整治工作深入实施。推动地方对照《危险化学品企业安全分类整治目录（2020年）》和《淘汰落后危险化学品安全生产工艺技术设备目录（第一批）》，制定“一企一策”，实施安全改造工程，1.36万家生产使用企业完成评估分级，暂扣吊销81家企业安全许可证，停产停业停用整顿665家企业，限期改正4722家。加快推进城镇人口密集区危险化学品生产企业搬迁改造，全国已完成搬迁改造企业1132家，占总数的97%。编制《化学品储罐区安全风险评估分级指南（试行）》，开展化学品储罐区安全专项排查与分类分级评估整治，组织排查出高风险化学品储罐区 432 个、中风险区 431 个、低风险区 4588 个。对危险化学品领域安全生产新情况新问题部署开展专项排查整治，督促指导各地区、有关企业有效防范化工产品价格上涨和极端天气带来的安全风险，及时治理消除安全隐患。

四是危险化学品重点县专家指导服务不断深化。组织对 53 个危险化学品重点县完成 2 轮专家指导服务（图 3-4-2），共检查指导企业 355 家，发现问题隐患 1 万余项。编制指导服务重点工作落实情况评分表，对重点县年度重点工作落实情况开展督导研判，确定重点县工作质量综合评价指数，建立重点县安全生产综合评价体系并排名通报，梳理形成“一县一策”，完善重点县安全管理档案。2021 年，53 个重点县化工事故起数和死亡人数分别为 14 起、17 人，同比分别下降 7% 和 6%，相比 2019 年同期分别下降 22% 和 76%。

（四）信息化智能化管控水平进一步提升

一是“工业互联网+危化安全生产”试点建设稳步推进。印发并宣贯《“工业互联网+危化安全生产”试点建设方案》，召开试点建设推进会，遴选并优化调整由 72 家企业和 8 个化工园区组成首批试点单位，组建由 27 名专家组成的咨询团队，分批评议试点单位建设方案，印发试点建设实施指南，特殊作业许可与作业过程管理系统、智能巡检系统和人员定位系统建设应用指南，编制化工园区和危险化学品企业安全风险智能化管控平台建设指南（征求意见稿），启动公共服务平台建设，成立运行微信公众号，推动试点建设工作深入展开。配合工业和信息化部等 13 个部委，联合签署《全国危险化学品监管信息共享平台信息共享协议》，推进共享平台建设及日常数据传输管理。

二是危险化学品安全生产风险监测系统建设深化应用。印发并宣贯《危险化学品安全生产风险监测预警系统分级巡查抽查管理办法（试行）》等 5 项制度，完善系统相关功能，开发上线运行手机端 App。开展为期 3 个月的数据治理，承诺

图 3-4-2　危险化学品重点县专家指导服务

公告率、系统在线率均稳定在 99% 以上，研究推进系统升级工作。初步建立安全综合评价指标体系，完成特别管控、重点关注、一般监管三类企业清单的功能开发与测试工作，建立初步评价模型。

三是危险化学品企业双重预防机制数字化建设试点有序实施。总结 74 家危险化学品企业试点工作经验，完善信息化工具，编制建设工作指南、数据交换规范和指导手册，凝练形成一套可复制推广的经验做法，并在 10 个省、6 个市、4 家集团共 386 家企业扩大试点建设，为危险化学品重大危险源企业全面开展双重预防机制数字化建设做好准备。

四是加快推进危险化学品经营信息化建设。研究制定危险化学品储存企业数字化转型试点推进工作方案，按计划推进试点建设；组织建设危险化学品经营安全监管系统，完成系统调试并上线试运行。

（五）基础支撑保障进一步夯实

一是研究制定《“十四五”危险化学品安全生产规划方案》。认真贯彻党的十九大、十九届历次全会精神和党中央、国务院关于加强安全生产工作的决策，完善制定《“十四五”危险化学品安全生产规划方案》，对“十四五”期间安全生产工作进行全面部署安排，明晰明确指导思想、基本原则、主要目标、具体任务和保障措施。

二是法规标准体系不断完善。推动制定危险化学品安全法，《危险化学品企业特殊作业安全规范》《化工建设项目安全设计管理导则》《精细化工反应安全风险评估规范》《化工过程安全管理导则》《硝酸铵安全管理技术规范》等标准制修订工作有序推进。指导“化学品安全法规标准信息平台”网站上线运行。颁布实施《加油（气）站油（气）储存罐体阻隔防爆技术要求》(AQ/T 3001—2021)、《阻隔防爆橇装式加油（气）装置技术要求》(AQ/T 3002—2021)。

三是科技支撑建设加快推进。稳步推进与中国石化共建国家危险化学品安全（青岛）研究院（基地）建设工作，双方签署共建协议。挂牌组建、首批创建、重点培育危险化学品安全风险预警与智能管控技术、重大危险源与化工园区系统安全、“工业互联网+危化安全生产”3 个部级重点实验室。

四是扎实做好氢能安全研究工作。推动成立国家氢安全发展战略联盟，组织开展氢能全流程风险辨识及安全标准体系构建等课题研究，积极推进部氢能安全重点实验室建设，组织开展北京地区氢能安全专题调研。

五是非药品类易制毒化学品监管持续加强。配合报请国务院公布增列苯乙腈等 6 种易制毒化学品，升级改造综合管理信息系统，与国家电子政务服务平台联通，编制 4 项电子证照标准，精心筹办“6·26”国际禁毒日有关宣传活动，广泛宣传各级应急管理部门做法和成效。

第五章 烟花爆竹安全

一、基本情况

2021 年，全国共有烟花爆竹生产企业 1471 家（分布在 10 个省份），同比减少 310 家；批发企业 3496 家，同比减少 749 家；零售店（点）17.4 万家，同比减少 5.3 万家。

2021 年，全国共发生烟花爆竹生产经营事故 11 起、死亡 13 人，同比增加 2 起、2 人，分别上升 22% 和 18%。其中：一般事故 10 起（均为生产企业事故）、死亡 10 人，同比增加 1 起、减少 1 人；非法生产较大事故 1 起、死亡 3 人，同比增加 1 起、3 人。

2006—2021 年全国烟花爆竹事故变化趋势如图 3-5-1 所示，“十三五”以来全国烟花爆竹事故情况对比如图 3-5-2、图 3-5-3 所示。

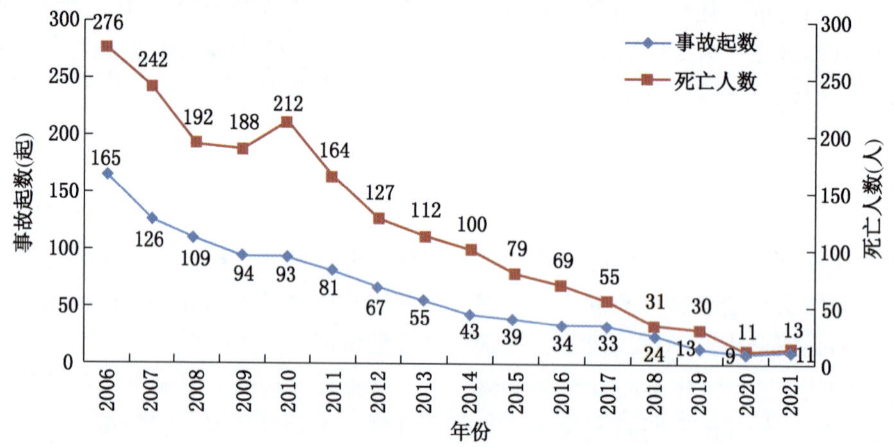

图 3-5-1 2006—2021 年全国烟花爆竹事故变化趋势

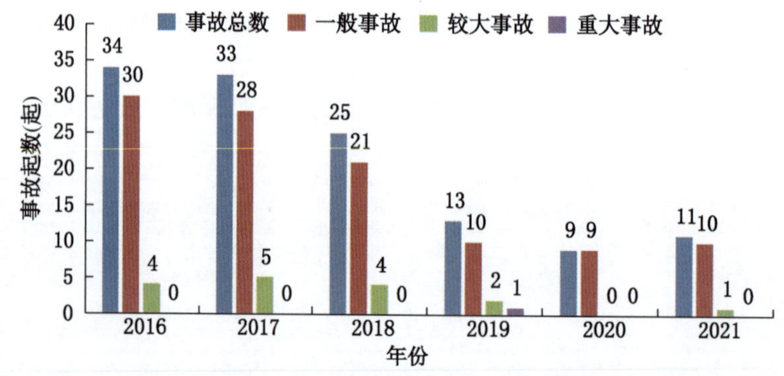

图 3-5-2 “十三五”以来全国烟花爆竹事故起数对比

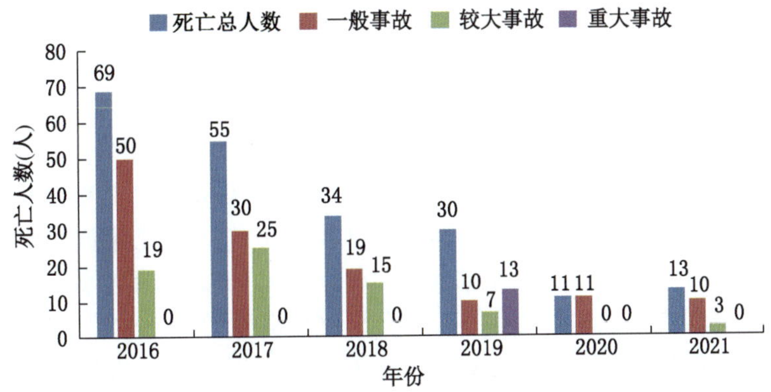

图 3-5-3 “十三五”以来全国烟花爆竹事故死亡人数对比

二、重点工作

（一）全面启动全国烟花爆竹转型升级集中区建设

一是形成政策方案框架。依托湖南浏阳、醴陵和江西上栗、万载 4 县（市）建设全国烟花爆竹转型升级集中区。制定印发《全国烟花爆竹转型升级集中区建设总体方案》，集中区 4 县（市）分别制定实施方案，组建工作专班，明确任务清单、时间表、路线图；所在省、市出台支持集中区建设的政策措施。二是实施四大专项行动。企业结构优化、本质安全提升、安全管理信息化、区域协同监管四大专项行动取得一定成效。2021 年底，4 县（市）烟花爆竹生产企业数量同比减少 25%，企业结构进一步优化；建设改造提升示范企业 81 家，重点培育龙头品牌企业 33 家，新开工建设生产机械化自动化示范线 12 条，初步建成 12 家企业烟火药和危险性原材料安全检验室，企业本质安全水平进一步提升；生产企业安全风险监测预警系统建成率达 40% 以上，安全管理信息化水平进一步提高；每季度召开一次安全监管联席会议，区域协同监管工作进一步强化。三是建立协调推动机制。建立集中区建设“月调度、季分析、年观摩”机制。自 9 月起每月调度集中区建设进展并印发工作简报。12 月举办集中区建设年度观摩点评活动，聚焦总体部署和重点任务落实、安全风险监测预警系统建设应用、机械化自动化生产示范线建设 3 方面重点，现场观摩 4 县（市）8 家烟花爆竹生产企业。

（二）持续深化烟花爆竹安全专项整治

一是严格旺季安全检查执法。四季度烟花爆竹生产经营旺季，全国各级应急管理部门共检查生产企业 1830 家次，查出问题隐患 6831 项（其中重大隐患 8 项），完成整改 6722 项（其中重大隐患全部完成整改）；检查批发企业 6828 家次，查出问题隐患 18139 项（其中重大隐患 11 项），完成整改 15962 项（其中重大隐患完成整改 5 项）；检查零售店（点）12.8 万家次，吊销经营（零售）许可证 611 家、暂扣 1053 家。二是强化春节期间安全管控。除夕至正月十五，各级应急管理部门共检查烟花爆竹批发企业 2297 家次，发现并推动整改问题隐患 3244 项；检查烟花爆竹零售店（点）9 万余家次，取缔不具备安全条件零售场所 3782 个，吊销许可证 1802 个、暂扣 429 个。国务院安委会办公室组织召开专题会议并印发

《关于查处打击涉及冷光烟花和“钢丝棉烟花”生产运输销售等违法违规行为的通知》。会同中央网信办、工业和信息化部、公安部、市场监管总局开展“净网”行动，推动电商平台清理、下架、删除相关商品近 2.5 万件，涉及商家、店铺 7000 余个；查处实体店面或者个人违法销售加装冷光烟花的电子鞭炮行为 11 起，查获装有冷光烟花的违法产品 3600 多箱；查处非法运输（含乘坐公共交通工具携带）、销售“钢丝棉烟花”行为 71 起，查获“钢丝棉烟花”6600 多箱。三是加强重要时段安全监管。春节过后，各产区强化生产企业复产安全监管，严格企业复产把关，加强复产企业巡查，严防违法违规生产，各地强化库存安全管理，做好全国两会期间烟花爆竹安全生产工作。夏季，各产区严格落实高温雷雨季节停产措施，强化检查督导和执法处罚，督促企业落实值班值守，扎实开展提升整改工作。夏季后，各地强化复产和生产经营旺季安全监管，认真做好企业复产前隐患排查治理，严格规范企业复产后生产经营行为，切实强化安全监管检查执法。四是开展安全专家指导服务。结合“我为群众办实事”实践活动，委托中国烟花爆竹协会，对集中区 4 县（市）烟花爆竹生产企业组织开展 2 轮专家指导服务，帮助企业对标对表，全面排查治理风险隐患，实现精准指导帮扶。对 28 家烟花爆竹生产企业进行诊断性检查，发现并督促整改问题隐患 516 项，推动集中区企业隐患排查治理、对标改造提升和试点示范建设。五是强化烟花爆竹“打非”。各地应急管理部门积极会同公安等部门强化打击非法生产经营烟花爆竹行为，对接连发生非法生产烟花爆竹等涉爆事件、事故的广西玉林等问题突出地区进行了重点督促指导。

（三）完善烟花爆竹安全标准体系

推动烟花爆竹安全标准制修订工作，制修订《烟花爆竹工程设计安全标准》（GB 50161）、《烟花爆竹作业技术安全规程》（GB 11652）、《烟花爆竹重大危险源辨识》《烟花爆竹　烟火药 TNT 当量测定方法》《烟花爆竹生产机械设备安全论证导则》《烟花爆竹生产用烟火药安全论证导则》。在全国烟花爆竹转型升级集中区 4 县（市）组织开展了相关标准宣贯活动。

（四）提升烟花爆竹安全监管信息化水平

一是建设烟花爆竹安全风险监测预警系统。截至 2021 年底，全国 657 家企业建成应用系统（建成率 52.4%），其中 311 家企业接入省级平台（接入率 24.8%）。四季度生产旺季，通过系统查出问题隐患 1025 项。二是优化全国烟花爆竹流向管理信息系统。督促烟花爆竹生产批发企业整改烟花爆竹流向信息化管理制度不落实情况，实现企业库存信息全面盘点，全面推进流向系统应用，系统使用率达 90.1%，同比提高 6.4 个百分点。

（五）做好重大活动安全监督保障

应急管理部及北京、河北、湖南省（市）相关地方各级应急管理部门认真研究制定工作方案、组建安全监管小组、建立工作机制，开展实地督导检查、驻厂驻库监督、现场值守等工作，圆满完成了中国共产党成立 100 周年庆祝活动焰火燃放（图 3-5-4）所需烟花产品的生产储存安全监督。积极谋划部署并有序开展北京 2022 年冬奥会和冬残奥会开闭幕式焰火产品安全监督工作。

图 3-5-4　中国共产党成立 100 周年文艺演出焰火表演

第六章　石油天然气安全

一、基本情况

2021 年，我国国内原油产量 1.99 亿吨，天然气产量 2075.8 亿立方米。全国油气井数量为 42.8 万口，其中，油井数量为 38.6 万口，气井数量为 4.2 万口。全国石油天然气开采领域共发生生产安全事故 16 起、死亡 22 人，其中，发生较大事故 2 起、死亡 6 人（含海上生产安全事故）。

2021 年，我国在役陆上油气长输管道总里程约为 17.9 万公里。其中，原油管道 3.7 万公里，占 20.7%；成品油管道 2.9 万公里，占 16.2%；天然气管道 11.3 万公里，占 63.1%。全国油气长输管道人员密集型高后果区 12621 处，其中，Ⅰ级、Ⅱ级、Ⅲ级人员密集型高后果区数量分别为 2213 处、7920 处、2488 处，占比分别为 17%、63% 和 20%。全年全国油气长输管道领域未发生生产安全事故。

2021 年全国石油天然气开采事故时间分布如图 3-6-1 所示，类型分布如图 3-6-2 所示。

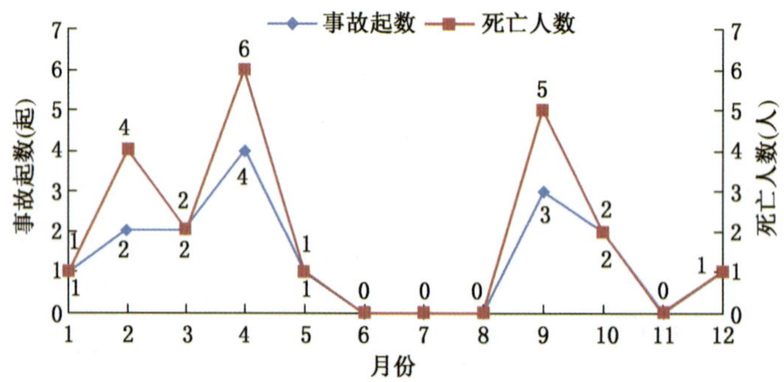

图 3-6-1　2021 年全国石油天然气开采事故时间分布

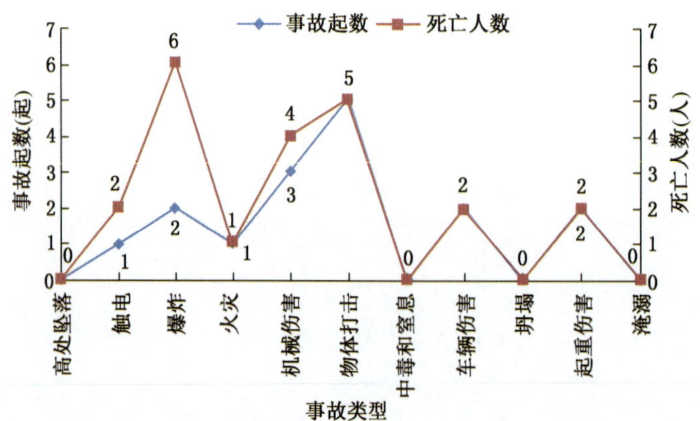

图 3-6-2　2021 年全国石油天然气开采事故类型分布

二、重点工作

（一）着力防范化解海洋石油安全生产风险

深刻吸取近年来海洋石油平台生产安全事故教训，组织对有人值守生产平台、浮式生产设施和钻井平台开展全覆盖安全风险隐患专项排查整治，共排查发现问题隐患6932项，其中重大隐患21项。督促指导三大石油公司压实整改责任，研究完善措施，推动提升海洋石油安全风险防控水平（图3-6-3）。

（二）开展天然气保供企业安全风险防控专项工作

落实能源电力保供跨部门协调小组全体会议要求，制定天然气保供企业安全风险防控检查重点内容，组织对天然气开采、长输管道、LNG接收站、储气库4类天然气保供企业开展安全风险防控专项工作。召开工作推进视频会，每周调度工作进度，印发专项工作简报，指导督促各地区和有关中央企业认真落实“一检查、两机制”工作要求。592家天然气保供企业累计自查整改各类问题隐患2.9万项，其中重大隐患19项。31个省级安委会累计派出549个专家服务组，指导帮助企业整改问题隐患3993项，强化春节、冬奥会等重点时段天然气保供企业安全生产督导检查，有力保障了冬春季安全稳定供气。

（三）健全完善石油天然气安全生产规章标准体系

推动筹建石油天然气开采安全分技术委员会，制定《陆上石油天然气开采安全规程》《海洋石油天然气开采安全规程》等基础性国家标准。配套解读《海洋石油生产设施发证检验工作通则》（AQ 2079—2020）、《老龄化海上固定式生产设施主结构安全评估导则》（AQ 2078—2020）两项标准。

（四）推动“工业互联网+安全生产”试点建设取得成果

指导推动国家管网集团开展“工业互联网+安全生产”试点，在隐患管理、线路安全预警、现场管理、工程HSE管控4个应用场景，形成了油气储运设施隐

图3-6-3　海洋石油981深水半潜式钻井平台

患管理系统、管道沿线地质灾害监测预警平台、环焊缝质量风险排查数据管理平台、智能阴极保护平台、维检修安全作业管理平台、高后果区多源融合预警应用示范、LNG 接收站挂轨机器人应用示范、管道作业区智能管理平台示范、智能工地、管道自动力爬行智能测径-惯性测量组合式检测设备 10 项应用成果。

（五）组织做好疫情期间安全生产许可审查和建设项目安全审查等工作

认真落实党中央、国务院有关疫情防控和“六稳”“六保”工作要求，严格海洋石油企业安全生产许可和油气输送管道建设项目安全审查，强化源头防范。共完成 136 家海洋石油企业安全生产许可审查；完成 1 个油气长输管道建设项目的安全条件和 3 个油气长输管道建设项目的安全设施设计审查批复；完成对 35 家海洋石油中介机构的延期换证审查工作。

第七章　工　贸　安　全

一、基本情况

2021 年，我国工贸行业有冶金、有色、建材、机械、轻工、纺织、烟草、商贸 8 个行业，涉及 4 个门类、30 个大类、175 个中类、587 个小类。

全国重点监管的工贸行业领域钢铁企业 413 家，铝加工（深井铸造）企业 781 家，粉尘涉爆企业 4.35 万家。

2021 年，全国工贸行业共发生生产安全事故 1953 起、死亡 1968 人，同比增加 612 起、583 人，分别上升 45.6% 和 42.1%。其中，发生较大事故（火灾除外）30 起、死亡 109 人，同比增加 10 起、29 人，分别上升 50.0% 和 36.3%。未发生重大及以上事故。

从行业领域看，生产安全事故主要集中在建材、机械、轻工、商贸行业，事故起数均超过 200 起，4 个行业共发生事故 1632 起、死亡 1583 人，分别占事故总数的 83.6% 和 80.4%。从事故类型看，主要集中在机械伤害、高处坠落、物体打击、触电、车辆伤害，共发生事故 1422 起、死亡 1340 人，分别占事故总数的 72.8% 和 68.1%。较大事故主要集中在冶金行业和有限空间作业领域，其中，冶金行业事故 9 起、死亡 29 人，同比增加 8 起、死亡 25 人；有限空间作业事故 14 起、死亡 58 人，同比增加 7 起、23 人。

事故主要暴露出以下问题：一是超强度生产造成企业安全生产风险增大。受大宗商品涨价和出口订单大幅增长影响，一些企业在高价格、高利润的驱动下，没有按照正常保养周期对生产设备进行检修维护，造成设备欠修、失修，“带病运转”问题突出；盲目提高生产节奏，通过控制参数强行提高产能，设备长时间满负荷甚至超负荷生产；精力集中在生产上，安全管理流于形式，造成只顾生产不管安全，管理粗放的问题突出。二是检维修作业过程事故多发。工贸企业各类检维修作业比较多，很多都交由第三方来组织实施，转包、分包现象大量存在，一线作业人员大多是劳务派遣人员，安全素质总体不高，容易造成各方责任衔接不畅、安全技能不足，出现安全管理盲区漏洞。钢铁企业 9 起较大事故中，有 8 起发生在检维修作业过程中。三是有限空间作业事故多发，盲目施救导致事故伤亡扩大。轻工行业污水处理系统发生硫化氢中毒事故较多。在 14 起有限空间较大事故中，因盲目施救导致伤亡扩大的事故占比达 42.9%。企业对风险认识不到位、辨识不清、管控缺失，员工缺乏安全教育培训，自救互救知识技能不足，劳动保护和应急器材基本没有或配备不足等问题突出。四是对新风险的辨识存在短板。伴随着科技进步和经济社会发展，新工艺、新技术、新材料被广泛应用，给工贸安全工作带来了许多想不到、没见过、不会管的问题。例如，企业在加强环保工作中，部分新建或改造的污水处理系统设置在厂房内，空间相对封闭加剧了气体中毒的风险。

二、重点工作

（一）深入推进专项整治三年行动集中攻坚

以新修改的《安全生产法》颁布实施为契机，聚焦企业主要负责人这个“关键少数”依法履职情况和 25 项执法检查重点事项，围绕“从根本上消除事故隐患、从根本上解决问题”目标，采用“督+考”和明查暗访方式，对 20 个省份 33 个地级市 44 个县市（园区）进行执法督导。截至 2021 年底，各省执法检查钢铁企业 8 项重点事项、铝加工（深井铸造）企业 7 项重点事项、粉尘涉爆企业 6 项重点事项、有限空间作业 4 项重点事项，专项整治见到成效。对 8 家企业主要负责人履行安全职责不到位情况实施处罚，并在央视、新华网等中央主流媒体曝光“消失的第一责任人”等 7 起典型案例，在应急管理部公众号发布 10 起处罚第一责任人的案例，盯住企业主要负责人“关键少数”发力，扩大震慑警示作用。

（二）运用信息化手段提高执法规范化水平

紧紧围绕钢铁、粉尘涉爆、铝加工（深井铸造）、有限空间作业 25 项执法检查重点事项，组织开发“互联网+执法”系统工贸专项执法模块，选取南昌、成都、贵阳、铜川、银川 5 个地区开展试点工作。在试点基础上，在全国范围内推广应用“互联网+执法”系统工贸专项执法模块，以信息化手段提升执法工作水平。按照“工业互联网+安全生产”工作部署，在江苏苏州、浙江南浔开展粉尘涉爆企业安全生产风险监测预警联网试点工作，探索建立远程监管执法和企业智能化安全监控方式。

（三）及时部署安全风险防范措施

为深刻吸取工贸行业典型事故教训，针对疫情、大宗商品价格过快增长、限电、限产、极端天气等外部因素对企业安全生产工作带来的风险和压力，召开粉尘爆炸事故警示暨安全执法和工贸监管工作会、钢铁企业事故和工贸企业有限空间事故分析会等视频会议，通报典型事故情况，发布科普短视频和警示教育片，推动各地和相关企业采取针对性措施防范化解事故风险，坚决遏制重特大事故发生（图 3-7-1）。同时，9 月 1 日施行的《工贸企业粉尘防爆安全规定》对粉尘企业的安全生产基础和现场管理提出了明确要求，为监管执法提供了更有力的法律保障。

（四）推进企业安全生产标准化建设

为认真贯彻落实新修改的《安全生产法》，进一步规范和促进企业开展安全生产标准化建设，推动企业建立安全生产管理体系，提高企业安全生产基础管理水平，制定印发《企业安全生产标准化建设定级办法》。明确通过政府购买服务的方式开展定级工作，不得向企业收取任何费用，并提出对标准化一级企业在差异化监管、政策性限产停产、工伤保险费率浮动等方面的 8 项激励措施，支持和鼓励企业开展安全生产标准化建设，提高基层基础管理能力水平。2021 年确定 74 家企业为工贸行业安全生产标准化一级企业。

图 3-7-1 对重点企业进行专项检查和指导服务

第八章　消防安全（含相关公共安全）

2021 年，各地区各有关部门全力防范化解重大安全风险，应对处置各类灾害事故，全年共接报火灾 76.5 万起、死亡 2028 人、受伤 2326 人，直接财产损失 76.3 亿元，同比事故起数、受伤人数和直接财产损失分别上升 12.3%、29.8% 和 45.4%，死亡人数下降 2.9%。其中，较大火灾 85 起、重大火灾 2 起，同比增加 10 起和 1 起，另发生 1 起重大燃气事故；连续 6 年未发生特别重大火灾。

一、专项工作

（一）《中华人民共和国消防法》修改和执法检查

2021 年 4 月 29 日，第十三届全国人民代表大会常务委员会第二十八次会议审议通过的新修改的《中华人民共和国消防法》，明确全面实行公众聚集场所投入使用、营业前消防安全检查告知承诺管理，取消消防技术服务机构资质许可，同时对相应违法行为设定了法律责任，对于持续优化营商环境，释放市场主体创业创新活力，强化事中事后监管，改革消防监督管理工作具有重要意义。7 月 22 日，全国人大常委会召开《消防法》执法检查组第一次全体会议，启动执法检查工作。8 月至 10 月，全国人大常委会 4 个现场执法检查组分赴北京、天津、辽宁、黑龙江、海南、宁夏等省（区、市）开展执法检查。12 月下旬，第十三届全国人大常委会第三十二次会议审议关于检查《消防法》实施情况的报告，总结近年来消防事业取得的重大进展，指出实施中存在的主要问题，提出全面有效实施《消防法》的要求。

（二）消防安全专项整治三年行动

2021 年，是消防安全专项整治三年行动集中攻坚年，对照 4 项攻坚督办任务，细化 20 项年度任务清单，落实“三机制一平台”机制，始终抓牢大型商业综合体、高层建筑、地下轨道交通、石油化工企业和老旧场所等场所领域隐患排查整治，对照清单、压茬推进，定期调度、评估、督办，不断深化消防安全专项整治三年行动集中攻坚治理（图 3-8-1）。按季度开展火灾案例复盘工作，重现火灾发生、发展、蔓延扩大以及人员伤亡全过程，从全局视角剖析深层次原因，找准问题症结，及时校准工作施力重心，推动精准治理，在纵向上将火灾案例复盘从局机关一贯到底，自上而下共同反思火灾、探寻原因、吸取教训、举一反三，确保火灾防控质效。以建党 100 周年消防安保为主线，牵头成立应急救援安保指挥部，圆满完成党的十九届六中全会、全国两会、西藏和平解放 70 周年、第十四届全国运动会等重大活动消防安保任务。

（三）冬春火灾防控专项行动

2021 年 11 月至 2022 年 3 月，国务院安委会办公室在全国部署开展冬春火灾防控工作。各地消防救援机构认真贯彻落实国务院安委会办公室、应急管理部工作要求，结合消防安全专项整治三年行动任务安排，紧紧依靠党委政府，密切联合行业

图 3-8-1 对重点场所进行监督检查

部门，充分发动社会力量，紧盯重点、分类治理、精准施策，深入排查整治火灾隐患，有效防范化解重大安全风险，圆满完成全国两会等重大活动和元旦、春节等重要节点消防安保任务，未发生重大及以上火灾事故，保持了火灾形势总体平稳。

二、重点工作

（一）全面构建消防安全共建共治共享格局

报请国务院安委会印发《“十四五”国家消防工作规划》，深入推进消防安全整治、推动救援装备现代化等纳入《中华人民共和国国民经济和社会发展第十四个五年规划和2035年远景目标纲要》，社会消防安全能力提升行动等十大类重大工程纳入《“十四五”国家应急体系规划》。组成16个国务院安全生产和消防工作考核巡查组，对全国32个省级政府、81个市级政府、593家重点行业领域企业和消防安全重点单位，开展2020年度省级政府安全生产和消防工作考核巡查，与地方各级党政领导、部门和企业负责人及一线员工专题谈话870余人次，压实各级消防安全责任。依托国务院安委会成员单位安全生产考核平台，压实重点行业部门责任。围绕发挥派出所、应急站、综合网格外部“三支力量”作用，壮大事业编防火力量、消防文员和消防救援站、乡镇专职消防队内部“三支力量”，制发加强基层消防力量建设和火灾防控工作指导意见，着力破解基层消防“缺腿短腿”难题，全面构建消防安全共建共治共享格局。

（二）防范化解重大风险隐患

以大型商业综合体为切入口，贯彻落实专家检查、行业监管、科技赋能等8项措施，围绕“管查灭”要求，组织开展安全自查、设施维保等7项工作和专家团队示范检查。在先行培树334家示范单位基础上，按照“务实、常态、随机”方式，组织召开太原现场会，全面部署推进大型商业综合体消防安全管理标准化建设工作，推动全国3592家5万平方米以上的综合体完成标准化建设任务。专题分析研判超高层建筑消防安全风险及对策措施。组织开展危险化学品重大危险源企业和大型油气储存基地专项检查督导，完善“消地协同”机制，全覆盖督导检查全国重大危险源企业、油气储存企业 6817 家，督改问题隐患 2.3 万项。印发专门通知部署开展“小火亡人”综合治理，着眼致灾隐患、亡人风险和蔓延因素，提出发动基层共治、严格安全条件、强化源头管控、突出靶向宣传、坚持“救人第一”五项 22 条硬措施，一定程度上遏制了“小火亡人”多发势头。实地调研革命文物建筑、文化旅游景区消防安全，会同国家文物局联合印发《关于加强革命文物建筑消防安全工作的通知》，组织各地开展谈话提醒、专项消防检查、靶向宣传培训、应急处置演练等活动。

（三）服务民生和疫情防控大局

集中整治易地扶贫搬迁安置点风险隐患，将防范搬迁高楼群消防安全风险作为巩固脱贫攻坚成果的政治任务。制发安置点火灾防范措施和消防安全要则，召开专门会议部署各地采取专家检查、技术指导等方式，对 4374 栋高层安置点“逐一过筛”，建立问题隐患和整改责任“两个清单”，推动 1042 个安置点落实物业管理单位，1879 个安置点建立微型消防站。全力确保新型冠状病毒疫苗生产企业和接种场所消防安全。主动对接国家发展改革委、工业和信息化部、国家卫生健康委等部门，针对定点医院、隔离观察点、疫苗集中接种场地安全风险，研究制定强化防范措施，下发安全风险提示。指导各地会同有关部门加强隐患督改，重点督促对 26 家疫苗研发、生产企业“一对一”上门指导服务。深刻吸取北京丰台“4·16”储能电站火灾教训，联合国家发展改革委、工业和信息化部、住房和城乡建设部、市场监管总局，以国务院安委会办公室名义印发《电化学储能电站安全风险隐患专项整治工作方案》，对 270 家储能电站进行专项整治，对设置在人员密集场所、高层建筑、地下建筑和易燃易爆场所的储能电站落实“先停运、再搬离”。持续推广公众聚集场所营业前消防安全告知承诺等便民利企服务，分领域分场所编制大型商业综合体、文物建筑和博物馆、密室逃脱类场所风险指南和检查指引，指导社会单位辨识风险、评估风险、管控风险，深入推进“自知、自查、自改”和公示承诺制度，加快构建风险分级管控和隐患排查治理双重预防体系。

（四）强化宣传教育培训

全年在央视播发新闻 8500 余条次，其中，《新闻联播》播发 59 条，《焦点访谈》播发 12 期；中央人民广播电台播发新闻和提示 820 余条、专题 12 个、公益广告 600 余条；中央主流报刊播发新闻 6000 余条。创新利用网络直播形式开展宣传，开展各类网络直播 120 余场，“中国消防”微博被评为“全国二十大中央机构微博”“全国十大应急系统微博”。做好各类事故应急救援宣传工作和“应急使命·2021”抗震救灾演习、河南防汛救灾等专项宣传，及时发布权威消息。加快推进消防宣传“五进”工作，与教育部基础教育司联合印发《关于进一步加强中小学幼儿园消防安全宣传教育工作的通知》，在新时代文明实践中心、党群服务中心、社区服务中心等场所设置消防宣传点 4000 余个。聘请“共和国勋章”获得者、中国工程院院士钟南山担任消防宣传公益使者。举办中国消防动漫形象创意大赛，推出消防救援题材电视剧、电影，鼓励社会资源参与消防文化推广。推广使用全民消防安全学习云平台，注册总人数超过 5500 万人，上线使用中国消防志愿者注册管理平台，注册志愿者超过1000万人，发起消防志愿服务活动4万余场。

（五）推进社会消防工作

国家市场监督管理总局、国家标准化管理委员会等有关部门和单位发布《人员密集场所消防安全管理》（GB/T 40248—2021）等15项国家标准，应急管理部等研究推进《消防数据元》等9项行业标准制定。全国消防标准化技术委员会固定灭火系统、防火材料等13个分技术委员会完成换届。修订公布实施《注册消防工程师资格考试大纲》（2021年版），完成2021年度一级注册消防工程师资格考试各项考务工作，全国新增注册消防工程师45106人，总数达到10.4万余人。开展消防技术服务机构专项检查，发现和打击了一批从业条件不达标、执业行为不规范、维保检测弄虚作假、冲击安全底线突出问题的消防技术服务机构。修订《消防产品监督管理规定》《消防产品现场检查判定规则》《消防产品目录》，做好使用领域消防产品质量监管。

（六）深化消防执法改革

加快推动制定国家综合性消防救援队伍和人员法，发布实施《消防救援机构办理行政案件程序规定》和《消防行政法律文书式样》，明确简易程序、快速办理程序、普通程序3种办理行政案件的基本程序，保障消防救援机构在办理行政案件中正确履行职责，促进严格规范公正文明执法。出台《高层民用建筑消防安全管理规定》，解决高层民用建筑各方消防安全责任不清、违规充电停放电动自行车等行为无法可依的问题。制定《社会消防技术服务管理规定》，取消消防设施维护保养检测、消防安全评估机构的资质许可，降低从业条件，解除从业地域限制，调整从业范围，健全事中事后监管体系。开展消防执法“微腐败”专项整治。推行防火专业技术人员协助开展消防监督检查，首批遴选建立32名专业技术人员库。举办全国消防监督管理培训班，建立全国火灾调查专业人才库，提升加快消防监督执法队伍能力水平，加快推进专家人才建设。

（七）坚持科技创新引领

4个项目建议纳入2021年国家重点研发计划，消防救援局科技计划立项43项，5项科技成果纳入2021年国家首台（套）重大技术装备试点产品目录，部属消防科研机构获发明专利75项、实用新型专利388项、软件著作权134项。针对北京丰台“4·16”储能电站火灾等损失大、伤亡多、影响大的灾害事故凝练重大科技需求，分别纳入《“十四五”国家科技发展规划》、应急管理部科技重点工作计划。稳步推进关键核心技术装备攻关，将森林火险监测预报与火灾早期精准探测等方面的技术装备研发纳入国家重点研发计划；危险化学品事故处置、特种灾害救援、无人智能救援等领域急需的技术装备研发作为消防救援局科技计划重点支持项目；特高压换流站阀厅防火抗爆封堵、多模融合的生命探测作业平台等关键核心技术攻关取得重大突破。装备类科技成果试点应用工作受到基层普遍欢迎，消防科技成果年度报告、推广目录逐步得到基层重视。“解密消防黑科技”直播在社会群众中反响较大，多功能化学侦检消防车参加国家“十三五”科技创新成就展，省级消防科技成果示范应用基地创建工作基本完成。部属消防研究所与中国科学技术大学开展国家重点实验室共建，打造基础研究梯次布局与协同技术攻关局面。依托部属消防研究所建设的工业与公共建筑火灾防控技术、灭火救援技术与装备2个应急管理部重点实验室，及辽宁省火灾防治技术重点实验室成功获批，防火阻燃技术应急管理部重点实验室被纳入重点培育名单，辽宁省消防大数据重点实验室圆满完成建设任务，科技创新能力和平台建设得到充分加强。举办全国消防科技管理业务培训班和 3 期“消防大讲堂”，“学科技、爱科技、用科技”氛围初步形成。

（八）严格火灾事故调查

以国务院安委会名义挂牌督办河南省柘城县“6·25”重大火灾事故、吉林省长春市李氏婚纱梦想城“7·24”重大火灾事故，全程牵头现场督办和事故查处。突出岗位实战练兵比武，按照“真实场景，真火真练”标准，分东、西、南、北 4 个片区开展火灾调查岗位实战练兵比武活动，参赛队伍 24 小时内完成“全流程、全要素”调查，推动传统型火调工作向“经验+科技”型转变，全国共 452 名选手参加比武，1500 余人次参与组织筹备和观摩学习。指导推动各地完善延伸调查工作机制，规范延伸调查内容，提升延伸调查质量，发挥检视火灾防控的作用。进一步强化消防救援机构与公安机关火灾调查协作机制，明确消防救援机构与公安机关在现场保护、物证提取、嫌疑人控制、信息共享、性质认定、案件移送和异议处理等方面的火灾调查处理分工与协作要求，提高火灾调查效率，依法打击涉火违法犯罪行为。全年各地累计移送火灾案件 1790 起，追究刑事责任 1470 人，行政拘留近 1300 人，建议给予党纪政务处分近 600 人。

第九章　其他部门负责监管的重点行业领域安全

一、道路运输安全

（一）行业发展情况

2021年，全国公路总里程528.07万公里，同比增加8.26万公里。公路密度55.01公里/百平方公里，同比增加0.86公里/百平方公里。公路养护里程525.16万公里，占公路总里程比例为99.4%。

2016—2021年全国公路总里程和公路密度如图3-9-1所示。

2021年，全国拥有公路营运汽车1231.96万辆，同比增长5.2%。分结构看，拥有载客汽车58.70万辆、1751.03万客位，同比分别下降4.2%和4.9%；拥有载货汽车1173.26万辆、17099.50万吨位，同比分别增长5.7%和8.3%。其中，普通货车406.94万辆、4923.43万吨位，同比分别下降1.7%、增长5.6%；专用货车60.39万辆、718.76万吨位，同比分别增长19.2%和20.5%；牵引车346.68万辆，增长11.5%；挂车359.25万辆，增长7.4%。

2016—2021年全国载货汽车拥有量如图3-9-2所示。

全年完成营业性客运量50.87亿人，同比下降26.2%；完成旅客周转量3627.54亿人公里、下降21.8%。完成营业性货运量391.39亿吨，同比增长14.2%；完成货物周转量69087.65亿吨公里、增长14.8%。

据公安部统计，2021年全国机动车保有量达3.95亿辆，同比增长6.32%，其中汽车3.02亿辆；机动车驾驶人达4.81亿人，同比增长5.48%，其中汽车驾驶人4.44亿人。

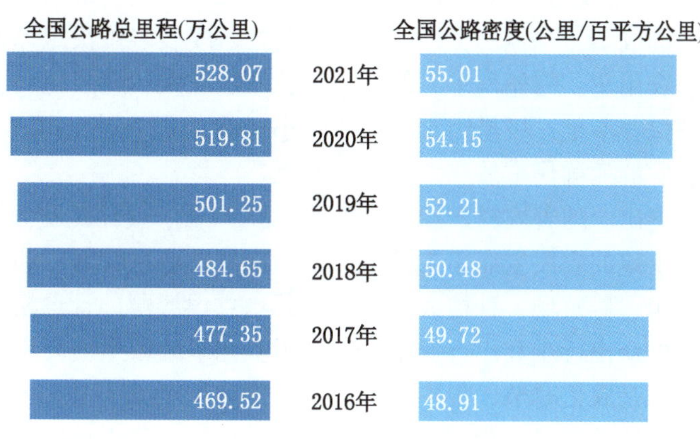

图3-9-1　2016—2021年全国公路总里程和公路密度

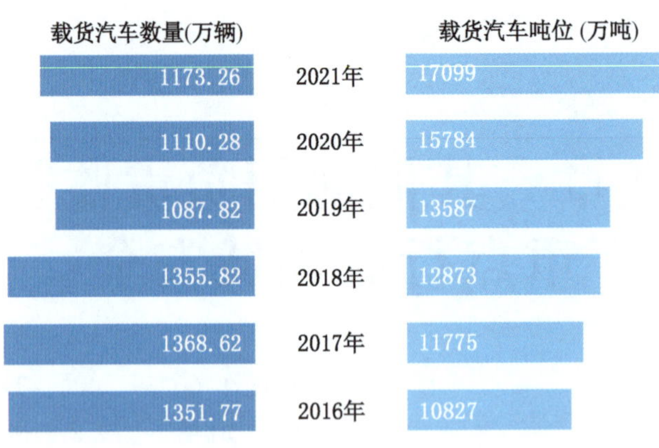

图 3-9-2　2016—2021 年全国载货汽车拥有量

（二）安全形势

2021 年，全国道路运输行业安全生产形势总体稳定，共发生道路运输事故 25616 起、死亡 16998 人，同比减少 5386 起、2789 人，分别下降 17.4% 和 14.1%，实现“双下降”；发生重大事故 6 起、死亡 75 人，同比增加 2 起 14 人；未发生特别重大事故。

1. 农村地区道路交通安全薄弱

一是安全基础存在短板。农村公路一些临水临崖、弯坡路段安全防护不足、标志标线缺失等问题仍然突出。如安徽安庆“9·5”重大事故，事发公路为典型山区连续急弯陡坡路段，路宽仅为 3.5 米，且未设标志标线，临崖路段也未安装防护栏。农村地区车型构成杂、车辆安全性能差，各类面包车、农用车、三轮汽车、低速货车等车辆维护保养不足，极易因车况不良、机械故障引发群死群伤事故。二是农务出行安全问题突出。随着农村产业结构转变，一些流转土地的农民受雇于工厂工地、农场果园茶园、养殖场、种植大户等经营主体，农民群众出行难和出行安全问题日益凸显，特别是农忙时节，集中用工需求大幅增加，违法乘坐轻型货车、三轮车、拖拉机现场普遍，安全隐患尤为突出，群死群伤事故时有发生。如黑龙江七台河“9·4”、安徽安庆“9·5”等重大事故，均与农民务工乘坐货车、农用车出行相关。

2. 道路货运安全风险进一步凸显

货运企业“小、散、乱”现象较为普遍，货运行业安全管理水平普遍不高、安全投入不足，部分运输企业，特别是中、高风险地区企业受疫情防控影响对长时间停驶车辆缺乏维护保养、人员疏于教育，导致技术状况较差、驾驶人安全意识缺乏，恢复运输后未及时补牢教育培训和车辆维护漏洞。部分运输企业为了抢货源、抢进度，只顾经济利益而不顾道路交通安全法律法规，采取屏蔽、破坏车载动态监控、凌晨多拉快跑等方式逃避监管执法，非法载人、超限超载、超速行驶、大吨小标等问题突出，群死群伤事故屡屡发生。

3. 超员、疲劳驾驶仍为事故多发原因

部分行业主管部门和运输企业安全生产思想意识淡薄，管理松懈，导致运输安全风险和事故数量居高不下，超员、疲劳驾驶等现象屡禁不止。如 7 月 22 日辽宁省沈阳市境内辽中环线高速公路沈北段交通事故，撞击大客车超载 13 人。部分司机应急处理能力不高，一旦发生紧急情况，难以通过有效措施迅速应急自救。

（三）重点工作

1. 深入开展专项整治和考核巡查

一是根据全国安全生产专项整治三年行动统一部署，协调配合交通运输部、公安部、工业和信息化部等部门深入开展道路运输安全生产专项整治集中攻坚，明确2021年任务目标，实施常压液体危险货物罐车专项治理、货车非法改装专项整治，督促货运企业落实安全生产主体责任，加强货车驾驶人常态化培训教育。二是按照国务院安委会统一部署，开展2020年度省级政府安全生产和消防工作考核巡查以及国务院安委会成员单位安全生产工作考核，将道路交通安全列为考核的重要内容，督促各地、各相关部门严格落实责任，不断提升道路交通安全监管水平。

2. 加强事故查处督办

一是加强对沈海高速江苏盐城段“4·4”、黑龙江七台河“9·4”、安徽马鞍山“11·15”等重大道路交通事故跟踪督导和挂牌督办工作，印发《国务院安委会办公室　应急管理部关于近期重大及典型事故情况的通报》，督促有关方面及时查明问题原因，举一反三吸取事故教训，坚决防范类似事故发生。二是赴沈海高速江苏盐城段“4·4”、青兰高速甘肃平凉段“7·26”、黑龙江七台河“9·4”、安徽安庆“9·5”、河北石家庄“10·11”、安徽马鞍山“11·15”等6起重大道路交通事故现场进行督办，指导督促地方和有关部门做好事故救援、善后处置、事故调查等工作。对20余起较大道路交通事故进行专题跟踪督办。三是针对涉货车事故暴露的道路运输企业主体责任不落实，货车“三超一疲劳”“大吨小标”等问题，向交通运输部、工业和信息化部分别发出安全生产工作建议函，推动加强道路运输行业和货车生产企业安全监管工作，严查超限超载、非法改装等违法违规行为，确保道路交通行业安全。

3. 强化部门协调联动

一是会同交通运输部、公安部等部门印发《道路旅客运输企业安全管理规范》《关于进一步加强和改进旅游客运安全管理工作的指导意见》，推动修订《道路运输车辆动态监督管理办法》等工作，进一步完善政策法规，强化客运企业主体责任落实。二是推动交通运输部进一步强化公路安全生命防护工程，实施公路安全生命防护工程8.1万公里，累计完成村道安全生命防护工程6.1万公里，有效提升公路安全通行水平。三是加强形势研判，会同公安部、交通运输部召开会商会议，分析货车非法载人、超限超载等安全突出问题，研究采取针对性措施，进一步提升道路交通安全防范水平。四是会同公安部对广西、云南、山东、四川等重点省份道路交通安全工作进行督导；支持公安部开展公路违法超员、违法载人专项治理行动和国省道货车超限超载违法行为专项整治行动，加强执法管控。五是国务院安委会办公室部署全国安全生产明查暗访，推动公安部、交通运输部在党的十九届六中全会时期，分别牵头组织对江苏、河南等地道路交通安全工作开展暗访，切实防范重大安全风险。

4. 推动监管执法和专项调研

一是推动交通运输部针对800公里以上道路客运班线安全风险评估出台指导意见，推动公安部、交通运输部扎实开展道路运输安全整治专项行动集中攻坚，会同公安部对山东、云南、四川等地道路交通安全工作进行检查，督促狠抓“两客一危一货”等重点车辆，严厉查处“三超一疲劳”、货车非法载人、“百吨王”等违法违规行为。二是会同交通运输部、国家卫生健康委、国家铁路局联合部署开展2021 年春运疫情防控和安全检查，派出 2 个督导检查组赴重庆等重点地区进行检查，确保春运期间未发生重大以上道路交通事故。三是会同公安部、交通运输部、农业农村部分别对重庆、江苏、云南等重点地区开展农村道路交通安全专题调研，研究解决农村货车载人突出问题，掌握各地典型经验做法。

5. 持续推动解决农村道路交通安全问题

一是会同公安、交通运输、农业农村等有关部门召开 5 次农村道路交通安全防范工作会商会议。推动交通运输部、公安部、农业农村部等部门印发《关于加强农村地区重点时段群众出行服务保障工作的通知》《关于推动农村客运高质量发展的指导意见》，进一步优化农村客运服务供给。二是推动公安部、农业农村部部署持续开展拖拉机安全整治，2022 年底前停止纯运输拖拉机注册，2025 年底前实现变型拖拉机清零，严查农村地区各类交通违法，保障农村道路交通出行安全。

二、铁路运输安全

（一）行业发展情况

2021 年，全国铁路营业里程达到 15 万公里，其中，高速铁路营业里程达到 4 万公里。铁路旅客发送量完成 26.12 亿人，同比增长 18.5%；货运总发送量完成 47.74 亿吨，同比增长 4.9%。

2016—2021 年全国铁路营业里程如图 3-9-3 所示。

（二）安全形势

2021 年，全国铁路运输行业安全生产形势总体稳定，共发生铁路运输事故 499 起、死亡 438 人，同比分别减少 96 起、62 人，分别下降 16.1% 和 12.4%，实现“双下降”；发生较大铁路运输事故 1 起，同比减少 3 起、3 人。2012 年以来，连续 10 年未发生重大及以上铁路运输事故。

1. 铁路应急管理仍存在薄弱环节

部分承担重大运输任务的大型车站应急能力不足、管理手段落后、设施配置不够，对于紧急事件的应急处置反应不到位、衔接不顺畅、处理不及时。例如，“五一”假期，京广高铁因接触网挂异物，导致部分列车晚点停运，进而造成大量旅客滞留北京西站。

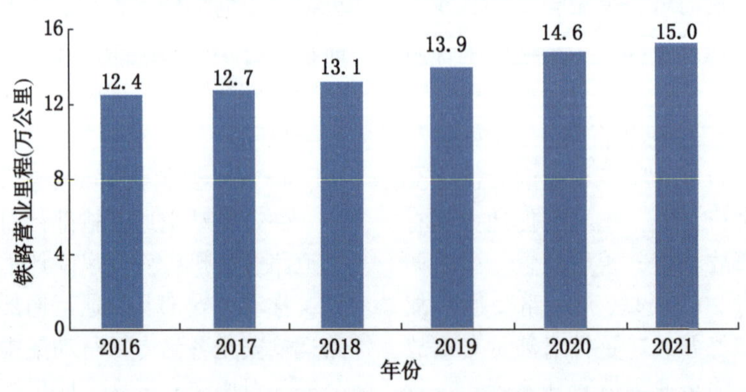

图 3-9-3　2016—2021 年全国铁路营业里程

2. 铁路施工作业安全风险增大

一是铁路外包施工风险较大。劳务公司工人大多是从社会雇佣，作业经验不足、安全意识缺乏，未经有效安全培训教育即上道施工，安全意识差、擅自行动、防护失效，而且容易引发群死群伤事故。二是铁路既有线施工现场管理不到位。我国铁路既有线的维护施工管理方式仍较为传统、作业环境复杂，安全管理信息化、科技化水平不高，安全规章制度未得到严格执行，不能有效保障施工现场安全。

3. 铁路沿线外部环境安全隐患较大

因道路运输车辆、行人违法进入线路、道口安全管理欠缺和铁路沿线飘物侵限等带来的铁路沿线事故风险突出，给高铁和普速列车运行安全造成较大威胁，需引起高度重视。另外，恶劣天气也是诱发铁路交通安全事故的主要原因，汛期暴雨等极端恶劣天气易引发山体滑坡、泥石流等灾害，对铁路交通安全影响极大，易导致设备设施受损、线路中断、列车停运等问题，严重威胁旅客生命财产安全。

（三）重点工作

1. 加强督查考核和事故督办警示

一是国务院安委会部署开展 2020 年度省级政府安全生产和消防工作考核巡查、国务院安委会成员单位安全生产工作考核，将铁路道口平改立、线路封闭、高铁沿线安全环境整治、“双段长”责任制等工作落实情况，作为重要项目进行检查评分，督促各有关方面进一步加强铁路安全工作。二是及时派出工作组赶赴兰新线甘肃金昌段“6·4”K596 次旅客列车撞击施工人员事故现场，会同国家铁路局、国铁集团指导事故救援处置和事故调查等工作。针对事故暴露出的安全问题，国务院安委会办公室向国家铁路局、国铁集团印发安全生产警示函，督促铁路部门深刻吸取教训，强化铁路安全防范，切实提高本质安全水平。

2. 强化部门间协同联动

一是会同国家铁路局等部门联合印发《关于加强铁路自然灾害监测预警工作的指导意见》，推动全面提高铁路抵御自然灾害的综合防范能力。二是会同交通运输部、国家铁路局、国铁集团等单位对四川、贵州、重庆等重点地区铁路沿线安全环境治理工作开展督导检查。三是会同交通运输部、国家卫生健康委、国家铁路局联合部署全国 2021 年春运疫情防控和安全检查，派出 2 个督导检查组赴重庆、湖北等重点地区进行专项督导。

3. 持续开展联合会商

一是组织国家铁路局、国铁集团召开铁路安全生产形势分析会议，针对铁路安全暴露出来的突出问题深入研判，并研究制定针对性措施，防范化解风险。二是会同国家铁路局召开铁路沿线安全环境治理部际联席会议办公室现场工作会议，研究加强铁路沿线安全环境治理措施和自然灾害监测预警，持续推进铁路沿线安全环境治理工作。

三、水上交通安全

（一）行业发展情况

1. 水路基础设施

【内河航道】2021 年，全国内河航道通航里程 12.76 万公里，同比减少 43 公里。等级航道通航里程 6.72 万公里，占总里程比例为 52.7%；其中，三级及以上航道通航里程 1.45 万公里，占总里程比例为 11.4%。

各等级内河航道通航里程分别为：一级航道 2106 公里，二级航道 4069 公里，三级航道 8348 公里，四级航道 11284 公里，五级航道 7602 公里，六级航道

16849 公里，七级航道 16946 公里。等外航道 6.04 万公里。

各水系内河航道通航里程分别为：长江水系 64668 公里，珠江水系 16789 公里，黄河水系 3533 公里，黑龙江水系 8211 公里，京杭运河 1423 公里，闽江水系 1973 公里，淮河水系 17500 公里。

【港口】2021 年，全国港口生产用码头泊位 20867 个，同比减少 1275 个。其中，沿海港口生产用码头泊位 5419 个，同比减少 42 个；内河港口生产用码头泊位 15448 个，同比减少 1233 个。

2021 年，全国港口万吨级及以上泊位 2659 个，同比增加 67 个。从分布结构看，沿海港口万吨级及以上泊位 2207 个，同比增加 69 个；内河港口万吨级及以上泊位 452 个，同比减少 2 个。从用途结构看，专业化万吨级及以上泊位 1427 个，同比增加 56 个；通用散货万吨级及以上泊位 596 个，同比增加 4 个；通用件杂货泊位 421 个，同比增加 6 个。

2021 年全国港口万吨级以上泊位数量见表 3-9-1，全国万吨级以上泊位构成（按主要用途分）见表 3-9-2。

表 3-9-1　2021 年全国港口万吨级以上泊位数量表　　个

泊位吨级	全国港口	同比增减	沿海港口	同比增减	内河港口	同比增减
合计	2659	67	2207	69	452	-2
1 万～3 万吨级（不含 3 万吨级）	875	10	687	15	188	-5
3 万～5 万吨级（不含 5 万吨级）	447	10	321	8	126	2
5 万～10 万吨级（不含 10 万吨级）	874	24	748	23	126	1
10 万吨级及以上	463	23	451	23	12	0

表 3-9-2　2021 年全国万吨级以上泊位构成表（按主要用途分）　　个

泊位用途	年末数	同比增减
专业化泊位	1427	56
其中：集装箱泊位	361	7
煤炭泊位	272	7
金属矿石泊位	85	0
原油泊位	93	6
成品油泊位	146	-1
液体化工泊位	270	31
散装粮食泊位	38	-1
通用散货泊位	596	4
通用件杂货泊位	421	6

【运输船舶】 2021年，全国拥有水上运输船舶12.59万艘，同比下降0.7%。其中，净载重量28432.63万吨，同比增长5.1%；载客量85.78万客位，同比下降0.3%；集装箱箱位288.43万标准箱，同比下降1.6%。

2016—2021年全国水上运输船舶拥有量如图3-9-4所示，2021年全国水上运输船舶构成（按航行区域分）见表3-9-3。

2. 运输服务

全年完成客运量1.63亿人，同比上升9.0%，完成旅客周转量33.11亿人公里，同比增长0.4%。

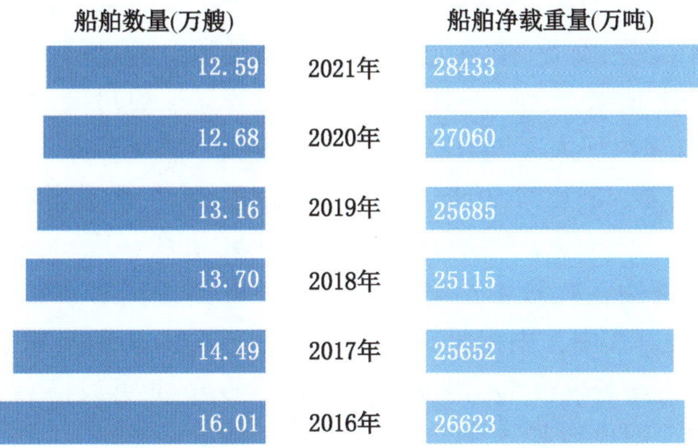

图3-9-4　2016—2021年全国水上运输船舶拥有量

表3-9-3　2021年全国水上运输船舶构成表（按航行区域分）

指标	单位	年末数	同比增减（%）
内河运输船舶			
运输船舶数量	万　艘	11.36	-1.2
净载重量	万　吨	14676.92	7.3
载客量	万客位	59.45	-1.0
集装箱箱位	万标准箱	48.37	-5.7
沿海运输船舶			
运输船舶数量	艘	10891	5.2
净载重量	万　吨	8885.61	12.1
载客量	万客位	23.91	1.2
集装箱箱位	万标准箱	62.45	2.5
远洋运输船舶			
运输船舶数量	艘	1402	-6.5
净载重量	万　吨	4870.09	-10.8
载客量	万客位	2.42	5.4
集装箱箱位	万标准箱	177.62	-1.8

全年完成营业性货运量 82.40 亿吨，同比增长 8.2%；完成货物周转量 115577.51 亿吨公里，同比增长 9.2%。其中，内河货运量 41.89 亿吨，同比增长 9.8%，内河货物周转量 17735.99 亿吨公里，同比增长 11.3%；海洋货运量 40.51 亿吨，同比增长 6.6%，海洋货物周转量 97841.51 亿吨公里，同比增长 8.8%。

全年全国港口完成旅客吞吐量 4773.64 万人，同比增长 8.0%。其中，内河港口完成 121.87 万人，同比增长 63.4%；沿海港口完成 4651.77 万人，同比增长 7.1%。

全国港口完成货物吞吐量 155.45 亿吨，同比增长 6.8%。其中，内河港口完成 55.73 亿吨，同比增长 9.9%；沿海港口完成 99.73 亿吨，同比增长 5.2%。完成集装箱铁水联运量 754 万标准箱，同比增长 9.8%。

（二）安全形势

2021 年，全国共发生水上运输事故 92 起、死亡失踪 201 人，同比减少 25 起、60 人，分别下降 21.4% 和 23.0%；发生重大事故 2 起，同比减少 3 起；未发生特别重大事故。

1. 部分企业和船员安全意识薄弱

部分航运企业（船东）一味追求经济效益，不遵守船舶安全航行规定，盲目赶船期、赶进度，船舶开航前不开展安全检查，船舶不适航、船员不适任等情况时有发生。一些企业主要负责人对《安全生产法》规定的主体责任内容不清楚，对近年来国内航运企业发生的典型重大事故情况“一问三不知”。一些船员盲目依赖船舶自动导航设备，不落实值班瞭望制度，在夜间交接班前后出现瞭望空白。长时间穿越船舶密集区，不采取安全航速航行，面临紧迫局面时应对失措，甚至肇事逃逸，致使遇险人员无法第一时间获得救援，扩大了事故损失。

2. 安全执法力度不足

国务院安委会办公室明查暗访发现，有的船舶存在重大安全隐患，明显不适航，执法人员也不依法采取相应执法措施。个别企业所属船舶 2020 年发生过重大事故，但事发一年后企业主要负责人对事故原因、经过仍不清楚，整改措施也只是做样子、应付检查，监管部门也没有实施处罚。船舶拆卸、关闭 AIS（船舶自动识别系统），严重影响航行安全，但是一些地区执法还是“蜻蜓点水”，偏软偏弱。有的地区对乡镇船舶非法载人行为监管不严，从私自搭载一两个人的小风险一步步演变为搭载几十人的大风险，最终演变为事故。

3. 对新风险的防范不到位

一些地区对新业态带来的安全风险没有足够重视，还在走先发展后规范的老路子。2021 年，我国休闲渔业总产值已突破 1000 亿元，但未对休闲渔业进行立法，船舶、船员以及企业的安全规范标准缺失，有的地区监管部门还未明确，对蓬勃发展的休闲渔业缺管漏管。海上风电建设在沿海地区进入高峰期，但应急救援力量普遍配备不足，人员落水后救援不及时容易导致群死群伤。

（三）重点工作

1. 压紧压实有关地区和部门水上安全监管责任

印发《国务院安全生产委员会关于加强水上运输和渔业船舶安全风险防控工作的意见》，制定 13 条针对性措施，并将水上交通安全执法情况纳入省级政府和国务院安委会成员单位年度安全生产工作考核，督促各地区各部门从严执法。国务院安委会办公室会同交通运输部、农业农村部、应急管理部召开了2次全国视频会议，动员三部门共同部署水上运输和渔业船舶安全工作。对沿海重点省市县进行视频调度，印发全国通报，向山东、福建、辽宁等地发出警示函，持续加大对典型事故和违法行为的曝光力度，推动各地加强水上安全工作，部署开展遏制重特大事故攻坚行动。

2. 强化企业（船东）安全生产主体责任落实

抓住企业主要负责人和船东这一"安全生产第一责任人"，督促严格落实《安全生产法》法定职责，严防把责任推卸给船员和渔民。严格执行《刑法修正案（十一）》，对关闭、破坏AIS等安全生产关键设备冒险出海作业等严重影响安全生产的行为，及时将案件移送司法机关追究刑事责任，并公布一批典型案例，加大曝光力度，形成强烈震慑。

3. 全面开展水上交通安全大检查

推动交通运输部、农业农村部持续开展"商渔共治2021"专项行动，全面排查"六区一线"重点水域、"四类重点船舶"等重点领域安全隐患，集中整治船舶航行和锚泊期间不值守瞭望、超航区航行、逃避监管、非法载客运输、水上救生设备设施配备不足等行为，督促相关企业（船东）严格执行船舶安全航行规定，加强船员安全教育培训，杜绝不适航船舶投入运营、不适任船员上船作业。

4. 严密防范水上交通新风险

督促相关地区针对休闲渔船加强立法，按照航程适当、人员适量、时间可控、救援及时等原则进一步规范休闲渔船出海作业区域、时间和人员，完善渔船、船员以及企业的安全规范标准，明确监管部门和执法权限，采取措施切实消除安全隐患。针对海上风电建设项目，督促建设、施工单位落实作业人员全部穿戴救生衣作业，根据作业人员数量按比例配备救生艇、救助船等应急救援力量，确保发生人员落水后及时有效救援。

四、民航安全

（一）行业发展情况

1. 民航运输

2021年，全国共有颁证民用航空机场248个，同比增加7个，其中定期航班通航机场248个，定期航班通航城市（或地区）244个。定期航班新通航运输机场有湖北荆州沙市机场、江西九江庐山机场、山东菏泽牡丹机场、安徽芜湖宣州机场、四川成都天府机场、湖南郴州北湖机场、广东韶关丹霞机场。

2. 运输服务

完成旅客运输量4.41亿人，同比增长5.5%；完成旅客周转量6529.68亿人公里，同比增长3.5%。国内航线完成客运量4.39亿人，同比增长7.6%（其中，港澳台航线完成59.25万人，同比下降38.4%）；国际航线完成147.72万人，同比下降84.6%。

完成货邮运输量731.84万吨，同比增长8.2%；完成货邮周转量278.16亿吨公里，同比增长15.8%。

民航运输机场完成旅客吞吐量9.07亿人次，同比增长5.9%，恢复到2019年的67.1%。分航线看，国内航线完成90443.2万人次，同比增长7.6%，恢复到2019年的74.6%（其中，港澳台航线完成167.9万人次，同比下降38.4%，恢复到2019年的6.0%）；国际航线完成305.1万人次，同比下降82.0%，恢复到2019年的2.2%。

2017—2021年民航运输机场旅客吞吐量如图3-9-5所示。

完成货邮吞吐量 1782.8 万吨，同比增长 10.9%，恢复到 2019 年的 104.3%。分航线看，国内航线完成 979.4 万吨，同比增长 3.4%，恢复到 2019 年的 92.0%（其中，港澳台航线完成 85.7 万吨，同比增长 3.6%，恢复到 2019 年的 90.7%）；国际航线完成 803.4 万吨，同比增长 21.7%，恢复到 2019 年的 124.4%。

2017—2021 年民航运输机场货邮吞吐量如图 3-9-6 所示。

完成飞机起降 977.7 万架次，同比增长 8.0%，恢复到 2019 年的 83.9%（其中，运输架次为 798.6 万架次，同比增长 7.1%，恢复到 2019 年的 80.9%）。分航线看，国内航线完成 953.3 万架次，同比增长 9.1%，恢复到 2019 年的 89.4%（其中，港澳台航线完成 4.0 万架次，同比下降 16.6%，恢复到 2019 年的 20.4%）；国际航线完成 24.5 万架次，同比下降 22.4%，恢复到 2019 年的 24.6%。

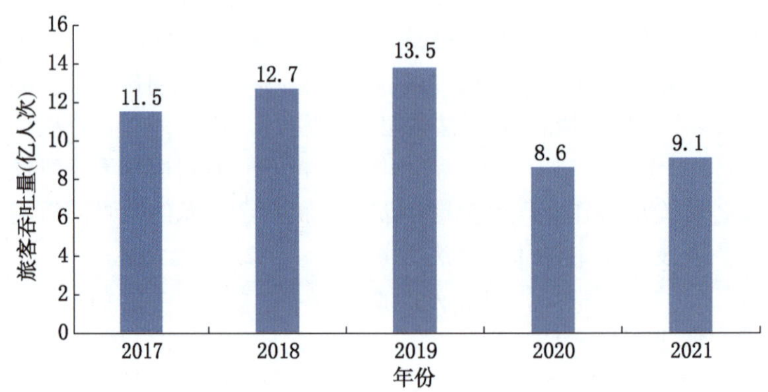

图 3-9-5　2017—2021 年民航运输机场旅客吞吐量

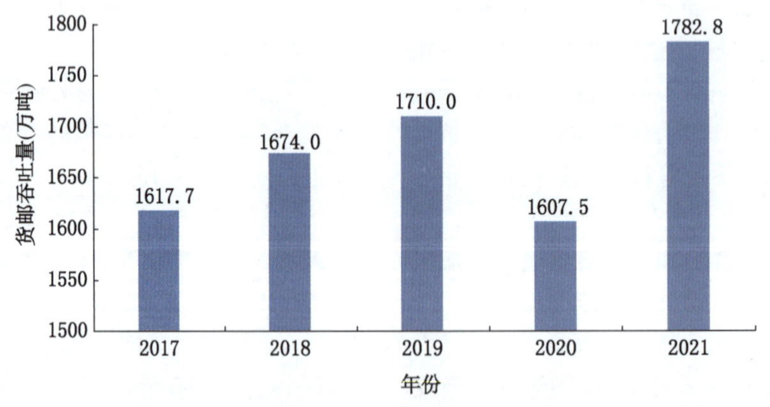

图 3-9-6　2017—2021 年民航运输机场货邮吞吐量

3. 旅客吞吐量分布

各运输机场中，年旅客吞吐量 1000 万人次以上的运输机场有 29 个，同比净增加 2 个（新增长春龙嘉机场和大连周水子机场），完成旅客吞吐量占全部境内运输机场旅客吞吐量的 70.8%，占比同比上升 0.8 个百分点；从增速看，增幅在 20% 以上的运输机场有 5 个，增幅在 0~

20%的有13个，降幅在0~20%的有11个。北京、上海和广州三大城市运输机场旅客吞吐量占全部境内运输机场旅客吞吐量的18.0%，占比同比下降0.2个百分点。年旅客吞吐量200万~1000万人次的运输机场有32个，同比增加5个，完成旅客吞吐量占全部境内运输机场旅客吞吐量的18.5%，占比同比下降0.5个百分点；从增速看，增幅在20%以上的运输机场有4个，增幅在0~20%的有24个，降幅在0~20%的有2个，降幅在20%以上的有1个，无同比增速的有1个。年旅客吞吐量200万人次以下的运输机场有187个，同比持平，完成旅客吞吐量占全部境内运输机场旅客吞吐量的10.7%，占比同比下降0.3个百分点。

国际航空枢纽机场完成旅客吞吐量37272.8万人次，同比增长4.0%。区域枢纽机场完成旅客吞吐量36789.7万人次，同比增长4.8%。非枢纽机场完成旅客吞吐量16685.8万人次，同比增长12.9%。

京津冀机场群完成旅客吞吐量8126.3万人次，同比增长9.3%。长三角机场群完成旅客吞吐量16765.2万人次，同比增长4.0%。粤港澳大湾区机场群珠三角九市完成旅客吞吐量8724.1万人次，同比下降4.6%。成渝机场群完成旅客吞吐量8985.9万人次，同比增长7.2%。

国内各地区旅客吞吐量华北地区占12.6%，同比提高0.5个百分点；东北地区占6.0%，同比提高0.3个百分点；华东地区占28.1%，同比下降0.3个百分点；中南地区占24.6%，同比下降0.5个百分点；西南地区占18.6%，同比下降0.5个百分点；西北地区占6.9%，同比下降0.3个百分点；新疆地区占3.0%，同比提高0.8个百分点。

各省（区、市）旅客吞吐量同比有升有降，其中，增幅在20%以上的省（区、市）有2个，增幅在0~20%的有22个，降幅在0~20%的有7个。

4. 货邮吞吐量分布

各运输机场中，年货邮吞吐量1万吨以上的运输机场有61个，同比增加2个，完成货邮吞吐量占全部境内运输机场货邮吞吐量的98.7%，占比同比提高0.1个百分点；从增速看，增幅在20%以上的运输机场有9个，增幅在0~20%的有36个，降幅在0~20%的有13个，降幅在20%以上的有2个，无同比增速的有1个。北京、上海和广州三大城市运输机场货邮吞吐量占全部境内运输机场货邮吞吐量的44.9%，占比同比提高0.9个百分点。年货邮吞吐量1万吨以下的运输机场有187个，同比净增5个，完成货邮吞吐量占全部境内运输机场货邮吞吐量的1.3%，占比同比下降0.1个百分点。

国际航空枢纽机场完成货邮吞吐量1171.0万吨，同比增长12.2%。区域枢纽机场完成货邮吞吐量525.0万吨，同比增长8.9%。非枢纽机场完成货邮吞吐量86.8万吨，同比增长6.4%。

京津冀机场群完成货邮吞吐量181.7万吨，同比增长16.4%。长三角机场群完成货邮吞吐量624.5万吨，同比增长7.5%。粤港澳大湾区机场群珠三角九市完成货邮吞吐量366.2万吨，同比增长14.2%。成渝机场群完成货邮吞吐量115.2万吨，同比增长9.3%。

国内各地区货邮吞吐量华北地区占10.9%，同比提高0.5个百分点；东北地区占2.9%，同比下降0.2个百分点；华东地区占42.1%，同比下降1.2个百分点；中南地区占30.0%，同比提高1.3个百分点；西南地区占9.9%，同比持平；西北地区占3.2%，同比下降0.3个百分点；新疆地区占1.0%，同比持平。

货邮吞吐量增幅在20%以上的省（区、市）有2个，增幅在0~20%的有23个，降幅在0~20%的有4个，降幅在20%以上的有2个。

（二）安全形势

2021年，全行业未发生运输航空事故，同比持平。发生通用航空事故15起，同比减少3起。全行业发生运输航空征候561起，同比增加123起。发生运输航空严重征候6起，占运输航空征候总数的1.07%，同比增加2起。

1. 安全管理能力弱化

一些“小、散、变、转、欠”（小规模、散运行、变股权、转基地、欠投入）的航空公司存在安全管理能力不强、安全问题频发、安全投入不足以及债务违约等问题，安全运行风险突出，2021年发生的6起运输航空严重征候都发生在此类单位，其中华夏航空2个月内连续发生“7·5”“8·29”两起责任严重征候。

2. 通用航空安全风险不容忽视

随着经济强劲复苏，通用航空在低空游览、医疗救援、农林植保和城市功能保障等方面的应用进一步普及。但相对运输航空而言，通用航空更多采用的是小型固定翼飞机，机型自身安全性能不高，作业地点分散、普遍老旧，且飞行高度大多在4000米以下，属于低空或者是超低空飞行，易受天气和地形影响。部分通航单位对“放管服”政策的理解存在偏差，重发展不重安全，在安全机制建设、应急处置等方面仍存诸多短板。

3. 复杂恶劣天气及意外情况时有发生

大风、降雪、冰雹、雷暴、低能见等复杂恶劣天气都会增加驾驶员操作难度，造成燃油安全裕度提前消耗，甚至会直接损伤机身。无人机、孔明灯等升空物体在机场净空保护区内影响飞行安全事件和破坏机场净空环境的违法行为时有发生，鸟击等意外情况也对安全飞行造成了极大影响。据统计，在机场不安全事件中，天气意外、鸟击、外来物等事件占比达到80.8%。9月30日，大连机场突遭冰雹天气，导致停场的43架飞机受损严重。3月1日北大荒通航坠机造成5人死亡的事故也与结冰天气有关。

（三）重点工作

1. 压紧压实部门和企业安全责任

督促民航局研究制定《民航安全监管责任追究暂行办法》，加强对企业法定代表人、实际控制人法定责任落实的监督检查；实施民航年度安全重点工作责任清单制度，修订《民航行业信用管理办法》，推进安全生产信用体系建设，确保责任到岗到人、措施落地见效。

2. 深入开展民航安全风险排查和隐患整治

督促民航局加强行业安全督导检查，深入开展防跑道侵入、外来物、机坪刮碰、鸟击整治等专项行动，进一步加大典型曝光和执法处罚力度，做好典型案例报送。深入推进对“小、散、变、转、欠”类型公司、通用航空和无人机等安全专项整治，督促民航局修订完善《通用航空经营许可管理规定》，完善通航异地运行协同监管机制，加强通航异地运行安全风险防控，对10座及以上载人通航运行实施重点监管。

3. 不断夯实民航安全基础

推动民航局加快修订出台《中国民航航空安全方案》和《民用航空安全管理规定》，不断优化完善民航安全监管法规标准体系，建立中小机场运行安全保障机制，落实机场集团对所属中小机场的安全管理责任。加强无脚本、实战化应急演练，提升应急处置能力水平。

五、建筑施工安全

（一）行业发展情况

1. 建筑业规模

2021 年，全社会固定资产投资 552884 亿元，同比增长 4.9%。房地产开发投资 147602 亿元，同比增长 4.4%。其中，住宅投资 111173 亿元，同比增长 6.4%；办公楼投资 5974 亿元，同比下降 8.0%；商业营业用房投资 12445 亿元，同比下降 4.8%。全国各类棚户区改造开工 165 万套，基本建成 205 万套。全社会建筑业完成总产值 293079 亿元，同比增长 11%，占固定资产投资的比例为 53%。建筑业增加值 80138 亿元，同比增长 2.1%。

2017—2021 年我国建筑业总产值统计见表 3-9-4。

从近 5 年的发展趋势来看，建筑业增加值在国内生产总值中的占比逐年增加，2021 年建筑业增加值占国内生产总值的比例约为 7.0%；但随着我国经济由高速发展转变为高质量发展，建筑业增加值的增速逐渐放缓，从 2017 年开始低于国内生产总值的增速。近 5 年，建筑业增加值在国内生产总值中占比保持在 7.0% 以上，建筑业作为支柱产业的地位保持稳固。

2017—2021 年我国建筑业增加值与国内生产总值统计见表 3-9-5。

表 3-9-4　2017—2021 年我国建筑业总产值统计表

年份	产值（亿元）	产值增速（%）	固定资产投资（亿元）	建筑业投资占比（%）
2017	213954	10.5	641238	33.4
2018	235086	9.9	645675	36.4
2019	248446	5.7	560874	44.3
2020	263947	6.2	527270	50
2021	293079	11.0	552884	53.0

表 3-9-5　2017—2021 年我国建筑业增加值与国内生产总值统计表

年份	国内生产总值（亿元）	国内生产总值增速（%）	建筑业增加值（亿元）	建筑业增加值增速（%）	建筑业增加值在国内生产总值中占比（%）
2017	832036	6.8	57905.6	3.9	7.0
2018	919281	6.6	65493.0	4.8	7.1
2019	990865	6.1	70904.3	5.6	7.2
2020	1015986	2.3	72996	3.5	7.2
2021	1143670	8.1	80138	2.1	7.0

2. 在建规模

【房屋建筑】 全年房屋建筑施工面积 157.5 亿平方米，同比增长 5.4%。近 5 年来，我国房屋建筑施工面积平稳增长，从 2017 年的 131.8 亿平方米增加到 2021 年的 157.5 亿平方米，增幅达 19.5%。建筑施工面积的增速波动较大，2021 年的建筑施工面积增速为 5.4%。

2017—2021 年我国建筑业建筑施工面积统计见表 3-9-6。

表 3-9-6 2017—2021 年我国建筑业建筑施工面积统计表

年份	建筑施工面积（亿平方米）	建筑施工面积增速（%）
2017	131.8	4.2
2018	140.9	7.0
2019	144.2	2.3
2020	149.5	3.7
2021	157.5	5.4

【基础设施】全国基础设施投资（不含电力、热力、燃气及水生产和供应业）同比增长 0.4%。其中，制造业固定投资增长 13.5%，建筑业固定资产投资增长 1.6%，房地产业固定资产投资增长 5.0%，交通运输、仓储和邮政业固定资产投资增长 1.6%，电力、热力、燃气及水生产和供应业固定资产投资增长 1.1%。

3. 企业和从业人员数量

【企业数量】全国共有施工活动的建筑业企业 128746 家，同比增长 10.3%。全国具有资质等级的总承包和专业承包建筑业企业利润 8554 亿元，同比增长 1.3%，其中，国有控股企业 3620 亿元，增长 8.0%。

【从业人员】全国建筑业从业人员 5282.9 万人，同比减少 83.98 万人，同比下降 1.56%。按建筑业总产值计算的劳动生产率为 473191 元/人，同比增长 11.89%。

2017—2021 年我国建筑业企业数量和从业人员统计见表 3-9-7。

表 3-9-7 2017—2021 年我国建筑业企业数量和从业人员统计表

年份	企业数量（个）	从业人员（万人）
2017	88074	5536.9
2018	95400	5563.3
2019	103814	5427.4
2020	116716	5366.9
2021	128746	5282.9

（二）安全形势

2021 年，全国建筑业共发生生产安全事故 3854 起、死亡 3993 人，同比增加 531 起、432 人，分别增长 16.0% 和 12.1%；发生较大事故 65 起、死亡 237 人，同比减少 19 起、71 人，分别下降 22.6% 和 23.1%；发生重大事故 2 起、死亡 31 人，事故起数同比持平，死亡人数同比减少 27 人，下降 46.5%；没有发生特别重大事故。虽然较大事故降幅较大，但是事故总量同比增幅较大，重大事故起数也未减少，全国建筑业安全生产形势总体来看仍然较为严峻复杂。

1. 房屋建筑和市政工程领域事故多发

较大事故主要发生在房屋建筑（19 起）和市政工程（9 起）这两个工程类别，事故起数（28 起）和死亡人数（102 人）分别占较大事故的 43.1% 和 43.0%。

2. 较大事故类型中坍塌事故和中毒窒息事故占比大

较大事故类型中，坍塌事故有 29 起，包括土方坍塌、脚手架坍塌、钢结构坍塌等，事故起数和死亡人数分别占比 44.6% 和 45.6%，集中暴露出部分建筑施工现场管理混乱，不按专项方案施工，关键工序风险把控不严格等问题。中毒窒息事故有 8 起，事故起数和死亡人数分别占比 12.3% 和 11.4%，暴露出有限空间作业管理不规范等问题。

3. 重大事故集中在房屋市政工程领域，且均存在违法违规行为

江苏苏州四季开源酒店“7·12”重大坍塌事故中，施工单位在无资质的情况下承揽了事故建筑装修改造项目，并将其承揽的装饰装修设计业务和拆除业务分包给不具有相应资质（资格）的个人。广东珠海石景山隧道“7·15”重大透水事故中，施工单位在下穿水库施工，未开展涌水动态监测，未按照设计和安全规范施工。

（三）重点工作

1. 防范化解建筑施工领域重大安全风险

强化督导检查，组织专家赴川藏铁路施工现场调研督导，赴重庆进行城市轨道交通安全暗访检查，督促有关企业强化安全责任和措施落实。推动住房和城乡建设部召开深入开展房屋建筑安全隐患排查整治视频会议和突发事故应急处置视频培训会议，组织开展房屋建筑和市政基础设施工程建设领域整治工作。强化冬奥会场馆建设安全，定期参加冬奥会筹备期安全保障领导小组联络员会议，赴北京、河北冬奥会场馆开展检查；以国务院安委会办公室名义，向住房和城乡建设部、国家体育总局发出进一步加强2022年北京冬奥会场馆建设和赛事活动安全风险防控的建议函，确保冬奥会绝对安全。推进平安工程建设，会同交通运输部推进公路水运工程“平安工程”申报和评审等工作。加强高层建筑规划管理，会同住房和城乡建设部印发《关于加强超高层建筑规划建设管理的通知》，科学规划建设管理超高层建筑。加强对中央企业的督促指导，定期召开11家建筑施工类中央企业参加的安全生产工作例会，与中核集团、中国中铁等中央企业面对面座谈，及时分析研究形势问题，提出有关工作建议；约谈中国中铁和中交集团负责人，深刻吸取相关较大事故教训。

2. 强化农村房屋安全隐患排查治理

认真履行农村房屋安全隐患排查整治工作部际协调机制成员单位职责，联合住房和城乡建设部对江苏、广西、江西、海南4个省份开展为期半个月的农村房屋安全隐患排查调研，督导地方政府扎实开展农村房屋安全隐患排查工作。推动住房和城乡建设部等部门印发《关于加快农房和村庄建设现代化的指导意见》，建立农村房屋设计、审批、施工、验收、使用等全过程管理制度，推动住房和城乡建设部组织编制《“农村自建房安全常识”一张图》和配套文字说明，在选址、房屋布局、地基基础、墙体砌筑、施工安全等9个方面对农村自建房建造进行安全提示。

3. 强化事故现场督办和挂牌督办

对5起建筑施工事故、3起燃气爆炸事故、2起农房坍塌事故以及小浪底水利枢纽附属工程西沟水库漫坝事故等进行现场督导。对湖北十堰“6·13”燃气爆炸事故、江苏苏州四季开源酒店“7·12”坍塌事故、广东珠海石景山隧道“7·15”透水事故、陕西凤县酒奠梁隧道“8·30”坍塌事故、辽宁大连“9·10”燃气爆炸事故等进行挂牌督办。跟踪调度广东深圳赛格大厦“5·18”晃动事件、湖北武汉“5·20”路面爆炸事件、辽宁大连金州“1·25”燃气管道爆炸事故、福建晋江“2·6”在建厂房坍塌事故、江苏常州“4·28”消毒液储存罐泄漏事件、辽宁大连瓦房店“10·24”燃气爆炸事故、内蒙古呼和浩特“11·22”燃气爆炸事故、江西赣江新区“11·22”房屋坍塌事件、

浙江金华“11·23”在建房屋建筑坍塌事故等10余起事故。

六、渔业船舶安全

（一）行业发展情况

1. 渔船年末拥有量

2021年，全国渔船总数52.08万艘、总吨位1001.58万吨。其中，机动渔船35.70万艘、总吨位977.48万吨、总功率1845.20万千瓦，非机动渔船16.39万艘、总吨位24.10万吨。机动渔船中，生产渔船34.23万艘、总吨位862.47万吨、总功率1606.62万千瓦。辅助渔船1.47万艘、总吨位115.00万吨、总功率238.58万千瓦。

2. 渔业人口和渔业从业人员

2021年，全国渔业人口1634.24万人，同比减少86.53万人、下降5.03%。渔业人口中传统渔民517.16万人，同比减少38.28万人、下降6.89%。渔业从业人员1184.63万人，同比减少54.96万人、下降4.43%。

3. 全社会渔业经济总产值

2021年，按当年价格计算，全社会渔业经济总产值29689.73亿元，其中，渔业产值15158.63亿元，渔业工业和建筑业产值6155.16亿元，渔业流通和服务业产值8375.93亿元，3个产业产值的比例为51.1：20.7：28.2，如图3-9-7所示。渔业流通和服务业产值中，休闲渔业产值835.56亿元，同比上升1.19%。

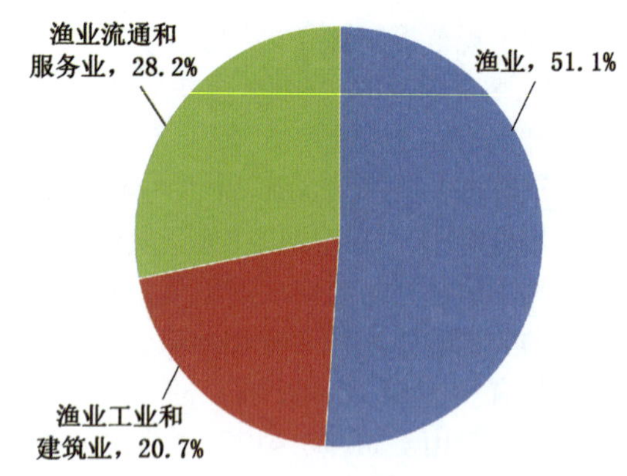

图3-9-7　2021年渔业经济总产值构成

渔业产值中，海洋捕捞产值2303.72亿元，海水养殖产值4301.70亿元，淡水捕捞产值336.56亿元，淡水养殖产值7473.75亿元，水产苗种产值742.90亿元(渔业产值以国家统计局年报数据为准)。渔业产值中（不含苗种），海水产品与淡水产品的产值比例为45.8：54.2，养殖产品与捕捞产品的产值比例为81.7：18.3。

4. 渔业灾情

2021年，由于渔业灾情造成水产品产量损失54.67万吨，受灾养殖面积388.53千公顷，直接经济损失106.49亿元。

（二）安全形势

2021年，全国共发生渔业船舶事故72起、死亡失踪138人，同比减少28起、23人，分别下降28.0%和14.3%；未发生重特大事故。

1. 海上航行环境复杂、通航资源紧张导致安全风险加剧

海域气象条件复杂，就浙江而言，沿海地区地处中纬度，近海岛屿众多，地形复杂，受热带天气系统和温带季风天气系统多重影响，台风、能见度低、强降水等灾害性气象种类多，对海上交通安全、港口作业、渔业生产造成的制约和影响越来越大。据统计，随着中日、中韩等渔业协定暂定措施水域的实施，渔场作业区域减少1/3，加之渔业资源仍处于衰退状态，大量作业渔船为了争相捕捞海上少量的渔业资源，集聚在近海兼为航路的渔场作业，渔民注重捕捞产量而未将安全生产置于首位，增加了发生海上安全事故的风险。

2. 部分渔船安全设施较差，渔民安全意识薄弱

大量渔船罗经、雷达等航海设备相对简陋，设备改造升级不够，且大多数船舶仅配备一套此类航海设备，一旦出现故障或损坏，船舶驾驶安全风险剧增；部分渔船船龄长，设备老化严重，长期不更新，雷达等不能正常发挥功效，声响设备、号灯等长期未检修不能正常使用，“带病”出海航行安全隐患较大。随着渔业资源衰退，为了争捕有限的渔业资源，渔船船员存有侥幸心理，认为航行只不过是其捕鱼必需的手段，“重生产、轻安全”现象严重，船舶安全责任流于形式；一些船舶在能见度不良的情况下盲目高速航行、渔船随意在航道周边航行或锚泊、随意关闭VHF（甚高频）、船员临水作业不穿救生衣等安全意识薄弱的现象时有发生。

3. 渔业船舶安全监管有待进一步加强

针对“异地挂靠”“证业不符”渔船数量较大，以及“三无船舶”、老旧渔船其他类型船只风险日益凸显等问题，相关地方应对办法不多，对于发生的涉海涉渔事故，较多强调“通航密度”“恶劣天气”等客观理由，较少从属地管理方面查问题、出对策，没有正视安全监管中存在短板和不足。部分地方缺乏刀刃向内的决心和手段，有的地方虽提出“渔船应该做减法”的构想，但仍停留在讲概念、谈设想层面，缺乏对水上安全管理的系统谋划，监管浮于表面、疲于应付，头痛医头、脚痛医脚的现象时有发生；有的地方事故查处不严肃，责任追究宽松软，举一反三走过场，起不到必要的警示作用，导致重复事故接连发生。

（三）重点工作

1. 强化渔船安全执法

推动农业农村部扎实开展专项整治三年行动集中攻坚，提升执法频次、加大执法力度，严厉打击渔船职务船员“人证不符”、导航通信设备配备不足等违法违规行为。严格执行《刑法修正案（十一）》，对关闭、破坏AIS等安全生产关键设备冒险出海作业等严重影响安全生产的行为，及时将案件移送司法机关追究刑事责任。加大对违法船东的典型曝光和行政处罚力度，依法依规开展失信惩戒。

2. 强化渔业船舶安全源头监管

会同农业农村部督促沿海重点地区建立靠泊港和船籍港安全共管机制，船籍港加强对在外省（市）海域生产作业渔船安全监督管理，靠泊港加强对在港渔船的检查力度，重点检查渔船适航状态、职务船员配备、雷达和AIS安装使用、号灯号型显示等情况；加强渔船编组生产和“定时点验”管理，严防单船出海作业、无人值守、疲劳驾驶等行为。

3. 健全完善恶劣天气预警机制

会同农业农村部督促各地区充分整合海事、渔业、气象、水利、海洋等部门恶劣天气预警信息资源，通过电视、广播、手机、甚高频等方式对航行作业船舶实施预警，确保目标船舶及时获取预警信息；对船舶接收预警信息情况进行检查，督促船舶严格落实各项应急避险措施，严禁恶劣天气船舶冒险航行作业；加强对抛锚避风避险船舶盯控，对于盯控责任措施落实不到位引发事故的企业（船东）从严处罚。

第十章 安全生产执法

一、安全生产监督监察执法情况

（一）现场监督监察

2021 年，各地应急管理部门、矿山安全监察机构直接监管监察的生产经营单位总数为 350.7 万家，同比减少 36.3 万家，减少 9.4%（表 3-10-1）。

各级应急管理部门、矿山安全监察机构充分发挥安全生产监管监察职能，以提高监管效能为主线，综合运用教育、法律、行政、经济等手段，加强日常监管监察执法，现场监管监察各类生产经营单位 76.6 万家、152.1 万次（表 3-10-2）。

（二）行政处罚

2021 年，各地应急管理部门、矿山安全监察机构强化安全生产执法，严厉查处和打击非法违法生产经营建设行为，实施行政处罚 18.4 万次，同比增加 2.7 万次，上升 17.0%（表 3-10-3）。

各地应急管理部门、矿山安全监察机构责令停产整顿生产经营单位 7403 家；提请关闭生产经营单位 842 家，其中，实际关闭生产经营单位 890 家，占 105.7%（表 3-10-4）。

表 3-10-1　2021 年直接监管监察的生产经营单位情况表

项　　目	直接监管监察的生产经营单位（家）	同比增减（家）	同比增减（%）
合计	3506537	-362763	-9.4
其中：高危行业（领域）	197405	-169397	-46.2
一、应急管理部门	3502108	-362552	-9.4
1. 金属与非金属矿山	24974	-16515	-39.8
2. 危险化学品	120085	-80566	-40.2
其中：生产企业	16231	-6038	-27.1
经营企业和单位	103854	-74528	-41.8
3. 烟花爆竹	47917	-72105	-60.1
其中：生产企业	1110	-629	-36.2
4. 工贸	1773579	16655	0.9
5. 其他	1535553	-210021	-12.0
二、矿山安全监察机构	4429	-211	-4.5

表 3-10-2　2021 年现场监管监察执法情况表

项　　目	实际监管监察生产经营单位（家）	监管监察覆盖率（%）	实际监管监察生产经营单位（次）
合计	766377	21.9	1521366
一、应急管理部门	761948	21.8	1503653
1. 金属与非金属矿山	16361	65.5	52977
2. 危险化学品	75017	62.5	217850
3. 烟花爆竹	37218	77.7	119860
4. 工贸	385849	21.8	679877
5. 其他	247503	16.1	433089
二、矿山安全监察机构	4429	100.0	17713

表 3-10-3　2021 年实施行政处罚情况表

项　　目	合计	应急管理部门						矿山安全监察机构
		小计	金属与非金属矿山	危险化学品	烟花爆竹	工贸	其他	
行政处罚（次）	183568	170921	5095	16022	14982	92737	42085	12647

表 3-10-4　2021 年责令停产整顿、提请关闭情况表

项　　目	责令停产整顿生产经营单位（家）	提请关闭生产经营单位（家）	实际关闭生产经营单位（家）
合计	7403	842	890
一、应急管理部门	6758	842	890
1. 金属与非金属矿山	833	74	93
2. 危险化学品	1028	130	147
3. 烟花爆竹	525	169	137
4. 工贸	3329	354	350
5. 其他	1043	115	163
二、矿山安全监察机构	645		

（三）经济处罚

2021 年，各地应急管理部门、矿山安全监察机构实施经济处罚 61.1 亿元，同比增加 16.7 亿元，上升 37.6%（表 3-10-5）。其中，对高危行业领域生产经营单位实施经济处罚 24.9 亿元，同比增加 2.9 亿元，上升 13.2%；罚款收缴率 88.7%，同比下降 7.6 个百分点。

表 3-10-5　2021 年实施经济处罚情况表

项　　目	罚款		其中：事故罚款		其中：监管监察罚款	
	罚款额（万元）	收缴率（%）	罚款额（万元）	收缴率（%）	罚款额（万元）	收缴率（%）
合计	611133	78.7	137321	70.0	473812	81.2
一、应急管理部门	433532	74.1	124967	69.7	308565	75.8
1. 金属与非金属矿山	21148	86.2	5750	85.0	15398	86.7
2. 危险化学品	45287	87.6	3108	74.5	42179	88.6
3. 烟花爆竹	4880	62.7	367	115.3	4513	58.5
4. 工贸	214055	80.5	55340	72.3	158715	83.4
5. 其他	148162	59.2	60402	65.3	87760	55.1
二、矿山安全监察机构	177601	90.0	12354	73.0	165247	91.2

二、矿山安全监管监察执法情况

2021 年，国家矿山安全监察局开展煤矿、非煤矿山重点地区和企业安全督导，组织 5 轮煤矿异地监察执法、2 轮非煤矿山异地执法督查，对 4 起重大事故挂牌督办，不断提升执法精准性和规范性。各级矿山安全监察机构共开展安全监察执法 17713 矿次（图 3-10-1），查处事故隐患 131002 项，其中重大隐患 1094 项；实施行政处罚 12647 次，罚款 17.76 亿元。各级煤矿安全监管部门共检查煤矿 79371 矿次，查处隐患 507915 项，其中重大隐患 555 项；实施行政处罚 6766 次，罚款 74559 万元。形成矿山安全强大震慑，有力推动了企业主体责任落实。

图 3-10-1　监察冲击地压矿井

（一）强化规范执法

研究制定《煤矿安全监察执法监督办法》等，全面指导和规范矿山安全监管监察执法工作，初步形成以“一本手册、一本基准、一个办法、一部汇编、两张清单、两个意见、两套文书、两套执法系统”为“四梁八柱”的煤矿安全执法工作制度体系。

（二）推动严格执法

开展网络在线互查互检，组织24个省级局通过执法系统抽查执法文书，对执法矿出具“诊断”报告单。组织对17个重点地区开展非煤矿山安全监管执法异地督查，同步督促各地组织辖区内市、县应急管理部门开展互查互检，盯住执法硬指标，全面开展执法案卷查评。累计安排监察人员400人次，抽查2037次执法矿次、27296份执法文书，对执法行为、程序、内容等进行全面检查，推动严格执法。

（三）加快“互联网+执法”建设

从2021年1月1日起，督促各级煤矿安全监管部门推广使用煤矿安全监管执法系统（图3-10-2）制作文书，监管执法文书从线下制作转到线上制作，实现监管执法信息网上录入、监管执法程序网上流转、监管执法数据网上统计分析，做到对监管执法活动即时性、过程性、系统性管理，执法数据实时有据可查。

图3-10-2　国家煤矿安全监管执法系统登录界面

完成矿山安全监察机构改革后执法系统的变更升级。2021年10月，原省级煤矿安全监察局更名为国家矿山安全监察局省级局，煤矿安全监察分局撤销。为确保煤矿安全监察执法系统与矿山安全监察机构改革同步适用，及时组织对执法系统网络端、PC端进行升级，更新调整执法系统机构名称、人员、监察区域，新版执法系统与机构改革无缝对接，实现同步上线运行。

三、应急管理综合行政执法情况

（一）深入推进应急管理综合行政执法改革

推动各省级地区以党委政府办公厅文件印发深化应急管理综合行政执法改革的实施意见，通报了一批应急管理综合行政执法改革典型经验做法。推动各地持续加大执法保障力度，发布制式服装和标志技术规范、着装管理规定，统一标志式样，推动执法制式服装和执法车辆标识正式亮相。

（二）加强精准严格规范执法

印发《关于加强安全生产执法工作的意见》，从坚持精准执法、坚持严格执法、规范执法行为、推进执法信息化建设、加强执法力量建设5个方面提出17项工作措施。推动各省级地区制定出台安全生产分类分级监管执法办法，划分省、市、县三级执法管辖权限，明确各级执法管辖企业名单，对安全管理水平不同的企业实施差异化执法检查措施，防止监管执法“重叠区”。

（三）以执法案例报送为抓手，推动提高执法质量

建立执法案例报告制度，要求省、市、县三级应急管理部门围绕危险化学品、烟花爆竹、工贸等重点行业领域执法

检查重点事项，分别按照每半年、三个月、两个月的频率，向应急管理部报送聚焦重点、依法处罚、程序规范的执法案例，推动地方应急管理部门聚焦重大风险、重大隐患和重点环节开展执法检查，持续规范执法行为。对报送的执法案例进行分析通报，推动提高执法案例报送质量。全系统行政处罚率由 2020 年的 7.5%提高到 2021 年的 12%，执法质量不断提高。评选出 2021 年第一批优秀执法案例并予以宣传推广，对有突出贡献的执法人员给予记功嘉奖。宣传推广浙江、山东等地典型经验做法，公布 4 批 8 起行刑衔接执法案例，推动各地加大事故前危险作业行为刑事责任追究力度。

（四）加强执法信息化系统建设

围绕钢铁、粉尘涉爆、铝加工（深井铸造）、有限空间作业 25 项执法检查重点事项，组织开发“互联网+执法”系统工贸专项执法模块，选取南昌、成都、贵阳、铜川、银川 5 个地区开展试点工作。派驻工作组蹲点推动系统改进完善，取得企业应录尽录、全部线上执法、聚焦重点事项、优化系统功能等初步成效。在试点基础上，在全国范围内推广应用“互联网+执法”系统工贸专项执法模块，以信息化手段提升执法工作水平。在江苏苏州、浙江南浔开展粉尘涉爆企业安全生产风险监测预警联网试点工作，探索风险监测预警和网络巡查执法工作模式。

（五）加强行政执法人员资格培训和管理

举办两期行政执法人员执法资格取证和换证培训班，其中取证培训 161 人，换证培训 684 人，同时对全国应急管理执法人员资格证管理系统进行升级。做好应急管理综合执法人员轮训工作，进一步完善与应急管理综合行政执法新要求相适应的执法培训工作体系。

第十一章　安全生产基础

一、加强省级政府安全生产和消防工作考核巡查及国务院安委会成员单位安全生产工作考核

按照国务院安委会统一部署，2021年4月14日至5月21日，国务院安委会办公室组织16个考核组，由成员单位负责同志带队，对32个省级政府2020年度安全生产和消防工作开展现场考核巡查，并首次对国务院安委会39个成员单位2020年度安全生产工作开展现场考核。其间，国务院安委会办公室同步派出34个明查暗访组，深入一线查访重点企业单位，曝光问题隐患，推动整改落实。

（一）考核巡查工作情况

各考核组认真学习贯彻习近平总书记关于安全生产重要论述，坚持客观公正、严谨认真，深入基层和现场，核查抽查了32个省级政府、81个市级政府、593家重点行业领域企业和消防安全重点单位，与地方各级党政领导、部门和企业负责人及一线员工专题谈话870余人次，共发现各类问题隐患1800多项。考核组坚持条块结合，追根溯源，及时梳理汇总在地方考核巡查中发现的涉及相关行业领域的共性问题，通过查阅国务院安委会39个成员单位的有关文件资料，与相关部委负责同志、司局级负责同志等专题谈话296人次，发现问题385条。国务院安委会办公室根据各考核组现场考核情况，经认真梳理分析，分别形成了省级政府安全生产和消防工作考核巡查情况报告、国务院安委会成员单位安全生产工作考核情况报告。

考核巡查期间，分批派出34个明查暗访组，深入查访各类重点企业单位180余家，并与考核组联动，及时通报问题隐患，进一步提升考核巡查实效。协调14家中央媒体50余名记者随考核组现场采访报道，在央视等主流媒体持续报道30余次，曝光突出问题、典型案例和违法违规企业；印发9期考核巡查专刊，集中通报两批11个典型案例，加强警示教育。通过考核巡查，进一步强化了地方党委政府和国务院安委会成员单位抓安全生产责任落实的力度，提升了安全生产重点难点问题整改的质量和效果。

（二）主要做法

考核巡查工作突出强化6个方面：一是强化政治考核，将贯彻落实习近平总书记关于安全生产重要指示精神情况作为考核巡查内容的重中之重，推动地方各级党委政府和有关部门切实强化维护人民生命财产安全的政治自觉、思想自觉和行动自觉。二是强化责任落实，对照《地方党政领导干部安全生产责任制规定》《国务院安全生产委员会成员单位安全生产工作任务分工》，结合国务院安委会年度安全生产工作要点和有关工作安排部署，检查地方各级党委政府“党政同责、一岗双责、齐抓共管、失职追责”和有关部门安全生产“三个必须”落实情况。三是强化指导推动，侧重查找源头性漏洞、指导解决问题，充分发挥考核巡查抓落实、

保安全的“利器”作用，推动深化全国安全生产专项整治三年行动，推进重点工作任务实施，强化实效。四是强化“减负”增效，深入贯彻落实中央为基层减负有关精神，进一步精简指标、优化流程，突出重点、聚焦难点，不搞层层汇报，注重运用“四不两直”方式，深入基层查找问题，分析和推动解决问题。五是强化问题溯源，针对纵向考核省级政府发现的问题，横向溯源到国务院安委会成员单位，将两个维度充分结合，深入查找根源性、制度性问题，从顶层设计上进一步改进安全生产工作。六是强化整改落实，在通报考核整体情况和结果的基础上，分别对各省级政府、国务院安委会各成员单位逐个进行点评、列出问题。各地区各部门按要求报送整改措施，在跟踪督办各地整改情况的基础上，指导地方政府和有关部门解决遇到的困难和难题。

（三）王勇在贵州调研检查安全生产和消防安全工作

2021年4月28日至29日，国务委员王勇在贵州调研检查安全生产和消防安全工作。王勇强调，要深入学习贯彻习近平总书记关于加强安全生产的重要指示精神，按照党中央、国务院决策部署，坚持人民至上、生命至上，真正树牢安全发展理念，从严从细落实责任措施，全面排查整治各类风险隐患，坚决防范遏制重特大事故，为庆祝建党100周年营造安全稳定环境。王勇强调，要结合正在全国开展的国务院安全生产和消防工作考核巡查，扎实推进安全生产专项整治三年行动计划落实落地，持续加大危化品、煤矿、非煤矿山等重点行业领域监管执法力度，进一步压紧压实各方责任特别是企业主体责任，督促企业加强全流程全链条安全管理，提升本质安全水平。要科学评估新兴行业领域安全风险，加快健全安全标准和监管机制，落实安全防范措施，促进新产业新业态安全发展。要强化“五一”期间交通运输、旅游、消防等安全生产巡查管控，严格落实值班值守和应急联动，及时科学处置突发险情，最大限度降低事故风险，有效维护人民群众生命财产安全。

二、加强安全生产培训

（一）持续推进高危行业领域安全技能提升行动

深入实施高危行业领域安全技能提升行动，加强跟踪调度和监督检查，推动各地增加安全技能培训供给，强化在岗员工、新上岗人员、班组长、特种作业人员等4类重点群体安全技能提升培训工作。2021年全国共实施高危行业领域安全技能培训2767.1万人，其中，通过校企合作培养新上岗人员19.7万人；经专门安全技能培训并取得特种作业操作证人员709.9万人；实施高危行业企业班组长安全技能培训73.5万人；开展网络在线培训619万人，高危行业从业人员安全素质和技能得到大幅提高。

（二）大力推行特种作业操作证“跨省通办”

结合“我为群众办实事”实践活动，优化安全培训考试信息管理平台功能，深化电子证书推广应用，实现特种作业操作证“跨省通办”，特种作业人员考核取证、复审和换证不受区域限制；可以一站式查询培训考试机构，就近参加培训考试；新取证人员可以随时随地免费领取电子证书。通过央视新闻、网站、微信公众号等媒体大力宣传“跨省通办”政策，编制《特种作业常见问题解答》宣传册，各地共印制发放126万套。

（三）开展打击假证和安全生产培训"走过场"专项行动

与公安部联合印发《开展打击假冒政府网站制售假冒安全生产证书专项行动工作方案》，自2021年9月至2022年6月在全国范围部署开展专项行动。截至2021年底，江苏、四川等地已破获多起制售假证违法案件，抓获主要犯罪嫌疑人61名，缴获假证5万余张、查处假冒网站43个，有力打击了违法犯罪行为。印发《关于开展安全生产培训"走过场"专项整治工作的通知》，自2021年11月至2022年10月，在全国范围集中开展专项整治，重点解决培训走形式、考试把关不严格、涉嫌考试作弊等安全生产培训方面的突出问题，进一步加强和规范安全生产培训管理，确保培训考试质量。

（四）加强"三项岗位人员"考核工作

进一步加强安全生产考试体系建设，分批修订考试标准和题库，指导推动各地压实责任，优化考点布局，规范考务组织，严肃考风考纪，着力提升"三项岗位人员"考核工作的标准化、规范化水平。全年完成"三项岗位人员"考试602万人次。

三、规范安全评价机构执业行为

（一）开展安全评价机构执业行为专项整治

一是制定印发《安全评价机构执业行为专项整治方案》，召开安全评价机构执业行为专项整治视频会议，动员部署在全国范围内从2021年5月至12月，围绕安全评价机构、生产经营单位、监管部门3个层面，开展安全评价领域突出问题专项整治。二是通过建立联动机制、组建工作专班、实施定向调度、深入明查暗访、公布典型案例、编发动态简报、开展督导互查等形式，督促指导地方压茬推进各阶段任务，推动地方党委政府将专项整治纳入年度安全生产责任制考核，与安全生产专项整治三年行动等重点工作协同推进，确保"整治一批、震慑一批、吊销一批、提升一批"目标任务如期完成。三是会同人力资源社会保障部建立安全评价人员缴纳社保定向查询制度，通过畅通举报渠道、互通问题线索、媒体跟踪监督等方式，推动跨区域、跨行业的线索办理，促进省、自治区、直辖市间的合作办案和执法取证。

全国共检查评价机构1.5万次、法定评价项目8.5万个，检查覆盖率分别为100%和93%，发现违法违规行为4.1万余项，注销、撤销和吊销评价机构资质67个，清理淘汰出租出借资格证书人员3472名，公开通报正反面典型案例97个，安全评价机构执业乱象得到初步遏制。

（二）加快安全评价法制体制机制改革步伐

一是在新修改的《安全生产法》中增加了安全评价服务和报告公开制度、停业整顿处罚条款、对评价机构及直接责任人实行行业和职业禁入等6项内容，在《刑法修正案（十一）》中将安全评价机构和人员"提供虚假证明文件"等行为纳入刑罚范围。二是系统调研环境影响评价、民用爆炸物品、水利、军工、电力等领域中介机构监管经验，形成体制机制改革方面调研报告20余篇，破解深层问题。三是健全完善从业标准体系，推动《安全评价通则》《安全预评价导则》等行业标准系统修订并公开征求意见，组织专家研讨论证第三方评估和诚信建设的相关标准，提升安全评价技术服务层级。四是研究修订《安全评价检测检验机构管理办法》等部门规章，出台全程从严监管的指导意见，改革安全评价机制体制，推动法定评价事项依法由政府买单、企业自主评价由企业买单，推行安全评价报告依法依规公开，压实企业主体责任、评价机构直接责任、专家审查责任和许可部门把关责任。

四、规范安全生产责任保险实施

（一）推进各地安全生产责任保险规范实施

针对国务院第八次大督查第十六督查组检查发现宁夏石嘴山市安全生产责任保险实施过程中存在“独家代理”涉嫌垄断的问题，第一时间了解掌握问题情况，追溯形成问题原因，责成宁夏回族自治区应急管理厅立查立改、坚决纠正。印发《关于进一步做好安全生产责任保险工作的紧急通知》，部署开展自查自纠，依法依规组织实施，严肃查处各类问题和违法违规行为。同时组织相关人员赴北京、天津、河北等地现场调研督导、核实情况，并形成有关工作报告。

（二）启动《安全生产责任保险实施办法》修订工作

为进一步规范安全生产责任保险工作，针对各地发现的问题，起草了《安全生产责任保险实施办法》修订稿，并组织召开研讨会，向北京、天津、重庆、河北、山东、湖北、甘肃、江苏常州等省市应急管理部门、相关行业主管部门，保险公司、保险经纪公司、安全生产专业技术服务机构以及有关专家学者征求意见。对安全生产责任保险工作实施的基本原则、承保与投保、事故预防、理赔、激励与保障、监督与管理等提出了明确要求。

（三）调研全国安全生产责任保险实施工作进展

组织部分省市应急管理厅（局）和国铁集团、中国石油、中国石化、国家能源集团等 15 家中央企业召开两次安全投入保障政策座谈会。梳理全国安全生产责任保险工作实施情况，各地相继通过地方立法、财政补贴、政策引导、强化监管、建立信息平台等方式，大力推进安全生产责任保险制度实施，安全生产责任保险覆盖面持续扩大。全年 28 个省份和新疆生产建设兵团在高危行业领域推进实施了安全生产责任保险，其中，北京、上海、河北、山东、江苏、湖北、湖南等地区高危行业已全面实施，北京市参保企业覆盖住宿和餐饮、批发和零售等 17 个行业领域，广东省非煤矿山、危险化学品、烟花爆竹、民爆等行业企业投保率接近全覆盖。甘肃、青海、西藏启动了安全生产责任保险相关工作。

（四）推进落实安全生产责任保险信息化建设

印发《关于加快推进省级安全生产责任保险信息管理系统建设的通知》和《省级安全生产责任保险信息管理系统上传数据标准》，起草制定《全国安全生产责任保险信息管理系统接口文档》，组织相关专家对接口文档进行评审，对部分省进行接口测试，督促各省加快省级安全生产责任保险信息平台建设。

五、着力推进城市安全风险监测预警工作

按照党中央、国务院关于加强城市安全工作决策部署，落实对城市安全最突出的风险实时监测预警并及时处置要求。国务院安委会办公室、应急管理部部署开展城市安全风险综合监测预警平台建设，要

求各地区根据实际统筹开展城市安全风险综合监测预警，积极构建全面统筹领导、统一监测调度、联动响应处置的工作体系，充分利用科技手段，提升城市安全风险辨识、防范、化解水平。

一是书面调研国内50余个城市开展城市安全风险监测预警信息系统建设情况，掌握全国安全风险监测预警现状和城市安全运行信息化建设思路模式。二是以国务院安委会办公室名义印发《城市安全风险综合监测预警平台建设指南（试行)》，明确城市安全风险综合监测预警平台建设内容以及配套机制保障要求。三是以国务院安委会办公室名义印发《关于推广城市生命线安全工程经验做法切实加强城市安全风险防范工作的通知》，选择合肥、沈阳、南京等18个城市（区）作为国家城市安全风险综合监测预警工作体系建设试点。四是在安徽合肥召开城市安全风险监测预警工作现场推进会，总结交流推广合肥等城市安全工作经验做法，动员部署城市安全风险综合监测预警工作体系建设试点。五是加强对试点城市工作指导，认真审核18个试点城市的《城市安全风险综合监测预警平台建设试点工作方案（初稿)》，提出意见建议，督促城市完善修改。

六、推进安全诚信体系建设

根据《国务院办公厅关于进一步完善失信约束制度构建诚信建设长效机制的指导意见》中对严重失信名单管理制度提出的明确要求，进一步健全完善安全生产领域失信行为联合惩戒机制，重新起草《安全生产严重失信名单管理办法》，推动科学公正、规范透明、及时有效惩戒安全生产领域严重违法失信行为，构建依法依规、宽严相济、进退有序的安全生产信用监管新格局。

严格落实安全生产联合惩戒制度，2021年，共移出严重违法失信名单管理企业4批133家。对国内21家主要银行中29户涉及安全生产违法违规且尚未完成整改的企业采取惩戒措施，涉及货款余额22.82亿元。其中，相关银行机构对15户、17.8亿元贷款采取了督促整改措施，对6户、1.08亿元贷款采取了压缩退出措施，对5户、2.27亿元货款采取了清收处置措施，对3户、1.67亿元贷款采取了其他措施。

七、加强安全生产举报奖励工作

鼓励社会公众参与举报安全生产重大风险隐患和违法行为，发动群众力量强化安全监管。2021年修改完成的《安全生产法》，进一步明确了安全生产举报的法定责任义务。全国有25个省份出台了安全生产举报奖励实施办法。其中，安徽省由省政府办公厅印发安全生产举报奖励办法；山东省应急管理厅联合省财政厅、省工业和信息化厅等9部门印发举报奖励办法，明确对安全生产举报一次性最高奖励50万元。2021年，全国应急管理部门共接到生产安全事故、安全生产隐患和安全生产非法违法等三类举报信息（简称三类举报信息）62478件，同比上升46.9%。其中：安全生产隐患举报信息47895件，同比上升34.4%，占三类举报信息总量的76.7%；安全生产非法违法行为举报信息12103件，同比上升137.5%，占三类举报信息总量的19.4%；生产安全事故举报信息2480件，同比上升38.3%，占三类举报信息总量的4.0%。

第四篇

防灾减灾救灾

综　述

2021年，我国极端天气气候事件频发，自然灾害形势严峻复杂，应急管理部深入贯彻落实习近平总书记关于防灾减灾救灾重要论述和党中央、国务院决策部署，坚持人民至上、生命至上，坚持统筹发展和安全，不断强化“两个坚持、三个转变”工作方针，抓统筹、强能力、战洪涝、抗地震、御火灾，切实把确保人民生命安全放在第一位落到实处。

一是强化防灾减灾救灾综合统筹协调。持续深化防灾减灾救灾体制机制改革，制定《关于进一步健全完善地方防震减灾救灾体制机制的意见》，进一步理顺防汛抗旱、森林草原防灭火等应急指挥体系。组织多部门对北京地区、冬奥赛区等重点地区开展自然灾害综合风险形势会商研判。会同气象部门建立强对流天气应对工作机制，及时向重点地区发布灾害预警，指导做好针对性防范应对工作。

二是加快自然灾害防治能力建设。深入推进自然灾害防治重点工程建设，第一次全国自然灾害综合风险普查全面铺开，基本完成调查任务。国家灾害综合监测预警平台和灾害风险隐患快速报送工作体系初步建成，地震预警网在重点地区推广覆盖。

三是全力做好抗震救灾工作。在云南漾濞6.4级地震、青海玛多7.4级地震、四川泸县6.0级地震发生后，第一时间派出救援力量开展搜救工作，会同有关部门下拨中央自然灾害救灾资金和调拨中央救灾物资，妥善保障受灾群众基本生活。联合四川省人民政府举行“应急使命·2021”抗震救灾演习，全方位锻炼队伍、提升能力。

四是坚决打赢防汛救灾硬仗。紧紧抓住“不死人、少伤人、少损失”的目标，国家防汛抗旱总指挥部22次启动调整防汛防台风应急响应，最长连续维持响应状态60天。河南特大暴雨灾害发生后，经党中央批准，牵头成立国务院河南郑州“7·20”特大暴雨灾害调查组，首次在国家层面对特大自然灾害开展全域性综合调查评估。有力应对山西、陕西等地严重秋汛。

五是扎实做好地质灾害应急准备、森林草原防灭火工作。印发《2021年全国地质灾害风险形势分析报告》，部署甘肃、四川等重点地区地质灾害应急准备工作。组织开展东北、内蒙古地区重特大森林草原火灾防灭火任务对接，开展野外火源治理和查处违规用火行为专项行动，四川森林草原防灭火专项整治督导取得明显成效。

第一章　全国自然灾害总体情况

一、基本情况

2021 年，我国自然灾害形势复杂严峻，极端天气气候事件多发，自然灾害以洪涝、风雹、干旱、台风、地震、地质灾害、低温冷冻和雪灾为主，沙尘暴、森林草原火灾和海洋灾害等也有不同程度发生。全年各种自然灾害共造成 1.07 亿人次受灾，867 人因灾死亡失踪，573.8 万人次紧急转移安置；16.2 万间房屋倒塌，198.1 万间不同程度损坏；农作物受灾面积 11739 千公顷；直接经济损失 3340.2 亿元。自然灾害受灾人次、因灾死亡失踪人数、倒塌房屋数量和直接经济损失与近 5 年均值相比，分别下降 28.0%、10.4%、18.6%和 5.5%。

面对严峻洪涝灾害，各受灾地区、各有关部门坚决贯彻习近平总书记关于统筹做好疫情防控和防汛救灾工作的重要指示精神，全面落实党中央、国务院重大决策部署，始终坚持人民至上、生命至上，及时果断转移受威胁群众，全力抢险救援救灾，妥善安置受灾群众，扎实做好卫生防疫，尽最大努力降低了人员伤亡和灾害损失。

2021 年全国自然灾害分灾种损失情况统计见表 4-1-1，分地区损失情况统计见表 4-1-2。

表 4-1-1　2021 年全国自然灾害分灾种损失情况统计表

灾害种类	人员受灾情况			农作物受灾情况		房屋倒损情况			直接经济损失（亿元）
	受灾（万人次）	死亡失踪（人）	紧急转移安置（万人次）	受灾面积（千公顷）	绝收面积（千公顷）	倒塌（万间）	严重损坏（万间）	一般损坏（万间）	
合计	10730.96	867	573.85	11739.19	1632.78	16.22	41.22	156.88	3340.2
洪涝灾害	5901.01	590	349.82	4760.43	872.35	15.20	32.95	111.65	2458.92
风雹灾害	1711.49	129	4.43	2711.90	205.70	0.49	1.57	21.95	268.74
干旱灾害	2068.85	0	0	3426.16	464.12	0	0	0	200.87
台风灾害	644.05	4	197.81	441.02	44.36	0.06	0.10	0.82	152.57
地震灾害	58.50	9	20.21	0	0	0.32	6.10	21.56	106.52
地质灾害	14.42	103	1.47	5.21	1.66	0.11	0.44	0.43	17.88
低温冷冻和雪灾	327.44	14	0.11	378.57	44.44	0.04	0.05	0.30	133.11
沙尘暴灾害	5.20	1	0	15.90	0.15	0	0.01	0.17	1.59
森林草原火灾	—	16	—	—	—	—	—	—	—
海洋灾害	—	1	—	—	—	—	—	—	—

表 4-1-2　2021 年全国自然灾害分地区损失情况统计表

地　区	人员受灾情况				农作物受灾情况		房屋倒损情况			直接经济损失（亿元）
	受灾（万人次）	死亡（人）	失踪（人）	紧急转移安置（万人次）	受灾面积（千公顷）	绝收面积（千公顷）	倒塌（万间）	严重损坏（万间）	一般损坏（万间）	
合计	10730.96	765	102	573.85	11739.19	1632.78	16.22	41.22	156.88	3340.20
北京	10.51	2	0	0.79	14.99	0.51	0	0.02	0.21	13.01
天津	4.48	6	0	0	6.43	0.53	0	0	0	5.42
河北	328.23	8	0	14.32	388.86	68.88	0.10	0.37	2.28	102.43
山西	768.46	52	8	21.60	1163.37	162.52	4.97	4.52	10.54	231.02
内蒙古	232.07	23	0	0.39	1283.59	83.11	0.05	0.22	1.03	76.42
辽宁	172.27	3	0	4.36	249.05	11.15	0.01	0.10	0.36	84.62
吉林	75.69	0	0	0.05	245.19	11.54	0.04	0.07	0.12	13.79
黑龙江	101.39	2	0	3.93	831.52	176.79	0.02	0.40	1.39	57.17
上海	73.35	0	0	51.60	24.87	2.47	0	0	0	9.23
江苏	64.96	21	11	1.53	88.25	2.27	0.04	0.10	1.74	8.85
浙江	322.91	14	0	135.12	149.34	12.13	0.14	0.12	0.29	124.62
安徽	265.94	5	0	4.29	296.11	33.28	0.02	0.04	1.83	31.68
福建	44.48	5	0	2.40	47.04	5.58	0.05	0.07	0.41	32.92
江西	573.39	11	0	7.30	421.10	27.44	0.05	0.12	3.07	46.08
山东	109.85	6	3	0.59	108.67	3.20	0.10	0.16	1.47	23.07
河南	2449.22	390	44	163.93	1588.13	328.00	4.50	18.00	62.57	1322.54
湖北	654.07	43	3	11.10	506.32	59.66	0.47	0.93	5.47	99.93
湖南	652.37	8	0	15.50	436.17	56.13	0.55	0.98	4.36	82.35
广东	100.05	2	0	0.91	76.41	14.42	0.02	0.01	0.18	24.11
广西	261.13	7	0	1.50	152.35	11.09	0.08	0.15	0.51	22.78
海南	36.77	4	0	7.79	31.94	2.99	0	0	0.03	10.02
重庆	139.96	19	0	2.07	59.57	13.14	0.49	0.94	3.54	29.78
四川	714.27	20	11	53.67	266.21	42.14	0.91	4.86	14.99	248.65
贵州	244.57	5	0	1.52	143.94	24.26	0.05	0.26	8.52	30.18
云南	791.50	38	0	3.74	519.49	43.55	0.25	2.07	9.60	104.86
西藏	19.06	10	5	2.79	7.05	1.11	0.03	0.78	1.65	8.10
陕西	834.49	41	15	48.82	972.90	192.61	2.38	3.53	11.87	317.26
甘肃	389.13	1	0	0.90	547.59	88.63	0.78	1.52	3.09	67.25
青海	49.53	12	1	10.93	44.94	0.67	0.11	0.82	5.27	45.69
宁夏	132.19	2	0	0.04	375.78	76.67	0	0.05	0.21	13.71
新疆	88.80	5	1	0.36	449.38	66.61	0.01	0.01	0.23	34.88
新疆兵团	25.87	0	0	0.01	242.64	9.70	0	0	0.05	17.78

二、全国自然灾害特征

（一）灾害阶段性区域性特征明显，全年呈现“上轻下重、南轻北重”态势

上半年，云南漾濞6.4级地震和青海玛多7.4级地震相继发生，江苏、湖北等地龙卷风灾害突发，东北地区局地遭遇罕见汛情，但灾情总体偏轻。下半年，河南郑州等地发生特大暴雨洪涝灾害，四川、山西、河北、湖北、陕西等地相继遭受严重暴雨洪涝灾害，四川泸县发生6.0级地震，四川天全县发生严重山洪泥石流灾害，山西、陕西、河南等地发生罕见秋汛，华北、东北等北方大部极端寒潮引发低温雨雪冰冻灾害，导致下半年灾情总体偏重，因灾死亡失踪人数、倒塌房屋数量和直接经济损失分别占全年总损失的82%、92%和88%。北方灾情明显重于南方，特别是河南、陕西、山西等省灾情较常年明显偏重。

（二）极端性强降雨过程频发，华北、西北地区洪涝灾害历史罕见

全国共发生42次强降雨过程，面降水量659毫米，较常年偏多6%。东北地区西部南部、华北大部、黄淮大部、西北地区东南部等地区较常年偏多3成至1倍。主汛期极端暴雨强度大，致灾性强。全国主要江河径流量总体偏多，主要江河共发生12次编号洪水，北方河流洪水多发频发、量级大。7月出现4次特强降雨过程，其中，7月17日至23日，河南省遭遇历史罕见特大暴雨，引发特大暴雨洪涝灾害，受灾范围广、人员伤亡多、灾害损失重。7月中下旬至8月，山西晋城、湖北随县、陕西蓝田等地出现极端强降雨，引发严重城市内涝、山洪和地质灾害。9月至10月，长江上游和汉江、黄河中下游、海河南系等流域相继发生罕见秋汛，山西、陕西、河南等地受灾区域与主汛期洪涝灾区重叠，灾害影响加重。全年洪涝灾害共造成5901万人次受灾，因灾死亡失踪590人，倒塌房屋15.2万间，直接经济损失2458.9亿元。此外，全国共发生地质灾害4772起，主要集中在5月至9月，以中小型滑坡和崩塌灾害为主，中南地区地质灾害发生数量最多，西南地区地质灾害损失最重。

（三）龙卷风等强对流天气突发，风雹灾害点多面广

全国共出现47次区域性强对流天气过程，与近3年均值基本持平，具有影响范围广、北方多于常年、极端性强等特点。从时间上看，4月中旬前，强对流天气一直偏少偏弱，首次大范围强对流天气过程出现在3月底，发生时间较常年偏晚15天；4月中旬后，强对流天气显著增多，主要集中在江南北部、江汉、江淮、华北、黄淮、东北等地。从范围上看，全国1363个县（市、区）遭受风雹灾害影响，是影响范围最广的灾种，山西、内蒙古、辽宁、江苏、山东、陕西、新疆等地受灾较重。从强度上看，极端大风和龙卷风等强对流天气明显偏多，江苏、湖北、内蒙古等地相继遭受极端强对流天气并引发罕见龙卷风灾害，造成重大人员伤亡和财产损失。

（四）全国旱情总体偏轻，局地发生阶段性旱情

全国干旱灾害呈阶段性发生，主要表现为南方地区冬春连旱、西北地区夏旱和广东秋冬连旱。年初，云南及江南、华南等地出现较重旱情。2月中旬，旱区出现明显降水，江南、华南气象干旱解除，云南大部旱情缓和。3月至4月，云南、江南南部、华南等地气象干旱再次发展。5月，南方地区几次较强降雨过程明显改善

土壤墒情，大部旱情解除。7月至8月，西北地区东部发生较重旱情，后期降水过程多，旱情缓解。9月，华南地区出现旱情。10月，台风“狮子山”“圆规”相继影响华南地区。12月，台风“雷伊”再次带来降雨，一定程度缓和了广东等地旱情。总体看，2021年全国干旱灾情明显偏轻，造成山西、陕西、甘肃、云南、内蒙古、宁夏等24省（区、市）2068.9万人次受灾，农作物受灾面积3426.2千公顷，直接经济损失200.9亿元。

（五）台风登陆数量偏少，“烟花”台风对华东地区造成较大影响

西北太平洋和南海共有22个台风生成，其中，有5个台风在我国登陆，比多年平均偏少2个。7月20日，第7号台风“查帕卡”登陆广东，是2021年首个登陆我国的台风，较常年初台登陆时间偏晚1个多月，影响广东、广西和海南等省（区）。7月25日、26日，第6号台风“烟花”先后在浙江舟山和平湖登陆，风力强，雨量大，持续时间长，影响范围广，造成浙江、上海、江苏等8省（区、市）482万人受灾，直接经济损失132亿元，是全年造成损失最重的台风。全年共有7个台风影响南海海域及海南，其中10月第17号台风“狮子山”、第18号台风“圆规”相继登陆海南，降雨重叠致局地灾情较重。12月下旬，超强台风“雷伊”影响南海海域。总体看，全年台风灾害损失为近5年最低，受灾人次、因灾死亡失踪人数和直接经济损失分别下降61%、95%和72%。

（六）地震活动强度增强，西部地区发生多起强震

我国大陆地区共发生5.0级及以上地震20次，主要集中在新疆、西藏、青海、云南、四川等西部地区。3月19日西藏比如6.1级地震，造成2万余间房屋损坏。3月24日新疆拜城5.4级地震造成3人死亡。5月21日云南漾濞6.4级地震造成16.5万人受灾，3人死亡，交通、道路、市政、教育等设施受损。5月22日青海玛多7.4级地震造成11.3万人受灾，部分道路、桥梁等基础设施损毁。9月16日四川泸县6.0级地震造成3人死亡，大量房屋受损。全年地震灾害共造成14省（区、市）58.5万人受灾，9人死亡，6.4万间房屋倒塌和严重损坏，直接经济损失106.5亿元。

（七）寒潮天气集中在年初年末，东北局地雪灾较重

全国共出现10次寒潮天气过程，次数较常年明显偏多，1月和11月灾情相对较重。1月上中旬，中东部地区相继出现2次寒潮天气，具有低温极端性显著、大风持续时间长等特点，给农业生产特别是抗冻能力较弱的经济作物带来较大损失。11月至12月，先后经历6次寒潮天气过程，区域叠加累积效应明显，尤其是11月4日至9日寒潮天气为2021年最强，具有降温幅度大、雨雪范围广、极端性强等特点，华北、东北等地普降暴雪或大暴雪，局地出现特大暴雪，造成内蒙古、辽宁、吉林、黑龙江等9省（区、市）受灾，直接经济损失69.4亿元。总体看，全年低温冷冻和雪灾灾情较常年偏轻，共造成327.4万人受灾，农作物受灾面积378.6千公顷，直接经济损失133.1亿元。

（八）森林草原火灾总体平稳，时空分布相对集中

全国发生森林火灾616起，未发生重大以上火灾，受害森林面积约4457公顷；发生草原火灾23起，受害草原面积约4199公顷。与近5年均值相比，森林草

原火灾发生起数、受害面积和造成伤亡人数均降幅较大。从时间上看，森林火灾主要集中在 1 月至 4 月，共计 506 起，占全年森林火灾总数的 82%；草原火灾主要发生在 1 月至 5 月，共计 14 起，占全年草原火灾总数的 61%。从区域上看，广东、广西、湖南、云南、福建等省（区）森林火灾较多，内蒙古、青海等省（区）草原火灾较多。

第二章 风险监测和综合减灾

一、王勇开展工作调研

2021年3月24日至27日，国务委员、国家减灾委主任王勇在云南调研森林草原防灭火、防汛抗旱和防震减灾工作。王勇强调，要深入贯彻习近平总书记关于加强防灾减灾救灾的重要指示精神，按照党中央、国务院决策部署，坚持把人民生命安全放在首位，更好统筹发展和安全，落实“两个坚持、三个转变”要求，全面提升灾害防治能力，最大限度降低灾害损失，为庆祝建党100周年营造安全稳定环境。王勇在昆明市、昭通市先后到省森林消防总队、南方航空护林总站和森警支队了解队伍装备建设情况，深入林区实地督导防灭火工作，到受旱较重村镇现场察看旱情，在乌东德、白鹤滩水电站指导水利工程建设及安全生产，到基层地震台站和鲁甸震区调研防震减灾工作。王勇充分肯定了云南防灾减灾工作成效，指出当前正值森林草原春防关键期，旱涝、地震等灾害形势复杂严峻，要进一步提高站位、压实责任、加大投入，加强监测预警，强化应急准备，全力防范各类灾害事故发生。王勇强调，要毫不松懈抓好森林草原防灭火，坚持力量下沉、关口前移，实行网格化管理和立体化监控全覆盖，严密巡查管护，严控野外用火，靠前部署应急力量，第一时间科学高效处置火情，坚决遏制重特大火灾和人员伤亡，保障生态安全。要密切监视旱情发展，加强水源统筹调度，充分发挥重大水利工程和科技抗旱作用，确保旱区特别是脱贫地区生产生活用水，提前部署防汛备汛，防范旱涝急转。要立足防大震救大灾，提高预报预警、安全避险和应急救援能力，切实维护人民生命财产安全和社会大局稳定。

2021年5月12日至13日，国务委员、国家减灾委主任王勇在四川调研森林防灭火、防汛抗旱和防震减灾工作。王勇强调，要深入贯彻习近平总书记关于防灾减灾救灾的重要论述，按照党中央、国务院决策部署，坚持人民至上、生命至上，全力做好各类灾害防范应对，最大限度降低灾害风险损失，为人民群众生命财产安全和经济社会健康发展提供坚实保障。王勇在成都、眉山、雅安等地深入林区检查防灭火专项整治落实情况，前往基层社区、水库堤防、地质灾害治理工程现场和救灾物资储备库详细了解防灾备汛情况。王勇指出，近期部分地区极端天气多发，自然灾害风险复杂严峻。各地区、各相关部门要切实将防灾减灾纳入统筹发展和安全大局，持续加大预防投入，健全信息化、智能化、网格化灾害防治体系，提升多灾种和灾害链综合监测预警能力，确保早发现早预警早处置。加强应急救援力量建设，强化央地、部门、军民协同联动机制，持续开展实战实训、联战联训，健全救灾物资储备，时刻做好防大灾抢大险准备。广泛宣传普及灾害防治知识，推动全民防灾、合力减灾、共同救灾，夯实全社

会防灾减灾基础。“应急使命·2021”是多年来全国举办的最大规模抗震救灾实战演习。14 日上午，王勇在雅安市参加现场指挥处置演练并观摩演习。王勇强调，要高度警惕、严密防范重大地震灾害风险，进一步加强应急预案和实战演练，及时总结经验，补齐工作短板，加快健全科学高效的抗震救灾工作体系，扎实推进地震监测预警、风险普查和隐患排查工程，不断提升抵御大震巨灾的能力和水平，切实做到防震减灾、造福人民。

二、探索创新灾害风险识别报送能力建设

（一）探索建立灾害风险隐患信息快速报送体系

印发《关于推进灾害风险隐患信息报送工作的通知》，在湖北红安县、陕西米脂县试点基础上，指导推动建立各地灾害风险隐患信息报送工作体系。完成全国 16.6 万名信息报送人员视频培训，注册信息员用户 6.3 万人，全国共报送灾害风险隐患信息 7255 条，涌现出一批有效避免人员伤亡的信息报送典型案例。

（二）完善灾害风险航空和卫星遥感监测机制

针对多地域多点位多种重大灾害风险隐患识别监测，建立灾害风险遥感监测工作机制，组织开展航空和卫星遥感监测，累计报送灾害风险监测产品 51 期。建立灾害应急无人机监测合作机制和调度云平台，初步实现全国中东部地区 6～12 小时，新疆、西藏等边远地区 24～48 小时抵达灾害现场能力。

（三）加快国家灾害综合风险监测预警平台建设

完成国家灾害综合风险监测预警系统（一期）建设并上线运行，启动国家灾害综合风险监测预警系统（二期）建设。研究提出灾害综合风险监测功能区建设需求，推进系统平台应用设计。

三、重点攻坚灾害综合预警体系建设

（一）开展强对流天气防范应对

建立强对流天气防范应对新模式，及时编制发送强对流和强降水天气灾害风险预警提示。编制并印发强对流天气防范应对预案，指导各地编制预案、健全完善防范应对机制。会同中国气象局制定强对流天气防范应对工作的指导意见。

（二）持续开展灾害综合风险会商研判

每月月底会同气象、水利、自然资源、林草等部门，对下月全国、北京地区和冬奥会两地三赛区自然灾害综合风险形势开展会商研判，两次滚动更新汛期灾害风险形势分析，形成报告印发国家减灾委员会成员单位和各省级应急管理部门。每周（汛期每日）开展灾害综合风险研判，指导督促地方及时开展动态滚动会商。2 月 9 日，召开冰川灾害防范应对会商会（图 4-2-1），分析研判我国冰川灾害形势，指导相关地区坚持底线思维，增强风险意识，加强隐患排查，全力做好各项应对工作，坚决防范化解重大风险。

（三）开通全球灾害数据库并上线运行

建设完成全球灾害数据库平台并上线运行，中英文实时更新全球重大灾害数据信息。组织编制发布《2020 年全球自然灾害评估报告（中英文版）》《2021 年上半年全球自然灾害报告》《2021 年上半年全球极端天气事件专题报告》。

图 4-2-1　研究部署冰川灾害防范应对工作

四、统筹协调自然灾害防治重点工程建设

（一）加强自然灾害防治重点工程建设统筹调度

充分发挥自然灾害防治工作部际联席会议机制作用，召开 3 次联络员会议，对标“3 年时间明显见效”要求，加大重点工程实施统筹调度，研究协调解决困难问题。制定印发自然灾害防治九项重点工程实施评估办法，督促协调重点工程牵头部门和有关省份组织开展自评估。组织重点工程实施成效综合评估，深入分析实施成效、存在不足，研究措施建议。

（二）组织开展全国自然灾害防治工作综合督查检查

制定工作方案并印发通知，组成以应急、科技、自然资源、水利、气象、地震等部门负责同志为组长的 8 个工作组，深入天津、辽宁、内蒙古、河南、海南、重庆、宁夏 7 个省份开展实地督查检查，其他省份和新疆生产建设兵团开展书面督查，督促各地加快重点工程建设进度，推动重点工程建设落地见效。

（三）全面启动第一次全国自然灾害综合风险普查调查工作

指导完成全国 122 个县（市、区）试点调查工作，修订印发调查类技术规范，全面启动并完成普查调查主体任务；会同相关行业部门完成 11 个重点县（市、区）评估与区划试点工作，省级作为主体开展“一省一县”评估与区划试点，修订评估与区划类技术规范。贯彻落实国务院第一次全国自然灾害综合风险普查工作电视电话会议精神，全面建立普查组织实施和技术规范体系、数据成果质量控制审核体系，持续强化宣传培训，形成广泛支持参与风险普查的社会氛围，探索建立灾害综合风险数据管理规范，开展普查试点绩效评估，协调安排资金落实。

五、谋划协调综合减灾统筹工作

（一）组织编制《“十四五”国家综合防灾减灾规划》

紧扣解决自然灾害防治短板和薄弱环节，强化与《中华人民共和国国民经济和社会发展第十四个五年规划和2035年远景目标纲要》及《“十四五”国家应急体系规划》等衔接，加强“十四五”国家防灾减灾救灾主要任务、重大工程论证评估，进一步完善规划文本，广泛征求意见建议，基本完成规划编制任务。

（二）积极推动防灾减灾纳入国土空间规划编制

全力推进防灾减灾国土空间利用规划顶层设计，组建相关行业领域专家组集中攻关，与有关部门密切沟通协调，研究起草在国土空间规划中做好防灾减灾救灾和安全生产工作的指导意见。推动将防灾减灾和安全生产相关内容纳入国土空间规划有关文件。

（三）推动加强基层防灾减灾能力建设

加强防灾减灾宣传教育，提前策划部署全国防灾减灾日、国际减灾日主题，广泛动员发动，制作主题宣传挂图8万张、宣传手册1.2万份分发各地。着眼提升全国综合减灾示范社区、示范县创建管理水平，深入北京、山东、广东、甘肃等地调研，总结地方经验做法，听取意见建议，组织修订完善管理办法。

第三章 地震与地质灾害

一、地震灾害

（一）基本情况

1. 地震灾害统计

2021 年，我国共发生 5.0 级及以上地震 37 次。我国大陆地区发生 5.0 级及以上地震 20 次，其中 6.0 级以上地震 4 次，最大为 5 月 22 日青海玛多 7.4 级地震；台湾及近海发生 5.0 级以上地震 17 次，其中 6.0 级以上地震 2 次，最大为 10 月 24 日台湾宜兰县 6.3 级地震。

全年地震灾害造成 14 个省（区、市）58.5 万人受灾，9 人死亡、216 人受伤，6.4 万间房屋倒塌和严重损坏，直接经济损失 106.5 亿元。其中，人员伤亡最严重的地震为四川泸县 6.0 级地震，造成 3 人死亡、157 人受伤，直接经济损失约 25.22 亿元；震级最大、直接经济损失最严重的地震为青海玛多 7.4 级地震，造成 19 人受伤，直接经济损失约 41 亿元。

2021 年我国大陆地区主要地震灾害情况见表 4-3-1，2021 年我国 5.0 级及以上地震情况见表 4-3-2。

表 4-3-1 2021 年我国大陆地区主要地震灾害情况表

序号	日期	北京时间	震中位置	震级（M）	人员伤亡（人）		直接经济损失（亿元）
					死亡	受伤	
1	1 月 23 日	09:59	云南昭通市盐津县	4.7	0	4	0.07
2	3 月 19 日	14:11	西藏那曲市比如县	6.1	0	0	4.75
3	3 月 24 日	05:14	新疆阿克苏地区拜城县	5.4	3	0	0.72
4	5 月 21 日	21:48	云南大理州漾濞县	6.4	3	34	33.16
5	5 月 22 日	02:04	青海果洛州玛多县	7.4	0	19	41.00
6	6 月 10 日	19:46	云南楚雄州双柏县	5.1	0	2	0.40
7	6 月 12 日	18:00	云南德宏州盈江县	5.0	0	0	0.46
8	9 月 16 日	04:33	四川泸州市泸县	6.0	3	157	25.22
9	11 月 24 日	17:16	贵州贵阳市修文县	4.6	0	0	0.14

表 4-3-2 2021 年我国 5.0 级及以上地震情况表

序号	日期	北京时间	震级（M）	东经（度）	北纬（度）	震源深度（公里）	震中位置
1	1 月 9 日	19:35	5.1	122.21	24.70	80	台湾宜兰县海域
2	1 月 17 日	07:10	5.1	121.44	22.44	20	台湾台东县海域

表 4-3-2（续）

序号	日期	北京时间	震级（M）	东经（度）	北纬（度）	震源深度（公里）	震中位置
3	2月7日	01:36	5.2	122.50	24.65	70	台湾宜兰县海域
4	2月9日	00:58	5.3	122.12	24.32	20	台湾宜兰县海域
5	3月2日	17:23	5.3	121.17	21.92	20	台湾屏东县海域
6	3月19日	14:11	6.1	92.74	31.94	10	西藏那曲市比如县
7	3月24日	05:14	5.4	81.11	41.70	10	新疆阿克苏地区拜城县
8	3月30日	01:27	5.8	87.68	34.38	10	西藏那曲市双湖县
9	4月18日	22:11	5.6	121.53	23.92	7	台湾花莲县
10	4月18日	22:14	6.1	121.43	23.94	5	台湾花莲县
11	5月21日	21:21	5.6	99.92	25.63	10	云南大理州漾濞县
12	5月21日	21:48	6.4	99.87	25.67	8	云南大理州漾濞县
13	5月21日	21:55	5.0	99.89	25.67	8	云南大理州漾濞县
14	5月21日	22:31	5.2	99.97	25.59	8	云南大理州漾濞县
15	5月22日	02:04	7.4	98.34	34.59	17	青海果洛州玛多县
16	5月22日	10:29	5.1	97.50	34.85	10	青海果洛州玛多县
17	6月10日	19:46	5.1	101.91	24.34	8	云南楚雄州双柏县
18	6月11日	15:33	5.3	121.55	23.88	10	台湾花莲县
19	6月12日	18:00	5.0	97.89	24.96	16	云南德宏州盈江县
20	6月16日	16:48	5.8	93.81	38.14	10	青海海西州茫崖市
21	7月7日	19:24	5.3	121.66	23.88	9	台湾花莲县海域
22	7月8日	06:11	5.1	121.68	23.88	10	台湾花莲县海域
23	7月14日	06:52	5.2	121.73	23.89	10	台湾花莲县海域
24	8月5日	05:50	5.8	122.31	24.82	10	台湾宜兰县海域
25	8月6日	16:11	5.4	122.30	24.76	20	台湾宜兰县海域
26	8月6日	19:12	5.1	121.31	23.15	10	台湾花莲县
27	8月13日	12:21	5.8	97.54	34.58	8	青海果洛州玛多县
28	8月26日	07:38	5.5	95.50	38.88	15	甘肃酒泉市阿克塞县
29	9月4日	09:54	5.1	77.96	37.87	7	新疆和田地区皮山县
30	9月5日	01:52	5.0	77.85	37.79	10	新疆喀什地区叶城县
31	9月6日	22:00	5.2	122.07	23.90	21	台湾花莲县海域
32	9月16日	04:33	6.0	105.34	29.20	10	四川泸州市泸县
33	10月24日	13:11	6.3	121.80	24.55	60	台湾宜兰县
34	11月17日	13:54	5.0	121.19	33.50	17	江苏盐城市大丰区海域
35	11月30日	21:53	5.8	87.94	31.76	10	西藏那曲市双湖县
36	12月19日	07:54	5.3	92.73	38.95	10	青海海西州茫崖市
37	12月30日	14:47	5.1	122.50	23.90	20	台湾花莲县海域

2. 主要灾情

【西藏比如 6.1 级地震】 2021 年 3 月 19 日 14 时 11 分，西藏自治区那曲市比如县发生 6.1 级地震，震源深度 10 公里。地震未造成人员伤亡，直接经济损失约 4.75 亿元。本次地震最高烈度为Ⅷ度，Ⅵ度区及以上总面积 13888 平方公里，造成西藏自治区 5 个县（区）受灾。

【新疆拜城 5.4 级地震】 2021 年 3 月 24 日 5 时 14 分，新疆维吾尔自治区阿克苏地区拜城县发生 5.4 级地震，震源深度 10 公里。地震造成 3 人死亡，直接经济损失约 0.72 亿元。本次地震最高烈度为Ⅶ度，Ⅵ度区及以上总面积 72.66 平方公里。其中，Ⅶ度区面积 11.44 平方公里，涉及拜城县老虎台乡、察尔齐镇 2 个乡镇，老虎台乡科克亚村、开普台尔哈纳村 2 个村有Ⅷ度异常点。Ⅵ度区面积 61.22 平方公里，涉及拜城县老虎台乡、察尔齐镇、种羊场、温宿县博孜墩柯尔克孜族乡 4 个乡镇。

【云南漾濞 6.4 级地震】 2021 年 5 月 21 日 21 时 48 分，云南省大理州漾濞县发生 6.4 级地震，震源深度 8 公里。地震造成 3 人死亡、34 人受伤，直接经济损失约 33.16 亿元。大理州 6 个县（市）44 个乡镇（街道）不同程度受灾。本次地震最高烈度为Ⅷ度，Ⅵ度区及以上总面积约 6600 平方公里。其中，Ⅷ度区面积约 170 平方公里，涉及漾濞县 3 个乡镇；Ⅶ度区面积约 930 平方公里，涉及漾濞县 11 个乡镇；Ⅵ度区面积约 5500 平方公里，涉及大理州 6 个县（区）42 个乡镇和 2 个街道办事处。

【青海玛多 7.4 级地震】 2021 年 5 月 22 日 2 时 4 分，青海省果洛州玛多县发生 7.4 级地震，震源深度 17 公里。地震造成 19 人受伤，直接经济损失约 41 亿元。青海省 3 个州（市）9 个县 49 个乡镇不同程度受灾。本次地震最高烈度为Ⅹ度，Ⅵ度区及以上总面积 53704 平方公里。其中，Ⅹ度区面积约 69 平方公里，涉及玛多县玛查理镇；Ⅸ度区面积约 1079 平方公里，包含异常区面积约 375 平方公里，涉及玛多县和玛沁县 5 个乡镇；Ⅷ度区面积约 2295 平方公里，涉及玛多县 4 个乡镇；Ⅶ度区面积约 10650 平方公里，涉及玛多县和玛沁县 8 个乡镇；Ⅵ度区面积约 39611 平方公里，涉及青海省 3 个州（市）7 个县 31 个乡镇，四川省 1 个州 1 个县 4 个乡。

【四川泸县 6.0 级地震】 2021 年 9 月 16 日 4 时 33 分，四川省泸州市泸县发生 6.0 级地震，震源深度 10 公里。地震造成 3 人死亡、157 人受伤，直接经济损失约 25.22 亿元。本次地震最高烈度为Ⅷ度，Ⅵ度区及以上面积 2613 平方公里。其中，Ⅷ度区面积约 103 平方公里，涉及四川省 2 个州（市）2 个县（区）4 个乡镇（街道）；Ⅶ度区面积约 340 平方公里，涉及四川省 3 个州（市）3 个县（区）13 个乡镇（街道）；Ⅵ度区面积约 2170 平方公里，涉及四川省 3 个州（市）5 个县（区）50 个乡镇（街道），重庆市 1 个区 10 个乡镇（街道）。

（二）召开会议部署抗震救灾工作

2021 年 3 月 10 日，国务院抗震救灾指挥部办公室、应急管理部召开重点地区地震灾害防范应对准备工作调度视频会议，国务院抗震救灾指挥部副指挥长、应急管理部党委书记黄明出席会议并讲话。黄明强调，要深刻认识我国地震灾害形势的严峻性危害性，切实增强责任感紧迫感，坚持底线思维，抓紧做好地震灾害防范应对准备。要下大力气解决“断、乱、慢”的问题，进一步做好预案、机制、力量、物资、保障等各项准备。要加强组织领导，确保各项责任措施落实到位。

2021 年 5 月 22 日上午，国务委员、国务院抗震救灾指挥部指挥长王勇紧急召开国务院抗震救灾指挥部专题会议，强调要深入贯彻习近平总书记关于抗震救灾工作的重要指示精神，坚持人民至上、生命至上，实时调度研判震情灾情，全力组织抢险救援，切实保障人民群众生命财产安全。王勇指出，云南漾濞和青海玛多地震发生后，国务院抗震救灾指挥部和有关部门、地方立即启动应急响应，迅速派出工作组和应急救援力量赶赴灾区，各项抢险救援工作正在紧张有序进行。他强调，要进一步核实灾情，全面摸排搜救受困群众，确保不漏一村一户一人。尽最大努力救治伤员，最大限度防止因伤死亡。及时疏散转移和妥善安置受灾群众，保障受灾群众基本生活和疫情防控、医疗需要。尽快抢修受损道路桥梁，确保重要基础设施正常运转。加强震情监测分析和气象预警预报，深入排查山体滑坡等地质灾害隐患，严防次生灾害和安全生产事故。及时准确发布震情灾情，引导各方合力抗灾、科学施救，切实维护灾区社会大局稳定。

（三）举行“应急使命·2021”抗震救灾演习

2021 年 5 月 14 日，国务院抗震救灾指挥部办公室、应急管理部、四川省人民政府在四川省雅安市等地联合举行“应急使命·2021”抗震救灾演习（图 4-3-1、图 4-3-2）。这是应急管理部成立三年来首次举行的大规模实兵检验性演习。国务委员、国务院抗震救灾指挥部指挥长王勇，国务院抗震救灾指挥部副指挥长、应急管理部部长黄明，及有关方面负责同志现场观摩演习。演习模拟四川突发 7.5 级地震，灾区房屋倒塌损毁严重，造成大量人员被压被困，当地电力、通信、道路、桥梁部分中断。这次演习对标实战要求，具有实战性、联合性、检验性、引领性等特点，以抗震救灾全流程、全要素为主线，按照统一指挥、综合协调、分级负

图 4-3-1 “应急使命·2021”抗震救灾演习举行

图 4-3-2 “应急使命·2021”抗震救灾演习现场

责、属地为主的原则统筹国家和地方抢险救援行动，充分发挥国家综合性消防救援队伍主力优势、军队应急救援力量突击优势、专业应急救援力量技术优势和社会应急力量辅助优势，检视国家和地方应急资源统筹运用的效能，探索完善通信空天地一体组网、力量空地一体投送、多层级多力量统筹指挥等方法手段，进一步完善应急预案体系，磨合指挥协调机制，增强抢险救援能力，提升公众防灾减灾意识。

2021 年 6 月 1 日，国务院抗震救灾指挥部副指挥长、应急管理部部长黄明出席“应急使命·2021”抗震救灾演习总结评估视频会议并讲话。会议指出，“应急使命·2021”抗震救灾演习是国家层面举办的大规模抗震救灾综合性实兵演习，国务院抗震救灾指挥部各成员单位、四川省、军队有关方面共同努力，演习获得圆满成功。通过演习，促进了指挥协调机制的磨合顺畅，军地力量的协调联动，救援能力的有效提升，新技术新装备的检验应用，防震减灾意识的明显增强，达到了提高应急指挥效能和救援合力、推动各地强化抗大震准备、提升抗震救灾能力的预期效果。会议强调，要始终牢记习近平总书记的重要指示精神，坚持人民至上、生命至上，以对党和人民高度负责的责任感，更加紧迫、更加扎实落细落实各项措施。严防松懈麻痹，全面做好抗大震抢大险救大灾各项应急准备。从难从严研判可能的灾情和困难，以只争朝夕的紧迫感更加充分地做实预案、力量、通信、物资准备。夯实基层基础，着力提升地震灾害抗御能力。要抓紧完善防震减灾规划和抗震救灾方案，提高抗震设防标准，扎实推进抗震加固，加强监测预警，大力提升公众避险自救能力。用好演习成果，形成常态化演习工作机制。在做好演习评估整改的基础上，抓紧完善现场指挥协调机制、重特大地震灾害预案、应急指挥通信保障预案、航空铁路输送装载携行标准和部省联合组织演习规范等，固化提升演习成果。

（四）重点工作

1. 进一步优化体制机制和发展环境

国务院抗震救灾指挥部印发《关于进一步健全完善地方防震减灾救灾体制机制的意见》，进一步压实地方防震减灾工作责任。编制完成《“十四五”国家防震减灾规划》和科技、人才、科普、国际合作规划，重点任务纳入《“十四五”国家应急体系规划》和相关行业规划，30个省（区、市）发布防震减灾规划，落实地方投资3.23亿元。配合全国人大开展《防震减灾法》实施情况调研，浙江、江西、宁夏等地方人大开展执法检查调研。吉林、浙江、福建和江西修订实施《防震减灾条例》，天津、河北、江苏、山东、广东、西藏出台地震预警管理法规规章。发布5项地震行业标准和10项地震地方标准。

2. 有力有序应对地震灾害突发事件

积极发挥国务院抗震救灾指挥部办公室统筹协调、督促落实和服务保障作用，组织召开专题会议研究部署抗震救灾工作。第一时间组织开展指挥协调、快速评估、信息收集、灾情研判等工作，及时启动地震应急二级响应1次、三级响应2次。协调指导地方有效应对处置西藏比如6.1级、新疆拜城5.4级、河北滦州4.3级等显著有感地震。派出工作组赴云南漾濞6.4级、青海玛多7.4级、四川泸县6.0级等破坏性地震灾区一线指导帮助地方开展抗震救灾工作。向青海、云南、四川拨付地震灾害抢险救援补助资金共计3000万元，支持地方政府用于开展应急处置、购买救灾装备物资、应急监测与评估、次生灾害排查等支出。

3. 不断加强地震灾害防范应对准备

印发《国务院抗震救灾指挥部办公室关于加强2021年地震灾害防范应对工作的通知》。派出工作组前往云南、青海等重点省（区）开展实地检查对接，指导完善地震应急预案、机制、力量、物资等各项工作，不断强化大震巨灾应急救援准备。组织召开京津冀地区地震灾害防范联防联控机制专题调度会议，推动京津冀地区大震灾害联防联控工作。

4. 扎实提高地震灾害应急救援能力

全面提升应急响应、指挥处置、力量投送、现场救援等方面能力。联合中央党校（国家行政学院）举办2021年全国抗震救灾培训研修班，推动提升地方领导干部重大风险防范化解能力和应急处置能力。深入分析汶川、玉树等地震救援力量使用规模，开展地震重点危险区重特大地震灾害救援力量和物资需求研判。

5. 加强预案和标准体系建设

加快推进《国家地震应急预案》修订工作。筹备成立全国地震应急救援标准化分技术委员会。申报立项《应急避难场所分级及分类》等3项国家标准和《应急避难场所运维规范》等3项行业标准，完成《城市搜索与救援队伍装备分类编码与标识》《城市搜索与救援队伍（重型）装备配备技术规范》等4项行业标准中期评估和《中国城镇救援队能力建设与分级测评标准》1项国家标准开题。

6. 统筹推进应急避难场所建设和管理

完成应急避难场所信息系统建设，同时并入应急指挥“一张图”。组织召开全国应急避难场所建设管理研讨暨综合信息管理服务系统推广应用工作培训会，向全国31个省（区、市）和新疆生产建设兵团应急管理部门以及国家减灾中心等单位推广，逐步实现对全国避难场所底数资源信息统一汇聚、动态更新。研究制定应急避难场所建设管理政策性指导意见。

7. 大力推进防震减灾服务

中国地震局全年调度地震系统应急处置83次，统筹地震系统力量双线开展云南漾濞6.4级、青海玛多7.4级“一夜双震”的余震监测、趋势研判、烈度评定等工作。开展粤港澳大湾区三维结构探测和京津冀大震巨灾情景构建试点，推动构建京津冀、长三角地震灾害联防联控工作机制。联合科技部、中国科协、河北省政府在唐山成功举办第二届全国防震减灾科普大会。发布院士系列科普精品，开展23次科普主题活动，参与公众超1.4亿人次。

8. 持续提升地震监测预报预警能力

印发《中国地震局党组关于进一步加强地震监测预报工作的实施意见》，明确新时代地震监测预报工作思路和重点任务。继续实施青藏高原监测能力提升项目，开展海洋地震观测业务设计和站网规划，编制定点形变等地球物理站网规划。坚决落实防范化解地震灾害风险工作要求，制定实施291项震情监视跟踪和应急准备工作强化措施，成立震情跟踪专家组，强化重点地区地震监测预测和应对准备。推动建立地震综合概率预测业务，推进前震序列识别业务化，提升短临预报抓异常能力和水平。大力推进国家地震烈度速报与预警工程建设（图4-3-3），福建、云南、四川、京津冀等地区先行先试取得进展并持续优化。全年完成地震正式速报1213次，非天然地震信息服务68次。

9. 逐步形成震灾防御基础业务体系

成立地震灾害风险区划工作推进领导小组，推动建立以国土地震区划为主线、以探查区划评估为重点、以标准规范为支撑、以科技创新为驱动的新时代震灾防御基础业务体系。稳步推进自然灾害防治两项重点工程（地震灾害风险调查和重点隐患排查工程，地震易发区房屋设施加固工程），全国基本完成调查任务，44个试点县（区）完成风险评估与区划，229个重点县（区）扎实推进房屋设施加固任务。支持绵阳、宜宾等17个城市开展活断层探测，利用遥感技术开展房屋抗震设防能力初判。强化抗震设防事中事后监管，开展地震安全评价报告质量抽查。开

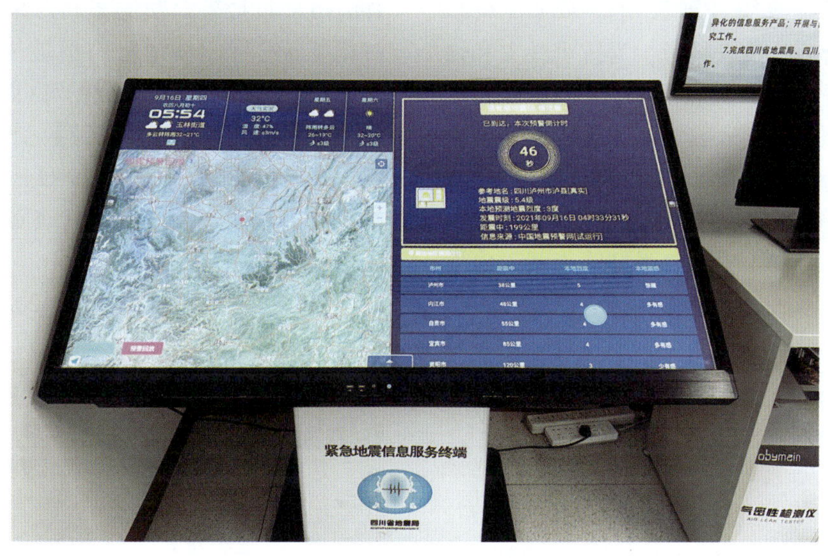

图4-3-3 地震预警

展地震灾害风险评估和区划试点，编制地震构造图等 12 项技术规范，编制分省 1∶25 万地震构造图和分县 1∶5 万活断层分布图，初步建成全国地震灾害风险基础数据库和房屋设施抗震设防信息平台。

10. 稳步提升地震灾害科技支撑水平

深入开展"'十四五'期间我国中部地区地震灾害风险识别和应急对策研究""国内外地震应急指挥机构对比分析及大震应急响应对策研究"等 8 个防灾减灾救灾相关课题研究。积极推进地震灾害应急响应与救援决策支持子系统建设，为应急处置提供有力保障。中国地震科学实验场纳入《中华人民共和国国民经济和社会发展第十四个五年规划和 2035 年远景目标纲要》。会同科技部、自然科学基金委召开香山会议、举办双清论坛。获批 3 项国家重点科技项目，新增 2 个国家野外科学观测研究站。引进 1 名海外高层次人才，2 人分获国家杰出青年科学基金项目、优秀青年科学基金项目资助，1 人荣获全国杰出专业技术人才称号，地震动力学国家重点实验室获得专业技术人才先进集体称号。组织开展云南漾濞、青海玛多、四川泸县地震科考，为抗震救灾和恢复重建提供科学依据。开发人工智能自动编目系统，开展地震短临预报专群结合试点研究。研发微型孔隙水压传感器，填补国内空白。支持埃及召开"一带一路"地震减灾协调人会议，举办第十届天山地震国际学术研讨会。

二、地质灾害

（一）基本情况

1. 地质灾害统计

2021 年，全国共发生地质灾害 4772 起，其中，滑坡 2335 起、崩塌 1746 起、泥石流 374 起、地面塌陷 285 起、地裂缝 21 起、地面沉降 11 起，分别占地质灾害总数的 48.93%、36.59%、7.84%、5.97%、0.44% 和 0.23%。

2021 年全国地质灾害类型构成如图 4-3-4 所示。

2021 年，全国共成功预报地质灾害 905 起，涉及可能伤亡人员 25528 人，避免直接经济损失 13.5 亿元。

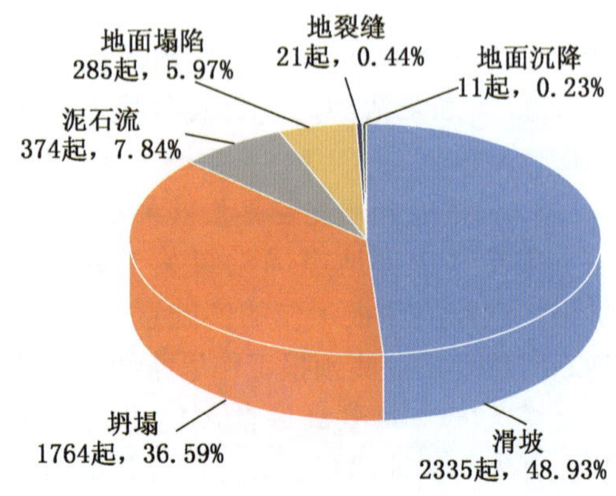

图 4-3-4　2021 年全国地质灾害类型构成

2. 主要灾情

【甘肃舟曲果耶镇滑坡】 受降雨影响，2021 年 2 月 28 日 20 时 30 分左右，甘肃甘南州舟曲县果耶镇磨里村、果耶村（两村相邻）发生山体滑坡，滑坡体约 97 万立方米，造成 92 户 402 人受灾（图 4-3-5）。

【广西群发性地质灾害】 受强降雨影响，2021 年 6 月 28 日至 29 日，广西河池市及周边地区连续发生多起地质灾害，造成 4 人死亡。

【四川群发性地质灾害】 2021 年 7 月 14 日，受强降雨天气影响，四川省达州市、巴中市等地发生多起地质灾害，严重威胁人民群众生命和财产安全。据统计，受 7 月中旬连续强降雨影响，四川省各地共发生地质灾害 211 起。

【重庆群发性地质灾害】 2021 年入汛后，重庆市出现多轮强降雨天气，武隆

图 4-3-5 甘肃舟曲果耶镇滑坡

区、云阳县、开州区、万州区等地发生多起地质灾害，造成严重灾情险情。据统计，8 月上旬、中旬强降雨期间，重庆市共计发生地质灾害 19 起。其中，8 月 6 日 8 时 17 分，五桥街道三雄极光厂区后侧发生一起危岩崩塌灾情，造成厂区 2 名职工被埋死亡；8 月 12 日，重庆市再次出现强降雨天气，引发多起崩塌、滑坡灾害，造成多条国道、省道交通中断。

【湖南群发性地质灾害】受 2021 年 8 月上旬、中旬强降雨影响，湖南省常德市、怀化市、湘西州、张家界市等地发生多起地质灾害，严重威胁人民群众生命和财产安全。据统计，受此轮 8 月上旬、中旬强降雨影响，湖南省湘西州、常德市、张家界市、益阳市等地共发生 16 起群发性地质灾害及数十处道路边坡塌方，直接经济损失 8900 余万元。其中，8 月 13 日 17 时 50 分，受强降雨影响，湘西州龙山县茨岩塘镇比溪村 6 组一山体发生滑坡，造成一房屋被压垮，导致 1 人死亡、1 人受伤。

【重庆群发性地质灾害】受 2021 年 8 月下旬强降雨影响，重庆市万州区、云阳县等地地质灾害多发频发。据统计，受此轮 8 月下旬强降雨影响，重庆市共发生 85 起地质灾害，造成 7 人死亡，直接经济损失约 1.5 亿元。其中，8 月 26 日，云阳县南溪镇发生山体落石，造成 1 人死亡；29 日，城口县一村民房屋后山体发生崩塌，造成 1 人死亡；30 日 22 时 20 分许，万州区钟鼓楼街道桑树社区 10 组突发岩体崩塌，造成 5 人死亡。

（二）重点工作

1. 不断加强地质灾害应急管理基础建设

开展 2021 年全国地质灾害应急管理情况调查，及时掌握各省（区、市）工作进展情况。推进地质灾害应急管理信息化建设，完成地质灾害应急响应与救援决策支持系统项目立项。加快推动《国家突发地质灾害应急预案》修订。组织起草全国地质灾害应急救援标准化分技术委员会筹建方案。组织指导中国地质灾害防治工程行业协会编制《突发地质灾害命名规则》《地质灾害隐患现场识别指引》

《突发地质灾害预警响应技术导则》《突发地质灾害应急救援准备导则》《突发地质灾害应急救援技术支撑导则》《地震次生地质灾害应急处置技术导则》6 项急用先行的标准规范。

2. 有序有力做好地质灾害突发事件应急处置

全力指导地方做好地质灾害险情应急处置，针对甘肃、广西、四川、重庆、湖南等地的地质灾害灾情险情，全年启动 6 次地质灾害四级应急响应（表 4-3-3），会同自然资源部派出联合工作组赶赴灾区现场，指导地方开展应急救援、监测预警、避险安置、灾情评估、恢复重建等各项工作。高效应对地震及次生地质灾害，在新疆拜城 5.4 级地震、云南漾濞 6.4 级地震、青海玛多 7.4 级地震、甘肃阿克塞 5.5 级地震、四川泸县 6.0 级地震等 10 余次地震发生后，第一时间生成次生地质灾害情况分析报告，研判次生地质灾害灾情和隐患，为部署抗震救灾工作提供决策参考。紧盯重点时段和敏感时期，及时提出地质灾害防范应对措施建议，报送 20 余期简报。汛期及时报送地质灾害气象预警信息，有针对性向相关省份发送预警信息共计 140 余期；编制工作周报，分析近 5 年灾情对比情况，督促重点地区做好地质灾害防范应对各项工作。

3. 持续完善地质灾害防范应对协同联动工作机制

与自然资源部加强动态沟通和信息共享，在机制建设、气象预警会商、灾情核定、预案修订、九大工程建设等方面加强合作，强化各部委间协同联动，基本形成联系紧密、顺畅高效的防范应对工作机制。

4. 指导地方和相关单位做好地质灾害应急管理工作

印发《2021 年全国地质灾害风险形势分析报告》，为基层开展汛期地质灾害防范应对工作提供依据。汇编 2018—2020 年全国 27 个典型重大地质灾害应急处置案例，下发各地借鉴学习，提高基层人员地质灾害应急管理能力。全年先后派员赴四川、重庆、西藏、内蒙古、安徽、甘肃等 13 个省份开展地质灾害调研，指导应急救援演练，参加专题培训授课。向四川、湖南、重庆、甘肃、广西 5 个省份拨付地质灾害救灾资金 3 亿元，支持地方用于地质灾害失联人员搜救，灾害成因调查分析，灾害体应急治理，周边和类似地区地质灾害隐患排危除险和应急准备等。

表 4-3-3　2021 年地质灾害应急响应基本情况表

序号	受灾地区	灾害类型	灾害发生时间	启动应急响应时间	应急响应级别
1	甘肃省甘南州舟曲县	滑坡	2 月下旬	3 月 4 日	四级
2	广西壮族自治区河池市等地	崩塌、滑坡	6 月下旬	7 月 1 日	四级
3	四川省达州市、巴中市等地	崩塌、滑坡	7 月中旬	7 月 16 日	四级
4	重庆市武隆区、云阳县、开州区、万州区等地	崩塌、滑坡	8 月上旬、中旬	8 月 14 日	四级
5	湖南省常德市、怀化市、湘西州、张家界市等地	塌方、滑坡	8 月上旬、中旬	8 月 16 日	四级
6	重庆市万州区、云阳县等地	崩塌	8 月下旬	8 月 31 日	四级

第四章　防汛抗旱防台风

一、基本情况

（一）洪涝

2021 年，洪涝灾害造成 5901 万人次受灾，因灾死亡失踪 590 人，倒塌房屋 15.2 万间，直接经济损失 2458.9 亿元。与近 5 年均值对比，洪涝灾害受灾人次下降 12.9%，因灾死亡失踪人数上升 9.4%，倒塌房屋数量下降 5.9%，直接经济损失上升 16.3%。北方洪涝灾害损失明显高于南方，河南、陕西、山西、河北等地灾害损失严重。河南郑州等地特大暴雨灾害造成河南省 150 个县（市、区）1478.6 万人受灾，因灾死亡失踪 398 人，其中郑州市 380 人。7 月中下旬至 8 月，山西晋城、湖北随县、陕西蓝田等地出现极端强降雨，引发严重城市内涝、山洪、地质灾害，造成重大人员伤亡和财产损失。

1. 降雨

2021 年，我国出现 36 次区域暴雨过程，全国平均降水量 672.1 毫米，较常年同期偏多 6.7%。东北西部、华北大部、黄淮、江淮北部、江汉西北部及内蒙古东部、陕西中南部、四川东北部、重庆北部、浙江东部、青海西南部、新疆西南部、西藏西部和中部局地等地偏多 2 成至 1 倍，河南北部、新疆西南部偏多 1～2 倍。7 月 17 日至 23 日，河南省遭遇历史罕见特大暴雨，最大小时点雨量 201.9 毫米，突破我国大陆气象观测记录历史极值（198.5 毫米）。

2. 洪水

长江、黄河、嫩江及海河流域滦河、漳卫河水系等主要江河共发生 12 次编号洪水，其中长江 1 次、黄河 3 次，海河流域漳卫河 2 次、滦河 1 次，松花江流域嫩江 3 次、松花江 1 次，太湖 1 次。全国 28 个省（区、市）共 571 条河流发生超过警戒水位以上洪水，其中 148 条河流发生超保洪水，43 条河流发生超历史洪水。

3. 主要灾情

【6 月至 9 月黑龙江暴雨洪涝灾害】 2021 年 6 月 1 日至 9 月 20 日，黑龙江省出现 13 次较大降雨过程，5 次区域性暴雨天气过程。全省平均降雨量 391.4 毫米，与历年同期基本持平。加之受域外来水影响，21 条河流发生超警戒水位洪水，其中，13 条河流发生超保证水位洪水，最长超保时间 17 天（同江市）。黑龙江干流 5 月 7 日发生超警洪水，6 月 19 日发生超保洪水，洪水发生时间较历年提前近 2 个月。至 9 月 13 日干流抚远段退至警戒水位以下，洪水时间跨度 130 天。黑龙江干流累计发生 9 次洪水过程，上游发生 50 年一遇特大洪水，中游发生 35 年一遇大洪水，一度近千公里江段同时超警。嫩江干流发生 8 年一遇洪水，嫩江支流诺敏河受内蒙古境内永安、新发两座水库垮坝影响，发生超 50 年一遇洪水。松花江发生 10 年一遇洪水。灾害共造成全省 12 个地市 81 个县（市、区）48.55 万人受灾，紧急转移安置 3.85 万人，倒塌房屋

180 间，损坏房屋 1.62 万间；农作物受灾面积 391.7 千公顷；直接经济损失 41.63 亿元。

【7 月中下旬河南特大暴雨灾害】 2021 年 7 月 17 日至 23 日，河南省遭遇历史罕见特大暴雨，全省平均过程降雨量 223 毫米，有 285 个站超过 500 毫米；有 20 个国家级气象站日降水量突破建站以来历史极值，其中，郑州、新密、嵩山站均超其历史日极值 1 倍以上，郑州气象观测站最大小时降雨量（20 日 16 时至 17 时，201.9 毫米）突破我国大陆有气象记录以来小时降雨量历史极值。多条河流发生超警以上洪水，郑州、新乡、鹤壁等多地遭受特大暴雨洪涝灾害，受灾范围广、灾害损失重、社会关注度高。灾害造成河南省 16 市 150 个县（市、区）1478.6 万人受灾，因灾死亡失踪 398 人，紧急转移安置 149 万人；倒塌房屋 3.9 万间，严重损坏 17.1 万间，一般损坏 61.6 万间；农作物受灾面积 873.5 千公顷；直接经济损失 1200.6 亿元。

【7 月中下旬山西暴雨洪涝灾害】 2021 年 7 月 10 日至 23 日，山西省先后出现 10 日至 11 日、18 日至 23 日两轮强降雨天气过程，间隔时间短、累计雨量大，引发严重洪涝灾害。灾害造成晋城、忻州、长治等 10 市 47 个县（市、区）61.2 万人受灾，因灾死亡失踪 35 人，紧急转移安置 7.4 万人；倒塌房屋 2.1 万间，不同程度损坏 5.7 万间；农作物受灾面积 51 千公顷；直接经济损失 82.8 亿元。

【8 月上中旬湖北暴雨洪涝灾害】 2021 年 8 月 8 日至 15 日，湖北省部分地区出现强降雨，其中，11 日至 12 日湖北襄阳和随州出现大到暴雨，局地特大暴雨，最大日雨量为随县柳林 519 毫米，引发严重洪涝灾害。灾害造成随州、襄阳、孝感、黄冈等 11 市（州）58 个县（市、区）和神农架林区 158 万人受灾，因灾死亡 28 人，紧急转移安置 5.7 万人；倒塌房屋 1100 余间，不同程度损坏 1.7 万间；农作物受灾面积 126.5 千公顷；直接经济损失 31.2 亿元。

【8 月中下旬陕西暴雨洪涝灾害】 2021 年 8 月 19 日至 25 日，陕西省部分地区出现强降雨过程，其中，陕南地区暴雨持续时间长、影响范围广、累计雨量大、局地降水强度强，引发严重洪涝灾害。灾害造成西安、汉中、安康、商洛等 9 市 49 个县（市、区）107.2 万人受灾，因灾死亡失踪 21 人，紧急转移安置 9.9 万人；倒塌房屋 2700 余间，不同程度损坏 2.4 万间；农作物受灾面积 26.6 千公顷；直接经济损失 91.8 亿元。

【黄河中下游严重秋汛】 2021 年入秋后，冷暖空气在黄河中游持续猛烈交汇、带来连续降雨，黄河流域 9 月平均降水量 179 毫米，为 1961 年以来历史同期最多，造成黄河中下游发生 1949 年以来最大秋汛，中游干流 9 天时间连续发生 3 次编号洪水，支流洛河、汾河水位或流量超历史实测记录，黄河中下游河道高水位、大流量行洪持续一个月，山西、陕西、河南、山东等省局地洪涝灾害严重。灾害造成 4 省 32 市 232 个县（市、区）666.8 万人受灾，因灾死亡失踪 41 人，紧急转移安置 46.7 万人；倒塌房屋 4.6 万间，不同程度损坏 17.5 万间；农作物受灾面积 498.6 千公顷；直接经济损失 153.4 亿元。

（二）干旱

2021 年，全国干旱灾害阶段性发生，主要表现为江南、华南出现秋冬连旱，云南出现秋冬春夏连旱，西北地区东部和华北西部出现夏秋连旱，华南春夏秋阶段性干旱频发。全国干旱灾情总体偏轻，山西、陕西、甘肃、云南、内蒙古、宁夏等24省（区、市）2068.9万人次受灾，农作物受灾面积3426.2千公顷，直接经济损失200.9亿元。与近5年均值相比，干旱灾害受灾人次、农作物受灾面积和直接经济损失分别下降45%、58%和43%。

（三）台风

2021年，西北太平洋和南海共有22个台风生成，较常年平均（25.5个）少3.5个，其中，有5个台风在我国登陆，比多年平均（7个）偏少2个，登陆时平均强度为29.4米/秒，较近10年平均登陆强度（31.3米/秒）偏弱。22个台风中有14个是以双台风、三台风形式集中出现，其中两次出现三台风共舞（“卢碧”“银河”“妮妲”，“狮子山”“圆规”“南川”）。2021年第6号台风“烟花”于7月25日12时30分前后，在浙江舟山普陀区沿海登陆，登陆时中心附近最大风力13级（38米/秒），26日9时50分在浙江平湖市沿海以强热带风暴级（10级）再次登陆，30日20时停止编号，成为1949年以来首个在浙江省两次登陆的台风，登陆后北上，在陆地滞留长达95小时。“烟花”具有移动速度慢、陆上滞留时间长、风雨强度大、影响范围广等特点，造成浙江、上海、江苏等8省（区、市）40市230个县（市、区、旗）482万人受灾，紧急转移安置143万人；倒塌房屋500余间，不同程度损坏8300余间；农作物受灾面积358.2千公顷；直接经济损失132亿元。全年台风灾害损失为近5年最低，共造成644万人次受灾，4人死亡，直接经济损失152.6亿元。与近5年均值相比，受灾人次、因灾死亡失踪人数和直接经济损失分别下降61%、95%和72%。

二、防汛抗旱防台风工作

（一）李克强在国家防汛抗旱总指挥部主持召开抗洪抢险救灾和防汛工作视频会议

2021年7月26日上午，中共中央政治局常委、国务院总理李克强在国家防汛抗旱总指挥部主持召开视频会议，研究做好当前和下一步抗洪抢险救灾和防汛工作。应急管理部部长黄明代表国家防总作了汇报。李克强与河南、河北、江苏、浙江、安徽等防汛救灾任务重的省政府主要负责同志视频连线，并听取气象局、水利部、自然资源部、住房城乡建设部、交通运输部负责人汇报，详细了解防汛救灾工作、下一步应对准备等，要求紧绷安全这根弦，把各项措施抓实抓细。李克强说，近期我国局地极端强降雨，造成重大人员伤亡和财产损失，令人痛心。受灾地区和有关方面全力抢险救灾，做了大量工作。要继续贯彻习近平总书记对防汛救灾工作的重要指示精神，落实党中央、国务院部署，毫不放松抓好下一步工作。当前正值“七下八上”防汛最关键阶段，据预报北方部分地区还可能有极端强降雨，台风会对沿海地区带来较大影响，防汛形势十分严峻，要全方位采取措施，防患于未然，把损失降至最低。李克强强调，要细化并压实各方面、各层级、各环节责任，落实到人，对失职者严肃追责。认真总结经验教训，完善应急预案和相关制度，提高防范和应对重大突发事件能力。各地区各部门要在以习近平同志为核心的党中央坚强领导下，坚持以人民为中心，守护好一方平安，促进经济社会平稳健康发展。

（二）国家防总召开防汛抗旱专题会议

2021年4月15日，国家防汛抗旱总指挥部召开全国防汛抗旱工作电视电话会议。国务委员、国家防总总指挥王勇出席会议并讲话。王勇强调，要深入贯彻习近平总书记关于加强防汛抗旱救灾工作的重要指示精神，落实李克强总理批示要求，按照党中央、国务院有关决策部署，坚持预防预备和应急处突相结合，周密安排部署，狠抓责任落实，全力抓好防汛备汛和抗旱减灾各项工作，切实保障人民群众生命财产安全。王勇指出，当前全国部分地区已陆续入汛，防汛减灾形势日益严峻。各地区、国家防总各部门和有关单位要进一步加强组织领导，强化督促检查，严格落实防汛抗旱责任和行政首长负责制，把责任措施细化实化到防抗救全过程各环节。要立足防大汛、抗大洪、救大灾，扎实做好各项准备，加强监测预警，完善应急预案，统筹调度力量，严密巡查防护，加大江河堤坝水库等除险加固和隐患排查力度，加快提升防灾救灾装备技术和应急救援能力，严防山洪、泥石流、台风、城市内涝等各类灾害。要统筹抓好抗旱减灾，保障旱区群众生产生活用水，严防旱涝急转、多灾并发，尽最大努力减少灾害损失。

2021年7月13日，国务委员、国家防总总指挥王勇主持召开国家防总全体会议，强调要深入学习贯彻习近平总书记“七一”重要讲话精神，认真落实党中央、国务院决策部署，坚持人民至上、生命至上，立足防大汛、抗大洪、抢大险、救大灾，进一步加强组织领导，毫不松懈抓实抓细防汛救灾责任措施，切实保障人民群众生命财产安全。

2021年7月21日早晨，国务委员、国家防总总指挥王勇紧急召开国家防总专题会议，强调要深入贯彻习近平总书记关于防汛救灾的重要指示精神，按照李克强总理批示要求，坚决把确保人民群众生命财产安全放在第一位，精准研判雨情汛情，全力开展抢险救援，最大限度降低灾害损失。王勇要求，各级责任人和应急抢险队伍要全力以赴投入抢险救灾，调集专业救援力量和物资装备，全面排查搜救被困人员，及时果断转移并妥善安置受灾群众，确保不漏一户一人。紧盯涉险水库和堤防险工险段，强化应急抢险措施，严格网格化巡查防守，严防管涌、漫堤、溃坝等重大险情，坚决确保黄河大堤和各类水库安全度汛。广泛发动社区、村镇和企事业单位，以城镇低洼地带、地下空间、老旧小区厂房、交通干线和桥梁涵洞等为重点，分段分片压实包保责任，严格执行防汛应急预案，加大排涝除险避险力度，强化交通、旅游、建筑施工和危化品等重点行业企业安全管控，严防台风、暴雨等极端天气及山洪、泥石流等次生灾害，牢牢守住不发生重大灾害事故安全底线。

2021年7月22日，国务委员、国家防总总指挥王勇主持召开国家防总全体会议。王勇强调，要深入学习贯彻习近平总书记关于防汛救灾工作的重要指示精神，按照党中央、国务院决策部署，进一步树牢底线思维，抓细抓实措施，全力以赴做好防汛抢险救灾各项工作，切实把保障人民群众生命财产安全放在第一位落到实处。王勇指出，当前已到防汛最关键时期，国家防总各部门和各流域防总各地防指要进一步做好防大汛、抗大洪、抢大险、救大灾的应对准备，宁可十防九空、不可失防万一，尽最大努力减少人员伤亡和灾害损失。对河南等受灾严重地区，要

继续全力开展抢险救援，妥善安置受灾群众，加大支持帮扶力度，尽快恢复正常生产生活秩序。密切监视雨情汛情变化，严密防范应对强降雨、台风等各类灾害性天气，及时扎实做好预报预警、巡查防护、排险除险和群众避险等工作。全面加强江河库坝堤防安全和城市内涝、山洪、泥石流等次生灾害防范，强化汛期安全生产和道路交通、旅游景区等安全管控，坚决防止重大灾害事故发生，全力确保安全度汛。

（三）王勇调研防汛抗旱救灾工作

2021 年 6 月 2 日至 4 日，国务委员、国家防总总指挥王勇在江西、福建调研检查防汛度汛工作。王勇强调，要深入贯彻习近平总书记关于防汛救灾工作的一系列重要指示精神，立足防大汛、抗大洪、抢大险、救大灾，进一步加强监测研判预警，全面排查风险隐患，严密防范应对雨情汛情和各类灾害性天气，全力保障人民群众生命财产安全。

2021 年 7 月 4 日至 6 日，国务委员、国家防总总指挥王勇在吉林和黑龙江检查指导防汛救灾工作。王勇强调，要深入学习贯彻习近平总书记在庆祝中国共产党成立 100 周年大会上的重要讲话精神，按照党中央、国务院决策部署，坚持边抢险边救灾边重建，抓紧抢修水毁道路堤坝，妥善安置受灾群众，尽快恢复灾区生产生活秩序。

2021 年 7 月 15 日至 17 日，国务委员、国家防总总指挥王勇在河南、安徽检查指导防汛工作。王勇强调，要深入学习贯彻习近平总书记“七一”重要讲话和关于防汛减灾工作的重要指示精神，认真落实党中央、国务院决策部署，时刻将保证人民生命安全放在首位，进一步加强统筹协调、压实责任措施，毫不松懈做好防汛减灾各项工作。王勇强调，要针对各流域不同特点，强化统一指挥和统筹调度，做到上下游协调、左右岸兼顾、干支流配合，切实提高防汛减灾工作精准性有效性。黄河流域河势多变、含沙量大，要坚持上拦下排、两岸分滞，优化水库群联合调度，加强险工险段特别是中小水库、淤地坝巡查排险，细化滩区、库区、蓄滞洪区群众转移避险方案。淮河中下游和巢湖流域行洪能力不足，要处理好蓄与泄、洪与涝的关系，严控水库湖泊汛限水位，做好提前预泄预降，充分发挥水利工程拦洪削峰错峰作用，全力确保安全度汛。

2021 年 7 月 31 日，国务委员、国家防总总指挥王勇在河北检查指导防汛减灾工作。王勇强调，要深入学习贯彻习近平总书记“七一”重要讲话和关于防汛减灾工作的重要指示精神，认真落实党中央、国务院决策部署，进一步提高认识、强化责任、完善措施，加强防范应对和应急联动，更加扎实细致做好防大汛防大涝各项准备工作，确保人民群众生命财产安全。

2021 年 7 月 31 日晚至 8 月 3 日，国务委员、国家防总总指挥王勇在河南检查指导防汛救灾和受灾群众安置等工作。王勇强调，要全力做好受灾群众安置救助和疫情防控，细致做好因灾遇难、失踪和受伤人员善后抚恤，帮助群众解决实际困难，防止因灾致贫返贫和“大灾过后有大疫”；抓紧抢修受损基础设施和公共服务设施；加快已运用蓄滞洪区泄洪排涝，

为农业生产和复工复产创造条件；利用降雨间歇期全面开展出险水库、河道堤防、道路建筑等隐患排查和除险加固，严防山洪、泥石流等次生灾害和安全生产事故，早预警、早处置，遇到险情果断组织人员转移避险；全面准确核实人员伤亡等受灾情况，规范严谨发布相关信息，及时回应社会关切，认真总结吸取教训，加快补齐防汛工作短板，提升洪涝灾害防御能力。国家防汛抗旱总指挥部和各有关部门要主动对接灾区需求，在技术、资金、项目规划、恢复重建等方面给予全力指导支持帮助。

2021年10月11日至12日，国务委员王勇在山东调研指导防秋汛和民生保障工作。王勇强调，要深入贯彻习近平总书记关于加强防汛救灾和民生保障工作的重要指示精神，落实党中央、国务院决策部署，坚持人民至上、生命至上，进一步压紧压实责任措施，全力以赴抓好防秋汛、保民生相关工作，切实保障人民群众生命财产安全和基本民生需求。

（四）强化安排部署，及时会商研判调度

国家防汛抗旱总指挥部多次召开会议，分析研判全国及重点地区汛情灾情，安排部署防汛救灾工作。国家防汛抗旱总指挥部副总指挥、应急管理部部长黄明多次主持召开防汛救灾调度会，安排部署相关工作，赴河南郑州、新乡、鹤壁等防汛救灾一线指导工作。针对郑州市地铁5号线亡人事件，国家防汛抗旱总指挥部、国务院安委会、应急管理部、交通运输部专门召开全国城市地铁安全防范视频会议，对城市地铁安全防范工作再部署、再落实。国家防办组织水利、气象、自然资源、应急管理等部门开展防汛救灾联合会商120余次，督促地方和有关部门落实责任措施，强化巡查防守，及时排险除险。

（五）强化防汛准备，预置专业抢险力量

国家防汛抗旱总指挥部汛前通报2021年防汛抗旱行政责任人2319名，持续加大对重点地区防指和防汛责任人的督导力度。组织7个工作组，由国家发展改革委、水利部、应急管理部、中国气象局等成员单位负责同志带队，检查七大江河重点地区防汛抗旱工作。与广东省防指联合开展北江流域特大洪水防汛抢险综合演练。针对2021年市、县、乡集中换届情况指导各地开展行政首长培训1441班次4.8万人次，组织全国应急管理系统开展防汛抗旱专题网络培训2.5万人次。国家防汛抗旱总指挥部办公室印发《关于加强强降雨期间山丘区人员转移避险工作的指导意见》，组织工作组赴重点地区调研人员转移避险相关措施落实情况，督促加强整改。应急管理部对接落实中国安能集团等中央企业共514支抢险队伍，抽调国家综合性消防救援队伍赴重点区域前置备勤。应急管理部对接军队滚动修订参加抗洪抢险救援预案。

（六）强化应急响应，加强指导支持协调

国家防汛抗旱总指挥部先后启动调整防汛防台风Ⅳ、Ⅲ、Ⅱ级应急响应22次（表4-4-1），最长连续60天维持应急响应状态。先后派出61个工作组、专家组，赴汛旱灾情严重地区协助开展防汛抗旱防台风工作。针对河南严重汛情，及时协调派出应急管理部、水利部、住房和城乡建设部、国家卫生健康委等部门参加的国家防汛抗旱总指挥部联合工作组赴重灾区指导抢险救灾工作。针对黄河罕见秋汛，由应急管理部负责同志带队赴河南、山西等秋汛一线指导防汛救灾。会同财政部累计下达中央自然灾害救灾资金 15.2 亿元，支持河南、山西、陕西、湖北等地及黄河直管工程防汛抢险。会同国家粮食储备局向河南、山西、陕西、安徽、黑龙江、新疆等省（区）调拨铅丝网、编织袋、土工布、冲锋舟等价值 2957 万元中央防汛物资。启动中俄边境地区灾害事故信息交流机制，协同做好黑龙江大洪水的防范应对。

表 4-4-1 2021 年国家防汛抗旱总指挥部应急响应启动表

序号	响应时间	响应类型	响应级别	响应范围	事件
1	6 月 21 日 13 时	防汛	Ⅳ级	内蒙古、黑龙江	黑龙江、嫩江、松花江洪水
2	6 月 22 日 15 时	防汛	提升至Ⅲ级	黑龙江、内蒙古、吉林	
3	7 月 1 日 14 时至 7 月 14 日 17 时	防汛	Ⅳ级	黑龙江、内蒙古、吉林	
4	7 月 11 日 17 时至 7 月 14 日 17 时	防汛	Ⅳ级	北京、天津、河北、山西、山东、河南、重庆、四川、陕西	川陕洪水及华北黄淮等地强降雨
5	7 月 18 日 20 时	防汛	Ⅲ级	内蒙古、黑龙江、吉林	永安、新发水库垮坝
6	8 月 10 日 16 时	防汛	提升至Ⅲ级	内蒙古、黑龙江、吉林	黑龙江、嫩江洪水
7	8 月 29 日 10 时	防汛	调整至Ⅳ级	内蒙古、黑龙江、吉林	
	9 月 8 日 17 时	防汛	终止	内蒙古、吉林	
	9 月 14 日 20 时	防汛	终止	黑龙江	
8	7 月 20 日 8 时	防汛防台风	Ⅳ级	广东、广西、海南、福建、浙江、上海、江苏	防御第 6 号台风“烟花”、第 7 号台风“查帕卡”
9	7 月 23 日 12 时	防汛防台风	提升至Ⅲ级	浙江、上海、福建、江苏、江西、安徽	
	7 月 25 日 15 时	防汛防台风	终止	广东、广西、海南	
	7 月 31 日 10 时	防汛防台风	终止	浙江、上海、福建、江苏、江西、安徽	
10	7 月 20 日 20 时	防汛	Ⅲ级	河南	应对河南郑州特大暴雨灾害及强降雨过程
11	7 月 21 日 3 时	防汛	提升至Ⅱ级	河南	
12	8 月 2 日 17 时至 8 月 5 日 9 时	防汛	Ⅳ级	河南	
13	8 月 4 日 20 时至 8 月 8 日 12 时	防汛防台风	Ⅳ级	广东、福建、浙江	防御第 9 号台风“卢碧”

表4-4-1（续）

序号	响应时间	响应类型	响应级别	响应范围	事件
14	8月21日12时	防汛	Ⅲ级	河北、山西、辽宁、江苏、安徽、山东、河南、湖北、重庆、四川、陕西、甘肃	应对西北地区降雨和汉江秋汛
15	8月24日17时	防汛	终止	河北、山西、辽宁、江苏、安徽、山东、河南、甘肃	
	8月27日8时	防汛	调整至Ⅳ级	四川、重庆、湖北、陕西	
	9月9日17时	防汛	终止	重庆、四川、陕西	
	9月13日12时	防汛	终止	湖北	
16	9月12日10时至9月16日18时	防汛防台风	Ⅲ级	上海、江苏、浙江、福建、广东	防御第14号台风“灿都”
17	9月26日12时	防汛	Ⅳ级	河北、山西、安徽、山东、河南、湖北、重庆、四川、陕西	应对四川、陕西、黄淮、江汉、江淮等地强降雨和黄河中下游洪水
18	10月7日12时	防汛	提升至Ⅲ级	山西、陕西、河南、山东	
	10月14日18时	防汛	终止	河北、安徽、湖北、重庆、四川	
	10月16日12时	防汛	终止	山西、陕西	
19	10月16日12时	防汛	调整至Ⅳ级	河南、山东	
	10月22日10时	防汛	终止	河南、山东	
20	10月7日12时至10月11日12时	防汛防台风	Ⅳ级	海南、广西、广东	防御第17号台风“狮子山”
21	10月12日12时至10月14日22时	防汛防台风	Ⅳ级	海南、广东、广西、福建、浙江	防御第18号台风“圆规”
22	12月17日20时至12月21日14时	防汛防台风	Ⅳ级	海南、广西、广东	防御第22号台风“雷伊”

（七）强化力量协同，紧急驰援河南抗灾

2021年7月17日至23日，河南省遭遇历史罕见特大暴雨洪涝灾害，应急管理部积极支援河南开展防洪排涝、抢险救援等工作。应急管理部先后启动3轮跨区域增援活动，紧急调集消防水域专业救援力量，抽调自然灾害工程应急救援中心（中国安能集团）、国家安全生产应急救援队伍和相关省份的专业抗洪抢险、救援排涝队伍，协调国家电网、三大通信运营商等中央企业派出4万余人，指导河南协调社会应急力量1.1万余人有序参与救援救灾（图4-4-1）。协调中国安能集团抽调420名专业抢险骨干和143台（套）龙吸水、动力舟桥等装备驰援，成功处置

图 4-4-1　河南郑州“7·20”特大暴雨灾害京广快速路隧道内涝排水

郑州郭家咀水库漫坝险情、封堵卫河鹤壁浚县段决口、营救转移被困群众等。在国务院新闻办公室举行新闻发布会，主动发布防汛救灾信息，及时回应社会各界对河南灾情的关切。

（八）强化抢险救援，全力保障生命安全

针对内蒙古永安、新发水库溃坝，国家防汛抗旱总指挥部连夜派出工作组赴现场指导抢险救援，督促当地政府及时组织转移危险区群众 4175 人，有效避免人员伤亡。针对湖北十堰鄂坪水电站、贵州遵义角木塘水电站等水库漫坝险情，国家防办密切关注，及时派出工作组指导，督促地方第一时间排除工程险情、转移危险区群众。针对 2021 年秋雨强、秋汛重的特殊情况，国家防办、应急管理部滚动组织会商研判，及时掌握山西汾河、乌马河、磁窑河和陕西北洛河决口等险情，督促指导群众转移避险，无因堤防决口造成的人员伤亡。

（九）强化灾害调查，深入开展总结评估

经党中央批准，国务院成立河南郑州“7·20”特大暴雨灾害调查组，由应急管理部牵头，会同水利部、交通运输部、住房和城乡建设部、自然资源部、公安部、国家发展改革委、工业和信息化部、国家卫生健康委、中国气象局、国家能源局等部门和河南省政府联合开展调查。分设综合协调、监测预报、应急处置、交通运输、城市内涝、山洪地质灾害 6 个专项工作组，分别由有关部委牵头，并邀请有关专家组成专家组全程参加。中央纪委国家监委相关部门指导开展相关工作。调查组本着对党和人民负责、对社会和历史负责的态度，充分考虑这场特大暴雨强度和范围突破当地历史记录、远超出城乡防洪排涝能力的实际，坚持依法依规、实事求是、科学严谨、全面客观的原则，通过现场勘查、调阅资料、走访座谈、受理信访举报、问询谈话、调查取证、分析计算、专家论证等方式，复盘灾害发生和应对过程。经过全面深入调查，查明了郑州市和有关区县（市）党委政府、部门（单位）履职情况及存在的问题，查明了社会广泛关注的重点事件和因灾死亡失踪人数迟报瞒报问题，并总结分析主要教训，提出了改进工作的措施建议。

（十）强化以防为主，主动防御台风灾害

国家防汛抗旱总指挥部密切关注台风生成发展动向，共启动调整防台风应急响应 7 次，指导各地加强防御，有效应对 10 个登陆和影响我国的台风。2021 年各地组织船只回港避风 28 万艘，转移人员 486. 8 万人，出动抢险救援人员 104. 6 万人，因台风灾害死亡人数创历史新低。

（十一）强化统筹协调，做好抗旱防凌工作

国家防办、应急管理部 2 月上旬发出通知安排部署抗旱工作，多次会同水利、农业农村、气象等相关部门联合会商，视频调度旱情严重省区，派出工作组赴云南、浙江等地指导，商财政部下拨中央自然灾害救灾资金 8000 万元支持旱区抗旱。针对黄河、黑龙江、嫩江、松花江等江河防凌工作，国家防办密切监视凌情变化，及时处置突发险情。针对 3 月下旬黑龙江省哈尔滨市方正县新兴大桥因冰凌撞击发生的倒塌，派出工作组赴现场指导凌汛灾害应对。派出 2 个工作组赴黄河内蒙古河段检查封开河防凌准备工作，督促指导地方进一步压实防凌责任，修订完善预案，落实物资队伍和巡查防守，确保防凌安全。

第五章 森林草原防灭火

一、基本情况

（一）森林火灾

2021年，全国共发生森林火灾616起（其中，一般森林火灾295起、较大森林火灾321起，未发生重大以上森林火灾），受害森林面积约4457公顷，因灾造成人员伤亡28人（其中，死亡16人）。与2020年相比，火灾起数、受害森林面积、伤亡人数分别下降46.6%、47.7%和31.7%。与前3年（2018—2020年）均值相比，火灾起数、受害森林面积、伤亡人数分别下降69.1%、65.1%和46.2%。与前5年（2016—2020年）均值相比，火灾起数、受害森林面积、伤亡人数分别下降72.6%、67.7%和41.2%。与前10年（2011—2020年）均值相比，火灾起数、受害森林面积、伤亡人数分别下降80.3%、71.4%和48.4%。与新中国成立以来（1950—2020年）均值相比，火灾起数、受害森林面积、伤亡人数分别下降94.6%、99.2%和94.1%。与1988年以来（1988—2020年）均值相比，火灾起数、受害森林面积、伤亡人数分别下降90.3%、93.1%和80.5%。

2021年，森林火灾发生率（起火灾/10万公顷森林）为0.28，森林火灾控制率（公顷受害森林面积/每起森林火灾）为7.24，森林火灾受害率（受害森林面积/森林总面积）为0.02‰（按全国森林面积22045万公顷计算）。

2021年全国森林火灾按月统计见表4-5-1，按地区统计见表4-5-2，火灾起数与历年火灾起数比较情况如图4-5-1所示，受害森林面积与历年受害森林面积比较情况如图4-5-2所示，伤亡人数与历年伤亡人数比较情况如图4-5-3所示。

表4-5-1 2021年全国森林火灾按月统计表

月份	森林火灾起数（起）					火场总面积（公顷）	受害森林面积（公顷）			损失林木		伤亡人数（人）			
	合计	一般火灾	较大火灾	重大火灾	特大火灾		合计	其中 公益林	其中 商品林	成林蓄积（立方米）	幼林株数（万株）	合计	轻伤	重伤	死亡
累计	616	295	321	0	0	14124.45	4456.62	2087.04	1965.59	154255.10	374274.44	28	4	8	16
1	179	76	103	0	0	2932.15	1202.81	473.93	725.35	26613.45	53.24	3	0	0	3
2	170	75	95	0	0	3050.46	1092.58	335.10	586.17	18321.01	871.89	3	2	1	0
3	73	36	37	0	0	2717.80	779.84	572.49	207.35	45862.96	37.95	13	2	5	6
4	84	39	45	0	0	3338.23	854.67	543.48	287.03	54943.83	329064.30	0	0	0	0
5	23	12	11	0	0	291.13	147.55	54.17	33.36	2285.33	1613.43	8	0	2	6

表 4-5-1（续）

月份	森林火灾起数（起）					火场总面积（公顷）	受害森林面积（公顷）			损失林木		伤亡人数（人）			
	合计	一般火灾	较大火灾	重大火灾	特大火灾		合计	其中		成林蓄积（立方米）	幼林株数（万株）	合计	轻伤	重伤	死亡
								公益林	商品林						
6	10	6	4	0	0	356.39	97.04	20.06	1.41	625.92	0.15	0	0	0	0
7	10	9	1	0	0	38.98	3.73	1.44	2.19	439.66	219.00	0	0	0	0
8	1	1	0	0	0	0.54	0	0	0	0	0	0	0	0	0
9	4	3	1	0	0	133.64	17.82	0	17.82	47.70	1.58	0	0	0	0
10	19	10	9	0	0	850.80	163.12	61.43	32.39	2976.10	28480.62	1	0	0	1
11	7	4	3	0	0	15.50	11.40	11.00	0.40	0	0.50	0	0	0	0
12	36	24	12	0	0	398.83	86.06	13.94	72.12	2139.14	13931.78	0	0	0	0

表 4-5-2　2021 年全国森林火灾按地区统计表

地区	森林火灾起数（起）					火场总面积（公顷）	受害森林面积（公顷）			损失林木		伤亡人数（人）			
	合计	一般火灾	较大火灾	重大火灾	特大火灾		合计	其中		成林蓄积（立方米）	幼林株数（万株）	合计	轻伤	重伤	死亡
								公益林	商品林						
累计	616	295	321	0	0	14124.45	4456.62	2087.04	1965.59	154255.10	374274.44	28	4	8	16
北京	0	0	0	0	0	0	0	0	0	0	0	0	0	0	0
天津	0	0	0	0	0	0	0	0	0	0	0	0	0	0	0
河北	5	4	1	0	0	289.84	24.31	23.71	0.60	1114.53	1608.22	0	0	0	0
山西	8	4	4	0	0	1219.15	244.21	0	0	0	0	0	0	0	0
内蒙古	15	7	8	0	0	108.10	57.98	43.48	14.50	21.36	28709.73	0	0	0	0
辽宁	13	9	4	0	0	137.90	38.84	19.50	19.34	587.80	0.13	0	0	0	0
吉林	11	10	1	0	0	18.10	5.67	4.01	1.66	164	0.01	0	0	0	0
黑龙江	3	3	0	0	0	0	1.00	0	0	0	0	0	0	0	0
江苏	2	2	0	0	0	1.00	0	0	0	0	0	0	0	0	0
浙江	21	8	13	0	0	197.77	87.57	25.27	62.30	2421.60	3.54	1	0	1	0
安徽	5	5	0	0	0	6.73	0.70	0.30	0.40	7.00	0.10	0	0	0	0
福建	44	15	29	0	0	515.62	306.61	100.01	206.60	6657.06	886.63	0	0	0	0
江西	50	19	31	0	0	676.50	303.23	53.24	249.99	5436.38	31.17	2	0	0	2
山东	2	2	0	0	0	4.63	0.89	0.89	0	56.50	0.02	0	0	0	0
河南	7	6	1	0	0	21.17	3.47	3.07	0.40	8.00	0.05	0	0	0	0

表 4-5-2（续）

地区	森林火灾起数（起）					火场总面积（公顷）	受害森林面积（公顷）			损失林木		伤亡人数（人）			
	合计	一般火灾	较大火灾	重大火灾	特大火灾		合计	其中 公益林	其中 商品林	成林蓄积（立方米）	幼林株数（万株）	合计	轻伤	重伤	死亡
湖北	30	20	10	0	0	177.85	76.44	37.33	39.11	4373.32	3.74	0	0	0	0
湖南	58	33	25	0	0	707.88	276.85	136.34	140.51	4846.16	14.91	2	0	0	2
广东	99	31	68	0	0	2337.21	1023.84	502.84	521.00	19277.32	4.86	1	1	0	0
广西	97	32	65	0	0	1181.35	494.97	58.26	436.71	17240.68	13941.02	0	0	0	0
海南	15	8	7	0	0	76.19	45.62	1.74	43.88	91.00	1.20	0	0	0	0
重庆	8	7	1	0	0	14.87	11.64	11.17	0.47	51.29	0.10	0	0	0	0
四川	22	13	9	0	0	1736.38	239.15	232.11	7.04	12087.83	329009.00	0	0	0	0
贵州	9	5	4	0	0	129.96	48.94	30.30	18.64	6551.55	3.60	0	0	0	0
云南	45	22	23	0	0	3027.50	835.59	654.95	180.64	73187.20	54.32	13	1	2	10
西藏	6	0	6	0	0	848.09	158.78	0	0	0	0	0	0	0	0
陕西	17	11	6	0	0	100.13	44.77	23.81	20.96	0	0.31	1	1	0	0
甘肃	11	7	4	0	0	76.90	22.75	22.45	0.30	0	1.48	0	0	0	0
青海	2	1	1	0	0	228.37	94.22	94.22	0	0	0.30	0	0	0	0
宁夏	6	6	0	0	0	284.83	8.43	7.93	0.50	37.12	0	8	1	5	2
新疆	1	1	0	0	0	0.28	0	0	0	8.70	0	0	0	0	0
新疆兵团	4	4	0	0	0	0.15	0.15	0.11	0.04	28.70	0	0	0	0	0

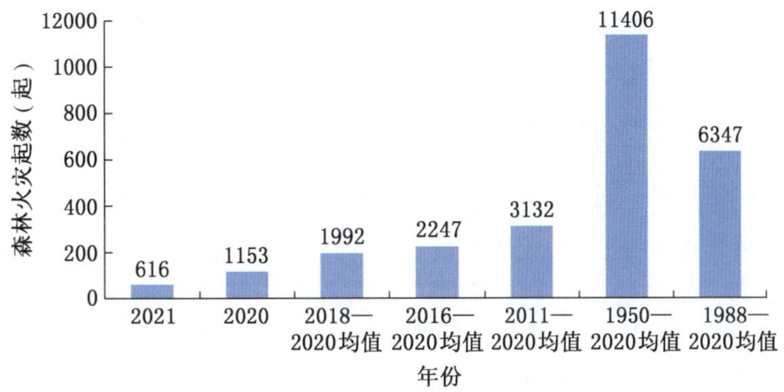

图 4-5-1　2021 年全国森林火灾起数与历年火灾起数比较情况

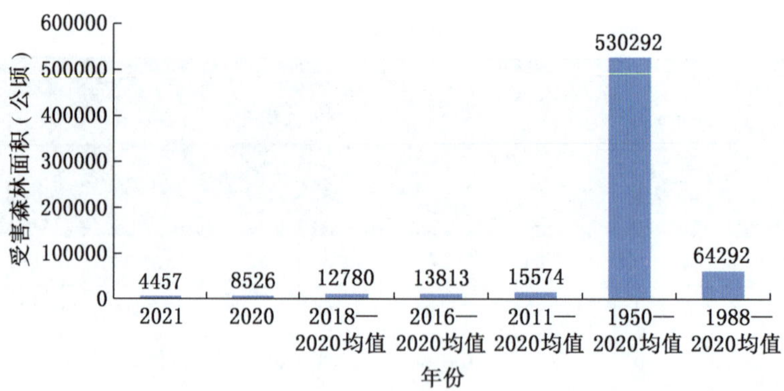

图 4-5-2　2021 年全国森林火灾受害森林面积与历年受害森林面积比较情况

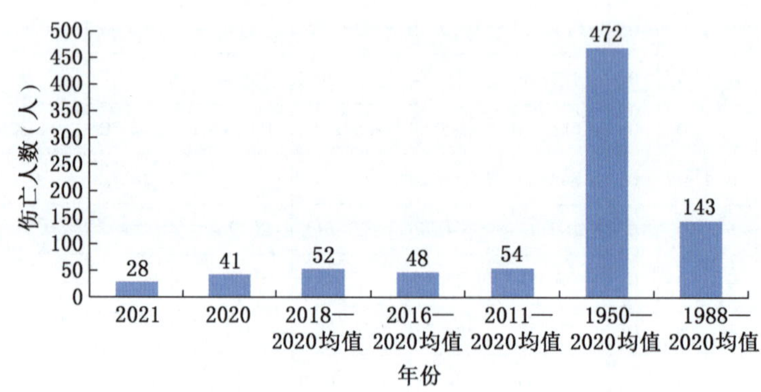

图 4-5-3　2021 年全国森林火灾伤亡人数与历年伤亡人数比较情况

2021 年，已查明起火原因的森林火灾 549 起，占比 89.1%；未查明起火原因的森林火灾 67 起，占比 10.9%。在已查明的起火原因中：农事用火 192 起，祭祀用火 100 起，野外吸烟 45 起，电线短路 26 起，炼山造林 20 起，施工作业、野外生活用火、外省市县烧入各 19 起，雷击引发 15 起，痴呆弄火 13 起，未成年人玩火、纵火各 11 起，境外烧入 2 起，烧隔离带 1 起，其他原因 56 起。

2021 年全国森林火灾起火原因占比如图 4-5-4 所示。

（二）草原火灾

2021 年，全国共发生草原火灾 23 起（未发生重大以上草原火灾），受害草原面积约 4199 公顷，无人员伤亡。与 2020 年相比，草原火灾起数上升 76.9%，受害草原面积下降 62.0%，伤亡人数持平。与前 3 年（2018—2020 年）均值相比，草原火灾起数、受害草原面积分别下降 28.9% 和 84.3%，伤亡人数持平。与前 5 年（2016—2020 年）均值相比，草原火灾起数、受害草原面积分别下降 45.5% 和 82.5%，伤亡人数持平。与前 10 年（2011—2020 年）均值相比，草原火灾起数、受害草原面积、伤亡人数分别下降 68.9%、90.8% 和 100.0%。

2021 年全国草原火灾按地区统计见

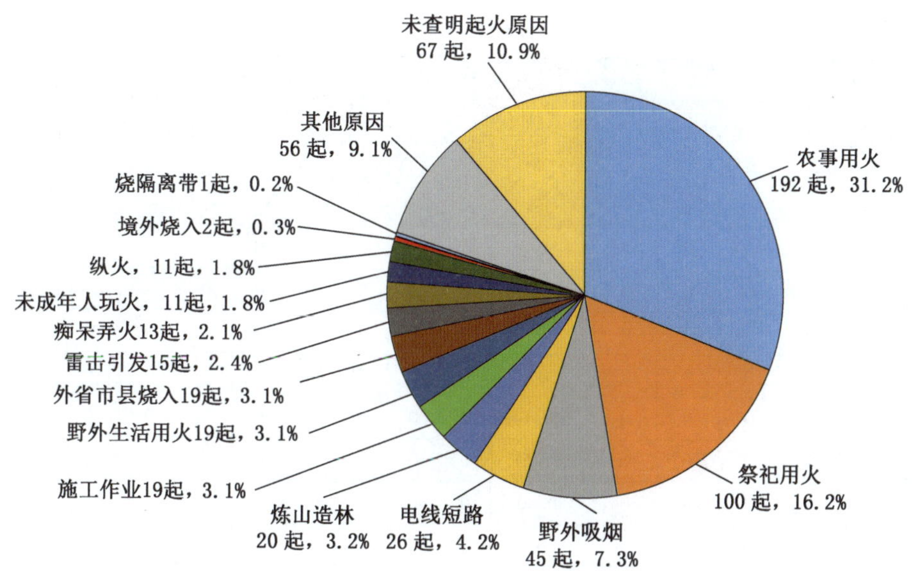

图 4-5-4 2021 年全国森林火灾起火原因占比

表 4-5-3，火灾起数与历年火灾起数比较情况如图 4-5-5 所示，受害草原面积与历年受害草原面积比较情况如图 4-5-6 所示，伤亡人数与历年伤亡人数比较情况如图 4-5-7 所示。

2021 年，电线短路引发的草原火灾 5 起，占比 21.7%；机械作业失火引发的草原火灾 3 起，占比 13.0%；上坟烧纸、野外作业失火引发的草原火灾各 2 起，分别占比 8.7%；烧荒、机动车跑火和放鞭炮引发的草原火灾各 1 起，分别占比 4.3%；未查明和其他原因引发的草原火灾 8 起，占比 34.8%。

2021 年全国草原火灾起火原因占比如图 4-5-8 所示。

表 4-5-3 2021 年全国草原火灾按地区统计表

地区	草原火灾起数（起）					受害草原面积（公顷）	伤亡人数（人）						经济损失估算（万元）			
	合计	一般火灾	较大火灾	重大火灾	特大火灾		合计		火灾造成		扑火造成		合计	直接经济损失	间接经济损失	其他
							受伤	死亡	受伤	死亡	受伤	死亡				
累计	23	22	1	0	0	4198.78	0	0	0	0	0	0	166.40	152.34	13.56	0.50
河北	0	0	0	0	0	0	0	0	0	0	0	0	0	0	0	0
山西	0	0	0	0	0	0	0	0	0	0	0	0	0	0	0	0
内蒙古	10	9	1	0	0	3246.70	0	0	0	0	0	0	58.60	54.25	4.35	0
辽宁	0	0	0	0	0	0	0	0	0	0	0	0	0	0	0	0
吉林	0	0	0	0	0	0	0	0	0	0	0	0	0	0	0	0
黑龙江	0	0	0	0	0	0	0	0	0	0	0	0	0	0	0	0

表 4-5-3（续）

地区	草原火灾起数（起）					受害草原面积（公顷）	伤亡人数（人）						经济损失估算（万元）			
	合计	一般火灾	较大火灾	重大火灾	特大火灾		合计		火灾造成		扑火造成		合计	直接经济损失	间接经济损失	其他
							受伤	死亡	受伤	死亡	受伤	死亡				
山东	0	0	0	0	0	0	0	0	0	0	0	0	0	0	0	0
四川	1	1	0	0	0	6.13	0	0	0	0	0	0	4.42	4.42	0	0
西藏	0	0	0	0	0	0	0	0	0	0	0	0	0	0	0	0
陕西	0	0	0	0	0	0	0	0	0	0	0	0	0	0	0	0
甘肃	3	3	0	0	0	640.14	0	0	0	0	0	0	0	0	0	0
青海	7	7	0	0	0	285.51	0	0	0	0	0	0	95.90	86.19	9.21	0.50
宁夏	2	2	0	0	0	20.30	0	0	0	0	0	0	7.48	7.48	0	0
新疆	0	0	0	0	0	0	0	0	0	0	0	0	0	0	0	0
新疆兵团	0	0	0	0	0	0	0	0	0	0	0	0	0	0	0	0

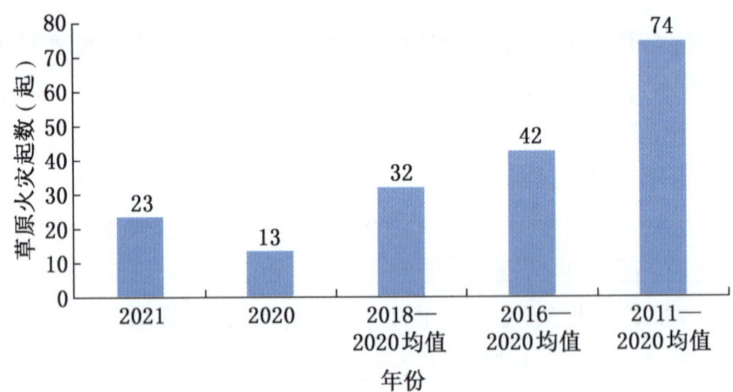

图 4-5-5　2021 年全国草原火灾起数与历年火灾起数比较情况

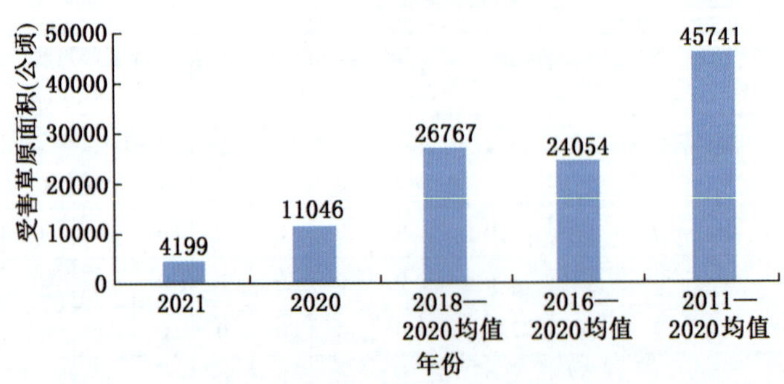

图 4-5-6　2021 年全国草原火灾受害草原面积与历年受害草原面积比较情况

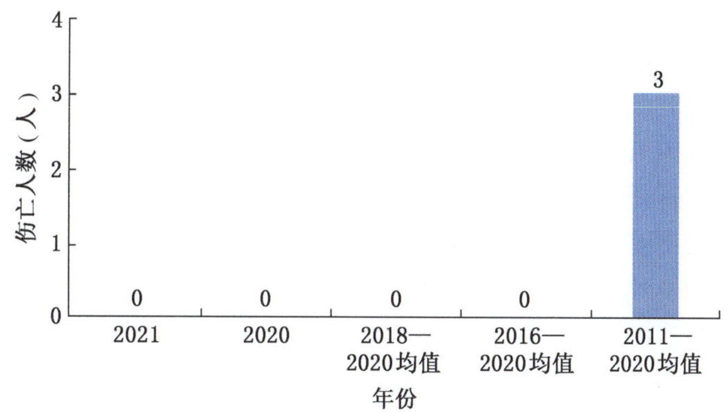

图 4-5-7 2021 年全国草原火灾伤亡人数与历年伤亡人数比较情况

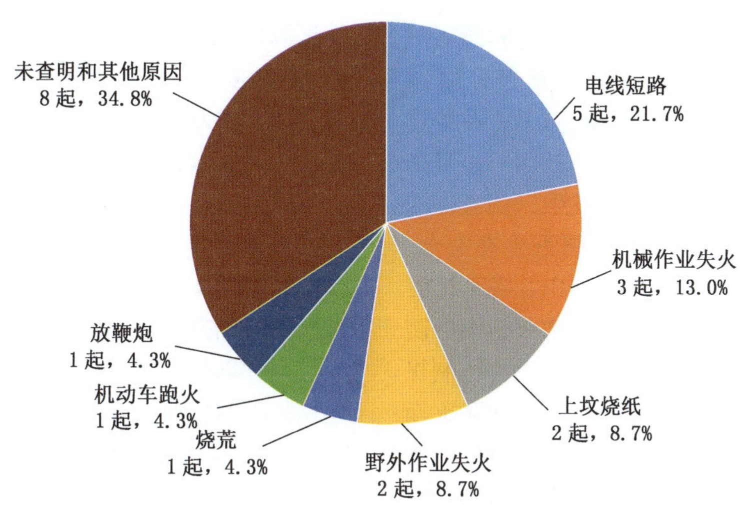

图 4-5-8 2021 年全国草原火灾起火原因占比

二、防灭火工作

（一）召开全国森林草原防灭火工作电视电话会议

2021 年 3 月 18 日，国务委员、国家森林草原防灭火指挥部总指挥王勇出席全国森林草原防灭火工作电视电话会议并讲话。王勇强调，要深入贯彻习近平总书记关于加强防灾减灾和森林草原防灭火工作的一系列重要指示精神，落实李克强总理批示要求，坚持人民至上、生命至上，扎实做好森林草原防灭火各项工作，严防重特大火灾和人员伤亡事故发生，为庆祝建党 100 周年和经济社会发展营造安全稳定环境。王勇指出，当前森林草原防火形势仍很严峻，各地各有关部门和单位要认真贯彻党中央、国务院决策部署，按照党政同责、一岗双责、齐抓共管、失职追责的要求，扣紧责任链条，强化督导检查，狠抓举措落地。突出抓好源头管控，推进野外火源和违法用火专项治理，彻查整改火灾隐患，强化网格化管理和群防群控。严格应急值守，完善应急预案，加强监测预警和应急力量准备，及时科学处置突发火情，做到打早打小打了，避免小火酿成大灾。系统谋划“十四五”时期森林草原防灭火工作，持续理顺体制机制，全面提升基层基础能力，加快推进森林草原防灭火治理体系和治理能力现代化。

2021 年 9 月 24 日，国务委员、国家森林草原防灭火指挥部总指挥王勇出席全国秋冬季森林草原防灭火工作电视电话会议并讲话。王勇强调，要深入贯彻习近平总书记关于加强森林草原防灭火和防灾减灾工作的一系列重要指示精神，落实李克强总理重要批示要求，层层压实责任，强化源头管控，严密防范应对，坚决遏制重特大森林草原火灾发生，切实保障人民群众生命财产安全和国家生态安全。王勇指出，防火责任重于泰山，各地区各有关方面要认真贯彻落实党中央、国务院决策部署，进一步完善防灭火工作体制机制，持续强化责任措施落实，加强防灭衔接配合，巩固推广四川等地森林草原防灭火专项整治成效做法，不断健全大预防、大监管、大宣传、大保障防灭火防控体系。要紧盯冬奥会赛区等重点区域和重大活动、节日假期等敏感时段，狠抓风险隐患排查整治，加强精准监测预警，坚持人防物防技防相结合，优化应急预案，科学高效处置突发火险火情，确保群众和扑火人员安全。要加快补齐装备物资设施短板，加强“十四五”时期综合救援和应急处置能力建设，坚决守住不发生重特大森林草原火灾底线。

（二）统筹谋划协调，完善制度机制

积极推进《森林草原防灭火条例》修订，推进《全国森林防火规划（2016—2025 年）》中期评估及《全国草原防灭火规划（2021—2025 年）》编制工作。会同财政部、国家林草局制定《中央补助地方森林草原航空消防租机经费管理暂行规定》，加强经费保障，规范经费使用管理。协调中央编办、公安部、国家林草局等有关部门共同推动各地完善体制机制，全国 100% 省级、95% 市级、87% 县级森林草原防灭火指挥机构实现了“上下基本对应”。

（三）突出源头管控，加强指导督导

联合公安部、国家林草局组织开展野外火源治理和查处违规用火行为专项行动，整治火灾隐患 13.6 万余项，查处违规用火 4.5 万余起，行政处罚近万人，各类人为火灾大幅下降。针对旅游景区火灾防控难题，联合国家林草局、公安部、文化和旅游部作为重要板块研究，指导各地深入贯彻落实习近平总书记视察塞罕坝机械林场时的重要指示精神，并印发文件作出针对性安排部署。推动国家电网、南方电网持续深入开展输配电设施火灾隐患排查整治三年行动，2021 年电线短路引发的森林草原火灾比前 5 年均值下降 38%。组织开展重要时段、重点区域督查检查，特别是建党百年大庆、全国两会等重大活动期间，深入开展大排查大整治；采取下发督办警示函、专项督办、现地指导等多种方式，对重点地区进行“靶向治疗”。国务院督导四川省森林草原防灭火专项整治工作取得显著成效，四川省森林草原火灾多发频发、扑火伤亡屡发的被动局面明显改变。

（四）强化监测预警，及时会商研判

在中长期会商研判的基础上，联合气象、林草、公安等相关部门加强精准研判，形成“日、周、月、季”常规研判，重点时段、重大活动专题研判，极端情况滚动研判的多维会商研判机制，强化滚动研判、短临预报和预警速报，同时加强卫星遥感、航空巡护、视频监控、地面巡查和舆情监测“五位一体”的立体监测。紧盯极端天气和重点地区、重要时段，全年组织15次全国火险形势会商，共发布森林火险预报信息429期、高森林火险天气预报165期、火灾火险服务专报136期，卫星监测热点3300余个。

（五）做足应急准备，科学应对处置

在国家预案颁布的基础上，组织制定15个重点省份及冬奥会赛区、建党百年大庆安保等系列专项预案；组织全国省级森林草原火灾应急预案对接会审，25个省份和新疆生产建设兵团已经印发实施，6个省份积极推进报批工作。聚焦防范应对重特大森林草原火灾，推动扑救力量、装备物资和组织指挥“三靠前”，充分做好打硬仗、打大仗准备；突出北京冬奥会赛区、东北内蒙古重点国有林区、国家公园、风景名胜区、自然保护区和重要军事设施以及加油站、液化气站、输油（气）管线等重点方向和重要目标，严密布设、重点防范。盯紧每次灭火行动，先后指挥调度处置276起森林草原火灾，启动应急响应6次，第一时间派出工作组深入一线协调指挥，成功处置四川冕宁，云南丽江、迪庆，西藏林芝等森林火灾。

（六）强化基础建设，提高扑救能力

指导各地推进防火道、隔离带、蓄水池、机降点、应急通信网等基础设施和航空消防力量建设，2021年，中央投资24亿元建设森林草原防灭火基建项目167个。依托科研院所、支撑单位和专家团队，组织开展“雷击火监测防治”“悬崖火处置”“特殊战法研讨”等专题研究，强化特殊林火扑救作战手段，优化空天一体、地空配合、以水灭火等战术，深化特种战法研究运用，推进科技创新和新特装备研发，推动工作模式向信息主导、多维并举转变。

（七）坚持“两个至上”，守牢安全底线

在全国范围组织开展“扑火安全警示教育整治周”活动，着力解决领导干部思想认识不到位、指挥机构不健全、安全责任不落实等问题。在全国范围开展防火宣传“五进入”，拍摄6期科普短视频，协调中国移动、中国联通、中国电信三大运营商在重点时期发送公益短信，加强防灭火安全宣传。会同森林消防局、中国消防救援学院组织13个“教官团”先后深入28省（区、市）、137市（区、县）重点防火区，围绕现场指挥机制、组织指挥和扑火安全等重点问题覆盖式送教到基层，现地培训各级指挥员和扑火队员6.2万余人；举办7期“森林草原防灭火大讲堂”，重点围绕林火发生特点规律、气象条件分析、火灾早期处置、防控措施等关键环节和国外重特大森林火灾发生情况等进行系统授课辅导，累计培训23万余人。深入总结分析典型案例，在扑火安全“十个必须”的基础上，提出扑火指挥“十个严禁”，指导各地深化落实；印发全面加强飞行安全工作文件，持续改进提升航空消防安全管理水平。

三、森林消防重点工作

（一）全力防范化解重大安全风险

突出重点时段、重点部位，在全国两会、庆祝建党100周年等重点时段，到9个省份和冬奥赛区等地开展防火督查，派出1933人、组成320个联合工作组参与全国25个省份防火督查检查，协调在中蒙、中俄边境等55个重点地段开展可燃物清理专项行动，最大限度降低火灾风险。突出巨灾风险防范，定期研判全国森林草原火险形势，结合复盘 1987 年“5·6”大兴安岭特大森林火灾分析研判我国特大森林火灾风险和处置能力，组织开展专题部署，充分做好应对极端情况的各项准备。

（二）科学指挥指导救援行动

坚持人民至上、生命至上，牢固树立科学、安全救援理念，实施全程指挥，出动 11.9 万余人次，遂行 204 起森林草原火灾、327 起综合救援任务。各级主官靠前指挥，广大消防员英勇奋战，圆满完成四川冕宁、云南玉龙、西藏察隅等森林火灾扑救等急难险重任务（图 4-5-9）。

（三）积极探索创新力量运用模式

春节、清明、“五一”、国庆等节假日，出动 20 万余人次在 19 个省份、1734 个重点火险区开展防火专项行动，创新巡护模式，营造宣传声势，构建大联防格局。科学研判全国各地区、各时段、各类灾害风险和力量需求，组织 10 个单位 3216 名消防员、4 架直升机到 6 个省份 13 个驻防点实施森林草原防灭火跨省机动驻防，初步探索了季节性轮换、基地化驻防、区域性协同的新路子。深度参与国家森林草原防灭火指挥部《国家森林消防队伍与地方专业扑火队伍联训联防联战工作指导意见》制定工作，遴选优秀指挥员组成“教官团”，累计培训地方队伍 1651 支、97857 人。

图 4-5-9　扑救森林火灾

第六章 救灾和物资保障

一、灾情管理

（一）规范灾情统计上报工作

密切关注雨情、汛情、震情和灾情，指导各地落实新版《自然灾害情况统计调查制度》《特别重大自然灾害损失统计调查制度》，做好2021版“国家自然灾害灾情管理系统”上线使用。深刻吸取河南郑州“7·20”特大暴雨灾害教训，进一步规范因灾死亡失踪人员信息报送，强化信息迟报瞒报问题整治。全年各地县级以上应急管理部门累计上报灾情信息13.4万条，较近10年均值增长78%。建立冬奥赛区、雄安新区等重点地区信息直报联系机制，健全每条灾情必审必核、重大灾情多级审核机制，落实因灾死亡失踪人员每事必报，抓好重大自然灾害损失台账全覆盖和灾情管理四项机制逐级建立工作。

（二）科学有序组织开展灾情核查评估

针对云南漾濞6.4级地震、青海玛多7.4级地震、四川泸县6.0级地震以及山西、陕西等地严重暴雨洪涝灾害开展，灾情核查评估。贯彻落实党中央、国务院重大决策部署，针对7月中下旬河南特大暴雨洪涝灾害，组织开展灾害损失综合评估和灾害范围评估，会同国家发展改革委、财政部、水利部将评估报告报国务院同意，作为指导河南省编制灾后恢复重建规划的重要依据。

（三）强化全国灾害信息员队伍建设

在已实现每个城乡社区有1名灾害信息员基础上，推进重点地区灾害信息员A、B角配备，全国灾害信息员已达99.6万人。组织开展各层级灾害信息员业务培训，全年共培训87.6万人次。积极协调中国移动、中国联通、中国电信三大通信运营商，为全国灾害信息员提供优惠通信套餐。编制全国灾害信息员系列培训教材，免费向多灾易灾地区市县和乡村发放，推动提升灾害信息员队伍专业化水平。

（四）健全灾情会商核定机制

常态化开展月度、季度、年度灾情会商分析，并与国家发展改革委、财政部、水利部、农业农村部等建立多灾种专题会商机制，健全完善灾情信息协调联动机制，做到发生重特大灾害第一时间通报灾情信息，为应急响应、测算下拨资金、灾后恢复重建规划等提供重要依据。

二、物资保障

（一）加强应急物资保障顶层设计

积极推进《应急物资保障“十四五”规划》编制，配合修订《中央抢险应急救灾物资储备管理办法》。结合冬春救助工作，研究建立中央救灾物资低成本高效能轮换机制，提升储备整体效能。配合国家发展改革委起草《关于健全防汛救灾应急物资保障体系的实施方案》，配合相关部门办理《“十四五”时期国家储备总体发展规划》《关于改革完善体制机制　加强战略和应急物资储备安全管理的若干意见》等一系列重要文件。

（二）提升救灾物资保障能力和水平

商国家粮食和物资储备局在江苏省新设中央救灾物资储备库，实现了全国 31 个省份中央救灾物资储备库全覆盖，并重点向灾害事故风险等级高和交通不便地方布局。启动 2021 年度常规中央救灾物资采购项目，提升应急物资保障能力水平。与新兴际华集团探索建立救灾物资应急合作机制、政企日常联络机制并开展产能储备试点，落实产能储备和企业商业储备方式。在全国基础版家庭应急物资储备建议清单基础上，指导各地结合实际扩充完善，河北、北京、上海、江苏、江西、山东、湖北、重庆、新疆等省（区、市）及广州、深圳、武汉、厦门、沈阳、西安等城市相继发布了“家庭应急物资储备建议清单”。

（三）推进应急物资信息化、标准化建设

加快推进平台二期工程建设，优化完善应急资源管理平台功能，完善相关数据，指导地方推广使用，提升救灾物资保障信息化水平。研究设计灾害应急救援救助平台。根据不同气候、不同灾种和地区对救灾物资品种标准差异化需求，编制救灾物资标准修订清单，棉被、毛毯、毛巾被、大衣和防寒服等 5 种救灾物资的应急行业标准提交审核。

（四）高效及时调拨物资，支持地方做好应急救灾和冬春救助工作

强化救灾物资需求研判，重点关注受灾地区物资需求并主动对接。针对河北新冠肺炎疫情防控、云南漾濞 6.4 级地震、青海玛多 7.4 级地震、河南特大暴雨洪涝灾害和四川泸县 6.0 级地震等突发事件，紧急调拨 6 批次共计 43.92 万件（价值约 7000 万元）中央救灾物资，有力支持地方疫情防控和应急救灾工作。在寒潮来临前，向山西、陕西、黑龙江、西藏、新疆等 13 个省份调拨 23.79 万件（价值约 2100 万元）棉大衣和棉被等中央救灾物资，全力支持受灾群众冬春救助工作。2021 年，累计组织调拨 67.7 万件中央救灾物资，包括 1.3 万顶帐篷、14.3 万件棉大衣、14 万床棉被、8 万床夏凉被、9 万床毛毯、7 万床毛巾被、10 万张折叠床、4 万套折叠桌凳、200 个简易厕所、1000 个炉子等中央救灾物资。

2021 年中央救灾物资调拨情况见表 4-6-1。

表 4-6-1　2021 年中央救灾物资调拨情况表

序号	灾情/疫情	调拨时间	调拨物资情况
1	河北新冠肺炎疫情防控	1 月 8 日	向河北紧急组织调拨中央救灾物资 3000 顶帐篷
2	云南漾濞 6.4 级地震	5 月 22 日	向云南地震灾区紧急组织调拨 5000 顶帐篷、2 万床毛毯、1 万张折叠床等中央救灾物资
3	青海玛多 7.4 级地震	5 月 26 日	向青海地震灾区紧急组织调拨 3000 顶帐篷、1 万件棉大衣、5000 床棉被、1 万张折叠床、200 个简易厕所、1000 个炉子等中央救灾物资
4	河南特大暴雨洪涝灾害	7 月 23 日	向河南暴雨洪涝灾区紧急组织调拨 2 万床夏凉被、2 万床毛毯、2 万床毛巾被、2 万张折叠床、1 万套折叠桌凳等中央救灾物资

表 4-6-1（续）

序号	灾情/疫情	调拨时间	调拨物资情况
5	河南特大暴雨洪涝灾害	7 月 25 日	向河南暴雨洪涝灾区紧急组织调拨 2 万件棉大衣、1 万床棉被、5 万床夏凉被、5 万床毛毯、5 万床毛巾被、5 万张折叠床、3 万套折叠桌凳等中央救灾物资
6	四川泸县 6.0 级地震	9 月 16 日	向四川地震灾区紧急组织调拨 2000 顶帐篷、1 万床夏凉被、1 万张折叠床等中央救灾物资
7	受灾群众冬春救助温暖过冬	11 月 3 日	向有关省份调拨 113177 件棉大衣、124651 床棉被等中央救灾物资

（五）着力提升救灾捐赠工作水平

结合新形势下救灾捐赠工作发展需要，会同民政部组织修订《救灾捐赠管理办法》。及时印发《关于进一步做好救灾捐赠管理工作的通知》，指导河南省规范有序组织好救灾捐赠工作。立足应对大震，组织东部、西部、中部部分重点地区开展全国性救灾捐赠协同演练，指导地方进一步理顺救灾捐赠程序机制，提升救灾捐赠管理水平。优化完善救灾捐赠管理平台，推动实现救灾捐赠工作全过程信息化管理。

三、灾害救助

（一）高效有序开展灾害救助

针对河南、山西、陕西等地严重洪涝灾害和云南、青海、四川等多起地震灾害，按照相关预案和方案要求，启动国家救灾应急响应 15 次（表 4-6-2），协调派出 20 余个救灾工作组紧急赶赴灾区，实地查看灾情，指导协助地方做好救灾救助工作。商财政部及时安排下拨应急期中央自然灾害救灾资金（生活救助方向）45 亿元，支持地方做好受灾群众紧急转移安置、过渡期生活救助、倒损民房恢复重建等工作，有效保障受灾群众的基本生活。

有关重大灾害中央自然灾害救灾资金下拨情况如下：

【7 月中下旬河南特大暴雨洪涝灾害】 2021 年 7 月 21 日，财政部、应急管理部紧急向河南省预拨中央自然灾害救灾资金 6000 万元，支持开展抗洪抢险救援工作。7 月 26 日，财政部动支中央预备费，拨付河南省财力补助资金 30 亿元，支持灾后恢复重建。7 月 30 日，财政部、应急管理部向河南省预拨中央自然灾害救灾资金 10 亿元，支持做好防汛救灾工作。11 月 9 日，财政部、应急管理部向河南、山西、陕西、甘肃 4 省下拨中央自然灾害救灾资金 30.69 亿元，其中河南 14.4962 亿元，用于支持防汛救灾和因灾倒损民房恢复重建等救灾工作。

【黄河中下游严重秋汛】 2021 年 10 月 11 日，财政部、应急管理部向山西、陕西两省紧急预拨中央自然灾害救灾资金 8000 万元，支持开展防汛救灾工作。11 月 9 日，财政部、应急管理部向山西省下拨中央自然灾害救灾资金 4.625 亿元（含 7 月中下旬洪涝救灾资金），向陕西省下拨 3.4566 亿元（含 8 月中下旬洪涝救灾资金），用于支持防汛救灾和因灾倒损民房恢复重建等救灾工作。

【8 月上中旬湖北暴雨洪涝灾害】 2021 年 8 月 13 日，财政部、应急管理部

表4-6-2　2021年国家救灾应急响应启动表

序号	响应编号	启动响应时间	工作组出发时间	受灾省份及地市	灾种	响应级别
1	Ⅳ级1号	5月21日	5月22日	云南大理、临沧等地	地震	Ⅳ级
2	Ⅳ级2号	5月22日	5月22日	青海果洛、玉树等	地震	Ⅳ级
3	Ⅳ级3号	7月11日	7月12日	四川巴中、达州、南充、广元、阿坝等地	洪涝	Ⅳ级
4	Ⅳ级4号	7月20日	7月21日	河南郑州、新乡、鹤壁、驻马店等地	洪涝	Ⅳ级
5	Ⅲ级1号	7月23日	7月24日	河南郑州、新乡、鹤壁、驻马店等地	洪涝	Ⅲ级
6	Ⅳ级5号	7月25日	7月26日	浙江宁波、舟山等地	台风	Ⅳ级
7	Ⅳ级6号	7月26日	7月26日	山西忻州、临汾、晋城等地	洪涝	Ⅳ级
8	Ⅱ级1号	7月29日	7月30日	河南郑州、新乡、鹤壁、驻马店等地	洪涝	Ⅱ级
9	Ⅳ级7号	7月30日	7月30日	河北邢台、邯郸、石家庄、张家口等地	洪涝	Ⅳ级
10	Ⅳ级8号	8月12日	8月13日	湖北武汉、黄石、宜昌等地	洪涝	Ⅳ级
11	Ⅳ级9号	8月23日	8月24日	陕西西安、安康、商洛、汉中等地	洪涝	Ⅳ级
12	Ⅳ级10号	9月16日	9月16日	四川泸州、自贡、内江等地	地震	Ⅳ级
13	Ⅳ级11号	10月9日	10月9日	山西临汾、晋中、吕梁、阳泉、运城等地	洪涝	Ⅳ级
14	Ⅳ级12号	10月9日	10月9日	陕西延安、宝鸡、西安、渭南等地	洪涝	Ⅳ级
15	Ⅳ级13号	10月22日	疫情原因未派出工作组	甘肃庆阳、平凉、天水、陇南等地	洪涝	Ⅳ级

向湖北省紧急预拨中央自然灾害救灾资金3000万元，支持湖北开展防汛救灾工作，主要用于暴雨洪涝灾区受灾群众紧急转移安置和基本生活救助等。11月1日，财政部、应急管理部向湖北省核拨中央自然灾害救灾资金（生活救助方向）4600万元，支持做好受灾群众安置救助和倒损民房恢复重建等救灾工作。

【云南漾濞6.4级地震】2021年5月22日，财政部、应急管理部向云南省紧急预拨中央自然灾害救灾资金1000万元，支持开展抗震救灾工作。11月1日，财政部、应急管理部向云南省核拨中央自然灾害救灾资金（生活救助方向）1.7968亿元，支持做好受灾群众安置救助和倒损民房恢复重建等救灾工作。

【2021年第6号台风“烟花”】2021年11月1日，财政部、应急管理部向浙江省下拨中央自然灾害救灾资金（生活救助方向）1.4亿元，支持帮助台风受灾地区做好受灾群众生活救助和因灾倒损民房恢复重建等救灾工作。

【青海玛多7.4级地震】2021年5月22日，财政部、应急管理部向青海省紧急预拨中央自然灾害救灾资金1000万元，支持开展抗震救灾工作。11月1日，财政部、应急管理部向青海省核拨中央自然灾害救灾资金（生活救助方向）1.4861

亿元，支持做好地震受灾群众安置救助和倒损民房恢复重建等救灾工作。

（二）扎实做好全国受灾群众冬春救助工作

2021 年 9 月 27 日，应急管理部会同财政部联合印发通知，提前安排部署受灾群众冬春救助工作。据各地统计上报，全国 2021—2022 年冬春期间因灾生活困难需救助 4100 余万人。在大范围寒潮降温来临之前，11 月 3 日，应急管理部会同国家粮食和物资储备局向山西、陕西、黑龙江等 13 个省份调拨棉大衣和棉被等中央救灾物资 23.79 万件（图 4-6-1）。11 月 29 日，应急管理部会同财政部下拨 2021—2022 年度中央冬春救灾资金 51.98 亿元，用于支持受灾群众今冬明春基本生活保障。12 月 1 日，应急管理部、财政部联合召开全国受灾群众冬春救助工作视频会议，进一步安排部署冬春救助工作，要求各地切实加强组织领导，加大款物投入力度，严格救助程序标准，强化资金跟踪问效，做好部门协同联动，确保中央冬春救灾资金和物资及时发放到受灾群众手中。认真贯彻落实国务院常务会议部署要求，切实加大对河南、山西、陕西等洪涝重灾省份、内蒙古和东北三省低温雨雪冰冻受灾省份以及“三区三州”等原深度贫困地区的倾斜支持力度。

（三）全力推进因灾倒损民房恢复重建

加大对重灾省份倒损民房恢复重建倾斜支持力度，中央财政对河南省暴雨洪涝灾害倒塌和严重损坏民房在现行每户 2 万元补助标准基础上，每户再增补 5000 元。针对 2021 年北方省份灾情较重、倒损房屋数量偏多的实际，完善工作调度机制，动态跟进各地工作进展，确保如期完成倒损民房恢复重建任务。截至 2021 年底，2020 年度因灾倒损民房恢复重建已基本完成，2021 年倒损民房恢复重建工作进展顺利（图 4-6-2）。

图 4-6-1 调拨运送冬春救灾物资

图4-6-2　灾后重建新村

第七章　2021年全国典型自然灾害

一、7月中下旬河南特大暴雨灾害

7月17日至23日，河南省遭遇历史罕见特大暴雨，全省平均过程降雨量223毫米，有285个站超过500毫米；有20个国家级气象站日降水量突破建站以来历史极值，其中，郑州、新密、嵩山站均超其历史日极值1倍以上，郑州气象观测站最大小时降雨量（20日16时至17时，201.9毫米）突破我国大陆有记录以来小时降雨量历史极值。多条河流发生超警以上洪水，郑州、新乡、鹤壁等多地遭受特大暴雨洪涝灾害，受灾范围广、灾害损失重、社会关注度高。灾害造成全省16市150个县（市、区）1478.6万人受灾，因灾死亡失踪398人，紧急转移安置149万人；倒塌房屋3.9万间，严重损坏17.1万间，一般损坏61.6万间；农作物受灾面积873.5千公顷；直接经济损失1200.6亿元。

二、黄河中下游严重秋汛

2021年入秋后，冷暖空气在黄河中游持续猛烈交汇，带来连续降雨，黄河流域9月平均降水量179毫米，为1961年以来历史同期最多，造成黄河中下游发生1949年以来最大秋汛，中游干流9天时间连续发生3次编号洪水，支流洛河、汾河水位或流量超历史实测记录，黄河中下游河道高水位、大流量行洪持续一个月，山西、陕西、河南、山东等省局地洪涝灾害严重，造成4省32市232个县（市、区）666.8万人受灾，因灾死亡失踪41人，紧急转移安置46.7万人；倒塌房屋4.6万间，不同程度损坏17.5万间；农作物受灾面积498.6千公顷；直接经济损失153.4亿元。

三、7月中下旬山西暴雨洪涝灾害

7月10日至23日，山西省先后出现10日至11日、18日至23日两轮强降雨天气过程，间隔时间短、累计雨量大，引发严重洪涝灾害，造成晋城、忻州、长治等10市47个县（市、区）61.2万人受灾，因灾死亡失踪35人，紧急转移安置7.4万人；倒塌房屋2.1万间，不同程度损坏5.7万间；农作物受灾面积51千公顷；直接经济损失82.8亿元。

四、8月上中旬湖北暴雨洪涝灾害

8月8日至15日，湖北省部分地区出现强降雨，其中，11日至12日湖北襄阳和随州出现大到暴雨，局地特大暴雨，最大日雨量为随县柳林519毫米，引发严重洪涝灾害，造成随州、襄阳、孝感、黄冈等11市（州）58个县（市、区）和神农架林区158万人受灾，因灾死亡28人，紧急转移安置5.7万人；倒塌房屋1100余间，不同程度损坏1.7万间；农作物受灾面积126.5千公顷；直接经济损失31.2亿元。

五、4月30日江苏南通等地风雹灾害

4月30日，江苏沿江及以北大部地

区遭受大风、冰雹等强对流天气袭击，南通沿海局地风力达 13~15 级，最大风速达 47.9 米/秒（15 级），多地大风观测突破建站以来历史极值，引发严重风雹灾害，造成南通、泰州、淮安等 8 市 36 个县（市、区）2.7 万人受灾，因灾死亡失踪 28 人，紧急转移安置 3100 余人；倒塌房屋 397 间，不同程度损坏 1.3 万间；农作物受灾面积 11 千公顷；直接经济损失 1.6 亿元。

六、8 月中下旬陕西暴雨洪涝灾害

8 月 19 日至 25 日，陕西省部分地区出现强降雨过程，其中，陕南地区暴雨持续时间长、影响范围广、累计雨量大、局地降水强度强，引发严重洪涝灾害，造成西安、汉中、安康、商洛等 9 市 49 个县（市、区）107.2 万人受灾，因灾死亡失踪 21 人，紧急转移安置 9.9 万人；倒塌房屋 2700 余间，不同程度损坏 2.4 万间；农作物受灾面积 26.6 千公顷；直接经济损失 91.8 亿元。

七、11 月上旬东北华北局地雪灾

11 月 4 日至 9 日，我国大部地区出现寒潮天气过程，降温幅度大、雨雪范围广、极端性强，综合强度指数为 1961 年以来第四强，降温幅度超过 16 ℃的国土面积达 101 万平方公里，华北、东北等地普降暴雪或大暴雪，局地出现特大暴雪，东北三省和内蒙古局地雪情较重。低温冷冻和雪灾造成内蒙古、辽宁、吉林、黑龙江等 9 省（区、市）35.1 万人受灾，因灾死亡 7 人（建筑物、树木倒压所致）；农作物受灾面积 19.3 千公顷；大量农业大棚、牲畜棚舍、简易工业厂房倒损；直接经济损失 69.4 亿元。

八、云南漾濞 6.4 级地震

5 月 21 日 21 时 48 分，云南大理州漾濞县（北纬 25.67 度，东经 99.87 度）发生 6.4 级地震，震源深度 8 公里，此后发生多次 5.0 级以上余震。地震造成大理、临沧 2 市（州）13 个县（市）16.5 万人受灾，因灾死亡 3 人，紧急转移安置 2.8 万人；倒塌房屋 1854 间，严重损坏 1.9 万间，一般损坏 7.5 万间；交通、道路、市政、教育等设施不同程度受损；直接经济损失 33.2 亿元。

九、2021 年第 6 号台风“烟花”

7 月 25 日 12 时 30 分前后，2021 第 6 号台风“烟花”在浙江舟山普陀区沿海登陆，登陆时中心附近最大风力 13 级（38 米/秒），26 日 9 时 50 分在浙江平湖市沿海以强热带风暴级（10 级）再次登陆，30 日 20 时停止编号。“烟花”具有移动速度慢、陆上滞留时间长、风雨强度大、影响范围广等特点，造成浙江、上海、江苏等 8 省（区、市）40 市 230 个县（市、区、旗）482 万人受灾，紧急转移安置 143 万人；倒塌房屋 500 余间，不同程度损坏 8300 余间；农作物受灾面积 358.2 千公顷；直接经济损失 132 亿元。

十、青海玛多 7.4 级地震

5 月 22 日 2 时 4 分，青海果洛州玛多县（北纬 34.59 度，东经 98.34 度）发生 7.4 级地震，震源深度 17 公里，此后发生数次余震，最大余震 5.1 级。地震造成果洛、玉树 2 州 7 个县 11.3 万人受灾，19 人受伤，紧急转移安置 10.8 万人；倒塌房屋 1039 间，严重损坏 7600 余间，一般损坏 5 万间；部分道路、桥梁等基础设施损毁；直接经济损失 41 亿元。

第八章　河南郑州"7·20"特大暴雨灾害典型案例

2021年7月17日至23日，河南省遭遇历史罕见特大暴雨，发生严重洪涝灾害，特别是7月20日郑州市遭受重大人员伤亡和财产损失。全省因灾死亡失踪398人，其中郑州市380人，占全省95.5%；全省直接经济损失1200.6亿元，其中郑州市409亿元，占全省34.1%。

一、事故经过

2021年7月17日至23日，河南省遭遇历史罕见特大暴雨。降雨过程：17日至18日主要发生在豫北；19日至20日暴雨中心南移至郑州，发生长历时特大暴雨；21日至22日暴雨中心再次北移；23日逐渐减弱结束。特大暴雨引发河南省中北部地区严重汛情，12条主要河流发生超警戒水位以上洪水。全省启用8处蓄滞洪区，共产主义渠和卫河新乡、鹤壁段多处发生决口。

这轮降雨折合水量近40亿立方米，为郑州市有气象观测记录以来范围最广、强度最强的特大暴雨过程。最强降雨时段为19日下午至21日凌晨，20日郑州国家气象站出现最大日降雨量624.1毫米，接近郑州平均年降雨量。其中，20日午后强降雨从西部山丘区移动到中心城区，强度剧烈发展，15时至18时小时雨强猛增，16时至17时出现201.9毫米的极端小时雨强，突破我国大陆气象观测记录历史极值。

二、应急处置情况

特大暴雨发生后，党中央、国务院高度重视，习近平总书记在防汛关键时刻作出重要指示，要求始终把保障人民群众生命财产安全放在第一位，抓细抓实各项防汛救灾措施，并派出解放军和武警部队迅速投入抢险救灾。李克强总理多次作出重要批示，主持国务院常务会议、专题会议部属，深入河南灾区考察，要求抓实防汛救灾措施，加快恢复重建，严肃认真开展灾害调查工作。国务委员、国家防总总指挥王勇到河南检查指导防汛救灾和受灾群众安置等工作。国家防总、国家减灾委立即启动应急响应，派出工作组指导开展防汛救灾工作。国家有关部委、解放军和武警部队、消防救援队伍、民兵、预备役部队、中央企业以及社会救援力量、志愿者和广大干部群众全力以赴投入抗洪抢险救灾。

河南省委、省政府和地方各级党委政府认真贯彻落实党中央、国务院决策部署，深入开展防汛救灾工作，灾区群众得到妥善安置。郑州市委、市政府做了大量工作，及时组织处置常庄水库、郭家咀水库等重大险情，积极开展灾后救助和恢复重建。

三、灾害原因及性质

（一）客观原因

这次特大暴雨是在西太平洋副热带高压异常偏北、夏季风偏强等气候背景下，同期形成的 2 个台风汇聚输送海上水汽，与河南上空对流系统叠加，遇伏牛山、太行山地形抬升形成的一次极为罕见特大暴雨过程，对河南全省造成严重冲击。强降雨在郑州市自西向东移动加强，河流洪水汇集叠加，加之郑州地形西南高、东北低，属丘陵山区向平原过渡地带，造成外洪内涝并发。

（二）主观原因

（1）一些领导干部特别是主要负责人缺乏风险意识和底线思维。这次灾害来临前，郑州市委、市政府负责人特别是主要负责人对郑州遭遇特大暴雨造成严重内涝和山洪“没想到”。这是主观上造成这场不可挽回损失的根本原因。

（2）市委、市政府及有关区县（市）党委政府未能有效发挥统一领导作用。在这场特大暴雨灾害应对过程中，郑州市委、市政府对整个防汛救灾工作统一领导不力，没有组织深入会商研判，没有果断采取有力措施并督查落实，责任没有真正上肩。

（3）贯彻中央关于应急管理体制改革部署不坚决不到位。郑州市扭曲的体制设计和薄弱的专业力量，导致防汛抗旱指挥部没有实际的指挥系统、指挥机制、指挥能力，失去统一指挥，关键时刻不能发挥应有作用。

（4）发展理念存在偏差，城市建设“重面子、轻里子”。郑州市考虑防灾减灾不足，防范治理措施不到位。一些领导干部政绩观有偏差，在完整准确全面贯彻新发展理念、统筹发展和安全上存在很大差距，没有把安全工作落实到城市工作和城市发展各个环节各个领域。

（5）应急管理体系和能力薄弱，预警与响应联动机制不健全等问题突出。特别是灾害性天气预报与灾害预警混淆，缺乏统一权威高效的预警发布机制；预警与响应联动机制不健全，郑州在连发 5 次红色预警的情况下才启动Ⅰ级响应；应急预案实用性不强，且应对措施不具体。

（6）干部群众应急能力和防灾避险自救知识严重不足。一些新上任的干部对防灾减灾救灾和应急管理情况不熟悉，实战经验严重不足；媒体的宣传警示作用发挥不到位；社会公众对这场特大暴雨的危害缺乏基本认知，安全意识和防灾避灾能力不强的问题突出。

（三）灾害性质

调查认定，河南郑州“7·20”特大暴雨灾害是一场因极端暴雨导致严重城市内涝、河流洪水、山洪滑坡等多灾并发，造成重大人员伤亡和财产损失的特别重大自然灾害；郑州市委、市政府及有关区县（市）、部门和单位风险意识不强，对这场特大灾害认识准备不足、防范组织不力、应急处置不当，存在失职渎职行为。总体是“天灾”，具体有“人祸”。

调查组还对造成重大人员伤亡和社会关注的郑州地铁 5 号线亡人事件、郑州京广快速路北隧道亡人事件、郑州郭家咀水库漫坝事件、荥阳市崔庙镇王宗店村山洪灾害进行了深入调查，复盘了发生过程，查明了主要原因和问题，认定了事件性质。

四、处理建议

对郑州地铁集团有限公司等 9 家单位中涉及企业违法违规问题的处罚，由河南省有关部门依法依规处理。对在调查过程中发现的地方党委政府及有关部门（单位）的公职人员履职方面的问题和线索材料，移交中央纪委国家监委郑州“7·20”特大暴雨灾害追责问责审查调查组处理。

建议责成郑州市气象局深刻吸取教训，认真反思整改暴露的问题，进一步提升防灾减灾气象保障水平。

建议河南省委、省政府针对灾害中暴露出来的问题，组织全省深刻吸取教训，举一反三开展专题评估，狠抓整改落实，全面提高灾害防御和应对处置能力。河南省委、省政府要成立专项督导组，对郑州市整改工作进行全面深入督导；针对调查指出的问题，列出清单、制定方案，细化责任措施，严抓整改落实，加强督导检查。河南省委、省政府要将整改情况及时向党中央、国务院专题报告。

五、整改措施建议

一是大力提高领导干部风险意识和应急处突能力。二是建立健全党政同责的地方防汛工作责任制。三是深入开展应急管理体制改革及运行情况评估。四是全面开展应急预案评估修订工作，强化预警和响应一体化管理。五是整体提升城市防灾减灾水平。六是广泛增强全社会风险意识和自救互救能力。

第五篇

应 急 救 援

综 述

2021年，应急管理部门和消防救援队伍坚决贯彻习近平总书记重要指示精神和党中央、国务院决策部署，坚持人民至上、生命至上，战洪涝、抗地震、化危机，切实把确保人民生命安全放在第一位落到实处，向党和人民交上了一份满意答卷。

一、加快推进应急指挥系统建设

深化应急联动机制，深入落实与民航局、国铁集团、交通运输部等部门的应急联动机制，为抢险救援行动提供快速绿色通行保障服务。推动建立应急航线审批机制，为航空器执行抢险救援任务提供有力保障。指导黄河流域九省区建立区域协同联动机制，进一步加强区域体系共建、信息互通和资源共享工作。

二、扎实推进应急预案体系建设

积极推动《国家突发事件总体应急预案》修订，统筹推进国家层面防汛抗旱、地震灾害等9个专项预案修订，危险化学品事故、特种设备等部门预案修订工作取得积极进展。指导地方印发实施省级总体应急预案15个、专项和部门应急预案650余个，并逐步向社区、村居、企业等基层单位延伸，推动应急预案修订到边到底。

三、积极推进国家综合性消防救援队伍建设

坚持用习近平新时代中国特色社会主义思想武装头脑，以习近平总书记授旗致训词三周年和党史学习教育为契机，贯穿全年部署开展“牢记领袖训词、永做忠诚卫士”主题教育，引导广大消防员许党报国、为民奉献。扎实推进队伍整合改革，积极探索优化与转型发展相适应的体制机制，协调中央和国家有关部门制定出台退休、住房、医疗保障等政策文件。坚持从严管党治队，严格规范领导干部配偶、子女及其配偶经商办企业行为，认真开展领导干部个人有关事项报告专项整治，深化不正之风专项整治，持续推动巡视巡察问题整改，坚决打好正风肃纪主动仗。牢固树立战斗力标准，持续打造专业化力量体系，完善职业化训练体系，健全现代化装备体系，建强集约化保障体系，队伍应急救援能力水平全面提升。

四、进一步加强应急救援力量建设

聚力推进国家区域应急救援中心工程建设，6个区域中心规划设计全面完成、前期审批顺利推进。着眼实现灭火大飞机破题，研究制定实施方案。统筹年度航空救援力量布局，在灾害重点地区统一部署航空器76架。突出工程抢险关键力量建设，为地处长江、淮河流域的5个重点防汛省市配备大型救援船7艘，为部自然灾害工程应急救援中心配备关键救援装备四大类202台（套）。

一年来，应急管理部累计组织222次应急会商，启动96次应急响应，派出99个工作组深入一线，有力应对了河南郑州

“7·20”特大暴雨、云南漾濞 6.4 级地震、青海玛多 7.4 级地震、四川冕宁“4·20”森林火灾、云南玉龙“4·23”森林火灾、强台风“烟花”、山东栖霞笏山金矿“1·10”爆炸、湖北十堰“6·13”燃气爆炸、新疆丰源煤矿“4·10”透水、山西孝义“12·15”盗采煤炭资源导致透水、山东威海“4·19”“中华富强”轮火灾、河北沧州鼎睿石化“5·31”火灾等一系列灾害事故。

第一章 应急指挥系统建设

一、完善应急指挥协调机制

加大统筹协调力度，强化各类灾害事故指挥协调，有力有序有效应对处置山东栖霞笏山金矿“1·10”爆炸、四川冕宁“4·20”森林火灾、云南玉龙“4·23”森林火灾、云南漾濞6.4级地震、青海玛多7.4级地震、湖北十堰“6·13”燃气爆炸、河南郑州“7·20”特大暴雨、青兰高速甘肃平凉段“7·26”道路交通事故、青海柴达尔煤矿“8·14”溃砂溃泥事故、河北石家庄“10·11”通勤车涉水倾覆事故、西藏林芝“10·27”森林火灾、山西孝义“12·15”盗采煤炭资源导致透水等一系列灾害事故。科学高效承办国家综合性消防救援队伍调动，全力支持地方开展抢险抗洪、森林草原防灭火、救援力量预置以及拉动演练等工作。编制2020年度全国应急救援十大典型案例并向社会公开发布，推动各方面总结经验、查找不足，警示全社会树牢安全理念，守住安全底线。

积极适应新时代、新体制，坚持问题导向、实战导向，不断完善消防救援应急指挥机制。完善初战指挥和联合指挥机制，聚焦打赢制胜，建强指挥中枢，努力做到反应灵敏、精准指挥、专业指挥。召开“一短三快”① 初战机制改革和现场联合作战现代化指挥系统建设现场会，创新推进初战机制改革，精准破解联合作战指挥难题。优化重特大灾害事故指挥程序，瞄准抢大险、抗大震、救大灾，修订抗洪抢险、低温冰雪等灾害应急响应指南手册，优化重特大灾害事故跨区域力量调派方案，完善组织指挥程序。完善常态化拉动检验机制，结合重点区域地震震情、洪涝灾害、低温冰雪灾害等，按照提级响应的模式，开展各类专业队伍实战拉动42次。

完善跨省（区、市）救援出动机制，提升跨区域救援应急响应能力。明确国家安全生产应急救援队跨省（区、市）救援出动有关规定，进一步健全队伍跨区域救援工作机制，确保执行跨区域救援任务时能够快速启动应急响应，形成应急救援合力，及时有效处置事故灾害，最大限度保障人民群众生命财产安全。

二、健全应急联动机制

配合中央军委联合参谋部修订2021年度军队参加抗震救灾、抗洪抢险、森林草原火灾扑救应急预案。组织召开应对重特大灾害应急力量准备工作协调会，进一步顺畅与交通运输部、民航局、中央军委联合参谋部、武警部队参谋部、国铁集团，以及中国中铁、中国铁建、中交集团、新兴际华、中国电建、中国能建、中国安能集团等单位的应急协调联动机制，推动应急力量准备工作落实。指导黄河流域九省区建立区域协同联动机制，进一步

① “一短三快”：接警时间短、出动快、到场快、救人出水快。

加强区域体系共建、信息互通和资源共享工作。在新疆呼图壁煤矿透水事故救援中，启动社会力量应急联动机制，协调顺丰速运从北京、江苏两地将19吨计5000米排水软管一日内包机、一站式配送直达透水事故煤矿井口，为挽救人民群众生命争取了宝贵时间。预置应急救援力量，建立上下一体的值班备勤机制，全年在7个法定节假日和重大活动期间，安排备勤队伍9900余人次、直升机246架次，通过视频会商、远程拉动等方式，督促重点应急救援力量始终处于应急状态。协调军队明确参加抗震救灾、抗洪抢险和森林草原灭火救援力量，提前部署514支中央企业工程抢险力量做好汛期各项应急准备，确保力量前置、就近反应、精准救援。

进一步完善消防救援应急联动机制，强化预警研判，加强区域性预测预警、专题性会商研判、点对点跟踪提示，指导各地建立健全监测预警、机制触发、会商研判、专业指挥、协同救援、成效反馈的工作流程。强化风险识别与应对，及时统计汇总各类救援数据，跟踪督办落实，早预判、早预警、早预置，切实提升灾害事故预警监测和风险识别能力。全年共下发预警通告和工作提示45期，开展视频调度会商263次，启动应急响应并派出工作组19次。

三、加强系统平台建设

（一）加强国家应急指挥信息平台建设

完成国家应急指挥综合业务系统建设，构建全国灾害事故信息报送一体化、标准化平台，以部指挥中心为核心节点，构建全国一体化应急指挥调度平台，构建全网、全媒体的灾害事故信息线索快速搜索模式，实现灾害事故等敏感信息“早发现”，构建灾害事故应对处置移动平台，实现信息“一触掌握”，有效提升应急管理部门灾害事故应对处置效率。系统安全、稳定、顺畅运行，有力保障全年接报处理灾害事故信息。积极推进国家应急指挥平台建设，精心梳理重特大灾害事故应急指挥业务场景，明确应急指挥过程中的数据支撑、研判分析、会商决策、指挥调度等应用需求，深入开展平台需求方案编制。不断强化信息化资源统筹协调，积极做好应急指挥处置音视频保障工作。完成上海合作组织应急信息共享系统建设，为上海合作组织成员国间信息共享、研判会商、经验交流提供了信息化平台。

（二）加强应急资源管理平台建设

加强应急资源管理平台推广应用，满足应急资源日常储备管理、灾时物资保障、调度监控等业务需求。汇聚全国应急物资生产企业和全国中央、省、市、县、乡的应急物资储备仓库。在云南漾濞6.4级地震、青海玛多7.4级地震、四川泸县6.0级地震中，运用平台积极开展中央应急物资调拨保障工作，检验了实战效能。

研究制定安全生产应急救援资源信息管理系统物资装备目录，确定矿山、隧道、危险化学品、油气管道、陆上油气田、海上油气田、水上等7个行业领域及通用领域的应急救援重点物资装备及核心参数。

更新完善国家安全生产应急平台信息库队伍信息，为“全灾种、大应急”指挥调度提供信息支撑。对全国安全生产专业应急救援队伍性质、驻地、规模、人员、装备等信息进行全面普查，摸清队伍底数，制作全国安全生产专业应急救援力量分布图，及时将相关数据更新完善至国家安全生产应急平台数据库。

（三）完善应急指挥“一张图”

不断完善应急指挥“一张图”功能，

按照灾害事故风险隐患、重点防护目标、应急资源、避难场所等维度，综合汇聚水利部、自然资源部、中国气象局等 10 余个部门数亿条数据，为参与救援单位搭建信息交互平台。灾害事故救援过程中，系统能实时获取救援队伍、大型装备北斗定位信息，跟踪救援行动进展。通过部卫星监测系统获取最新的灾区遥感影像，为灾中救援、灾后评估提供重要参考。

（四）加强消防和森林防火指挥平台建设应用

坚持向新科技、信息化、大数据要战斗力。深化智能系统建设，加快建设以信息为主导的现代化指挥系统，推动作战指挥向智能化转型升级，印发 119 智能接处警系统方案、标准，指导全国 214 个消防救援支队完成标准化建设，协调承建单位部署智能指挥系统和消防“一张图”，汇聚各类作战要素，实现作战指挥向科学智能型转变。深化系统实战功能完善，以战场需求为导向，强化语音识别、智能定位、人工智能等新技术应用，探索灵活布点的语音图像自组网模式，提高现场组织指挥和安全管控能力。深化辅助决策资源汇聚，推进预案和战例库、专家库、规程库建设，收集国内外各类典型战例资源 6000 余份，完善词条快速检索，优化新版信息报送系统，全面汇集辅助决策资源与信息，实现指挥要点、事故类型、灾害特点、处置规程“一键式”查询。突出平台作用，充分发挥信息中枢、指挥平台、决策机构核心作用，全年共接报处置各类灾害信息 4000 余件，编发信息专报 540 余期。突出督导作用，在重要节假日、重大活动安保期间和敏感时段，领导带班、战备督导和视频拉动，随机拉动抽查各类专业队伍 42 队次，视频战备督查 50 余次。突出辅助决策作用，辅助完成 30 余起重大和有影响灾害事故的指挥调度、应急处置。

森林消防灭火指挥系统进一步更新完善，电脑桌面端、手机移动端指挥系统和火情速报均投入使用。系统接入北斗、无人机、直升机等设备，集成通信、定位、标绘等多种指挥保障手段，采集录入重点林区防火基础设施数据，打造了基于全三维数字地图。系统具备在有网、无网等复杂条件下正常使用的能力，各级指挥员能在“一张图”上共享标绘、协同指挥，既适合单兵、分队组织小型战术行动，也适合大规模组织大中型灭火行动，队伍遂行任务科技化、专业化指挥保障水平得到了质的飞跃，在云南玉龙“4·23”森林火灾扑救、云南野象群搜寻监测、云南哀牢山“11·15”失联人员搜救等历次任务中发挥了重要作用。

（五）加快数字化战场建设

研究确定技术路线，组织开展试点建设，构建以现场指挥调度系统为核心、应急战术互联网为骨干、应急装备物联网为神经的重特大灾害救援作战体系雏形，并进行了全要素测试和功能性验证，为加快构建数字化作战模式奠定基础。

四、强化应急值守和信息报告工作

部值班值守一体化运行更加规范有力，加强值守统筹协调，配强日常值守力量，全力做好全国两会、庆祝中国共产党成立 100 周年大会等重要时段的值班值守工作。完善值班值守工作制度规范，组织起草《应急值守工作规范》，制修订电话受理、批示件办理、服务部领导视频调度等工作规范，编制《值守应急和协助处置工作手册》，确保值班值守各项工作有章可循。在山东济南举办应急值守培训班，着力提升系统值班值守、指挥调度等综合能力。加强值班检查督促，每周进行视频点名和讲评，通报上周接报事故灾害情况，节假日和重点时段对全国应急管理系统值班情况随机抽查，对发现的问题及时通报，推动各级应急管理部门严格落实值班值守要求，始终保持应急状态。

着力发挥信息枢纽作用，持续提升信息报告的时效性，建立直达灾害事故现场的信息调度机制，确保一旦发生重特大或敏感灾害事故，第一时间调度掌握现场情况，及时报送信息。研究起草《灾害事故信息报告暂行办法》，着力提升信息报告的效能，对处置时间长、影响范围大的灾害事故，密切跟踪处置情况，及时续报信息。

五、发挥辅助决策功能，提升专业指挥能力

探索建立综合研判机制，持续强化会商调度，精准防范化解风险，初步建立部指挥中心牵头，各有关司局单位、各省级应急指挥机构，消防救援总队、森林消防总队指挥中心参与的综合研判工作机制，同时指导各级应急指挥机构建立健全相应工作机制。重要节假日、敏感时段坚持每日会商研判和调度全国灾害事故突出情况，分析研判各类风险隐患和灾害事故形势，全年累计视频调度 222 次，启动应急响应 96 次；建立部领导指挥调度记录机制，推动部领导批示落实落地。进一步完善《重特大灾害事故调度和应对处置措施》内容，分 7 类自然灾害和 11 类生产安全事故梳理服务研判、决策的关键要素，不断提升调度会商的针对性和工作效率。与中国气象局进一步明确信息共享机制，确保实时掌握预报预警信息，配合开展强对流天气预警发布工作，及时将重要气象预报和地质灾害、森林火险等分析研判意见下发各地。认真做好典型案例总结提升，按月对重大敏感灾害事故应对处置工作情况进行梳理分析，并下发各地交流参考。

牢固树立聚焦实战、服务实战的鲜明导向，不断提升消防救援专业指挥能力。强化试点试行，启动现代化指挥中心试点建设，优化人员配备、机制建设、能力提升、科技支撑、待遇保障，配齐配强指挥团队，突出“决策大脑”作用。强化专业培训，举办全国指挥中心骨干和接警调度员师资培训，培训全国 31 个消防救援总队、3 个训练总队和 32 个省会、自治区首府、计划单列市消防救援支队近 300 名指挥中心业务骨干，全面提升业务水平。强化团队建设，按照典型灾害实战需要，组建指挥战研小组，撰写调研报告、论文 20 篇，通过警情分析、桌面推演、战例复盘等形式举办“作战指挥大讲堂”36 期，着力打造懂指挥、善协调、精业务的指挥团队。

第二章 应急预案体系建设

注重发挥好应急预案“平时牵引应急准备、灾时指导救援行动”的基础性作用，不断提升应急预案体系建设质量。

一、召开应对重特大灾害应急力量准备工作协调会

2021年3月25日，应急管理部召开应对重特大灾害应急力量准备工作协调会。会议研究讨论了《中央企业参加抢险救援应急力量准备方案》。会议强调，要提高政治站位，进一步增强应对重特大灾害的责任感使命感。要坚持实战实用，进一步夯实遂行抢险救援任务的应急准备。立足抗大震、抢大险、救大灾，突出编实应急预案、定实应急力量、落实应急保障、抓实应急演练等重点环节出实招、下实功，做到编组模块化、配套标准化、流程规范化，确保一旦发生灾害能够快速反应、高效应对处置。要强化协同配合，进一步推动抢险救援应急联动机制落实。加强信息互通共享，融合网络平台，畅通流通渠道，及时会商研判；畅通应急交通投送，打通力量物资装备输送各环节，确保直达任务区域；强化军地协调联动，提升军地应对灾害整体合力。

二、有序展开新一轮应急预案修订

积极推动《国家突发事件总体应急预案》修订，完成第三轮18家部门（单位）征求意见工作。统筹推进国家层面防汛抗旱、地震灾害等9个专项预案，以及危险化学品事故、特种设备等部门预案修订工作，并取得积极进展。指导地方印发实施省级总体应急预案15个、专项和部门应急预案650多个，并逐步向社区、村居、企业等基层单位延伸。

积极推进《突发事件应急预案管理办法》修订，先后完成58个部门、32个省级政府层面征求意见工作。指导地方出台应急预案管理政策措施10余项，为地方应急预案体系建设提供制度保障。

全力推动《国家防汛抗旱应急预案》修订，先后多次征求国家防总各成员单位意见。针对河南郑州“7·20”特大暴雨灾害暴露出来的问题，组织修改完善了《国家防汛抗旱应急预案》中预警响应衔接、城市内涝应急措施、信息报送与宣传等内容。

加快推动《国家地震应急预案》修订，对《国家地震应急预案》相关条款进行进一步修改完善，两次征求国家卫生健康委、交通运输部、财政部等相关部门意见。加快推动《国家突发地质灾害应急预案》修订，结合近年来重特大地质灾害应急救援工作实际，深入研究讨论，征求各相关部委和地方应急管理厅（局）意见，并进行汇总整理和沟通讨论。

认真组织开展《国家自然灾害救助应急预案》修订，深入研究完善分级标准和响应措施。指导地方修订本级预案，加快构建上下协同、有序衔接的自然灾害救助应急预案体系，全国17个省份完成了省级自然灾害救助应急预案修订工作，

其他省份加快了修订工作。

三、优化完善应急行动预案

紧跟灾害风险预判趋势，及时修订地震、洪涝灾害应急力量使用预案和中央企业救援力量准备方案，指导部自然灾害工程应急救援中心分 6 个区域逐级细化完善行动预案，做到依案准备、依案行动。

四、开展应急预案演练

部署全国 2021 年应急演练工作，指导各省加强统筹谋划，开展以防汛防台风、森林火灾扑救和地震地质灾害、航空应急救援等为重点的应急预案演练 57 项，磨合机制、锻炼队伍。探索开展应急预案数字化和应急演练计算机仿真技术融合研究。

五、推动消防救援队伍应急预案体系建设

（一）编制专项预案

指导消防救援总队、支队、大队和基层队编制高层建筑、大型商业综合体、地下空间、石油化工场所和地震、水域、森林等灾害事故跨区域力量调派方案、跨区域灭火与应急救援预案、灭火作战和应急救援类型预案、重点单位灭火作战预案和重大活动现场消防勤务预案，明确和规范灾害事故风险、作战力量编成、处置程序方法、安全注意事项等内容。指导队伍及时修订完善灭火救援预案，加强预案编制的检查考核。试点推进灭火救援作战编成，编制《灭火救援作战编成通则》，优化预案力量调派方案。编制《特别重大地震灾害消防救援预案》，指导 11 个重点地区修订地震救援力量编成方案。全年各级消防救援队伍共修订各类灭火救援预案 64 万余份，修订完善重特大森林草原火灾扑救预案、地震救援预案 985 份，洪涝灾害救援预案 611 份，雨雪冰冻灾害救援预案 487 份，核生化事故(件)处置预案 102 份。

（二）检验预案实效

建立预案实战演练评估机制，通过实战演练、复盘推演和实战验证等方式，检验灭火救援预案的针对性和实用性，并及时修订完善。指导各级针对辖区高层建筑、大型商业综合体、地下空间、石油化工场所等难扑救火灾和特殊灾害事故、辖区消防安全重点单位、人员密集场所和区域、新业态新领域和不放心场所开展实地熟悉演练，对照灭火救援预案，及时检验调整。全年各级消防救援队伍共开展检验性预案实战演练 57. 3 万余次。

（三）严格预案管理

指导各地加强预案的制定和管理，明确各级人员职责、规范工作程序标准、加强日常检查考核，建立预案信息化管理平台，规范预案的数据采集、编制、审批、修订、监管和应用，为指挥系统提供预案数据资源。为便于调阅，各级指挥中心、全勤指挥部通信指挥车和消防车配备了具有预案查询功能的移动终端。指导各级消防救援队伍将预案管理工作与辖区熟悉、防火监督、战术研讨和实战演练工作相结合，不断提升预案管理应用水平。

六、开展森林消防预案宣贯、编制工作

召开宣贯视频会议，对宣贯《国家森林草原火灾应急预案》进行专题辅导；召开预案会审会议，对省级预案进行集中会审。结合实际，组织制定了《建党百年森林草原火灾应急专项预案》《冬奥会赛区及周边森林草原火灾应急专项预案》《应对东北、内蒙古地区春夏季重特大森林草原火灾预案》《2021 年秋冬季应对部分省区重特大森林草原火灾专项预案》等预案，基本构建了上下贯通、横向配套的预案体系。

第三章　国家综合性消防救援队伍建设

一、政策文件出台

2021年，持续推进出台国家综合性消防救援队伍改革配套政策制度。应急管理部、财政部、自然资源部、住房和城乡建设部联合发文明确了国家综合性消防救援队伍人员住房待遇。中共中央组织部、人力资源社会保障部联合发文明确了国家综合性消防救援队伍人员的退休条件。应急管理部、财政部、人力资源社会保障部、国家医疗保障局联合发文明确了国家综合性消防救援队伍人员医疗待遇保障事项。

二、招录调配

一是健全完善消防员招录制度机制，会同人力资源社会保障部修订印发《国家综合性消防救援队伍消防员招录办法》，完成10300名消防员招录计划。二是拓宽干部来源渠道，全年补充干部4204名，其中，面向高校应届毕业生招录干部1843名，面向消防员考录干部127名，录用分配现役转改毕业学员2234名。三是做好中国消防救援学院招生工作，录取新生1529名。四是强化中国消防救援学院师资队伍建设，组织开展2批教师公开招聘，录用73名博士、硕士研究生；面向消防救援、森林消防“两支队伍”遴选16名干部担任教官。

三、重点工作

（一）加强干部队伍建设

根据岗位空缺情况和实际工作需要，先后8批次调整配备186名总队级干部，推动36名总队纪委书记交流任职。组织优秀年轻干部专题调研，研究建立301名总队级副职、支队级正职优秀年轻干部库，选拔4名优秀年轻干部担任总队主官、57名优秀年轻干部提任总队级副职。严密组织年度高级专业技术任职资格评审，“两支队伍”共申报高职资格463名，审核确定参评对象322名，评审取得资格248名。启动转制以来首次晋升专业技术七级以上等级工作，核定晋升等级初步人选226名。按照干部双重管理要求，办理6名总队主官进应急管理厅局班子，12名总队主官参选省（区、市）党代表、政协委员。完成6.1万余名干部公务员身份统计，规范建立765名总队级干部信息化档案。

（二）强化教育监督管理

严格规范国家综合性消防救援队伍领导干部配偶、子女及其配偶经商办企业行为，按规定组织511名领导干部及时申报有关情况，确定存在经商办企业行为56人（明确为规范对象18人），督促全部退出。开展领导干部个人有关事项报告专项整治，组织10279名领导干部集中填报年度个人事项并汇总分析，对2022名领导干部个人事项报告进行查核，对未如实报告的148人给予处理。紧盯“关键少数”，深化不正之风专项整治，强化执纪问责，持续推动巡视巡察问题整改，对作用发挥不好或廉政方面有问题的领导班子及时予以调整，对队伍9名涉案领导干部给予党纪政务处分，对存在问题线索或涉嫌违纪的5名拟提总队级干部人选暂缓提拔使用；根据驻部纪检监察组案件查办意见，对涉嫌违纪违法的12名领导干部作出免职、降职等处理。

（三）推进教育培训工作

聚焦党的政治建设、业务能力建设等重点，先后举办3期高级专业技术职务干部专题培训班、1期总队级干部网上专题培训班和5期干部网络培训班，累计培训干部31.5万余人次；协调组织3名中管正局级、2名总队级领导干部参加中央组织部调训，推动28个总队将干部培训纳入地方党委组织部门培训范畴。建立健全教育培训和考核评价体系，制定出台队伍教育培训学员管理规定、学员考核办法、项目评估办法等规范性文件，组织编写16本干部培训教材。指导中国消防救援学院强化教学科研建设，向教育部申报增设火灾勘查、航空航天工程2个本科专业；推动将森林草原火灾风险防控、无人机应急救援技术、工业与公共建筑火灾防控技术3个实验室，纳入部首批重点实验室建设培育名单，实现省部级重大科研平台零的突破。

（四）做好表彰奖励工作

一是全力做好首届全国应急管理系统先进模范和消防忠诚卫士评选表彰工作。按照“两审三公示”程序要求组织推荐评选，树立倾斜基层、倾斜灭火救援一线、倾斜边远艰苦地区的鲜明导向。国家综合性消防救援队伍被表彰一级英模5人、二级英模20人、先进集体35个、先进工作者61人，中国消防忠诚卫士30人。表彰大会结束后，组织开展为受表彰英烈家属“送奖上门”活动。二是积极参评全国性重大表彰。在庆祝中国共产党成立100周年全国“两优一先”评选表彰中，国家综合性消防救援队伍有6名个人被评为“全国优秀共产党员”、9个党支部被评为“全国先进基层党组织”，2个先进集体和10名模范人物代表参加“庆祝中国共产党成立100周年”重大活动，50名个人、96个集体被授予“全国三八红旗手”“中国青年五四奖章”“全国工人先锋号”“全国青年文明号”等称号。三是紧跟重大任务实施专项奖励。先后组织实施“应急使命·2021”抗震救灾演习、河南抗洪抢险救援、建党100周年庆祝活动应急救援安保等重大任务奖励；实施其他专项奖励15个，给予13个单位、27名个人记功或嘉奖，为5名烈士追记一等功。

（五）大力为基层办实事

积极推进国家综合性消防救援队伍集体转改人员落户工作，发放落户通知14.8万余份，30个省份完成落户工作；指导队伍协调各级教育部门，落实消防救援人员子女入园、入学和中招优待政策；协调教育部为符合条件的2名烈士英模子女办理保送中国消防救援学院录取手续；指导队伍开展走访慰问消防英烈遗属和特困指战员家庭活动，解决消防员烈士评定、备案2件历史遗留问题，为“刘洪机组”英烈家属协调安置工作。

（六）加强党组织建设

着眼健全队伍组织体系，向中央组织部研提各级党组织设置、党组织和党内任职审批、党的领导关系、党的组织关系管理及履行管党治党主体责任等5个方面建议。指导队伍开展“帮建支部、帮带干部、帮抓骨干”活动，加强经常性应用性培训，不断扩大先进党支部增量、提升中间党支部建设水平、补齐后进党支部短板。巩固拓展党支部规范化标准化建设成果，进一步加强党员教育管理，严格落实组织生活制度，有力增强了基层党组织的政治功能和组织力。

四、消防救援队伍建设

（一）提升综合救援能力

1. 消防专业力量

一是建强专业力量。立足特殊灾害事故处置需要，建强专业力量，发挥“尖刀”作用。对标主力军和国家队职能定位，指导各地组建高层建筑、大型商业综合体、地下空间、石油化工和地震、水域、雨雪冰冻等专业队建设，组织开展实战拉动，着力提升重大灾害事故跨区域救援能力。制定出台新冠肺炎疫情防控处置勤务规程，指导各级消防救援队伍成建制组建涉疫勤务工作专业队伍，科学编制勤务编成，完成病员转移、医疗废物转运、染疫或疑似物资处理、洗消杀毒等涉疫勤务工作。

二是开展专业培训。瞄准“全灾种、大应急”实战需求，强化专业技术培训。在江苏、北京、云南、海南、辽宁、浙江等地组织全国性化工、地震、水域、潜水、冰域、山岳、体能教练员、搜救犬及训导员、作战安全管控等专项培训 20 期，开展“师傅带徒弟”活动，破解储能电站、新能源车辆等灭火救援难题，为基层培养专业技术骨干 3200 余名。对典型灭火救援战例进行即时复盘总结，举办年度战例研讨班，集中研讨复盘典型灭火救援战例，指导各地结合辖区灾害，及时复盘研究每起战例，总结实战经验，提高打赢能力。建立灭火救援业务资料库，搭建共享学习交流平台，定期更新，开展作战训练创新成果评比活动。对 62 类典型灾害事故处置进行专题研究，制作授课课件和视频资料，作为各地业务培训主要内容。各消防救援总队、支队分层举办“战训大讲堂”6502 次，总队、支队主官开展灭火救援专题授课 1263 次。组织全勤指挥部人员、基层指挥员、攻坚队员、业务骨干开展各类专业技术培训 2153 期，8. 2 万余人次参训。组织消防救援人员取得舟艇驾驶、潜水、绳索等岗位资格证书。

三是强化专业指挥。坚持把指挥能力建设作为战斗力建设的基础工程，放在首要位置，常抓不懈。加强全勤指挥部能力建设，配齐配强消防救援总队、支队两级全勤指挥部人员，指导各地逐级开展指挥能力培训和考核工作，实行持证上岗。组织 1. 4 万余名消防救援站干部进行指挥能力考评，不断提升专业指挥能力水平。举办“战训业务大讲堂”8 次，重点围绕组织指挥、处置程序、作战安全等内容进行讲授。加强战法研究，制定大型商业综合体、化学储能电站、化工装置、地铁、客滚船等典型灾害事故处置要点，指导和规范灾害事故处置行动。通过战例研讨、案例复盘、桌面推演、实战演练等方法，组织消防救援总队、支队主官和班子成员、全勤指挥部人员及基层指挥员重点开展力量调集、侦察评估、态势标绘、方案制定、力量部署、指挥决策、紧急应变、安全管控等程序化指挥训练和临机指挥训练。加强对典型战例的学习研讨，复盘研讨典型战例 6610 个，组织桌面推演 5079 次。

2. 地震救援力量

一是推进地震救援力量体系建设。按照地震灾害救援力量体系建设规划，指导各地因地制宜、内部挖潜，人员定岗、装备落编，全国基本形成了以专业队伍为主力、机动力量为突击、社会应急力量为补充的地震救援力量体系构架，初步具备了遂行辖区和省内外跨区域救援任务的能力。按照“一专多能、一队多用”的原则，组建了应对重特大地震救援机动队伍，并纳入统一调度范畴。加快构建类别齐全、配比合理、功能先进的装备物资体系，全国各类专业队伍和机动队伍配备探测、救生、破拆等十四大类 446 子类、532 万件（套）装备器材。

二是推进地震救援基础工作建设。立足我国地震灾害救援特点，积极构建学科、预案、装备、力量、人才生长等基础支撑体系，开展应对重特大地震灾害救援课题研究，编写《消防地震救援》应知应会教材，研究制定全国 11 个重点地区和 31 个省级行政区地震消防救援力量跨区域增援编成方案，配套编制各灾种子预案以及政工、宣传专勤预案 4506 份。全面启用了野外救援“六车联保”（宿营、餐饮、盥洗、淋浴、冷藏、洗涤）通用生活保障模式，并与属地大型商超、物流企业、装备物资生产厂家签订了地震救援期间持续保障供给和技术支持协议。

三是推进地震救援专业能力建设。对标国际救援能力标准，以中国救援队为标杆，积极探索实践，逐步形成具有我国特点的地震灾害救援能力生长体系。教育培养重心以单兵能力为基点、单元作业能力为支点、队伍整体合成能力为核心，依托中国救援队以及山东、云南搜救犬基地，举办全国性技术集中培训 8 期，培养教练员和训导员 1050 余人，各地自主开展专业培训 362 期，培养业务骨干 1.2 万余人。成功举办第六届全国搜救犬技能大赛和绳索救援技术交流活动，124 个搜救犬作业单元、372 个索具救援单元同台竞技，各地同期举办山地类、绳索类救援技术编组专项训练或竞赛。抓住“应急使命·2021”抗震救灾演习契机，实兵实装拉动专业队伍，检验机动投送和野外作业能力。各地以抗震救灾指挥部为平台，开展以重特大地震灾害救援为背景的全流程全要素、多部门多力量参与的实战演习、综合演练 107 次。

四是接受地震救援实战检验。全年全国消防救援队伍遂行出动，在青海玛多 7.4 级、云南漾濞 6.4 级、四川泸县 6.0 级、青海茫崖 5.3 级、江苏大丰海域 5.0 级地震救援中，前突力量第一时间突入震区，及时报告灾区第一手信息，出动的消防救援队伍和专业队伍积极开展埋压人员搜救、危房和次生灾害排险等救援作业，营救埋压人员 47 人。消防救援局针对 5.0 级以上、重点地区地震，同步跟进拉动跨区域增援力量遂行出动 18 次。

3. 防汛抗旱救援力量

2021 年，全国建强水域救援重型、中型、轻型和战级队（分队）。为进一步优化国家综合性消防救援队伍抗洪抢险专业力量体系建设，出台以抗洪抢险、城乡排涝为主要内容的《水域救援力量体系和能力建设实施意见》。针对冬季可能因“拉尼娜”现象出现极寒天气，复盘回顾了 2008 年低温雨雪冰冻灾害救援救灾全过程，编制《雨雪冰冻灾害救援力量编成方案》，推动各地新组建雨雪冰冻灾害救援专业队。

（二）加强实战训练

牢固树立战斗力标准和“练为战”思想，坚持以战领训、以训促战，以实战化、专业化训练为牵引，苦练攻坚克难本领，加快推进战斗力转型升级。一是突出实战化练兵。坚持训战一致，突出实战实训，深化训练改革，围绕辖区典型灾害事故类型，创新实战化训练内容标准，从难从严开展实战场景下的合成训练和实战演练，不断提升队伍实战能力。各总队坚持练体能、强技能、夯基础，扎实开展实战化训练和专业化培训，常态化开展战例研讨、案例复盘、桌面推演、专题讲座等工作，强化装备操作和消防设施应用训练，加强高层建筑、大型商业综合体、地下空间、石油化工等场所火灾和特种灾害事故技战术研究，编制操法、创新战法，规范处置程序，分层分级开展指挥能力和等级达标考核，强化指挥人员、业务骨干、作战安全、专业技术等专项培训，广泛开展比武竞赛活动，提升专业指挥和队伍攻坚打赢能力。二是组织开展熟悉演练。规范熟悉演练对象、内容和方法，开展辖区风险评估，结合任务形势，紧盯重点对象、重要目标、高风险区域，指导各地针对高层建筑、地下空间、大型商业综合体、化工、地铁、储能电站、森林等难扑救火灾，分类开展实地熟悉和实战演练，强化联勤联动，进一步加强灭火救援准备工作。全国消防救援队伍开展总队级演练278次、支队级演练5853次、大队和站级演练55.4万余次。三是灭火救援成效凸显。2021年，全国消防救援队伍立足“全灾种、大应急”职责任务，勇于担当、冲锋在前，在救民于水火、助民于危难中彰显价值、赢得荣誉，先后成功处置山东威海“4·19”“中华富强”轮火灾、河北沧州鼎睿石化“5·31”火灾、湖北十堰“6·13”燃气爆炸、江苏苏州四季开源酒店“7·12”坍塌、辽宁大连凯旋国际大厦“8·27”火灾、江苏淮安富强公司“10·14”爆炸、西藏林芝“10·27”森林火灾和河南抗洪抢险、青海地震等重大灾害事故，最大限度保护了人民群众生命财产安全。

(三) 夯实通信保障

建立常态化拉动考核和集中培训机制，指导各地推进应急通信队伍、装备、机制和能力建设，为打造“透明战场、数字战场”奠定基础。各级应急通信队伍牢固树立“岗位即战位”理念，赴一线、进现场、跟专班、打大仗，24小时值班备勤，“分秒级”响应，圆满完成建党100周年、全国两会、第四届中国国际进口博览会、第十四届全国运动会等重大消防安保和国家“应急使命·2021”抗震救灾演习、消防职业技能大赛等26项通信保障任务，打赢了河北沧州鼎睿石化“5·31”火灾、河南郑州强降雨抢险救援和云南、青海、四川地震救援等126起应急通信攻坚战。

(四) 规范队伍管理

出台退休、住房、医疗待遇保障3项政策；对抚恤优待、退出消防员安置工作采取过渡措施有效解决；工资政策中央保障部分落实率100%；国家综合性消防救援队伍政策制度“四梁八柱”日趋稳固，队伍职业吸引力、荣誉感稳步提升。围绕战斗力标准，以规范“四个秩序”（战备秩序、训练秩序、工作秩序、生活秩序）为主线，部署开展了正规化建设达标创建、条令纲要学习月、重点课题探索攻坚等活动，推动队伍正规化建设向内涵式、高层次发展。始终坚持问题导向，制定出台安全管理“三色”评估机制，定期开展风险专题研判；部署开展“基层安全万里行”专项活动，推动解决了一批安全隐患；针对“人、车、酒”等重点环节，严格管酒治酒等纪律规定，进一步完善管理制度，严防各类事故案件发生。

(五) 强化后勤保障

一是全面提升装备建设水平。坚持质量并举，配齐基础性装备、配强针对性装备、配精杀手锏装备。各消防救援总队推进落实装备建设重点工程1452个，争取投资52.48亿元，增配装备五大类61.31万件（套）。申请中央自然灾害防治技术装备专项经费 20 亿元，为四川、重庆等 10 个自然灾害高发省区配备大型排涝设备、水下机器人等六大类、128 种、20.4 万件（套）装备。局本级投入 1.18 亿元，研发并向西部 8 个省区配发 635 辆多功能勤务保障车，优化了救援车辆结构。二是充分发挥战勤保障功效。推动构建集中高效的救援装备物资保障新格局。投入 3400 万元为北京冬奥会消防安保专项配备破冰除雪车辆和设备。在多次抢险救援中，共调集战勤保障人员 4400 人次、战勤保障车辆 1406 辆、保障装备物资 11.2 万件（套），保障一线人员 1.2 万人次，维护装备 3740 台（套）。三是全力优化服务保障效能。加快构建“自建备勤公寓、政府保障性住房、社会化保障住房”三位一体的住房保障体系，各级共争取各类住房 2100 余套。投入中央财政资金 2.8 亿元和地方财政资金 30 多亿元，推动 304 个基层消防站、41 个支队训练基地、19 个备勤公寓以及 100 多个高原偏远地区保障性设施建设。研发专职消防员服装服饰，制定专职消防员着装规范，为队伍各级专职消防员和消防文员采购配发 871 万件（套）、价值 6.92 亿元被装。加强车辆牌证规范化管理，核发专用号牌 3000 余副，清查车辆 5 万余辆，补充系统电子文档 10 万余份，换发车辆行驶证 4 万余张，修改车辆信息 1 万余条。制定出台《消防救援队伍职业健康中心建设指导意见》，推动建立区域性康养中心，组织一线人员医疗康养。召开 14 次疫情防控形势研判会和 3 次视频调度会，调度推进疫情防控工作，向内蒙古、黑龙江等地调拨各类防疫物资 10 万余件（套）。开展队伍改革转制以来首次卫勤业务培训，培训专业救护员 200 余人，保持队伍高度安全稳定。

（六）举办首届全国消防行业职业技能大赛

2021 年 10 月，在江苏南京举办全国首届消防行业职业技能大赛（图5-3-1），全国 31 支参赛队 326 名选手参加了灭火战斗员、应急救援员、搜救犬训导员、消防装备维护员、消防设施操作员、消防通信员等 6 个项目的竞赛。本次大赛由应急管理部、人力资源社会保障部、中华全国总工会、共青团中央联合举办，消防救援局承办，是面向消防行业各领域、全国消防救援队伍举办的国家级一类职业技能赛事，共争取到 30 个“全国技术能手”、18 个“全国青年岗位能手”和 6 个“全国五一劳动奖章”推荐指标。大赛的成功举办填补了消防行业技能“国”字头竞赛的空白，完善了消防行业职业荣誉体系，展示了消防救援队伍改革转型、跨越发展的丰硕成果，树立了“专研技能、苦练业务”的行业新风尚。

（七）加强党风廉政建设

一是强化政治建设、党建引领。全年召开 43 次局党委会议，组织党委理论学习中心组集体学习 7 次，举办理论学习读书班 2 期，青年理论学习小组全年开展集中学习 24 次。各级党员领导干部上讲台、讲党课，分批组织 6 万余名干部开展政治轮训，以实际行动捍卫“两个确立”、做到“两个维护”。把党的领导贯穿消防救援事业全过程、各方面，推进党建和业务工作深度融合，让党旗和队旗在重大救援、重大安保一线高高飘扬。226 个集体、315 名个人受到省部级以上表彰。

二是推进监督下沉、保障执行。制发加强政治监督的实施意见等指导性文件，对庆祝建党 100 周年、冬奥会等重大安保和河南抗洪抢险等重大救援行动开展合作式、嵌入式监督，对 7 类 26 项问题制发

图5-3-1 举办全国消防行业职业技能大赛

监督建议函，进行全要素、闭环式督改，靶向纠治政治站位、纪律作风、风险防控、责任落实等方面落差偏差。紧盯中央巡视整改“前紧后松”等重点问题，从14个方面梳理整改措施38项68条，推动整改落实。探索“巡审一体”模式对11个总队开展政治巡察，实现巡察三年全覆盖目标，较好发挥了监督保障执行、促进完善发展的作用。

三是深化以案促改、专项治理。深刻吸取中央纪委通报案件教训，深化刘明珠案以案为鉴、以案促改、以案促治，把查办案件、加强教育、完善制度、促进治理贯通起来。精心拍摄、组织观看《初心蜕变》等4部警示教育片，通报改革转制以来消防救援队伍违纪违法典型案例22起，账单式推进政治、班子、制度、纪律4个方面15项措施落地。出台廉洁过节“八个严禁”、机关干部下基层“六个一律”、管酒治酒“六条禁令”、领导干部政商交往“负面清单”，持续推进收送红包礼金、消防执法微腐败、消防装备采购领域“三个专项整治”，部署推进问题线索清零集中攻坚行动，开展后勤装备采购领域和作战训练安全“两个专项行动”，着力纠治重点领域突出问题，持续净化队伍政治生态。推动局机关带头开展“加强作风建设严守纪律规矩”专项教育整顿活动，指导各级开展“以案释纪明纪、严守纪律底线”警示教育月等活动，教育引导队伍知敬畏、存戒惧、守底线。

四是推动压力上肩、责任落地。先后38次研究推进全面从严治党工作，5次召开全队伍管党治党会议，对每一起典型案件都主动认领责任、深刻吸取教训、研究整改措施。局主要领导带队反馈巡察意见，对8个总队党委班子进行重点帮扶指导。党委委员多次组织研究分管条线全面从严治党工作、召开各条线党风廉政建设会。先后赴辽宁、江西等8个总队开展全面从严治党专题会商，推动全队伍全面从严治党抓在日常、严在经常，促进“四个责任”贯通协同、形成合力。

五是纪委实体运作、开局起步。坚决支持各级纪委履行监督责任。强专人之基，按照“先立后破”的原则成立新一届局纪委，选齐配强各级纪委委员，明确专人负责纪检工作，确保工作有人抓、责任不悬空。强专责之基，把准协调员、监督员、分析员的职责定位，召开 5 次局纪委会议，研究出台加强纪委建设、监督执纪、联系基层等 7 项制度，完善“区域协作、线索研判、案件会审、质量评查”等机制。强专业之基，依托监督执纪系统搭建纪检干部网上学习平台，建立领学、研学、评学、督学机制。争取 3250 万元资金，支持各总队纪委推进“三室”① 建设。建强充实 388 人的纪检人才库，分层级举办纪检干部培训班，以跟班学习、以案代训、片区协作等方式开展实战轮训，首次与矿监、地震、森林的优秀纪检骨干联学互促，提升纪检干部业务能力。

五、森林消防队伍建设

（一）加快提升综合救援能力

坚持以“考、比、拉、研”为抓手，参加“应急使命·2021”抗震救灾演习，组织队伍“蓝光·2021”跨区机动增援灭火、地震救援和融冰行动检验性拉动演练。先后 3 次召开中心工作研讨交流会，对 11 个典型战例进行反思式复盘剖析，抓住每一次实战和演练机会锻炼队伍，做到打一仗进一步。指导全队伍广泛开展“火焰蓝”两项比武，研发灭火指挥训练与考评系统，组织“八种组训模式”试点，提高实战化训练水平。召开综合救援能力建设会议，组织综合救援设施场地、人才建设达标验收，分层次举办各类专业培训 204 期，新建训练场地 350 个，配备救援装备 19 万件（套）。参与 23 个省份的防火督查检查，在 1734 个重点火险区开展防火专项行动，为地方专业队近 10 万人次进行防灭火技能培训。各地不断完善森林草原应急救援力量体系，北京、辽宁、河北、山西、江西等省市建成省级地方森林消防队伍 20 支。进一步加强体制创新、机制创新和模式创新，大力推进专业扑火队伍标准化建设、实战化训练、规范化管理，全面提升处置森林草原火灾和综合应急救援能力，地方队常备力量作用得到充分发挥，工作中全面承担火灾预防、火情早期处理、直接灭火和防火道、隔离带开设等任务，发挥了森林草原防灭火工作的常备军作用，同时成为“全灾种、大应急”的重要力量。

（二）树立大抓基层鲜明导向

加大蹲点调研帮建力度，森林消防局党委成员先后 29 次、历时 164 天深入基层单位、靠前驻防队伍和任务一线调查研究，始终把工作重心放在抓基层打基础上。认真总结转制以来抓建基层的实践经验，研发推广基层建设系统软件，围绕党支部建设、实战化训练、思想政治教育、正规化管理、应急保障等 12 个重点课题组织研讨交流，对手机使用管理、在外人员管控和轮休调休等基层普遍关注的热点难点问题进行研究和规范，系统回答了新形势下基层建设怎么看、抓什么、如何抓的问题，有力推动基层建设高质量发展。严密组织新录用干部集中培训，探索新招录消防员南北片区培训新模式，加强理想信念教育，打牢履职尽责的思想、能力和作风基础。深入开展安全工作大检查，把防范作战训练伤亡、正规一日生活秩序、加强车辆管理、从严管酒治酒等作为重点，每周抽查通报，每季度召开讲评会，全面排查安全隐患，压紧压实责任。精准做好常态化疫情防控工作，实现“零感

① “三室”：干部廉政档案室、谈话室、案件档案室。

染”目标，队伍保持安全稳定。

（三）加强保障体系和能力建设

着力提高应急保障能力，协调将12类147种装备物资纳入《国家应急物资储备“十四五”规划》。着力增强后勤保障质效，组织后勤处（科）长培训，积极做好转制后人员伙食标准、医疗保障、住房保障等待遇政策对接落地，做好医疗巡诊、集中诊治、康复休养等健康管理服务，有力有序推进171个工程建设项目。着力构建特色装备体系，建立国家级森林消防装备研发平台，打通“政产学研用金”深度融合、社会资源“租借用”一体的发展渠道，推动装备科技水平向高层次迈进。

（四）持续推动党风廉政建设

一是强化政治引领。坚持把“两个维护”作为根本任务加强政治监督，把学习贯彻习近平新时代中国特色社会主义思想作为首要政治任务，及时组织学习讨论习近平总书记重要讲话、重要指示批示精神和党中央重大决策部署，研究具体措施，分工抓好落实。督促扎实开展党史学习教育，盯紧谋划部署、工作推进、末端落实等关键环节跟进监督、提出建议，确保落实每个步骤、取得明显成效。认真贯彻落实《党委（党组）落实全面从严治党主体责任规定》，召开党风廉政建设工作会议，定期分析全面从严治党形势、研判政治生态状况，及时发现问题、制定措施，推动管党治党责任落地落实。

二是深化作风整治。坚持把严格执行中央八项规定精神、持续整治“四风”作为党风廉政建设的重点紧抓不放，贯穿全年开展作风建设大排查和不正之风专项整治，队伍风气进一步纯正。坚持把严守政治纪律和政治规矩抓在经常，在队伍开展“强化政治意识、提高政治能力”专题教育整顿，在局机关开展“正作风、严纪律、尽职责、树形象”专题组织生活会，明确提出领导机关下基层要求，队伍各级红线意识进一步增强。紧盯春节、中秋、国庆等重大节日和消防员招录、选人用人等敏感时段，加大监督检查力度，坚决防止“四风”问题回潮反弹。持续加强基层风气建设，抓好基层风气监察联系点和预警函告等制度落实，及时掌握基层反映和诉求，督导完善措施、解决具体问题，以点带面推动风气持续向上向好。

三是聚焦靶向监督。认真贯彻落实《中共中央关于加强对“一把手”和领导班子监督的意见》，专题研究制定从严加强领导干部特别是各级主官日常管理监督措施和监督意见，定期严肃讲评直管单位党委班子，利用宣布命令、调研、帮建等时机与直管单位主官逐一谈心谈话，修订完善纪委日常监督工作办法，进一步细化实化监督举措、提升监督质效。坚持任务到哪里监督就跟进到哪里，跟进遂行森林火灾扑救和地铁排涝、抗洪抢险、抗击雨雪冰冻灾害、地震救援等急难险重任务并加强监督，聚焦重点行业领域采取召开专题联席会议、约谈提醒相关负责人、开展廉洁回访、调整完善采购机构设置和工作机制等方式有效降低风险隐患。加强巡察审计监督，先后完成对1个单位党委的常规巡察，对2个单位党委巡察整改情况的专项督查；接受审计署对预算执行等情况的审计；组织对8名直管单位主官进行经济责任审计，对4个单位进行预算执行情况审计；完成31个基建项目审计。

四是拓展纪律教育。加强经常性纪律教育，扎实开展“党纪条规学习月”活动，将党纪条规学习融入党史学习教育之中。深入开展纪律警示教育专项行动，严密组织学习宣讲、廉政党日、提示提醒等活动，认真学习和观看应急管理系统党员违纪违法典型案件警示录、警示教育片，用身边事教育身边人。注重加强廉政文化建设，广泛开展读廉政书籍、看廉政影片、参观廉政基地等“七个廉政”文化活动，拍摄的《党史中的纪律》《培育良好家风》和“学史力行、清风正气”系列廉政短片在驻部纪检监察组网站刊载。深化运用监督执纪“四种形态”，及时通报巡察审计和线索核查发现的问题，督导队伍举一反三抓好整改，从严从快查处违规违纪问题，有效维护了纪律的严肃性。

五是加强纪委建设。加强纪委制度机制研究探索，坚持和完善约谈纪委书记、纪委书记例会等制度，工作运行日趋规范。严格落实制度，坚持月上报正风肃纪情况、季度报告领导干部插手干预重大事项情况、半年报告纪委工作开展情况，对拟任总队纪检督察处长和支队纪委书记人选搞好任前审核，结合实际探索开展总队纪委书记专项考核，纪委自身建设明显加强。扎实抓好业务培训，开展“学重要讲话、抓《意见》[①] 落实、改突出问题、强作用发挥”活动，开设纪检业务“大讲堂”，运用中央纪委印发的培训课程光盘和讲义抓好全员培训，依托中国纪检监察学院、政法大学和南京审计大学、杭州纪检监察培训中心搞好集中培训，通过挂职轮训、抽调办案、参加巡视巡察等方式强化实践锻炼，进一步提升了纪检审计干部的综合能力素质。

---

① 《意见》:《关于加强中央和国家机关部门机关纪委建设的意见》。

第四章 专业应急救援力量建设

一、安全生产专业应急救援力量

2021 年，全国共有安全生产专业应急救援队伍 1193 支 6.87 万余人，包括矿山救援队 378 支、危险化学品救援队 560 支、隧道救援队 13 支、水上救援队 24 支、油气管道救援队 36 支、其他专业救援队（油气田、城市燃气、地铁、金属冶炼、电力抢修等）182 支。其中，中央财政、地方财政和依托企业共同投资建设了 91 支 2 万余人的国家安全生产专业应急救援队（矿山救援队 38 支、危险化学品救援队 35 支、隧道救援队 4 支、水上救援队 2 支、油气管道救援队 6 支、其他专业救援队 6 支），分布在全国 29 个省（区、市）和新疆生产建设兵团，配备了定向钻机、大功率排水泵、高喷消防车、大流量拖车消防炮、水上消防船、水下机器人、无人机等先进救援装备。

2021 年安全生产专业应急救援队伍数量统计如图 5-4-1 所示，2021 年国家安全生产应急救援队伍地区分布见表 5-4-1。

2021 年，安全生产专业应急救援队伍忠诚践行习近平总书记重要训词精神，深入开展实战化训练演练，扎实做好预防性安全检查和安全技术服务，科学有效处置各类事故灾害，累计出动事故灾害救援 3361 次、33669 人次，抢救遇险人员 1243 人，为保护人民群众生命财产安全、维护社会和谐稳定、服务经济社会发展作出了突出贡献。涌现出了以“时代楷模”肖文儒为代表的一批先进典型，受到社会各界广泛赞誉。

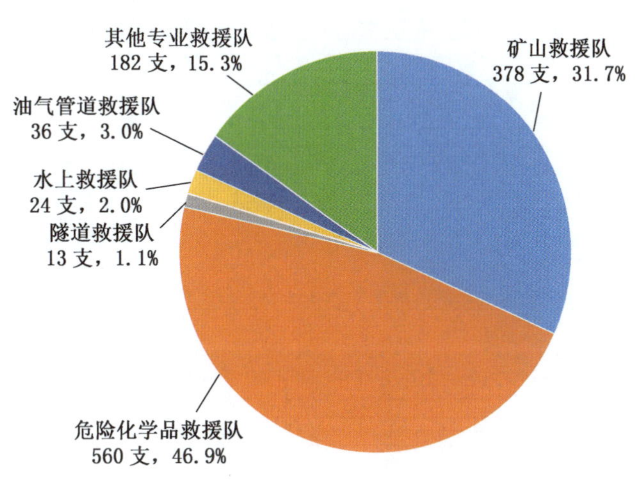

图 5-4-1 2021 年安全生产专业应急救援队伍数量统计

表 5-4-1　2021 年国家安全生产专业应急救援队伍地区分布表　　支

序号	行政区划	分计	矿山	危化	隧道	水上	油气管道	其他
1	北京	4	1	1				2
2	天津	2		1				1
3	河北	3	1	1			1	
4	山西	3	2		1			
5	内蒙古	3	2	1				
6	辽宁	6	3	2			1	
7	吉林	3	2	1				
8	黑龙江	4	1	3				
9	上海							
10	江苏	4	1	1		1	1	
11	浙江	2		2				
12	安徽	3	2	1				
13	福建	1		1				
14	江西	2	1					1
15	山东	4	1	2				1
16	河南	3	2	1				
17	湖北	3	2	1				
18	湖南	1	1					
19	广东	4		3			1	
20	广西	2	1	1				
21	海南	1		1				
22	重庆	4	1	1	1	1		
23	四川	4	1	2				1
24	贵州	4	3		1			
25	云南	4	1	1	1		1	
26	西藏							
27	陕西	4	2	2				
28	甘肃	2	1	1				
29	青海	2	1	1				
30	宁夏	2	1	1				
31	新疆（新疆兵团）	7	4	2			1	
合计		91	38	35	4	2	6	6

（一）规范队伍管理

一是完善管理制度。制定国家专业队内务管理规范，对国家专业队基本职责、内部关系、礼节礼貌、值班备勤、训练培训、装备管理、安全管理等作出规定，为加强队伍内务规范化管理提供制度支撑。二是强化值班值守工作督导。实行视频点名巡查制度，每日不定时抽查国家专业队值班备勤情况，节假日、重点时段加强值守力量配置，提高点名巡查频次，督促队伍严格执行 24 小时值班值守制度，时刻保持应急状态，确保及时高效处置各种突发险情。三是严格信息报送。督促各国家专业队及时、准确、全面报送队伍接报事故、出动救援、队伍机动、救援进展等信息，保障应急救援指挥调度需求。

（二）激发队伍活力

一是深入学习宣传“时代楷模”肖文儒先进事迹。组织国家专业队集中收看肖文儒同志先进事迹发布仪式，学习央视、人民网、新华社、人民日报等主流媒体发布的专题报道，结合工作实际开展专题研讨，全方位营造学习英雄、崇敬英雄、争当英雄的良好氛围；引导广大救援人员以肖文儒同志为榜样，接续奋斗、开拓进取，奋力谱写安全生产应急救援事业发展新篇章。二是大力表彰先进典型。长期坚守在防范化解重大安全风险最前沿、奋战在抢险救援第一线的 3 支国家专业队、7 名一线救援人员被人力资源社会保障部、应急管理部联合授予全国应急管理系统先进集体、先进工作者荣誉称号；在山东栖霞笏山金矿“1·10”爆炸事故救援、“应急使命·2021”抗震救灾演习、河南特大暴雨灾害抗洪抢险救援中表现突出的 8 支国家专业队、33 名一线救援人员被应急管理部授予二等功、三等功、嘉奖等奖励。三是事故救援补偿机制初步形成。对参与山东栖霞笏山金矿“1·10”爆炸事故、新疆丰源煤矿“4·10”透水事故救援的安全生产应急救援队伍分别给予 603 万元、210 万元救援补偿。

（三）打牢救援基础

一是加强应急救援科技装备支撑。完成区域重特大事故灾害救援专用装备物资储备库（北京）等 4 个装备库项目竣工验收工作，为事故灾害抢险救援提供有力物资装备保障。区域重特大事故灾害救援专用装备物资储备库（北京）在河南特大暴雨灾害抗洪抢险救援中发挥了重要作用。建设安全生产应急救援资源信息管理系统，录入物资装备信息和物资装备生产制造、建筑施工、地质勘探、钻机使用等企业信息。组织编制《国家安全生产专业应急救援队伍建设总体方案（2022—2026 年）》，结合日常维护保养、训练演练需求、抢险救援发生的器材耗损等实际，提出了针对性、操作性更强的国投救援装备运行维护经费保障措施办法。实施安全生产应急救援急需技术装备揭榜攻关，征集应急救援先进适用技术装备，组织社会力量开展矿山（隧道）快速排水救援、快速构建救生通道技术装备攻关。二是提高救援力量投送效率。积极与交通运输部门、ETC 服务站沟通协调，为 2518 台国家专业队大型车辆安装 ETC 卡，做到合规车辆应办尽办，大大提高救援力量投送效率。三是完善应急救援制度规范。明确国家安全生产应急救援队跨省（区、市）救援出动有关规定，提高队伍应急响应效率。编制印发《矿山（隧道）事故救援联络信号（试行）》，规范被困人员和救援人员联络信号方式，提升事故救援信息传递准确性，增强救援效率。四是组织开展国家矿山（隧道）、危险化学品应急救援队伍建设大讨论活动，引导救援人员深入思考队伍建设工作，收集各队伍报送研讨论文 153 篇、意见建议 90 条，探索推进国家专业队现代化建设。

（四）开展技术服务

一是深入开展预防性安全检查。印发《矿山救护队预防性安全检查工作指南》，对矿山行业预防性安全检查组织实施、检查内容、检查成效等进行规定。在春节、两会、建党 100 周年、国庆等重要时段，以及台风寒潮、暴雨暴雪、秋雨秋汛等高风险时段，积极开展重大安全风险研判，2021 年共下发工作提示 15 次，指导国家专业队结合矿山、危险化学品、油气管道等行业特点，加强预防性安全检查和巡查，提高风险防范应对工作水平。全年国家专业队共出动 49481 次、200556 人次，对 29786 家次企业开展预防性检查、重大危险源靠前巡查检查，有效协助企业排查风险隐患，防范化解安全风险。二是做细做实安全技术服务。印发《关于国家专业队切实加强风险防控和应急准备的通知》，指导国家专业队积极为驻在企业和周边企业提供安全技术服务。针对汛期多地发生煤矿顶板透水透砂、泥浆崩塌事故的情况，印发《关于进一步加强矿山企业安全技术服务工作的通知》，指导国家专业队结合季节风险特点开展安全技术服务。全年国家专业队共出动 16840 次、87839 人次为 5911 家次企业提供排放瓦斯、启封密闭、动火监护、堵漏作业等安全技术服务，有效助力企业安全生产。三是拓展安全技术服务领域。深入多家事故企业现场调研有限空间作业事故频发的深层次原因，分析研究应对措施，制定国家专业队开展有限空间作业安全技术服务试点方案，引导救援人员充分发挥专业优势，开展有限空间作业安全技术服务，保障企业安全生产。

（五）提升救援能力

一是强化实战锤炼。组织 5 支国家专业队加强针对性训练演练，优化演练流程，细化场景构设，做好通行、通信装备等保障，圆满完成“应急使命·2021”抗震救灾演习任务，大力提升队伍巨灾应对能力，强化与国家综合性消防救援队伍联动机制。二是加强常态化训练演练。各国家专业队结合专业特点和区域自然灾害实际积极开展训练演练，矿山、危化、隧道等队伍持续加强煤矿透水、井控火灾、隧道坍塌等事故救援演练。全年国家专业队共开展训练演练近 12 万次。三是开展危险化学品应急救援队伍指挥员实训。组织全国 35 支国家危险化学品应急救援队伍 100 名指挥员，在国家危险化学品应急救援实训演练大庆基地封闭集训，围绕危险化学品事故现场指挥与决策、化工生产装置火灾处置战术战法、浮顶储罐密封圈火灾事故处置基本战法及操法等内容进行理论授课与真火实操，有效提升危险化学品应急救援指挥员实战指挥能力。

二、国家地震灾害救援力量

中国地震应急搜救中心持续抓好国家地震灾害紧急救援队（对外称中国国际救援队，简称救援队）建设，紧盯国际一流定位，着力加强队伍技能培训、装备物资保障，完善队内协调机制，时刻保持应急状态，积极发挥在地震应急救援队伍建设中的示范引领作用。

（一）持续加强队伍能力建设

一是积极开展救援队员搜救基础技能培训训练。共组织救援队 7 批次 580 人开展走训、演练和三方合练等能力建设工作；定期组织内部救援训练，并于 6 月至 7 月由救援队总队长亲自指挥，在救援队内部进行了为期 1 个月的搜救技能专项强化训练。二是参加国际救援任务专项培训演练。派出16名队员参与外交政策与国际救援规则培训班，内容涉及中国外交政策与外交挑战、救援队伍建设理论、联合国救援行动机制、国内外典型救援案例等。派出核心技术骨干8人，参加由应急管理部和联合国人道主义事务协调办公室联合主办的INSARAG亚太地震应急演练，涵盖国际队伍通关、各协调单元建立运维及沟通协调，现场搜救队的指挥部署、现场评估、医疗救助、撤离移交等内容。救援队通过参加演练，进一步磨合国际救援机制，为执行国际救援任务做好准备。三是开展高新技术装备演练及列装工作。配备中低空大范围人员搜索定位无人机、激光扫描雷达等高新技术装备，并组织专项演练，模拟大陆地区发生破坏性地震并引发地质灾害，救援队派出技术骨干，携带高新技术装备赶赴现场开展应急处置工作，推动高新技术装备救援队列装，提高救援队整体装备水平。

（二）圆满完成“应急使命·2021”抗震救灾演习相关任务

5月14日，国务院抗震救灾指挥部、应急管理部、四川省人民政府联合组织的“应急使命·2021”抗震救灾演习在四川雅安举行，救援队作为核心力量，为演练的顺利举办发挥关键支撑作用。一是圆满完成队伍自身参演任务（图5-4-2）。救援队派出200人作为国家地震救援的“拳头”力量参加现场实兵演习，承担难度最大的现场搜救科目。参演队员发扬特别能吃苦、特别能战斗的精神，展现了良好的专业技能和精神风貌。二是派出核心技术骨干深度参与演练评估工作。派出技术骨干参与演练评估组工作，在中国地震应急搜救中心的牵头组织下，连续工作56天，形成评估方案、细则、技术标准、总结报告等文字材料12万余字，评估演习科目30余项，提出科目调整建议100余条，及时发现演习存在的短板和不足，并提出合理化建议。参与演习评估报告编写，聚焦大震巨灾应对体制机制、应急预案体系、指挥协调与力量协同、队伍抢险救援能力建设情况，就进一步破解“断、乱、慢”和非传统地震灾害应急救援突

图5-4-2 参加“应急使命·2021”抗震救灾演习

出问题提出意见建议，为推动做好抗大震、救大灾提供有价值的参考。三是派出核心技术骨干协助演练其他方面工作。派出专家参与演习专家组工作，为演习导调、科目设置、方案编制等提出专业化建议，助力演习顺利举行；派员参与演习导调组工作，为编写导调方案和规划现场科目设置等工作发挥支撑作用；派出通信专家，协助军方做好演习通信保障工作。参与演习总体方案及配套方案编写、演习重点任务跟踪督办等重要工作。

（三）磨合队伍内部机制，提高队伍运行效率

一是不断优化救援队装备物资配置结构及使用效率。瞄准“断、乱、慢”问题，认真总结在“应急使命·2021”抗震救灾演习中反映出的问题与不足，完善救援队伍集结、转运和现场保障方案，完善模块化集成现场应急保障装备器材方案，细化高原、高寒等特殊环境下的人员与装备配置方案，确保无论灾害发生在何时何地何种特殊环境，队伍随时拉得出、冲得上，支持保障保得好。二是持续加强队伍信息共享与联动指挥机制建设。紧跟信息化建设大趋势，队伍各方不断开展相关系统建设。实现地震灾情信息数据共享以及音视频互通，并在此基础上，尝试建立救援队信息共享与协同指挥机制，进一步增强救援队地震应急联动协调能力，提高响应效率。三是不断优化现有技术支撑保障体系。以时刻准备好应对大震大灾为宗旨，不断健全现有技术支撑保障机制，做好救援队现有装备的日常维护保养。搜救中心全年共进行救援队装备物资维护保养 4 次，保养装备 3000 余件/套。

（四）充分发挥救援队行业引领作用

依托基地平台，派出核心技术骨干为应急管理干部、国家综合性消防救援队伍、社会应急力量等提供培训，在确保防疫安全的前提下完成国家综合性消防救援队伍培训 9 期 620 人次，应急管理干部培训 3 期 165 人次，社会力量培训 3 期 110 人次，防灾科技学院培训 1 期 33 人次，森林消防局教练员长时段培训 1 期 39 人次，中国消防救援学院 71 名学员毕业强化训练等。派出核心技术骨干共 23 批 92 人次，赴山东陆搜基地，四川省、河北省消防救援总队，福建省、吉林省、黑龙江省、内蒙古自治区森林消防总队开展地震救援培训与队伍建设指导。不断完善培训课程体系，加强对甘肃陆搜基地、山东地震救援基地的培训体系建设指导和联培联训。完成对社会应急救援力量培训教材的审定及社会应急救援力量地震救援技术培训方案的制定，完成建筑物坍塌搜救技术培训手册各分册出版准备工作。

（五）持续推进国际救援合作交流

探索线上线下相结合的培训和演练模式，为东盟救援能力强化培训班开发基于网络的情景体验课程。在国际搜索与救援咨询团亚太地震演练中，采用 VR 技术构建虚拟地震灾害环境。组织中俄救援队在线研讨会，就贝鲁特港口大爆炸俄罗斯救援队行动进行交流研讨。组织翻译《联合国灾害评估与协调现场工作手册》《现场行动协调中心指南》《INSARAG 指南》《国际地震应急演练》和《亚太响应工具》等联合国人道主义领域系列书籍。组织申报国家国际发展合作署上海合作组织搜救培训项目 1 项、亚合资搜救培训和国际培训基地论证等项目 3 项。组织国际救援队成员单位申报 2021 年联合国测评/复测（IEC/IER）专家和灵活响应工作组专家。组织专家队员线上参与国际会议、演练，撰写会议报告和技术报告 25 篇。

三、国家区域应急救援中心建设项目取得阶段性进展

健全领导机构，推动调整应急管理部应急救援中心工程建设领导小组、成立各省建设领导小组及各项目基建办公室，及时研究解决项目建设中的重大问题。制定出台项目建设、招标采购、资金报销等工作制度，指导地方配套出台各类制度30余项，基本形成部省协同推进的工作格局。6个区域中心规划设计全面完成、前期审批顺利推进，初步落实中央投资近42亿元、建设用地4500余亩、地方配套资金16亿余元。

四、加快推进航空应急救援体系建设

配合财政部印发中央租机经费管理暂行规定，在灾害重点地区统一部署航空器76架，落实中央补助资金6.65亿元，健全完善航线快速审批机制。印发通知规范“中国应急”“中国消防”等应急管理标识使用管理，切实维护良好形象。引导各方积极参与建设，与中国商飞签署战略合作协议，探索固定翼飞机在应急救援领域应用模式；广东安排专项资金10亿元购置直升机14架，山东常态租用11架直升机，有关企业引进大型高原型直升机12架。全国上下一体、有效联动的航空救援体系建设格局基本形成。

五、提升抗洪抢险专业化水平

加快推进抗洪抢险救援装备配备工作，针对长江、淮河流域洪涝灾害特点和应急力量建设需求，为安徽省、江西省、湖北省、湖南省和重庆市配备7艘大型水上抗洪抢险救援船，持续推进设计建造。为部自然灾害工程应急救援中心配备侦测搜寻、通信指挥、挖装保通、排水救援四大类共202台（套）工程抢险救援关键装备，进一步提升专业应急救援队伍抗洪抢险的专业化、智能化、实战化水平。

六、推进基层应急救援力量建设

立足破解基层应急能力薄弱的难题，在山东省济宁市组织6个县、9个镇街开展基层应急救援能力建设试点，实施基层应急救援站建设和镇、村、站应急预案质量提升工程，规范建设内容，统一建设要求，提高建设质量，推动建成应急救援站468处，构建起基层应急救援能力建设“济宁模式”。组织召开全国救援协调和预案管理工作会，向全国推广济宁经验，推进基层应急救援能力提升。

七、引导社会应急力量发展

组织编制《社会应急力量参与重特大灾害抢险救援行动现场协调机制建设试点方案》，聚焦解决重特大灾害救援现场社会应急力量因组织协调不到位而造成的救援信息不对称、应急资源浪费、灾区秩序混乱等问题，先期在山西、江苏、浙江、江西、河南、湖北、湖南、广东、四川、云南等10个省份部署试点建设任务。推进制度标准体系建设，完成《社会应急力量建设基础规范》总体要求、建筑物倒塌搜救、山地搜救、水上搜救、潜水救援、应急医疗救护等6个标准立项、专家论证、征求意见等。组织编制社会应急力量建筑物倒塌、山地搜救、水上搜救等培训教材3册。注重选树典型、鼓舞士气，推荐浙江省公羊会公益救援促进会等2个集体、石欣等3名个人分别获评全国应急管理系统先进集体和先进工作者荣誉称号，增强了社会应急力量的归属感、荣誉感。

截至2021年底，全国共有社会应急

力量 1700 余支、骨干队员计 4 万余人，应急志愿者 60 余万人，主要有蓝天救援、9958 救援、曙光救援同盟、公羊会、绿舟救援、蓝豹救援等品牌救援队伍。其中，蓝天救援已在全国 31 个省份成立品牌授权的救援队伍 700 余支；9958 救援品牌队伍在全国发展注册 150 余支；曙光救援以同盟形式存在，在全国组建队伍 40 余支。

第五章 重大抢险救援任务

一、山东五彩龙投资有限公司栖霞市笏山金矿“1·10”重大爆炸事故救援

2021年1月10日13时13分许，山东五彩龙投资有限公司栖霞市笏山金矿发生爆炸事故，造成22人被困。经过救援人员连续11个昼夜奋战，成功救出11名被困矿工（图5-5-1），找到10名遇难矿工，并于3月25日找到最后一名被困矿工。

（一）领导高度重视，政府部门靠前指挥

事故发生后，党中央、国务院高度重视，中央领导同志作出重要指示批示；应急管理部主要领导视频调度，全程跟踪指导救援工作，并派工作组赴现场指导救援。山东省委、省政府迅即成立省、市、县一体化救援指挥部，由省委常委、常务副省长任总指挥，副省长及烟台市委、市政府主要负责人任副总指挥，成立综合协调组、现场救援组、专家组、医疗救治组、新闻舆情组、安全保卫与交通保障组、后勤保障组、家属接待组、疫情防控组9个工作组，紧急调集省内外救援队伍，组织开展现场救援工作。

（二）综合分析评估，科学制定救援方案

应急管理部工作组与指挥部组织专家团队一同研究救援方案、制定安全措施，攻克了一个又一个难关。救援之初，制定井筒清障和钻孔施救“两条腿走路”救援方案，在被困生命仅可维持7天的最后一刻，打通生命探测维护通道，为救援争取了时间。救援中期，根据人员生存情

图5-5-1 山东栖霞笏山金矿“1·10”重大爆炸事故救援

况，优化形成生命维护监测通道、生命救援通道、排水保障通道和辅助探测通道“3+1”的总体救援方案，且每个通道实施主攻与备用“双保险”。此外，针对井筒清障难度大的实际，经反复尝试激光切割、等离子切割、高压水切割等 13 种办法，最终确定采用“双层吊盘+气焊切割+液压切割”方案；针对国内尚无通过钻孔实现 700 米排水的先例，组织专家、施工队伍、水泵技术人员，先期开展抽水试验，完善排水方案，确保顺利推进救援工作。

（三）同心协力救援，精兵特装齐聚笏山

本次救援共调集国家矿山应急救援大地特勘队、中煤五建和山东黄金集团等专业救援队伍 20 支、690 余人、420 台（套）装备。国家安全生产应急救援中心先后调动国家矿山应急救援兖州队、大地特勘队、淮南队、大同队，淄矿集团救护大队和河南豫中地质勘查有限公司等救援队伍携带大口径钻机等专业救援装备支援救援。由于事故矿井井深近 700 米，且所处岩层大多为花岗岩，岩石硬度高，打孔难度极大。前期由山东地矿局第六地质大队作业的 3 号孔，在钻至 521 米时发现井底位移达 7.4 米，无法贯穿巷道。国家矿山应急救援大地特勘队临危受命，发挥专业优势，精准控制钻孔轨迹，成功完成纠偏作业，确保了 3 号钻孔顺利透巷，成功建立了第一条生命保障通道，为井筒清障同步推进并最终成功解救 11 名被困矿工赢得了更长的“窗口期”，为救援成功发挥了决定性作用。救援“生命通道”打通后，井下被困矿工先后传出两张纸条，后被中国共产党历史展览馆收藏，并在 2021 年建党百年党史展中展出（图 5-5-2）。救援队伍熟练操作专业救援装备器材，高效开展钻孔、切割、清障等工作，安全顺利实施救援。

（四）现场管理有序，后勤服务保障有力

交通部门专门开设绿色通道，保障各地支援人员、救援装备快速赶赴现场参加救援。指挥部成立专门保障组，组织平整场地，搭建简易板房、帐篷，安装防湿

图 5-5-2 救援“生命通道”打通后传回纸条

板、电热板，固定床铺等，一对一联络救援队伍，全力保障一线救援需求和人员住宿。医疗救护队开展核酸检测 2.5 万人次，提供医疗服务 2131 人次，发放各类药品 3215 盒，保障救援人员身体健康、体力充沛。国家、省、市三级组成医疗专家组，建立被困矿工健康档案，优化医疗救助方案，科学开展心理疏导，实施“一对一”特护医疗救治，帮助获救矿工尽快恢复健康。公安、消防、通信等部门全力支持，维护现场秩序、保持通信畅通，保障救援行动顺利进行。

二、甘肃舟曲果耶镇“2·28”滑坡灾害应急处置

2021 年 2 月 28 日 20 时 30 分左右，甘肃省甘南州舟曲县果耶镇磨里村、果耶村（两村相邻）受降雨影响发生山体滑坡，滑坡体约 97 万立方米，造成 92 户 402 人受灾。

灾害发生后，国务院领导同志高度重视并作出重要批示，应急管理部主要领导要求全力做好应急处置和受威胁人员转移安置工作，确保人民生命安全。应急管理部会同自然资源部组成联合工作组赶赴现场，指导和帮助地方开展处置工作（图 5-5-3）。

甘肃各级党委政府高度重视，当地政府和相关部门迅速采取措施，成立临时指挥部，对受威胁群众进行应急避险转移，开展 24 小时应急监测，实施精准排查管控。在各方不懈努力下，2021 年 3 月 8 日，402 名受灾群众全部转移安置，未发生人员伤亡事件。

三、新疆昌吉州呼图壁县白杨沟丰源煤矿“4·10”重大透水事故救援

2021 年 4 月 10 日 18 时 11 分，新疆昌吉州呼图壁县白杨沟丰源煤矿发生重大透水事故，造成 21 人死亡，直接经济损失 7067.2 万元。

（一）高度重视、多措并举

事故发生后，党中央、国务院高度重视，中央领导同志先后提出救援要求；应急管理部领导持续视频调度指导救援处置工作，并派出工作组赴现场指导处置；国

图 5-5-3　甘肃舟曲果耶镇“2·28”滑坡灾害应急处置

务院安委办工作组迅速召集国内防治水、物探、钻探方面专家协助救灾，调集大功率潜水泵、排水管路等设备及专业队伍赶赴现场。自治区党委政府第一时间启动应急预案，立即成立应急处置工作领导小组和现场抢险救援指挥部，指挥部下设现场救援、医疗救治、维护稳定、交通管理、物资供应、后勤保障、善后处置、事故调查、新闻报道等 12 个工作组，有序进行抢险救援（图 5-5-4）。

现场抢险救援指挥部统筹安排，采取多种方式将 11 台高压水泵、11 趟抽水管路和配套高压电缆运至井下并安装使用，迅速将排水能力由最初的 370 立方米/小时提升至 3325 立方米/小时。组织力量修复加固丰源煤矿上游 2 公里损毁河道渠底和防渗工程，堵截白杨沟河河水补给井下。充分发挥先进抢险技术，在地面布置 6 处钻场向井下施钻，为监测井下水位、巷道状况、查明透水原因及开展失联人员搜寻奠定了基础。及时采取措施，解决巷道垮冒、有毒有害气体溢出等突发险情，保障救援安全。

（二）统筹谋划、安全施救

一是坚持系统思维。工作组和现场抢险救援指挥部到井口、河道、钻场实地查看排水、疏水和钻孔情况，制定综合施策的总体救援方案。专家组严谨细致地分析相邻矿井地下连通、白杨河河水渗漏补给、钻区地质构造、废弃火区老空区等情况，并详查资料、访查求证、实地勘查和会诊研判。统筹组织、协调新疆域内专业力量、军警力量、消防力量和煤田地质技术资源，优化资源配置，确保救援行动的高效实施。二是坚持底线思维。工作组和现场抢险救援指挥部提前谋划、及时研判、严加防范可能影响救援工作的各方面不利因素，着眼排水、疏水、打钻、搜救、转运等工作，周密制定各类方案，并将责任人、执行人落实到人，避免衔接不畅、运行不顺。时刻强调安全作业，及时印发加强救援现场安全管理工作的紧急通知，成立巡回检查组开展安全督导检查，保证救援人员的安全和健康。三是坚持超前思维。专家组根据抽排水能力和矿井实际对水位下降各关键节点进行多轮次预测

图 5-5-4　新疆丰源煤矿“4・10”重大透水事故救援

分析，为安排部署井下清淤、搜救等工作提供了数据支撑。工作组和现场抢险救援指挥部调集水泵、钻机、液压破拆机、电力和通信保障车等大量救援物资装备，保障救援顺利推进。

（三）装备精良、措施科学

一是专业装备稳定发挥。调集流量30~725立方米/小时、扬程15~480米的各型水泵，连续稳定排水。调动国家矿山救援专业队携带2600米排水软管赶赴现场，调动厂家紧急生产并空运发送5000米软管支援事故救援。二是钻孔施工科学精确。克服钻孔施工难度大、多数为定向斜孔的难题，在预定时间内完成6个钻孔施工，有效钻探总进尺2270.4米，提交298组钻探数据、208组水文数据。三是实时通信保障到位。及时在井下作业点、各井口、排水入河点、调度室监控屏等部位安装10余个视频监控装置，安排专业人员全时监控。在排水作业巷道、各井口、调度室、指挥部安装专线电话；为所有指挥长、工作组负责人、专家、救护队长等配备专用手持电台，实现一键调度、无缝通信。

（四）人员专业、救援有力

一是各行业专家全程指导支持。从全国范围内调集防治水、钻探、地质、排水等22位专家参与方案制定、数据分析、施工指导等救援全过程。研判解决抽水排水、钻孔堵水、涌气涌水等重点工作推进中的重难点问题，为加快排水、钻孔等工作进度提供了强有力的技术支撑。二是技术人员提供服务。调集水泵、软管、钻孔等主要装备厂家技术人员，现场指导装备操作，及时排除故障隐患。三是矿山救援专业队一线奋战。国家安全生产应急救援中心派出工作组赴现场指导协调救援工作，先后调集国家矿山应急救援新疆队、神华新疆队、八钢队、中煤大屯队、靖远队、中煤新集队和昌吉州矿山救护队共264人，携带22台水泵、2800米排水软管等装备赶赴现场救援，调派国家矿山应急救援大地特勘队2名钻孔专家参与救援，召集山西天波制泵公司、北京高安诺公司、江苏中裕软管科技公司、山西北方机械制造公司、山西省煤炭地质115勘查院、西安科技大学等单位27名技术人员，携带3台水泵、5000米排水软管、自动排水车和井下视频系统等装备支援现场救援工作。至大规模搜救工作结束，矿山专业救援队伍共进行气体监测2338人次，井下监护作业2029人次，参加侦查搜救1049人次，投入252人次转运遇难人员，发挥了专业救援的“拳头”队、“尖刀”队作用。

四、山东威海“4·19”“中华富强”轮火灾扑救

2021年4月19日22时许，威大航线滚装客船“中华富强”轮在行驶途中第三甲板汽车舱（简称三甲舱）内一货车冒烟，立即返航并停靠于威海港客2泊位。

事故发生后，山东省消防救援总队迅速调集力量到场处置（图5-5-5）。历时8天8夜，于27日17时许成功扑灭火灾，共疏散762名乘客和船员，实现了无人员伤亡、无船体倾覆、无次生灾害的任务目标，成功保护了中车辆舱（位于三甲舱）以下部位发动机舱、油柜等核心舱室和动力、传动等设施设备的完好。

（一）先期处置阶段

4月19日23时25分，威海支队指挥中心接到威海港客运码头调度中心报警后，调派力量到场处置，支队全勤指挥部遂行出动。消防救援力量到场后，立即协助疏散船上人员。侦察发现，三甲舱、五

图 5-5-5　山东威海“4·19”“中华富强”轮火灾扑救

甲舱等车辆舱烟气浓、温度高、无法进入；七甲舱地板出现“鼓包”，火势有向七甲舱以上蔓延趋势。在经船方、港口确认舱内车载货物中无易燃易爆危险品后，根据船方建议，继续采取三甲舱封舱处置措施。

4 月 20 日 8 时 20 分，威海市政府成立现场应急救援总指挥部。经总指挥部反复论证，决定由船方人员打开三甲舱船艉主门。11 时 40 分许，艉门开启过程中三甲舱发生爆燃；大约 5 分钟后，五甲舱中部发生第二次爆燃，三甲舱猛烈燃烧、五甲舱部分燃烧。在确认人员车辆装备安全后，威海支队立即利用预先设置的 2 门移动遥控炮、2 台消防机器人对三甲舱进行灭火冷却，同时向总队指挥中心报告。总队全勤指挥部及作战指挥专班赶赴现场，同时调派济南市、青岛市、淄博市、烟台市、日照市消防救援支队赶赴现场增援。

（二）冷却控火阶段

4 月 20 日 18 时 30 分许，总队全勤指挥部到达现场，在舱艉岸基部署 2 台消防机器人和 1 门大功率泡沫车载炮、在船体两侧部署 4 艘拖轮使用船载炮持续冷却灭火。

4 月 20 日 23 时许，消防救援局工作组到达现场，成立消防救援指挥部。明确了救援处置原则，制定了总体灭火战术措施，划定了作战、备战、保障 3 个区域，确定了船艉三甲舱灭火以及船艏、左舷、右舷冷却的 4 个作业面；针对长时间、高强度连续作战的实际，重点分析了作战行动各环节可能出现的安全问题，明确了作战安全要求。

4 月 21 日 9 时许，侦察发现，火势已向上蔓延至七甲舱，三甲舱以下部分没有过火燃烧迹象。消防救援指挥部根据船舶承载能力，决定采用大流量水炮抵近三甲舱艉门射水灭火冷却，在三甲舱底板形成积水隔层防止向下蔓延；在船体两侧部署拖轮对船体进行不间断射水冷却降温；对船底机舱、油舱灌注二氧化碳惰化冷却。经过持续冷却、惰化保护，实现了防止火势向下蔓延扩大的作战意图。

（三）强攻灭火阶段

4 月 22 日，由于前期持续射水冷却，加之潮汐影响，激光位移监测仪监测到船体侧倾严重、接近安全上限，现场组织救援人员撤离至安全区域。经综合评估，现场采取“开孔排水、加缆稳固、持续冷却”的战术措施。

4 月 23 日，三甲舱、五甲舱仍处于全面燃烧阶段，五甲舱无排烟排热出口，热量积聚较严重。经综合分析研判，确定采取“降温灭火、窒息保护”的战术措施。

4 月 24 日，侦察发现，三甲舱与五甲舱已通过坍塌活动坡道连通，打孔排水效果明显，部分货物处于阴燃状态。在三甲舱、五甲舱分别布设 4 门、1 门移动遥控炮灭火冷却，其中 2 门移动炮从三甲舱艉门梯次向前抵近延伸 50 米。

4 月 25 日上午，三甲舱已具备贯通内攻侦察条件，五甲舱烟热释放较为充分。经综合研判评估，确定了“三甲贯通、五甲窒息”的战术措施。截至 25 日 20 时许，船体外壳最高温度降至 49 ℃。

（四）清理监护阶段

4 月 26 日上午，在五甲舱温度趋于稳定的情况下，调整确定了“持续吹扫、贯通侦察、内攻清理”的战术措施。由于前期惰性气体灌注量大，现场综合利用涡喷车、排烟车、排烟机驱散舱内二氧化碳，为内攻清理创造条件。现场组织 2 个侦察组携带测温仪、红外热成像仪、有毒气体探测仪，分别从船艉进入三甲舱、五甲舱进行贯通侦察，发现仅剩三甲舱距船艉 120 米处有 1 处火点。按照“主攻（侦察灭火）+应急（紧急救助）+保障（装备技术）+备用（替换力量）”的作战编成模式编配力量和装备，强攻近战消灭残火。

4 月 27 日 17 时许，明火被成功扑灭，留守力量持续监护，其他参战力量陆续归建。

五、四川凉山州冕宁县“4·20”森林火灾扑救

2021 年 4 月 20 日 16 时 30 分，四川省凉山州冕宁县石龙镇马鞍村发生森林火灾，火场山高坡陡，火势主要呈东、西两线向北发展，林相以杂灌为主，伴有少数云南松。火灾发生后，国家森防指办公室、应急管理部持续调度指导，连夜派出工作组赴四川指导支持地方开展火灾扑救工作，四川省政府负责同志带领工作组前往一线指挥扑救。四川省森林消防总队迅即响应，先后调集总队 956 名消防员，会同消防救援队伍、航空救援力量、地方专业扑火队伍、解放军和武警部队等 1400 余人，6 架直升机，经过 7 昼 6 夜艰苦鏖战，安全高效完成火灾扑救任务（图 5-5-6）。

4 月 20 日，先期投入森林消防就近力量 180 人两线追击火头，同时调集其余力量星夜兼程迅速赶赴火场参与扑救，成功歼灭火场东北线火头，但火场西线受复杂地形、植被和小气候影响，火势未得到有效控制，并已越过山顶继续向北蔓延。4 月 22 日，受地域性季风气候影响，火势复杂多变，已由初期单线火发展为独立闭合火场，联指定下“聚力打南控北”决心。4 月 23 日，森林消防参战力量集中布防在火势主要发展方向火场北线，地方力量负责扑打清理火场南线。在全体参战队伍的共同努力下，全天扑打推进有序、效果显著，北线东段、中段得到稳控，西北火势也有明显减弱，但傍晚瞬时大风引起火场突发飞火，在距北侧火线直线距离 2.53 公里山顶处形成新的火场，严重威胁十几万人的冕宁县城和灵山寺景区。联指及时定下“合力护送转移”决心，撤离可能受影响的群众 585 户 2611

图5-5-6 四川冕宁“4·20”森林火灾扑救

人，确保人民群众生命财产安全。4月24日，连夜调集森林消防第二梯队增援力量赶赴火场，奋力追击堵截，1号火场得到完全稳控，仅在2号火场东、北两线仍有较长断续火线，联指决定于4月25日集中力量攻坚2号火场。4月25日，在2号火场由西北至东南顺时针全线布兵，纵深扑打清理，坚决防止火势外延风险。4月26日凌晨，各参战力量星夜展开行动，明火于13时成功扑灭。

（一）坚持“人民至上、生命至上”的理念

灭火行动中，各级党委政府和领导干部更加注重保护人民群众和一线灭火人员的生命安全，专门设立“安全官”，坚决落实统一指挥、专业指挥、分级指挥和“三先四不打”“三个最佳”等原则要求，实现了“火扑灭、零伤亡”目标。火灾扑救中，联指从一开始就把“守城护寺”作为根本目标，定下了“力保县城、兼顾景区，积极扑救、解除风险，安全第一、严防伤亡”的战略战术，先封控火场再寻求战机实施扑救，为安全有序扑灭大火奠定了基础。特别是在4月23日下午，火场风力有明显增大趋势后，森林消防队伍根据火情监测和发展预判，果断命令队伍在预有准备情况下，提前带领地方配属力量沿预设路线有序回撤。回撤至山脚后，最先考虑地方队伍群众的安全问题，在飞火发生后的第一时间，及时护送地方队伍群众转移到村庄北侧更加开阔的安全地带，并采取手拉手、肩并肩的方式，将地方队伍群众围在中间，用指战员的脊背挡住了风沙烟雾、筑起了安全屏障，最大限度为地方队伍群众提供了安全保障，并通过及时开展林火常识和心理疏导教育，耐心细致进行心理安抚工作。

（二）坚持“打早打小打了”的根本要求

充分融合各种预警监测手段，对火情全天候、立体式监测，早发现、早处置，全力做好火情早期处理工作。针对久战不决的被动局面，森林消防负责同志第一时间组织火场勘察，参与联指决策指挥，每日综合会商研判火场态势，及时调整改变战略战术，抓住有利气象条件，果断提出

“两线追击，早打快打坚决打”的作战建议。火灾扑救中，利用无人机、设置观测点全程全时关注扑救进展和火势的变化，坚持“外部协调积极主动、内部协同高效顺畅、整体联动合力制胜”的原则，积极协调各参战队伍统一行动，采取州县主要领导分方向指挥，各负责同志分片包干、工作组现场督战等举措，及时为火灾扑救赢得转机。

（三）坚持“尽快形成封控圈”的作战原则

针对火场过火面积渐成规模的蔓延态势，充分利用防火道、隔离带、天然水系等形成封控合围兜底，先打外线火、再清内线火，以最小成本实现最大收益。飞火形成第二个火场后，对西北方向6公里外的冕宁县城和东北方向8公里外的灵山寺景区造成了严重威胁，火情形势变得更加严峻。联指立即定下“全线封控、确保重点”的作战决心，按照“连夜调兵驰援、奋力追击堵截、分割封控围歼、全线攻坚决战”的作战方式。森林消防力量一组队伍配属地方力量在西线南侧打开突破口，分兵两翼推进扑打；另一组队伍穿插递进向西北山顶追击扑打，掐头控尾，全力阻截火线向外蔓延，火场最终实现合围。

（四）坚持“专业指挥、地空配合、专群协同”的作战样式

火灾扑救过程中，森林消防总队始终牵头负责火灾科学扑救指导组工作，联指也赋予了总队主要指挥员绝对的话语权和指挥权。每一次的方案制定、每一线的力量布防、每一天的扑救行动，都在总队主要指挥员的主导下展开，在总队各方向指挥员的统筹下推动，“让专业人干专业事”的扑救理念的贯彻执行有力推动了打赢制胜目标的顺利实现。为确保每支参战力量都能最大限度发挥作用，联指安排州委政府与森林消防总队之间专项对接，确保按照县队人数、装备配备、能力优长建立协同配属关系，努力在道路抢通、供水保障、协同作战、清理看守等各环节、各层面实现深度融合。与此同时，总队前指与任务机组采取直连对接方式，每天通过无人机、北斗终端和红外热成像仪精准定位、提供坐标，灭火机群精准打点洒面，国家队打火头、攻险段，地方队及时跟进清理整固，当地群众用土办法就地取材保供水源，为成功压制火头、有效扑打火线、彻底清除烟点和夺取全线决胜发挥了关键作用。

六、云南丽江玉龙县石头乡桃花村“4·23”森林火灾扑救

2021年4月23日16时50分，云南省丽江市玉龙县石头乡桃花村和兰香村交界处的国有林区发生森林火灾，火借风势迅速发展蔓延，严重威胁周边6个村庄小组230余户人民群众生命财产和老君山国家地质公园森林生态资源安全。云南省森林消防总队闻讯而动，先后出动丽江支队和总队机关前线指挥部带昆明、保山、普洱、大理支队消防员740名，在驻地消防救援支队、解放军、武警、民兵和当地专业、半专业扑火队、干部群众近2300余人，南方航空护林总站、昆明航空救援支队6架直升机的配属下，经过9天8夜的艰苦鏖战，合力攻坚扑灭林火（图5-5-7）。

接报火情后，4月23日20时25分，属地的丽江市森林消防支队188名消防员闻令而动，立即赶赴火场，先期投入火场火线东线扑打林火，保卫兰香村红水塘组重点目标安全。4月24日10时，云南省森林消防总队组织前线指挥部带昆明、保

图 5-5-7 云南玉龙“4·23”森林火灾扑救

山、普洱、大理支队消防员 552 人异地集结力量、星夜驰援火场；4 月 24 日 20 时 30 分，第一梯队增援力量 272 人到达火场，总队前线指挥部连夜勘察火场，主导联指定下“打东保重点、控北阻火头、固西守村屯、围南灭林火”的作战意图。4 月 25 日 6 时起，总队第一前线指挥部 8 人坐镇联指主导指挥，协调配属力量展开联合行动；总队第二前线指挥部带昆明、保山、大理支队 264 人向火场火线北线突击，打隔结合封控北线火线后，兵分两路展开行动，一路立即向西北线扑打保卫桃花村红卫组重点目标安全，一路继续堵截火头扩大战果后向西北线行进；丽江支队 188 人继续扑打东线保卫民生安全。4 月 25 日 19 时 20 分，普洱支队 80 人作为第二梯队增援力量到达火场后，从五坡落村小组接近火场切入西线，阻截林火向西蔓延。4 月 26 日 6 时，昆明支队 200 人作为第三梯队增援力量投入火场东南线保卫白岩村小组重点目标安全。至 4 月 27 日 18 时，经过队伍连续攻坚、艰苦奋战，火场东线、北线明火全部扑灭，火场西线基本实现封控，队伍就地清理看守巩固战果。4 月 28 日 2 时，总队第二前线指挥部带保山、大理支队 164 人转战火场南线向西南方徒步开进展开扑打，普洱支队 80 人由西向西南方向展开扑打。4 月 29 日 16 时 15 分，火场实现全线封控，队伍继续清理看守巩固战果。4 月 30 日 12 时，队伍移交火场有序组织撤离归建。

针对此次森林火灾扑救任务，云南省森林消防总队牢牢把握了三点：一是坚持人民至上、生命至上的根本理念。坚持以人民为中心展开灭火行动，以围绕坚决保卫人民群众生命财产安全为目标，制定第一时间力量投入方向、增援力量梯次投入方案，坚持就地死看死守与及时疏散群众相结合，战斗期间共开设防火隔离带约 6.3 公里、处置站杆倒木约 6100 根、疏散群众 239 人，确保无人员伤亡和人民房屋财产损失。二是坚持“靠前指挥、一线指挥”的指挥方法。始终坚持“总队指挥员到前指，支队指挥员到地段、分队指挥员到一线”的靠前指挥原则，各级主要领导既是指挥员又是战斗员，昼夜盯守在一线、指挥在一线，统筹协调联指行动和保障物资供给，全时跟踪了解火场情况，为指战员昼夜奋战、攻坚克难注入了强大的精神动力，为取得灭火全胜提供了关键支撑。三是坚持“捕捉战机、灵活战法”的作战模式。加强火场勘察、情况研判，紧扣火势减弱时机和火势较小的地段，灵活使用“打、烧、隔、围、堵”等手段，采取直接灭火与间接灭火相结合的手段，布设多道防线，以最有效的手段取得最佳战果，共堵截火头72个、扑打清理火线约56.8公里、清理烟点约10230个。

七、云南漾濞6.4级地震救援

2021年5月21日21时48分，云南省大理州漾濞县（北纬25.67度，东经99.87度）发生6.4级地震，震源深度8公里。此后又发生3次5.0级以上余震。地震造成云南省大理州、临沧市共13个县（市）16.5万人受灾，3人死亡，34人受伤，2.8万人紧急转移安置，倒塌房屋1854间，严重损坏1.9万间，一般损坏7.5万间，部分交通、道路、市政、教育等设施受损，直接经济损失33.2亿元。

地震发生后，应急管理部立即启动抗震救灾三级应急响应，主要负责同志持续调度了解震区情况，主持召开国务院抗震救灾指挥部联络员会议，会商震情灾情，部署抢险救援救灾工作。应急管理部派出工作组赴一线协助指导云南省开展抢险救援工作。及时预拨中央自然灾害救灾资金1000万元，调拨中央救灾物资5000顶帐篷、1万张折叠床、2万床毛毯。

相关部门和地方紧急响应，主动出击，全力组织抗震救灾（图5-5-8），把搜救人员、抢救伤员放在首位。同时妥善做好受灾群众安置、震情监测研判、次生灾害防范、复学复课等抗震救灾工作。云南省消防救援队伍闻令即动、向险而行，立即调集和预集结力量，经过8个昼夜连续奋战，共营救被困人员19人（其中，3人重伤、8人轻伤、8人未受伤，全部生还），排除险情1459处，转移群众1449人，搭建帐篷1105顶，安置群众1481人，转运救灾物资188吨，圆满完

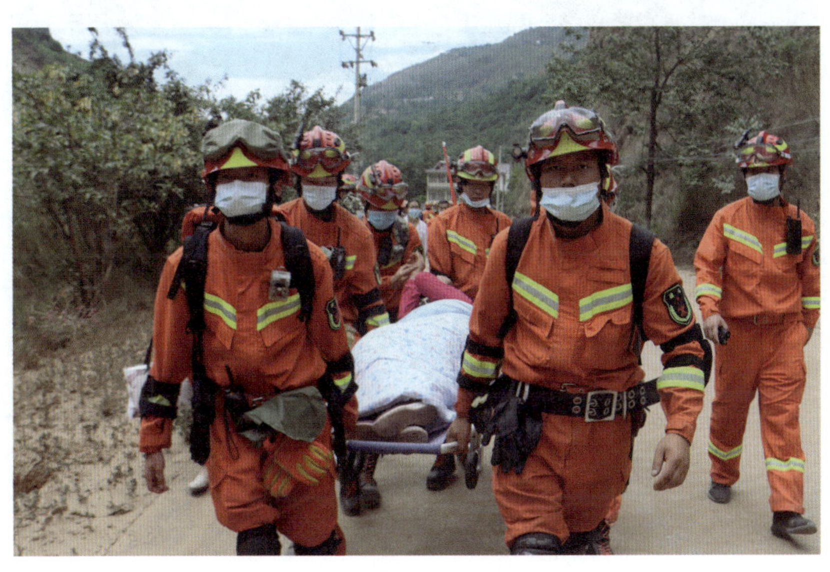

图5-5-8 云南漾濞6.4级地震救援

成地震救援救灾任务。

八、青海玛多 7.4 级地震救援

2021 年 5 月 22 日 2 时 4 分，青海省果洛州玛多县（北纬 34.59 度，东经 98.34 度）发生 7.4 级地震，震源深度 17 公里。地震造成果洛、玉树 2 州 7 个县 11.3 万人受灾，19 人受伤，部分高速公路及国道路段严重受损，直接经济损失 41 亿元。

地震发生后，应急管理部立即启动抗震救灾二级应急响应，主要负责同志持续调度指导抗震救灾，部署排查搜救、震情监测、次生灾害防范和受灾群众安置等工作。应急管理部派出工作组赶赴震区指导抗震救灾工作，及时预拨中央自然灾害救灾资金 1000 万元，调拨 3000 顶帐篷、5000 床棉被、1 万张折叠床等中央救灾物资。

青海省消防救援队伍迅速组成地震搜救队伍，共排查 826 户，转移疏散群众 3765 人，协助搭建帐篷 480 余顶，圆满完成地震救援救灾工作任务（图 5-5-9）。

九、北上野生亚洲象搜寻监测

2021 年 5 月下旬，15 头亚洲象首次进入玉溪峨山境内，人象冲突可能性激增。象群北移事件发生在联合国《生物多样性公约》第十五次缔约方大会（COP15）即将在昆明召开的敏感时期，象群安全防范工作受到国内外高度关注，确保“人象平安”意义重大。

根据云南省委、省政府统一部署，云南省森林消防总队自 5 月 27 日至 9 月 19 日，先后出动 59 名指战员、8 台车、16 架无人机、6 部红外夜视仪及全要素通信装备器材，担负象群监测任务（图 5-5-10、图 5-5-11）。任务分队历时 116 天，坚持 24 小时全天候值守，先后转场玉溪、昆明、红河、普洱 4 州（市）10 县（区），监测象群活动 1266 公里，空地跟踪 2390 小时，标绘要图 377 份，为地方各级政府“盯象、管人、助迁、理赔”提供了精准依据。

图 5-5-9　青海玛多 7.4 级地震救援

图 5-5-10 北上野生亚洲象群搜寻监测

图 5-5-11 无人机拍摄到的北移亚洲象

（一）提高站位，切实加强组织领导

把象群监测任务作为维护稳定、保民平安的大事来抓，周密制定任务方案。总队主要领导加入省安全防范指挥部并担任副指挥长，抽调精干力量遂行任务。主动与省应急、林草等部门和象群途经地职能部门对接，建立信息共享、指挥联动、协同保障、形势会商机制，总队指挥中心24小时全程指导任务行动。

（二）科学组织，坚决确保人象安全

依托森林消防队伍灭火指挥系统开发象群搜寻监测指挥平台，运用集成可见光、热成像、激光测距的垂直起降固定翼无人机、中小型多旋翼无人机和红外夜视仪，研究亚洲象生活习性，结合“空、地、声、迹”等监测信息，保障现场指挥部高效顺畅指挥，最大限度降低人象接触风险。建立监测轮换制度，编成5个监测小组定人、定车、定装、定位24小时昼夜跟踪，依据气象、地形、食物分布，分析踪迹确定象群移动方向，多机组、多手段、多路径实施不间断监测。协助当地政府采取预警疏散、投食引导、预设阻隔等方式引导象群通过28个村镇街道、3条河流桥梁和实施1次小象遇险营救。

（三）借势发力，主动宣传深度弘扬

总队与省委宣传部、省林业和草原局成立新闻宣传协调组，指导有关野象搜寻监测报道，累计召开6次见面会，在央视播出电视新闻1500余条、与央视新闻频道直播连线56次24场次，参加央视、湖南卫视等30个品牌栏目采访录制，在中央级媒体刊稿2528篇。累计策划出版文字、图文、漫画出版物16本（套），合作拍摄制作7部22集纪录片，制作全英文国际版4部18集纪录片，在中央级主流媒体刊发整版报道57版（全英文9版）。

（四）战训结合，依托任务实战练兵

总队安排所属支队实战轮训，构建空地一体侦察、多元力量协同的信息获取体系。拓展无人机驾驶、指挥系统使用、通信装备操作、车辆驾驶、野外救护等专业科目研究，探索总结陌生环境要素侦察和无人机托举起降、电池快速降温充电、多机协同侦测、乘车动中操控及复杂条件通信组网的技法、操法、战法，以战领训、以训促战，提升空地一体的侦察能力。

十、河北沧州市渤海新区南大港东兴工业区鼎睿石化有限公司“5·31”火灾事故救援

2021年5月31日14时28分，河北省沧州市渤海新区南大港产业园区东兴工

业区鼎睿石油产品有限公司在进行油气回收管道切割作业时，发生原油储罐爆炸着火事故。经过救援人员连续 84 小时奋力扑救，明火于 6 月 4 日 2 时 30 分被扑灭，事故未造成人员伤亡（图 5-5-12）。

（一）快速响应，多方力量迅速集结

事故发生后，应急管理部持续调度指导应对处置工作，派出工作组赶赴现场，迅速调集周边消防救援专业力量跨区域增援。河北省政府负责同志带领有关部门人员赶赴现场指挥火灾扑救工作。应急管理部、河北省政府、现场指挥部迅速构建协同作战指挥体系，应急、消防、公安、生态环境、气象等相关部门协调联动，全力开展火灾扑救、交通管制、人员疏散、地下管网封堵、环境监测、气象预警等救援处置工作。河北省、山东省和天津市消防救援总队、华北油田消防支队以及国家危险化学品应急救援天津石化队出动力量参与火灾扑救。

（二）科学制定方案，有效控制火势蔓延

现场指挥部采取“冷却控制、筑堤围堰、覆盖抑爆、重点堵截、分段消灭”措施，组织救援力量对着火区域实施泡沫覆盖，对着火罐体及邻近罐体进行喷水降温，对泄漏罐组进行封堵作业。救援人员、消防车、泡沫陆续到位，形成强大的远程供水力量，全方位冷却原油储罐，有效控制火势蔓延。

（三）多措并举排查风险，严防发生次生事故

为防止着火罐体附近的 LNG 罐体发生爆炸，现场指挥部组织救援人员为 6 号着火罐东南侧 53 米处的 9 吨 LNG 罐体接设 460 米排放管路，并焊接点火装置，对 LNG 进行导排和放空点燃作业。经过约 15 小时的导排和点燃释放，储罐内 LNG 被安全排空，随后救援人员对罐体进行注氮惰化保护。针对西侧罐组燃料油泄漏与积聚问题，救援人员采用盲板堵漏的方式快速进行堵漏，并采取抽、埋、泡沫覆盖等方式迅速处理积油。发现下水井油体渗出后，救援人员立即进行分段封堵，有效避免了下水管道油体着火和爆炸事故的发生。

图 5-5-12　河北沧州鼎睿石化“5·31”火灾事故救援

（四）有序进攻，扑灭明火

6月3日11时，现场指挥部组织救援力量对5号罐实施冷却降温和泡沫覆盖，于11时35分成功扑灭5号罐明火。随后依次对4号、1号、2号、6号着火罐发起进攻。6月4日2时30分，明火被全部扑灭。6月4日7时许，全部着火罐罐体温度降至环境温度，在确定无复燃可能后，现场指挥部宣布救援工作结束。

十一、黑龙江鸡西矿业有限公司滴道盛和煤矿立井“6·5”煤与瓦斯突出涉险事故救援

2021年6月5日12时7分，黑龙江省鸡西矿业公司滴道盛和煤矿在钻孔续钻杆时发生煤与瓦斯突出事故，造成8人被困。事故发生后，应急管理部立即指导部署救援处置工作，派出工作组赶赴现场指导协助救援处置。黑龙江省政府主要负责同志赶赴现场，组织指挥地方相关部门开展救援工作。现场成立抢险救援指挥部，调集鸡西矿业有限公司救护大队、当地消防救援队伍以及公安民警等救援力量开展应急救援处置。经过32小时不间断全力施救，8名被困人员于6日19时58分全部获救升井。

（一）及时启动应急预案，有序开展先期处置

事故矿井安全监控值班人员发现掘进工作面甲烷传感器瓦斯浓度异常后，立即向上级领导汇报，在排除传感器故障后，电话通知井下人员快速撤离，75人安全升井，8人被困。随后，工作人员向鸡西矿业公司领导汇报，并立即启动应急预案。

（二）科学制定救援方案，防止次生灾害发生

6月5日13时55分，救援人员进入灾区，检测到突出区域瓦斯浓度为25%，无法立即展开救援行动，井下救援面临瓦斯浓度高、煤尘大、出渣困难三大难题。抢险救援指挥部在听取专家意见基础上，制定了详细的救援方案。一是连接风筒，开启双风机供风进行瓦斯排放；二是利用事故巷道原有的瓦斯排放系统抽平巷掘进工作面瓦斯；三是利用底抽巷打钻到事故巷道抽放瓦斯。为保障救援人员人身安全，防止发生次生事故，一方面对救援作业现场以外的井下其余区域全部断电，另一方面对救援作业现场进行不间断洒水降尘、消尘，防止瓦斯和煤尘爆炸。

（三）快速打开“生命通道”，成功救援被困人员

6月6日17时55分，瓦斯浓度得到有效控制，救援人员进入灾区洒水降尘，开始清理突出煤岩。为加快施救进度，井下指挥人员将救援人员每班分成4个小组，3个小组轮流使用铁锹清理突出物，1个小组负责将清理出的突出物迅速运走。清理小组每15分钟一轮换，以“歇人不歇锹”的劲头，用最短时间奋尽全力打开“生命通道”。

6月6日18时55分，清理突出物至72.8米处时，发现前方有灯光晃动，顺利找到8名被困人员。被困人员意识清醒，但体力透支严重行走不便，救援人员在对其进行必要的急救处置后，有序护送被困人员上罐升井。

十二、山西省代县大红才矿业有限公司“6·10”重大透水事故救援

2021年6月10日7时20分许，山西省忻州市代县大红才矿业有限公司发生重大透水事故，造成13人遇难，直接经济损失3935.95万元。

（一）领导高度重视，工作组科学指导

事故发生后，国务院领导同志高度重视，作出重要批示，要求全力搜救被困人员，防止次生灾害；应急管理部有关领导多次通过视频调度对抢险救援工作进行指导；应急管理部工作组坚守救援现场一线，多次提出建议措施，切实发挥指导作用。

（二）精准分析研判，不断优化方案

6 月 10 日晚，现场指挥部同应急管理部工作组连夜召开会议，在下井勘查的基础上，分析研判透水情况和井下采空区状况，研究制定了两种排水方式：一是将巷道积水全部排出地表，二是就近排入废弃采空区。随着救援的进展，排水方式逐步改为全部向废弃采空区排水。6 月 13 日，矿区发生强降雨，现场指挥部决定立即撤离井下救援人员，指派专人对采空区塌陷地面周边和救援区域排水通道进行巡查，研究特殊情况下的救援措施，并在雨停后立即恢复救援。救援过程中两次发现炸药、雷管，现场指挥部立即组织专家召开专题会议，进行风险分析和研究排爆方案。派防爆专家多次到井下现场勘查研判，制定排险方案，采取排险措施，加强现场监护指导，有序恢复救援工作。现场指挥部充分听取抢险救援队伍、专家、各小组汇报，分析研判出现的新情况、新险情，及时调整优化救援方案，确保救援顺利和安全。

（三）加强协调配合，有序高效排水

国家矿山应急救援大同队、汾西队，华阳新材料科技集团有限公司矿山救护大队等专业救援队伍加强配合，持续奋战，24 小时不间断排水；其他队伍配合专业救援队伍持续向前推进，共铺设水管 8000 多米，修复井下被冲毁的巷道 500 多米。现场指挥部根据现场情况，不断调整水泵数量和大小，确保最佳抽水效果，山西天波制泵公司及时提供现场所需水泵及配套电缆等装备。忻州电力公司、移动公司保证井下电力供应和井上下通信畅通。省、市、县应急管理部门派出专门人员在井下基地靠前指挥，同时加强水位下降情况的监测和通报，协调解决救援一线面临的困难，推动排水工作高效进行。

（四）多措并举，全力搜寻被困人员

现场指挥部在实地勘查的基础上，安排消防队员携带警犬和生命探测仪到井下，对所有可能存在被困人员的巷道进行搜索，对可能存在被困人员的 1310 透水点附近堆积的约 700 立方米渣石进行细致的轮班翻查、搜寻。井下发现未曾引爆的已经填充炮眼的炸药、雷管后，公安和消防部门抽调 10 人及搜爆、搜救犬 13 只，深入井下开展被困人员的搜索，先后下井搜索 5 次，搜索面积约 2000 平方米，分别于 6 月 14 日搜救出 3 名遇难者、6 月 15 日搜救出 2 名遇难者、6 月 16 日搜救出 8 名遇难者。

（五）严防次生灾害，确保救援人员安全

采取地面预设渠道分流、周边边坡监测、精减井下人员等措施，确保雨水不灌井、设备不停转、排水量不减少、救援工作不间断。同时采取排险措施，加强现场监护指导，确保救援人员安全。整个救援过程中严防次生灾害，无救援人员伤亡情况发生。

十三、湖北十堰“6·13”燃气爆炸事故救援

2021 年 6 月 13 日 6 时 42 分，湖北省十堰市张湾区车城街办艳湖社区集贸市场发生燃气爆炸事故。党中央、国务院高度重视，中央领导同志作出重要指示批示，应急管理部、省市领导及相关部门领导相

继赶赴现场指挥救援。经过消防救援人员43小时连续奋战，共搜救出164名被困群众，其中138人生还(图5-5-13)。

（一）快速响应，社会联动，辖区主战全力搜救

6月13日6时42分，十堰市消防救援支队接到爆炸警情后，迅速调派事发地邻近的9个消防救援站赶赴现场。6时55分，支队全勤指挥部到场，迅速成立前方指挥部，组织到场力量迅速进行人员营救、水枪稀释、安全警戒，明确指挥协调、综合信息、战地政工、应急通信、新闻宣传、战勤保障等专班任务，分工协作，严防二次灾害，最大限度抢救人员。成立3个搜救小组对周边道路及建筑进行全面搜索，转移被困人员、疏散群众。利用人工搜寻与生命探测仪探测相结合的方式，对坍塌建筑内部表层埋压人员开展拉网式搜索。利用可燃气体探测仪持续对作业区域进行监测，划定核心作业区、车辆装备集结区、后勤保障区；设置4名安全员，实施安全管控；设置2个水枪阵地，进行现场稀释；对有坠落风险的残留构件进行清理；组织转运液化气钢瓶，确保搜救作业区域安全。将坍塌核心区划分为3个片区，明确3名片区指挥员，组建6个精干搜救小组，迅速对表层进行全覆盖搜救。市政府启动重特大灾害事故应急预案，迅速调集建筑结构专家、燃气、电力、通信等技术人员和联动单位协助救援。截至6月13日11时5分，第一轮搜救基本结束，从坍塌核心区域营救22人，完成第一轮毗邻建筑物居民疏散工作和轻伤员转移工作。

（二）科学决策，优化部署，增援到场合力攻坚

6月13日13时许，总队全勤指挥部及襄阳市、随州市、武汉市消防救援支队增援力量先后赶到现场。结合现场勘查情况、安全隐患、失联人员深度埋压等情况，迅速作出“安全评估、划片分区、交叉比对、重点搜救”的战术措施，对力量部署进行优化。确定搜救重点，研判被埋压人员数量和位置信息，并现场绘制平面图、还原图、失联人员定位图和作战力量部署图。组织9个搜救小组分片包干

图5-5-13 湖北十堰“6·13”燃气爆炸事故救援

搜索。各搜救小组由搜救队员、安全员、燃气技术员组成，采用人工搜寻、生命探测仪和搜救犬等搜救方式，对同一区域进行交叉搜索比对。扩大搜索范围，利用无人机及人工观察等方式对集贸市场二楼走廊、楼顶进行排查，再次对市场周边 200 米内建筑进行逐层逐户搜寻，确保无遗漏。紧盯现场安全，在建筑四周设置 4 个观察哨，在建筑结构专家指导下，利用工程机械清理有掉落风险的残留构件，对建筑稳定性进行评估，确保救援行动安全。截至 6 月 13 日 18 时 50 分，消防救援人员完成对事故现场 4 轮搜索，在 0 号商铺卤菜店、2 号商铺餐厅、9 号药房内搜救出 3 名被困者，15 名失联者全部找到。

（三）网格排查，精准搜索，重点抢搜核心区域

消防救援局前方工作组抵达现场后，迅速研究灾情，仔细梳理人员搜救情况。在反复确定现场无生命迹象的基础上，确定“精准定位，机械清理，清仓见底”的战术决策，搜寻埋压位置较深的失联人员。会同公安机关、街办社区通过手机定位、全市失踪人口信息收集、发动群众找人等方法，重新摸排、摸清失联人员就业信息及活动区域，指挥部综合分析研判，将搜索重点放在 10 号面馆及 17 号包子铺。调整作业方式，采取挖掘机掏刨清理，配合人工观察方式，在建筑物外侧利用挖臂探入内部，逐层清理搜索。6 月 14 日 1 时许于 16 号药房和 17 号包子铺附近又搜救出 2 名遇难者。由于核心区域作业面受限，指挥部决定使用挖掘机、铲车、工程车连夜清理市场南北两侧艳湖巷、市场路路面障碍物，保持救援通道畅通，为全面展开机械救援奠定基础。

（四）人机协同，轮班作业，清仓见底不留遗漏

6 月 14 日上午，作业面全面形成，指挥部决定以挖掘机为工作组，配备建筑结构专家、燃气技术员、观察员、搜救犬，建立“1+4”作业模式，通过“机械不停、人员轮班”的方式，在多重安全指引下深入作业区域清理搜索。发现人员被困迹象后，立即停止机械作业，利用挖掘机工作斗掩护救援力量进入废墟，转移遇难者。截至 6 月 14 日 13 时，先后从 10 号面馆营救出 7 名被困者。

6 月 14 日深夜，根据家属提供信息，现场仍有 1 名失联人员。指挥部综合分析研判，确定市场西端底部立柱与河床夹缝为重点搜救区域。利用小型机械进入河道底部清理作业，于 6 月 15 日 1 时许在 17 号包子铺搜索出最后 1 名遇难者。

十四、江苏苏州四季开源酒店“7·12”坍塌事故救援

2021 年 7 月 12 日 15 时 31 分许，江苏省苏州市吴江区松陵街道油车路 188 号四季开源酒店辅房发生建筑坍塌事故，23 人被困。事故发生后，应急管理部、消防救援局，江苏省委、省政府等各级领导先后视频调度指导或到场指挥救援。江苏省消防救援总队接报后，立即调集力量赶赴现场开展救援（图 5-5-14）。经过 28 小时全力施救，23 名被困人员全部被救出，其中 6 人生还，17 人遇难。

（一）辖区支队到场展开救援

苏州市消防救援支队接警后，迅速向总队指挥中心报告，并立即调派地震救援队迅速开展搜救工作。7 月 12 日 15 时 45 分，吴江区消防力量到场迅速展开救援，于 16 时 5 分、16 时 6 分，架设 9 米金属拉梯率先将坍塌建筑东南角上部 2 名被困人员救至地面安全区域。16 时 27 分，支队全勤指挥部和其余力量相继到场，综合

图 5-5-14 江苏苏州四季开源酒店“7·12”坍塌事故救援

运用手机信号定位、搜救犬搜索、生命探测仪器探测、无人机红外侦检、高音喇叭呼喊等多种途径，通过徒手搬运、顶撑、破拆等方式，陆续搜救出 7 名被困人员(4 人生还)。

江苏省消防救援总队接报后，立即启动应急处置预案，一次性调集南京、镇江、常州、无锡、南通、训练与战勤保障 6 个支队增援。总队全勤指挥部遂行出动。

（二）增援力量到场展开搜救

7 月 12 日 18 时 50 分，总队全勤指挥部到达现场，成立现场指挥部，根据现场情况，下达作战指令。利用入住房客房号信息核查、搜救犬搜寻、各类仪器探测、大数据排查等方法精准定位 5 名被困人员位置，并组织力量展开施救。20 时 34 分、20 时 49 分，苏州支队搜救出 2 名被困人员。将坍塌现场依据连廊南北两侧划分为 6 个作业区，每个作业区安排 18 名消防救援人员分 3 组轮换作业。每个作战片区安排 1 名安全员对现场作业安全实施全程巡视，并利用无人机开展不间断高空巡航。7 月 13 日 0 时，南京支队在废墟东南侧利用视频生命探测仪对坍塌部分的空隙进行搜索过程中，发现 1 名被困人员。经过 3 个多小时的作业，于 3 时 15 分将被困人员转移至安全区域。5 时 50 分、6 时 4 分，苏州支队搜救出 2 名被困人员。

（三）调整力量展开攻坚救援

截至 7 月 13 日晨，共搜救出 14 名被困人员，指挥部对搜救出的人员身份进行了逐一核查比对，发现有 4 人不在前期掌握的 18 人名单中。现场立即与公安部门采取调取监控、大数据排查、人脸识别等技术手段，最终排查出有 5 名访客没作登记，确定现场有 23 人被困。

现场指挥部经过分析研判，迅速调整力量部署，决定在尽量不影响倒塌建筑受力的情况下，通过“破拆向上抓取表层构件，提拉横向转移大型梁柱、楼板，挖机渣土车跟进转运”的方式，与人工搜救破拆分队轮流作业，循序轮番实施现场作业，提高搜救速度和效率。7 月 13 日 8 时 20 分，确定了 6 名被困人员的大致位置。9 时 25 分、9 时 44 分，南通支队在北侧废墟搜救出 2 名被困人员。11 时 41 分、45 分，常州支队搜救出 2 名被困人员。12 时 8 分、12 时 10 分，无锡支队搜救出 2 名被困人员。

现场指挥部经过对现场建筑的坍塌分析，判断建筑整体向西呈倾斜式、滑坡式坍塌，有 3 名被困人员很可能较原来房间位置发生较大位移。救援人员沿建筑坍塌位移方向，进一步扩大搜索范围。7 月 13 日 18 时 25 分、19 时 25 分，镇江、南京支队分别搜救出 1 名被困人员。19 时 50 分，镇江支队搜救出最后 1 名被困人员。根据事后测算，该建筑 3 层高约 8.1 米，实际发生最大位移约 7 米；2 层高 5.4 米，实际发生最大位移约 3 米。

7 月 13 日 20 时 35 分，救援力量继续开展现场清理和搜救工作。7 月 14 日 9 时，搜救工作宣布全部结束。

十五、河南郑州“7·20”特大暴雨灾害抢险救援

2021 年 7 月 17 日至 23 日，河南省遭遇历史罕见特大暴雨，发生严重洪涝灾害，特别是 7 月 20 日郑州市遭受重大人员伤亡和财产损失。灾害共造成河南省 150 个县（市、区）1478.6 万人受灾，因灾死亡失踪 398 人，其中郑州市 380 人，占全省 95.5%；直接经济损失 1200.6 亿元，其中郑州市 409 亿元，占全省 34.1%。

灾害发生后，党中央、国务院高度重视，中央领导同志作出重要指示批示。国家防汛抗旱总指挥部、国家减灾委员会立即启动应急响应，派出工作组指导开展防汛救灾工作。河南省委、省政府，国家有关部委，解放军和武警部队，消防救援队伍等各有关方面和广大干部群众全力以赴投入抗洪抢险救灾（图 5-5-15）。

应急管理部针对河南灾情紧急部署，分 3 批从全国调派消防救援力量携行大型排涝设备驰援河南。截至 8 月 12 日，河南省消防救援队伍共参加抗洪抢险行动 1.1 万起，营救被困人员 41167 人，转移遇险群众 93913 人，排水排涝 1171 万吨，清淤除障 7.8 万立方米，转运物资 218 吨，防疫消杀 347 万平方米，最大限度保

图 5-5-15　河南郑州“7·20”特大暴雨灾害抢险救援

护了人民群众生命财产安全。

第一时间启动军地、交通、区域、社会等应急协调联动机制，了解掌握灾情和救援需求，调派自然灾害工程应急救援中心迅速投入救援。从北京、唐山、合肥、武汉、常州等9个方向抽调434名专业抢险骨干力量，和应急管理部配备的33台（套）大流量排水抢险车、动力舟桥、全地形车、无人侦测船、通信指挥车等在内共143台（套）专业装备，在郑州、新乡、鹤壁、焦作、开封等地开展救援。在郭家咀水库开挖泄流槽，扩挖临时泄流通道，实现流水平稳下泄。在新乡卫辉解救转移受困村民1400余人。经过70余小时的艰苦鏖战，完成卫河鹤壁浚县段决口封堵。协调将动力舟桥等关键抢险救援装备从生产线直接转运至灾害现场，2小时转移被困村民2000余人，在人员救助、排涝救援、决口封堵等抢险行动中发挥了关键作用。

跨区域调派陕西、湖北、江西等相关省份专业抢险队525人，国家安全生产应急救援队伍674人，对接中央军委联合参谋部，中部战区衔接解放军和武警部队1.1万余人、民兵1.6万余人参与抗洪抢险救援行动。

指导河南省应急管理部门联合中国慈善联合会救灾委员会、四川青年志愿者协会、成都授渔公益发展中心、郑州慈善总会等单位成立河南省社会力量协调中心，具体负责进入灾区的社会应急力量报备登记、任务对接、调度跟踪、协调撤离等工作。搭建起社会应急力量参与抢险救援工作的信息中枢、任务中枢和保障中枢，有序引导全国540余支、计1.1万余人的社会应急力量深入郑州等地开展人员搜救、群众转移、物资转运和防疫消杀等工作，执行救援任务1300余次。协调交通运输部为往返河南灾区抗洪抢险救援车辆共计2000余台次提供绿色快速免费通行保障。

十六、青海省海北州西海煤炭开发有限责任公司柴达尔煤矿“8·14”溃砂溃泥事故救援

2021年8月14日12时10分，青海省海北州西海煤炭开发有限责任公司柴达尔煤矿发生重大溃砂溃泥事故，造成20人死亡，直接经济损失5391.02万元。

（一）国家层面指导有力，多方调集专家及物资装备

事故发生后，党中央、国务院高度重视，中央领导同志作出重要批示；应急管理部主要领导第一时间与现场视频连线指导救援工作，并多次作出批示指示；应急管理部有关领导率工作组赶赴现场，具体指导施救工作。工作组抵达事故现场后，充分分析研判事故现场情况，紧急叫停井下清淤工作，指导现场指挥部按照“露天坑抽水导水、地面打钻注浆固化、井下清淤搜救”3条线开展抢险救援工作。工作组先后调动国家矿山应急救援青海队、靖远队、勘测队共78人，携带3台排沙泵、排水软管和边坡雷达等装备赶赴现场，调动国家矿山应急救援大地特勘队2名专家、中煤科工集团西安研究院3名专家赴现场参与救援。

（二）地方政府响应迅速，现场救援组织有序

接事故报告后，青海省委、省政府立即启动二级事故应急响应。省委书记作出批示要求，省长在省应急管理厅指挥调度，常务副省长、副省长迅速赶赴事故现场组织救援，并担任现场指挥部总指挥。省内相关部门主要负责同志赴现场参加救援，现场指挥部组建了12个专门小组，有序开展抢险救援工作。

（三）及时消除隐患，积极进行露天坑抽水导水作业

现场指挥部根据情况积极组织对露天矿进行抽水导水作业。在露天坑周边坡地边缘挖截水沟，不断修复、疏通截排水沟和排水管路，避免露天坑周边泉水、沟谷流水进入救援区域；对露天坑地面铺设9万平方米防渗布，防止降水继续渗入；实施钻孔抽水作业。截至救援结束，累计排水13778立方米，水位从71.6米下降至92.44米。

（四）倾力创造清淤条件，全力实施地面打钻注浆固化作业

现场指挥部组织专家组研究制定地面打钻注浆固化方案。根据救援进展情况，分两个阶段在露天坑布设钻孔29个，其中打钻注浆孔23个、加密检测加固孔6个，累计钻进2228.43米，灌浆使用水泥3548.10吨。加大矿井灾害安全监测，安排国家矿山应急救援勘测队架设边坡雷达，累计对露天坑斜坡体和钻孔作业平台施工区域进行全天候变形监测647小时。

（五）坚持安全稳妥救援，科学开展井下清淤搜救工作

一是实施井下打钻和注入高分子材料工作。现场指挥部组织专家组制定并指导实施井下打钻固结方案，在回风巷和运输巷开设钻场向工作面抽冒部位及运输巷与工作面三岔口处打钻，留设钻杆作为悬臂梁支撑，并视情况注入高分子材料（包括使用加固型马丽散、充填型罗克休等新材料）以加固顶板、充填冒落空间、创造再生顶板。共完成9个钻场42个钻孔作业，加注高分子材料41.38吨，为井下清淤创造了有利的安全条件。二是实时监测井下情况。在回风巷和运输巷设置观察哨，实时监测井下涌水、涌泥变化情况。25日晚上，回风巷有灌浆液溢出，蔓延至74米处，溢出量约455立方米。现场指挥部连夜组织专家组研究，紧急要求暂停地面所有水钻钻进作业及注浆工作，在井下回风巷砌设第三道挡水墙并开展清淤工作。三是稳妥推进清淤搜救。按照“先地上固结、后地下救援”工作原则，现场指挥部审慎制定井下支护、加固、清理方案，科学有序开展井下清淤救援。共设立安全挡墙24处、单体支柱423个，组织119班次、2008人次开展井下作业，累计清理巷道99.6米，清淤529.2立方米。

十七、辽宁大连市开发区凯旋国际大厦“8·27”火灾扑救

2021年8月27日16时许，位于辽宁省大连市经济技术开发区城润万家1号的凯旋国际大厦B座发生火灾，引燃外墙表面保温装饰材料，火势蔓延迅速，短时间内形成立体燃烧。大连市消防救援支队指挥中心接到报警后，迅速按照高层建筑火灾作战编成，调派力量赶赴现场，支队全勤指挥部遂行出动，并调集公安、交通、应急、电力、燃气、急救、供水等联动部门到场。辽宁省消防救援总队接报后，迅速调集4个支队跨区域增援（图5-5-16）。经全体消防救援人员7小时的艰苦奋战，及时疏散抢救群众110余人，无一人伤亡。

（一）初战救人控火阶段

8月27日16时11分，辖区哈尔滨路消防站到场，发现B座1910房间火势已突破南侧窗口向外蔓延，楼内有大量人员尚未疏散。指挥员立即组成疏散、灭火、搜救3个小组，深入内部沿楼梯铺设水带、出2支水枪控制消灭B座1910房间火势，并及时疏散出50余人。此时，

图 5-5-16 辽宁大连凯旋国际大厦“8·27”火灾扑救

火势受风力影响迅速在外墙纵向蔓延，形成外立面火灾，指挥员立即调整力量，组织人员在 15 层出 1 支水枪堵截外墙火势向下蔓延，部署 90 米登高平台消防车在 B 座东北侧展开作业，堵截火势向上蔓延。临近的钢铁路消防站 16 时 21 分到场，在 B 座楼顶设置 2 个攻坚组、10 名消防救援人员，出 2 支水枪控制火势沿外墙纵向蔓延。

8 月 27 日 16 时 33 分，增援力量先后到场。此时外立面火灾已从大厦 B 座 19 层蔓延至 29 层南侧、东侧部分外墙面及连廊南部，室内多个房间过火。辖区大队立即成立现场指挥部，组织 8 个内攻搜救单元进入 B 座搜救疏散人员，协调公安等联动力量疏散 A 座人员。组成 5 个攻坚组深入 B 座内部，分别在 5 层、10 层、15 层、19 层、25 层设置水枪阵地，堵截火势向房间内蔓延。

（二）全面控火攻坚阶段

8 月 27 日 16 时 52 分，支队全勤指挥部到场，侦察发现 B 座南侧外墙已全部起火，东、北两侧上部局部过火，火势通过连廊蔓延至 A 座外墙上部。现场指挥部立即调整力量部署，确定了“外部控火、内外结合、逐层消灭”的战术措施。在扑救过程中，现场风力突然加大（附近阵风风力达 10.3 米/秒），B 座外墙火势加大并向室内快速蔓延，严重威胁 A 座、B 座内部和楼顶作战人员，现场指挥部果断下达撤离命令，及时清点人员。

8 月 27 日 19 时 30 分，现场指挥部根据火场态势，进一步对力量进行调整部署。在 B 座内部设置 8 个水枪阵地，阻止火势蔓延、消灭房间内火灾。在 A 座 25~29 层连廊处设置 5 个水枪阵地，堵截火势从 B 座内部向 A 座蔓延。在 B 座东侧增设 1 辆 56 米高喷消防车，扑救连廊 A 座一侧火势，堵截火势从 B 座外部向 A 座蔓延。在 B 座西北侧部署 1 辆 101 米登高平台消防车，扑救 B 座西北面外墙火灾并控制火势蔓延。共组成 20 个内部灭火攻坚组、10 个人员搜救组和 6 个外部举高灭火阵地。支队班子成员分工把守，利用无人机不间断监测，强化现场供水保障，全力搜救人员、控制消灭火灾。21

时 54 分，现场火势得到有效控制，23 时明火被扑灭。

（三）逐层逐户清理阶段

8 月 27 日 23 时 5 分，总队全勤指挥部到场，调整轮换作战力量。部署 20 个攻坚组深入内部，逐层逐户清理火场。组织支队、大队、消防救援站有经验的干部带队，分片分点负责，确保作战安全。利用热成像仪、无人机侦察等侦测手段，反复确认火点清理情况，确保不发生复燃。8 月 28 日凌晨 1 时许，残火被全部消灭。现场指挥部安排消防救援力量进行监护。至 8 月 29 日凌晨 6 时，现场监护力量归队。

十八、陕西宝鸡市凤县 316 国道酒奠梁隧道“8·30”坍塌涉险事故救援

2021 年 8 月 30 日 16 时 24 分许，陕西省宝鸡市凤县 316 国道酒奠梁隧道留凤关出口方向在施工作业过程中发生坍塌，造成 10 人被困。在全体救援人员 53 小时不间断全力救援下，成功打通救援通道，10 名被困人员于 9 月 1 日 21 时 43 分全部获救（图 5-5-17）。

（一）领导高度重视，应急响应迅速

事故发生后，国务院领导同志就救援工作作出重要批示。应急管理部领导多次视频连线指导救援工作，就科学组织、安全救援提出明确要求。国家安全生产应急救援中心立即启动应急响应，派出工作组赶赴现场指导救援处置工作，调动国家隧道应急救援中国交建重庆队 41 人携带大口径水平钻机、生命探测仪、地质雷达等 120 台（套）设备迅速出动救援，并协调交通运输部门对救援车辆实行免费快速通行。

陕西省委、省政府领导带领有关部门人员赶赴现场指导救援，要求抓紧施救、科学施救，严防发生次生事故。宝鸡市成立了由宝鸡市委、市政府主要负责同志任总指挥的现场指挥部，调集专业救援力量共计 600 多人、救援设备 500 多台（套）参与救援。宝鸡市应急、交通、住建、卫健、公安、电力、气象、地质等部门抽调技术骨干、专家全力做好抢险救援和保障工作。

图 5-5-17　陕西凤县酒奠梁隧道“8·30”坍塌涉险事故救援

（二）指挥组织有力，快速打通生命联络通道

为快速打通生命联络通道，现场指挥部组织救援人员在坍塌体上方插入一根直径 15 厘米、长 10 米的钢管。8 月 30 日 20 时 35 分，钢管插入后，成功打通生命联络通道，与被困人员取得联系，获知被困人员确切数量，得知所有人员均未受伤、生命体征平稳，洞内基本安全。救援人员通过隧道压风管路持续向内输送氧气、饮用水、食品，保障被困人员给养，并不断与被困人员对话，对被困人员进行安抚，做好被困人员情绪疏导工作。

（三）科学制定方案，全力实施救援

现场指挥部组织制定“一主一辅一备”救援方案，即以大口径钻进为主、坍塌体侧下方小导硐作业为辅、坍塌体顶部顶管机掘进为备的综合施救作业方案。

8 月 31 日 20 时，救援人员对挂布台车及台车以内 10 米隧道进行加固作业，铺设钢梁过程中紧跟钻进工作面喷射混凝土，将围岩间隙充填密实，使钢拱架与喷射混凝土形成一体。至 24 时，隧道加固作业完成。

9 月 1 日 2 时，国家隧道应急救援中国交建重庆队开始实施大口径钻机钻进作业，同时安排专人对隧道形变情况进行监测。钻进作业共计排出渣土 60 多立方米，切碎坍塌体内 7 根工字钢、4 块连接板，累计进尺 23.33 米。经过 19 小时奋力钻进，于 20 时打通救生通道。现场指挥部立即派出 2 名经验丰富的救援人员进入隧道安抚被困人员，叮嘱安全注意事项，组织被困人员有序转移。21 时 29 分，第 1 名被困人员通过套管撤出被困区域。至 21 时 43 分，10 名被困人员全部成功获救。

十九、四川泸县 6.0 级地震救援

2021 年 9 月 16 日 4 时 33 分，四川省泸州市泸县（北纬 29.20 度，东经 105.34 度）发生 6.0 级地震，震源深度 10 公里。地震造成泸州、自贡、内江、乐山、宜宾 5 市 10 个县（市、区）19.2 万人受灾，3 人死亡，157 人受伤，2.8 万人紧急转移安置，187 间房屋倒塌，8.9 万间不同程度损坏，直接经济损失 25.2 亿元。

地震发生后，应急管理部立即启动地震应急三级响应，视频连线四川省应急管理厅、消防救援总队，调度了解震区情况，要求全力开展人员搜救工作，并第一时间派出工作组赶赴震区指导地方抗震救灾工作。应急管理部向四川紧急调拨 2000 顶帐篷、1 万床夏凉被、1 万张折叠床等中央救灾物资，紧急预拨中央自然灾害救灾资金 1000 万元。

应急管理部协调调派国家综合性消防救援队伍 4 支，各类专业应急救援队伍 24 支，公安武警民兵应急力量 8 支，社会应急力量 21 支，在灾区开展搜救人员、抢救财产、搭建帐篷、安置群众等工作（图 5-5-18）。四川省消防救援队伍按照重特大地震救援预案，快速启动应急响应，立即调集力量赶赴震区。消防救援力量抵达震中后，对 13 个乡镇（社区）的 120 个村 2503 户开展逐户拉网式排查，清除隐患点 624 处，营救被困群众 28 人（2 人遇难），疏散转移 944 人，抢救转移物资 104 吨，协助搭建帐篷 206 顶。其间，成功处置泸州陈年窖酒业股份有限公司白酒泄漏险情，稀释 200 余吨泄漏的高度白酒，协助转移 800 余吨剩余存酒。

图 5-5-18　四川泸县 6.0 级地震救援

二十、陕西渭南市大荔县朝邑镇紫阳村、赵渡镇乐合村漫堤决口险情处置

2021 年 10 月 2 日至 7 日，陕西省发生持续强降水过程。暴雨造成洛河干支流普遍涨水，中游部分支流和下游干流出现超警戒以上洪水。受河道高水位洪水和堤防背水侧长时间降水积水影响，10 月 7 日 23 时、10 月 9 日凌晨 2 时，大荔县赵渡镇洛河围堤紫阳段、乐和段河堤发生两处决堤险情，决口宽度分别为 45 米、60 米左右。险情造成赵渡镇及其周围 13 个村受淹，受灾人口 23.9 万人，农田受淹面积 17.5 万亩，损坏河道工程 9 处、抽水站 3 处、渠道 16.8 公里、输水管道 4.5 公里、县乡道路 245 处、生产路 179 处 17.8 公里，塌陷生产桥 84 座，直接经济损失约 5.5 亿元。

险情发生后，国家防汛抗旱总指挥部、应急管理部高度重视，应急管理部派出工作组赴现场检查指导防汛救灾工作，下拨中央自然灾害救灾资金 8000 万元支持陕西省抗洪抢险救灾，国家防办调拨 21 台大排量排涝设备支援大荔县尽快排除积水。陕西省领导对抢险救灾提出要求，应急、水利、农业、卫健等部门负责同志深入现场检查抢险和群众安置情况。陕西省、市、县各级强化统一指挥，全力做好抢险工作。

针对洛河水情和险情，陕西省、市、县工作组会同有关专家连夜研究抢险技术措施，制定“西堵（即封堵西边两处决口）南排（即在围堤南端破堤排除淹没区积水）”的抢险方案。南端排水口在 10 月 10 日下午首先实施完成，排水流量最大 150 立方米/秒。

陕西省防指协调上游延安市防指，控制上游南沟门水库泄水流量，减轻洛河下游大荔县段河道防汛抢险压力。省水文中心专门调配技术人员现场测算决口处流量，开展洛河水情预报，为抢险堵口提供水文数据。

陕西省应急管理厅调派省测绘局 2 台大型无人机现场勘测决口地形和淹没情况，向市、县应急抢险指挥部提供淹没区范围和淹没区积水量。调派武警、交通、部队、技术人员在现场做好大型抢险设备进场准备。市、县防指紧急调度编织袋89万条、木桩2.8万根、铅丝53.8吨，用于应急抢险救灾。

渭南市成立抢险指挥部和现场处置指挥部，设立综合协调、现场抢险、疏导排水、安全保畅、群众迁安、卫生防疫、生活救助、舆情管控、后勤保障9个工作组，调集大型机械设备抢修道路，组织专家计算堵口工程所用物料，提前落实运料车辆。经过两天处置，两处决口于10月12日、13日分别堵复合龙（图5-5-19）。

大荔县提前组织淹没区13个村的25126名群众转移避险，采取投亲靠友和对口迁安方式妥善安置。10月13日，省应急管理厅专门发出紧急通知，对转移集中安置点群众生活保障和安全管理提出要求。

二十一、河北省石家庄市“10·11”通勤车涉水倾覆重大事故救援

2021年10月11日6时48分，河北省石家市平山县钢城路与滹沱河交汇处溢水桥上一辆通勤班车坠入河中，有人员被困。河北省消防救援总队迅速调集力量赶往现场救援。同时调集11支社会救援队伍共同参与救援（图5-5-20）。经过全体参战救援力量近21小时的共同努力，截至10月12日14时28分最后一名遇险人员被救出。此次救援共计疏散被困群众33人；搜救18人，其中4人生还、14人死亡。

（一）快速反应，准确调度

10月11日6时48分，河北省消防救援总队石家庄市支队接到平山县消防救援大队增援请求，按照作战编成，调集水域救援力量赶赴现场救援。河北省消防救援总队根据现场救援需要，调集保定市、邢台市消防救援支队到场增援。与此同时，调派蓝天救援队等社会救援队伍参与救援。石家庄市警备区、武警支队等同时派出力量到场协助救援。

（二）分组作战，协同并举

10月11日7时3分，经侦察，事故车辆和水域内都有被困群众，指挥员当即将现场力量分为2组。第一救援小组利用

图5-5-19　陕西渭南市大荔县朝邑镇紫阳村、赵渡镇乐合村漫堤决口险情处置

图 5-5-20　河北石家庄“10·11”通勤车涉水倾覆重大事故救援

当地铲车、钩机固定车体，打开“生命通道”，疏散车顶及车内 29 名被困者。第二救援小组利用冲锋舟、橡皮艇于 7 时 15 分在王母旧桥北的第一个桥洞下游 150 米处发现 2 名被困人员。7 时 25 分，在王母旧桥东约 500 米处发现 3 名被困人员。7 时 45 分，在王母旧桥东北岸约 450 米草丛北侧发现 1 名被困人员，后在北侧岸边发现 4 人。

（三）集中力量，全面搜索

10 月 11 日 8 时 16 分，成立现场指挥部，迅速分析研判现场形势，第一时间组织人员核实落水人员情况。通过查看原始录像和现场询问的方式，确定有 51 名乘客乘车，联合公安机关快速点明现场人员数量，明确水中有 12 名被困人员，立即制定救援方案。一是确定立体全方位的侦察方法。采取空中超视距放飞无人机搜索，水面舟艇搜索和水下声呐搜索、潜水员摸索相结合的侦察方式。二是制定“探测仪器辅助、网钩打捞”的救援措施。由仪器辅助搜索，搜救人员驾驶舟艇，操作救生杆和救援钩进行搜救。三是采用水域网格化，细化搜索任务。现场指挥部以王母桥为界，将救援水域分为东西 2 个作业区域，根据前期侦察的内容，将东西两区细化为十几个作业网格，合理分配 10 个作战单元和 11 支民间力量。四是严格落实安全制度。协调关闭岗南水库泄洪门，在岸边设立安全员和安全记录板，详细记录下水时间，做好现场安全管控。

10 月 11 日 8 时 43 分，事故车辆被打捞上岸，在确定车内无被困人员后，移交公安部门进行现场取证。

10 月 11 日 10 时 45 分，经过研判，决定针对落水区域进行重点搜索，以单舟单艇为搜救单元搜索，每艘舟艇由 4 人操作，其中 1 名操船手驾驶、1 名指挥员和 2 名救援手配备救生竿、救援绳钩等救援装备进行搜索。

（四）全域排查，地毯搜救

10 月 11 日下午，救援任务重心从集中对落水点周围搜索转变为大面积搜寻水下被困人员，确定了“网格搜索、网钩打捞、拉网排查”的救援方案。以 3 艘舟艇为 1 个单元，每个单元由同功率舟艇通过绳索并排连接，以1艘冲锋舟在中、2艘橡皮艇在两侧的方式构成水面基本搜救单元，将33艘舟艇编为10个搜救单元，余下1艘舟艇在下游狭窄河段操作拦截网，2艘舟艇机动增援。经过全力搜救，至18时35分，共有11人被救出。

（五）合理调整，科学保障

10月11日19时37分，由于天色已晚、气候恶劣，加上救援人员作业近13小时，现场指挥部决定由辖区消防救援站3车12人在事故地点值守，其余救援人员休整。

（六）坚持作战，持续救援

10月12日5时30分，救援人员在事故地点集结完毕，于6时继续进行打捞作业。14时28分，在经过21小时的搜索后，第12人被救出。救援行动正式结束，救援力量全部归建。

二十二、江苏淮安富强新材料有限公司“10·14”双氧水生产装置爆炸事故救援

2021年10月14日7时4分，江苏淮安富强新材料有限公司双氧水生产装置发生爆炸事故。淮安市消防救援支队指挥中心接到报警后，迅速调集力量赶赴现场处置，并调集公安、交通、应急、电力、环保、急救、供水等联动部门到场，支队全勤指挥部遂行出动。江苏省消防救援总队接报后，迅速调派南京、扬州、泰州、徐州、盐城、宿迁、训保7个支队跨区域增援。全体消防救援人员冒着随时爆炸的危险，经过14小时连续奋战，将大火牢牢控制在起火装置，成功疏散厂区内25名员工，保住了起火装置周边车间、装置和储罐区（图5-5-21）。

（一）初战控火阶段

10月14日7时11分，淮安支队盐化新材料产业园区政府专职消防队抵达现场，第一时间询问知情人并开展火情侦察。侦察发现生产事故装置燃烧猛烈，东侧双氧水生产装置受爆炸冲击影响，局部发生燃烧，西侧环氧乙烷罐区和南侧纯化浓缩装置受火焰炙烤有爆炸危险。现场指挥员立即组织疏散厂区内企业职工，搜寻被困失联人员；向厂区技术人员了解起火

图5-5-21 江苏淮安富强公司“10·14”爆炸事故救援

装置工艺流程，组织人员进入中控室启动厂区固定消防设施，切断进出物料阀门。按照“先控制、后消灭，加强冷却保护，防止蔓延扩大”的战术思想，在起火装置北侧部署泡沫管枪阵地扑灭地面流淌火；在东北角架设移动炮堵截火势蔓延，并利用东侧固定水炮打击邻近双氧水生产装置火势，堵截火势向东侧蔓延；在起火装置西南角架设移动炮堵截火势向储罐区蔓延；在北侧部署 32 米举高喷射车压制装置火。

（二）冷却保护阶段

10 月 14 日 7 时 50 分，支队全勤指挥部和增援力量陆续到达现场，并成立现场指挥部。根据现场风险研判，下达了“划定警戒范围、疏散周边群众、实施工艺处置、切断火源电源、确保自身安全”的作战命令。调取事故装置平面图、工艺流程图、生产单元设备布局立体图等资料，利用 DCS 中控室、无人机航拍和仪器检测等多种方法开展侦察，划定警戒距离，设置安全员管控出入口，组织攻坚组掩护单位技术人员关阀断料，切断生产装置与物料储罐连接，封堵装置区雨排和化污系统。按照“冷却抑爆、重点保护、防止蔓延”的作战思路部署力量：一是在北侧部署 1 门移动炮和 1 辆 32 米高喷车压制火势；二是在东北侧部署 3 门移动炮和 1 辆 54 米登高平台车压制火势；三是在东南侧利用 1 门移动炮和 1 门固定炮打击邻近装置火势，防止火势向东侧装置蔓延；四是在西侧部署 2 门移动炮和 1 辆 20 米高喷车压制火势，保护邻近储罐；五是组织 10 人攻坚组强攻登高至邻近装置二层平台，出 6 支水枪、1 门水炮，打击火势，9 时 5 分邻近装置火被扑灭；六是在厂区西侧河流部署 1 套远程供水泵组不间断供水。

（三）总攻灭火阶段

10 月 14 日 10 时 50 分，总队全勤指挥部到达现场，就做好灾情控制、力量调整、安全管控等工作提出要求。11 时 25 分，各支队增援力量陆续到达现场。13 时 45 分，现场指挥部下达第一次总攻命令，现场高喷车、车载炮、移动炮等装备集中对起火装置实施泡沫全覆盖，现场明火被有效控制，参战力量持续实施冷却降温。16 时 51 分，因法兰机封泄漏，装置内残存的可燃物向外喷射，发生复燃，再次形成大面积地面流淌火，并引发爆炸，现场指挥部下令实施紧急撤离。17 时 19 分，起火装置进入稳定燃烧状态，现场指挥部及时调整力量，组织各参战力量发起第二次总攻。18 时 1 分，装置火被扑灭，装置内地面流淌火和管线火从外部无法有效扑救，现场组织攻坚组出 10 支泡沫管枪、10 门移动炮深入装置内部，攻坚灭火。21 时 38 分，明火被完全扑灭。

（四）持续监护阶段

明火被扑灭后，现场指挥部确定了“坚守阵地、循环用水、降温抑爆、实时监测”的作战原则。各参战力量按照战斗区段划分持续冷却降温，安排人员每隔 20 分钟检测 1 次装置温度，调整冷却部位和强度。10 月 15 日 8 时 6 分，起火装置温度稳定在 20 ℃以下，现场指挥部安排淮安和宿迁支队部分力量留守现场监护，其余力量分批归建。

二十三、西藏林芝察隅县控档村“10·27”森林火灾扑救

2021 年 10 月 27 日 12 时 50 分，西藏自治区林芝市察隅县控档村发生森林火灾，火场距离中印争议地区仅 80 公里，距离察隅县城 18 公里，平均海拔 3200 米，垂直落差 800 余米，坡度 70～80 度，断崖多，局部小气候明显，站杆、滚石随

时威胁行动安全。西藏自治区森林消防总队按照“安全、勇敢、负责、精细”的作战思路，严密组织，英勇作战，在高原地区、极险地域上，行动一度严重受阻的情况下，主动出击，打赢了“县城保卫战”、守住了第二道防线，最大限度降低了损失（图 5-5-22）。西藏自治区森林消防总队动用 460 名指战员，在应急管理部工作组的指导下，在消防救援队伍、解放军、武警官兵以及群众千余人配合下，历时 12 天，累计扑打火线 7.7 公里，清理火点烟点 5800 余处、站杆倒木 2900 余根，圆满完成扑救任务。

（一）重兵投入，八方增援

10 月 27 日，火灾发生后，察隅县森林消防中队 30 人立即赶赴火场先期处置，林芝市森林消防支队前线指挥部和巴宜区、波密县、米林县森林消防中队共 115 人向火场快速机动。总队针对火场地段特殊、时段敏感的实际，当即派出前线指挥部 10 人，连夜奔赴火场，并及时组织昌都市森林消防支队 90 人、特勤大队 110 人、那曲市森林消防大队 50 人、日喀则市森林消防大队 50 人，向波密、林芝、拉萨等地机动，就近备足力量。至 30 日 15 时，增援力量全部抵达火场。

（二）集中用兵，保卫县城

火场南线继续发展，严重威胁察隅县城安全，10 月 29 日，联指决定北线交由群众在距离第一条隔离带近 3 公里处开设第二条隔离带。总队所有力量部署在火场南线和西南线，运用“多点突破、分段围歼”的战法，利用山脚下河流架设水泵，以水灭火实施扑救，全力防止林火向察隅县城方向蔓延。经过 2 天的连续奋战，至 10 月 30 日 17 时，火场南线和西南线得到有效控制。

（三）抓住战机，攻坚北线

10 月 31 日 16 时，火场风力骤增，林火发展迅猛，突破第二条隔离带。11 月 1 日，应急管理部工作组与联指反复勘察，在距离第二条隔离带近 10 公里处找到最佳位置，开设第三条隔离带；总队所有力量继续坚守南线。11 月 1 日下午，总队前线指挥部对北线进行再次勘察，提出“利用背靠第二条隔离带、风向朝北

图 5-5-22 西藏察隅“10·27”森林火灾扑救

的有利条件，抓住风力小、火势弱的战机，在第二条隔离带北侧实施扑打阻击”的建议。11 月 2 日，总队从南线调集 210 人至北线，利用山脚河沟架设水泵，在第二条隔离带两侧突击扑打火线，防止大火向北蔓延。同时派出 45 人突击队清理飞火形成的烟点，防止烟变明火，威胁沟南安全。经过 2 天连续奋战，至 11 月 3 日 19 时，火场北线得到有效控制，全线无明火，灭火行动取得决定性胜利。

（四）积极作为，全面清理

11 月 4 日，联指决定火场转入清理阶段，总队主动请缨，采取架设水泵、派出突击小组等方式，彻底清理火烧迹地内特别是断崖上的烟点。11 月 6 日，除林芝市森林消防支队外，增援队伍撤离火场。至 11 月 7 日 10 时，火场实现“三无”，完成移交；10 时 40 分，留守待命的林芝市森林消防支队撤离归建。

二十四、云南哀牢山“11·15”失联人员搜救

2021 年 11 月 13 日，中国地质调查局昆明自然资源综合调查中心 4 名调查员到哀牢山国家级自然保护区开展森林资源采样调查时失联。党中央、国务院高度重视，中央领导同志作出重要批示。云南省森林消防总队自 11 月 16 日起先后派出 287 名指战员，动用车辆 37 台，携带各类装备器材 3600 余件（套）赶赴现场实施救援（图 5-5-23）。总队参战指战员累计徒步搜索、转运里程约 450 余公里，无人机侦察 20 余架次，搜索覆盖面积约 25 平方公里。在消防救援、地调中心、地方山地救援队以及干部群众近 1000 人的共同努力下，历经 9 天 8 夜搜索、转运 4 名失联人员遗体，圆满完成山岳救援任务。

（一）快速响应，分区“搜”

11 月 16 日 16 时 40 分，总队接到省应急管理厅用兵函请后，立即启动应急响应，召开作战会议，了解任务情况，按地方政府需求，部署救援行动。总队迅速派出第一前线指挥部，积极了解搜救情况，多方面收集信息并研判，与联指定下了“分组推进、分片负责、地空配合、预留

图 5-5-23　云南哀牢山“11·15”失联人员搜救

机动”的搜救方针，重点对天坑、涵洞、悬崖、沟谷或大水冲刷以及发生过泥石流的位置进行深度搜索，陆续发现了失联人员遗弃的一次性雨衣、香烟、标记信号等线索。

（二）两线挺进，对进“救”

11月21日9时，总队参加省政府主持召开的救援行动视频调度部署会后，迅速派出第二前线指挥部带总队特种救援大队共112人，赶赴玉溪新平哀牢山参与救援行动。据地调中心前方搜救人员通报，在哀牢山分界线东侧发现3名失联人员，依据应急管理部翼龙无人机回传影像初步判断，个别失联人员还有生命体征，联指迅速决定采取“东西对进、顾点搜面、全力营救”的救援策略，东西两线救援队伍同时向发现人员目标点挺进，边开进边搜索。经过昼夜急行军，11月22日10时，救援队伍到达失联人员区域，不幸4名失联人员已全部遇难。

（三）克难攻坚，全力“运”

11月22日上午，按照救援现场商议，由消防救援队伍全力转运失联人员遗体。当时，林内阴冷潮湿、地形恶劣险要、防护装备给养严重不足，经过8小时艰难搬运，联指定下了“森林消防队伍负责4具遗体转运，联指筹集救援力量前往接应”的转运方案，及时向山上队伍补充给养、药品、宿营、防寒等物资，使救援队伍避免了更大损失的发生。经过16小时艰苦转运，于21时50分，总队将遗体安全完整转运到老鹰塘交接地交与地调中心。

二十五、山西吕梁市孝义市西辛庄镇杜西沟村“12·15”盗采煤炭资源导致透水被困人员救援

2021年12月15日23时许，山西省吕梁市孝义市西辛庄镇杜西沟村发生盗采煤炭资源导致透水刑事案件，造成22人被困。经过近45小时持续救援，22名被困人员于12月17日20时全部升井，其中20人获救生还、2人死亡（图5-5-24）。

（一）快速响应，及时出动

事故发生后，应急管理部持续调度指

图5-5-24 山西孝义“12·15”盗采煤炭资源导致透水事故救援

导救援工作，派工作组连夜赶赴现场。国家安全生产应急救援中心快速响应，派出4 名同志随同应急管理部工作组赴现场指导救援，调派国家矿山应急救援汾西队和华阳新材料科技集团有限公司矿山救护大队出动 99 名指战员、12 台水泵赶赴现场参与处置；协调郑州排水站 2 名排水专家紧急赶赴现场提供技术支持；指令国家矿山应急救援大同队待命，随时按要求参加救援。

（二）思路清晰，方案有效

现场指挥部在救援初期确定了全力排水救援的主攻方向。在保证水泵运行稳定的前提下，尽可能增加排水装备，不断提高排水效率。由于暗立井井筒狭窄，水泵摆布不开，排水方案分三步进行：第一步，使用 3 台水泵井底排水，第 1 台水泵沿井壁下放到井底，第 2、3 台水泵放置在罐笼内下放井底；第二步，在 3 台水泵稳定作业的基础上，通过吊车在井筒中部再吊装 2 台水泵，对上层水位进行排水，实现 5 台水泵同时作业；第三步，研究地面钻孔排水和对地表露采低洼地带开挖排水的救援方案。

（三）措施有力，成功救援

12 月 17 日 10 时 45 分，国家矿山应急救援汾西队救援人员通过摄像窥视仪发现井下被困人员，指挥部立即制定救人升井方案。一是保持不停泵连续排水，确保水位稳定；二是采用绳索救援方式营救，有效解决暗立井空间狭小，无法架设提升设备，使用罐笼提升人员需要拆除水泵导致无法保持连续排水等难题；三是针对井下无风环境，立即架设局部通风机向井下送风，并输送食物等补给，同时对被困人员进行心理疏导，避免升井过程中发生二次伤害。

12 月 17 日 13 时，国家矿山应急救援汾西队架设绳索救援系统；14 时 11 分，第 1 名被困人员获救升井；至 17 时 41 分，20 名被困人员全部获救升井；20 时 15 分，2 名遇难人员升井。

第六篇

基础保障和能力建设

综 述

2021 年，全国应急管理系统持续强化法治、规划、科技和信息化体系建设，加强国际交流合作和新闻宣传工作，应急管理基础保障和能力建设水平稳步提升，为推动应急管理事业改革发展奠定了坚实基础。

一、深入开展应急管理法治工作

将学习贯彻习近平法治思想作为做好应急管理法治工作的根本遵循和行动指南，坚决执行中央全面依法治国各项决策部署，坚持把法治政府建设与应急管理工作同谋划、同部署、同落实，在法治轨道上推进应急管理体系和能力现代化。积极推进法规标准体系建设，完成了《安全生产法》《消防法》修改工作和《人员密集场所消防安全管理》《坠落防护 安全带》等 19 项国家标准、行业标准的发布，积极参与《突发事件应对法》修改工作，推动危险化学品安全法、自然灾害防治法、国家综合性消防救援队伍和人员法、煤矿安全条例的制定工作，配合最高人民法院推动研究制定《刑法修正案(十一)》涉及安全生产有关规定的司法解释。完成《社会消防技术服务管理规定》《工贸企业粉尘防爆安全规定》《高层民用建筑消防安全管理规定》等部门规章的制定发布工作。印发《关于加强安全生产执法工作的意见》，从坚持精准执法、坚持严格执法、规范执法行为等 5 个方面提出了 17 项工作措施。推进严格规范公正文明执法，发布制式服装和标志技术规范、着装管理规定、统一标志式样，持续深化“互联网+执法”系统推广应用。会同司法部印发《应急管理综合行政执法技术检查员和社会监督员工作规定(试行)》，调动社会力量、行业力量、专业力量解决制约执法工作的瓶颈问题。深入推进“放管服”改革，编制应急管理部权责清单，制定应急管理系统中央层面设定的行政许可事项清单，进一步规范行政审批改进服务工作，在全国范围内推广应用安全生产许可证、特种作业操作证等电子证照，推动扩大应用领域。举办第三届应急管理普法知识竞赛，共有 1665 万余人参与答题，总答题量超过 26.8 亿人次，总点击量超过 42.5 亿次。

二、扎实推动规划体系建设

把贯彻新发展理念贯穿《“十四五”国家应急体系规划》编制始终，聚焦健全应急管理指挥体系、隐患排查和安全预防控制体系、自然灾害防治能力体系、应急救援力量体系、应急物资保障体系、应急管理法治、科技和人才支撑保障体系等，认真谋划目标指标、重大工程项目和改革举措。积极构建“十四五”应急管理领域“1+2+N”的规划体系，顺利完成《“十四五”国家应急体系规划》编制工作，于 2021 年 12 月 30 日以国务院文件正式印发，并纳入“十四五”国家级重点专项规划范围。同步编制安全生产、综合防灾减灾规划以及消防、矿山、危险化学品安全、防震减灾、装备发展、应急力量建设等专项规划，不断加强各专项规划与总体规划的衔接，确保同步研究、同步编制、同步实施。采取专题座谈与实地调研相结合的方式，指导各地扎实开展应急管理规划编制工作，定期调度地方规划编制进展，对各省级应急管理规划发布前进行初核，确保各级各类规划协调一致，形成全国“一盘棋”。

三、加快提升科技信息化水平

围绕应急实战需求，推动应急卫星“天目网”工程落地，应急管理大数据工程立项获批并启动实施，开展“智慧应急大脑”设计，自然灾害监测预警信息化工程和自然灾害防治技术装备现代化工程实施加快。印发《应急管理部关于推进应急管理信息化建设的意见》，开展全国信息化专项治理，推进部省两级统建、地方免费应用模式，推动形成全国信息化统筹集约建设格局。加速构建以大数据、“互联网+”为核心的业务应用模式，经“应急使命·2021”抗震救灾演习、河南郑州“7·20”特大暴雨灾害、云南哀牢山失联人员救援以及云南漾濞 6.4 级、青海玛多 7.4 级、四川泸县 6.0 级等地震灾害救援指挥决策等实战检验，信息化支撑保障作用明显增强。安全监测预警水平稳步提升，完成 26 个地区 2 万余家高危行业企业用电大数据监测分析，智能识别预警明停暗开、超负荷生产等异常用电行为；实现 6900 余家危险化学品重大危险源企业监测联网和京津冀地区尾矿库卫星遥感识别，建成危险化学品、煤矿等重点行业企业全息档案和知识图谱，完成全国 1400 余座关停矿井人员异常变化全年实时监测，有力震慑矿井非法偷盗采行为。建成“互联网+监管”系统，“互联网+执法”系统在 15 省推广应用，完成“智慧应急”试点和城市安全风险综合监测预警平台试点建设。完成首批应急管理部重点实验室申请创建评审工作，批准挂牌组建实验室 9 个。持续推进国家城市安全发展科技研究院（基地）、国家危险化学品安全（青岛）研究院（基地）建设，会同相关部委围绕矿山安全、危险化学品安全等 16 个关键领域开展先进装备应用试点示范，组织防汛抢险先进技术装备揭榜攻关，调用卫星开展林火高风险区日常观测，开展无人机集群灭火高原测试和实火演练，科技装备支撑能力显著增强。

四、深入开展国际交流与合作

成功举办“一带一路”自然灾害防治和应急管理国际合作部长论坛，推动相关工作机制建设。积极参与全球灾害治理，加强顶层设计和高层对话，成功举办首届中国-东盟灾害管理部长级会议、第十九届东盟地区论坛救灾会间会、第十一届中欧安全生产对话和“中国国际城市搜索与救援 20 周年”主题会议，与白俄罗斯、柬埔寨、老挝、吉尔吉斯斯坦、蒙古等国家应急管理部门和联合国减灾办、国际民防组织等分别签署合作文件。助力国际抗疫合作，通过视频交流、网络对话、云端论坛、信函往来等“云外事”形式，常态化参与和组织新冠肺炎疫情背景下灾害防治和应急管理研讨会、培训交流，为国际社会抗疫合作提供中国经验。持续开展与周边国家在跨境森林草原防灭火、防汛抗洪等领域的合作与交流。紧紧围绕国内需求深化国际合作，应急救援中俄航空救援合作、企业可持续发展（SCORE）、中欧安全生产统计、中法林火合作等项目深入推进，推动中国消防救援学院与俄罗斯紧急情况部民防学院签署合作备忘录，为消防救援人才队伍建设搭建桥梁。积极参与防范化解海外重大安全风险，强化对境外中资企业安全生产的指导和服务，视频举办联合国国际搜索与救援咨询团亚太区域地震应急演练，提升区域国际救援能力。充分利用多双边平台和机制，广泛宣传我国应急管理理念和改革发展成就，通过国际论坛、研讨会等多种形式，发出中国声音、讲好中国故事，促进应急管理领域国际传播能力建设，积极营造有利于中国发展的外部环境。

五、持续强化应急管理新闻宣传

始终把学习贯彻习近平新时代中国特色社会主义思想作为首要政治任务，大力宣传党的十九届六中全会精神，深入阐释习近平总书记关于应急管理重要论述。拍摄制作《生命重于泰山——学习习近平总书记关于安全生产重要论述》电视专题片。中央宣传部、国务院安委会、应急管理部联合印发学习通知，组织各地各部门观看学习专题片。围绕习近平总书记亲切会见全国应急管理系统先进模范和消防忠诚卫士表彰大会代表和表彰人员先进事迹，组织多频次、全媒体、立体式宣传报道，并举行应急管理系统优秀党员代表、先进模范和消防忠诚卫士代表中外记者见面会。推出“时代楷模”肖文儒、“感动中国”年度人物陈陆，组织系列学习宣传活动。围绕应急管理重点任务，大力开展庆祝建党百年主题宣传和“应急使命·2021”抗震救灾演习宣传，深入开展安全生产明查暗访报道和典型案例曝光，推出系列节目、深度报道、新媒体短视频等400余篇（个），在国务院新闻办公室举行7场专题新闻发布会，在央视社会与法频道制作播出52期《应急时刻》专题节目，集中发布2020年全国应急救援、生产安全事故、自然灾害十大典型案例和63起重点行业领域安全执法、行刑衔接等案例。突出做好春节、清明、中秋、国庆等节假日安全提示，积极稳妥开展灾害事故应急报道，广泛宣传全力维护人民群众生命财产安全的行动措施和进展成效。深入开展全国“安全生产月”、全国防灾减灾日等活动和防汛防台风、森林草原防灭火等公益宣传。持续加强应急管理部政府网站、中国应急信息网和应急管理部官方微信、微博等新媒体平台建设，不断强化发布、传播、互动、引导功能，组织开展“防灾减灾　全民行动”“人民安全守护者”“点亮火焰蓝”“守护万家灯火”等一系列网络互动引导和访谈活动，着力打造权威宣传窗口，形成正面舆论强势。

第一章　法治体系建设

一、深入学习贯彻习近平法治思想，加强党对法治政府建设的领导

将深入学习贯彻习近平法治思想作为应急管理法治建设的头等大事，要求全系统将深入学习贯彻习近平法治思想作为一项重要政治任务，从践行“两个维护”的政治高度，全面准确学习领会习近平法治思想，牢牢把握全面依法治国的政治方向、重要地位、工作布局、重点任务、重大关系、重要保障，吃透基本精神、把握核心要义、明确工作要求，切实把习近平法治思想贯彻落实到应急管理事业改革发展的全过程。

坚持党对法治政府建设的领导。坚持将习近平法治思想作为研究决策的重要依据、做好应急管理法治工作的根本遵循和行动指南，多次召开应急管理部党委会议、部务会议等研究部署应急管理法治建设工作。坚决执行中央全面依法治国各项决策部署，狠抓工作落实，将法治政府建设与应急管理工作同谋划、同部署、同落实，在法治轨道上推进应急管理体系和能力现代化。

二、完善工作机制，积极推进法规标准体系建设

推动完成《安全生产法》《消防法》修改工作。配合推动制定《刑法修正案（十一）》涉及安全生产有关规定的司法解释。配合做好《突发事件应对法》修改工作。推动危险化学品安全法、自然灾害防治法、国家综合消防救援队伍和人员法、煤矿安全条例制定工作。统筹做好《防震减灾法》《工贸企业粉尘防爆安全规定》《煤矿安全规程》《高层民用建筑消防安全管理规定》等法律及规章制修订工作。

报请国家标准化管理委员会发布《人员密集场所消防安全管理》《坠落防护　安全带》等 15 项国家标准，发布《加油（气）站油（气）储存罐体阻隔防爆技术要求》等 4 项行业标准。按程序下达《有限空间作业安全技术规范》《社会应急力量救援队伍建设规范》等 25 项国家标准、行业标准制修订计划项目，组织研制应急避难场所、风险监测预警、救灾物资、救援装备等 200 多项紧缺重要标准。

2021 年发布的应急管理国家标准见表 6-1-1，发布的应急管理行业标准见表 6-1-2。

三、健全政府机构职能体系，深入推进“放管服”改革

国务院抗震救灾指挥部印发《关于进一步健全完善地方防震减灾救灾体制机制的意见》，加强地震灾害防抗救工作统筹协调。配合推动落实健全地方防汛抗旱、森林草原防灭火工作机制的指导意见，定期跟踪了解省市县有关应急指挥机构调整情况。

组织做好应急管理部权责清单的编制工作。对负责实施和指导地方实施的行政

表 6-1-1　2021 年发布的应急管理国家标准

序号	标准编号	标准名称	制修订	发布日期	实施日期
1	GB 40554. 1—2021	海洋石油天然气开采安全规程　第 1 部分：总则	制定	2021-08-10	2022-09-01
2	GB 24539—2021	防护服装　化学防护服	修订	2021-08-10	2022-09-01
3	GB 6095—2021	坠落防护　安全带	修订	2021-08-10	2022-09-01
4	GB/T 40237—2021	泡沫塑料着火性试验方法　电焊火花法	制定	2021-05-21	2021-12-01
5	GB/T 40238—2021	建筑材料及制品燃烧试验　基材选取、试样状态调节和安装要求	制定	2021-05-21	2021-12-01
6	GB/T 40248—2021	人员密集场所消防安全管理	制定	2021-05-21	2021-12-01
7	GB/T 16838—2021	消防电子产品环境试验方法及严酷等级	修订	2021-08-20	2022-03-01
8	GB/T 16840. 2—2021	电气火灾痕迹物证技术鉴定方法　第 2 部分：剩磁检测法	修订	2021-08-20	2021-08-20
9	GB/T 16840. 3—2021	电气火灾痕迹物证技术鉴定方法　第 3 部分：俄歇分析法	修订	2021-08-20	2021-08-20
10	GB/T 16840. 4—2021	电气火灾痕迹物证技术鉴定方法　第 4 部分：金相分析法	修订	2021-08-20	2021-08-20
11	GB/T 16840. 7—2021	电气火灾痕迹物证技术鉴定方法　第 7 部分：EDS 成分分析法	制定	2021-08-20	2021-08-20
12	GB/T 16840. 8—2021	电气火灾痕迹物证技术鉴定方法　第 8 部分：热分析法	制定	2021-08-20	2021-08-20
13	GB/T 17906—2021	消防应急救援装备　液压破拆工具通用技术条件	修订	2021-08-20	2022-03-01
14	GB/T 40484—2021	城市轨道交通消防安全管理	制定	2021-08-20	2021-12-01
15	GB/T 41020—2021	建筑物财产保险火灾风险评估指南	制定	2021-12-31	2022-07-01

表 6-1-2　2021 年发布的应急管理行业标准

序号	标准编号	标准名称	制修订	发布日期	实施日期
1	AQ/T 3001—2021	加油（气）站油（气）储存罐体阻隔防爆技术要求	修订	2021-02-19	2021-08-01
2	AQ/T 3002—2021	阻隔防爆橇装式加油（气）装置技术要求	修订	2021-02-19	2021-08-01
3	AQ/T 1118—2021	矿山救援培训大纲及考核规范	制定	2021-12-24	2022-03-01
4	AQ/T 1009—2021	矿山救护队标准化考核规范	修订	2021-12-24	2022-03-01

许可事项进行重新梳理，细化形成应急管理系统中央层面设定的行政许可事项清单。组织对以应急管理、安全生产等名义设立的协会和举办的论坛、展览违规收费情况进行全面排查摸底和清理。

印发《关于进一步规范行政审批改进服务工作的通知》，高质量完成行政审批受理和结果送达工作。2021 年，部行政审批窗口共受理行政许可事项 195 项，办结送达 135 项，并按要求全部进行公示，方便行政相对人查询。

编制发布安全生产许可证、危险化学品经营许可证、中级注册安全工程师注册证书、注册消防工程师注册证书等 9 项电子证照标准。印发通知在全国范围内推广应用特种作业操作证电子证照。

四、提升执法效能，推进严格规范公正文明执法

持续推动各地加大改革力度，通过多种方式对陕西、山西等工作进度快、改革措施实、任务落实好的地区的经验措施进行宣传推广。发布制式服装和标志技术规范、着装管理规定、统一标志式样。

深化安全生产专项整治三年行动，形成 2021 年重点工作任务、重点攻坚督办任务及目录清单。聚焦企业主要负责人依法履职情况和工贸行业 25 项执法检查重点事项进行执法督导。对全国大型油气储存基地开展全覆盖安全风险评估，对烟花爆竹转型升级集中区开展专家指导服务。针对尾矿库排洪系统质量检测、外包施工管理和实际控制人履职能力等矿山行业领域突出问题开展监督检查。开展安全评价机构执业行为专项整治。

印发《关于加强安全生产执法工作的意见》，从坚持精准执法、坚持严格执法、规范执法行为等 5 个方面提出 17 项工作措施。建立安全生产典型执法案例报送制度，评选优秀执法案例，强化典型示范引领作用。认真贯彻落实《刑法修正案（十一）》，推动各地加大事故前危险作业行为刑事责任追究力度，公布 4 批行刑衔接执法案例。在矿山领域统筹开展异地交叉检查，推动经验交流和工作开展。持续开展年度消防执法检查考评，强化消防执法规范化建设。

会同司法部印发《应急管理综合行政执法技术检查员和社会监督员工作规定（试行）》，调动社会力量、行业力量、专业力量解决制约执法工作的瓶颈问题。印发《企业安全生产标准化建设定级办法》，明确通过政府购买服务的方式开展定级工作。在矿山行业推行实施“五个结合”的“解剖式”执法检查，让有限的执法力量发挥最大的作用。举办第三届

全国应急管理普法知识竞赛，共有1665万余人参与答题，实现应急普法与社会效应的良性互动。

继续加强“互联网+执法”系统推广应用，围绕工贸领域重点检查事项开发专用执法模块。开发统一的监管执法信息平台门户，接入国家矿山安全生产风险监测预警系统、全国危险化学品安全生产风险监测预警系统、“互联网+执法”系统等9个监测预警和监管执法业务系统。

五、健全突发事件应对体系，依法高效应对各类灾害事故

经党中央批准，牵头成立国务院河南郑州“7·20”特大暴雨灾害调查组，第一次在国家层面对特大自然灾害开展全域性综合调查评估。

积极推动《国家突发事件总体应急预案》修订，统筹推进国家地震灾害、防汛抗旱等专项预案，以及危险化学品、特种设备等部门预案修订工作。紧跟灾害风险预判趋势，及时修订地震、洪涝灾害应急力量使用预案和中央企业救援力量准备方案。对《突发事件应急预案管理办法》进行修订。

完善灾害事故跨区域通行保障机制，指导推动黄河流域九省区建立应急救援协同联动工作机制，进一步加强区域体系共建、信息互通和资源共享。与相关中央企业签订应急联动机制协议，固化运用中央企业工程抢险力量参与抢险救援行动的经验做法。制定震后12小时应急服务响应行动清单，建立联动支援制度。

六、全面落实政务公开，做好行政复议应诉工作

做好部政府门户网站公众留言答复办理工作，优化留言办理系统，建立常见问题答复口径库，优化智能检索功能，全年共办结留言1970条、公开答复1331条。围绕部重点工作、重要时间节点，共举行10场新闻发布会，召开3次政府网站在线访谈，制作发布文字视频解读50篇（个）、政策法规图解及知识答题等新媒体产品47个，主动传播权威声音，积极回应社会关切。

登记办理群众信访2542件2780人次，信访秩序总体稳定。全面推进行政复议规范化、专业化、信息化建设，认真执行行政机关负责人出庭应诉制度，全年部本级办理行政复议案件14件，行政应诉案件15件。

积极做好全国人大代表建议和全国政协委员提案的答复工作，将其作为依法行政、回应社会关切和服务人民的重要体现，全年共承办人大代表建议187件、政协委员提案92件，所有建议提案办理工作均在规定时限内完成。

第二章 规划体系建设

2021 年，围绕贯彻落实《中华人民共和国国民经济和社会发展第十四个五年规划和 2035 年远景目标纲要》(简称《纲要》)在应急管理领域的部署，积极推进“十四五”应急管理“1+2+N”规划体系建设，在科学编制《“十四五”国家应急体系规划》(即“1+2+N”中的“1”，简称《规划》)的同时，同步推进“十四五”应急管理领域 15 部其他专项规划编制，不断优化规划体系，指导地方做好应急管理领域相关规划编制工作，充分发挥规划引领作用，为推进应急管理体系和能力现代化提供坚强支撑。

一、细化落实《纲要》安排部署

《规划》作为国务院印发的“十四五”国家重点专项规划，同时也是应急管理部组建之后，针对应急管理领域编制的第一个五年发展规划，是《纲要》在应急管理领域的细化深化和实化，做好《规划》与《纲要》的衔接，对于“十四五”时期指导应急管理领域发展、布局重大工程项目、合理配置公共资源、引导社会资本投向、制定相关政策具有重要意义。为进一步贯彻落实《纲要》关于应急管理工作的有关部署，重点从三个方面进行了衔接和落实。

（一）把握战略定位

把贯彻新发展理念贯穿《规划》编制的始终，把握新发展阶段的规律特征，统筹发展和安全，将实现更高质量、更加公平、更可持续、更为安全的发展，实现发展规模、速度、质量、结构、效益、安全相统一，体现《规划》编制的指导思想、基本原则、重点任务等各个篇章，提高《规划》的政治站位。

（二）明确战略重心

聚焦健全应急管理指挥体系、隐患排查和安全预防控制体系、自然灾害防治能力体系、应急救援力量体系、应急物资保障体系、应急管理法治、科技和人才支撑保障体系等，谋划好《规划》的目标指标和重大工程项目、重大政策、重大改革举措，尤其注重发挥重大工程项目的牵引和载体作用，会同有关部门（单位）和地方凝练一批实实在在的工程项目。

（三）细化战略部署

在编制好《规划》的同时，积极构建“十四五”应急管理领域“1+2+N”的规划体系，同步编制安全生产规划、综合防灾减灾规划，即“1+2+N”中的“2”，以及消防、矿山、危险化学品安全和防震减灾、装备发展、应急力量建设等规划，即“1+2+N”中的“N”，进一步细化实化《纲要》目标、任务、工程的具体举措。

二、全面推动《规划》编制印发

（一）科学编制印发《规划》

一是立足新发展阶段、贯彻新发展理念、构建新发展格局，科学编制《规划》，并推动纳入“十四五”国家级重点专项规划范围，明确由应急管理部、国家发展改革委牵头编制。二是先后将《规划》印送48个中央部门（单位）和31个省级人民政府及新疆生产建设兵团征求意见，对标对表强化与《纲要》的衔接，委托中国国际工程咨询公司、煤炭规划设计院开展总体性咨询评估和重点工程咨询评估，按程序修改完善后，最终形成《规划（送审稿)》。三是按程序将《规划（送审稿)》分送34个部门完成会签，联合国家发展改革委上报国务院审批，并于2021年12月30日以国务院文件正式印发。

（二）协调推进其他专项规划

按照“1+2+N”规划体系编制任务分工，科学编制《“十四五”国家安全生产规划》《“十四五”国家综合防灾减灾规划》，形成规划征求意见稿，分别书面征求国务院安委会、国家减灾委各成员单位和相关联络员单位，以及各省、自治区、直辖市和新疆生产建设兵团应急管理厅（局）意见，凝聚各方共识。协调推进其他业务领域13部专项规划编制，定期召开规划编制座谈交流会，加强各专项规划与总体规划的有效衔接，确保“三同步”（同步研究、同步编制、同步实施）和“三统一”（目标、任务、工程相统一）。

（三）统筹推进地方应急管理规划编制

一是采取专题座谈与实地调研相结合的方式，先后开展分片区调研，组织召开座谈会，广泛听取基层部门、有关单位、专家学者的意见。二是定期调度地方“十四五”应急管理专项规划编制进展情况，在省级应急管理规划发布前，对省级应急管理部门编制的相关规划进行初核，确保《规划》在地方得到细化分解和精准落实，确保各级各类规划协调一致，形成全国“一盘棋”。

三、《规划》主要内容

与以往应急管理领域编制的规划相比，《规划》着眼应急管理体系和能力现代化全局，更加注重正确处理中央和地方、政府和市场、长远和近期的关系，立足“三突出”“三聚焦”（突出旗帜鲜明的政治主题、突出改革创新的核心位置、突出协调发展的全局视野，聚焦目标精准研判、聚焦防范化解重大安全风险、聚焦应急管理体系和能力现代化建设)，明确了“十四五”时期应急管理工作的指导思想、基本原则、主要目标、主要任务和“三个重大”（重大工程项目、重大政策和重大改革举措)。

《“十四五”国家应急体系规划》框架如图6-2-1所示。

《规划》强调，坚定不移贯彻新发展理念，坚持人民至上、生命至上，坚持总体国家安全观，更好统筹发展和安全，以推动高质量发展为主题，以防范化解重大安全风险为主线，深入推进应急管理体系和能力现代化，坚决遏制重特大事故，最大限度降低灾害事故损失，全力保护人民群众生命财产安全和维护社会稳定，为建设更高水平的平安中国和全面建设社会主义现代化国家提供坚实安全保障。

《规划》提出，到2025年，应急管理体系和能力现代化建设要取得重大进展，形成统一指挥、专常兼备、反应灵敏、上下联动的中国特色应急管理体制，建成统一领导、权责一致、权威高效的国家应急能力体系，防范化解重大安全风险体制机制不断健全，应急救援力量建设全面加强，应急管理法治水平、科技信息化水平和综合保障能力大幅提升，安全生产、综合防灾减灾形势趋稳向好，自然灾害防御水平明显提升，全社会防范和应对

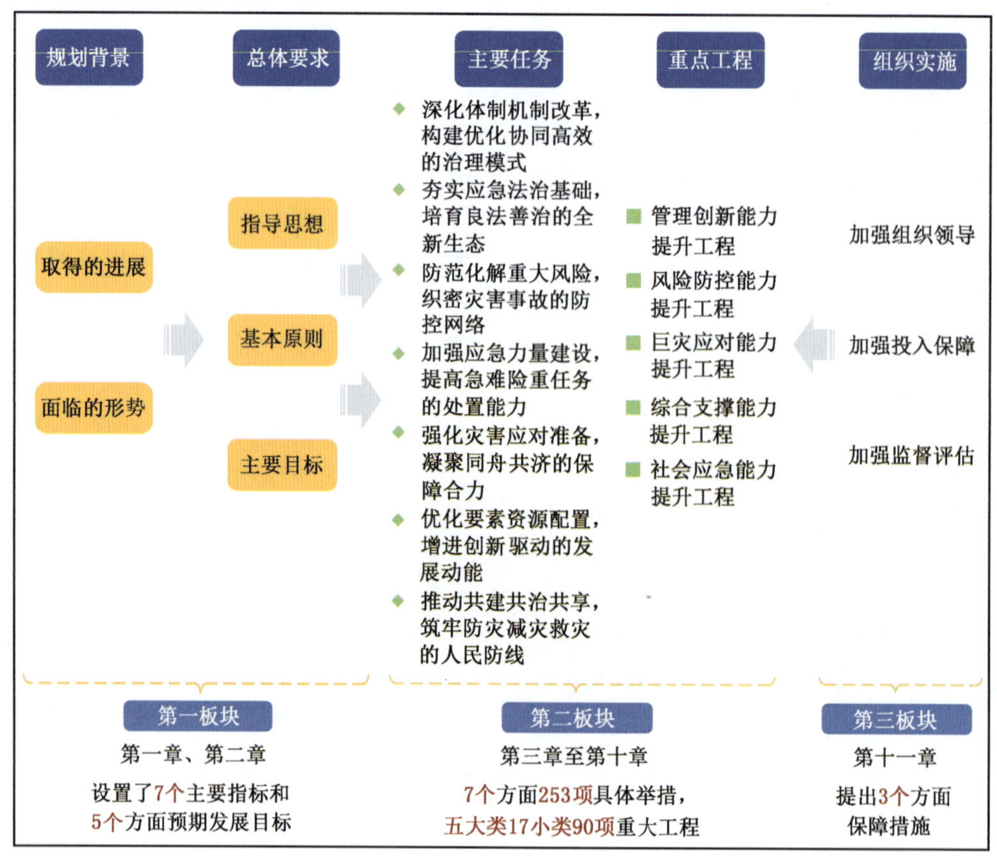

图 6-2-1 《“十四五”国家应急体系规划》框架

处置灾害事故能力显著增强。到 2035 年，要建立与基本实现现代化相适应的中国特色大国应急体系，全面实现依法应急、科学应急、智慧应急，形成共建共治共享的应急管理新格局。

《规划》确定了 7 个方面的主要任务。一是深化体制机制改革，构建优化协同高效的治理模式。包括健全领导指挥体制、完善监管监察体制、优化应急协同机制、压实应急管理责任等。二是夯实应急法治基础，培育良法善治的全新生态。包括推进完善法律法规架构、严格安全生产执法、推动依法行政决策、推进应急标准建设等。三是防范化解重大风险，织密灾害事故的防控网络。包括注重风险源头预防管控、强化风险监测预警预报、深化安全生产治本攻坚、加强自然灾害综合治理等。四是加强应急力量建设，提高急难险重任务的处置能力。包括建强应急救援主力军国家队、提升行业救援力量专业水平、加快建设航空应急救援力量、引导社会救援力量有序发展等。五是强化灾害应对准备，凝聚同舟共济的保障合力。包括强化应急预案准备、强化应急物资准备、强化紧急运输准备、强化救助恢复准备等。六是优化要素资源配置，增进创新驱动的发展动能。包括破解重大瓶颈难题、构建人才聚集高地、壮大安全应急产业、强化信息支撑保障等。七是推动共建共治共享，筑牢防灾减灾救灾的人民防线。包括提升基层治理能力、加强安全文化建设、健全社会服务体系等。

《规划》充分发挥重大工程项目实施的载体作用，明确实施五大类 17 小类重大工程项目。一是管理创新能力提升工程。包括应急救援指挥中心建设和安全监管监察能力建设 2 类，明确建成国家应急指挥总部，建设区域应急救援中心、综合应急实训演练基地和危险化学品、矿山、城市安全、金属冶炼、油气等重大事故防控技术支撑基地等。二是风险防控能力提升工程。包括灾害事故风险区划图编制、风险监测预警网络建设、城乡防灾基础设施建设和安全生产预防工程建设 4 类，明确实施自然灾害监测预警信息化工程，建设典型风险与隐患排查数据库、全国灾害评估与区划系统和国家风险监测感知与预警平台，开展地震易发地区公共设施、农村房屋抗震加固及重点行业领域重大灾害治理等。三是巨灾应对能力提升工程。包括国家综合性消防救援队伍建设、国家级专业应急救援队伍建设、地方综合性应急救援队伍建设、航空应急救援队伍建设、应急物资装备保障建设 5 类，明确实施综合性消防救援装备现代化工程，建设区域性应急救援工程抢险队伍，调整优化省级和地市级综合性应急救援力量，完善森林航空护林场站布局，建设综合应急物资储备库等。四是综合支撑能力提升工程。包括科技创新驱动工程建设、应急通信和应急管理信息化建设、应急管理教育实训工程建设、安全应急装备推广应用示范 4 类，明确建设一批国家级实验室和部级实验室，构建基于天通、北斗、卫星互联网等技术的卫星通信管理系统，完善应急管理大学（筹）、中国消防救援学院等院校的设施，实施安全应急装备应用试点示范和高风险行业事故预防装备推广工程等。五是社会应急能力提升工程。包括基层应急管理能力建设、应急科普宣教工程建设 2 类，明确实施基层应急能力提升计划，开展基层应急管理能力标准化建设，建设一批安全生产主题公园、安全文化教育基地等。

《规划》为确保目标任务落到实处，提出加强组织领导、加强投入保障、加强监督评估 3 个方面保障实施，要求各地区各有关部门要制定实施方案，明确各项任务的推进计划、时间节点和阶段目标；要按照事权与支出责任相适应的原则，加强资源统筹，完善财政和金融政策，引导多元化资金投入；要将规划任务落实情况作为对地方和有关部门工作督查考核评价的重要内容，并开展规划实施年度监测、中期评估和总结评估。

第三章 体 制 建 设

一、健全完善应急管理体制机制

大力推动落实健全地方防汛抗旱、森林草原防灭火和防震减灾救灾体制机制，进一步理顺应急指挥体系。国务院抗震救灾指挥部印发《关于进一步健全完善地方防震减灾救灾体制机制的意见》，推动地方落实防震减灾救灾工作责任，落实抗震救灾指挥机构职责，完善协同联动工作机制。

二、强化应急管理支撑保障体系建设

统筹推进应急管理部部属事业单位改革发展，健全应急管理支撑保障体系。获批 4 家单位机构编制事项。应急管理部培训中心（煤炭工业人才交流培训中心）更名为应急管理部干部培训学院（部党校），应急管理部通信信息中心（煤炭工业通信信息中心）更名为部大数据中心，应急管理部宣传教育中心不再加挂“煤炭工业展览中心、应急管理部党校”牌子。获批西郊、东四、东单、盔甲厂等 4 家招待所转企改制工作方案，为应急管理系统和国家综合性消防救援队伍提供服务保障。推动北戴河康复院转型为专门康复医疗机构，改革管理体制、优化资源配置和加强人员管理，服务职能向内转，满足应急管理系统和国家综合性消防救援队伍康复医疗特殊需求。制修订 18 家事业单位“三定”规定，明确职能定位，优化内设机构，事业单位管理体制和运行机制进一步完善。搭建合作平台，深化战略合作，与深圳市共建国家城市安全发展科技研究院（基地），为安全发展、高质量发展提供支撑。2021 年 12 月 31 日，与中国石化集团公司在北京签署共建国家危险化学品安全（青岛）研究院（基地）合作协议。应急管理部部长黄明和中国石化集团公司董事长马永生座谈并出席签署仪式（图 6-3-1）。根据协议，双方将依托应急管理部化学品登记中心、中国石化青岛安工院，本着“服务国家、支撑行业、优势互补、共建共享”的原则，面向国家危险化学品安全管理的重大需求，围绕防范重大安全风险、健全安全治理体系、推进本质安全提升工程、强化重点关键领域安全管控、实施安全管理数字化智能化转型等重点任务，开展协同攻关和系统研究，构建世界领先的危险化学品领域国家战略科技力量，推进建设国家化学品安全引领性技术研发平台、安全监管运行支撑中心和高端人才支持基地，合力共建世界一流的危险化学品安全研究院。

三、不断加强地方应急管理机构建设

截至 2021 年底，全国省、市、县、乡镇（街道）和新疆生产建设兵团应急管理部门、执法机构及其事业单位人员编制总计 284190 名，实有人数总计 344844 名，同比分别增加 32960 名、22054 名，增长 13.1% 和 6.8%。

图 6-3-1　2021 年 12 月 31 日，应急管理部与中国石化集团公司签署共建国家危险化学品安全（青岛）研究院（基地）合作协议

第四章 科技和信息化建设

2021 年，围绕应急实战需求，坚持统筹谋划，筑牢发展根基，推进重大工程实施，深化“智慧应急”试点，加速构建以大数据、“互联网+”为核心的业务应用模式，发挥科技创新、装备研发、标准规范、网络安全体系的支撑保障作用，有力推动应急管理现代化建设。

一、形成全国信息化统筹集约建设格局

（一）全面布局“十四五”规划

一是编制应急管理“十四五”科技创新、装备发展、智慧应急、卫星业务发展 4 个专项规划，明确总体目标、重点任务和重大工程等内容，为“十四五”应急管理科技信息化建设发展提供遵循。二是与科学技术部签署战略合作协议（图 6-4-1），共同编制《“十四五”公共安全与防灾减灾科技创新专项规划》，推动灾害防治等重点科技需求纳入国家中长期科技发展规划。三是推动应急卫星“天目网”工程落地，协调将 5 米 SAR 等 7 颗卫星列入《国家民用空间基础设施建设“十四五”实施方案》，将应急管理部纳入《“十四五”北斗导航产业发展规划》两个强制应用部门之一。

（二）推进重大工程落地实施

一是应急管理大数据工程立项获得批复并启动实施，制定大数据工程管理办法和廉政风险防范措施。二是推进自然灾害监测预警信息化工程和自然灾害防治技术装备现代化工程实施，指导地方开展工程方案编制，调研分析各地区工程实施进展情况，完成工程成效评估。三是建设

图 6-4-1 应急管理部与科学技术部签署战略合作协议

“智慧应急大脑”设计，编制应急救援区域中心信息化、装备标准规范和基础能力装备清单。

（三）统筹推进全国信息化建设

一是坚定走好集约化建设、融合式发展、扁平化应用道路，召开全国科技和信息化工作会议进行统一部署，加快能力建设，加速应急准备，加大支撑力度，推动全国应急管理工作转型升级。二是印发《应急管理部关于推进应急管理信息化建设的意见》，推动形成体系完备、层次清晰、技术先进的应急管理信息化体系，全面提升监测预警、监管执法、辅助指挥决策、救援实战和社会动员能力。三是开展全国信息化专项治理，推进部省两级统建、地方免费应用模式，整治地方重复建设、分散建设等问题，免费推广应用 42 个部建系统，发布 182 个课件供地方学习使用，提升全系统信息化应用水平。

二、持续推进信息化基础能力建设

（一）强化基础设施支撑保障

建成安信云与廊坊云一体的云计算平台，实现政务外网、行业专网和互联网三网融合，具备跨网大数据服务能力，支持微服务、分布式运算等先进技术，为 144 个业务系统提供上云服务。指挥信息网全面支持 IPv6，覆盖全国省、市、县应急管理部门，联通地震、矿山安全监察系统，保障信息传输链路畅通。

（二）提供优质数据服务信息

推进应急管理大数据资源池建设，实现四大类 52 小类 357TB 信息资源汇聚治理，为全国提供数据服务近 3000 万次。更新发布全国厘米级高分影像地图，为全国自然灾害综合风险普查等业务提供高达 13 万次/秒的访问服务。部本级统一身份认证系统接入全系统 16 万个身份数据，与 12 个省份实现级联对接。

（三）提升网络安全和运维保障能力

组建网络安全处，进一步完善部本级网络安全防护体系，圆满完成各类网络安保任务。强化运维保障服务，有序推进大运维体系建设，打造 7×24 小时应急值守和运维保障力量，运维自动化、智能化水平稳步提升，全年参加 120 次重大灾害事故应急指挥调度，完成 2474 次会议及活动的网络和视频保障工作。

三、不断增强信息化实战支撑能力

（一）强化应急通信保障能力

积极参加“应急使命·2021”抗震救灾演习，构建空天地一体化应急通信网络，组织近百次专项拉练及全要素合成演练，探索大震巨灾下通信保障新模式。在河南郑州“7·20”特大暴雨灾害中，利用空中应急通信平台定向恢复了灾区移动公网，接通用户 2572 个，打通了灾区居民报告灾情、报送平安的生命线。在云南哀牢山失联人员救援中，主动调派空中应急通信平台参与搜救，检验了实战效能。

（二）优化辅助指挥决策系统

持续提升应急指挥“一张图”灾情获取能力。拓展接入消防队伍实时定位、全国灾情速报信息、气象短临预警信息等数据，有力支撑云南漾濞 6.4 级地震、青海玛多 7.4 级地震和四川泸县 6.0 级地震等灾害应急救援指挥决策。加快应急资源管理平台推广应用，完成 16 个救灾物资中央仓改造升级，汇聚 13126 个仓库 6.23 亿件物资信息。

（三）提升大数据核灾评估能力

利用受灾区域电子围栏和转移安置人口手机通信大数据分析模型支撑特大暴雨洪涝灾害评估，协调卫星、无人机等遥感影像支撑登封铝合金工厂爆炸事故调查，相关结果纳入国务院综合评估报告。联合中国铁塔公司开展铁塔大数据灾情分析，辅助研判受灾情况。

四、构建应急管理业务新模式

（一）加强安全生产监测预警

一是与国家电网签署战略合作协议，完成 26 个地区 2 万余家高危行业企业用电大数据监测分析，智能识别预警明停暗开、超负荷生产等异常用电行为，推动构建电力大数据监管模式。二是实现 6900 余家危险化学品重大危险源企业监测联网，在浙江湖州、江苏苏州完成 38 家粉尘涉爆企业监测数据联网接入。三是利用手机通信大数据开展关停矿井人员异常情况监测分析，利用煤矿监测预警大数据开展领导带班下井、超限报警、单班超员分析和皮带运煤视频智能识别，基于大数据分析的矿山安全监管模式初步形成。四是利用卫星遥感技术智能识别全国化学品储罐集中连片区，圈定核查重点。完成京津冀地区尾矿库卫星遥感识别。五是建成危险化学品、煤矿等重点行业企业全息档案和知识图谱，对 5300 多份事故调查报告进行智能解析并形成事故案例库。

（二）持续深化“互联网+”业务模式

一是“互联网+执法”系统在 15 省推广应用，在贵阳、成都等 5 市开展工贸专项执法试点，累计执法 17790 家次、出具文书 58970 份，在江西实现 100% 线上执法。二是建成“互联网+监管”系统，持续汇聚部本级和地方政务监管数据资源，与国家平台实现数据共享共用，建成 7 个重点行业领域风险预警模型。三是深入推进“互联网+政务服务”，建成一体化在线政务服务平台，实现部本级政务服务事项“一网通办”，为全国政务服务部门提供危险化学品生产许可证等 12 个政务数据资源共享，为社会公众提供注册安全工程师、特种作业操作证等 11 个高频政务服务，建成部政府门户网站智能问答机器人，提升政务服务便捷化水平。

（三）加快推进试点建设

一是组织天津、河北、黑龙江等 10 个省份完成“智慧应急”试点建设，形成 30 余个典型应用案例。二是编印危险化学品、矿山行业“工业互联网+安全生产”试点方案，组织中国石化、国家管网开展试点建设。三是印发《城市安全风险综合监测预警平台建设指南（试行）》，选取 18 个城市启动城市安全风险综合监测预警平台试点建设。四是在浙江杭州组织开展短临预警试点应用，取得阶段性成果。

五、大力提升科技装备支撑能力

（一）加强科技研发重点任务布局

积极推进将重大自然灾害风险防控、矿山安全、危险化学品安全、消防安全、应急救援等纳入“十四五”国家重点研发计划相关重点专项实施方案和 2021 年度项目指南，组织部属事业单位牵头申报重点专项项目 9 项，参与申请 6 项，获国拨专项经费资助近 3 亿元。

（二）推进科技创新平台建设

完成首批应急管理部重点实验室申请创建评审工作，批准挂牌组建 9 个实验室。推进与深圳市共建国家城市安全发展科技研究院（基地）、与中国石化共建国家危险化学品安全（青岛）研究院（基地），持续提升科研机构基础能力。

（三）强化先进技术装备支撑

会同相关部委围绕矿山安全、危险化学品安全等 16 个关键领域开展先进装备应用试点示范，组织防汛抢险先进技术装备揭榜攻关，建立工作指导机制，加快关键技术研发攻关。与国防科工局联合组织民商航天应急演练，进一步健全卫星调用机制。调用卫星开展林火高风险区日常观测，提高自然灾害高危风险监测预警能力。组织重点单位赴云南保山、青海等地开展无人机集群灭火高原测试和实火演练，不断改进升级装备性能。

第五章　国际交流与合作

2021 年，统筹国内国际“两个大局”，深入开展国际交流与合作，推进“一带一路”自然灾害防治和应急管理国际合作机制建设，有力服务应急管理体系和能力现代化建设、国家总体外交。

一、成功举办“一带一路”自然灾害防治和应急管理国际合作部长论坛

深入贯彻习近平总书记提出的“一带一路”倡议和全球发展倡议，2021 年 11 月 3 日在北京以视频形式成功举办“一带一路”自然灾害防治和应急管理国际合作部长论坛（图 6-5-1）。国务委员王勇出席并发表主旨讲话。应急管理部部长黄明和外交部、国家发展改革委、商务部、国际发展合作署、中国红十字会等有关代表与会。“一带一路”有关国家应急管理部门和国际、地区组织的主要负责人线上参会。各方围绕“加强灾害风险防范、提升应急管理能力”主题进行深入交流。王勇指出，中国政府高度重视自然灾害防治和应急管理工作。近年来，我们深入贯彻习近平主席提出的“两个坚持、三个转变”防灾减灾理念，坚持以人民为中心的发展思想，不断深化应急管理体制机制改革，加快健全自然灾害防治体系，全面提高灾害防控和应急救援水平，为维护人民生命财产安全、促进经济社会高质量发展提供了坚实保障。王勇强调，防范化解重大自然灾害风险，是包括共建“一带一路”国家地区在内国际社会面临的共同挑战。中方愿继续深化同各国、各

图 6-5-1　2021 年 11 月 3 日，“一带一路”自然灾害防治和应急管理国际合作部长论坛举办

地区和相关国际组织的交流合作，持续完善多双边合作机制，拓展区域性应急合作领域，联合开展应急科技创新，合力夯实防灾减灾基础，携手应对重大灾害事故，共同提升自然灾害防治和应急管理能力，最大限度降低灾害风险损失，为造福沿线国家地区人民、推动构建人类命运共同体作出积极贡献。黄明表示，习近平主席提出的共建“一带一路”倡议正在高质量发展。自然灾害防治和应急管理既是共建“一带一路”的重点合作领域，又担负着保驾护航的重要使命。应急管理部在深入推进应急管理体系和能力现代化的同时，愿通过“一带一路”自然灾害防治和应急管理国际合作机制，与各方携手应对灾害风险挑战。

此次论坛是应急管理部成立以来主办的最高规格国际会议，来自 19 个国家应急管理部门、8 个联合国机构及国际和区域组织的 27 名主要负责人参会并发言。各国代表讨论通过了充分反映中方理念和主张的《“一带一路”自然灾害防治和应急管理国际合作北京宣言》，为构建人类命运共同体凝聚更多共识，汇聚更大力量。“一带一路”自然灾害防治和应急管理国际合作机制建设正式启动，成为开展自然灾害防治和应急管理领域对外合作的总平台和全球灾害治理合作的新平台，开启了“一带一路”自然灾害防治和应急管理国际合作新篇章。

二、积极参与全球灾害治理

（一）加强顶层设计和高层对话

以“一带一路”自然灾害防治和应急管理国际合作机制建设为引领，成功举办首届中国-东盟灾害管理部长级会议（图 6-5-2），宣布建立中国-东盟灾害管理合作机制，推动中国与东盟应急管理合作迈入新阶段。举办第十九届东盟地区论坛救灾会间会、第十一届中欧安全生产对话、“中国国际城市搜索与救援 20 周年”主题会议，加强交流互鉴。与

图 6-5-2　2021 年 10 月 14 日，首届中国-东盟灾害管理部长级会议召开

白俄罗斯、柬埔寨、老挝、吉尔吉斯斯坦、蒙古等国家应急管理部门和联合国减灾办、国际民防组织等分别签署了合作文件，为今后合作奠定了框架。

（二）稳步拓展国际和区域组织框架下合作

倡议建设上海合作组织多边协作应急信息共享系统，加强应急医疗救援合作，召开上海合作组织成员国应急医疗救援视频研讨会，促进上海合作组织框架下合作走深走实走广。参加金砖国家灾害管理联合工作组会议、第 14 次亚太经合组织灾害管理高官论坛、亚洲备灾中心第二届理事会会议、国际劳动监察协会第 16 届会员大会、国际民防组织第 54 届执行理事会成员国会议、二十国集团职业安全健康工作组年会、世界银行风险认知亚洲会议、联合国国际搜索与救援咨询团第三届全球年会等系列活动，引导推动政策和规则制定，不断提升国际影响力和话语权。

（三）大力支持多边机构

继续向联合国减灾办、联合国灾害管理与应急反应天基信息平台北京办公室、国际民防组织、亚洲备灾中心、国际劳动监察协会、国际社会保障协会捐款和缴纳会费，推动与其开展三方、多方合作，并发挥积极作用。向联合国人道主义事务协调办公室、国际搜索与救援咨询团推荐多名专家，积极参与国际救援领域规则磋商，连任亚太经合组织备灾工作组联合主席。

（四）助力国际抗疫合作

通过视频交流、网络对话、云端论坛、信函往来等“云外事”形式，常态化参与和组织新冠肺炎疫情背景下灾害防治和应急管理培训交流，为国际社会抗疫合作提供中国经验。组织亚太经合组织备灾工作组框架下“新冠肺炎疫情防控背景下加强安全生产促进复工复产”研讨会，积极参加俄罗斯、新加坡、欧盟、世界粮食计划署、国际移民组织、联合国国际搜索与救援咨询团、国际劳动监察协会等举办的视频交流会议，分享中国在新冠肺炎疫情背景下公共安全风险管理、灾害防治信息化建设、安全生产政策和措施、职业安全、企业防控举措、城市搜救等议题下的灾害准备和经济复苏成功经验。

三、紧紧围绕国内需求深化国际合作

（一）以项目促进发展

与国际劳工组织在浙江省湖州市共同举办企业可持续发展（SCORE）项目总结会，顺利完成企业可持续发展项目，并积极支持国际交流合作中心将相关经验推广至山东滨州等地，促进完善安全生产标准化体系建设。争取财政部、亚洲开发银行资金支持，开展防汛防台风抢险救援能力建设，进一步推动我国专业化机动抗洪抢险救援体系建设。开展中欧安全生产统计项目，促进优化我国安全生产统计指标体系和数据采集方式。推进中法林火合作项目，为林火防治能力建设提供服务和支撑。与联合国儿童基金会合作，指导国家减灾中心、华北科技学院商签 2021—2022 年工作计划，联合开展以儿童为中心的防灾减灾、安全意识教育培训，强化社会应急能力建设。推动中国消防救援学院与俄罗斯紧急情况部民防学院签署合作备忘录，为消防救援人才队伍建设搭建桥梁。

（二）促进边境地区安全

持续开展与周边国家在跨境森林草原防灭火、防汛抗洪等领域的合作与交流。启动中俄应急管理部门危机情况管理单位信息交流机制，助力黑龙江防汛抗洪工作。促进中俄、中哈边境地区合作。推动中俄森林草原防火协定修订，与蒙古商签森林草原防灭火合作协议。

(三) 有针对性开展调研

撰写《关于加强与相关国际组织开展应急管理合作的思考》《世界主要国家应急管理机构人员着装和衔级情况》《俄罗斯、美国、德国、法国、日本、韩国、哈萨克斯坦等7国应急管理机构行政人员工资待遇情况》《俄罗斯克麦罗沃矿难分析》、美国公寓倒塌和德国洪涝灾害及地中海林火等灾害事故分析报告等18篇。积极走入基层，初步了解地方应急管理部门对外交流合作情况。

四、积极参与防范化解海外重大安全风险

(一) 健全国际救援机制

加强与有关中央部委的沟通协调和配合，不断完善突发事件国际救援机制。

(二) 持续加强国际救援能力建设

视频举办联合国国际搜索与救援咨询团亚太区域地震应急演练，提升区域国际救援能力，国际搜索与救援咨询团将其列为年度活动亮点。组织中俄救援队伍交流研讨活动，分享队伍建设发展经验。组织中国救援队和中国国际救援队接种新冠病毒疫苗，做好随时遂行救援任务准备。密切关注国际灾情和事故，结合应急预案开展桌面演练，提升应急响应能力。举办外交政策与国际救援规则培训班和第三届灾害医学培训班。积极参与联合国人道主义应急仓库和枢纽建设。

(三) 加强境外中资企业安全生产能力建设

强化对境外中资企业安全生产的指导和服务，举办境外中资企业安全生产能力提升培训班，印发《境外中资企业安全生产口袋书》，提升境外中资企业安全生产意识和能力。

五、不断强化外事管理和对外宣传

(一) 加强外事管理和服务

严格落实“党管外事”各项制度要求，结合应急管理对外工作实际，制定完善《应急管理部外事工作管理办法》，加强外事工作全过程、全方位管理。加强线上外事活动审批管理，修订完善外事工作流程，进一步规范外事活动。审批97个线上外事活动，共计433人次。严格规范管理应急管理部人员在国际组织任职。强化外事纪律和安全教育，提高安全防范意识。

(二) 积极宣介应急管理中国理念和实践

充分利用多双边平台和机制，通过国际论坛、研讨会等多种形式，广泛宣传中国应急管理理念和改革发展成就，发出中国声音、讲好中国故事，增进国际社会对中国应急管理理念的理解和认知，丰富中国特色大国应急管理的内涵，促进应急管理领域国际传播能力建设，为营造有利于中国发展的外部环境作出积极贡献。成功举办博鳌亚洲论坛2021年年会应急管理分论坛，与中国应急管理学会合作在长沙举办博鳌亚洲论坛全球经济发展与安全论坛首届大会应急管理分论坛，凝聚国内外各方灾害管理共识。

第六章 新闻宣传

2021 年，应急管理新闻宣传工作坚持以习近平新时代中国特色社会主义思想为指导，紧紧围绕党和国家工作大局、应急管理事业改革发展全局，着力加强应急管理正面宣传，表彰大会报道浓墨重彩、建党百年宣传特色鲜明、先进典型选树深入人心、安全隐患警示曝光形成常态、突发事件舆论引导及时有力，为应急管理事业改革发展持续营造良好社会氛围。全年中央主要媒体刊播应急管理新闻报道 5000 余条，其中，央视播出 2000 余条次（《新闻联播》播出 109 条），《人民日报》刊发稿件 190 篇，新华社播发报道 708 篇。

一、思想理论武装走深走实

始终把学习贯彻习近平新时代中国特色社会主义思想作为首要政治任务，大力宣传党的十九届六中全会精神，组织部属报刊、部政府网站等开设专题专栏，第一时间转载发布习近平总书记的重要会议活动新闻报道，深入宣传阐释习近平总书记关于应急管理重要论述，推动在全系统落地生根。及时宣传应急管理系统学习贯彻习近平总书记重要指示批示精神的反响报道、落实措施、进展成效，引导广大党员干部感悟思想伟力、坚定信念信心。拍摄制作《生命重于泰山——学习习近平总书记关于安全生产重要论述》电视专题片。中央宣传部、国务院安委会、应急管理部联合印发学习通知，组织各地各部门观看学习专题片。召开全国应急管理新闻宣传工作会议和全国应急管理新闻舆论阵地建设座谈会，印发《2021 年应急管理

图 6-6-1 2021 年 11 月 6 日，央视《新闻联播》播出
《习近平会见全国应急管理系统先进模范和消防忠诚卫士表彰大会代表》

新闻宣传工作要点》，部署全年重点任务。

二、表彰大会宣传浓墨重彩

新华社播发消息稿《习近平会见全国应急管理系统先进模范和消防忠诚卫士表彰大会代表》，央视《新闻联播》头条播出时长3分7秒专题报道（图6-6-1），《人民日报》《光明日报》等中央媒体头版头条刊发报道；《人民日报》、新华社等媒体推出《充分发挥我国应急管理体系特色和优势——写在国家综合性消防救援队伍组建三周年之际》《坚决当好党和人民的“守夜人”——全国应急管理系统锐意推进改革发展综述》等重磅综述。在国务院新闻办公室举行“加快推进应急管理体系和能力现代化”专题新闻发布会，举办“应急管理系统先进模范和中国消防忠诚卫士代表”记者见面会。人民网、新华网、央视网推出《图文故事丨习近平同这支赴汤蹈火的人民队伍》《时政现场说丨赴汤蹈火 竭诚为民——致敬最美“逆行者”》等报道；联合中央网信办传播局、重点网站策划制作重磅微视频《请放心》、MV《守护者》等新媒体产品，连续5天在全网置顶推送；推出“人民安全守护者”“致敬逆行消防英雄”等互动话题，充分展示以习近平同志为核心的党中央对应急管理工作的关心关怀，全面反映三年来应急管理系统践行习近平总书记重要训词精神的生动实践。各主要媒体共刊播原创重点报道260余篇，制作发布新媒体产品20余部，全网相关报道381万余条，微博等话题阅读量达33亿人次，媒体网民纷纷点赞致敬。

三、重点任务宣传有声有势

（一）大力开展庆祝建党百年主题宣传

做好党史学习教育宣传报道，《人民日报》、新华社、央视等中央媒体刊播报道400余篇次，中央党史学习教育官网转载15篇；开展“我为群众办实事”专题报道，部属媒体集中发布重点报道110余篇。组织开展“应急人唱支山歌给党听”主题快闪活动（图6-6-2），应急管理系统160余家单位15.8万余人参加，在延

图6-6-2 “应急人唱支山歌给党听”主题快闪活动

安、遵义等红色圣地和基层一线开展快闪拉歌，新媒体平台播放量超 8.5 亿次，激励党员干部把庆祝活动的热情转化为干事创业的实际行动。

（二）全力做好“应急使命·2021”抗震救灾演习宣传

组织 21 家媒体赴现场开展集中采访，央视全媒体平台和全国 70 余家主要媒体进行全程联动直播（图 6-6-3），《人民日报》、新华社、央视等推出综述文章、演习侧记、专题节目等重点报道 40 余篇，形成全国性、立体化舆论声势。高质量制作演习导入片、暖场片和《人民至上 生命至上——“应急使命·2021”抗震救灾演习专题片》，全面展现应急响应、队伍拉动情况，总结固化演习成果，指导推动各地提高应对大震巨灾能力。媒体网民对演习高度肯定，点赞应急体制机制改革成效。

（三）常态化开展安全生产明查暗访报道和典型案例曝光

先后组织 6 轮次报道，100 多家媒体 274 名记者参加全国安全生产督导检查等明查暗访工作，推出系列节目、深度报道、新媒体短视频等 400 余篇（个），及时曝光问题隐患、督促整治整改，推动“两个根本”要求落实落地。集中发布 2020 年全国应急救援、生产安全事故、自然灾害十大典型案例，发布 10 个重点行业领域安全执法以及 8 起安全生产行刑衔接典型案例，动态发布 45 起危险化学品、建筑施工、燃气安全等行业领域安全事故典型案例，强化警示教育，推动提升安全意识。

（四）扎实做好重要会议活动报道和重要政策发布解读

提前谋划、精心组织全国两会、全国安全生产专项整治三年行动、全国自然灾害综合风险普查、对省级政府安全生产和消防工作考核巡查等重点任务报道。在国务院新闻办公室举行 7 场专题新闻发布会，宣传近 5 年重特大事故整改措施落实情况“回头看”、防汛救灾等工作举措成效，解读《安全生产法》修改等重大政策，准确释放权威信息，充分反映防范化解重大安全风险、推进应急管理体系和能力现代化的进展成效。与央视社会与法频道共同办好周播栏目《应急时刻》，围绕

图 6-6-3 2021 年 5 月 14 日，央视对“应急使命·2021”抗震救灾演习进行全程直播

安全生产、防灾减灾救灾和应急救援等重点工作制作播出52期专题节目。在春节、清明、中秋、国庆等节假日策划推出节日主题和安全防范报道，做好安全提示。

四、先进典型宣传广泛热烈

（一）推出“时代楷模”肖文儒全国重大典型

深入挖掘先进事迹，梳理提炼精神内核，按照“爱党报国、敬业奉献的杰出应急救援工程师”典型定位，向全社会集中宣传发布肖文儒先进事迹（图6-6-4）。央视综合频道黄金时段《时代楷模发布厅》节目首播肖文儒先进事迹，《新闻联播》播发2篇报道，《东方时空》《朝闻天下》播发专题节目，《人民日报》、新华社等中央主要媒体刊发32篇报道，新华网、人民网等重点新闻网站报道210余条，《人民日报》刊发整版公益海报，中国文明网、“学习强国”等平台发布公益广告、推出原创视频，三大电信运营商集中推送公益短信，号召全社会向肖文儒学习，集中报道期间全网点击量近8000万次，社会反响积极、正面、热烈，营造了见贤思齐、争做先锋的浓厚氛围。

图6-6-4　中共中央宣传部授予肖文儒同志“时代楷模”称号

（二）组织先进典型群像宣传

中央宣传部举行了中外记者见面会，5名应急管理系统优秀党员代表与中外记者见面交流，讲述了“为安全守护 为生命逆行”的感人故事。应急管理部举行了记者见面会，5名全国应急管理系统先进模范和消防忠诚卫士代表围绕“救民于水，助民于危难，给人民以力量”与记者交流。组织媒体深入策划，集中对20多个受表彰的先进个人和集体进行宣传，刊播重点事迹报道40余篇。会同中国作协开展文艺创作，推出《辽阔如海火焰蓝》《青春之光耀洪流》等多篇纪实文学。开展“100个应急人的故事”主题宣传活动，在光明网、《中国应急管理报》、应急管理部政府网站等平台开设专栏集中宣传报道，全面展现应急人不畏艰险、勇于担当的良好形象，营造崇尚英雄、争当英雄的社会舆论氛围。

五、安全宣传“五进”扎实推进

召开应急管理系统深入推进“消地结合”安全宣传“五进”工作视频会，加强工作指导和统筹协调。组织开展全国“安全生产月”活动，举办“6·16”全国安全宣传咨询日主会场活动，各地各部门广泛开展安全生产“大讲堂”“公开课”、基层宣讲等活动，带动形成人人关心安全、人人促进安全的良好氛围。将应急科普和全民安全素质提升作为重要内容纳入《全民科学素质行动规划纲要（2021—2035 年）》，打造专业化应急科普宣教平台。深入开展全国防灾减灾日、森林草原防灭火等公益宣传，5 次在《人民日报》《人民画报》整版刊发公益海报，制作 4 部公益广告，在央视 7 个频道滚动播出 97 次。利用中央主要媒体、国家应急广播等平台资源及时发布安全提示，央视新闻频道滚动播出安全提示字幕 480 余条次，中央重点新闻网站、部属新媒体等发布应急科普产品 1860 篇次，为公众及时提供安全信息服务。

六、网上宣传形成正面舆论强势

联合中央主要媒体、重点网站和新媒体平台，策划制作网络精品，用互动传播讲好应急救援故事、传递应急管理正能量。微视频《请放心》《主播说联播——走近火焰蓝》等 12 部新媒体作品在全网置顶推送。围绕四川冕宁“4·20”森林火灾、河南郑州“7·20”特大暴雨等救援行动，推出《这一夜，他们无眠》等短视频，网络媒体接力传播，总播放量近 4 亿次。组织开展“防灾减灾 全民行动”“人民安全守护者”“点亮火焰蓝”等一系列网络互动活动，网民积极参与，相关话题阅读量超 60 亿人次。持续加强应急管理部政府网站、中国应急信息网和应急管理部官方微信、微博等新媒体平台建设，不断强化发布、传播、互动、引导功能，打造网上权威宣传窗口。建强应急管理系统新媒体矩阵，进一步提升传播力、引导力、影响力和公信力。《当地球之肺“上火”之后……》《今天，致敬烈火英雄》2 部新媒体作品入选 2021 中国正能量“五个一百”网络精品，图文《“冷烟花”安全防范系列科普》获“2021 年度中国互联网辟谣优秀作品”，微博账号“中国消防”“中国地震台网速报”等 4 个政务号入选中央网信办走好网上群众路线“百佳账号”。开展第二届应急管理系统新媒体作品征集评选活动，评出优秀作品 68 件、优秀创客 20 名、优秀组织单位 10 个。

第七章　支　撑　服　务

森林防火预警监测信息中心

2021 年，森林防火预警监测信息中心充分发挥火险预警和火情监测作用，利用科技和信息化提升防范化解森林草原火灾重大风险能力，保障了森林草原防灭火工作顺利开展。

聚焦预警监测，先知先觉能力有效提升。积极拓展新思路，构建“准、快、密、活”的预警体系，实现了火险会商研判频次更高、针对性更强、涉及信息更广、发挥效能更大。日常预报聚焦精准，火场服务加密频次，关键时段滚动研判，指导各地有针对性加强森林草原火灾防控。充分应用卫星监测数据实现全过程火情监测，强化重要森林草原火灾的跟踪监测和灾后初步评估，及时精准掌握火场态势变化。选取重点地区作为试点，将视频监控系统接入国家级平台，推动形成纵横贯通的森林草原火灾视频监控体系。全年共制作发布监测图像 12527 幅，报告热点 3272 个，反馈为各类林内和草原用火 2706 起，为火灾早发现、早处置提供坚实支撑。

聚焦调度研判，火灾应急处置顺畅有力。严格执行各项值班制度，针对节假日、“冬奥”等关键节点，整合优化值班力量，使应急值守更加有序。加强与各森林草原防灭火指挥部成员单位和省级防火办的沟通协调，为快速、准确、全面掌握火情信息打牢坚实基础。全面强化火险形势分析研判，组织起草周研判报告，得到了各级领导的充分认可。积极转变统计方式，分析针对性更强、时效性更高，为各级防灭火部门做好森林草原火灾防控工作提供决策参考。

聚焦信息化建设，科技防灭火提质增效。积极推进信息化项目建设，完成森林草原防灭火综合指挥平台（一期工程）项目全部建设内容。全力推进极轨卫星和静止卫星建设项目，加强部分建设成果应用，监测频次、火灾发现率和时效性得到明显改善。持续推进全国森林火险预测预报系统及科技部国家重点研发计划项目，加强森林草原火灾风险防控体系建设。强化建设中国森林草原防火网和国家森林草原防灭火信息共享平台，完成新形势下政府网站更名，制定网站管理办法，保障了重大活动期间的网络信息安全。促进防灭火信息共享平台与部资源门户有机融合，实现跨行业跨部门跨层级的信息共享，打造网络信息化新优势。

北方航空护林总站

2021 年，北方航空护林总站共租用飞机 104 架，累计飞行 5266 架次 8304 小时 23 分；共接收、处理各类飞行计划 5636 条，安全指挥应急救援飞行 6532 架次，处理气象报文 21968 份，制作航站气象预报 4642 份；共发布东北卫星监测图像 2108 幅，原始图像 268 幅；全年共入库 19 批次、8522 件（桶）物资，出库

3946 件（桶）物资。

以航空应急救援为中心，提升多灾种救援能力。一是快速协调指导森林火灾扑救。及时启动应急预案，第一时间调机并派出工作组执行山西省左权县、河南省辉县市森林火灾扑救任务，顺利完成侦察、扑救工作。二是多灾种救援有新突破。针对北方多地发生的洪涝灾害，指导完成封堵决口、营救群众、转运重伤员等航空救援任务，并首次参与新冠肺炎疫情处置，出动直升机运送防疫物资 3.7 吨，充分发挥航空力量空中优势。三是救援科目训练贴近实战。组织系统内 17 个航站重点开展重载吊装、直升机索降救援、吊运蜂巢式组合沉箱等 13 项训练科目；组织开展“‘砺剑兴安’2021 北方航空应急救援综合演练”，以实战标准提升救援能力。四是精心做好战法研究工作。成立工作专班，制定《北方航空护林总站直升机吊灭高山火、悬崖火战法专题研究工作方案》，并完成战法研究方案验收评估工作，增强救援理论基础。

以应急救援任务为基础，提升综合保障能力。一是加强救援体系建设。积极推进《应急救援航空体系建设方案》落实，调研并提出“十四五”期间北方航空应急救援场站布局规划建议。二是加强干部人才支撑。开展正处级干部轮岗交流和副处级干部选拔任用工作；牵头组建副高级职称评审委员会，改革疏通专业职称评审渠道；选派优秀业务干部赴中国民航大学学习航空管制课程，为飞行保障工作储备专业人才。三是加强飞行安全管理。及时召开飞行安全形势分析会，派出 8 个督导组分别赴 12 个航站开展飞行安全专项督导。四是加强重点项目建设。完成火场侦察系统、综合通信指挥车建设项目验收；加快实施应急物资储备库和调度指挥中心项目建设，全方位提升硬件设施水平，大幅提升航空应急救援综合指挥调度能力。

南方航空护林总站

2021 年，南方航空护林总站发挥行业牵头协调指导作用，在南方 14 个省份 18 个航站 17 个基地共计布防 14 种机型 55 架飞机，累计飞行 3661 架次 7371 小时，航程 92 万公里，发现处置森林火灾 115 起，吊灭飞行 560 架次 1158 小时，洒水 5667 桶约 18066 吨，扑灭 403 个火头、563 个火点、1191 个烟点、42008 米火线，航空消防力量成为攻坚克难的制火尖兵。参与云南漾濞 6.4 级地震、四川泸县 6.0 级地震抢险救援，完成云南省哀牢山“11·15”失联人员山地搜救，应对处置疫情防控、防汛抗洪等应急救援。

西南卫星林火监测分中心全年发布监测图像 3140 幅，监测到 2 像素以上卫星热点 1931 个；持续 24 小时对四川冕宁“4·20”森林火灾、云南玉龙“4·23”森林火灾等进行不间断监测，为火灾扑救提供有力支撑。南方森林防火协调中心累计派出工作组 4 批次，先后赶赴四川省凉山州木里县、凉山州冕宁县，云南省丽江市玉龙县、大理市宾川县等处置 4 起影响较大森林火灾，完成四川、云南、西藏等省份森林草原防灭火督查工作。西南森林防火物资储备中心向云南、四川、西藏、广东、广西、贵州等省份调拨防火物资 12 批次 12200 件（套）。南方森林航空消防训练基地安排贵州、西藏新建航站业务人员到直属航站跟班实训，并派员到贵州、西藏新建航站支援开展航期工作。

全力推进西昌站盐源直升机场升级完善、丽江站白沙直升机场基础设施完善、航空应急救援指挥保障系统等项目建设，协调指导南方各省加快推进野外起降场、取水点的规划建设。加强自建机场安全运行管理，共开展飞行安全检查 10 次，召开飞行安全工作会议 3 次，重点就云南大理“5·10”、湖南郴州“10·29”飞行事故进行处置。

加强调研指导，推进四川、云南、西藏、贵州、江西、山东等重点区域航空应急救援体系和能力建设；着力完善应急预案体系，制定 2021 年南方航空应急救援预案、2021 年航空应急救援方案，编制南方航空应急救援飞行事故处置预案、支援西藏地区航空应急工作方案；着力健全空域保障机制，开辟航空应急救援飞行“绿色通道”，初步形成信息通报、工作交流、安全协作、应急联动等机制。

中国地震应急搜救中心

2021 年，中国地震应急搜救中心不断优化地震快速评估技术系统，保证 15~30 分钟上报评估结果，为部指挥决策提供支持。全年快速响应国内地震 118 次、国际地震 45 次，印度电站溃坝、赤道几内亚军火库爆炸等国际重大灾害事故 7 次，上报各类信息简报 190 期。

支撑服务救援队伍能力建设与提升。全年完成培训 18 期 1028 人次。完成中国国际救援队 6 批 520 人次的走训、演练和三方合练任务。派出教官共 23 批 92 人次，赴山东等地为消防队伍开展地震救援培训与队伍建设提供指导。

为在重点地区开展地震应急准备检查督导提供支撑服务。派出 6 批次地震专家参与甘肃、云南等 6 个省份地震应急准备检查，收集整理重点地区地震灾害背景材料，编写灾评报告和地震灾害案例分析。编制地震灾害防范应对方案和工作组保障方案，完成近三年全国重大地质灾害应急处置典型案例汇编。

为国际救援交流与合作提供支撑保障。承办国际城市搜索与救援咨询团亚太地震应急演练、外交政策与国际救援规则培训班、中国国际城市搜索与救援 20 周年在线主题会议。组织东盟地区论坛国际搜索与救援能力强化在线培训、国际搜索与救援咨询团协调和管理系统培训。组织翻译多部联合国人道主义领域系列书籍。

积极申报应急领域科技项目，强化科技支撑引领。成功获批国家重点研发项目 2 项、课题 4 项，在研课题 5 项、专题 7 项，完成 2 项重点研发计划课题、1 项地震科技星火计划项目。获得科技奖 2 项、实用新型专利 2 项、软件著作权 17 项，推进 8 项地震灾害应急救援领域标准研究。

支持基层防灾应急能力建设，利用新媒体扩大科普宣传。开展全国综合减灾示范社区建设调研，出版《应急救援第一响应人能力建设指南》并组织 1 次培训。通过线上线下开展防灾科普宣讲，线上观众达 36 万人次。注册防灾减灾公众号和视频公众号，制作发布 28 条短视频。

国家减灾中心

2021 年，国家减灾中心落实党委领导下的行政领导人负责制，扎实推动中心高质量转型发展，支撑保障部核心业务取得新进展。

强化风险监测预警支撑。加快推进自然灾害综合风险监测预警中心建设，滚动研判全国灾害综合风险、月度风险形势、防汛抗旱趋势，编发《每日灾害综合风险监测》211 期、《每日汛旱风险分析》122 期、《台风灾害监测分析》13 期。针对金沙江等地质高风险地区、森林草原火灾区、冬奥场馆区、尾矿库等重点区域和重大活动，开展卫星和航空遥感风险监测。

强化应急救援救灾支撑。全力支撑应对河南特大暴雨洪涝灾害，派出 20 余人次参加工作组。支撑抗震救灾和防汛救灾，开展灾害现场核查、灾情报送、应急监测等工作，编发《昨日灾情》365 期、《洪涝灾情》98 期、卫星应急监测产品 51 期、无人机应急监测和模拟仿真产品 18 期。编制《2020 年中国自然灾害报告》。

强化灾后救助重建支撑。持续开展灾害损失快速评估，协助开展重大自然灾害影响范围、损失评估，编制灾害评估专报 52 期，编制年度全国受灾群众冬春救助需求评估报告，为国家减灾委员会启动救灾应急响应、应急管理部核拨中央财政救灾资金和恢复重建提供有效技术支撑。

强化综合防灾减灾支撑。支持编制《“十四五”国家应急体系规划》《“十四五”国家综合防灾减灾规划》《应急物资保障“十四五”规划》，承担国家减灾委员会专家委秘书处、应急管理与减灾救灾标准化技术委员会秘书处工作。在甘肃兰州举办第十一届国家综合防灾减灾与可持续发展论坛，开展农村减灾调查研究。推进应急卫星工程与应用、灾害链监测评估与风险防范部级重点实验室建设。推进纪录电影《应急使命》成片制作。履行亚太经合组织备灾工作组联合主席职责，推动联合国灾害管理与应急反应天基信息平台北京办公室工作。

强化灾害风险普查支撑。抽调业务骨干成立专班，顺利完成全国试点调查，及时启动、有序推进全面调查。组织完成 122 个试点县调查数据汇交和共享，开发、部署通用软件并与 10 套行业软件实现集成，构建四级数据质量控制体系，推动各地各部门开展普查成果应用。

国际交流合作中心

2021 年，国际交流合作中心努力开拓推动应急管理事业发展的业务工作。一是推进境外中资企业安全生产能力提升项目。建立境外中资企业安全生产交流机制，解决境外中资企业在安全生产方面“各自为战”、信息不通畅、好的经验与做法无法共享等问题；编制的《境外中资企业安全生产应知应会手册》受到广泛欢迎；组建 70 人的境外中资企业安全生产能力提升项目专家团队，为研究解决专业性问题提供了服务支撑。二是推动实施国际劳工组织“企业可持续发展项目”在提升企业安全生产管理水平中的应用。精心提炼和总结与国际劳工组织共同开展的“企业可持续发展项目”成功经验，并将其纳入我国企业安全生产标准化创建；建立企业安全生产标准化运行模式，提出企业安全生产标准化提升方法，在山东滨州 5 家企业进行试点，取得了较显著的成效。三是推动实施化工过程安全管理项目在提升我国化工企业安全生产中的应用。在上海、南京、宁波、镇江等城市，开展化工过程安全管理项目辅导和推广活动，为化工企业安全生产发挥了有效作用。

以应急管理工作为有效载体，努力践行构建人类命运共同体理念。一是推动中国安全生产经验向亚太经合组织经济体及其他国家分享。精心组织实施中国-亚太经合组织合作基金项目“新冠疫情防控背景下加强安全生产促进复工复产”项目，并将其列为“我为群众办实事”实践活动。编制《新冠疫情防控背景下加强安全生产促进复工复产中国实践》和《新冠疫情防控背景下中国建筑企业复工复产安全生产管理经验和案例》，拍摄制作了“精准护航，全力以‘复’”视频。线上成功举办“新冠疫情防控背景下加强安全生产促进复工复产国际研讨会”。二是开展中国–东盟城市安全发展合作项目。与东盟国家共享、共建城市安全发展创建经验，形成一套符合东盟国家特点的可复制、可推广的城市安全发展模式，建立了中国–东盟城市交流平台网站和项目专家库；成功举办项目专题研讨会，开展中国–东盟城市安全发展合作课题研究。

开展信息研究，为应急管理事业提供参考借鉴。完成《德国勒沃库森化工园爆炸事故有关情况的报告》，编制《主要国家安全生产事故统计报告》，编译《美国联邦林火响应能力建设计划报告》《加拿大不列颠哥伦比亚省林火情况报告》等；承担“重点国家林火防治体制机制研究”“中东欧国家应急管理情况概览”“国外森林火险信息管理系统与应用研究”等课题研究；及时追踪国外事故灾害的进展，报送《孟加拉国达卡果汁厂火灾事故情况报告》《巴基斯坦开普省中资企业出勤班车保障事故情况报告》《泰国曼谷化工厂爆炸事故和日本热海泥石流灾害情况报告》等国外事故灾害报告。开展研究草原林火领域的信息报告5个，深入总结国外林火领域的经验和做法。

宣传教育中心

2021年，宣传教育中心服务保障应急管理新闻宣传工作大局，为应急管理宣传教育、安全文化、应急科普提供更加坚强有力的支撑。

服务大局取得新成效。成功举办“安全生产月”启动仪式、“6·16”全国宣传咨询日主会场活动。推进警示教育片摄制工作，随同央视赴8个省市完成《悬空的责任》《脆弱的防线》实地采访、拍摄任务。制作宣传片《关注安全　关爱生命》以及8家单位典型经验介绍片，在“消地结合”安全宣传“五进”工作视频会上展示。承接“外卖平台企业及骑手安全管理现状及对策措施研究”等项目，进行大量研究分析，提出存在问题和工作建议。协助国家矿山安全监察局召开4次新闻发布会，开展全国矿山“学法规、抓落实、强管理”大型活动。

宣教事业焕发新活力。自主策划摄制公益广告《安全，你真的在意过吗》，在央视多频道多轮次播出。在人民网推出“应急守护　共筑安全长城”系列访谈，制作暑期安全专题教育微视频，吸引5700余万人次访问。组织发起的“测测你的安全力”知识竞赛超7130万人次参与，“人人dou安全”抖音话题参与视频播放量达34.9亿次。推动各地开展“安全生产万里行”活动，曝光典型隐患案例500多个，在全国安全生产简报刊发，发挥了警示震慑作用。策划制作科普公益作品200余件，在人民网、光明网、科普中国网等重点媒体同步推送。

队伍建设迈上新台阶。应急意识和能力显著提升，独立制作主题宣传片、特色活动集锦等视频片，在“安全生产月”启动仪式亮相并在新媒体平台广泛传播。连续两年承揽中国科协“应急安全科普资源建设和传播”项目，原创科普图文313个、短视频293件；建立应急科普媒体联动机制，根据突发事件推送科普信息857条；中心网站、微信、抖音、微视等平台因时因势广泛宣传，稿件、图文、视频作品浏览量再创新高。

干部培训学院（党校）（培训中心）

2021 年，干部培训学院（党校）（培训中心）围绕中心服务大局，积极开展培训、考试和人才服务等工作，为推动应急管理干部能力建设提供了有力支撑。

培训研究成效显著。编制应急管理综合行政执法人员培训大纲 2 个，编制陆上石油两项人员考核要点 2 个，修订陆上石油两项人员配套题库 2 个，修订“三项岗位人员”考试题库 40 个（涉及试题 3.1 万道）。协助修订部门规章《生产经营单位安全培训规定》《安全生产培训管理办法》《特种作业人员安全技术培训考核管理规定》。撰写出版《安全与应急培训概论》教材，推动提升了培训规范化水平。

职能培训凸显支撑力。履行全国应急管理干部大培训办公室职责，举行安全监管执法人员轮训、自然灾害风险防控、基层应急典型案例 3 期网络培训班，开发网络课程 221 学时，培训 22.3 万人次。举办部机关、地震局委托网络培训 10 期，共培训 5 万人次。

面向社会、企事业单位培训凸显示范力。举办集中培训 49 期，其中，安全与应急培训教师等自主培训 15 期，高危行业企业安全管理人员等合作培训 34 期，共培训 4834 人次；举办网络培训 34 期，其中，北京等地方应急管理部门委托培训 4 期，企事业单位定制化专题网络培训 30 期，共培训 13 万人次。在应急培训领域继续发挥示范引领作用，品牌效应逐渐形成。

考试管理保障有力。组织中央企业考试 11 期，考核 162 人。核发“三项岗位人员”安全生产资格证书 528 万张，提供证书查询服务 6177 万次，处理证书数据 18910 条。协助开展治理“培训走过场”、特种作业证书打假等专项行动，答复网民咨询 18 轮 551 条。举办实操考评员培训 8 期，共 776 人次。

研 究 中 心

2021 年，研究中心强化提高支撑服务应急管理工作的能力和水平，开展应急管理与安全生产课题 141 项，直接承担应急管理部、国家矿山安全监察局机关各司局的项目 32 项。

主动服务应急管理中心工作。一是参与制定考核方案，参加省级政府以及国务院安委会成员单位的考核巡查。二是开展安全投入保障政策研究，与地方应急管理部门和中央企业开展调研座谈。三是开展农村“煤改气”工程安全风险及对策措施研究，开展《既有房屋使用安全管理机制研究》，对《“十四五”国家应急体系规划》《“十四五”国家安全生产规划》《应急管理部和矿山安全监察机构监管监察能力建设规划（2021—2025）》等实施情况进行年度监测评估，开展《企业安全生产费用提取和使用管理办法研究》，主动参与化工园区安全整治提升工作。

集中力量服务矿山安全监管监察工作。一是积极参加对山东省矿山安全生产工作专项督导。二是参与对部分省市矿山安全生产明查暗访工作，参与对各省级矿山安全监察部门 2022 年煤矿和非煤矿山安全监察执法计划开展审查，参加全国煤炭增产保供专班，起草《“十四五”期间及近期煤炭供需形势研判》报告，扎实开展煤矿安全生产标准化考核工作。三是开展《非煤矿山安全监管体制机制研究》《非煤矿山安全风险分级监管研究》，承担《金属非金属矿山重大隐患判定标准》修订工作，开展《金属非金属矿山安全规程》《尾矿库安全规程》宣贯工作。四是协助起草《关于进一步加强矿山安全生产工作的意见（代拟稿）》《关于进一步加强非煤矿山安全生产工作的指导意见》，修改完善《“十四五”能源发展规划》《“十四五”煤炭工业发展规划》，同步开展《煤炭生产开发布局》等5个课题研究等。

加大服务地方政府力度。一是承担完成省、市、县各级应急管理相关规划25项。二是研究提出三年行动计划实施效果评估指标体系及评价方法，接受委托对部分省份开展了阶段性效果评估，推动三年行动落实落地。三是开展10余个城市安全风险评估，参与制定《山东省省级安全发展示范城市评价细则》，开展工业园区封闭管理研究，参与制定《深圳经济特区城市安全发展条例》。四是承担海南省综合风险普查和三沙市第一次全国自然灾害综合风险普查工作。

推动企业安全高质量发展。一是承担企业委托的煤矿建设项目评估评审76项，煤矿生产能力核定13项，煤矿建设项目安全审核2项。二是承担国家能源集团、中煤集团等13家大型企业“十四五”发展战略规划研究工作。三是为国家能源集团12家涉煤二级公司、11处事故煤矿进行安全管理审计和煤矿安全会诊。四是与中国人保财险山东分公司合作开展“安全生产责任保险+双重预防机制”建设研究。

大数据中心（通信信息中心）

2021年，大数据中心（通信信息中心）运维保障不断加强。初步完成智慧机房建设，实现设备系统自动巡检，网络流量自动监测，风险隐患在线排除。全年保障各类视频会2474场，同比增长41%，单日最高达到25场。成功处置各类故障报警1400余次，保证核心系统、数据服务稳定可靠。

通信保障经受检验。初步完成数字化战场全要素技术测试，完成融合通信综合检测平台建设，圆满完成“应急使命·2021”抗震救灾演习通信保障任务。为70余家部属事业单位、地方应急管理部门和消防救援队伍的3300多台设备提供统一安全保护。

有力推动“智慧应急”。承担大数据工程初步设计和组织实施工作，并提供一对一技术服务。协助推进全国信息化专项治理、“互联网+执法”系统推广、城市安全风险监测预警系统方案编制、危化监测联网等重点工作。

加快完成业务转型。为适应大数据时代发展新要求，加强大数据技术研究和沉淀，围绕危险化学品储罐遥感识别、事故复盘分析、灾害模拟推演等进行重点攻关，取得初步成效。

服务水平稳步提升。为广东、湖北、安徽等10多个省应急管理厅提供长期技术服务。制作课件免费培训2万多名基层执法人员。设立华中技术服务中心，探索创新地方信息化服务模式。

科研实力明显增强。获批创建2个部级重点实验室、培育1个重点实验室。研发十几种产品，完成等级保护测评资质换证评审和分保资质模拟测试环境搭建。

紧急救援促进中心

2021年，紧急救援促进中心全力做好社会应急力量有关协调和服务保障工作，认真履行应急资源管理平台运营职责，为各级应急管理部门和社会应急力量高效、有序、精准开展救援救灾工作提供可靠的技术支撑。

应急资源管理平台运营保障取得新进展。研究制定应急资源管理平台运营工作制度与值班制度，明确运营岗位职责，规范运营工作内容。制作多样化操作指引 17 份，共完成 1.6 万余人次的培训任务。深入开展平台异常数据专项治理，修改异常账号 2800 余个，解决问题 5000 余个。圆满完成中央应急物资调拨任务 13 次。

社会应急力量能力建设实现新作为。建立完善重特大灾害社会应急力量内外协调联动机制，为共同应对重特大灾害提供制度机制保障。参加“应急使命·2021”抗震救灾演习，牵头负责社会应急力量演习评估工作，圆满完成 2 支社会应急力量队伍救援能力评估和 5 个评估演习科目任务。云南漾濞和青海玛多相继地震后，协调中科院、北京大学等单位，利用卫星遥感、无人机遥感等技术及装备，快速获取灾区信息，通过遥感解译比对，及时生成灾情评估报告，为精准高效救援和灾后调查提供科技支撑。针对河南“7·20”特大暴雨灾害社会应急力量存在的问题，深入河南郑州、新乡、卫辉等地，开展现场调研，对社会应急力量的应急准备、道路通行、现场协同和后装保障等工作情况进行总结反思，为制定社会应急力量参与重特大灾害抢险救援行动现场协调机制提供参考。全年共协调社会应急力量队伍 969 支、队员 11200 余名、车辆 2859 辆参与洪涝灾害、地震等 5 次较大灾害救援行动。

职业技能鉴定工作取得新进展。结合《职业分类大典》修订，协调人社部相关部门设立“应急急救员”和“工程应急救援员”职业，并获初步立项。推动“互联网+”线上教学模式，完成 72 家培训机构 320 个批次共 15000 余人的培训鉴定工作。

服务公众能力有了新提升。开展“安全科普进社区”活动，为西城区什刹海街道柳荫社区 200 余名安保人员、居民开展心肺复苏、气道异物梗阻处置等急救知识技能培训。全年联合社会应急力量，在全国各地为基层群众开展急救知识技能培训和应急疏散演练 10 余次。

中国安全生产科学研究院

2021 年，中国安全生产科学研究院围绕防范化解重大安全风险，聚焦主责主业，全力做好安全应急科技创新与技术支撑，各项工作协调推进，取得实效。

不断强化科技创新工作。全年获批国家重点研发计划项目 3 项；承担“十三五”国家重点研发计划项目 6 项，其中 2 项已完成项目验收，4 项顺利通过课题绩效评价；承担国家发展改革委建设项目 3 项、部委科研项目 42 项、中国工程院重点项目和一般项目各 1 项；承担地方政府项目 28 项。

全力做好技术支撑服务。参与《安全生产法》《矿山安全法》《生产安全事故报告和调查处理条例》、危险化学品安全法等法律法规和规范性文件制修订工作并提出技术支撑报告；组织制修订《非煤矿矿山企业安全生产许可证实施办法》等部门规章和标准规范。承担的“化工园区安全提质专家指导服务工作”项目，完成 2 轮化工园区专家指导工作，起草完成化工园区安全整治提升相关文件。积极推进安全生产风险监测预警中心建设，深化危险化学品、尾矿库系统应用，开展烟花爆竹、粉尘涉爆企业风险监测预警系统建设。监测预警中心发布日报 565 份、周报 81 份，抽查问题企业 2462 家次，就具体情况为各省提供治理建议和意见。为矿山监测系统提供异常天气预警，完成指导各地建设危险化学品重大危险源监测预警系统。推动《“工业互联网+安全生产”行动计划（2021—2023）》落地，支撑安全生产监管监察。做好注册安全工程师考务、注册管理和技术支撑保障工作。完成全国安全生产标准化技术委员会秘书处以及非煤矿山、工贸安全等标准化分技术委员会秘书处的日常工作。

有力支撑国家重大工程活动项目。为北京冬奥会和冬残奥会筹办工作提供技术支撑，编制北京冬奥会突发事件应急预案，策划完成北京冬奥会崇礼区森林草原灭火综合演练。

积极参加事故灾害应急处置、调查处理。参加河南郑州“7·20”特大暴雨灾害、安徽安庆“9·5”重大交通事故、南京地铁“3·4”列车脱轨事故、山东栖霞笏山金矿“1·10”爆炸事故、青海柴达尔煤矿“8·14”溃砂溃泥事故等灾害事故救援和调查工作；在台风“烟花”登陆期间驰援安徽、湖北两地开展堤防险情隐患探测等。

化学品登记中心

2021 年，化学品登记中心结合应急管理重点工作，全力做好危险化学品应急管理和安全技术支撑工作。

为完善危险化学品安全监管顶层设计和法规制度体系提供支撑。全年参与《危险化学品目录（2015 版）实施指南（试行）》修订、《危险化学品编码与标识技术规范》标准草案编写等 10 余项，开展硝酸铵溶液爆炸危险性研究、化工企业老旧装置风险分析与风险防控研究等危险化学品领域安全管理研究，编制《危险化学品重大风险应急救援能力建设指导意见》等专项研究报告近 20 项。

开展危险化学品登记系统升级改造工作，持续深化登记工作，服务安全监管。为全国 4287 家企业发放登记证书，对 1280 家关闭企业核实后进行注销。持续推进“国家危险化学品安全公共服务互联网平台”建设，平台涵盖了 6000 种化学品的详细信息。

积极推动化学品鉴定与分类工作。全年受地方应急、公安、消防等部门委托完成执法鉴定样品 600 余个，参与事故调查样品检测工作，出具检测检验报告。

扎实推进安全生产标准化工作，提升企业安全管理水平。开展 10 余家企业安全生产标准化一级企业咨询指导。组织安全生产标准化评审人员培训班 23 期，新培训人员 1500 余人，再教育培训人员 1400 余人。

深入开展化学事故调查研究与应急响应工作。完成事故专题警示教育片 40 余部，有效发挥事故警示作用。国家危险化学品事故应急咨询电话共接警咨询电话 13429 个，国家危险化学品安全公共服务咨询电话共接听化学品信息咨询电话 2215 个。

提升完善危险化学品安全生产风险监测预警系统功能。开发包括装卸区及库区预警模型、巡查抽查等功能，研究构建包含 24 项指标的危险化学品重大危险源企业安全管理现状综合评价体系，形成企业安全管理状况的实时精准画像和分类分级，为政府对危险化学品企业进行精准管控奠定基础。

双重预防机制建设试点工作取得明显成效。编制《危险化学品双重预防机制建设工作指南》等系列支撑文件，构建石油化工、精细化工等典型危险化学品行业风险专家知识库，研发双重预防机制信息平台，选取 18 家不同行业、不同规模的企业及青岛市 56 家企业进行试点，完成全国 386 家重大危险源企业扩大试点工作。

信息研究院

2021 年，信息研究院坚持围绕中心、聚焦主责主业，不断在政策研究、科技创新、人才培养等方面取得新突破。积极承担应急管理重要课题研究。围绕应急管理领域情报信息服务、安全生产政策理论、矿山安全治理、应急管理法制等方面，开展了“安全生产领域信用监管工作规范研究”等 40 余项重要课题研究，完成了 20 余份国内外典型灾害事故专题分析报告。

持续加强情报信息软科学等研究。继续推进全球灾害数据库建设和“应急装备之家”网站运维工作，大力加强“应急管理科技资源与决策支撑平台”建设，完成科技查新 600 余项。深化战略规划和城市安全研究，开展了“世界露天煤矿开采技术与装备发展研究”等课题研究，围绕安全风险辨识清单、实用信息技术产品等内容开展基础研究。

稳步提升矿山安全技术创新能力。积极开展煤矿冲击地压防治、非煤矿山和尾矿库溃坝模拟、煤矿瓦斯治理和地面煤层气开发利用等方面课题研究，做好各类企业安全技术咨询和产能核定工作，积极开展“煤炭行业甲烷减排潜力研究”等多项国际交流合作项目。

加快推进信息化研发和智能化创新建设。顺利完成全国煤矿风险监测预警系统等信息化系统的竣工验收。牵头组织开展《智能化矿山数据融合共享规范》编制工作，初步形成规范编制框架体系。推动成立矿山智能化专家委员会。围绕煤矿灾害联网、重大设备联网、全生命周期管理等方面开展应用研究，初步形成一套支持平时基础保障业务和战时综合指挥业务的综合应急指挥平台系统。

巩固拓展图书、音像、期刊出版发行。积极开展应急管理年鉴、应急管理大事记编辑出版，强化应急管理培训教材、政策法规标准辅导图书出版，巩固煤炭图书、史志图书出版，培育大众图书出版。完成应急管理书店建设。拍摄制作专题片 30 余部，策划制作多部公益广告视频和系列快闪专题视频。《中国安全生产》等杂志内容质量和行业影响力进一步提升，其中《中国煤炭》杂志成功入选“中国科技核心期刊”。

天津消防研究所

2021 年，天津消防研究所深化战略研究所建设，新立科研项目 35 项、标准 6 项，在研项目 131 项，验收 57 项；获批国家标准 4 项，报批标准 20 项；获授权知识产权 83 项，成果转化百余项；研编《国外消防救援动态》月刊，出版战略研究专著 3 部；荣获局级以上科技奖励 7 项，火灾物证鉴定中心获评“全国应急管理系统先进集体”。

服务消防实战。完成全国警情研判专报和统计评价报告 22 篇、重大事故专项分析报告近 10 篇。完成火灾鉴定任务 2000 余起，参与重大事故调查 100 余起，培训火调人员近 2000 名，技术支持全国各片区火调比武。无偿为全国 500 余个消防队伍提供“火察”系统，向西藏、新疆等西部 5 省总队捐赠近 700 万元技术装备，投入160万元为甘肃省迭部县援建消防站。制定全氟己酮强制性国家标准，《建筑防火通用规范》《消防设施通用规范》等全文强制规范通过审查。参与25个冬奥场馆专项消防安全检查，协助河北省消防救援总队完成10地市的30余栋大型综合体消防达标验收。

积蓄创新动能。依托国家“十三五”项目，研制的多项极端环境特种救援和个人防护装备得到推广试用，并在特殊结构建筑防火和锂电池热安全智能防控等关键领域取得突破；获批创建工业与公共建筑火灾防控技术应急管理部重点实验室；同天津消防训练总队、新兴际华集团等启动战略合作项目40余项。

发挥公益职能。深化检测认证一体化，办理业务1.3万余项，配合一线完成监督检验任务1200余项，推出的“办实事八项措施”为企业减费超3000万元。开展“五进”科普宣讲20余场，受众超2000万人次。《消防科学与技术》刊载论文660余篇，连年入选中国核心期刊和安全科学高质量期刊分级目录。

上海消防研究所

2021年，上海消防研究所立足应急管理事业新发展阶段，构建消防科技工作新发展格局，重大项目圆满收官。牵头承担的2017年、2018年“十三五”国家重点研发计划项目，以及4项国家级课题、9项子课题、2项省部级项目、13项局级项目完成绩效评价或验收。在特种消防产品、生命搜救装备等方面产出一大批原创性成果，在10余个省市开展应用示范，部分成果参与“应急使命·2021”抗震救灾演练，多功能化学侦检消防车参加国家“十三五”科技创新成就展。全年发表学术论文56篇，授权专利100余项，获得软件著作权15项。

队所合作深度融合。与上海市消防救援总队建立全面战略合作关系，全面系统助力上海消防工作的科技化、信息化、智能化水平提升，为新时代全国消防工作贡献上海智慧、打造上海模板。

服务实战有力有为。发挥科技“主力军”作用，在重大科技需求调研、各级规划编制中出谋划策、贡献力量。抽调专业技术人员，为“全国消防行业职业技能大赛”“火灾调查岗位练兵比武活动”等重要赛事活动提供技术支撑和保障，被应急管理部授予“优秀组织单位”奖。为各地消防救援机构持续开展消防装备建设规划和论证评估、消防产品监督检验和委托验收、火灾物证鉴定和现场勘查、消防人员心理服务等工作，得到各级消防救援队伍的广泛好评。

检验物证保持稳定。产品检验工作围绕“做强做大”目标，着力开展产品检验和质量监督工作，主动为消防队伍服务，检验业务量稳定增长，行业影响力持续增强。物证鉴定工作紧盯“固本强能”重点，加强条件建设和人员培训，全年开展火灾物证鉴定服务680余次。

沈阳消防研究所

2021年，沈阳消防研究所科研立项取得重大突破，为高质量发展夯基垒台。年度新批准立项项目62项，其中，国家重点研发计划项目1项(“公共建筑火灾征兆早期精准识别技术及示范”)及课题4项、子课题2项，消防救援局科技计划项目7项，辽宁省自然基金项目1项，修缮购置专项资金项目6项。3项成果获消防救援局科技奖，2项成果获中国消防协会科技创新奖，授权专利和软件著作权76项。

大力推进科技成果转化，赋能消防工作提质增效。3项消防救援局试点应用计划成果在全国31个总队开展试用；火灾现场电气熔落物分选机在10余个总队推广应用；基于NB-IoT（窄带物联网）的智能火灾预警系统在江苏省丹阳市等多个城市应用，一年来发现电气隐患90余起、燃气泄漏14起、初期火情52起。编制北京大兴机场智慧消防建设规划，为辽宁、江西、黑龙江等地消防信息化建设规划提供智力支撑。完成10个冬奥会场馆的电气防火检测工作。举办了以“全民消防·生命至上”为主题的“119”消防科技成果新媒体直播活动。

建设高水平科技创新平台，科研实力跃升新台阶。消防与应急救援国家工程实验室顺利通过国家发展改革委优化整合评价，纳入新序列管理。辽宁省火灾防治技术重点实验室成功获批建设，为拥有2个省部级科技创新平台的部属消防研究机构。

努力提升检验服务质量，树立质检中心良好形象。开展网上业务受理、新版实验室管理系统上线运行、设立企业服务点等工作，全年受理审核9670批次型号产品的技术资料，出具检验报告7629份，工厂检查任务2500余个，荣获市场监管总局2021年度强制性产品认证指定实验室评审检查排名第一的好成绩。

四川消防研究所

2021年，四川消防研究所大力推进消防科研工作，全年新立项目20项，其中，国家重点研发计划1项（“高层/超高层建筑火灾防控与扑救关键技术研究及示范”）、课题1项（“隧道典型事故灾变物理试验平台与试验验证及应用示范”）、子课题2项，国家自然科学基金1项（“森林可燃物阴燃排放规律及地下火先导探测方法的研究”）、局级3项。牵头申报的防火阻燃技术应急管理部重点实验室被列为重点培育对象，参与共建的森林火灾监测预警应急管理部重点实验室正式挂牌。4项成果装置已推广配发全国31个总队。

多次派员参加国务院安委会组织的重大危险源企业督导工作，参与消防救援局、总队组织的大型综合体检查，参与各级消防规划编写。获广东省科技进步二等奖1项，消防救援局消防救援科技创新奖三等奖1项，中国消防协会科学技术创新二等奖、三等奖各1项；授权专利53项；发表论文24篇，参编专著3本，其中SCI 9篇、EI 1篇。

持续推进消防产品检验业务高质量发展，受理1885家企业、7330个产品的检验任务，出具报告6130份；完成工厂检查任务1599个；完成606家企业的抽封样工作；新增9个标准、37个参数的授权；完成24个标准、61个参数的扩项。

积极服务消防实战，全年共接收消防救援部门火灾物证鉴定任务960余起，司法鉴定6起，技术服务11起；参与全国20余起火灾现场的调查；参加全国火调大比武活动，主持打造3个比武火场；完成4批次75人次的火灾调查技术培训工作。

消防产品合格评定中心

2021年，消防产品合格评定中心科研工作成效显著，联合国环境署国际援助项目“中国PFOS削减与淘汰消防行业子项目”完成了替代物研发及实战应用任务，顺利通过联合国环境署、全球环境基金的阶段性验收；“大跨空间结构建筑自动喷水/添加剂联用灭火系统工程应用技术研究”“应急救援装备数字化身份标识管理系统及载体应用技术的研究”“火灾事故中消防产品工况评定技术研究”等项目的相关成果已在试点单位投入试用。

以高新技术成果及标准化工作为依托，通过了市场监管总局资质认定，成为具备灭火剂、防火涂料及建筑保温材料现场快速检验检测能力的专业实验室。签订消防产品认证、技术鉴定服务合同 11200 余份，发放中国强制性产品认证证书 7799 张、技术鉴定证书 156 张、自愿性证书 34750 张；免费向获证企业、各级市场监管部门及消防救援部门赠送 3 万余册《消防产品强制性认证制度汇编》，利用抖音等新媒体宣讲消防产品市场准入制度，取得良好效果。

以保证产品质量安全为根本，对 8500 余家获证企业开展“云平台”监督检查，对 88500 余台（套）正压式空气呼吸器、22 万件消防员灭火防护服开展批检 324 批次，暂停存在质量问题的 1390 家企业证书 9604 张，撤销 224 家企业证书 945 张。

持续推进注册消防工程师资格考试工作创新发展，克服各种困难，按期完成 2021 年度注册消防工程师考试资格大纲及辅导教材的编写、出版任务；扎实有效开展注册消防工程师继续教育工作；高质量完成注册消防工程师全国统一考试命审题及阅卷工作，整体通过率稳步提升。

应急总医院

2021 年，应急总医院持续推进建设具有应急特色的一流现代化医院。加强医疗质量管理。深入开展优化医疗管理流程、提升服务质量，提升患者满意度专项行动。组织研究出台提质增效、增量奖励等薪酬分配机制和“淡季不淡”“旺季更旺”的激励政策。持续优化就诊服务流程，开放周末门诊、节假日门诊、夜间诊疗，提升患者满意度。

拓展发展空间。深化与太阳宫医院、光熙门医院医联体合作，与北京市急救中心签订战略合作协议、建设院前急救工作站。与中国科学院心理研究所共同搭建消防救援心理健康服务平台，建立部系统和消防救援队伍医疗服务绿色通道。全年为部系统干部职工和“两支队伍”开展医疗服务 3 万多人次，开展医疗技能培训 11 期 2000 多人次。

推进改造升级。加大基础设施和装备投入，投资近 1.5 亿元的住院大楼改造和东院区装修改造基本完工，陆续投入使用；投资 1 亿多元的装备设备陆续投入使用。医院二期改造项目已报批立项。完成东院区楼房场地交接，完成执业地点和规划报建并开展招投标，开展改造建设并陆续投入使用，完成研发基地、教培基地的选址和规划设计。建立健全医疗装备耗材管理机制，全年完成 9000 多万元的医疗设备设施采购论证、招投标。加强医疗耗材管理，建立常用耗材目录，有效节约运行成本。将医院信息化建设纳入部大数据建设工程，顺利通过北京市电子病历四级评审。获工业和信息化部、国家卫生健康委全国“5G+医疗”试点医院。

制定医院战略发展规划。积极争取国家卫生健康委支持，获批组建国家应急医学研究中心。组织专家编制《应急总医院“十四五”发展规划和 2035 年远景目标纲要》，理清发展思路，明确工作目标。

推动应急特色重点学科建设。构建“大急诊、强门诊，大专科、强综合”特色学科体系，重点建设烧伤整形、创伤外科、尘肺病（肺移植）、急诊重症、心脑血管病、呼吸肿瘤、肾脏病等特色专科，建设优势学科群。

推进研究型医院建设。联合解放军总医院组建应急与救援医学国家重点实验室，搭建专业技术转化和医学研创新平台。制定出台一系列科技创新和在职读研的鼓励政策。与天津大学联合申报的应急医学救援课题（共 2990 万元）获科技部立项批准。

加强应急医学救援队伍建设。建立消防救援队伍遂行机制，制定出台应急医学救援队伍管理和联动工作制度规定。派员参加“应急使命 2021”演习和河南抗洪抢险救援。

华北科技学院

2021 年，华北科技学院推进转型升级改革发展。组建升级应急管理大学筹建咨询专家库和发展战略咨询委员会，科学推进大学筹建工作，大学设立论证报告及配套材料经应急管理部组织的专家组现场考察、评估后上报教育部。聚焦应急管理主责主业，加强学科分支和特色专业群建设，推动教学单位找准服务面向，编制人才培养方案，在专业、课程、教材等方面增强特色。深入实践“三化三制”育人新模式，首期“3+1”特色实验班取得圆满成功，第二期实验班顺利开班。紧密联系应急管理系统，多方建立战略合作关系。加强高层次人才队伍建设，柔性引进高层次专家 2 人、学科拔尖人才 1 人、实战专家 2 人。

加强人才培养高地建设。获批河北省现代应急产业学院。新增 2 个本科专业，4 个本科专业获学士学位授予权。获批教育部产学合作协同育人项目 15 项，教育部、河北省新文科研究与改革实践项目各 1 项，河北省高等教育学会课题 10 项。“应急管理人才培养和学科建设”课题通过专家验收。编写出版《新时代应急管理理论与实践》特色教材，思政课程 1 门立项为省级一流课程，2 门立项为省级示范课程。采矿工程教学团队获批“河北省优秀教学团队”；刘德权博士当选乌克兰工程院外籍院士；获批河北省政府特贴专家、教学名师、师德标兵各 1 人，煤炭青年科技奖 1 人。学校成为新一届全国行指委主任委员单位、虚拟仿真实验教学创新联盟安全科学与工程类专委会主任委员单位。

加强科技创新高地建设。年度科研到账经费 7086 万元。获批国家自然科学基金 6 项、社科基金 1 项；获批河北省科技计划项目 2 项、自然科学基金 7 项、社科基金 1 项；获中煤协会科技成果奖 7 项，中国职业安全与健康协会科技成果奖 10 项。获授权专利 101 项。新增省部级科研平台 4 个，安全生产检测检验中心获国家检验检测机构 CMA 计量认证资质。华北基地投入使用，京西基地被认定为全国科普教育基地。河北省矿山设备安全监测重点实验室通过验收，国家矿山安全监察局矿井水预警平台建设完成。

加强教育培训高地建设。举办各类培训班 47 期，培训人员共计 1.5 万余人次。组织完成国家矿山安全监察局委托的煤矿一级安全生产标准化现场检查考核工作。参与起草的全国安全生产行业标准《矿山救援培训大纲及考核规范》正式发布。推进成人教育改革，修订了 13 个专业的人才培养计划。

煤炭工业职业技能鉴定指导中心

2021 年，煤炭工业职业技能鉴定指导中心聚焦技能人才水平评价、职业技能竞赛、大师评审三大业务板块，立足行业现状，尊重行业实际，注重开拓创新，强化技术引领，努力扎实工作，有力地推动了行业技能人才队伍建设的新发展。

加快推进职业技能标准建设工作。组织召开《井下采矿工》等 23 个国家职业技能标准编审启动会。推进《井下机车运输工》等 8 个职业技能标准的审定工作，其中，4 个职业技能标准入围人力资源社会保障部职业技能标准公开征求意见名单。启动《职业分类大典》煤炭部分修订工作，根据行业需求，拟新增 18 个工种，拟新增“煤矿智能化工作面巡检工”等 10 个新职业。

有序推进行业职业技能人才水平评价工作。筛选符合分支机构备案条件的 69 家企业，向人力资源社会保障部推荐成为首批行业试点分支机构。成立行业基层职业能力水平评价中心 112 家，全年技能人才水平评价 23189 人次。培训考核考评员、高级考评员 1133 人，质量督导员 174 人。累计完成行业 306.92 万人次的职业技能评价鉴定与等级评价工作，247.94 万人次合格。

逐步完善煤炭行业职业技能竞赛体系。印发《全国煤炭行业职业技能竞赛专家工作管理办法》和《全国煤炭行业职业技能竞赛裁判员管理办法》。组织赛项专家结合企业生产实际和行业新技术发展，编制赛项规程。出版《2021 年煤炭行业职业技能竞赛指南》。编著《煤矿工匠——“陕煤杯”2020 年全国煤炭行业职业技能竞赛纪实》。在山西省太原市举办 2021 年全国煤炭行业职业技能竞赛。与煤炭综合利用多种经营技术咨询中心联合承办铁路运输类职业技能竞赛。

稳步推进行业高技能人才队伍建设。推进第七批煤炭行业（工程技术人员）技能大师及技能大师工作室申报命名活动，共遴选出 252 名煤炭行业（工程技术人员）技能大师、14 家煤炭行业（工程技术人员）技能大师工作室。举办“煤海精英”2021 年行业技术技能人才成果展。

进一步优化技能人才数字化平台。发布新版“煤炭技能人才网”，整合评价考务、证书查询、人才评审、竞赛管理系统，继续为行业用人单位数字化人才管理提供数据支撑。

煤炭行业技能人才及单位获评国家级荣誉，1 人获评中华技能大奖，23 人获评全国技术能手，1 家煤炭单位获评国家技能人才培育突出贡献单位，1 人获评国家技能人才培育突出贡献个人。

煤炭综合利用多种经营技术咨询中心

2021 年，煤炭综合利用多种经营技术咨询中心认真学习贯彻国家能源经济新政策新要求，研究能源发展新环境，分析煤炭企业发展面临的新机遇新挑战，完成承接的煤炭企业集团“十四五”规划的修改完善等工作，为大型煤炭企业及时适应新形势提出了发展思路和目标。

积极开拓创新，完成智慧煤炭建设方案研究工作。全面分析我国煤矿智能化建设的基本政策、基本现状和面临的主要问题，研究提出智慧煤炭建设的基本思路、阶段发展目标、重点工作、主要任务及保障措施。系统总结分析了我国煤矿智能化建设的省域模式和大型企业集团模式，提炼了智慧煤炭建设的重要实践范例，对“双碳”目标下推进我国智慧能源系统建设具有重要参考意义。

编制大型煤炭企业集团国有资本投资设立地质勘探、煤炭综合利用、物流贸易、铁路运营等平台公司的可行性研究报告和风险防控报告等，有效保障企业做好国有资本布局、规范资本运作，提高资本效率、维护资本安全、履行主体责任，有效化解和防范企业投资风险，确保国有资本保值增值。

开展煤炭企业主营业务与《西部地区鼓励类产业目录》符合性评估。充分发挥优势，组织具有丰富经验的人员组成评估专家组，评估内容涵盖煤炭开采、煤炭洗选和生态建设等领域，为煤矿争取国家税收相关优惠政策提供支撑和保障。

国家自然灾害防治研究院

2021 年，国家自然灾害防治研究院聚焦主责主业，加快推进研究院自身建设和发展，完成 9 个研究中心组建，初步形成自然灾害防治与应急管理的科技创新和业务支撑力量。牵头组织消防救援局、中国安全生产科学研究院等单位编写了《“十四五”科技发展规划》。聚焦定位自然灾害防治领域的基础研究和应用基础研究，发挥多学科交叉和集成创新优势，牵头申报复合链生自然灾害动力学应急管理部重点实验室，进入应急管理部重点实验室首批创建名单。

做好重大地震、地质、洪涝等自然灾害应急科技支撑。组织云南漾濞 6.4 级、青海玛多 7.4 级等地震应急会商和现场科学考察。对年度地震危险区进行跟踪分析，形成年度、月度地震风险区分析研判报告。针对台风、西南地区和长江流域强降雨、郑州特大暴雨等极端天气事件，编制灾害风险评估报告。开展自然灾害的趋势分析和风险预测，全年报送自然灾害信息报告等 27 份。

推进重大科技工程、科技项目申报与实施。北斗应急管理典型应用示范项目、国家民用航天科学研究项目通过评审。张衡一号卫星工程顺利实施。牵头申报国家民用航天科学研究项目“隐伏地物天基低频电磁探测与反演技术”，通过申报评审。

科研项目稳步增长，新增各类纵向科技项目立项经费总额 9390 万元，其中，国家自然科学基金 8 项、国家重点研发计划项目课题 3 项，新增横向科技项目合同额 4139 万元。年度发表科技论文 95 篇，授权专利、软件著作权 28 项。

积极开展国内外科技合作。与高校、研究院所、科技企业签署战略合作协议，创建新型科学联盟，推进数据共享与合作。举办中国电磁监测试验卫星工程第五届国际学术研讨会，深入开展中意灾害监测预警技术合作研究，持续推进国际交流合作高水平发展。

深入开展科技传播与普及，举办 11 期自然灾害防治科技论坛和全国防灾减灾日科普宣传，累计网络访问突破 1100 万次。

中国消防救援学院

2021 年，中国消防救援学院综合改革深入推进。严密组织“三定”实施、基层选举，修订党委常委会、院长办公会议事规则等规章制度，健全完善党委统一领导、党政分工合作、协调运行责权秩序。成功增列为北京市硕士学位授予规划建设单位，推动高等学历继续教育在黑龙江、云南两省率先设立函授站，以本科教育为主体、研究生教育和继续教育协调发展的“一体两翼”教育新格局加速形成。

办学基础更加扎实。获批国内首个消防政治工作专业，“消防指挥”入选北京市一流本科专业建设点，“消防政治工作”获评北京市“优秀本科课程”，公开出版6部自编教材，1名教师获北京市“教学名师奖”。开发162门4470个视频微课慕课，在线学习资源跻身驻京高校第一方阵。联合中国民用航空飞行学院建立航空救援专业人才培养创新模式，填补应急领域“飞行+救援”复合型人才培养空白。与俄罗斯紧急情况部民防学院、北京林业大学、应急管理部信息研究院、甘肃省消防救援总队签订战略合作框架协议。

科研工作推进有力。森林草原火灾风险防控、无人机应急救援技术2个实验室获批应急管理部重点实验室立项建设。开发翼龙Ⅱ长航时大型无人机应急通信系统。牵头申报国家战略项目1项，参与科技部重大专项2项、工业和信息化部重点项目1项，承担省部级和相关委托项目24项。

人才建设稳步发展。选聘73名应届硕博士毕业生，选调16名队伍优秀教官，选晋59名专业技术干部，选任118名领导干部、职级干部和教研室负责人，组织首届“师德标兵”评选、青年教师教学基本功大赛，师资队伍结构更加合理。

服务行业成果丰硕。承办应急管理部、国家综合性消防救援队伍专题培训班（线上、线下）7期，培训学员64041人次。选派130名学员增援冬奥会和冬残奥会消防安保工作，50人次赴国家综合性消防救援队伍一线开展理论宣讲、政策解读、心理服务、决策咨询等，派员参加国务院森林草原防灭火专项整治督导、全国森林草原防灭火业务技能巡讲、《国家森林草原防灭火条例》及应急预案修订等工作。

中国应急管理报社

2021年，中国应急管理报社紧密围绕部党委中心工作，持续发挥应急管理宣传思想和应急文化建设主渠道、主阵地、主力军作用。全年有近30件作品获国家和部省级奖项。

结合新发展阶段和转企改制，确立建设应急管理新型主流媒体总体目标。着力培育新的增长极，短视频、舆情监测与应对等业务取得长足发展。稳步推进驻地方机构建设，召开省级应急管理机构宣传工作负责人座谈会，扩大报刊影响。

开设《深入学习习近平总书记关于安全生产重要论述》等专栏，及时刊发中央时政报道和重要评论，开展“奋斗百年路　启航新征程”主题报道。全国应急管理工作会议等重要报道取得较好效果。媒体融合持续推进，所属新媒体全年7×24小时滚动发布，中国应急管理视频号正式上线，承接微信公众号运营等政务服务。

大力加强队伍建设，扩大队伍数量，增强队伍战斗力。注重深入一线开展工作，派出记者百余人次参加暗查暗访、“新春走基层”、灾害事故报道等，全年领导班子成员带队调研、采访人均20天以上。

机关服务中心

2021年，机关服务中心着力提升政治机关服务保障意识，坚持以高质量服务保障为目标，增强规矩意识，统筹安排服务资源，完善工作流程，精心谋划服务细节，扎实做好重点服务保障工作。圆满完成了全国应急管理系统先进模范和消防忠诚卫士表彰大会、全国安全生产工作会议、工作视察、考核巡查等重大活动及重要工作的服务保障任务。精准筑牢疫情防控整体防线。

在日常服务中，主动创新，靠前服务，做细做实各项服务任务。在食堂用餐、会务服务、资产管理、文电文印服务方面，通过关注服务细节、创新服务模式、规范工作流程、提升硬件设施保障能力等，着力提升后勤服务保障水平。特别是在幼教服务方面，在强化园所建设的硬件实力，提高教研能力和师资水平的基础上，全面加强幼儿安全管理，打造体现应急元素、突出安全为先的园所特色；《中国机关后勤》杂志对此进行了专题报道，获得了业内肯定。

在应急服务中，规范流程，形成闭环，常规保障与应急保障“双供给”模式初见成效。通过不断总结成功经验，健全完善应急处置联动机制，积极推进应急保障工作形成闭环，常规保障与应急保障“双供给”模式已初步确立并有序运转。2021 年服务考评满意度达到 99.41%。

在机关事务工作中，夯实基础，谋划创新，努力推动机关事务工作质量稳中有进。不断强化各类数据的统计分析，力求底数清、情况明、数字准。在房产管理、基建管理、行政事务、安全保卫、招标采购、干部保健等方面持续推进工作方式方法创新，推动机关事务工作成效明显。

在经营工作中，以市场为导向，苦练内功，加快经营单位持续向好发展。面对新冠肺炎疫情“多点散发”、经营工作几度中断等多重挑战，抓住疫情的经营淡季加快推进装修改造，提升市场竞争力；积极创新经营方式，千方百计弥补疫情造成的损失，全面完成全年经营利润指标。

档　案　馆

2021 年，档案馆围绕应急管理中心工作，强化政治功能，夯实业务基础，加强服务保障。深入学习贯彻习近平总书记“用好红色资源，赓续红色血脉”重要指示精神，开展建党以来安全生产史、防灾减灾救灾史研究。加强对灾害事故档案的梳理和研究，派员赴河南郑州“7·20”特大暴雨灾害调查现场，靠前收集相关档案。扎实做好脱贫攻坚和疫情防控“两类档案”的归集和向中央档案馆移交工作，忠实记录、留存新时代党领导人民推进实现中华民族伟大复兴的奋斗历史。积极服务机关档案利用，汇编 2001—2020 年特别重大事故调查报告，研究制定档案利用应急预案，建立档案利用服务应急机制。

加强档案资源建设，留存应急记忆。积极应对应急管理部成立后档案数量持续大幅增长的挑战，加强归档管理，严格归档质量审核，拓展音像、社交媒体等数字文件收集，及时对新增档案进行数字化。启动英模档案建立工作，记录先进事迹、传承英模精神。多渠道、多形式收集、征集红色档案资源。

强化底线思维，确保安全管档。开展应急管理系统单位档案安全风险隐患排查整治，督促各单位全面提升档案安全管理水平。加强档案馆内部安全管理，组织应急演练，提高突发事件应对和处置能力。

推进档案信息化建设，加强智慧管档。统筹规划构建档案信息系统，以信息化升级助力档案工作创新发展。研究制定部政务办公系统电子文件预归档功能需求，及时跟进机关信息化建设。

丰富培训指导形式，努力推进归档意识和能力提升。组织档案工作人员赴中国第一历史档案馆开展现场教学。统筹疫情防控和业务指导，通过组织参加网络培训、定点开设专题讲座、一对一上门服务、电话和微信答疑解难、录制文件整理培训微视频等多种方式，开展档案业务精准指导服务。

第七篇

党的建设

综 述

应急管理部党委坚持以习近平新时代中国特色社会主义思想为指导，深入学习贯彻习近平总书记在中央和国家机关党的建设工作会议上的重要讲话精神，以党的政治建设为统领，以庆祝建党100周年为主题主线，组织深入开展党史学习教育，深刻把握和运用党的百年奋斗自我革命历史经验，纵深推进全面从严治党，一刻不停推进党风廉政建设和反腐败斗争，不断深化模范机关建设，以扎实的党建成效引领防风险、保安全、护稳定各项工作，为新时代应急管理事业改革发展提供坚强的政治保障和组织保障，始终以实际行动和实际效果捍卫“两个确立”、做到“两个维护”。

一是政治机关建设不断加强。部党委坚持“第一议题”制度，及时跟进学习贯彻习近平总书记重要指示批示和党中央重大决策部署精神，定期开展“回头看”和监督检查，并把贯彻落实情况作为党建述职评议考核和内部巡视巡察的重要内容，强力推动一贯到底、落地生根。扎实推进模范机关建设，深化对党忠诚教育和政治机关意识教育，组织深入学习贯彻习近平总书记“7·9”重要讲话精神，部署开展“专题党课月”活动，引导广大党员干部忠实践行习近平总书记重要训词精神，增强“四个意识”、坚定“四个自信”，不断提高政治判断力、政治领悟力、政治执行力，自觉做“两个确立”的坚决拥护者、“两个维护”的坚定践行者。

二是深化理论武装持续有力。把学懂弄通做实习近平新时代中国特色社会主义思想作为首要任务，坚持不懈用党的创新理论武装头脑。部党委理论学习中心组先后开展集体学习21次，部党委同志以身作则，带头加强专题学习、集中研讨，充分发挥示范引领作用。基层各级党组织围绕学习贯彻习近平总书记在党史学习教育动员大会、庆祝中国共产党成立100周年大会上的重要讲话精神和党的十九届六中全会精神等，通过举办读书班、宣讲报告会、应急管理“大讲堂”和干部网络培训班等，引导广大党员干部在系列活动中加深对“两个确立”决定性意义的理解认识，进一步坚定信仰信念、砥砺初心使命。实施直属机关青年理论学习提升工程，创新开展青年理论学习小组联学活动，广大青年干部理论武装更加扎实有效。以开展“永远跟党走”群众性系列主题活动拓展党建成效，组织机关党员干部代表参加中央“七一”庆祝大会和文艺汇演，组织观看中国共产党历史展览相关专题展览等，积极开展走访慰问活动，进一步激励党员干部牢记初心、践行使命。

三是基层基础建设全面夯实。坚持把夯实基层基础作为党的建设的重要引擎，扎实推动基层党组织全面进步全面过硬。加强基层党组织建设，指导地震局机关党委完成换届选举，批准成立矿山安全监察局机关党委、机关纪委，统筹指导14个单位党组织完成换届选举。认真配合完成工委党的建设专项督查，坚持补短板强弱项，推动机关党建重点任务落实。修订完善部直属机关党建述职评议考核办法，探索建立直属单位纪委书记年度现场述职制度，全面推进党支部标准化规范化建设，积极推广“党支部工作法”和“党小组工作法”，不断提升基层党组织战斗力。严格党员教育培训，先后组织 110 余名党务干部参加中央组织部、中央和国家机关工委系列培训班，机关纪委积极开展全员培训。

四是正风肃纪反腐不断深化。坚定不移全面从严治党，从严从实抓好党风廉政建设和反腐败工作。严格落实中央八项规定及其实施细则精神，组织开展部系统违规收送礼品礼金、违规接受宴请等 6 类不正之风专项整治，主动曝光部系统 7 起典型案例，巩固拓展机关作风建设成效。组织开展为期 4 个月的警示教育专项行动，编写《应急管理部系统党员违纪违法典型案例警示录》、制作《蒙尘的初心——应急管理部系统警示教育片》，甄选建部以来发生的 58 起违纪违法典型案例强化警示震慑作用。认真做好信访受理、线索处置、审查审理等工作。高标准抓好中央巡视整改，部署开展为期 4 个月的中央巡视整改“回头看”。深入开展内部巡视，全年对 16 个单位开展专项巡视和内部巡视整改情况专项督查，充分发挥巡视利剑作用。

五是管党治党责任从严落实。部党委同志带头开展全面从严治党专题调研，定期听取分管单位党风廉政建设情况汇报，以上率下落实管党治党政治责任。认真落实《关于加强中央和国家机关部门机关纪委建设的意见》，制定 15 项贯彻落实工作措施，从加强部机关纪委力量做起，深入开展“学、抓、改、强”活动，上下联动、一体发力，着力提升机关纪检工作水平。注重建强党务干部队伍，全年考察和批复专职党务干部 10 名，指导推动部在京单位选优用强党务干部，并通过承担中央和国家机关党建研究重点课题等，不断加强党务干部能力建设。各级党组织认真落实全面从严治党主体责任，推动全面从严治党在应急管理系统进一步向纵深发展。

六是党建业务融合成效明显。制定《关于推动机关党建和业务工作深度融合的实施意见》，做到党建和业务目标同向、部署同步、工作同力。以防范化解重大安全风险实绩检验党建成效，在山东栖霞笏山金矿“1·10”爆炸事故救援、河南郑州“7·20”特大暴雨抢险救灾等重大任务中，批准成立临时党组织 20 余个，在应急救援一线筑牢战斗堡垒。以深化“我为群众办实事”实践活动展现党建成效，推动在规范涉企安全执法服务、铁腕治理安全评价造假、推动电子证照扩大应用领域等 7 个部级层面项目上出台 36 项措施，解决群众身边各类“急难愁盼”问题。

七是党史学习教育深入开展。部党委成立党史学习教育领导小组，设立专门办公室，组建 5 个巡回指导组，有力有序抓好学习教育、督导检查、宣传交流和实践活动的组织实施。基层各级党组织坚持把落实习近平总书记提出的“六个进一步”贯穿始终，把学史明理、学史增信、学史崇德、学史力行贯穿始终，把学党史、悟思想、办实事、开新局贯穿始终，拿出真学的态度，制定深学的措施，用足精学的功夫，进一步铸牢信仰之魂、夯实思想之基、担当为民之责、增强斗争之勇、涵养清廉之风。广大党员干部带着信仰、带着感情、带着责任，深入学党史、用党史，大力弘扬伟大建党精神，在各自岗位上担当尽责、干事创业。

第一章 思想政治建设

一、强化政治引领、践行“三个表率”，坚决做到“两个维护”

应急管理部党委始终坚持以党的政治建设为统领，坚决落实党中央全面从严治党战略部署，注重把对党忠诚教育和政治机关意识教育贯穿党的建设全过程、各方面，切实以初心使命砥砺信念、培根铸魂。

（一）始终把党的政治建设摆在首位紧抓不放

深入学习贯彻习近平总书记在中央和国家机关党的建设工作会议上的重要讲话精神和“七一”重要讲话精神，跟进学习习近平总书记关于应急管理重要指示批示精神，将贯彻落实情况纳入党建述职评议考核和内部巡视巡察重要内容，积极推动党中央决策部署落地见效。制定实施意见，深入推进机关党建和业务工作深度融合，始终把保民平安作为最现实的“国之大者”，努力推动党的政治优势转化为应急管理事业改革发展的坚强保障。

（二）持续推进模范机关建设

认真总结创建模范机关工作经验，部党委书记黄明代表部党委在中央和国家机关贯彻落实习近平总书记“7·9”重要讲话精神交流座谈会上作了典型发言，中央和国家机关工委组织的“让党中央放心、让人民群众满意——新时代中央和国家机关党的建设成就巡礼展”以较大篇幅展示了应急管理部创建工作和成效。部署开展“专题党课月”活动，部党委书记黄明带头为全系统党员干部讲专题党课，部党委同志及各单位党员领导干部、基层党组织书记、先进典型讲专题党课300余次，引导党员干部把讲政治的要求转化为内在主动。以防范重大安全风险的实际成效检验创建工作成果，在山东栖霞笏山金矿“1·10”爆炸事故救援、河南郑州“7·20”特大暴雨抢险救灾等重大任务中，直属机关广大党员干部经受了考验，展示了形象。

（三）毫不松懈抓好疫情防控工作

坚决贯彻习近平总书记关于疫情防控重要指示批示精神，按照部党委部署，坚持专班负责、全年运转、快速响应、及时处置，慎终如始、有力有效抓好部机关疫情防控工作。围绕组织参加建党100周年庆祝活动及保障全国两会、“五一”、国庆等重点时段，常态化关注本土疫情动态，组织实施和配合落实属地管控措施。全年组织核酸检测4.3万人次，对776人次落实了隔离观察措施，组织部直属机关完成全程接种1.17万人，在职干部职工新冠病毒疫苗接种率为92.6%，以务实高效的举措保持应急管理干部队伍的战斗力。

二、强化学思践悟、深化学以致用，在学懂弄通习近平新时代中国特色社会主义思想上下功夫

部党委把深入学习贯彻习近平新时代中国特色社会主义思想作为首要政治任

务，持续跟进学习习近平总书记关于安全生产、防灾减灾救灾和应急救援等应急管理重要指示批示精神，坚持读原著、学原文、悟原理，不断加深对“两个确立”决定性意义的认识，增强“四个意识”、坚定“四个自信”、做到“两个维护”。

（一）始终把学习习近平新时代中国特色社会主义思想作为首要任务

推动各单位建立“第一议题”制度、“一把手”抓落实制度和“回头看”机制，确保第一时间学习贯彻，第一时间推动落实。组织认真学习贯彻习近平总书记在庆祝中国共产党成立100周年大会上的重要讲话精神，通过集体学习和个人自学相结合，采取干部大会、党支部学习会、专题辅导等形式，确保覆盖到每个党支部、每名党员。深入学习贯彻党的十九届六中全会精神，部党委书记黄明第一时间主持召开部党委会和全系统动员部署会，传达学习全会精神，制定学习贯彻方案，印发学习通知，组织学习研讨，依托部属宣传阵地营造浓厚氛围，引导党员干部深刻领会“两个确立”的决定性意义。

（二）发挥部党委理论学习中心组示范引领作用

印发《2021年理论学习中心组年度学习计划》，带头学习党史、学习习近平总书记系列重要讲话精神、学习指定书目，力求做到全面系统、深刻领会、融会贯通。举办2期部机关读书班，部党委同志带领机关干部每期利用一周左右时间开展读书学习、研讨既定题目、交流心得体会，为部系统作出示范。2021年共举办3次全系统专题宣讲报告会、5次应急管理“大讲堂”，引导党员干部回顾非凡历程、感受信仰力量、增强理论认同、指导应急工作。积极推动地方党委政府组织学习《生命重于泰山——学习习近平总书记关于安全生产重要论述》电视专题片，推动各级牢固树立人民至上、生命至上理念。

（三）严格落实意识形态工作责任制

围绕庆祝中国共产党成立100周年等重要时间节点，分析研判应急管理系统意识形态风险。坚持管防并举，制定出台《应急管理部部属出版单位管理办法》，加强信息发布审核，强化网络平台和“两微一端”矩阵管理。认真学习贯彻党中央《关于新时代加强和改进思想政治工作的意见》，研究细化部重点任务分工措施，着重提升基层思想政治工作质量和水平。扎实做好部直属机关干部职工思想动态分析工作，通过邀请专家作心理讲座、开展专题调研、谈心谈话等方式，及时跟踪研判干部职工思想状况，做好心理疏导，开设网上义诊平台、配备专业团队开展心理咨询服务，为6000余名干部职工和消防指战员提供帮助。

三、精心组织庆祝建党百年系列主题活动，持续强化党员干部使命感和责任感

（一）广泛开展主题宣教活动，弘扬时代主旋律

制定庆祝中国共产党成立100周年活动方案安排，精心组织部系统“永远跟党走”群众性主题宣教系列活动。组织部党委同志、直属机关党员干部代表先后参观“伟大征程——庆祝中国共产党成立100周年特展”和“不忘初心、牢记使命——中国共产党历史展览”并集体重温入党誓词，进一步深化初心使命和对党忠诚教育。组织“风展红旗　如画三明”红色故事宣讲报告，从红色故事中不断汲取信仰信念信心的强大力量。举办

部直属机关“奋进心向党、启航新征程”主题书画摄影展，有80余幅优秀作品在中央和国家机关工委展览中展出。组织开展部直属机关“青春心向党、建功新时代”主题演讲比赛，激励青年干部把学习教育成果转化为爱党爱国的热情和干事创业的激情。组织近万名青年党员干部参加中央和国家机关“党在我心中”青年党史知识大赛和庆祝建党百年健步走活动。认真组织部党员干部代表、党的十九大代表、新发展党员代表等参加中央举办的“七一”各项庆祝活动，展示了“应急人”的精神风貌。

（二）精心选树表彰先进典型，激励传播正能量

认真组织开展各级评优评先组织推荐工作，内蒙古自治区森林消防总队大兴安岭支队莫尔道嘎大队七中队（奇乾中队）党支部等9个党支部获“全国先进基层党组织”荣誉称号，防汛抗旱司彭敏瑞等13名共产党员、教育训练司张林等13名党务工作者和办公厅党总支等15个基层党组织分获中央和国家机关“两优一先”荣誉称号。部救援协调和预案管理局和中国地震局地质研究所被评为“中央和国家机关创建模范机关先进单位”。召开部直属机关“两优一先”表彰大会，对100名优秀共产党员、40名优秀党务工作者、60个先进基层党组织和40名优秀青年干部通报表彰。做好群团组织评先工作，应急指挥中心荣获中央和国家机关“五一劳动奖状”，消防救援局姚广利和国家自然灾害防治研究院雷建设荣获中央和国家机关“五一劳动奖章”；24个集体荣获第20届“全国青年文明号”集体，6个团组织、12名个人分获中央和国家机关团内荣誉称号。举办全国应急管理系统先进模范和消防忠诚卫士先进事迹报告会，在全系统进一步掀起学习英雄模范先进典型的热潮。

（三）用心用情做好走访慰问工作，汇聚最大“向心力”

春节前夕，积极开展走访慰问活动，为381名困难党员、干部发放节日慰问金共计213.7万元。“七一”前夕，按照党中央统一部署，为健在的党龄达到50年、一贯表现良好的538位老党员申请并组织颁发了“光荣在党50年”纪念章；组织开展走访慰问获得党内功勋荣誉表彰党员、生活困难党员、老党员和全国劳动模范、全国先进工作者等活动，及时帮助解决实际困难，为300多人发放慰问金共130余万元，切实把党中央的关怀和党组织的温暖传递到党员干部心中。继续牵头组织“献爱心·助学”活动，2021年共为两个定点帮扶县募捐163.2万元，资助学生272人。

四、牢固树立习近平总书记重要训词的根本指导地位

部署开展“牢记领袖训词、永做忠诚卫士”主题教育，与开展党史学习教育、学习贯彻习近平新时代中国特色社会主义思想和习近平总书记关于应急管理重要论述紧密结合、有机融合，推动队伍思想政治教育走深走实。深入推进“争当忠诚卫士、争创优秀队站”主题实践活动，组织队伍积极参加“老兵永远跟党走”庆祝建党100周年系列活动，紧跟河南抗洪抢险救援等重大任务加强思想政治工作，进一步筑牢广大消防救援人员对党忠诚、听党指挥、为党尽责的思想根基。紧扣“向党和人民汇报”主题，组织开展授旗致训词三周年系列学习宣贯活动，举办全国应急管理系统先进模范和消防忠诚卫士表彰大会，部署向先进模范和

消防忠诚卫士学习活动；制播《中国骄傲》特别节目和《焦点访谈》专题节目，举行专题新闻发布会和记者见面会；指导队伍各级同步开展比武竞赛、文艺汇演、成果展示、消防宣传等配套活动，掀起新一轮学习宣贯习近平总书记重要训词精神热潮。

第二章　组　织　建　设

一、深化组织体制创新发展

应急管理部持续推动地方应急管理部门党组改设党委，实现省、市级应急管理部门全部完成党组改设党委，2556 个县级应急管理部门完成党组改设党委。

截至 2021 年底，应急管理部机关司局和在京单位（含国家矿山安全监察局机关、中国地震局直属机关、消防救援局机关和森林消防队伍）共有党员 23534 名，其中，在职党员 9276 名、离退休党员 2655 名。党组织 1627 个，其中，党委 224 个、党总支 49 个、党支部 1354 个。

2021 年应急管理部机关司局和在京单位党员分布如图 7-2-1 所示，党组织数量分布如图 7-2-2 所示。

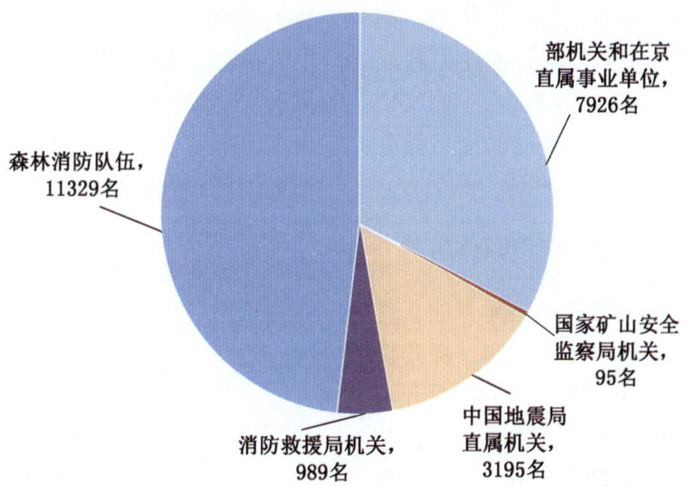

图 7-2-1　2021 年应急管理部机关司局和在京单位党员分布图

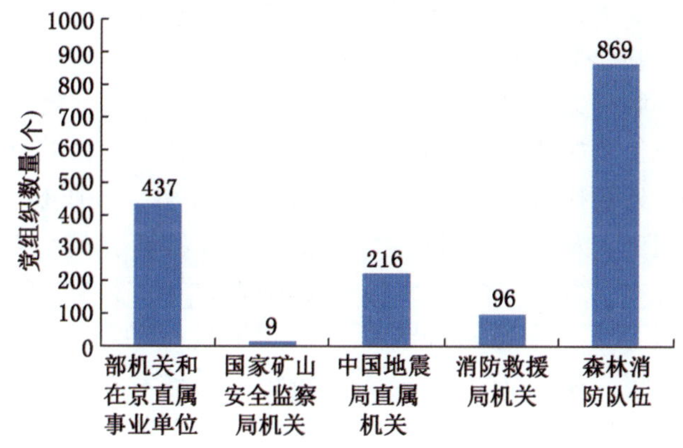

图 7-2-2　2021 年应急管理部机关司局和在京单位党组织数量分布图

二、推动党支部标准化规范化建设

巩固党支部标准化规范化建设成效，指导基层党组织严格落实“三会一课”等组织生活，对部直属机关 1220 个党支部逐个进行检查评估，划分评估等次，动态督促指导。推动党支部工作创新，指导各单位及时总结提炼党建创新案例，推广“党支部工作法”80 个、“党小组工作法”28 个。严格落实“三会一课”制度，以政治学习和党性教育为重点，认真组织、按时开好党员大会、支部委员会和党小组会。修订完善部直属机关党建述职评议考核办法，探索建立纪委书记年度现场述职制度，进一步发挥好考核指挥棒作用。制定印发《关于建立健全部直属机关基层党组织按期换届提醒督促机制的通知》，督促各单位严格执行按期换届制度，做好换届提醒工作。

三、强化机关党建示范引领作用

坚持把中央和国家机关工委专项督查作为推进机关党建重点任务落实、提升机关党建工作质量的重大机遇，组织召开直属机关党组织书记会议进行专题部署，全力做好配合工作。协助督查组与 52 名党员干部开展个别访谈，对 40 名党员干部进行问卷调查，深入 5 个直属单位开展现场调研，全面真实反映建部以来机关党建工作成效。注重发挥临时党组织作用，在应急救援、抢险救灾、事故调查、国际救援等应对突发事件、连续执行任务时间长的临时机构和工作组中，及时成立临时党支部，先后批准成立“应急使命·2021”抗震救灾演习、党史学习教育巡回指导、河南郑州“7·20”特大暴雨灾害调查、四川森林草原防灭火工作、应急管理大学筹备、巡视整改督查等临时党组织 20 余个，通过组建“党员突击队”、设立“党员先锋岗”等形式，组织动员共产党员冲锋在最前沿，始终让党旗在应急管理第一线高高飘扬。

四、加强党员干部教育管理

全年印发 12 期《应急管理部直属机关党员干部理论学习安排》，明确理论学习重点，列出研讨交流题目，推动党员干部强化理论学习。实施直属机关青年理论学习提升工程，组织青年干部围绕学习贯彻习近平总书记在中央党校中青班上重要讲话精神，分专题开展学习研讨，积极开展青年联学活动，促进青年干部在理论武装上有更强自觉和更高要求。认真落实全国党员教育培训工作规划，全年组织 23 批次 97 名党支部书记、党小组长参加中央组织部、中央和国家机关工委举办的系列培训班；开展机关纪委全员培训，选派 20 名直属机关纪检干部参加纪检监察工委举办的业务骨干提升班，提升党务干部能力素质。

五、坚持党建带群团建

注重党建带群团建，加强对机关工会、共青团、妇女组织等群团组织的领导。主动融入“我为群众办实事”实践活动，推动群团组织结合自身优势办实事、解难题。部直属机关各级工会组织落实消费帮扶任务，全年购买帮扶农产品约计 153.5 万元；继续开展“献爱心·助学”活动，直属机关 8694 名党员干部职工和消防救援人员，共为 272 名家庭困难大学生捐款 163.2 万元；积极开展“恒爱行动”，为新疆贫困地区儿童编织、捐赠毛衣、帽子、围巾等织品近千件。扎实做好关心关爱干部职工各项工作，积极做好干部职工节庆福利，结婚、生育、退休、住院等日常慰问。按照工会联合会关于开展“工会进万家”走访慰问活动要求，为4名70周岁及以上的全国劳动模范、全国先进工作者每人发放3000元慰问金，为直属机关22个残疾重症子女家庭发放慰问金8.8万元。

第三章　队　伍　建　设

一、加强领导班子和干部队伍建设

坚持新时代好干部标准，以讲政治重担当、重实干重实绩用人导向引领干事创业。全年共补充优化调整 33 个领导班子、68 名司局级领导、218 名处级及以下干部。按程序办理 10 个省级应急管理部门 6 名正职征得同意、17 名副职征求意见事项，审批备案国家矿山安全监察局、中国地震局等单位 268 名干部。推动干部能上能下，出台《调整不适宜担任现职干部暂行办法》，组织调整 3 名事业单位班子成员（正职 1 名）。扎实推进“75 后、80 后、85 后”工程，在全系统开展优秀年轻干部调研，筛选掌握 620 名优秀年轻干部，并分类提出培养措施。组织 62 名干部在系统内部交流轮岗，选派 8 名年轻干部到山西大同、海南自贸区等地挂职锻炼。拓宽选人用人渠道，从地方选调、引进高层次专家人才、领导干部等 13 人，招录公务员 22 名，接收军转干部 6 人。研究提出 18 条加强和改进事业单位公开招聘工作具体措施，组织事业单位公开招聘 98 人。加强干部人事制度规范化建设，修订印发《应急管理部领导干部交流工作暂行办法》《应急管理部所属事业单位领导人员管理暂行办法》等制度规定 12 项。

二、强化干部监督管理

制定《关于加强干部监督工作的意见（试行）》，树起从严管理干部导向。加强对“一把手”和领导班子监督，规范领导干部配偶、子女及其配偶经商办企业行为。印发《关于认真贯彻落实〈中国共产党组织处理规定（试行）〉的通知》，组织对 8 家单位开展内部巡视选人用人专项检查。严肃个人事项查核，组织 11152 名领导干部集中填报个人有关事项，完成 1164 名随机抽查对象和 70 名干部查核验证工作。坚持“凡提必核”，向中央组织部报送重点查核 41 批、2441 人次。加强干部日常管理监督，坚持抓早抓小、防微杜渐，函询 109 人次，提醒谈话 245 人次，诫勉 112 人，查核信访举报 41 件。

三、推进干部培训和人才培养

一是深入开展应急管理干部大培训。突出政治引领、突出实战导向、突出重点领域、突出全员参与，制定印发《2021 年应急管理干部大培训实施方案》，采用案例教学、模拟演练等方式，线上线下分级分类开展培训，着力提升干部防范化解安全风险和应急处突能力。在中国干部网络学院开设干部履职通识应急管理专题。联合中央组织部、中央党校（国家行政学院），举办提高省部级应急处突能力专题研讨班 1 期，培训 99 人；举办应急管理与突发事件处置专题培训班 1 期，培训 97 人；举办抗震救灾培训研修班 1 期，培训 45 人。围绕提升安全生产、防灾减灾救灾、应急救援等应急管理业务能力，面向应急管理部门干部，组织举办线上培训9期，培训43.3万余人次；线下培训10期，培训768人。选派部机关和事业单位68名干部参加中央组织调训和专题研修，48名优秀年轻干部参加应急管理部党校处级干部进修学习。

二是持续推动应急管理人才培养。制定实施进一步落实事业单位相关自主权、大力加强专业技术人才吸引培养工作措施，向单位放权，为人才松绑。组织选拔推荐“长江学者奖励计划”“国家高层次人才特殊支持计划”等国家重大人才工程人选32名，新获批科技创新领军人才、青年拔尖人才各1名，推荐公派出国留学3人。指导所属事业单位研究组建职称评审委员会，严格审核办理13家事业单位55名人员委托职称评审。组织全国60.6万人报名参加中级注册安全工程师职业资格考试，统一中级注册安全工程师电子证照标准，发布17批次10.1万人注册及注销注册公告。指导华北科技学院编制学科专业建设规划，申请增设应急装备技术与工程专业，申报课程思政示范项目5项、新文科研究与实践项目7项、一流本科专业建设点6个。

四、抓好表彰奖励工作

组织举办首届全国应急管理系统先进模范和消防忠诚卫士表彰大会，评选表彰一级英模8名、二级英模30名，先进集体99个、先进工作者190名，中国消防忠诚卫士30名，习近平总书记等中央领导同志亲切会见表彰大会代表，国务委员王勇出席表彰大会并讲话。进一步完善应急管理系统奖励机制，印发《应急管理部奖励工作实施办法》。开展山东栖霞笏山金矿“1·10”爆炸事故救援、“应急使命·2021”抗震救灾演习、2021年第一批安全生产优秀执法案例表现突出个人、建党100周年庆祝活动应急救援安全保卫工作、江苏安全生产专项整治督导工作、全国应急管理系统先进模范和消防忠诚卫士评选表彰工作等6次奖励，其中个人奖励176名、集体奖励27个。

五、重视离退休干部工作

截至2021年底，应急管理部系统离退休人员总数约1.73万人，其中，部机关716人，地震局系统10191人，矿山安全监察系统4186人，部直属事业单位2177人。设16个离退休干部职工党支部，部机关离退休党员共有566名。

一是强化政治引领，加强离退休党组织建设。用“云学习”“云党课”“云专栏”“云研讨”方式拓宽理论学习渠道，开展庆祝中国共产党成立100周年系列活动，为163名老党员颁发“光荣在党50年”纪念章，为部机关离退休干部职工党支部配备25名书记助理，建设5个标准化规范化支部活动室。

二是着力搭建平台，鼓励离退休干部发挥作用。建立《应急管理部干部光荣退休制度》，举行首次应急管理部机关干部光荣退休仪式。组建应急管理部机关老干部专家人才队、银辉宣讲队、志愿服务队，首批队员79名，累计开展活动约50场。拍摄《应急管理部机关离休干部纪录片》和系列微电影、微视频，使老干部成为党史学习鲜活教材。

三是坚持精准服务，满足离退休人员需求。按时发放离退休费9734人次，集中走访慰问1649人次，用“快递到家”方式发放节日慰问品3656人次，审核报销医药费28654人次，组织参加年度体检459人次，线上“探视”患病和长期住院老同志330人次，发放抚恤金30人次。出台《离退休人员困难救助办法（试行)》，大病帮扶和困难救助 43 人次。与应急总医院协作，通过老同志就医绿色通道提供医疗保障 95 人次；在原集中体检、分散体检基础上探索为 9 名行动不便老干部提供上门体检服务；发放防疫爱心包 1437 人次；开展社区大型义诊活动。对和平里活动站、科技苑活动站实施维修改造。调研机关离退休干部惠老助餐和家庭适老化改造等生活服务需求。老年大学开设 7 类 22 个网课教学班，桑榆金辉云课堂平台在线学员达 38400 人次；线上线下结合，开展文体活动 10 次。离退休干部局微信公众号推送信息 660 篇次。

第四章 党风廉政建设

一、强化主体责任落实，推动全面从严治党向纵深发展

应急管理部党委始终坚持以党的政治建设为统领，严格执行《党委（党组）落实全面从严治党主体责任规定》，在责任落实中走在前、作表率。始终把贯彻落实习近平总书记重要指示批示作为头等大事、第一议题来抓紧抓实抓好，及时组织传达学习习近平总书记在十九届中央纪委五次全会上的重要讲话精神和关于全面从严治党的重要论述、重要指示批示精神，认真落实中央纪委五次全会和国务院第四次廉政工作会议要求，推动党风廉政建设和反腐败工作与业务工作同部署、同落实、同考核。严格落实主体责任清单，组织召开全系统党风廉政建设工作视频会，部署系统年度全面从严治党工作。不断健全部党委党建、党风廉政建设和反腐败、巡视3个领导小组工作机制，提升运转效率、发挥职能作用。部党委书记带头履行“第一责任人”职责，部党委委员认真履行“一岗双责”，部党委同志全年深入分管单位或领域开展全面从严治党专题调研指导21人次，及时发现问题、认真研提对策；听取分管单位全面从严治党工作汇报93次，面对面指出问题、提出整改要求。旗帜鲜明支持驻部纪检监察组履行监督职责，每半年开展一次全面从严治党专题会商，针对问题制定整改措施并跟踪督办，切实推动主体责任和监督责任贯通协同、形成合力。

二、坚定不移纠治“四风”，加固中央八项规定堤坝

深入贯彻落实中央八项规定及其实施细则精神，每逢重要节点，及时向部直属机关基层党组织和纪检组织发通知、提要求、作提醒。深化以案促改，主动曝光近年来部系统发生的7起违反中央八项规定精神典型案例，结合党史学习教育在部系统组织开展整治违规收送礼品礼金、违规接受宴请等6类不正之风的专项整治，持续推动地震、矿山安监、消防救援、森林消防4个系统开展违规饮酒专项整治。认真贯彻落实习近平总书记关于坚决制止餐饮浪费行为的重要指示精神，对机关事业单位食堂制止餐饮浪费情况开展现场抽查4次。持续为基层松绑减负，在县（市、区）应急管理部门建立126个基层联系点、17个基层减负观测点，部党委同志带头深入基层调研，及时掌握情况、分析问题、研提对策。持续发力“指尖上的形式主义”专项整治，严格清理微信工作群，坚决遏制随意要材料、报数据问题。推动精文简会提效，按同口径对比，全年文件数量同比减少23.5%，会议数量严格控制在年度计划以内。对省级政府安全生产和消防工作考核巡查的内容和程序再精简再优化，考核指标同比减少8%。

三、聚焦主责主业，做实日常监督

认真学习贯彻《中共中央关于加强

对“一把手”和领导班子监督的意见》，研究部系统实施意见，细化明确 5 方面 23 项监督举措，并持续推动人事、党建、纪检、巡视等职能部门按意见要求抓好监督举措落地。研究制定贯彻落实《关于加强中央和国家机关部门机关纪委建设的意见》的具体措施，全力支持系统各级纪检机构依规履职，充分发挥监督专责作用。持续强化警示震慑，组织开展为期 4 个月的以“以案释纪明纪、严守纪律底线”为主题的警示教育专项行动，甄选建部以来发生的 58 起违纪违法典型案例，编发警示录，制作警示教育片，用身边事教育身边人。严格考核考评引领责任落地，及时组织修订司局级领导班子年度考核办法，优化党建述职评议考核方案，将履行管党治党责任作为重要内容，对表现优秀的班子及时表彰激励，对优秀率较低的单位“一把手”及时谈话提醒。严肃追责问责倒逼责任落地，出台实施调整不适宜担任现职干部办法，加强干部监督工作意见，建立反向倒逼机制，推动干部主动担当作为。扎实开展领导干部配偶、子女及其配偶经商办企业行为专项整治，督促有关人员按时完成退出。严把党风廉政意见回复关，部系统各级纪检机构回复 13557 人次，明确否定意见 13 人次，持续净化政治生态。部系统各级党组织和纪检组织充分利用座谈交流、参加会议、查阅资料、现场调查、驻点调研、谈心谈话、听取工作汇报和述责述廉等方式，持续加强对党员干部的日常监督。

四、强化监督执纪问责

畅通信访举报渠道，严格执行信访举报受理办理程序，及时处理群众来信来电来访。采取多种处置方式，及时处置问题线索，集中力量起底积存线索和案件，驻部纪检监察组和系统纪检组织共处置问题线索 2752 件，立案 880 件，给予党纪政务处分 1051 人次。坚持惩前毖后、治病救人，注重抓早抓小、防微杜渐，实事求是、精准恰当运用“四种形态”，驻部纪检监察组和系统纪检组织共运用“四种形态”批评教育和处理处分干部 3422 人次，始终保持惩治腐败的高压态势，对违纪违法案件发现一起、查处一起，对福建省消防救援总队原总队长王文生依法采取留置措施，系首次查办消防救援总队“一把手”腐败案件。深化“三不”① 一体推进，扎实做好查办案件“后半篇文章”，以湖北省消防救援总队原副总队长刘明珠案暴露的问题为切入点，持续推动全国消防救援队伍开展专项整治；以辽宁省地震局原副局长廖旭案暴露的突出问题，推动地震系统开展清理长期挂账资金和地震安全评价等科技服务领域突出问题专项治理。

五、充分发挥巡视利剑作用，不断强化巡视监督

持续推进中央巡视整改，组织实施为期 4 个月的中央巡视整改“回头看”，盯住尚未“销号”的整改措施和持续推进的整改任务，加强专项督查和重点督查。认真贯彻落实中央纪委审核评估意见，将审核评估意见与驻部纪检监察组专题会商提出的问题以及“回头看”发现的问题有机结合，整合为 5 个方面、19 件整改事项、62 条整改措施，形成具体整改方案，每半年抓好调度、提醒和督促落实。

① “三不”：不敢腐、不能腐、不想腐。

认真做好部党委内部巡视工作，上半年对部党委 2020 年以前巡视的 8 个部属事业单位党组织开展了专项巡视，下半年组织开展对 8 个单位的内部巡视整改情况专项督查。做好巡视问题线索移交工作，向相关部门移交 34 件问题线索、7 件信访反映，提出巡视监督意见建议 19 条。

第五章　党史学习教育

根据党中央统一部署，在中央第二十三指导组的精心指导下，应急管理部党委及部系统 99 个单位 1241 个基层党组织，15.2 万余名党员干部扎实开展了党史学习教育。部党委全面深入学习党的百年奋斗史，及时跟进学习习近平总书记最新重要讲话精神，坚持把“学史明理、学史增信、学史崇德、学史力行”贯穿始终，把“学党史、悟思想、办实事、开新局”贯穿始终，注重融入日常、抓在经常，立足实际、守正创新，高标准高质量落实学习教育各项任务，切实推动党史学习教育常态化长效化。

一、提高政治站位，把握重大机遇

把党史学习教育作为贯穿全年的重要政治任务，作为应急管理系统加强自身建设、推动事业发展的又一次宝贵机遇，自觉将责任牢牢扛在肩上、紧紧抓在手里、坚决落实到行动中，拿出真学的态度，制定深学的措施，下足精学的功夫，带领部系统各级党组织和广大党员干部带着信仰、带着感情、带着责任开展好党史学习教育，切实做到学有所思、学有所悟、学有所得。

（一）把党史学习教育与培育应急人的精气神紧密结合

从党在各个历史时期淬炼锻造出的一系列伟大精神中汲取不竭动力，坚定信仰信念，培育极端认真负责精神、甘于牺牲奉献精神、敢于斗争精神，保持革命者的大无畏的奋斗精神，锻造应急人的精神特质，立起新时代应急人的良好形象，鼓足迈进新征程、奋进新时代的精气神。

（二）把党史学习教育与履行职责使命紧密结合

立足应急管理部门天天在应急、常常赴现场的实际，坚持两手抓、两促进，科学有序安排学习和工作计划，注重集中学习与分散学习结合、个人自学与专题研讨学习结合，既保证随时应急又保证了学习教育质量。

（三）把党史学习教育与总结历史经验紧密结合

对标习近平总书记重要指示批示和党中央重大决策部署，深入研究党在加强应急管理、安全生产、防灾减灾救灾等方面的重大史实，总结经验、把握规律，增强应对复杂形势、解决复杂问题、防范化解各种风险的本领。

（四）把党史学习教育与密切联系群众紧密结合

立足解决群众“急难愁盼”的问题，围绕安全生产监管执法、事故调查处理、自然灾害防治、救灾救助、抢险救援等，推出一批便民利企的实招硬招，实施一批造福于民的项目工程，解决一批影响群众安全的突出问题，增进与群众的血肉联系。

二、学懂弄通做实，在党史学习中强化理论武装

紧紧围绕学懂弄通做实习近平新时代中国特色社会主义思想，按照三个阶段的进度要求，坚持全面系统学、深入思考

学、联系实际学，切实学出坚强党性、学出信仰担当，提高做好新时代应急管理工作的本领。

（一）坚持读原著学原文悟原理

深入学习领会习近平总书记在党史学习教育动员大会、庆祝中国共产党成立100周年大会、党的十九届六中全会、党史学习教育专题民主生活会上的重要讲话精神，用好指定学习教材，及时跟进学习习近平总书记重要讲话精神，坚持用党的创新理论武装头脑、指导实践、推动工作。坚持把学习贯彻习近平总书记重要指示批示精神作为党委会“第一议题”，引领各单位的学习。各级党委中心组开展集体学习1115次，各基层党组织召开学习会12324次，不断增强学习针对性实效性。

（二）广泛开展学习研讨交流

部党委结合应急管理工作实际研究提出5个集中讨论题目，指导部系统各单位高质量开展专题研讨。部党委围绕“更加坚定、更加自觉践行初心使命，继续为实现人民对美好生活的向往不懈努力，把确保人民生命安全放在第一位落到实处”“深刻把握‘两个确立’重大政治论断，奋力跑好新时代应急管理事业第一棒”等为主题开展理论中心组集体学习研讨和党委会议学习13次，各级党委中心组开展集体学习研讨649次，各单位基层党组织结合“三会一课”开展研讨交流7924次。部机关举办2期读书班，部党委同志带领机关干部先学一步、学深一层；部系统各单位举办读书班332期，组织党员干部参加网上专题培训累计12万人次。部党委举办3次全系统专题宣讲报告会，开展各类宣讲活动779次，有效引导广大党员干部回顾非凡历程、感受信仰力量、增强理论认同。

（三）学习总结历史经验

部党委和部系统各单位深入学习党在革命、建设、改革各个历史时期创造的丰富经验，深刻领会党在不同历史时期成功应对风险挑战取得的伟大成就，深入研究总结党在加强应急管理等方面的经验规律，增强防范化解各种风险的本领。

（四）营造浓厚学习氛围

积极对接中央主要媒体，结合应急管理实践推出有分量的专题报道和综述，推出重点报道43篇，播出有关新闻报道350余条。编发简报61期，充分反映各级党组织学习教育具体措施和实际成效，向中央和国家机关工委党史学习教育简报、党史学习教育官网等平台推送经验做法，被中央和国家机关工委简报采用17次，党史学习教育官网转载16次。用好部属宣传阵地，刊载中央主要媒体学习资料，宣传部系统经验做法，展示了新时代应急人的形象和风采。

三、赓续红色血脉，在感悟思想伟力中锤炼坚强党性

部党委教育引导广大党员干部把弘扬伟大建党精神和抗洪精神、抗震救灾精神等系列伟大精神与践行习近平总书记重要训词精神结合起来，弘扬光荣传统、赓续红色血脉、汲取不竭动力、坚定理想信念，强化做好新时代应急管理工作的使命担当。

（一）用好红色资源

部党委同志带领党员干部参观了“伟大征程——庆祝中国共产党成立100周年特展”和“不忘初心、牢记使命——中国共产党历史展览”并重温入党誓词。组织开展“永远跟党走”“四史”宣传教育以及“风展红旗　如画三明”红色故事宣讲报告会，锤炼忠诚干净担当的政治品格。部系统各单位分别组织开展了“清明祭英烈”等活动，深化拓展党史学习教育课堂。

（二）召开专题组织生活会

部系统1009个基层党支部，围绕“学党史、悟思想、办实事、开新局”主题，以党支部或党小组为单位，认真组织召开专题组织生活会，深入盘点检视存在的问题，查找各类具体问题4404个，认真制定整改措施4646条，做到整改有的放矢、落地见效。

（三）讲好专题党课

广泛开展“专题党课月”活动，部党委书记黄明围绕“从百年党史中汲取智慧和力量，以伟大自我革命引领应急管理事业高质量发展”主题为部系统党员干部讲授专题党课，各级党组织书记、党员领导干部和先进典型等讲专题党课1789次，进一步增强党员干部的党性修养。

四、全力保障民生，深入开展“我为群众办实事”实践活动

部党委坚持把学习党史同总结经验、观照现实、推动工作结合起来，围绕应急管理部门核心职能，立足“维护人民群众生命财产安全”这个最大的实事，切实把实事办好、好事办实。

（一）突出重点项目引领

部党委制定部级层面办实事清单，明确7个方面重点项目，全力以赴利民惠民、保民平安。规范完善涉企安全执法服务，明确省、市、县三级执法管辖权限；全面清理行业协会违规收费，清理整顿18家违规机构，曝光违规收费典型案例；治理安全评价机构造假，发现一般违法行为2.96万项、重大违法行为28项，行政处罚680次、责令停业整顿45家，注销评价机构资质23个；提升消防监督管理服务质量，全面实行消防安全检查告知承诺管理制度，简化审批流程，保障扶贫搬迁群众消防安全，整改隐患2.5万余项；推动电子证照扩大应用领域，实现特种作业操作证“跨省通办”；推广专家服务和远程会诊，派出专家组和“教官团”深入高危行业和灾害防治一线检查指导1500余次；深入自查自纠，规范地方安全生产责任保险。部系统各单位结合实际，研究制定280个办实事项目、698条具体措施，出台办实事制度3325个，为群众办实事5.65万件。

（二）突出应急管理核心职能

切实履行应对处置各类灾害事故的重要职责，担负保护人民群众生命财产安全和维护社会稳定的重要使命。全力应对河南郑州等地特大暴雨灾害，部党委书记黄明多次赴郑州等地指导防汛救灾工作，调派5600余名消防救援等专业力量驰援灾区，营救遇险群众3.5万余人、转移群众8.77万人；联合财政部下拨中央冬春临时生活困难救助资金51.98亿元，确保群众温暖过冬；闻令而动做好抗震救灾工作，会同财政部向云南、青海、四川省下拨中央自然灾害救灾资金4.38亿元，会同国家粮食和物资储备局调拨救灾物资8.62万件；全力开展事故救援，成功应对山东栖霞笏山金矿“1·10”爆炸、山东威海“4·19”“中华富强”轮火灾、河北沧州鼎睿石化“5·31”火灾等生产安全事故，全力保障了群众生命财产安全。

（三）突出发挥两个作用

部党委在为群众办实事过程中，充分发挥党组织战斗堡垒作用和党员先锋模范作用，在抗洪救灾、抢险救援一线建立临时党组织，持续做好定点帮扶工作，积极开展结对共建，深入基层做好志愿服务，部系统各单位党组织与社区（村）党支部结对共建6802个，组织党员为身边群众办实事7.56万件，不断彰显共产党员的价值追求和应急人的职业情怀。

第八篇

英 雄 模 范

第一章　英　雄　烈　士

陈刘飞，男，汉族，陕西榆林人，1988年12月出生，2007年12月参加消防工作，中共党员，生前系北京市丰台区大红门消防救援站特勤一班班长，一级消防士消防救援衔。陈刘飞先后参加灭火救援战斗7000余次，解救遇险群众1400余人，挽回经济损失4000余万元，荣获“优秀士兵”2次、嘉奖6次、优秀团员1次。2021年4月，被应急管理部批准为烈士，被应急管理部消防救援局追记一等功，被北京市人民政府追授“优秀共产党员”称号。

2021年4月16日，北京市丰台区永外大红门西马厂甲14号院内一储能电站起火，陈刘飞带领攻坚组深入电站院内抵近侦察，组织攻坚组队员铺设水带干线，准备干粉、泡沫等灭火药剂，设置灭火阵地。为做好防爆降温，避免造成更大损失，陈刘飞带领2名攻坚组队员，在电站院内东侧，南、北区电站中间位置架设移动水炮，阻截火势向北区电站蔓延。其间，身后的北区储能电站在没有任何烟火征兆的情况下，突发剧烈爆炸，巨大的冲击波造成陈刘飞当场壮烈牺牲。

丰晨敏，男，汉族，浙江开化人，1988年10月出生，2007年12月参加消防工作，中共党员，生前系上海市金山区金卫消防救援站副站长，初级专业技术职务，三级指挥员消防救援衔。丰晨敏先后参与处置各类灭火救援、社会救助2000余次，荣获嘉奖3次，被上海市消防救援总队评为“优秀基层干部”。2021年4月，被应急管理部批准为烈士。

2021年4月22日，上海市金山区林盛路171弄116号胜瑞电子科技（上海）有限公司发生火灾，丰晨敏随队作为首批救援力量到场处置，第一时间组织疏散员工并进行灭火作战。因厂房反映有员工被困，在现场指挥部先后派出2个搜救小组搜救未果的情况下，丰晨敏主动请缨，带领攻坚小组冒着高温、浓烟、有害气体，在结构复杂、通道狭窄的环境下深入内部搜救，在向现场指挥部反馈发现被困人员并组织施救过程中，因火情突变失联。后搜救发现丰晨敏不幸壮烈牺牲。

刘洪，男，汉族，四川威远人，1981年9月出生，2000年8月参加工作，中共党员，生前系森林消防局昆明航空救援支队副支队长，一级飞行员，三级指挥长消防救援衔。刘洪先后荣立二等功1次，三等功1次，多次被评为

“优秀基层干部”和“优秀共产党员”。2021 年 5 月 12 日，被应急管理部批准为烈士；9 月 30 日，被应急管理部追记一等功。

刘洪从事飞行 21 年来，先后参加大项任务 39 次，累计飞行 2689 小时 30 分，6292 架次。2021 年 4 月 27 日，驻防归建不到 3 小时，刘洪主动请战增援大理森林火灾扑救任务，直到 5 月 4 日归建。5 月 9 日，再次带领机组紧急驰援大理湾桥镇火场。5 月 10 日 10 时 20 分许，机组在云南洱海吊桶取水作业时遇险，危急时刻，刘洪全力维持直升机姿态，未能脱险，直升机最终坠入洱海，刘洪壮烈牺牲。

李凯涛，男，汉族，河北永年人，1988 年 4 月出生，2007 年 9 月参加工作，中共党员，生前系森林消防局昆明航空救援支队飞行大队一中队二级飞行员，专业技术一级指挥员消防救援衔。2021 年 5 月 12 日，被应急管理部批准为烈士；9 月 30 日，被应急管理部追记一等功。

李凯涛入队 10 年来，先后参与改装试飞、接机转场、靠前驻防、演习演训等大项任务 20 余次，遂行内蒙古根河、黑龙江大兴安岭、广西石龙镇、大理宾川等 10 余次森林火灾扑救任务，累计飞行 907 小时 59 分，2642 架次。2021 年 4 月 27 日，驻防归建不到 3 小时，李凯涛再次主动请战执行大理苍山森林火灾扑救任务。5 月 9 日，再次架机转场驰援大理湾桥镇火场。5 月 10 日 10 时 20 分许，李凯涛所在刘洪机组在洱海吊桶取水作业时遇险，虽经机组人员全力处置，未能脱险，直升机最终坠入洱海，李凯涛壮烈牺牲。

刘超，男，汉族，吉林敦化人，1985 年 5 月出生，2008 年 6 月参加工作，中共党员，生前系森林消防局昆明航空救援支队机务大队一中队中队长、空中机械师，初级专业技术职务、专业技术九级，专业技术三级指挥长消防救援衔。刘超荣立三等功 1 次。2021 年 5 月 12 日，被应急管理部批准为烈士；9 月 30 日，被应急管理部追记一等功。

工作 13 年来，刘超先后参加靠前驻防、重大演训和灭火作战任务 30 余次，个人累计飞行 810 小时 18 分，2712 架次。2021 年 4 月 27 日，丽江玉龙县石头乡发生森林火灾，刘超主动请缨，跟随机组连续奋战 7 天 8 夜。5 月 9 日，再次随机驰援大理湾桥镇火场。5 月 10 日 10 时 20 分许，刘超所在刘洪机组在洱海吊桶取水作业时遇险，虽经机组人员全力处置，未能脱险，直升机最终坠入洱海，刘超壮烈牺牲。

孙中杰，男，汉族，河北临漳人，1982 年 11 月出生，2006 年 8 月参加工作，中共党员，生前系森林消防局昆明航空救援支队机务大队一中队空中机械师，初级专业技术职务、专业技术九级，专业技术三级指挥长消防救援衔。孙中杰先后荣立三等功 2 次。2021 年 5

月12日，被应急管理部批准为烈士；9月30日，被应急管理部追记一等功。

工作以来，孙中杰信念坚定，矢志不渝践初心，精钻细研，深钻细研强本领，参加飞机改装试飞保障任务6次，排除大小故障50余起，先后10余次参加靠前驻防和跨区增援灭火任务，累计飞行164小时2分，477架次。2021年5月10日10时20分许，孙中杰所在刘洪机组在洱海吊桶取水作业时遇险，虽经机组人员全力处置，未能脱险，直升机最终坠入洱海，孙中杰壮烈牺牲。

汤彪，男，汉族，江西吉安人，1989年3月出生，2007年12月参加消防工作，中共党员，生前系江苏省昆山市鹿城路消防救援站政治指导员，三级指挥员消防救援衔。汤彪先后参加各类灭火救援战斗3000余次，营救被困群众120余人，荣立三等功2次，嘉奖6次，被评为“优秀士兵”5次。2021年6月，被应急管理部批准为烈士，被共青团江苏省委追授“江苏青年五四奖章”，被江苏省消防救援总队追授“全省消防救援队伍模范共产党员”、追记二等功，被苏州市人民政府授予“消防救援先锋”荣誉称号，被苏州市总工会追授“苏州市五一劳动奖章”。

2021年6月23日，汤彪在处置昆山市赵厍垃圾中转站垃圾渗滤液收集井群众被困警情时，不顾个人安危，用身体做支撑，将被困群众成功营救出井，自己却因吸入大量有毒气体，经抢救无效壮烈牺牲。

李若瑀，男，汉族，黑龙江齐齐哈尔人，1997年6月出生，2016年9月就读大学一年级期间参加消防工作，中共党员，生前系黑龙江省齐齐哈尔市甘南县奋斗街消防救援站学员。李若瑀2次被评为“优秀学员”。2021年8月，被应急管理部批准为烈士，被黑龙江省消防救援总队追记个人二等功，追认中共正式党员。

2021年8月1日，李若瑀在齐齐哈尔市甘南县执行排涝抢险救援任务中，3次深入救援一线疏散转移物资，开展排涝抢险作业。现场突发意外险情后，李若瑀不顾个人安危，第一时间呼喊战友撤退并举手示警，避免了更大危险，保护了战友安全，自己却不幸触电壮烈牺牲。

郭伟，男，汉族，贵州修文人，1994年11月出生，2012年12月参加消防工作，中共党员，生前系贵州省安顺市消防救援支队北二环路特勤站消防员，二级消防士消防救援衔。郭伟先后参加安顺“7·7”公交车坠湖救援、平坝“11·26”中石化西南成品油输油管道泄漏处置等各类灾害事故救援1000余次，参与抢救疏散遇险群众400余人，荣获“优秀士兵”3次、嘉奖2次。2021年9月，被应急管理部批准为烈士，被追授“贵州青年五四奖章”、第九届贵州省119消防先进个人。

2021年9月18日，郭伟在六枝特区牂牁江客船侧翻事故救援中，一直战斗在水下搜救最前线，先后 3 次潜水救援，因在搜寻落水群众过程中不幸遇险，壮烈牺牲。

陈建军，男，汉族，安徽淮南人，1997 年 7 月出生，2014 年 9 月参加消防工作，中共党员，生前系安徽省亳州市蒙城县齐山路消防救援站消防员，三级消防士消防救援衔。陈建军先后参加各类灭火救援战斗 1300 余次，疏散营救被困人员近百名，荣获先进个人 1 次、“优秀士兵” 2 次、嘉奖 2 次。2021 年 11 月，被应急管理部批准为烈士；12 月，被追记二等功，被追授“安徽青年五四奖章”“亳州青年五四奖章”“亳州市五一劳动奖章”“亳州好人”“淮南好人”。

2021 年 11 月 12 日，安徽省亳州市蒙城县商贸城篮球场老农行四楼楼顶一女子意欲轻生，陈建军主动请缨参加救援。其间，轻生女子情绪异常激动，对消防救援人员、公安民警的劝说不予回应，随后突然跳楼。陈建军不顾个人安危，迅速实施紧急救援，在营救过程中紧紧抓住女子并与其共同坠楼，不幸英勇负伤，经抢救无效壮烈牺牲。

张晓杰，男，汉族，福建漳州诏安人，1985 年 8 月出生，2003 年 12 月参加消防工作，中共党员，生前系福建省泉州市消防救援支队特勤大队二站站长助理，三级消防长消防救援衔。张晓杰先后参加灭火救援战斗 5300 余起，参与处置“5·12”四川抗震救灾、“4·6”漳州古雷爆炸起火事故、“3·7”泉州欣佳酒店坍塌事故和跨区域增援江西抗洪抢险救灾等重大灭火救援任务，荣立个人三等功 4 次，嘉奖 2 次，被评为“十佳士官”“优秀士兵”“优秀共产党员”“红旗车驾驶员”。2021 年 11 月，被应急管理部批准为烈士；12 月，被应急管理部消防救援局追记个人一等功。

2021 年 11 月 26 日晚，福建省泉州市晋江市陈埭镇鹏头村福建泉州市新协志鞋塑有限公司发生火灾。张晓杰在参与灭火救援时，考虑到现场险情复杂，把相对安全的供水岗位留给战友，主动要求加入攻坚小组。11 月 27 日 0 时 20 分许，火灾现场风力增大、风向突变，大量高温浓烟扑向一楼西侧，水枪阵地周边的塑料米堆垛在高温浓烟下瞬间轰燃，导致前突灭火的张晓杰被困，壮烈牺牲。

第二章 先 进 典 型

一、党中央、国务院表彰

2021 年 2 月 25 日，《中共中央 国务院关于表彰全国脱贫攻坚先进个人和先进集体的决定》，授予山西省大同市阳高县委常委、副县长（挂职）、应急管理部机关服务中心交通处正处级干部谢留强，湖北省麻城市龟山镇鲍家墩村驻村工作队队长兼第一书记、麻城市副市长（挂职）、湖北省应急管理厅应急救援中心高级工程师骆效斌“全国脱贫攻坚先进个人”称号，授予新疆维吾尔自治区应急管理厅驻和田市伊力其乡肖拉克村“访惠聚”工作队“全国脱贫攻坚先进集体”称号。

2021 年 6 月 28 日，《中共中央关于表彰全国优秀共产党员、全国优秀党务工作者和全国先进基层党组织的决定》，授予北京市天安门地区消防救援支队故宫特勤站政治指导员蔡瑞、浙江省杭州市消防救援支队特勤大队一站站长程本、河南省郑州市消防救援支队副支队长兼灭火救援指挥部部长李隆、广东省湛江市霞山区工农消防救援站站长助理张志添、云南省曲靖市消防救援支队紫云路特勤站班长董永山等 5 人“全国优秀共产党员”称号，追授安徽省合肥市庐江县消防救援大队原政治教导员陈陆“全国优秀共产党员”称号，授予内蒙古自治区森林消防总队大兴安岭支队莫尔道嘎大队七中队、天津经济技术开发区八大街消防救援站党支部等 9 个党支部“全国先进基层党组织”称号。

二、应急管理系统表彰奖励

2021 年 6 月 28 日，应急管理部举行专题党课报告会暨部直属机关“两优一先”表彰大会。表彰部直属机关 100 名优秀共产党员、40 名优秀党务工作者、60 个先进基层党组织、10 名优秀青年干部标兵、40 名优秀青年干部代表和 12 个 2020 年度优秀领导班子。

2021 年 7 月 21 日，《应急管理部关于追授陈建同志“全国应急管理系统二级英雄模范”称号的决定》(应急〔2021〕48 号)，追授湖南省浏阳市应急管理局原党委副书记、局长陈建同志“全国应急管理系统二级英雄模范”称号。

2021 年 7 月 25 日，《应急管理部关于给予魏存曦等 102 名同志和四川省消防救援总队等 11 个集体奖励的决定》(应急〔2021〕49 号)，对在“应急使命 · 2021”抗震救灾演习筹备实施过程中作出突出贡献的四川省雅安市消防救援支队和平路特勤站副站长魏存曦等 102 名同志和四川省消防救援总队等 11 个集体给予奖励。

2021 年 9 月 19 日，《应急管理部关于给予王谋生等 15 名同志奖励的决定》(应急〔2021〕65 号)，对在 2021 年上半年优秀案例查办过程中成绩突出的山西煤矿安全监察局太原监察分局党总支书记王谋生等 15 名同志给予奖励。

2021 年 9 月 30 日，《应急管理部关于给予钟浪锋等 15 名同志奖励的决定》（应急〔2021〕73 号），对在建党 100 周年庆祝活动应急救援安全保卫工作中作出突出贡献的救援协调和预案管理局指挥协调处处长钟浪锋等 15 名同志给予奖励。

2021 年 10 月 31 日，《应急管理部关于表彰全国应急管理系统二级英雄模范的决定》（应急〔2021〕85 号），授予广西壮族自治区南宁市应急管理局综合协调科科长杨懿等 30 名同志“全国应急管理系统二级英雄模范”称号。

2021 年 11 月 1 日，《人力资源社会保障部　应急管理部关于表彰全国应急管理系统一级英雄模范、先进集体和先进工作者、中国消防忠诚卫士的决定》（人社部发〔2021〕85 号），授予国家安全生产应急救援中心副主任兼总工程师肖文儒等 8 名同志“全国应急管理系统一级英雄模范”称号，授予北京市应急管理局应急指挥处等 99 个单位“全国应急管理系统先进集体”称号，授予北京市应急管理局火灾防治管理处处长、一级调研员靳玉光等 190 名同志“全国应急管理系统先进工作者”称号，授予北京市消防救援总队防火监督处（重点保卫处）处长高友国等 30 名同志“中国消防忠诚卫士”称号。

2021 年 11 月 30 日，《应急管理部关于给予苏洁等 16 名同志和办公厅等 6 个集体奖励的决定》（应急〔2021〕92 号），对在江苏安全生产专项整治督导工作中表现突出的安全生产综合协调司司长苏洁等 16 名同志、办公厅等 6 个集体给予奖励。

三、其他表彰奖励

2021 年 1 月 29 日，《中央和国家机关工委关于表彰中央和国家机关创建模范机关标兵单位和先进单位的决定》，授予应急管理部救援协调和预案管理局、中国地震局地质研究所“中央和国家机关创建模范机关先进单位”称号。

2021 年 2 月 17 日，安徽省合肥市庐江县消防救援大队政治教导员陈陆烈士入选“感动中国 2020 年度人物”。

2021 年 2 月 25 日，《全国妇联关于表彰 2020 年度全国三八红旗手标兵、全国三八红旗手、全国三八红旗集体的决定》（妇字〔2021〕8 号），授予广东省汕尾市消防救援支队防火监督科工程师王晓怀“全国三八红旗手”称号，授予广东省广州市消防救援支队指挥中心“全国三八红旗集体”称号。

2021 年 3 月 1 日，《全国妇联关于表彰全国城乡妇女岗位建功先进个人、先进集体的决定》（妇字〔2021〕9 号），授予北京市应急管理局应急管理宣传教育中心、江苏省扬州市消防救援支队新闻宣传科、云南省地震局直属机关党委办公室“全国巾帼文明岗”称号，授予广东省深圳市南山区应急管理局综合防灾减灾救灾科科长汪川霞、广东省中山市消防救援支队坦洲大队政治教导员王玉娇、新疆维吾尔自治区石河子市消防救援支队支队长尹彩虹、应急管理部办公厅信访处处长段纪伟“全国巾帼建功标兵”称号。

2021 年 4 月 25 日，《共青团中央关于表彰全国五四红旗团委（团支部）、全国优秀共青团员、全国优秀共青团干部的决定》（中青发〔2021〕4 号），授予内蒙古自治区兴安盟消防救援支队团委、江西省新余市消防救援支队团委“全国五四红旗团委（团工委）”称号，授予天津市消防救援总队经开区支队八大街消防救援站团支部、河北省邢台市信都区钢铁北路消防救援站团支部、应急管理部消防救援局山西省总队太原市支队特勤大队二站团支部等 17 个单位“全国五四红旗团支部（团总支）”称号，授予河北省张家口市崇礼区奥运村消防救援站消防员张纪东等 15 名同志“全国优秀共青团员”称号，授予广东省珠海市斗门区白蕉消防救援站团支部副书记林清峰等 3 名同志“全国优秀共青团干部”称号。

2021 年 4 月 27 日，《共青团中央、全国青联关于颁授第 25 届中国青年五四奖章的决定》，授予内蒙古自治区呼和浩特市消防救援支队玉泉区大队南二环路消防救援站党支部副书记、站长巴特尔（蒙古族）、吉林省长春市消防救援支队特勤大队代理副大队长刘亮第 25 届“中国青年五四奖章”，授予内蒙古自治区森林消防总队大兴安岭支队莫尔道嘎大队七中队第 25 届“中国青年五四奖章集体”称号。

2021 年 4 月 27 日，《中华全国总工会关于表彰 2021 年全国五一劳动奖和全国工人先锋号的决定》，授予湖南省长沙市望城区消防救援大队“全国五一劳动奖状”，授予天津经济技术开发区消防救援支队八大街消防救援站、上海市浦东新区消防救援支队世博大队周渡消防救援站“全国工人先锋号”称号。

2021 年 5 月 18 日，《应急管理部直属机关 21 个集体和个人获得上级群团组织荣誉称号的公告》发布，应急管理部应急指挥中心荣获“中央和国家机关五一劳动奖状”，应急管理部消防救援局人事处一级督导员姚广利同志、国家自然灾害防治研究院研究室主任雷建设同志荣获“中央和国家机关五一劳动奖章”；应急管理部防灾科技学院团委、华北科技学院团委、昆明训练总队教勤保障大队团支部、云南省森林消防总队保山市支队腾冲市中队团支部、吉林省森林消防总队特勤大队二中队团支部荣获 2019—2020 年度“中央和国家机关五四红旗团委（团支部）”称号，应急管理部消防救援局天津训练总队教勤保障大队教学保障分队教学示范二班副班长黄冬冬等 6 名同志荣获 2019—2020 年度“中央和国家机关优秀共青团员”称号，应急管理部消防救援局天津训练总队团委书记李洁鹏等 6 名同志荣获 2019—2020 年度“中央和国家机关优秀共青团干部”称号；应急管理部消防救援局应急通信保障大队荣获“中央和国家机关青年五四奖章集体”称号。

2021 年 6 月 28 日，《中央和国家机关工委关于表彰中央和国家机关优秀共产党员、优秀党务工作者和先进基层党组织的决定》，授予应急管理部防汛抗旱司彭敏瑞等 13 名共产党员“中央和国家机关优秀共产党员”称号，授予应急管理部教育训练司张林等 13 名党务工作者“中央和国家机关优秀党务工作者”称号，授予应急管理部办公厅党总支等 15 个基层党组织“中央和国家机关先进基层党组织”称号。

2021 年 8 月 18 日，共青团中央、最高人民法院、国家发展改革委、工业和信息化部、公安部、司法部、自然资源部、住房和城乡建设部、交通运输部、水利部、商务部、文化和旅游部、国家卫生健康委员会、应急管理部、国务院国资委、海关总署、国家税务总局、市场监管总局、广电总局、中国银保监会、全国工商联、全国供销合作总社、中国国家铁路集团有限公司《关于命名第 20 届全国青年文明号的决定》(中青联发〔2021〕6 号)，命名中国地震台网中心预警速报部快速数据处理组、北京市西城区消防救援支队府右街特勤站等应急管理系统 49 个集体(其中，与各行业系统联合开展部分应急管理系统 24 个集体获评，团组织独立开展部分应急管理系统 25 个集体获评）为“第 20 届全国青年文明号”。

2021 年 11 月 3 日，《中共中央宣传部关于授予肖文儒同志“时代楷模”称号的决定》，授予国家安全生产应急救援中心副主任兼总工程师肖文儒同志“时代楷模”称号。

2021 年 11 月 5 日，中央精神文明建设指导委员会《关于表彰第八届全国道德模范的决定》，追授安徽省合肥市消防救援支队庐江县大队党委书记、政治教导员陈陆“第八届全国道德模范”称号，授予内蒙古自治区呼和浩特市消防救援支队玉泉区大队南二环路消防救援站站长巴特尔（蒙古族）、青海省消防救援总队格尔木市消防救援支队盐桥南路特勤站站长助理巴才洛(藏族)、新疆维吾尔自治区消防救援总队阿克苏地区消防救援支队库车市长宁路消防救援站政治指导员李运飞“第八届全国道德模范提名奖”。

2021 年 11 月 28 日，森林消防局宋文涛家庭在全国妇联寻找“最美家庭”活动中入选“2021 年全国最美家庭”。

2021 年 12 月 23 日，共青团中央和国家机关工作委员会《关于命名 2019—2020 年度中央和国家机关青年文明号的决定》，授予应急管理部新闻宣传司新闻处、内蒙古自治区森林消防总队大兴安岭支队莫尔道嘎大队七中队“2019—2020 年度中央和国家机关青年文明号”称号。

2021 年 12 月 28 日，《中央宣传部　司法部　全国普法办关于表彰 2016—2020 年全国普法工作先进单位、先进个人和依法治理创建活动先进单位的决定》(司发通〔2021〕90 号)，授予湖北省应急管理厅法规处、新疆维吾尔自治区应急管理厅政策法规处、广东省深圳市南山区应急管理局、河南煤矿安全监察局豫西监察分局、广东省消防救援总队法制与社会消防工作处、上海市虹口区应急管理局、湖南省应急管理厅政策法规处、江西省赣州市消防救援支队等集体“全国普法工作先进单位”称号，授予北京市通州区应急管理局邹松泉、江苏省应急管理厅张晔、内蒙古煤矿安全监察局锡林郭勒监察站宫尚堃、云南省地震局汪青、江苏省消防救援总队吉祥、应急管理部政策法规司赵雯等同志“全国普法工作先进个人”称号，授予山西省煤矿安全监察局政策法规处、内蒙古自治区鄂尔多斯市东胜区应急管理局、黑龙江省双鸭山市岭东区应急管理局等集体“全国依法治理创建活动先进单位”称号。

第九篇

地方应急管理

第一章　北京市应急管理工作

2021年，北京市应急管理系统坚持以习近平新时代中国特色社会主义思想为指导，全面贯彻落实党的十九大和十九届历次全会精神，坚持人民至上、生命至上，统筹发展和安全，以建党100周年庆祝活动安全保障为主线，严防严控重大安全风险，稳扎稳打提高防灾减灾救灾能力，常抓不懈打造协同高效应急救援体系，圆满完成各项工作任务，为建党百年营造良好安全环境。

一、坚持爬坡过坎、攻坚克难，筑牢安全发展基础取得新突破

（一）下大力气细化责任层层压实

研究制定《北京市安全生产工作职责分工规定》，明确27个政府部门危险化学品安全监管（管理）职责。全面落实市区两级安全生产督察制度，组建督察组对23个市级部门开展安全生产督察，对13个区进行督察“回头看”，15个区对属地街（乡镇）和区级行业部门开展驻地督察。推动落实《消防安全责任制实施办法》，将消防工作纳入街道党工委和办事处以及乡镇职责。建立具有首都特色的事故控制目标评价体系，制定各类事故控制目标并“双下达”至各区、各部门，层层压实安全生产责任。

（二）下大力气攻坚克难消除隐患

以安全生产专项整治三年行动为抓手，抓牢抓实液化石油气、外力破坏管线、电动自行车领域消防安全、城乡接合部重点地区、危化、工业企业等重点领域专项治理，市区两级排查治理问题隐患2.7万余项。制发液化石油气安全管理“十二项措施”，核心区液化石油气非居民用户全部清零，自2021年6月以来未发生非居民家庭液化石油气事故。组织开展储能电站安全管理工作，梳理建立全市储能电站基础信息台账，完成暂停运行储能电站风险评估。

（三）下大力气防控安全风险

出台《关于加强极端天气风险防范应对工作的若干措施》，系统提出11类极端天气防范应对工程和管理措施。严格贯彻落实《关于推进城市安全发展的实施意见》，持续开展全市16个区城市安全发展评价工作，积极推进通州区国家监测预警平台试点示范建设。开展重要设施目标、重点区域综合风险评估与风险防控能力调查工作试点，历时3年全面完成10个重点行业领域、近19万家生产经营单位的安全风险评估。高标准完成建党100周年、全国两会等30余项重大活动安全保障任务，统筹推进冬奥会、冬残奥会安全保障工作。

（四）下大力气夯实消防安全基础

围绕建党百年庆祝活动和冬奥会测试赛等重大活动安保部署执勤力量，确保1200余次消防安保任务“零失误”。编制印发《北京市“十四五”时期消防事业发展建设规划》。全年共接处警50235起，抢救疏散被困群众4996人。联合12个部门实施消防车通道和消火栓治理，开展批发市场、农贸市场消防安全专项整治行

动。紧盯六类高风险场所开展“组团体检式”检查和标准化管理，针对 5 个薄弱环节开展专项治理，强化储能电站、密室逃脱类场所等新业态新领域风险防范，检查单位 205454 家，发现整改火灾隐患 287324 项。突出火灾防控重点，强化高层建筑、大型商业综合体、地下轨道和石油化工企业等四类重点场所安全管理，提升社会面火灾防控能力。加强多种形式消防力量建设，将 34 支企业专职消防队、174 支政府专职消防队、8538 支微型消防站统一纳入市、区和消防站指挥调度体系。全面推进消防站建设，建成 8 座消防站、93 座小型消防站和乡镇专职队，推动 30 个消防站训练设施升级改造。将“智慧消防”融入“智慧城市”“城市大脑”，推动6000 余家社会单位安装消防物联网。将各种应急救援力量纳入 119 指挥中心调度指挥，强化联勤、联训、联调、联战，全市消防队站从接警至到场展开时间平均缩短 3 分钟。

二、坚持寓防于治、以治设防，自然灾害防治工作取得新进展

（一）健全风险管理体系，精准掌握灾害隐患底数

扎实推进全国第一次自然灾害综合风险普查，完成国家级试点任务，“房山经验”在全国推广。全市第一次自然灾害综合风险普查有序推进，成立市、区、街（乡镇）三级普查机构，组建 8096 人的普查员队伍，落实经费近 6 亿元。延庆区提前完成全部普查任务，其他各区完成除房屋建筑调查外全部调查任务，将普查成果纳入韧性城市建设、风险评估、灾害形势分析等既有工作。扎实开展防汛隐患排查整改，年均摸排防汛隐患 3000 余项，采取工程和非工程措施年均整改治理 1000 余项。

（二）健全多灾种防御体系，有效阻断灾害传导链条

全面启动自然灾害防治七项重点工程，各相关部门和地区协调推动 68 个项目落地实施。建立预警信息发布平台，加强灾害预警信息共享，及时将差异化灾害预警信息分别推送给遭受不同灾害风险的群众。全面落实以行政首长负责制为核心的防汛抗旱、森林防火责任制。2021 年平稳度过超长汛期，有效应对 79 场降雨过程，森林火灾火情数量和过火面积同比下降。

（三）健全物资保障体系，扎实提升灾害应对能力

发布“十四五”时期应急物资储备规划，制定加强应急物资保障体系建设的若干意见、自然灾害生活救助指导标准等文件，以及防汛抗旱、森林防火、地震灾害等 6 个领域的应急物资配备目录、数量及标准。建立京津冀救灾物资协同保障应急响应机制，健全完善救灾工作制度标准，构建系统完备的物资管理保障制度体系。加强灾情报送管理，妥善做好受灾人员救助工作，保障受灾人员基本生活。向市森林消防总队、延庆、密云、怀柔前置森林防火、防汛抢险物资 1.8 万件（套）。

三、坚持精准施策、全力奋战，综合应急救援能力取得新提升

（一）努力形成高效统一的指挥体系

扎实落实《北京市应急指挥中心基础能力提升三年行动计划》，制发应急值守、突发事件应急指挥与处置、协助市领导赴突发事件现场指挥处置等文件，编制城市管理、交通、消防等 13 类突发事件应对工作手册，全面提高突发事件应对和

信息获取能力。加快建立与首都地位相适应的超大城市突发事件应急指挥与处置工作机制，高效处置通州台湖镇“7·7”危险化学品爆燃、丰台大红门“4·16”储能电站火灾等各类突发事件。以应急值守综合评价和每周政府系统视频例会为抓手，强化市、区、街（乡镇）三级应急值守贯通联动，实现区级视频会场1分钟联通应答、街（乡镇）视频会场3分钟联通应答，各单位电话、800兆联络畅通。

（二）努力构建科学完善的应急预案体系

印发实施《北京市突发事件总体应急预案（2021年修订）》和本市预案体系建设三年行动计划，基本形成以市总体预案为核心，区总体应急预案、专项应急预案、部门应急预案为依托，各类单位应急预案为基础的应急预案体系。和消防、城市管理、交通等单位结合自身需求特点，持续探索以信息技术为支撑，将应急预案相关工作流程、技术措施、资源保障等数据化，使应急预案“活”起来。以年度竞赛形式对全市88个重点应急演练项目开展竞赛评比，制定应急演练评估办法，规范应急演练管理水平。

（三）努力打造首都特色的应急救援力量体系

印发《北京市国家综合性消防救援队伍职业保障办法（试行）》，组建森林消防综合应急救援队，开展与中国消防救援学院的全面战略合作，发布实施11个领域专业应急救援队伍能力建设规范和3个森林消防队伍建设地方性标准，组织认定25支市级专业应急救援队伍，健全驻京部队、森防机动支队等力量的调用机制，具有首都特色的应急救援力量体系初步形成。

四、坚持创新驱动，强基固本，抓基层打基础工作取得新胜利

（一）聚力夯实法治工作基础

完成“十四五”时期应急管理事业发展规划及配套规划的编制、发布、宣贯工作。连续三年发布《应急管理事业发展统计公报》，全面总结展现应急管理工作成效。印发《关于深化应急管理综合行政执法改革实施方案》，明确“四位一体”应急管理综合行政执法体系建设目标，组建市区两级应急管理综合行政执法队伍，组织开展区综合执法大队规范化建设试点，并在全市推广。

（二）聚力夯实科技人才基础

印发《北京市“十四五”时期应急管理科技与信息化发展规划》，编制北京市“智慧应急”三年行动计划。积极推进应急指挥信息网和“北京市370兆应急指挥窄带无线通信网”建设，攻克800兆与370兆无线网终端之间分组语音智能转组的技术难题。强化重大危险源风险监测预警，对全市49家重大危险源企业、190处重大危险源点位和4座三等以上尾矿库持续开展24小时在线风险监测预警。

（三）聚力夯实多元治理工作基础

对群众诉求“闻风而动、接诉即办、主动治理、未诉先办”，2021年共接收群众诉求1820件，解决率94.31%，满意率97.80%。突出安全生产责任保险“事前预防、事后赔偿”的双重保障机制，2021年全市投保企业104583家次；长期投保率偏低的建筑施工、交通运输等高危行业取得突破性进展。健全安全生产领域信用奖惩机制，强化失信惩戒和守信激励。

（四）聚力夯实社会动员基础

制定加强应急志愿服务工作的指导意

见等系列文件，构建北京市应急志愿服务总队、区支队、街（乡镇）大队三级应急志愿者队伍体系，提升基层应急社会动员能力。持续打造以传统媒体和“北京应急”官方微信为龙头，微博、抖音、快手、今日头条等官方账号统筹策划推进的宣传矩阵，年均刊发新闻报道 5000 余篇，发布新媒体视频图文消息 3000 余条。安全社区与综合减灾示范社区创建深度融合焕发新活力，“应急先锋·北京榜样”等先进典型选树活动彰显品牌魅力，“公共安全开学第一课”产生巨大影响力，安全文化核心竞争力显著提升。

第二章　天津市应急管理工作

2021年，天津市应急管理系统坚持以习近平新时代中国特色社会主义思想为指导，坚持人民至上、生命至上，深入贯彻落实习近平总书记关于应急管理重要指示批示精神，紧紧围绕为庆祝建党百年创造良好安全稳定环境的总目标，全力统筹发展和安全两件大事，持续深化应急管理体制机制改革，扎实推进安全生产专项整治三年行动，着力推进自然灾害防治九项重点工程建设，全力做好防范化解安全风险各项工作，实现事故起数和死亡人数同比“双下降”，森林火灾零火情。

一、安全生产和消防安全

（一）安全生产责任进一步压实

推动落实《天津市党政领导干部安全生产责任制实施细则》，对全市16个区、56个市级政府部门和41个市级党群部门2020年度安全生产情况进行考核，严格落实安全生产责任。结合天津实际，对油气管线、通信、地下空间开发利用等职责易交叉、重叠的领域，反复研究、细化职责，印发执行《天津市安全生产委员会成员单位安全生产工作任务分工》。加大对新修改的《安全生产法》宣贯力度，推动各区、各部门、各单位坚守安全生产红线和底线。

（二）安全生产专项整治三年行动持续深化

不断深化源头治理、系统治理和综合治理，注重长效机制建设，全市制定实施安全生产规章规定、制度措施136项。以贯彻落实“两个专题”为引领，持续开展习近平总书记关于安全生产重要论述专题宣传教育培训。深化隐患排查治理，全年共排查治理隐患25万余项，挂牌治理重大隐患38项；累计实施行政处罚12037次；责令559家企业停产整改，吊销企业3家，关闭取缔8家，实施联合惩戒95家次；对6337家存在主体责任落实不到位等突出问题的企业开展警示约谈。各级党政领导干部开展督导检查5.09万余次，督导督办重点问题2.41万余项。

（三）有力确保重点时期安全稳定

组织开展迎百年华诞创平安天津安全生产综合整治行动，督促整改隐患61938项，有力保障了建党100周年之际全市安全生产形势稳定。在党的十九届六中全会期间和全国两会、清明、劳动、中秋、国庆等重点时期，对安全稳定工作进行持续部署，准确掌握应急动态信息，部署全市应急值守工作，竭尽全力守护人民群众生命财产安全。

（四）防范化解重大安全风险措施更加有力

细化安全风险分析及防范措施，确定11个方面安全风险26项任务，印发执行《天津地区安全风险分析及防范措施》，持续督导推动，确保落实见效。加强天津港安全风险管控，结合实际制定具体落实方案，加大安全监管力度，建立健全组织协调、指导推动、督导检查等常态化工作机制，扎实有序推进各项工作。组织开展近5年来重特大生产安全事故整改措施落实情况“回头看”工作，明确28项整改落实措施。组织开展危险化学品安全隐患大起底大排查、化学品储罐区专项排查整治、大型油气储存基地安全风险评估等专项行动，聚焦关键环节，坚决防范和遏制危险化学品重特大事故。开展市政基础设施工程地下管线保护专项整治行动、燃气安全大排查大整治行动，推动监管责任落实到位、安全隐患整改到位。

（五）消防安全工作持续优化

出台《天津市消防条例》《天津市社会消防事业发展“十四五”规划》。与11部门联合制定《消防信用管理办法》，33家失信企业受到惩戒。启动百日安全攻坚战，开展专项治理，累计曝光隐患单位1.5万余家，督改隐患4.4万项，整改销案重大火灾隐患单位22家。深化“1个中心5个支点”战区协作机制建设，与多部门实现预警信息共享。全年接处警5.44万起，抢救疏散群众2800余人，保护财产价值9.4亿元。安排近9000万元专项资金，做好16件基层“急难愁盼”实事。建成物资储备库24座，储备物资63万件（套）。

二、防灾减灾救灾

（一）自然灾害防治九大工程扎实推进

天津市九大工程实行项目化运作，形成九大工程、41项重点项目和132个子项目的任务清单，累计安排资金553.29亿元。编制“1+3+11”普查方案，建立1项总体方案抓全面、3项实施方案做指引、11项实施细则定流程的普查制度体系，完成自然灾害综合风险普查试点任务，并全面启动全市调查任务。修复海岸线7.93公里，通过实施土地流转、生态移民、生态补水和湿地修复等措施增加重点生态功能区内湿地面积。完成1.2万户农村危房改造、0.62万户农房抗震改造和6.3万户城市棚户区改造。实施州河、北京排水河、洵河、还乡新河、蓟运河治理工程，推动蓟州区4项地质灾害综合治理，初步建成自然灾害综合监测预警系统，建成285个台（点）组成的立体化地震监测平台，推动20处示范性应急避难场所建设并投入运行。

（二）极端强降雨应对能力明显提升

全市储备防汛物资到达3.2亿元。组织各区、各行业、各单位派出检查组，实地检查工程基础设施、人员密集场所等点位21728处，发现整改问题1310项，提前转移地质灾害和防汛危险区域群众4806人次，组织编制印发29项极端强降雨应急机制。依托应急指挥救援平台，整合气象、水务、交管、消防等防汛一线部门实时监测、视频监控、抢险救援信息，实现同一平台指挥、信息互联互通、联合值班值守、力量集中调配、协调应急处置的防汛指挥救援体系。

（三）森林火情保持长期平稳

修订《天津市森林火灾应急预案》，进一步健全森林火灾应对机制。加强森林火险排查整治，推进林区输配电设施火灾隐患专项排查治理行动，开展野外火源专项治理和打击森林违规用火行为专项治理，严格控制野外火源。

三、应急救援

（一）应急管理救援体系进一步完善

调整天津市突发事件应急委员会组成人员。构建完善京津冀应急常态工作联动机制，推动三地跨区域应急救援领域深化合作。制定印发《天津市航空保障应急联动工作机制》，有效防范化解航空飞行安全风险。推动印发《天津市突发事件总体应急预案》和《天津市危险化学品事故应急预案》等22个市级专项应急预案，推动全市16个区完成区级总体应急预案修订，市应急预案管理系统录入各级各类应急预案1636个。

（二）应急救援能力有效提升

组织开展“砺剑-2021”危险化学品特别重大爆炸事故综合应急演练、京津冀三地2021年度森林火灾应急演练。组织市级专业、专兼职和社会应急救援力量进行4次人员编成调整，应急救援队伍力量不断壮大。积极稳妥应对7次地震事件，参与处置情况复杂、危害性大的危险化学品事故24起，有效保障了人民群众生命财产安全，避免了次生和衍生事故发生。

四、基础保障和能力建设

（一）应急管理保障能力不断夯实

组织编制印发《天津市应急管理“十四五”规划》，细化156项任务工程。制定落实市应急管理局2021年法治政府建设重点任务，颁布《天津市生产经营单位安全生产主体责任规定》，强力推动企业安全生产主体责任落实。组织编制2021年安全生产执法计划，持续加大执法检查力度，严格落实“隐患就是事故，事故就要处理”要求，严厉打击非法违法行为。

（二）信息化建设取得新成效

加快应用应急管理信息化（一期）建设成果，完成9万余家企业基础信息采集，形成统一的企业安全监管数据中心。接入消防、公安、海事、林业、水务等共计13万路监控视频，推动“两客一危”道路运输、地下管网、安全生产等实现跨地区、跨部门的数据接入和共享。加快推进危险化学品安全生产风险监测预警系统和城市安全风险评估信息系统建设，优化完善危险化学品企业安全动态监管、风险分级管控、风险监测预警、数据监测和视频监控等功能，实现危险化学品企业一、二、三、四级重大危险源监测数据、视频监控等数据实时上传，顺利完成全国“智慧应急”试点工作任务。

（三）应急管理宣传教育持续加强

举办“市管干部安全生产、应急管理及防灾减灾专题研讨班”“市管干部推进应急管理体系和能力现代化专题研讨班”“红心唱响新时代　安全生产伴我行”庆祝建党100周年主题宣传活动。围绕“落实安全责任，推动安全发展”“防范化解灾害风险，筑牢安全发展基础”主题，扎扎实实开展好全国防灾减灾日、“安全生产月”系列活动，全市各级各部门开展宣传咨询活动1644场，超131万人次参与，营造了安全发展社会氛围。大力加强安全应急知识普及，建设“天津市应急科普资源库”“天津应急科普专题馆”，开发“天津应急科普小程序”，拓展宣传渠道，丰富宣传内容，提升公众安全意识和应急避险、自救互救能力。

第三章　河北省应急管理工作

2021 年，河北省应急管理系统坚持以习近平新时代中国特色社会主义思想为指导，认真贯彻习近平总书记关于应急管理重要论述和指示批示精神，全力防范化解重大安全风险，加快推进应急管理体系和能力现代化，各项工作取得积极进展，实现“十四五”良好开局，全省安全生产形势持续稳定好转，防灾减灾救灾能力得到明显提升。

一、安全生产和消防安全

（一）严格落实安全生产责任

省委、省政府多次召开省委常委会会议、省政府常务会议，推动解决重点难点问题；省委、省政府主要领导和分管领导深入基层调研检查安全生产工作。坚持“党政同责、一岗双责、齐抓共管、失职追责”，将安全生产纳入党政领导班子和领导干部综合考核评价指标体系，列入省委重点工作大督查内容。省政府与各地各部门签订安全生产目标管理责任书、消防安全责任书，组织开展安全考核巡查。修订《河北省安全生产委员会工作规则》《河北省消防安全委员会成员单位工作职责》，制定《河北省重点行业领域安全生产监管责任清单》。采取宣传教育、案例警示、激励约束等多种手段，推动企业严格落实全员安全生产责任制、企业主要负责人落实安全生产第一责任人责任。

（二）扎实开展风险隐患排查治理

深入开展安全生产专项整治三年行动攻坚，严密组织“防风险、除隐患、保安全”安全生产大排查大整治行动。组织 3 轮重大危险源全覆盖检查，对全省涉及化学品储罐的 1779 家企业、13 家大型油气储存基地进行深入排查、深度评估，推动 898 家化工生产企业实施“一企一策”改造。严格安全准入条件，全面停止 30 万吨/年以下煤矿建设项目设计审查；积极推广现代化技术，认真开展动态达标检查考核，全省正常生产煤矿标准化等级全部达到三级以上。压实联系包保、驻矿盯守、执法检查、安全巡查责任，检查露天矿山、地下矿山、尾矿库 5415 座次，关闭退出不符合安全生产条件的非煤矿山 210 座。全面排查整治钢铁、涉爆粉尘、深井铝铸造、有限空间等方面安全隐患，强化检维修作业、外委施工作业、停开工作业安全监管。建立机械防护和能源隔离生产线 469 条。

（三）持续加大督导执法检查力度

省市两级派出 129 个安全生产督导组，省驻市、市驻县开展常态化督导检查。全省共成立安全生产执法检查组 11.5 万个，检查单位 70.9 万家，排查整改问题隐患 152 万项，责令停产整顿 2530 家，暂扣吊销证照 467 个，关闭取缔 653 家。

（四）扎实推进消防安全工作

编制《河北省消防事业发展“十四五”规划》，集中开展“庆党建、保平安”双百日消防安全攻坚，深化安全隐患“大排查、大整治、大督察”行动。全省 112 家 5 万平方米以上的商业综合体完成消防达标建设任务；2180 栋高层公共建筑、8100 个高层住宅小区完成微型消防站达标建设；针对石化企业开展 2 轮督导检查；针对全省 330 个易地扶贫搬迁安置点（区）开展全覆盖检查；深化电动自行车违规充电专项整治，清理违规充电场所 7567 处。全面启动冬奥会和冬残奥会安保工作，实体化运行“一总一办六分指”调度指挥体系，创新“包馆到市、责任到市、一包到底、一体运作”场馆安保模式。2021 年，全省消防救援队伍接警出动 70717 起，抢救、疏散群众 11997 人，抢救和保护财产价值 15.87 亿元。

二、防灾减灾救灾

（一）综合减灾

坚持试点先行、整体推进，认真组织开展第一次全国自然灾害综合风险普查工作，普查总体进度达到 91%。细化自然灾害防治九项重点工程 25 项具体任务，加强组织调度，全年累计投入资金 205.67 亿元。会同多部门每月开展自然灾害综合风险研判并形成报告，重要紧急情况及时会商研判。

（二）森林草原防灭火

省委办公厅、省政府办公厅印发《关于全面推行林长制的若干措施》，明确将森林草原防灭火工作作为各级林长的主要职责。深入开展督导检查，全省共成立督查组 2826 个，排查整改问题 5621 个。坚持把张家口冬奥赛区、塞罕坝林场、雄安新区千年秀林作为重点，持续加大督导检查频次。认真开展野外火源专项治理，查处违规用火 2925 起、处理违法人员 3099 人。加强大数据信息化运用，科学布置 6702 个防火视频监控点位，覆盖全省重点森林草原防火区域。综合利用林火卫星、飞机巡护、高山瞭望、地面巡逻手段，确保火情早发现、早报告、早处置。全省未发生重大级以上森林火灾，未发生草原火灾和人员伤亡，春节、全国两会、“五一”“七一”“十一” 等重要时间节点实现“零火灾”。

（三）防汛抗旱

严格落实以行政首长负责制为核心的各项责任制，在全省范围开展多轮次督导检查，排查整治风险隐患 3752 项。坚持把环首都地区、雄安新区、北京冬奥赛区等作为重中之重，前置物资力量，加强工程措施，协同做好防御，确保万无一失。加大资金投入，全省专储防汛抗旱物资 90 个品种，价值 4.5 亿元。有效应对 16 次强降雨和严重秋汛，汛期提前转移群众 30.61 万人次，全省水库、重要堤防、重要基础设施安全度汛，蓄滞洪区分洪滞洪无一伤亡。

（四）地震地质灾害应急救援

制定印发《地震重点监视防御区（2021—2030 年）防震减灾工作实施方案》。围绕解决重特大地震灾害救援“断、慢、乱”问题制定针对性措施。完成抗震改造学校 3193 所、农村住房 2.4 万套、公立医院 27 个、水库大坝 642 座、危险化学品厂库 732 个。成功处置地震事件 39 次、地质灾害事件 35 起，未造成人员伤亡。

（五）灾害救助

大力加强灾情信息员队伍建设，下拨救助资金 19492 万元、救灾物资 5.85 万余件，救助受灾群众 63.08 万人次。农房保险已覆盖 1179 万户，提供风险保障金额 5305 亿元。储备救灾物资 50 类，价值 1.99 亿元。

三、应急救援

（一）优化指挥协调机制

对省安委会、省减灾委员会、省抗震救灾指挥部、省防汛抗旱指挥部、省森林草原防灭火指挥部等议事协调机构组织架构、职责职能、运行机制进行优化完善。与北京、天津市签订应急救援协作框架协议、救灾物资协同保障协议。

（二）健全完善预案体系

形成“1+33+40”应急预案体系（1个省级总体应急预案、33 个专项预案、40 个部门预案）；编制冬奥会张家口赛区森林草原火灾、地震、煤矿、非煤矿山、危险化学品、工商贸、灾害救助和应急救援 8 个应急预案。强化应急演练，全省共开展各类应急演练 4.17 万余场，参演人数 259.61 万余人次。

（三）加强应急救援力量建设

规范各类专业救援队伍建设，与 16 家大型中央企业应急救援队伍签订服务合作协议。全省综合性消防救援、森林草原消防、安全生产应急救援、地震救援、水利防汛抢险、社会应急力量、驻冀中央企业和应急管理部派驻队伍，形成了“统一指挥、分级响应、专兼结合、协同高效”的应急救援力量体系。

四、基础保障和能力建设

（一）加强法治建设

出台《河北省应急管理系统安全生产分类分级执法暂行办法》，调整行政执法事项清单、罚没事项清单。组织申报 6 项地方标准并获得立项，全省发布实施应急管理领域地方标准达到 83 项。

（二）加强信息化建设

建成信息化综合应用平台。开发完成应急管理“一张图”，汇聚全省重大危险源备案企业 1044 家、危险源点 3027 处、地质灾害点 4002 处。建成风险监测预警系统，接入全省 401 家危险化学品企业、266 座尾矿库、47 家煤矿企业、48 家冶金企业、8 家烟花爆竹企业在线监测数据。

（三）加强宣传教育培训

组织开展全国防灾减灾日、“安全生产月”活动，安全培训“走过场”专项整治行动，安全宣传“五进”活动，共进企业 9.5 万家、农村 1.1 万个、社区 2400 个、学校 5700 所、家庭 5.5 万户。开展“开工安全第一课”“开学安全第一课”系列网络专题讲座，讲座点击量累计突破 5000 万人次。

第四章　山西省应急管理工作

2021年，山西省应急管理系统坚持以习近平新时代中国特色社会主义思想为指引，全面贯彻落实党的十九大和十九届历次全会精神，坚持人民至上、生命至上，积极防范化解重大安全风险，扎实推进防灾减灾救灾工作，及时应对处置各类灾害事故，各项工作取得了积极进展。

一、安全生产和消防安全

（一）强化组织领导，责任落实更加到位

印发1号文件部署全省安全生产工作，制定领导干部安全生产责任清单和年度重点任务清单。出台“三管三必须”① 实施细则，印发《关于进一步明确省有关部门和部分行业领域安全监管职责的通知》。实施重点行业领域安全生产分类分级监管，制定安全监管检查“一张表”，落实65453家生产经营单位的安全监管责任部门和责任人员，全省608座水库、18161座淤地坝、377座尾矿库全部落实了责任人。印发《山西省生产经营单位主要负责人安全生产责任制规定》《山西省落实企业安全生产主体责任攻坚年行动方案》，全省45709家企业签订了承诺书，3727家重点行业领域企业建立了安全生产管理和技术团队，17315家建立了双重预防机制。

（二）强化排查整治，安全防范更加到位

组织开展为期1个月的大排查大整治，为建党百年庆祝活动营造安全稳定环境。中秋、国庆期间，开展督导检查，确保重要时段安全平稳。印发安全生产专项整治三年行动集中攻坚年工作方案，部署开展大督查大盘点大起底行动，细化任务清单293条515项。组织开展露天煤矿、水害防治、瓦斯防治、顶板灾害防治、外包工程和资源整合煤矿、井下防溃水溃砂等专项治理，以及煤矿安全生产大检查。组织开展“小化工”分类整治和精细化工“四个清零”行动，对全省42家成品油库和37家带储罐的经营企业进行安全风险深度评估。组织开展矿山外包工程专项整治、地下矿山大排查、采空区治理、黄河流域尾矿库安全治理以及非煤矿山图纸梳理整治等行动。组织开展粉尘涉爆企业大排查大整治和钢铁、粉尘涉爆、铝加工企业、有限空间作业专项执法行动。开展安全生产执业行为专项整治，对2811个评价报告进行核查。

（三）强化消防安全工作

出台《山西省消防事业发展“十四五”规划》《山西省专职消防队伍建设管理办法》《山西省火灾事故应急预案》。以消防安全专项整治三年行动为牵引，集中攻坚重点任务，紧盯人员密集场所、高危领域和新业态突出风险，开展彩钢板建筑、革命文物、商住混合体等10余项专项治理。承办全国大型商业综合体消防安

① “三管三必须”：管行业必须管安全、管业务必须管安全、管生产经营必须管安全。

全管理示范创建现场会，召开消防监督执法规范化建设现场会。建立三级灭火救援专家组，围绕“高低大化”、地震、洪涝、森林火灾等典型灾害，举办 7 个实体化培训班、7 次跨区域大型综合实战演练。夯实作战能力基础。与京东等 8 家单位开展战略合作，构建多元一体的保障格局。

二、防灾减灾救灾

（一）全力做好防汛抢险工作

省防汛救灾指挥部加强会商调度，2 次启动Ⅲ级响应，5 次启动省级防汛Ⅳ级响应，有效应对汾河流域 50 多年来最大洪灾。出动救援力量，动员群众 14000 余人参加抢险救援。

（二）加强森林草原火灾防范

健全完善森林草原防火政策措施，出台防灭火工作导则，组建省级防火专家库，建立“一函两令”（火险预警提醒函，热点核查督办令、早期处置督办令）督办机制。对农事用火、祭祀用火、野外吸烟等易引发火灾的主要顽疾进行集中治理。开展林区输配电设施火灾隐患专项排查治理。

（三）加强地震地质灾害防范

协调省自然资源厅、太原铁路局，深入发生地质灾害的临汾、晋城指挥应对，派工作组指导蒲县山体滑坡地质灾害救援工作。印发《山西省应急避难场所建设方案》，推进了 6 个县（区）应急避难场所示范点建设。

（四）推进灾害救助与恢复重建

向重灾地区下拨救灾资金 15.849 亿元，调拨帐篷 5230 顶、折叠床 7900 张、棉衣裤 3.21 万套，全年共转移安置受灾群众 27 万人次，设置集中安置点 845 个，集中安置 6.9 万人次。

印发《山西省洪涝灾害灾后恢复重建工作方案》《关于灾后恢复重建重点任务分工方案》，组建灾后恢复重建工作专班。修缮重建房屋 57974 户，公路电力、通信、学校、医院等基础设施已基本恢复。

三、应急救援

坚持人民至上、生命至上，在大红才铁矿透水事故、孝义煤炭资源盗采案件和遭遇重大洪涝灾害后，及时启动应急响应，有效应对处置事故灾难。签订《黄河流域九省区应急救援协同联动协议》，建立跨区域救援协同联动机制。印发 43 部省级专项应急预案。组织相关专家深入铁路沿线崩塌、滑坡点进行应急指导，快速处置铁路地质灾害，实现保通目标。紧急抽调太原等 7 个市及焦煤等 4 个省属企业共 11 支救援队伍，赶赴河南郑州参与抢险救灾工作。

四、基础保障和能力建设

（一）依法治理

印发《山西省“十四五”应急管理体系和本质安全能力建设规划》，对未来 5~10 年的全省应急管理、安全生产和防灾减灾救灾工作进行规划布局。印发《山西省深化应急管理综合行政执法改革实施方案》《关于加强全省安全生产监管执法队伍建设的意见》，对安全监管执法人员配备、执法专业能力提升等作出安排。

（二）信息化智能化建设

省级应急通信网初步建成。全省主动进行智能化煤矿建设，智能化采掘工作面项目启动率 94.7%。建成全省危险化学品、尾矿库安全生产风险监测预警系统，实现对 202 家四级以上重大危险源危险化学品企业、71座三等以上尾矿库、638座生产煤矿主要参数的实时监测和视频监控。

（三）加强宣传教育培训工作

推进从业人员安全技能提升，与华北科技学院签订战略合作协议，搭建学历提升“部校企”合作平台。协调推动各级党校主体班次开设安全和应急管理课程，组织开展“安全生产月”“三晋安全行”、安全知识竞赛、安全宣传“五进”等活动。

（四）加强灾害防治基础工作

省政府召开九大重点工程暨省第一次自然灾害综合风险普查领导小组专题会议，完成大同等5个市自然灾害综合风险普查试点工作。为全省60个已创建命名的综合减灾示范社区建设了应急物资储备点。为6支森林消防专业队伍分别配备了“火场应急通信保障系统”。

第五章　内蒙古自治区应急管理工作

2021 年，内蒙古自治区应急管理系统坚持以习近平新时代中国特色社会主义思想为指导，深入贯彻习近平总书记关于应急管理重要论述和重要指示批示精神，全力防范化解安全风险，有效应对处置事故灾害，积极推进应急管理体系和能力现代化，各项工作取得新进展新成效。

一、安全生产和消防安全

（一）自治区党委和政府高度重视

推动各级党委（党组）集中学习观看《生命重于泰山——学习习近平总书记关于安全生产重要论述》电视专题片，多次召开党委常委会会议、政府常务会议、政府专题会议听取工作情况汇报、研究部署重点工作、协调解决重大问题。党政主要领导、分管领导多次作出指示批示，深入一线、靠前指挥、严格督导安全防范和抢险救援工作。

（二）压紧压实安全生产责任

出台《内蒙古自治区有关部门安全生产工作职责分工》，明确细化重点部门（单位）及新兴行业领域安全监管职责。对事故多发行业领域和地区以及典型事故及时通报，下达警示函，进行约谈告诫，派组“开小灶”专项督导。对 12 个盟市、16 个重点部门（单位）组织开展安全生产和消防工作考核，提高事故防控考核分值，严格优秀评定比例，拉开考核档次，发挥考核“指挥棒”“风向标”作用。紧盯企业法人和管理团队，采取示范执法、异地执法、明查暗访、公开曝光等方式，严格查处违法违规生产经营建设行为，加强典型事故提级调查和挂牌督办。

（三）扎实推进专项整治三年行动

采取“督导检查+新闻曝光”方式对各地区进行 3 轮督查，组织重点部门（单位）“一对一、面对面”盘点梳理任务清单完成情况。实施高危行业领域安全生产“问题大起底、隐患大整治”集中行动，开展规模以下企业、高处坠落和有限空间突出问题专项治理。行动开展以来，全区累计成立各类检查组 3. 35 万个，检查企业 20. 7 万家次，治理一般隐患 51 万项、重大隐患 267 项，行政处罚企业 3. 16 万家次，责令停产整顿 1097 家，关闭取缔 149 家。

（四）加强重点领域安全监管

持续深化危险化学品“评估+执法+服务”行动，对 392 家生产企业、13 家大型油气储存企业、48 家中小油气储存企业、124 家未构成重大危险源的化学品储罐区进行安全风险评估，“一企一策”治理帮扶提升；对 1099 个重大危险源实施 2 轮消地专项检查并全部落实包保责任人。非煤矿山专项检查、大排查、明查暗访 5915 矿次，停产整顿 86 家；对 44 家单班入井超 30 人、3 家井深超 800 米地下矿山和 14 座尾矿库“头顶库”实施专家会诊。建立冶金工贸行业重大隐患管理台账，持续推进钢铁、铝加工（深井铸造）专项执法，开展铁合金行业“开小灶”专项行动。严格整治安全评价机构执业行为，依法注销资质 5 家。

（五）扎实推进消防安全工作

联合出台《关于加强和改进住宅物业管理工作的意见》，综合监管合力进一步加强。深入推进消防安全专项整治三年行动，分类制定部门责任清单及消防救援机构36项重点任务清单，攻坚解决“农村牧区、煤化工、大兴安岭林区城镇”三类瓶颈性隐患。开展打通消防“生命通道”、大型商业综合体达标创建、高层建筑专项治理、石油企业（煤化工）专项治理、农村牧区消防综合治理等10项重点工作任务。攻坚解决农村牧区、煤化工、大兴安岭林区城镇三类瓶颈性隐患；完成老旧小区消防安全改造2192个，危险化学品企业老旧消防设施改造195家。全年共检查单位5.21万家，督促整改问题隐患3.16万项。全年营救疏散被困群众6686人，抢救和保护财产价值20.8亿元。

二、防灾减灾救灾

（一）扎实做好防汛抗旱工作

明确各级防汛行政责任人，加强备汛检查、会商研判。梳理易发山洪灾害的山洪沟清单，督促各地点对点防守。及时启动防汛Ⅱ级应急响应，成功应对嫩江流域强降雨，垮坝险情未造成人员伤亡。牵头成立黄河防凌前线指挥部，加强指挥调度和军地协作联动，实现封开河凌汛平稳。

（二）全面加强森林草原防灭火工作

紧盯清明、春防等重点时段，压实旗县、苏木乡镇和行业主管部门“防”的责任，层层签订责任状，划片包区、责任到人，织密责任网络。组织开展野外火源治理、打击违规用火行为和林牧区输配电设施火灾隐患专项治理三大专项行动，实施防火戒严和“三清”，派出1366个督导检查组，督促整改火灾隐患2000项，查处防火案件810起。全年全区共发生森林草原火灾25起，火灾起数、受害森林面积、受害草原面积同比分别下降72.5%、92.35%和64.52%。

（三）有力应对通辽特大暴雪灾害

为应对通辽市遭遇当地有气象记录以来最强的暴风雪天气，自治区及通辽市各级党委和政府、各有关部门提前完善应急预案和冰冻雨雪等极端天气应对方案，及时发布预警信息，启动自治区自然灾害救助Ⅳ级响应，派出工作组深入灾区开展查灾核灾，调拨物资设备并组织赤峰市、兴安盟等周边地区紧急驰援，指导群众开展生产自救和灾后重建，全力保通行、保运转、保民生，最大限度减轻灾害损失。

（四）加强应急物资储备建设

全区共有物资储备库111个，基本形成自治区、盟市、旗县三级救灾物资储备体系。组建五级灾害信息员队伍2.37万名，累计上报各类灾害灾情信息8626条。下拨中央和自治区冬春救助资金2.034亿元、防汛抗旱救助资金1.3亿元，投入2963万元购置防汛抗旱物资设备，调拨5.87万件（套）救灾物资支持各地救灾救助和疫情防控。

（五）有序推进自然灾害综合风险普查

健全完善自治区、盟市、旗县三级普查工作领导机构，安排2.5亿元年度普查专项资金。在高效完成国家3个普查试点旗调查任务的基础上，选取自然灾害种类多、发生频率高的26个旗县作为全区重点推进地区，重点调度、重点督办，以点带面，全面推进。

三、应急救援

（一）深化应急协同联动

加强与多部门合作，构建信息共享、情况互通、联勤联动机制。指导有关盟市与省区毗邻地市建立区域协同联动机制。制定自然灾害事件和生产安全事故信息报告工作制度，建立“1+1+2+4+N”值班模式（主要领导总带班、1 名厅领导在岗带班、2 名处级干部值班、4 名工作人员值班、相关处室同志备勤）。春防关键期和主汛期，与多部门实行 24 小时联合应急值守，快速高效应对处置突发状况。

（二）健全应急预案体系

修订出台自治区突发事件总体应急预案和 4 部自然灾害类、安全生产类专项应急及部门应急预案，推动形成覆盖四大类突发事件的应急预案体系。组织指导开展各类事故灾害应急预案演练 256 场。

（三）加强应急救援力量建设

自治区级专业应急救援队伍、区域性应急救援基地和航空应急救援体系“站队点”建设完成整体规划布局并积极推进。新建 1 支森林草原防灭火区域性应急救援队和 2 支航空应急救援特勤队。配发各类应急救援车辆 113 辆、装备 2140 台（套），应对处置各类灾害事故的专业能力明显提升。

四、基础保障和能力建设

（一）加强法治体系建设

印发《内蒙古自治区“十四五”应急体系建设规划》，实现安全生产、综合防灾减灾、应急体系建设“三规合一”。制定安全生产行政执法与刑事司法衔接工作制度、安全监管行政处罚案件办理工作指引、分类分级监管执法指导意见。建立“以案释法”制度，依法开展复议诉讼。修订完善厅权力清单、责任清单、公共服务事项清单，所有行政许可事项全程网办，办理时限平均压缩 29.7%。

（二）加快提升信息化水平

启动实施自治区应急管理综合应用平台和应急通信保障项目建设。“工业互联网+危化安全生产”3 家试点企业创建工作有序推进。实现对 297 家危险化学品重大危险源企业和 35 家尾矿库的实时监测预警和线上巡查。

（三）强化宣传教育培训

精心组织全国防灾减灾日、“安全生产月”等主题宣教活动，持续深化应急管理科普宣教“五进”，组建应急管理融媒体中心，常态化曝光典型案例，开展安全生产“大讲堂”“大家谈”“公开课”“微课堂”基层宣讲 9627 场。推进 14 个安全技能实训和实操考试示范基地、12 个安全教育培训示范院校和 15 家安全产教融合企业建设，累计培训“三项岗位人员”13.65 万人次。

第六章　辽宁省应急管理工作

2021年，辽宁省应急管理系统认真贯彻落实习近平总书记关于应急管理重要论述精神，以防范化解重大安全风险为主线，以深入开展安全生产专项整治三年行动集中攻坚和持续增强自然灾害防治能力为抓手，着力“防风险、除隐患、遏事故、保平安”，全省安全生产形势保持总体稳定。

一、安全生产和消防安全

（一）全力推动安全生产责任落实

印发《省政府领导班子成员2021年度安全生产重点工作责任清单》，督促各地明确政府领导班子成员年度工作任务。印发《省安委会成员单位及省直有关部门安全生产工作任务分工》《重大事故隐患及问题倒查追责办法》，完善督促责任落实的相关工作机制。

（二）扎实推进安全生产专项整治三年行动集中攻坚

印发《2021年全省安全生产专项整治三年行动推进工作重点任务》，并督促省直相关部门跟踪督办重大隐患整改进展情况，会同各专题专项牵头部门印发2021年重点任务清单或分解表。全省各级各部门共成立检查组1.9万个，督导检查7.4万次，检查单位18.6万家，排查整改隐患58.1万项，排查整改重大隐患552项。对安全生产违法违规行为实施行政处罚1.5万次，依法责令停产整顿1398家，约谈警示10083家次。

（三）全面强化安全风险研判和督导检查

组织综合督查组深入各地开展安全生产综合督导，确保重点时段全省安全生产形势稳定。组织召开重大安全风险专题研判会，指导各地各部门科学防范重大风险。

（四）突出抓好重点行业领域安全监管

组织开展经营储存企业安全专项整治，排查各类危险化学品企业19051家，排查治理隐患8397项，停产停业16家，取缔关闭9家。全面开展“小化工”专项整治，按照“一企一策”进行分类处置，关闭取缔“小化工”企业67家，查处各类非法企业63家，停产停业280家。组织开展非煤地下矿山和尾矿库安全生产大排查，检查地下矿山和尾矿库2240座次，责令停产整顿32家，提请关闭5家。开展地下矿山外包工程安全生产专项整治，依法依规查处金属非金属地下矿山外包工程各类违法违规行为，排查整改隐患1186项，停产整顿9家，清退外包施工队伍7个。全面推进涉爆粉尘专项整治，建立健全涉爆粉尘企业安全信息共享机制，推进涉爆粉尘企业安全风险分级管控。

（五）强化依法惩处违法违规行为和事故督办工作力度

严厉打击非煤矿山、危险化学品、冶金工贸行业安全生产非法违法行为，现场执法检查4.1万次，查处安全生产违法违规行为6.2万项，责令限期整改完成事故隐患 5.4 万项（其中重大事故隐患 268 项）。切实加强事故警示约谈和挂牌督办，对 23 起事故进行跟踪和挂牌督办，督促有关地区和部门认真开展事故调查，切实查明事故原因，对相关责任单位和个人严厉追责。

（六）着力锤炼消防救援队伍实战打赢能力

《辽宁省火灾事故责任调查规定（试行）》审议通过，明确消防救援机构在火灾调查和责任处理中的主导权，规范火灾调查的标准程序，完善责任处理的制度依据。以“交叉互查、消地结合”的方式，建立重大危险源联合监管机制，严格实施重大危险源安全包保责任制，对全省 293 家企业 1207 个重大危险源开展 2 轮全覆盖检查督导，排查治理隐患 10390 项。承办全国消防救援队伍现场联合作战现代化指挥系统试点建设推进会，全面铺开训练改革试点，深化岗位大练兵。全年全省消防救援队伍共接处警情 5.5 万起，营救疏散被困群众 9764 人，保护财产价值 3.3 亿元。

二、防灾减灾救灾

（一）统筹推进自然灾害综合风险普查工作

印发实施《辽宁省第一次全国自然灾害综合风险普查实施方案》，结合全国防灾减灾日、国际减灾日等活动，开展形式多样的普查宣传培训活动。定期开展普查工作现场督导与调研，及时研究解决存在的问题和困难，切实做好试点地区普查任务。强化自然灾害风险形势会商研判工作，初步建立针对各类自然灾害的多部门联合研判会商办法。

（二）全力做好森林草原防灭火工作

推动防火网格化管理，强化省、市、县、乡、村、护林员六级网格化管理责任机制。在防火期内，适时组织开展人工增雨作业，有效降低森林火险等级。强化森林草原防灭火力量值班值守，各扑火队伍全部靠前驻防。

（三）扎实推进救灾救助工作

组织开展受灾群众冬春生活救助工作，对受灾群众中的特殊困难人员加大救助力度，完成 2020 年全省因灾倒损民房的恢复重建工作。深化应急资源管理平台应用，提升应急救灾物资信息化管理水平。印发《辽宁省家庭应急物资储备建议清单》，指导居民积极储备必要的家庭应急物资。

三、应急救援

（一）扎实推进应急预案体系建设

修订完成突发环境事件、辐射事故、天然气保供、海上搜救、森林草原火灾、核安全、省城市轨道交通运营突发事件、石油供应中断等方面的多部省级专项应急预案。印发《辽宁省应急管理厅关于印发 2021 年度重点应急演练计划的通知》，指导各地各有关部门组织开展本地区、本系统年度应急演练工作。

（二）强化专业应急救援队伍建设

积极推动“应急救援能力提升工程”，将覆盖事故灾难和自然灾害类 21 个救援领域的 41 支专业队伍，列为省级应急救援重点建设队伍，并同步指导推动市、县级应急救援队伍体系建设。

（三）强化应急联动机制建设

与中国铁路沈阳局集团有限公司协商共建铁路运输应急联动机制，提升空地一体的应急投送保障能力和跨部门应急协同能力，构建突发事件应急救援体系。加强在防灾减灾救灾工作中的应急联动，强化与红十字部门在数据共享、信息通报、指挥调度、协同保障、医疗救援和引导社会应急力量建设等方面的合作，提升防灾减灾救灾能力。与民航东北地区管理局协商建立应急救援航空远程投送保障机制，开辟空中运输紧急绿色通道。

四、基础保障和能力建设

（一）推进应急救援基础项目建设

推动省直属森林草原防灭火救援能力工程建设，努力打造省级直属森林消防综合救援“拳头”力量和“品”字形战略布局。将鞍山市航空应急救援保障基地纳入全省应急体系建设“十四五”规划重点项目，为应对森林火灾、洪水、事故灾难等突发事件提供航空救援保障服务。

（二）提升应急管理信息化水平

充分利用信息化手段，创新安全评价智慧监管模式，应用安全评价“互联网+智慧监管”系统，实现全省安全评价机构、从业人员及执业行为全流程在线监管。扩展重点监测预警系统联网范围，实现与国家防汛抗旱系统的信息共享。升级完善“辽宁省应急力量救援一张图”系统，整合多要素、多区域的基础地理数据和救援力量信息，形成统一的灾害应急力量管理数据库和物资储备库分布图。

（三）强化应急管理宣传教育

组织开展集中学习观看电视专题片14050场，537469人次参与；组织开展安全生产“大讲堂”“公开课”“微课堂”、基层宣讲4583场，301262人次参与。扎实开展“安全生产月”“安全生产辽沈行”活动，提升社会公众安全生产意识和应急避险能力。

第七章　吉林省应急管理工作

2021 年，吉林省应急管理系统坚持以习近平新时代中国特色社会主义思想为指引，深入贯彻党的十九大和十九届历次全会精神，全力抓好安全生产、防灾减灾救灾和应急救援工作，持续推进应急管理体系和能力现代化建设，以高水平安全服务高质量发展。

一、安全生产和消防安全

（一）安全生产责任落实

印发《新任领导干部安全生产谈话提醒实施办法》，对新任职的市县两级党政主要负责人、分管负责人和应急管理局主要负责人开展安全生产谈话提醒。全年对 56 名市县两级新任党政领导进行谈话提醒，向市（州）党政主要领导发送提示函 57 份，督办亡人事故 82 起，约谈发生亡人事故的市县党政主要领导 46 人次，建议追责问责 290 人，移送司法机关 71 人。

（二）安全生产专项整治三年行动

省安委会办公室印发《吉林省安全生产专项整治三年行动 2021 年重点任务推进工作方案》。全省累计派出检查组 4.8 万个，检查 14.62 万次，排查隐患 32.24 万项，整改 30.51 万项，整改率 94.6%。检查企业 29.63 万家，行政处罚 52.33 万次。

（三）“五化工作法”抓安全生产

按照清单化、图表化、手册化、模板化、机制化“五化工作法”抓安全生产，组织各地制定 4416 名党政领导干部安全生产责任清单、836 类 1119 个作战图集、4458 个流程图、850 类 2367 种行业领域安全监管手册、784 类 1433 项工作机制。省安委办牵头制定道路交通、建筑施工“两个模板集”，全年全省道路交通事故起数、死亡人数同比分别下降 9.6% 和 13.6%，建筑施工事故起数、死亡人数同比分别下降 48.6% 和 48.7%。

（四）安全生产监督管理

全省累计执法检查煤矿 1011 矿次，查处一般安全隐患 4977 项，行政处罚 228 次。制定出台防范化解尾矿库安全风险施工图，实现尾矿库包保责任 100% 公告、尾矿库风险排查 100% 覆盖、无生产经营主体尾矿库 100% 闭库销号、三等以上生产运行尾矿库监测预警系统 100% 接入、“头顶库” 100% 安全风险评估。全省组成 1023 个检查组，排查治理火灾隐患 3.79 万项。

（五）扎实推进消防安全工作

审议通过《吉林省关于深化消防执法改革的实施意见》，印发《吉林省消防事业发展“十四五”规划》。

全年接处警 27192 起，抢救被困人员 1882 人，疏散被困人员 2549 人。全年检查社会单位 8 万余家次，督促整改火灾隐患 5.3 万项，临时查封 900 家，责令“三停” 235 家。

二、防灾减灾救灾

（一）防汛抗旱

汛期，全省有 4 个市（州）、20 个县（市、区）启动Ⅳ级应急响应 26 次；3 个县（市）启动Ⅲ级应急响应3次。全省累计出动巡堤查险人员20.8万人次、抢险人员4.5万人次、机械设备2.6万台（套），处置险情6091处，动用土石沙5.1亿立方米，临时加固或抢筑子堤33.47公里，投入防汛抢险资金1.2亿元，预防性转移群众10134人次，营救被困群众187人。

（二）防震减灾

全年全省发生地震灾害10起、地质灾害11起，财产损失107.7万元，无人员伤亡。成功处置白山市长白县崩塌地质灾害，转移避险2户6人。

（三）森林草原防灭火

全年全省发生森林火灾11起（其中一般森林火灾10起、较大森林火灾1起），总过火面积18.1公顷，总受害森林面积5.67公顷，火灾起数、总过火面积、总受害森林面积同比分别下降42.1%、23.7%和48.2%。秋防连续实现“零火灾”，全省连续41年无重大森林火灾。

（四）航空护林

租用直升机，共计飞行127架次212小时27分钟。气象员共发本场气象实况报727份，接收航站预报317份，接收重要天气预告图317份，接收高空风温预告图634份。指挥直升机参加长白山春季森林防灭火实战演练、防汛抢险综合应急演练、秋季森林草原防灭火综合演练。

（五）自然灾害救助

印发《吉林省2021—2022年度受灾群众冬春救助工作方案》等文件，进一步规范受灾群众安置和救助工作。联合印发《关于做好今冬明春受灾困难群众生活救助工作的通知》，明确省级冬春救助口粮、衣被等指导标准，下拨国家和省级冬春救助资金10701万元，有效救助受灾困难群众40.66万人次。

（六）第一次全国自然灾害综合风险普查

实现省、市、县三级普查领导机构、普查办事机构、普查工作方案全覆盖。2021年中央下拨灾害风险普查补助资金3938万元，省、市、县三级拨付资金27627万元。完成应急、自然资源、生态环境、交通运输、水利、林草、气象和地震等8个行业调查类任务；完成全省房屋建筑调查进度45.38%，市政道路调查进度71.56%，市政桥梁调查进度70.86%。

三、应急救援

（一）应急指挥

修订《应对自然灾害类、安全生产类突发事件指挥部工作方案》，梳理完善力量调集、突发事件信息接报办理、重特大生产安全事故应急指挥部工作流程图。联合气象部门共同印发《关于做好强对流天气短时临近预报预警有关工作的通知》，建立21个省直部门灾害影响损失协同调度机制。

（二）应急值守

坚持24小时值班值守，始终保持应急状态。重大节日和敏感时段持续开展值班值守视频或电话抽查点名，共抽查单位239家次。加强“12350”举报信息接报和处理工作，接听电话1082个，受理举报信息82起。

（三）信息报送

全年共接报1起重大生产安全事故、5起较大事故、84起一般事故。接办蓝色气象预警信息158期，黄色气象预警信息262期、橙色气象预警信息13期、红色气象预警信息3期。报送突发事件《值班信息》25期，《应急值班要情》66期。

（四）预案编制

印发《吉林省突发事件总体应急预

案》《关于进一步加快应急预案体系建设的通知》《关于加快应急预案编制修订工作的通知》，明确省级 29 个专项预案编制修订清单、风险评估和应急资源调查参考模板、预案工作流程图。

（五）应急演练

确定 136 个省级演练项目，全年共举办各类应急演练 3.3 万场次、参演人数 340 万人次、出动装备 3.8 万台。

（六）应急救援力量

组建吉林省应急抢险救援队。编制《全省专业救援队伍、社会应急力量及相关应急救援物资装备手册》，并将队伍装备情况纳入系统平台管理。依托省航空护林中心和延边州森林消防支队敦化大队现有资源建立航空救援基地，加强战备值班，预置救援力量。

四、基础保障和能力建设

（一）基层应急管理体系和能力规范化建设

印发《乡镇（街道）、村（社区）应急管理体系、能力规范化建设工作试点方案模板》，选取梅河口市为试点开展基层应急管理体系和能力规范化建设。举办市县两级党政领导干部基层应急管理体系和能力规范化建设专题培训班。

（二）应急管理数字化建设

加大重点行业安全生产监测联网覆盖，全省 102 家危险化学品企业、39 家煤矿企业、19 家三等以上尾矿库、7 家尾矿库“头顶库”实现实时监测。建成事故大数据分析平台，2933 项事故数据统计分析即查即看、趋势分析报告随时调取。推动重点行业领域数据汇聚融合，汇聚路网数据 3.5 万条、公路与乡村公路交叉路口点位 2 万处。“12350”安全生产举报系统与省政数局“12345”平台实现数据互通。

（三）应急管理教育培训

举办全省应急管理系统干部能力提升培训班 44 期，培训 3600 余人次。吉林省应急管理网络学院平台正式上线运行。组织全系统干部参加 10 期网络专题班学习。

第八章 黑龙江省应急管理工作

2021年，黑龙江省应急管理系统坚持以习近平新时代中国特色社会主义思想为指导，忠诚践行习近平总书记重要论述和重要指示批示精神，主动服务和融入新发展格局，紧紧抓住防范化解重大安全风险不放松，全力保障建党百年庆典安全稳定，积极推进应急管理体系和能力建设，全省安全形势保持稳定向好。

一、安全生产和消防安全

（一）突出政治引领，党的领导全面加强

省委、省政府高度重视应急管理工作，省委常委会会议、省政府常务会议多次听取工作汇报，主要领导、分管领导先后作出批示650次，14次到应急管理厅召开会议、指挥调度。厅党委坚持以政治建设为统领，坚决贯彻落实习近平总书记重要论述精神，坚决拥护“两个确立”，不断增强“四个意识”，坚定“四个自信”，做到“两个维护”。召开党委（扩大）会议38次、组织党委理论学习中心组集体学习交流8次，及时研究推进应急管理重点工作。扎实开展党史学习教育，持续推动“我为群众办实事”实践活动，坚持学习教育与应急管理工作相结合。强力整改落实省委巡视反馈意见，33个具体问题完成整改32个。

（二）坚持系统施策，治理措施持续深入

持续开展安全生产“四大行动”，强化非煤矿山、危险化学品等安全监管执法，全省行政执法立案同比上升212%。根据不同时段和事故特点，组织开展“除隐患、保平安、迎大庆”百日专项行动、“十查十治”大排查大整治。认真落实省委主要领导关于“清除存量、坚决遏制增量”批示要求，深入开展新一轮安全生产隐患大排查大整治行动和“回头看”，确保岁末年初安全生产形势稳定。在治标的同时，深入实施安全生产治本措施。推进安全生产专项整治三年行动集中攻坚，排查整改隐患42.9万项，停产整顿企业单位1318家，关闭取缔104家。健全完善安全生产监管责任、隐患排查、教育培训、应急救援和全社会监督“五大体系”，制定省委、省政府领导安全生产“职责清单”和年度“工作清单”、重点行业领域安全生产重点环节监管职责清单；推动安全生产标准化创建和双重预防机制建设，全省6600户企业达到三级以上标准，17292户重点生产经营单位完成“双机”建设任务；培训“三项岗位人员”9.9万人。组织安全生产巡查督导，推动绥化安达市化工园区提升本质安全水平。组织开展七台河“9·4”道路交通重大事故调查，对3起较大事故提级调查，对6起较大、4起一般事故挂牌督办，以严格的责任落实确保各项措施落实。

（三）加强宣传教育，安全氛围日益浓厚

组织观看《生命重于泰山——学习习近平总书记关于安全生产重要论述》电视专题片2.2万场，53万人次参加。

与省委组织部联合举办专题研讨班，对市县分管领导和应急管理局主要负责人开展培训。开展反“三违”警示教育月、“五进五宣”“安全生产月”、防灾减灾宣传周和国际减灾日活动。新增地质、水利、应急救护三类科普教育基地13家。加强森林草原防火日常宣传，张贴防火命令20万份，悬挂标语14万幅，累计发送落地短信1.1亿条。充分利用省“应急广播”平台、新闻媒介、短信、大喇叭等宣传资源，及时、广泛发布安全提示，不断提高全民安全意识。

（四）推进风险防控，消防能力加快提升

扎实推进消防安全专项整治三年行动，组织对“高低大化”、粮食仓储、养老机构、城乡接合部等高风险区域场所开展大排查大整治、大约谈大曝光，督促整改火灾隐患35.4万余项，打通“生命通道”2.7万余条，培训重点单位负责人、管理人及从业人员15.3万余人次。全省消防救援队伍圆满完成火灾扑救、抗洪抢险、抗疫突击、雨雪冰冻灾害救援以及庆祝建党百年等重要时间节点安保任务，抢救疏散被困人员4429人，最大限度保护了人民群众生命财产安全。

二、防灾减灾救灾

坚持预防为主，组织灾害综合风险月度会商12次、重点时段专题分析研判4次，适时研判、提早部署、超前防范。坚决扛起森林草原防灭火和防汛抗旱统一指挥、统筹协调的重要职责，建立森林草原防火“三清单一承诺”“两书一函”工作机制，落实包保责任人5.6万人、签订承诺书6.8万份。修订完善重特大森林草原火灾扑救实施方案，制定扑火前线指挥部工作规则，组织清明节等重要时段战役，开展野外火源治理、加强隐患排查，收缴火源火种10万件，整改问题隐患3532项。森林草原防灭火实现“三个不发生”目标，及时处置3起雷击火，没有发生人为火灾。针对洪水来得早、时间久、战线长、强度大等罕见不利因素，坚持凌汛、春汛、夏汛“三汛”连抗连防，落实责任人3.78万名，会商研判32次，启动省防汛Ⅱ级应急响应2次，派出37个专家组协助地方巡查抢险，全省投入近4.5亿元，有效应对13次较大降雨过程和5次区域性暴雨天气，抵御黑龙江干流上游50年一遇洪水，抗洪抢险为保障粮食丰收增产作出了贡献。

指导创建全国综合减灾示范社区20个、省示范社区25个。争取自然灾害、冬春救助、风险普查以及建设项目等各类资金4.25亿元。建成30个救灾物资储备库，17个获得国家批准立项。防汛物资划归应急管理部门管理，救灾物资储备网络布局基本形成。开展冬春救助“百局千村万户”大回访，陆续下拨救灾物资6.15万件，确保灾区群众安全温暖过冬。

三、应急救援

实施科学处置，应急抢险安全高效。指导滴道盛和煤矿“6·5”煤与瓦斯突出、七台河鹿山二井“10·7”冲击地压事故抢险救援，成功救援9名被困矿工。指导大兴安岭呼玛县防汛抢险，成立黑龙江干流抗洪抢险前线联合指挥部，连续驻守黑龙江干流下游18天，及时调集物资和队伍快速筑堤、除险加固，有效化解了洪水冲淹重大风险。面对历史罕见的雨雪冰冻气象灾害，加强预警提示，紧急调运设备装备，火速支援哈尔滨宾县电力设施抢修大会战，为最快恢复供电提供了有力支撑。消防救援、森林消防“两支队伍”

主动请战，在全省466个重点区域、重要地段前置备勤力量，及时有效处置灾情险情。

规范应急救援队伍和力量建设，印发《关于全面加强应急救援队伍和力量建设构建应急救援体系的意见》。以省政府名义对省建投、交投集团权属企业6支抢险队伍命名，以应急管理厅名义对4支专业抢险队伍命名。组建冬季架空索道救援队，开展“龙威”系列应急演练8963次，持续开展职业技能大赛，进一步提升应急救援和灾害防范能力。

四、基础保障和能力建设

（一）注重基层基础，能力保障稳步提升

科学编制黑龙江省“十四五”应急体系建设规划、智慧应急管理信息化建设规划。出台《黑龙江省关于深化应急管理综合行政执法改革的实施意见》，印发《黑龙江省应急管理行政处罚自由裁量基准（2021版）》《黑龙江省应急管理领域包容免罚清单（试行）》《黑龙江省应急管理系统安全生产分类分级执法办法（试行）》。争取一般债券资金5.31亿元，支持市县两级应急指挥中心建设，13个市（地）、127个县（市、区）全部达到相应建设标准。加快实施信息化工程建设，信息系统全部覆盖指挥救援、决策支持、监测预警、政务管理、监督管理五大业务域。全面开展自然灾害综合风险普查，持续推进工作进度。国家东北区域应急救援中心进入设计审批阶段，国家危险化学品应急救援七台河基地验收投入使用。

（二）立足服务发展，营商环境不断优化

持续深化作风整顿，优化营商环境。进一步规范行政审批，制定高危行业建设项目安全审查办法、安全生产许可证颁发办法。指导各地提高审批服务效率，全省共办理各类审批事项5729项。持续深化“放管服”改革，继续下放行政许可事项13项。强化重点项目指导服务，推动政务服务事项无差别办理，全省派出专家187人次服务重点项目建设。加强黑龙江自贸区哈尔滨片区、哈尔滨新区省级赋权事项的工作指导，帮助解决实际问题。积极推进行政审批相关数据共享和证照电子化工作，电子证照和实体证照互认取得突破。进一步减少审批环节和要件，省厅39个审批事项减少申报要件52项，有17个审批事项实现“受理即审批”。

第九章 上海市应急管理工作

2021 年，上海市应急管理系统坚持以习近平新时代中国特色社会主义思想为指导，全面贯彻党的十九大和十九届历次全会精神，深入贯彻习近平总书记考察上海重要讲话精神和关于应急管理重要论述，扎实推进城市应急管理体系和能力建设，为上海实现“十四五”良好开局和开创人民城市建设新局面创造了良好安全环境，为庆祝建党 100 周年、第四届中国国际进口博览会、第十届中国花卉博览会等重大活动和重要节假日期间城市运行安全稳定提供了有力保障。

一、强化隐患整治，有效防范各类生产安全事故

（一）不断压实安全监管责任

调整设立水上交通安全、建设安全专业委员会，推动上海市安全生产委员会各专业委员会实质性运行。认真抓好国务院安委会 2020 年度省级政府安全生产和消防工作考核巡查问题整改，制定《上海市安全生产消防（含森林防火）灾害防治综合考核办法》，启动全市安全生产、消防、灾害防治专项巡查，聚焦重点，分级分类组织，强化安全责任传导落实。

（二）持续排查整治风险隐患

提请市政府印发《关于进一步加强城市安全风险防控的意见》，建立健全上海超大城市公共安全隐患排查和安全预防控制体系。持续推进全市安全生产专项整治三年行动和“6+1”专项治理。全年全市共上报一般隐患 124.1 万项，已整改 114.7 万项，整改率 92.4%；重大隐患 233 项，已完成 216 项，整改率 92.7%。市区两级共发现突出问题 200 项，已整改 185 项，整改率 92.5%。市级挂牌督办的重大隐患全部清零。

（三）依法从严实施执法检查

坚持“三位一体”执法，突出钢铁、粉尘涉爆、铝加工（深井铸造）企业专项执法检查。2021 年全市应急管理部门共检查生产经营单位 39143 家次，实施行政处罚 2172 次，同比增加 56.15%。查处危险化学品非法储存案件 78 件，加强行刑衔接，对危险化学品非法储存以涉嫌危险作业罪追究刑事责任。

（四）抓实危险化学品和工贸领域安全治理

从严把好危险化学品安全生产经营许可准入关口，建立许可延期提醒制度和定期电子归档制度。制定《强化中央在沪及地方国有企业等单位安全生产主体责任落实暂行办法》和《粉尘爆炸重大事故隐患治理工程验收技术规范》《粉尘爆炸隔爆系统应用指南》《火花探测和熄灭系统应用指南》地方标准。

（五）全力抓实城市消防安全

出台《关于加强本市消防监督执法工作的决定》，修订《上海市建筑消防设施管理规定》等规章文件，开展《消防法》执法检查。发布 4 个、立项 4 个消防地方标准。“一网通办”公众聚集场所投入使用、营业前消防安全检查实施告知承

诺管理，“一网统管”构建35项消防数字体征，接入244万个消防物联点位。统筹推进消防安全专项整治三年行动，综合治理电动自行车、“高低大化”场所等火灾隐患11.5万项。新挂牌21家区级以上消防科普基地，组建三级消防志愿者队伍。实施灭火救援能力现代化建设三年行动，建强地震、水域、防化、地下等特种救援专业队。加快升级智能接处警和指挥系统，实现全市微型消防站可视化调度。全年队伍接处警7.3万起，抢救疏散被困群众8000余人，保护财产价值23.6亿元。协调提升消防站造价标准和建设用地指标，连续7年通过市重大工程建设消防站28个，开工分训练基地3个，完成扩建和改造维修项目15个。

二、强化应对协同，全面提升自然灾害防御能力

（一）建立健全灾防委职责体系和运行机制

印发《上海市自然灾害防治委员会及其办公室的工作规则》《2021年本市自然灾害防治工作意见》，明确市灾防委及其办公室职责和58个成员单位防灾减灾救灾责任，常态化落实会议、灾害风险会商、应急联动等6项制度机制。提请印发《中共上海市委　上海市人民政府关于提高我市自然灾害防治能力的意见》和相关规划。

（二）全面推进自然灾害综合风险普查工程

多渠道广泛持续向全社会进行普查宣传，印发《上海市第一次自然灾害综合风险普查实施方案》《上海市第一次自然灾害综合风险普查宣传工作方案》等。推动完成徐汇区普查试点任务，启动开展全市面上应急领域普查调查工作，协调有关部门共享人口、经济、能源、铁路等相关数据10余类，形成四大类34项相关数据。组织市自然灾害综合风险信息编码体系研制，为灾害综合风险普查后续的成果转化应用、信息资源共建共享和“一网统管”提供编码规则体系。

（三）全力做好自然灾害应对工作

及时发布预警信息和防御指引，完善响应机制。指导各区和相关部门认真落实各项自然灾害防御和应对措施，有效应对台风“烟花”“灿都”和寒潮、强对流、雷暴等灾害性天气对上海城市影响。部署做好防汛防台应急避险和转移安置有关工作，推进应急避难场所建设，全市摸排梳理应急撤离点3558处，落实转移安置点2392处，两次台风提前转移安置危险区域群众69.8万人次，未出现因灾亡人和重大财产损失。

（四）统筹创新开展社区创建

制定细化上海市安全发展和综合减灾示范创建工作评审标准，实现市级安全发展和综合减灾示范社区与全国综合减灾示范社区创建活动一体谋划部署、一体申报创建、一体动态管理，打造创建示范活动的“上海模式”。强化安全韧性适应理念，推动开展社区综合监测预警平台建设，完成5个区20个社区终端设备基建任务。

三、强化应急处置，着力提升应急响应和救援效能

（一）不断优化应急处置机制

加强应急与城市运行管理中心的有机衔接，修订完善《上海市应急管理局突发事故（事件）应急处置通则（试行2021版）》，强化应急值守基础设施和能力建设。开展“超大城市应急救援指挥体系构建研究”，推动形成统一指挥、专

长兼备、反应灵敏、上下联动、运转高效的应急救援指挥体系。完善专家库管理，优化专家结构。持续推动军民融合工作，加强协同对接，深化空中救援协调机制。

（二）系统提高应急实战化保障能力

建设 5 支市级社会化航空应急救援专业队，积极发动和组织民兵参加地方应急救援，规范 28 支市级社会化救援队伍管理。积极推进《上海市突发事件总体应急预案》修订，先后组织 2 轮专家评审和征求意见。完善市级预案审核机制，指导上海市级 15 家单位修订专项预案 13 项、单元预案 3 项，备案企业预案 5 项。编制《2021 年度上海市级应急演练计划》，加强实战化演练，指导相关单位开展隧道事故、建筑施工、海上突发事件、长三角抗洪抢险跨区域实战拉动、水上打捞搜救、“沪应-2021”花博会运营保障等 65 项市级综合演练。

（三）深化推进应急管理数字治理

完成应急管理综合应用平台搭建，贯通“一网通办”与“一网统管”两网数据融合，实现应急管理业务系统初步大集成。建成应急指挥融合通信平台，形成多网络、多终端的一体化应急通信保障。依托应急指挥华东骨干网，搭建可自主管理的区域性视频会商平台，实现“长三角”三省一市应急指挥大厅主（备）会场之间的音视频互联互通。推进数据治理支撑体系建设，分批制定应急管理数据标准，规范市区两级数据汇聚对接要求。建立完善上海市危险化学品有实物许可企业数据库。启动灾害应对指挥系统轻应用建设，立足防灾减灾应急响应全流程、智能化、可视化、便捷化发布，开发试行雨雪冰冻应用场景，实现市城运系统、应急管理局自然灾害应对指挥系统、气象先知系统之间的“三网”融合。

（四）认真履行疫情防控监督指导职责

聚焦上海城市防控特点和综合性防控措施落实，有节奏、分时段精准有力持续开展专项督查和“回头看”检查，全年共开展实地暗访督查 74 次，“回头看”检查 14 次，走访相关单位（场所）2600 余家次。按照物资调运需求，第一时间与市粮食和物资储备局建立绿色通道，及时向发现疫情的医院和区域调拨折叠床、棉被等救灾物资，满足疫情防控一线所需。

四、强化基层基础，积极提升应急管理现代化水平

（一）加强制度供给

认真组织新《安全生产法》宣贯，完成《上海市安全生产条例》修订，于 2021 年 12 月 1 日起施行。编制完成《上海市应急管理“十四五”规划》及其 4 个分项规划，制定城市安全发展、灾害防治、风险防控、应急救援等 30 余项政策文件。

（二）坚持强基固本

深入开展党史学习教育，筑牢思想根基，确保队伍绝对忠诚可靠。推动市、区两级应急管理综合执法队伍组建工作。提炼形成上海应急职业精神“忠诚守护暖民心，精准坚韧解民忧，善战善成保民安”。

（三）培育安全文化

以安全宣传“五进”工作为主轴，加强局系统政府网站及“上海应急守护”官方微博、微信等新媒体矩阵建设，持续做好应急管理主题宣传、典型宣传、活动宣传、警示宣传和科普宣传、普法宣传。组织开展好“安全生产月”、全国防灾减灾日、国际减灾日等主题宣教活动，“公共安全教育开学第一课”形成品牌效应。

修订并印发《上海市应急管理局安全生产举报奖励办法》等规定，不断激发群众参与安全生产治理的积极性。多部普法短视频入围第二届全国应急管理普法作品征集展播，并获一等奖 2 项、二等奖 3 项、三等奖 1 项。

（四）深化协作交流

在长三角应急管理专项合作机制框架下，会同江苏、浙江、安徽三省应急管理厅，积极推动长三角一体化应急管理协同发展走深走实，细化制定 25 个专题合作事项推进方案及路线图，牵头推进的 8 个项目全部落地落实。成功举办首届长三角国际应急减灾和救援博览会，采取线下实体展览和云上展览相结合的方式，突出防灾减灾和应急救援，参展企业 300 多家、展出面积 5.2 万平方米、观展 7 万余人次。

第十章　江苏省应急管理工作

2021 年，江苏省应急管理系统坚持以习近平新时代中国特色社会主义思想为指导，扎实开展安全生产专项整治，有力有序应对灾害事故，推动全省应急管理事业取得新进展，实现“十四五”良好开局。

一、安全生产和消防安全

（一）践行安全发展理念，牢固树立底线思维和红线意识

加强学习宣讲。组织全省各地各部门和单位理论学习中心组观看学习《生命重于泰山——学习习近平总书记关于安全生产重要论述》电视专题片，参加学习人员达 31 万人次。将“百团进百万企业”拓展为“百团进百万企业千万员工”学习宣讲，全省累计 2.5 万余名领导干部开展宣讲，覆盖各类企业百万余家，覆盖企业员工千万余人。

开展干部培训。省管干部进修班、新任省管干部任职培训班、中青年干部培训班等 8 个省委党校主体班学员 2200 人、新录用选调生 900 人，系统学习习近平总书记关于安全生产重要论述、防范化解重大安全风险、提高突发事件应对能力等相关课程。组织新《安全生产法》学习培训。

（二）压紧压实“三个责任”，全力筑牢安全生产防线

严格落实党委政府领导责任。省委书记、省长带头履行年度安全生产重点工作清单，省委常委、副省长根据“一岗双责”按单履责。对 8 个设区市、3 个县（市、区）和 3 个省级部门开展安全生产巡查，形成安全生产责任不落实、问题隐患“两个清单”。市县党委政府对下级党委政府进行安全生产巡查，实现省、市、县三级一届任期全覆盖。

严格落实部门监管责任。完善省发展改革委等 19 个部门和单位的职责任务，明确行业部门职责清单和兜底责任。明晰海上风电等产业的安全监管责任。逐一明确新《安全生产法》21 条新增内容贯彻落实的牵头部门。严格落实安委会成员单位履职报告、警示提示、约谈通报等制度，2021 年省、市、县三级共约谈 200 余次。

严格落实企业主体责任。推动落实企业主体责任 20 条，强化监管执法倒逼，加强检察监督与行政执法协作，加大事前严重违法行为刑事责任追究力度，对 14 起违法案件实施行刑衔接。2021 年全省应急管理系统立案 3.21 万件，曝光企业 3353 家。

（三）紧盯重点行业领域，坚决防范化解重大安全风险

危险化学品领域，制定出台危险化学品“禁限控”目录，实行行政许可现场核查全覆盖。强化生产企业风险管控，2021 年底全省实有化工生产企业 1955 家，下降 60% 以上。全面推进危险化学品企业全流程自动化改造，压降独栋厂房现场操作人数至 9 人以下。强化危险化学品使用环节安全治理，覆盖 16 个部门 20 个行业领域，摸排危险化学品使用单位 24.8 万家，检查 58.8 万家，停产停业整

顿231家，关闭取缔56家。

冶金工贸领域，实施《工业企业安全生产风险报告规定》，明确5批次20个行业领域329条较大以上安全生产风险目录，开发风险报告系统，2021年全省4.9万家规模以上工业企业、27.8万家规模以下工业企业共报告较大风险50.4万条、重大风险5391条。各级应急管理部门开展风险报告专项执法7526家，立案1769起。排查整治钢铁企业重点问题20项、铝加工（深井铸造）企业重点问题40项、粉尘涉爆企业重点问题1659项。

矿山领域，出台《矿山分级属地安全监管办法》，明确并公告每处矿山的安全监管主体，建立属地政府领导联系包保煤矿、非煤地下矿山、尾矿库等工作机制。煤矿方面，实行危险作业区域“二道门”制度、开采生产期间严禁超9人。全面建设煤矿智能化采掘工作面，累计建成6个智能化采煤面、17个智能化掘进面。推动灾害严重煤矿关闭退出，关闭受水害威胁严重的徐州李堂煤矿。非煤矿山方面，建成安全风险监测预警系统。对单班入井超30人的金属非金属地下矿山、边坡高度超100米的露天矿山、尾矿库“头顶库”开展专家会诊。出台《江苏省防范化解尾矿库安全风险实施方案》和《江苏省尾矿库销号管理办法》，完成9座尾矿库回采销库工作。全年全省各级矿山安全监管监察部门共组织2798人次，检查矿山811矿次；发现重大隐患31项，整改31项，整改率100%。

（四）持续稳定消防安全环境，扎实推进消防安全工作

全年累计检查单位24.2万家次，督改火灾隐患40万项、销案重大隐患单位303家。强化“大数据+网格化+铁脚板”工作机制，全省643个消防站开展防消联勤。纵深推进“全链条、延伸火灾调查”，组织百名消防指挥长宣讲消防安全，分类分级开展培训，实体化运行120个消防科普教育基地。全年接警14.6万余起，疏散营救被困人员1.02万人，成功处置一系列急难险重任务。分两批出动近千人援豫抗洪，连续奋战14天、营救疏散群众4800余人。南京扬州聚集性新冠肺炎疫情暴发后，积极承担人员物资转运、场所防疫消杀等任务。印发《江苏省“十四五”社会消防救援事业发展规划》，成建制组建高速公路消防救援队伍，推进综合保障体系建设，形成“省内2小时、市内1小时、县内半小时”战勤保障圈。

二、防灾减灾救灾

（一）优化统筹协调，充分发挥省减灾办作用

积极做好“4·30”“5·14”突发强对流气象灾害应对处置，指导协调相关地区和单位开展应急救灾。印发《江苏省减灾委员会关于提升全省应对强对流气象灾害能力的意见》。及时应对提示气象灾害，全年发布各类预警短信2.66亿条。

（二）加强防灾减灾基础保障

扎实推进第一次全国自然灾害综合风险普查，全面完成试点调查任务，全省面上调查进度超90%。持续推进综合减灾示范社区建设，累计建成全国综合减灾示范社区975个。开展防灾减灾宣传教育，部署各地各部门做好全国防灾减灾日活动，多部门联动开展地震救援实景应急演练，发送公益短信4000万余条。统筹推动自然灾害防治九项重点工程建设。组织专家对南京等10个设区市及其所辖的44个重点防治县（市、区）开展现场检查，督促抓好地质灾害防范和应急准备，指导

各地成功处置地质灾害灾情8起、险情31起。先后4次对7个森林防火重点市县开展督查，全年实现了无森林火灾和无人员伤亡。

（三）全力做好防汛防台风工作

成功打赢创江苏多项气象纪录的超强台风“烟花”抗御硬仗，实现“全省无人员伤亡、无重大险情、无重大损失”。汛前，组织抢险专业力量赴重点险工患段开展现场勘察，完善应急处置方案，落实抢险人员和防汛物资。省级组建4支防汛抢险专业队伍，各地共组建专业抢险队63支。全省共储备防汛块石170万吨、袋类4200万只，布类410万平方米，移动泵车276辆，水泵9224台（套）。汛期，加强监测预报，及时启动调整防汛防台风应急响应6次，先后发布洪水预警23条，向省内外号码发送台风防御提醒短信1亿多人次。精准前置抢险救援力量，先后调派专业抢险队伍、社会应急队伍，协调省军区、武警总队筹备抢险力量，协助地方做好群众转移避险、巡堤查险、加固堤防、抽排涝水。转移群众50余万人次，拨付救助资金3685万元、理赔救助保险4366万元。

三、应急救援

（一）深化应急协同联动

联合省气象局修订《江苏省突发事件预警信息发布管理办法》；推动提升重要天气预警短信发送速率，建设外省来苏人员实时预警信息发送平台和预警短信发送专用通道；联合印发《关于进一步加强应急协同联动工作的通知》，推进科学布点紧急医学救援基地，规划共建省级应急医疗救援中心。

（二）强化应急指挥软硬件支撑

建成应急指挥信息系统，开发应急指挥“一张图”和“江苏应急”客户端，实现全链条跟踪、全时空指挥，汇聚省直部门和各地数据3.6亿条。确立“一网、一池、一平台”框架体系，建成省应急管理综合应用平台。建成使用融合通信系统，突发情况发生后，可以扁平化指挥到现场、到网格。汇聚公安、交通、文旅、海事等部门22万余路视频监控，融合会议终端、布控球、指挥箱、无人机、指挥车多种通信手段，开通“应急宝”账号6500余个，实现一平台调度。

（三）完善应急预案体系建设

修订出台省总体应急预案和35件专项应急预案；市、县两级133件总体应急预案全部修订出台，市、县两级分别修订516件、3183件专项应急预案。推广南通市海门区基层“1+13+X+Y”的应急预案体系建设经验。全省乡镇（街道）编制预案10371件，村居（社区）编制应急预案17799件。组织开展省防汛应急抢险救援实战演练、矿山生产安全事故应急演练、地质灾害应急演练、长三角危险化学品重大生产安全事故联合应急演练等20余场次；市县两级组织应急演练6083场次，基层开展各类应急演练19784场次，企业组织应急演练12万余次。

（四）提升应急救援能力

组建各级专业救援队伍，统筹建设高速公路消防救援队伍。加强应急救援基地建设，规划提升3个国家级、6个省级救援基地，建成危险化学品应急救援（南京）基地、油气管道应急救援华东（徐州）基地、自然灾害工程救援常州基地等3个国家级救援基地。

四、基础保障和能力建设

（一）加强干部培训和人才培养

建立“1+6+1”安全监管干部培训体

系，全年举办安全生产管理领导干部主体班3期、专题班22期，共计2880人参加培训。加快培养应急管理领域急需的创新型、应用型、技术技能型人才，遴选中国矿业大学、南京工业大学等7所高校为省级重点应急管理学院建设点。

（二）强化科技信息支撑

成立江苏省化工本质安全研究院和城市安全技术研究院，着力构建“政、产、学、研、用”深度融合的科技创新平台。建成总存储容量365TB、覆盖全省的重大危险源危险化学品企业厂区外监控视频存储系统。建成省应急指挥信息系统和融合通信系统，增强“三断”（断网、断电、断路）条件下的通信保障能力。

（三）夯实基层基础保障

加大执法装备保障力度，为全省县级以上应急管理执法人员配备执法记录仪，确保执法人员人手1台。宣传推广12350安全生产有奖举报热线，全年共办理举报20413件，发放奖励211.9万元。高危行业领域安全技能三年提升行动圆满收官，共组织安全生产培训362.57万人次。全年组织“三项岗位人员”考核发证51.18万人，其中特种作业人员46.84万人，企业主要负责人、安全管理人员4.34万人。2021年底，全省有效期内二级标准化企业数量共2896家；通过一级标准化评审企业11家。

（四）开展应急安全宣传

扎实开展全国第20个、江苏省第28个“安全生产月”活动，举办各类宣教活动24万场，1845万人次参与，制作各类安全宣传产品5184件。开展“安全应急科普环省行”和“城镇燃气居民使用安全环省行”，举办全省危险化学品知识竞赛、安全应急科普公益作品大赛，大力传播应急安全知识和自救互救技能。组织完成《危化品使用安全知识读本》编撰，联动全省应急管理系统微信矩阵以及江苏交通广播网、江苏新闻等主流新媒体平台，制作推送“生活中的危险化学品”科普内容16期，总传播量近百万人次。

第十一章　浙江省应急管理工作

2021 年，浙江省应急管理系统深入学习贯彻习近平总书记关于应急管理重要论述，推进“遏重大”攻坚年行动，统筹自然灾害防御，为“重要窗口”建设和高质量发展建设共同富裕示范区提供坚强应急管理保障。

一、安全生产和消防安全

（一）安全生产责任落实落地

优化顶层设计，在省级层面建立专业委员会，推动专业委员会季度例会、工作报告等机制运行到位，提升专业统筹力。完善考评体系，建立党政领导干部年度“述安”机制，将安全生产纳入巡视巡察、高质量发展、共同富裕和部门绩效考核内容。打好组合拳，对连续发生较大事故的温州、湖州、绍兴、台州等 8 个市、县（区）政府负责人进行约谈，对存在重大隐患的 229 个单位（企业、区域、点段）实施省级挂牌整治，逐项整改到位，确保地方和部门责任落实。

（二）安全生产重点攻坚突破

系统攻坚整治，聚焦道路交通、涉海涉渔、消防、危险化学品、建设施工、工矿、旅游、城市运行等 8 个重点领域，绘制重大风险链鱼骨图，清单化攻坚整治；开展安全隐患大排查大整治、燃气及相关领域安全专项整治，确保庆祝建党百年活动期间的安全稳定。截至年底，“遏重大”攻坚战 273 项工作内容全部完成，推动 241 万项问题隐患落实整改。省安委会建立常态化暗查暗访机制，全年省级组织 5 轮暗访督查，并推动 2900 余项隐患落实整改。发挥舆论监督作用，依托浙江卫视《今日聚焦》每月常态化曝光隐患和违法行为，形成举报、交办、督查、问责全流程闭环机制。

（三）安全生产执法持续发力

严格监管执法，持续加大执法力度，建立重点领域每两月执法通报制度，有效扭转执法不平衡问题，2021 年实施应急管理行政处罚 1.6 万次，检查处罚率 43.3%。严密行刑衔接，联合公检法等部门印发浙江省行刑衔接办法，大力查处危险作业罪案件，移送立案 115 件。严肃追责问责，组织开展事故整改措施落实情况“回头看”，倒逼问责到位，对事故企业建议追究刑事责任 113 人。

（四）消防安全工作扎实推进

印发《关于加强全省消防救援队伍建设意见》，将消防安全风险防控与救援指挥平台纳入“数字政府”建设体系，修订通过《浙江省消防条例》，出台《浙江省消防事业发展“十四五”规划》《浙江省消防安全委员会成员单位安全工作职责规定》等文件。增加地方财政投入经费，全面启动应急物资保障体系建设。深入推进全员岗位大练兵，承担全国指挥能力建设试点。总结形成 7 类 21 项作战安全技能训练规程和 9 类管控程序并向全国推广。组建整建制化工灭火救援专业队，打造化工灭火救援实训基地，探索形成化工灭火救援编队作战效能经验做法并在全国推广。扎实推进消防安全专项整治三年行动。开展高层建筑、大型商业综合体、电动自行车、密室逃脱等重点领域的专项治理，推动民宗、教育、文旅等行业部门出台规定落实消防安全职责。深入推进消防宣传“五进”工作，常态化开展“远离火灾”敲门大行动和“一懂三会”大培训等系列主题宣传活动。全省火灾起数、死亡人数和直接经济损失同比分别下降3.3%、3.8%和10.5%，全年未发生特别有影响的火灾事故。

二、防灾减灾救灾

（一）防汛防台抗旱工作

省人大常委会审议通过《浙江省防汛防台抗旱条例》，并于7月1日施行。公布29万余名基层防汛责任人，更新编制村级防汛防台形势图2.57万张，储备17.5亿元防汛物资，推动整改1.15万处汛前大排查发现的问题。聚焦人员避险转移、海域安全、地质灾害薄弱环节、城市内涝和地下空间、山塘水库河网、城市运行、安全生产、交通等“8张风险清单”，省、市、县三级“一盘棋”落实，转移风险区域295.3万人，实现“不死人、少伤人、少损失”。第一时间组织“烟花”台风防御复盘，细化8个方面48项举措，持续推进提升。浙江省梅雨、台风防御措施被国家防办发文推广。

（二）森林防灭火工作

深入开展野外火源治理和查处违规用火行为专项行动，整改隐患4983项，查处火案151起，行政处罚784人，刑事处罚13人，逮捕1人，移送起诉10人次。常态化开展暗访督查，特别是对2月火灾多发的温州、丽水等地作出警示，对林业等部门发函提醒，督促责任落实；组织对森林火灾调查情况开展“回头看”，追责23名肇事者、55名责任人。印发《关于健全完善森林防灭火工作机制的实施意见》，围绕责任落实、协调联动、科学处置、能力提升、支撑保障等方面提出14条具体措施，强化统筹合力。

（三）防灾减灾工作

全面开展自然灾害综合风险普查，完成3个国家试点和2个省级试点普查工作。开展基层防汛防台体系标准化建设，围绕“5+1”（组织责任网、风险防控网、抢险救援网、灾后恢复网、运行保障网，数字化平台）建设目标，推进桐庐、象山、永嘉等13个市（县、区）基层试点建设。提升基层综合减灾能力，新增2696个规范化避灾安置场所，实现乡镇级避灾安置场所规范化率100%；扎实推进综合减灾示范社区创建，完成60个省级示范社区创建。

三、应急救援

（一）加强队伍培育

新增53支社会应急力量、211支重点乡镇（街道）“一专多能、一队多用”综合性应急救援队伍，推动将22支驻浙中央企业工程抢险队伍纳入全省力量体系，新增27支专业防扑火队伍，实行统筹管理。提升航空救援能力，组建地面航空应急救援队伍，新布局直升机临时起降点，并针对道路交通事故航空救援、空中120急救平台等深化部门合作，航空应急救援试点省建设向纵深推进。

（二）加强应急指挥

完善预案体系，累计对森林火灾应急预案等39个省级专项预案进行修订，并建成包含4000余个预案、贯通省市县的电子数据库，实现预案精准调取、动态管理；常态化开展预案演练，指导各地开展各类演练近20次。统筹指挥保障，建立突发事件现场指挥官制度、救援力量快速通行协同保障机制、应急救援补偿办法等一系列工作制度，强化指挥保障；深化可视化指挥建设，各市、县（区）单兵配备率达 100%，布控球配备率达 96%，无人机配备率达 63%，35%的市县配备了应急指挥车。

（三）做好应急准备

提升值班值守规范性，按照“有固定场所、有完善规章制度、有 24 小时值班人员、有相应配套设施”标准，实现市级应急管理部门 100%、县级应急管理部门 80%以上值班规范化。提升信息报送及时性，规范紧急信息报送，每 2 个月对省级部门和各地紧急信息报送进行通报，紧急信息在事发 2 小时内首报的比例从 25%提升至 75%，同步报送率从 54.5%提升至 91.6%。提升预警发布有效性，加强农村应急广播平台建设，打通预警“最后一公里”，全省有 2.6 万个农村应急广播户外终端接入省级平台，实现行政村应急广播户外终端全覆盖。

四、基础保障和能力建设

（一）推进应急管理数字化改革

推进制度重塑、流程再造、多跨协同，打造数字应急“1+3+N”架构（1 个数字驾驶舱，3 个自然灾害、安全生产和应急救援重大应用，N 个多跨场景应用）。开发上线“危险化学品全生命周期安全在线”“工业企业安全在线”，全过程闭环治理成效初显。开展企业安全生产风险普查，完成 8 个领域 69.8 万家企业 338.9 万个风险点普查，绘制地区和行业风险“四色图”，推进“常普常新”。实施管控力指数精准评价，建立安全生产管控力指数模型，依托“省委七张问题清单-重大安全问题”系统每月发布，科学评价。完善“防汛防台在线”多跨场景应用，在 2021 年的梅雨洪涝、台风防御实战中发挥了重要作用，“防汛防台在线”被评为数字政府系统最佳应用，“安全码”应用在全国推广。推进“极端天气灾害短临预警在线”试点，率先在临安、富阳、黄岩等地实战应用。加强森林防灭火数字化应用，建成“省森林防灭火在线”和“省静止卫星林火监测系统”。开发“紧急信息一网汇聚、态势分析一图研判、应急资源一键调度、力量投送一码通行、现场救援一体指挥、复盘评估一表对标”等“六个一”通用模型，上线“突发事件应急处置和救援在线”，并逐步拓展应急处突场景。

（二）打造社会共治格局

组织各级各部门集中学习观看《生命重于泰山——学习习近平总书记关于安全生产重要论述》电视专题片；实施百万员工安全大培训，全省完成培训 148 万人。开展“安全生产月”、森林防灭火宣传日、全国防灾减灾日等主题宣传活动，举办首届“最美浙江人 · 最美应急人”发布仪式，深化安全宣传“五进”活动。出台《浙江省安全生产社会化服务机构管理办法》，健全社会化服务监管平台，为 1224 个小微企业园、25.1 万家企业提供社会化服务；推进实现八大高危行业安全生产责任保险投保全覆盖。

（三）建强基层应急体系

出台《关于深化应急管理综合行政执法改革的实施意见》，推动应急管理行政执法纳入全省“综合执法+专业执法+联合执法”体系，组建市县两级应急管理综合行政执法队伍。持续落实《关于加强基层应急管理体系和能力建设的指导意见》，全省乡镇（街道）应急管理站和消防工作站一体化建设完成率达 80.9%，1363 个乡镇（街道）完成应急管理站设置或挂牌。

第十二章 安徽省应急管理工作

2021年，安徽省应急管理系统坚持以习近平新时代中国特色社会主义思想为指导，深入学习贯彻习近平总书记关于应急管理重要论述和考察安徽重要讲话指示精神，坚持人民至上、生命至上，统筹发展和安全，突出防范化解重大安全风险，深化安全生产“铸安”行动，狠抓责任措施落实，强化治理整顿，着力提升自然灾害防御水平，推进应急管理体系和能力现代化，全力以赴防范化解重大安全风险，全省安全生产形势总体稳定。

一、安全生产和消防安全

（一）压紧压实责任

“‘铸安’行动”写入安徽省第十一次党代会报告，“安全生产责任落实”纳入安徽省政府“重大决策部署贯彻落实”考核事项。省委常委会会议、省政府常务会议多次研究部署安全生产工作，省政府与各市、省直有关单位签订安全生产目标管理责任书。省安委会制定2021年度省政府领导班子及成员安全生产重点工作清单。省安委会办公室发出事故通报8次，对9起较大事故进行调查，对11起事故进行挂牌督办，对17家生产经营单位进行联合惩戒，对3个市负责人进行安全生产约谈。

（二）开展专项整治

推进安全生产专项整治三年行动，全省各级各有关部门和单位出台制度措施1434项，成立检查组14.3万余个，督导检查46万余次，检查生产经营单位106万余家次，排查隐患169万多项，责令停产整顿企业3633家，关闭取缔企业1466家。开展“防风险、保平安、迎七一”安全风险防范、安全风险隐患大起底大排查大整改专项行动，全力做好重点时段安全防范。吸取典型事故、事件教训，开展城镇燃气、水上运输和渔业船舶、城市轨道交通等专项整治。

（三）强化执法监管

出台应急管理综合行政执法改革实施方案，制定具体落实举措，强化基层执法力量建设。制定实施年度执法计划、安全生产分类分级执法指导意见，开展“双随机、一公开”执法检查、行政执法案卷“四查”活动和执法监督，对执法行为进行“回头看”。加强行刑衔接，严格执法监管。全省应急管理部门检查生产经营单位14582家，查处违法违规行为55522项。

（四）推进消防安全

成功举办全省首届消防行业职业技能竞赛。统筹资源完善山岳、地震等五大专业技术培训体系，持续建强高层地下、石油化工等攻坚专业队伍。接警出动9.3万余起，成功处置合肥“4·21”立方制药厂仓库火灾、宣城“7·12”甲醛槽车泄漏事故等急难险重任务。组织消防救援力量援豫抗洪救灾，营救遇险群众4070人。挂牌督办50处重大火灾隐患并全部整改完毕。创新推广“一镇一委一站”模式破解基层消防管理难题，1.8万家重点单位全部完成“五实N岗”达标创建。全年火灾起数和亡人数同比分别下降 7.8% 和 13.2%。落实专项经费 11.2 亿元，新购置配备各类消防车 416 台、高精尖器材装备 4.4 万件（套）；开工、改建消防站 61 个、训练基地 9 个。省级应急救援综合训练基地正式招标开工，国家山岳救援黄山大队等重大项目建设顺利推进。

二、防灾减灾救灾

深入学习贯彻习近平总书记关于防灾减灾救灾和提高自然灾害防治能力的重要论述，贯彻安徽省委防范重大风险“1+9+N”方案体系，落实自然灾害防治工作厅际联席会议机制，每月会商研判自然灾害重大风险，提醒加强风险防范，强化自然灾害重大风险应对处置。

完善防灾减灾救灾、防汛抗旱、森林草原防灭火、抗震救灾工作机制。推进自然灾害综合风险普查，完成第一次全国自然灾害综合风险普查试点任务，全面展开普查调查工作。加快实施地震易发区房屋设施加固工程，开展城乡建筑、生命线工程等设施抗震性能摸底和鉴定，推进 1∶5 万地质灾害风险调查评价工作。及时发布洪涝灾害、地质灾害、雷雨大风、高温干旱、寒潮等各类灾害预警，向各级、各有关部门提出明确的防范重点和要求，强化会商研判、应急处置。根据灾害情况及灾害发展趋势，及时启动救灾应急响应，派出工作组赶赴一线查看灾情，指导救灾工作，及时下拨救助资金和救灾物资，保障受灾群众基本生活，有力有效应对处置 2021 年发生的洪涝、台风等 14 起自然灾害。特别是梅雨期，安徽省遭受 14 轮强降雨和台风“烟花”袭击，降水极端性强，23 条中小河流（湖泊）发生超警戒洪水，全省上下坚持人民至上、生命至上，采取压紧压实防汛责任、强化力量物资准备、加强监测预警、密集会商研判、开展避险除险抢险等有力措施，平稳度过“七下八上”主汛期，确保了人民群众生命财产安全。

坚持“细致、高效、托底”的原则，按照“明确任务、编制清单、半月调度”的工作机制，推进倒房重建修缮任务。稳妥有序推进冬春救助工作，坚持救助资金和救灾物资发放，向巩固脱贫攻坚任务较重的地区和重灾区倾斜，向低保户、留守老人、留守儿童、残疾人等特殊困难群体倾斜，发放冬春救助资金 21214.8 万元。下达农业排灌抗灾用电指标 2.35 亿千瓦时，在山区库区和行蓄洪区实施农村住房保险，赔付 1283.8 万元。

三、应急救援

建立由省委总值班室统筹，消防救援、应急管理、公安、卫健等部门组成的灾害事故信息互通共享、应对处置机制。制定灾害事故应急联动工作机制暂行规定，健全完善部门协同联动、重大灾害处置快速响应、抢险救援军地协调等工作机制，提高应急管理的整体性、协同性、专业性。修订印发安徽省突发事件总体应急预案和危险化学品生产安全事故、自然灾害救助、低温雨雪冰冻等专项应急预案。

实施应急救援基地和队伍共建项目，更新补充应急救援装备，提升骨干应急救援队伍能力。开展生产安全事故救援、防汛抢险、森林防火等实战化应急演练。实施抢险救援能力提升工程，建设省地质灾害应急救援中心、省水上救援基地，推进航空应急救援能力建设，争取 6384 万元中央自然灾害防治体系建设补助专项资金，建设自然灾害抢险救援基地。

完成省应急指挥协调能力提升项目初步设计，编制完成应急管理重点领域监测预警、抢险救援、指挥调度系统项目建议书、可行性研究报告，顺利通过全国“智慧应急”试点总结评估。健全应急物资保障体系，建立应急物资快速运输保障机制，推进救灾物资储备库建设，优化救灾物资储备库布局，加强基层备灾点建设，形成以中央库为核心、省级库为支撑、地方库为补充的救灾物资储备网络。

推动建立长三角区域地震应急协同、灭火救援联动协作、危险化学品道路运输联防联控机制，推动省际应急协作机制建设向市县扩展延伸，全省16个市、27个区县与相邻地区建立应急协作机制。推进长三角应急预案体系、区域应急指挥联动视频会商平台、信息共享平台建设。开展长三角区域森林火灾航空应急救援、森林防灭火应急演练，联合举办长三角国际应急减灾和救援博览会。牵头组建长三角区域应急管理专家库。常态化开展对标学习沪苏浙工作。

四、基础保障和能力建设

编制实施安徽省“十四五”应急管理体系和能力建设、安全生产、综合减灾救灾、应急物资保障、应急救援力量建设规划。推进应急管理法治化、制度化、规范化，《安徽省安全生产条例》《安徽省森林防火办法》等6部地方性法规规章列入安徽省“十四五”立法规划，有序推进《安徽省突发事件应对条例》修改，制修订完成《金属非金属露天矿山安全质量评审准则》等5个地方性标准。

实施安全技能提升行动，举办全省应急行业职业技能竞赛。举办提高抗御自然灾害能力专题培训班，常态化开展应急管理“大讲堂”，提升应急管理系统党员干部应急处突能力。扎实开展“安全生产月”活动，组织观看学习《生命重于泰山——学习习近平总书记关于安全生产重要论述》电视专题片1.3万余场。开展安全宣传“五进”工作，全省开展“五进”活动6800余场。制定普法责任清单，举办宪法法律法规知识测试和专题讲座，组织开展新《安全生产法》和《刑法修正案（十一）》专题宣讲。组织参加全国应急管理普法知识竞赛，在总决赛中获三等奖。

开展基层应急能力调研、座谈，推广典型经验和做法，提升基层应急管理能力。加强灾害信息员队伍建设，完善灾情统计报送管理体系，推进安全风险网格化管理，支持引导社区居民开展风险隐患排查和治理。落实安全生产举报奖励制度，发动全社会特别是企业一线职工举报安全生产隐患和安全生产违法违规行为，全年受理各类举报事项15539项、核查属实9443项、兑现奖励资金795万元，同比分别增长261%、155%和156%。开展综合减灾示范单位创建活动，创建国家级综合减灾示范社区60个，命名省级综合减灾示范社区100个。

第十三章 福建省应急管理工作

2021 年，福建省应急管理系统始终坚持以习近平新时代中国特色社会主义思想为指导，贯彻落实习近平总书记关于应急管理重要论述精神，坚持人民至上、生命至上，树牢安全发展理念，统筹发展和安全，防范化解重大安全风险，严密防范应对自然灾害，有效维护人民群众生命财产安全。全省亿元 GDP 生产安全事故死亡率同比下降 17.6%；有力防御 24 次自然灾害袭击，及时扑灭 44 起森林火灾、24 小时扑灭率 100%，无人员伤亡，实现“十四五”良好开局。

一、安全生产和消防安全

（一）责任持续压紧压实

省委、省政府严格落实“党政同责，一岗双责，齐抓共管，失职追责”，省委常委会会议、省政府常务会议和省政府专题会共 27 次研究部署应急管理工作，省委、省政府主要领导率先垂范，不折不扣落实安全生产责任制，分管省领导具体组织落实各项部署，全省各级安委会主任均由政府主要领导担任，各级党政领导干部安全生产责任制得到较好落实；省政府下达 2021 年度安全生产和消防工作目标责任，督促各级严格落实安全生产责任。对 31 个省单列考核单位开展年度考核，推动各部门严格落实“三管三必须”、认真履职、形成合力。组织 10 个省直部门分别包干各地区，组织 10 个省级指导服务组紧盯重点领域、对重点内容开展指导服务，督促各地补齐监管短板，对工作不力、不落实的地区及时提出整改意见建议。综合运用驻守督导、警示通报、挂牌督办、警示约谈等措施，强化综合监管。开展“室组联动”专项督查 6 个设区市，发出 6 份警示通报、11 份警示函，挂牌督办 14 起较大事故，约谈警示 17 个安全生产形势严峻的市、县（区），有效督促加强安全防范工作。

（二）综合整治取得实效

强化“两个根本”，聚焦“两个专题”“十个专项”，融合推进安全生产专项整治三年行动集中攻坚和各领域安全隐患大排查大整治工作，排查隐患 87.3 万项，责令停产整顿单位 5307 家、暂扣吊销证照企业 166 家、关闭取缔单位 2900 家。针对性部署“控事故、保安全、迎建党百年”安全生产集中攻坚和“严执法、强攻坚、促提升”专项行动，确保关键时段全省安全生产形势平稳。紧盯事故多发、风险集中的行业领域，部署开展 10 项安全专项整治，有效化解一批安全风险隐患。历来事故多发的建筑业事故死亡人数同比下降，非煤矿山、道路运输、渔业船舶、铁路运输等行业领域事故起数和死亡人数同比“双下降”，全省各重点行业领域未发生重大及以上事故。围绕确保“七一”、世界遗产大会、国庆、党的十九届六中全会和省第十一次党代会期间全省安全稳定，共安排 5 批次 26 个驻守督导工作组，强化安全责任和压力传导，督促各地落实落细安全防范措施。全省各重点时段均未发生较大及以上生产安全事故。

(三) 消防安全持续巩固

深化消防安全专项整治三年行动，组织开展20余个专项治理，全面建立“消地协作”机制，对全省127家危险化学品重大危险源企业开展2轮全覆盖交叉检查。将16项消防行政执法事项赋权乡镇(街道)；全省855个乡镇（街道）签订消防行政执法委托协议书，1054个乡镇设立消防工作站（所），782个乡镇派驻消防文员；新建消防站24个，完成106个消防站改造，全省10年以上旧站全部改造完成。完善灭火应急救援联动机制，组织开展跨区域、多部门、全要素联合实战演练，提升跨区域作战和保障能力。制定省级应急救援战勤保障方案，组建省市战勤保障队伍，构建完善新型战勤保障体系。全年全省消防救援队伍共接处警6.3万余起，营救疏散被困人员1.5万余人，抢救财产价值8.7亿元。

二、防灾减灾救灾

(一)“防”出新做法

开展灾害综合风险普查，制定自然灾害综合风险普查方案，举办风险普查工作培训班，组建技术专家组，争取中央补助资金4384万元，协调落实各级专项经费7.3亿元，完成3个县（区）试点调查工作。创新灾害预防工作，开展森林火灾整改情况“回头看”，推广以水灭火、源头管控、网格化监管等新做法，核查森林火灾84起，问责火灾相关人员206人。汛期前深入开展自然灾害风险隐患大排查大整治，累计派出工作组6416个，排查问题隐患6877项，修复水毁工程设施1060处。

(二)“减”出新机制

省应急管理厅和省消防救援总队、森林消防总队联动，实行森林防灭火共同值守和扑救联动快速指挥调度机制。完成应急救援领域财政事权和支出责任划分改革，形成依法规范、权责匹配、运转高效的省与市县政府事权、支出责任和财力相适应的制度。建立抢险救灾联络员机制，推动各级累计修订各类防汛预案1.73万个，推行五级灾害信息员队伍建设机制，提高灾害信息员因灾伤亡的理赔标准。

(三)“救”出新成效

加强防汛救灾工作，累计组织会商研判51次，启动应急响应14次，转移陆上危险区域和渔排上人员25.93万人次，组织渔船撤离进港避风4.43万艘次，下拨1.005亿元中央自然灾害救灾资金。加强冬春救助工作，下拨救灾资金和冬春救助补助资金2356万元，预拨省级政策性农村住房保费9405万元，调拨救灾物资三批次18191件。加强抗旱救灾，采取“引水、调水、抽水、送水、节水、增水”等方式加强用水管理；协调专家组下沉一线指导做好抗旱保供工作，争取中央抗旱补助资金500万元；协调气象部门抓住时机开展人工增雨作业865次，飞机作业2次，发射火箭弹1039枚，燃烧烟条1352根。

三、应急救援

(一) 指挥机制顺畅有序

调整充实省政府森林防灭火、防汛抗旱、抗震救灾等3个指挥部成员，细化明确机构设置、成员单位职责分工和议事规则、联络机制，全省森林防灭火、防汛抗旱指挥调度顺畅有序。建立救灾物资快速调拨配送协调机制、防震减灾和抗震救灾协同联动机制、防灾减灾救灾和应急联络机制，进一步提高信息共享和联动处突能力。持续推进应急指挥数字化进程，建成应急指挥信息网10个市级节点及省市通信链路、6个市级感知数据汇聚节点，进一步提升市级感知联网接入能力。

（二）预案演练扎实推进

印发《福建省应急管理厅突发事件内部工作应急预案（试行）》等7个内部应急预案和低温天气专项应急预案，制定防汛抗旱防台风等2个专项应急预案并报审。下拨180万元演练补助经费，开展7场防汛防台风、森林火灾扑救和地质灾害、矿山事故省市县联合应急救援演练，示范带动全省开展灾害避险逃生、自救互救演练15701场。

四、基础保障和能力建设

（一）强化规划制度建设

推动应急管理更好融入全省"十四五"规划，制定实施《福建省"十四五"应急体系建设专项规划》，明确5项主要任务，实施5项提升工程，引领福建省"十四五"应急体系建设。出台《福建省铁路安全管理条例》《福建省建设工程消防设计审查验收管理暂行实施细则》《关于推进安全生产分类分级监管执法的指导意见（试行）》《关于进一步推进安全风险分级管控和隐患排查治理体系建设的指导意见》《关于进一步发挥法治保障作用协同加强安全生产监管执法工作的实施意见》等新法规新制度，进一步规范安全监管。

（二）加快实施重点项目

加快省应急指挥中心、应急指挥综合平台和应急管理大数据平台建设。推动安全生产和防灾减灾救灾工程建设，完成372处省级重点道路隐患整治、186座公路危桥改造、1191.8公里农村公路安保提升；完成63家危险化学品企业自动化控制装备改造，建成71个救灾物资储备库、18970个自然灾害避灾点、1231个地震应急避难场所。完成28家列入城镇人口密集区危险化学品生产企业的搬迁改造工程、372处重点道路交通安全隐患路段整治，完成公路安保工程2731公里。

（三）提高数字支撑水平

构建数字化监测预警系统，初步建成危险化学品监测预警系统（二期）和非煤矿山（尾矿库）监测预警系统，持续扩展监测联网接入范围，累计接入全省129家危险化学品企业和10座尾矿库感知数据。积极对接应急管理部大数据应用平台，横向汇聚水利、气象等27家省直单位应急基础数据，数据量达15.7亿条，日增量约200万条。建成渔船动态监控管理系统和渔港视频监控项目、水利安全生产监管信息系统、房屋安全信息管理平台，不断提升信息化监管水平。

（四）落细落实宣传培训

健全宣传联动机制，打造全省首个应急类全媒体直播节目《前方高能》及"一市一主题""一地一特色"等主题宣传。策划特色宣传活动，开展新《安全生产法》宣传、"森林防火宣传月""安全生产月"等活动，推进安全宣传"五进"活动，共制作各类安全宣传产品93304部。组织观看《生命重于泰山——学习习近平总书记关于安全生产重要论述》电视专题片13527场，共1060743人次参与。强化公众安全宣传，制作分发《福建省家庭应急知识手册》《福建省自然灾害科普手册》4000册，音频产品覆盖全省130万听众，浏览量超过140万次。推动高危行业安全技能提升，组织全省高危行业企业主要负责人、安全管理人员、特种作业人员142964人参加计算机理论考试，完成全省应急管理系统400人行政执法培训考试。

第十四章 江西省应急管理工作

2021年，江西省应急管理系统深入学习贯彻习近平总书记关于应急管理重要论述，坚持人民至上、生命至上，统筹发展和安全，以防范化解重大安全风险为主线，全力以赴遏事故、减灾害、强应急、保民生、护安全、促发展，为庆祝建党百年创造安全稳定环境。

一、安全生产和消防安全

（一）始终坚持高位推动

省委、省政府高度重视安全生产，省委常委会会议、省政府常务会议多次研究部署，带头学习《生命重于泰山——学习习近平总书记关于安全生产重要论述》电视专题片，省人大常委会开展“治超”专项视察。省委、省政府主要领导2次同时出席安全生产重要会议，多次批示指示、深入一线指导。省政府所有领导4次同时出席有关会议，认真履行省安委会主任、副主任和专委会第一主任职责，全过程指导，各级党政领导均带头推动各项责任措施落实。

（二）全面压实各方责任

省安委会对5个设区市及赣江新区开展安全生产专项巡查，延伸至40个市直部门、49个县（区），同步对其他6个设区市综合督查，强化领导责任落实。省政府向各地各部门下达安全生产责任书，修订安全生产工作职责暂行规定，压实部门监管责任。分级与6040家企业主要负责人谈心谈话，推动安全生产主体责任落实。省安委会印发《安全生产挂牌警告管理暂行办法》《安全事故查处挂牌督办工作规程》，省政府对有关设区市政府提级约谈、黄牌警告，对66起事故挂牌督办或提级调查，对2起较大交通事故现场督导；省纪委、监委、宣传、应急等部门联合印发《江西省自然因素引发的重大事故调查协作配合办法》，严格责任追究，加大追责问责力度。

（三）集中开展整治攻坚

全面打响安全生产专项整治三年行动“十大攻坚战”，全年“回头看”重大安全风险点6345处，全部管控到位；排查整治隐患72.29万项，其中重大隐患234项；关闭煤矿3处、非煤矿山51座，销号尾矿库60座，整顿退出烟花爆竹生产企业189家、铝加工企业2家，注销危险化学品安全生产许可证59家；推动1035家企业改造升级，完成99个开发区整体安全风险评估，省级层面106项、市级1067项攻坚任务清单全部完成。

（四）强化安全风险防控

省政府修订《安全生产事故隐患排查治理办法》《合用场所消防安全治理规定》，省安委会出台交通运输、建筑施工领域安全生产高质量发展“50条”“40条”意见等。全面启动“六个强化”安全特护措施，执行“两岗三班”值班制度，落实“三个一律”要求。年初开展集中治理专项行动，10月起开展“打非治违”百日行动，坚持线上和线下、明查和暗访相结合，突出打击无证、无资质、证照不全或过期等15类非法违法行为。全年检查生产经营单位26.38万家次，责令停产整顿3361家，暂扣吊销证照102家，关闭取缔258家，移送司法机关245人，联合惩戒510家。

（五）扎实抓好消防安全

出台《江西省消防安全责任制实施办法》和《江西省“十四五”消防救援事业发展规划》，将3项消防行政执法权限赋予乡镇，在9个设区市试点成立乡镇消防所或消安委。省消安委发送提示建议函500余份、组织约谈50余次，推动13个省直部门开展行业标准化管理。省消防救援总队联合省公安厅出台火灾调查协作规定，全面强化“双随机、一公开”监管和承诺制管理、信用监管、“互联网+监管”等。开展防盗窗（网）、大型综合体等20余个专项治理，累计检查单位235.5万家，督改隐患129.9万项。首推“文明实践+消防”，培训准消防员176万名。融入“物联江西”战略，建成市级以上“智赣119”平台15个，实现30万余家社会单位在线监测。

二、防灾减灾救灾

（一）突出综合防灾减灾

统筹推进自然灾害防治能力九项重点工程建设，强力推进自然灾害综合风险普查，大余、兴国2个试点县普查任务基本完成，应急、自然资源、交通、水利、林业、地震、气象7个行业调查任务全面完成。坚持综合风险会商，省减灾办定期组织涉灾部门联合会商，针对性研判形势、研究措施，编制12期月度风险分析报告。规范监测预警，出台自然灾害监测预警制度，制定管理细则，推动预警信息准确、权威、统一发布。持续创建综合减灾示范单位，联合气象、地震等部门共同部署、督导、核查，全年共创建省级示范县1个、示范乡镇15个、示范社区80个。

（二）有力防范应对灾害

持续完善防汛抗旱、森林灭火、抗震救灾等工作规则和部门分工协同机制，科学构建提前启动响应、转移群众、预置力量、救灾救助等工作机制。坚持省领导防汛抗旱包片分工责任制，强化隐患排查、物资储备、队伍落实、培训演练等汛前准备。针对10轮强降雨过程，启动省级防汛Ⅳ级响应2次，转移避险安置9.8万人次，洪涝灾害实现无人员伤亡、无重大险情。持续开展森林防火平安春季和野外火源治理、查处违规用火和林区输配电设施火灾隐患排查治理等专项行动，推动林火视频监控升级改造和生物防火林带建设，加强火险管控、火情监测和火灾处置，成功扑救森林火灾50起，火灾起数、过火面积和受害林面积同比分别下降12.3%、17.7%和25.9%。统筹应对低温冰冻、风雹、雷电、干旱、地震和地质灾害等过程，最大限度减少人员伤亡。

（三）一体推进救灾救助

坚持“防抗救”一体化推进，巩固灾情管理体系，拨付省级应急管理专项资金442.6万元，支持59个县（区）灾害信息员补助；健全应急物资储备体系，在偏远山区和多灾易灾乡镇设置1002个储备点（库），印发家庭应急物资储备建议清单；联合财政部门印发集中安置点规范化建设指导意见。针对灾情形势，启动省级救灾Ⅳ级响应1次，及时下拨中央和省级冬春救助资金2.6亿元、物资4万件（套），保障群众基本生活，并向上饶、南昌、鹰潭等地调拨物资1.4万件（套），支持疫情防控工作。优化政策性农房保险市场布局，协调住建部门将30户“六类对象”纳入农村危房改造，提前完成全省1017户因灾倒损房重建维修任务，确保群众安全温暖过冬。

三、应急救援

（一）加强应急预案管理

省政府修订印发突发事件总体应急预案和森林防灭火等专项预案，省政府办公厅发文明确各级各部门预案修编和管理责任。省应急管理厅组织救援协调和预案管理业务培训，制定灾害事故应急预案，推动构建各灾种应急响应工作手册体系。常态化组织事故处置、抗洪抢险、森林扑火、航空救援等实战演练，省防指采取桌面推演和视频录播方式全流程复盘，开展鄱阳湖流域超历史大洪水防御演练；省应急管理厅多次开展航空应急救援综合演练。

（二）加强救援力量建设

统筹各类应急力量建设，重点加强政府专职和志愿消防员队伍建设；推进专业森林消防队建设三年行动，统一制式服装和教育训练大纲，持续开展大练兵大比武活动，31 支队伍新（改）建营房，配发指挥、运兵等车辆 134 辆；组织社会应急救援力量骨干集训，省应急救援医疗保障基地授牌，方舱式移动指挥车、长航时无人机、大型排涝车等高精尖装备列装，为中国安能配置动力舟桥等 21 类抢险救援装备。特别是推进航空应急体系全国试点建设，基本完成“六大体系”、18 项任务，靖安专用机场一期主体工程竣工，初步形成覆盖全省、辐射周边的航空应急救援能力。

（三）强化突发事件处置

针对河南郑州等地特大暴雨灾害，抽调精干力量，携带大型排涝车、便携式排水单元和指挥保障车辆，组建跨省专业救援队伍，分两批次赴豫支援，圆满完成各项抢险排涝任务。积极指导应急救援，参与“3·1”吉安飞机坠毁事故、“5·26”黎川县福山源水库渗水、“11·22”南昌白马庙制药厂职工宿舍坍塌事故等突发事件处置。加强安全防范和应急处置，扎实做好省委十四届十三次全体（扩大）会议、省第十五次党代会和第二届鄱阳湖国际观鸟周等重大活动安保维稳，其间未发生较大及以上事故。

四、基础保障和能力建设

（一）持续深化改革创新

组织召开全省应急管理事业改革与发展工作推进会，发布纪实片、举办图文展，全面总结机构改革以来积极成效。深化事业单位改革试点，加强科学研究、宣传教育、应急保障、监测预警、减灾备灾、航空救援、靖安机场等支撑保障机构建设。各市、县（区）组建综合执法队伍，明确 5 项县级行政权限赋予所有乡镇（街道），2 项赋予经济发达乡镇（街道）。

（二）推动应急体系建设

省政府印发“十四五”应急体系规划，省应急管理厅联合省发展改革委印发安全生产和综合防灾减灾规划，印发应急物资保障和应急管理装备、应急管理信息化、应急救援力量建设等规划，形成江西省应急管理领域“1+2+3”规划体系。省委、省政府出台加强基层应急管理体系和能力建设的意见，明确乡镇（街道）承担应急管理工作的机构，“多员合一”推进综合性网格队伍建设，创新推动“党建+应急管理”试点，着力打通应急管理“最后一公里”。

（三）全面加强科技支撑

深化科技强安专项行动，打造 2 家省级重点实验室，建立 17 类专家库，建成应急管理综合应用平台、应急指挥系统、省域贯通的信息专网和集 5 种形式于一体的融合通信平台；全省 193 家四级以上危险化学品重大危险源、491 家烟花爆竹生产企业、101 座尾矿库和所有在生产煤矿实现线上监测预警，安全生产监管信息系统注册企业 1.72 万家，常态化自查自报自改隐患 135 万余项，全面推行“互联网+执法”，推动企业生产电力监测预警和避险转移安置“一张图”等试点建设。

（四）强化宣传教育培训

精心组织“安全生产月”、全国防灾减灾日、“森林防火宣传月”“平安校园创建”和“119”消防宣传月等主题宣传，推进安全知识“五进”活动，加强各类资源对接，建立网站、微博、微信公众号、抖音等全媒体平台。国家安全生产应急救护（瑞金）体验中心建成投用，完成九江危险化学品实操培训基地规范提升，建成南昌、新余 2 个冶金煤气实操培训基地，举办党政领导干部应急管理研讨班等 19 个培训，强化高危行业从业人员培训考核，培训“三项岗位人员”和新员工 24 万人次。

第十五章 山东省应急管理工作

2021年，山东省应急管理系统坚持以习近平新时代中国特色社会主义思想为指导，坚决贯彻落实习近平总书记关于应急管理重要论述，综合施策、强力攻坚、开拓创新，统筹抓好安全生产、自然灾害防治、应急救援能力建设，全省事故起数、死亡人数、灾害损失均实现较大幅度下降，森林防火、防汛抗洪、灾害防御工作取得近十年来最好成效。

一、安全生产和消防安全

（一）完善安全生产责任体系

省委、省政府坚持顶层设计、系统谋划、高位推进，推出20项创新举措，切实压实党政领导责任、部门监管责任、企业主体责任，提升本质安全水平。各级党委政府明确党政领导干部安全生产职责，出台领导干部年度重点工作清单。省、市、县进一步明确部门安全生产工作任务分工，实现部门、行业领域全覆盖。印发《山东省党政领导干部安全生产责任追究办法（试行）》，建立量化问责制度，全面加严责任追究标准。印发《山东省生产经营单位全员安全生产责任清单》，督促指导87.5万家企业完成责任清单修订工作。

（二）狠抓安全隐患排查整治

扎实推进安全生产专项整治三年行动，制定问题隐患和制度措施“两个清单”。组织开展拉网式、起底式安全生产大排查大整治，排查整改隐患430万项，基本实现对所有生产经营单位和从业人员“两个全覆盖”。非煤矿山领域，烟台市实施关闭一批、整合一批、提升一批，将126个矿权压减到63个，全省清理退出外包施工队伍148家。危险化学品领域，加强重点危险工艺自动化改造，开展重大危险源督导检查和大型油气储备基地安全风险评估，排查整改隐患12.4万项。工贸领域，组织专家持续开展金属冶炼、深井铸造、涉爆粉尘等重点企业隐患排查，指导企业加快双重预防体系建设。印发《关于“四位一体”深入推进安全生产专项整治三年行动的意见》，坚持安全生产与干部作风建设、惩治腐败、扫黑除恶“四位一体”推进。

（三）加强重点行业领域安全防范

充分发挥山东省政府安委会办公室牵头协调作用，聚焦海上安全、渔业船舶、城镇燃气、涉农车辆、道路交通等高风险领域、事故多发行业，积极协调沟通，及时组织专题研究，推动制定落实针对性防范措施。强化事故风险预警，8次向有关市政府下达《安全生产警示告知书》，每月发布近年来全省同期事故警示案例。

（四）创新安全生产监管方式

常态化开展安全生产专项督导，推动安全生产政策措施落地落实。对生产企业实行“点穴式”派驻监督，组织14个部门向9807家重点监管企业派驻监管人员和专家10871人。开展企业安全生产大诊断行动，组织国家级专家团队诊断企业1363家，帮助企业查找工艺、技术等深层次隐患4.9万项，逐一提出治理方案。

加强社会监督，印发《山东省安全生产举报奖励办法》，细化举报奖励情形，大幅提升奖励额度，接办举报案件 6153 件，兑现举报奖励 215.3 万元，单笔最高奖励 32.9 万元。印发《山东省生产经营单位安全总监制度实施办法（试行）》，建立安全总监的委派和双重领导制度。全省 9532 家企业实现安全总监应配尽配。

（五）加大安全生产严惩重罚力度

出台《山东省安全生产异地执法常态化工作方案》，开展安全生产执法百日攻坚集中行动暨“回头看”督查，开展全域性异地执法、区域性异地执法、示范式异地执法和帮扶式异地执法，实施“启动会+现场执法检查+沟通会+总结会”“企业负责人+安全管理人员+岗位员工全过程在场”“执法+专家”的三位一体执法模式，查处违法行为 48.1 万项，立案 3.2 万起。健全跨部门联合执法机制，印发《关于深化应急管理综合行政执法改革的实施意见》，密切行刑衔接，应罚则罚、应刑则刑，办理行刑衔接案件 26 起，追究刑事责任 21 人。

（六）强化安全生产教育培训

开展企业全员安全生产“大学习、大培训、大考试”专项行动，8.5 万余家企业、335 万余人参加，培训考核“三项岗位人员”80 万余人。建立事故现场警示教育制度，对发生的亡人事故，分级别、分行业组织召开警示教育现场会，现场宣布行政处罚或追责问责决定，推动相关地方、部门和企业从思想深处受到警醒。建立企业开工安全生产“第一课”制度，组织企业主要负责人讲安全，2446.7 万人次企业职工接受安全教育。

（七）提升本质化安全水平

进一步完善危险化学品监测预警系统，完成危险化学品三级、四级重大危险源企业储存单元（储罐区）感知数据和报警信息接入，实现政企联动、闭环管理，2021 年企业报警数量降低 72%。在临沂市开展“电眼工程”试点工作，在全省推广建设企业安全生产用电监测分析系统。实施“工业互联网+安全生产”行动计划，出台推进“机械化换人、自动化减人、智能化无人”工作指导意见。

（八）扎实推进消防安全工作

省政府部署开展消防工作“全面发展年”活动，统筹推进消防安全专项整治三年行动，召开深化“生命通道”治理、大型商业综合体示范创建、农村消防工作现场会，开展消防安全大排查大整治、“合用场所”整治、“专家查隐患”等专项治理，通过设立消防工作站、增加人员事业编、建立“警消协作”机制等强化基层消防监管。全省消防救援机构全年共检查单位 25.6 万家，督改隐患 28.4 万项，圆满完成建党 100 周年庆祝活动等重大安保任务。全省全年接处警 13.3 万起，抢救被困人员 1.8 万人，积极参与处置系列灾害事故，在省内防汛及增援河南抗洪多线作战中作出积极贡献。出台《山东省“十四五”消防事业发展规划》，全省消防救援队伍地方经费总量达 51.3 亿元，同比增长 8.8%。实体化运行自然灾害、海洋灾害、危险化学品事故灾害和森林火灾 4 个省级区域应急救援中心，全省建成森林消防大队 8 个、中队 64 个，83 个已投产化工园区全部建成特勤消防站。

二、防灾减灾救灾

（一）全力以赴防汛抗洪

健全联合值班值守和会商研判机制、风险隐患清单化管理机制、区域防汛抗旱协调联动机制、精准定向提示机制、防汛救援队伍物资保障机制。成功抗御强台风“烟花”，有效防范16轮强降雨过程，全省大中型水库、重要湖泊、骨干河道无一发生重大险情，无一人因洪涝灾害伤亡，实现了“有大汛、无大灾”。

（二）全力防范森林火灾

压紧压实森林防灭火责任，落实全省十大重点林区保包督导单位，开展森林防火宣传“五进”活动，加强森林火情预警监测，实行防火期联合值班值守、火灾信息共享和联合协同处置。全年未发生过夜火和较大及以上森林火灾，无人员伤亡。

（三）全力应对极端天气

建立极端天气应急处置机制，明确责任分工、细化响应情形，完善会商研判、预警预报、应急处置等应对措施，先后10次对极端寒潮、大风降温等极端天气防范应对作出安排部署。组织开展2008年低温雨雪冰冻灾害复盘，研究制定冬季防范应对工作措施。创新预警手段，建立绿色通道，利用手机短信分区域发布预警信息20.6亿人次。

（四）全力做好综合减灾救灾工作

发挥省减灾办牵头作用，强化工作调度推进，落实建设资金706亿元，完成一批重点工程建设。全力推进自然灾害综合风险普查，探索形成全国普查工作“岚山经验”和市级普查“日照模式”“滨州模式”。建立五级灾害风险隐患报送体系，明确灾害风险信息员9.5万名。建立完善灾后恢复重建机制，因灾倒损民房恢复重建开工率100%、竣工率100%。完成年度冬春救助工作，投入冬春救助资金1376万余元，救助8.16万人。

三、应急救援

（一）强化指挥中枢作用

持续推进各级应急指挥中心建设，不断完善硬件设施，研发部署综合指挥调度信息系统，实现重点行业领域信息系统和视频图像系统应接尽接，省、市、县全部配备指挥车、单兵、布控球等灾害事故现场设备，不断提升突发事件信息获取、指挥调度、视频会商、辅助决策能力。

（二）健全应急力量体系

持续推进5个省级区域性应急救援中心建设，新招录救援人员558人。建成覆盖防汛抗旱、矿山钻探等10个领域的专业救援队伍35支。健全航空救援体系，实现全省范围内30分钟飞行时间全覆盖。推广济宁市加强基层应急能力标准化建设做法，全省建成镇级救援站1372个、村级救援站3376个。引导扶持社会救援力量不断发展壮大，社会救援力量达到2323支6.8万余人。

（三）提高联合作战能力

印发《山东省突发事件总体应急预案》，开展省级应急演练14次，拉动各类救援队伍156支4600人。健全日常联勤、协同响应、应急联动机制，强化联调联战，将847支救援队、4748个救援站统一纳入调度指挥平台。

四、基础保障和能力建设

（一）加强法治化建设

出台《山东省生产安全事故应急办法》，修订《山东省安全生产条例》《山东省生产安全事故报告和调查处理办法》《山东省安全生产行政责任制规定》《山东省生产安全事故隐患排查治理办法》，将事故隐患直报、提级调查、部门任务分工等多项制度成果上升到规章层面。建立安全生产审批与监管工作衔接机制，推进审管“双推送、双回路”，实现事前、事中、事后全链条监管。

（二）完善协调联动机制

山东省应急管理厅加挂省政府安委会办公室牌子，增设巡查督查处、非煤矿山处，安委会办公室实体化运转取得实质性进展。建立对外协调工作机制，组建对内联动工作专班，实行厅领导挂帅、扁平化和模块化管理，更好发挥省委、省政府议事协调机构作用，推动构建“全灾种、大应急”工作格局。加强与解放军、武警部队信息交流共享，向省军区、武警山东总队发送值班快报 365 期，及时通报突发事件应对处置情况。

（三）提升应急物资保障水平

成立省应急物资保障工作领导小组，加强应急物资统筹管理，完善储备、调拨、运送等协调联动机制，实物储备生活类救灾物资 282 万件。加强救灾物资社会化储备，实现 24 小时内可保障 5 万人饮食需要，48 小时内可保障 10 万人饮食需要。

（四）加强新闻宣传

与新华网、人民网、应急管理报、山东广播电视台等主流媒体保持紧密合作，不断优化专题专栏，创新栏目宣传内容，做到一稿通发。加强政务新媒体平台推广管理，深入开展信息发布、政策解读、预警预报工作，“山东应急管理”微信关注量达到 180 万人。

第十六章 河南省应急管理工作

2021 年，河南省应急管理系统深入学习贯彻习近平总书记重要指示批示和视察河南重要讲话精神，始终坚持人民至上、生命至上，统筹发展和安全两件大事，全力抓好特大洪涝灾害应对，扎实推进安全整治集中攻坚，持续强化应急体系和能力建设，积极服务保障现代化河南建设大局。坚持底线思维，保持警醒忧患，加强风险监测预警，完善指挥制度机制，开展预案修订演练，快速有效应对各类自然灾害。

一、安全生产和消防安全

（一）坚决贯彻落实习近平总书记重要指示精神

组织各级党委（党组）观看《生命重于泰山——学习习近平总书记关于安全生产重要论述》电视专题片，组织开展党政领导干部和企业负责人宣讲谈心，推动安全发展理念入心入脑。深入开展义马气化厂“7·19”重大爆炸事故以案促改“回头看”，复盘近年来典型事故和救援案例，加强警示教育，规范程序流程，切实增强安全意识，强化风险防控。

（二）健全完善安全生产责任制

提请省委、省政府出台《关于进一步落实最严格安全生产责任的决定》《加强安全生产责任落实若干制度》《河南省安全生产职责清单》和党政领导分管领域“三管三必须”工作方案。

（三）扎实推进三年整治攻坚

健全完善问题隐患、制度措施、攻坚任务“三项清单”，组织对 262 项重点任务实施集中攻坚。全省共检查企业（单位）146.4 万家，排查隐患 264.5 万项，其中重大隐患 713 项，停业整顿 2 万家，约谈警示 4.1 万家，联合惩戒 2596 家，暂扣吊销营业执照 1986 家。

（四）全面深化重点领域执法整治

推进危险化学品分类整治，组织危险化学品重点人员学历提升行动和精细化工企业“四个清零”、大型油气储存基地和化学品储罐区风险评估、打击非法违法“小化工”等专项整治，对 47 家化工园区进行整治提升，专项检查重大危险源 944 处。推进非煤矿山减量提质，全面淘汰国家规定的 28 项落后工艺及设备，关闭退出不符合安全条件矿山 44 座，完成采深 800 米以上等三类高风险矿山安全技术会诊。聚焦钢铁、铝加工（深井铸造）、高温熔融、粉尘防爆、液氨制冷、有限空间作业集中攻坚，推动企业风险防控能力和本质安全水平持续提升。

（五）积极推进双重预防提质扩面

将“五有”标准细化为 16 个方面 57 项措施，推动 23 个行业领域规模以上企业真建真用，积极向小微企业延伸覆盖。突出抓好产业集聚区双重预防体系建设，180 家产业集聚区双重预防实现全覆盖，3 万多家规模以上企业建成“一企一码一档”。

（六）扎实做好重点时段和灾后重建安全

围绕春节、全国两会、“七一”、中

秋、国庆、省党代会等重点时段，持续加大监管执法和督导检查力度，确保重点敏感时段安全稳定。全面贯彻省委、省政府“七抓七防”要求，组织 9 个督导组下沉一线，指导各地加强集中安置点、倒损房屋重建和企业复工复产安全防范，有效避免次生衍生事故。

（七）扎实推进消防安全工作

省政府印发《河南省“十四五”消防事业发展规划》。省政府部署开展乡镇（街道）专职消防救援队、消防安全服务中心（一队一中心）建设，全省建成乡镇（街道）消防安全服务中心 2555 个、全国重点镇专职消防救援队 144 个。深入推进消防安全专项整治三年行动，开展高层建筑、“九小”场所沿街门店、仓库老旧厂房改建人员密集场所、易地扶贫搬迁、密室逃脱、集中承租住房等消防安全治理，全省消防救援机构共检查单位 53.9 万家，督改隐患 95.8 万项。固化 5 月火灾警示月和每月 25 日隐患曝光制度，每周向全省 1.08 亿手机用户推送火灾防范提示，开展各类专题活动 3.9 万场次。修订《河南省火灾事故救援预案》，出台《河南省消防救援联动工作规则》。扎实开展全员岗位大练兵，开展作战训练安全专项整治。针对郑州“7·20”特大暴雨侵袭，第一时间跨区域调派消防救援力量，共营救被困人员 41167 人，转移遇险群众 93913 人，排水排涝 1171 万吨，转运物资 218 吨。全省建成各类消防队站 34 个、训练塔 12 个、室内训练馆 7 个，完成 19 个老旧队站改造任务。新购消防车 107 台，新购各类器材装备 50.6 万余件（套）。

二、防灾减灾救灾

2021 年 7 月中下旬以来，河南省发生严重暴雨洪涝灾害，多地过程降水量超过 1000 毫米，郑州突破我国内陆地区小时降水量历史极值，黄河花园口站连续 24 天保持每秒 4800 立方米大流量行洪状态，全省 2407 万人受灾。省应急管理厅调派 11.8 万人、8000 余台（套）装备投入抗洪抢险救援，果断处置郭家咀、常庄、五星等水库和卫河、共渠、贾鲁河等流域重大险情，启用崔家桥等 8 个蓄滞洪区，紧急避险转移 160.7 万人次，紧急转移安置 224 万人次。

及时举办南水北调中线穿黄工程防汛抢险综合应急演练，全省共举办防汛抗旱培训 793 次、演练 1676 次，预置防汛抢险队伍 148 支。针对 2021 年严重秋汛，果断延长汛期，及时启动黄河防汛应急响应，组织沿黄市县奋战 55 天，实现黄河 3 次洪峰过境“不漫滩、不跑坝、不决口”，确保了黄河秋汛洪水防御的全面胜利。

坚持将灾后恢复重建作为重大政治任务和民生民心工程，对 2600 个集中安置点实行县级领导分包、乡镇干部驻点，确保群众转移安置安全有序。积极做好应急期救助、灾情核查统计和政府帮建农户认定，组织对 10.85 万名因灾房屋倒损群众实施过渡期救助。积极争取支持，累计下达中央和省级救灾救助资金 72.54 亿元、捐赠款物 97.38 亿元，下拨救灾物资 41.84 万件（套），全力支持地方救助。及早将 4 万件防寒衣被下拨受灾地区，快速下拨中央冬春救灾资金和省级财政匹配资金共 8.54 亿元，确保受灾群众和困难群众温暖过冬。

修订完善森林火灾应急预案和森林火情热点核查处置办法，组织开展森林火灾隐患排查治理和安全警示教育，培训市县森林防灭火机构人员，开展森林防灭火工作督导。2020—2021 年紧要期全省森林火灾起数和受害森林面积同比分别降低 70%和 68.5%。建立应急管理部门和地震机构协作联动机制，构建完善全省地震应急预案体系，及时对 9 起地震事件进行研判处置。加强山区地质灾害监测，排查隐患点 3.7 万次，发布灾害预警 22.9 万条，处置崩塌、滑坡、泥石流等地质灾害 743 起，紧急避险转移 38427 户、116256 人。

三、应急救援

（一）加强综合减灾能力建设

认真开展全省第一次全国自然灾害综合风险普查，如期完成 5 个国家试点普查工作和全省应急领域风险普查清查任务，建立全省自然灾害综合风险基础数据库，洛阳、平顶山、濮阳、许昌、三门峡等地行动迅速、成效明显。指导开展城市安全风险综合监测预警建设，洛阳市入选国家试点。

（二）认真编制应急管理规划

组织编制河南省“十四五”应急体系和本质安全能力建设规划，谋划应急救援、应急保障、灾害预防、智慧应急等能力提升工程。组织编制河南省应急能力提升专项规划，规划总投资 106.7 亿元的 6 类工程项目。

（三）推进应急预案体系建设

修订《突发事件总体应急预案（试行）》《防汛应急预案》，组织编制《河南省防汛应急指挥手册》《河南省防范低温雨雪冰冻灾害应急预案》《应对极端情况下森林火灾应急预案》等，全省备案应急预案 23612 个，建立军地联修、联通、联训、联动“四联”机制，初步形成航空救援体系和应急力量快速投运机制。

（四）加强应急救援力量建设

加强省级区域应急救援基地建设，对 7 个省级区域性应急救援基地和 27 支省级骨干专业应急救援队伍进行命名，确立省、市、县级骨干队伍 231 支，组织开展航空救援和危化救援实训演练，救援队伍技战术水平得到提升。

四、基础保障和能力建设

（一）加强基层应急能力建设

提请省委、省政府印发《关于加强基层应急管理体系和能力建设的意见》，选取试点县（市、区）先行先试、示范带动，召开全省基层应急管理能力和体系建设现场推进会，推出先进典型。全省 1977 个乡镇（街道）成立应急管理委员会，2306 个设有应急管理站所，1586 个设立专职救援队，1179 个建成投用应急指挥终端，设立乡级物资储备点 2867 个；近 4 万个行政村（社区）设有村级安全劝导站，明确安全劝导员 11.8 万名、灾害信息员 5.5 万名，设立村级物资储备点 2.9 万个。

（二）深入推进应急宣传教育

加快推进应急广播体系建设，发布十大“应急安全公益大使”和“网络应急推介官”，制作发布“安安全全”卡通科普系列漫画和视频，组织开展全国防灾减灾日、“安全生产月”和“119”消防宣传月系列活动，扎实推动应急宣传“五进”工作，积极构建全民动员、全社会设防应急管理新格局。

（三）全面提升干部队伍战斗力

建立完善风险研判、预警提示、防范化解闭环工作机制，以良好安全形势服务保障经济社会发展。持续深化“放管服”改革，积极推进“互联网+监管”，开展“万人助万企”活动，进一步为企业增能减负。建立专班课题推进机制，建立党员干部“五个一”联系机制。推进智慧应急平台和“天眼+应急管理”建设，成立应急专家库，与河南理工大学、华北水利水电大学等高校加强厅校合作，危化、非煤矿山在线监控常态运行。深化应急管理综合执法改革，积极探索异地执法、专家参与、线上巡查等新型执法模式。

第十七章 湖北省应急管理工作

2021年，湖北省应急管理系统坚持以习近平新时代中国特色社会主义思想为指导，全面贯彻落实党的十九大和十九届历次全会精神，坚持人民至上、生命至上，统筹发展和安全，强化底线思维和红线意识，提升自然灾害防御能力，一以贯之防范化解重大安全风险，全省安全生产形势总体平稳。

一、安全生产和消防安全

（一）突出组织领导

省委常委会会议、省政府常务会议听取安全生产、防灾减灾救灾工作汇报，带头组织观看《生命重于泰山——学习习近平总书记关于安全生产重要论述》电视专题片，带头深入剖析十堰“6·13”燃气爆炸事故等典型灾害事故教训，研究解决重大问题。省政府办公厅印发《关于进一步加强省政府领导安全生产责任的通知》。省安委会组织开展首次安全生产巡查，组织专班巡查孝感、咸宁两市。

（二）突出重点行业

危险化学品行业，推广“12345管理模式”，完善化工企业体系化安全管理；推进精细化工反应风险评估等专项整治“五个清零”、重大危险源专项检查督导、大型油气储存基地风险评估、化学品储罐区及危险化学品转移风险专项排查整治，开展“工业互联网+危化安全生产”试点建设。烟花爆竹行业，扎实开展生产企业“三超一改”、高温季节停产检修以及批发企业“六严禁”专项治理。非煤矿山行业，开展民爆物品使用、动火作业、外包工程等专项整治，对425家地下矿山和114座尾矿库开展了全覆盖排查，完成了44家单班入井超过30人、井深超过800米的地下矿山以及26座头顶库会诊工作，关闭10座尾矿库。工贸行业，指导全省18家钢铁企业、286家10人以上粉尘涉爆企业、30家深井铸造企业开展典型事故防范专项治理。履行综合监管职责，推进道路交通行业事故“减量控大”“两客一危一货”以及“百吨王”货运车辆治理，开展天然气等能源安全保供和建筑施工、水上交通运输、消防等行业专项整治。

（三）突出隐患治理

省级分两批挂牌督办20项重大隐患，督促指导各地各部门挂牌督办近1000项重大隐患，推动排查隐患65.5万项，整改53.9万项，整改率82.3%。省“两办”综合统筹14个督查组，开展燃气等行业督导检查，排查1443项问题隐患，已完成整改1420项。

（四）突出严格执法

全省实施行政处罚9.5万次，责令停产整顿3008家企业，暂扣注销证照491家，关闭取缔961家，约谈警示3.8万家，联合惩戒4363家，移送司法机关追责813人。

（五）突出问题导向

省安委会对仙桃、天门、潜江开展为期一年的危险化学品安全生产“开小灶”活动。全省聚焦燃气、危险化学品、矿山、交通、地质灾害等行业领域，开展安全生产大排查大整治行动，排查燃气隐患3万余项。推动制定《轨道交通工程建设特大暴雨、大风等极端恶劣天气防范应对专项预案》。

（六）突出消防安全

省政府办公厅印发《湖北省消防救援事业发展“十四五”规划》。省消防安全委员会推行差异化火灾风险预警机制，组织开展夏季消防安全集中行动、燃气经营企业消防安全整治和今冬明春火灾防控。全省累计整改消除火灾隐患14.9万项，1家省级、311家市县级政府挂牌督办重大火灾隐患单位均销案。全省未发生较大以上火灾事故。举行6次大型跨区域实战演练。落实地方消防经费22.94亿元。全年装备采购项目经费超12亿元，采购车辆443辆、器材16万件（套）。启动54个新消防站建设项目，改造35个老旧营房项目，建设7个装配式消防站，开工建设14个训练基地、3个疗养点。

二、防灾减灾救灾

（一）加强风险监测预警

坚持每月定期组织全省自然灾害综合风险形势研判，并在梅雨、汛期及重大节假日加密研判，印发自然灾害风险分析报告，为各级防灾减灾救灾工作提供科学指导。成功应对利川市文斗镇“6·18”短时强降雨，英山县“6·27”、罗田县“6·28”山体滑坡，避免了人员伤亡。

（二）加强防汛抗旱工作

省级先后4次启动防汛Ⅲ级响应，5次启动Ⅳ级响应，累计时长46天。坚持把汉江防汛作为重中之重，高峰日汉江沿线上堤巡查防守人数达73900人，排查处置一般险情70处。

（三）加强森林防灭火工作

将森林防灭火工作纳入落实林长制的重要内容。清明节等重点时段，全省2900多个督导组下沉一线督导蹲守。组织全省18支专业森林消防队伍180余名队员，在黄石成功举办2021《湖北省森林火灾应急预案》演练暨湖北省第二届森林消防职业技能竞赛。协调森林消防四大队深入48个县（市、区）开展扑火培训，组织各地开展森林防灭火演练120余场。

（四）加强地质灾害防治

成功举办“秭归·2021”地震应急综合演练。成功预报27起地质灾害，避免伤亡211人，避免经济损失1238万元。

（五）加强综合减灾工作

引进中国地质大学（武汉）等专业力量，扎实开展自然灾害综合风险普查。结合乡村振兴战略实施，深入推进综合减灾示范村创建，章林社区等40个社区被评为全国综合减灾示范社区。

（六）加强灾害救助工作

省应急管理厅向受灾地区紧急调拨帐篷、折叠床、衣被等救灾物资16.19万件，会同省财政厅及时下拨中央和省级自然灾害救灾救助资金1.01亿元，组织群众紧急避险和转移安置21.14万人次，累计救助受灾群众近60万人次。加强冬春救助工作，对需救助的378.44万人建档立卡。全省本年度因灾倒损民房需重建2311户、因灾损坏民房需修缮10321户。全省登记灾害信息员4.64万人。

三、应急救援

（一）完善应急救援预案

修订《湖北省突发事件总体应急预案》，完成生产安全事故、森林火灾、地震、地质灾害等专项预案修订起草工作。

（二）健全应急处置机制

制定印发省防汛抗旱指挥部、省森林

防灭火指挥部工作规则。总结极端天气应对经验教训，建立避险转移机制、乡镇和村居临机应急处置机制等机制。各类专业队伍、社会救援力量出动 478881 人次，装备 14636 台次，营救、转移被困人员 112656 人。

（三）加强基地队伍建设

加快应急储备设施补短板工程建设，建成鄂东南（黄冈）应急救援基地的一期救灾物资储备库、黄石市应急物资储备库；咸宁、荆门两地应急物资储备库开始建设。全省建成地震应急避难场所 119 个，社区避难场所 3244 个，其他应急疏散场所 113 个。印发《湖北省基层灾害风险隐患监测预警信息报送人员管理制度（试行）》。

（四）加强物资装备建设

编制湖北省应急物资保障体系建设“十四五”规划。制定湖北省应急救灾物资生产企业目录。发布湖北省家庭应急物资储备建议清单。

四、基础保障和能力建设

（一）加强法规制度建设

《湖北省自然灾害救助办法》完成修订并公布实施。省委办公厅、省政府办公厅印发《关于全面加强危险化学品安全生产工作的实施意见》。出台《湖北省地质灾害调查评估暂行办法》。省政府办公厅印发《湖北省应急体系建设“十四五”规划》，纳入省政府重点规划。印发《湖北省尾矿库闭库销号管理办法（试行）》《全省应急管理标准化工作三年行动实施方案》。

（二）加强安全宣传教育

省委宣传部、省安委会联合推进《生命重于泰山——学习习近平总书记关于安全生产重要论述》电视专题片观看工作，全省累计组织集中学习观看 1.26 万场，75.66 万人次参与。深化安全宣传“五进”活动，围绕防范农村地区一氧化碳中毒，开展“敲门行动”，逐户宣传防范应对措施，制作 20 万份宣传海报发放到村。推进高危行业领域安全技能提升行动，全省举办 2037 期培训班，培训 8.4 万人次。

（三）加强科技信息化工作

落实项目资金 1.69 亿元，推动《应急管理信息化发展规划》落地。推进高危企业在线监测联网工程，已接入 493 家企业在线监测数据。免费配发基层卫星林火遥感监测系统 596 个账号，实现全省覆盖。

（四）助力营商环境优化

将省级 28 项政务服务事项承诺办理时限缩短至法定时限的 22%。积极推进“高效办成一件事”，聚焦“三项岗位人员”办证事项，大力推进“三减”，全省每年约 13 万人受益。推进“互联网+监管”试点工作，梳理省级应急管理部门子项 55 个。开展安全评价机构执业行为专项整治，依法核查涉嫌违规、出具虚假报告的 11 家单位，立案查处 5 家。开展涉企行政执法突出问题整治，对 55 项问题实行台账管理，限期整改。

第十八章　湖南省应急管理工作

2021 年，湖南省应急管理系统坚持以习近平新时代中国特色社会主义思想为指导，坚决贯彻落实习近平总书记关于应急管理重要指示批示精神，以为建党百年创造安全稳定环境为主线，锚定“三坚决两确保”① 目标，着力防范化解安全风险，应急管理工作在“十四五”开局之年迈出新步伐、取得新成效、见到新气象。

一、坚持标本兼治，安全生产和消防安全取得新突破

（一）抓安全生产专项整治三年行动

工作专班坚持“一周一调度、一月一通报”，指导组实行“一月一驻点督导”，扎实推进安全生产专项整治三年行动集中攻坚。分行业领域动态更新问题隐患和制度措施“两个清单”，累计梳理省级层面突出问题 88 个、制定制度措施 20 项，排查重大隐患 7439 项，整改 6868 项。

（二）抓打非治违

建立举报奖励机制，重奖举报人。紧盯煤矿、非煤矿山实行“解剖式”执法，构建双重预防机制。着力实施岁末年初百日大会战，扭住重点难点，推动攻坚目标任务和问题隐患“双清零”。

（三）抓治本攻坚

淘汰不具备安全生产条件的煤矿 25 处、非煤矿山 135 家；推进烟花爆竹转型升级集中区建设，退出落后烟花爆竹生产企业 201 家、工区 112 个。开展农村房屋安全隐患排查整治和危房改造，部署开展城镇燃气安全排查整治。集中推进大型商业综合体、“多合一”、物流仓储和厂房、易地扶贫安置点、革命文物建筑、老旧高层商住混合体等专项整治。

（四）抓责任落实

修订安全生产和消防工作考核办法，推动全覆盖考核，压紧压实安全责任。完善安全生产巡查制度，开展安全生产专项巡查，对事故问题多发市县集中约谈，推动各级各部门扛起“促一方发展、保一方平安”的政治责任。

（五）抓消防安全

纵深推进消防安全专项整治三年行动，全省消防救援机构共检查单位 10.5 万余家，督改隐患 8.4 万余项，新立案重大火灾隐患单位 1560 家，整改 1365 家。组建 1386 支乡镇专职消防队、155 支消防宣传服务队、15 支消防技术服务队。优化水域、山岳、森林、石化等 13 支省级专业救援队伍建设，组建省应急（消防）救援机动支队。全省消防救援队伍接处警 63363 次，营救疏散群众 19873 人，抢救保护财产 13.37 亿元。编制发布《湖南省“十四五”消防救援事业发展规划》。全力推进 128 个重大基础设施建设项目，新投入执勤消防救援站 28 个，新增消防车辆 309 台、装备运输模块箱 79

① “三坚决两确保”：坚决杜绝重特大事故，坚决遏制较大事故，坚决防范自然灾害导致重大人员伤亡；确保安全事故总量持续下降，确保防灾减灾形势稳定向好。

个、各类器材13.45万件（套）。

二、尽职履行综合防灾减灾救灾职责

（一）森林防灭火

紧盯秋冬、春防等重点时段和元宵、清明、端午、国庆等重要节点，深入开展野外火源治理和查处违规用火行为专项行动及林牧区输配电设施火灾隐患专项排查治理，组织省森林草原防灭火指挥部有关成员单位开展明查暗访，未发生重大森林火灾。

（二）防汛抗旱

加强备汛检查、隐患排查，加密短临预警、会商研判、精准发布和点对点靶向调度、督查督导，推动各地落实包保责任，成功迎战24轮强降雨，没有重大人员伤亡和重大工程险情。针对不同程度的旱灾，多措并举抗灾救灾，全力确保9.3万因旱饮水困难群众的饮水安全。

（三）地灾防御

根据雨水情变化，运用多种监测手段，排查地质灾害隐患点。对排查出的风险隐患建立“县包乡、乡包村、村包组、党员干部包点”的群测群防体系，成功避让地质灾害237起、避险3847人。

（四）灾后救助

完成1424户倒房重建，及时发放救灾救助资金2.8亿元、救灾物资近2.2万件（套），有效避免了群死群伤事件的发生，有力保障了灾区社会安全稳定大局。

三、应急救援能力得到新提升

（一）加强组织领导

立足应急管理部门“综合防”“协同抗”“主导救”“统筹助”，推动各专业部门“具体防”“为主抗”“支撑救”“分工助”，以此统一大家思想、凝聚力量。提请省委、省政府调整议事协调机构，完善工作规则和议事规程，加强对安全生产、灾害应对工作的统一领导、统一指挥。

（二）紧贴实战需求

持续推进“1+2+10”预案体系建设，修订发布10个专项应急预案，各市（州）完成120个自然灾害和安全生产类预案修编。建成由综合救援、专业救援和社会救援3类371支队伍组成的应急救援力量体系，完成军队、武警参与地方抢险救灾预案修订和兵力部署。推进长株潭一体化应急处置协调联动，参与中南区域应急救援联动工作机制建设。

（三）打造应急尖兵

应急（消防）救援机动支队正式组建并到岗履职。投入1.05亿元，加强衡阳、益阳、怀化区域应急救援中心装备物资配备。推进航空应急救援体系建设，实现“直升机+无人机+固定翼”服务力量配置。成功举办“1·19”湖南省森林火灾应急演练、“9·26”全省森林火灾应急指挥实战演练、“12·17”低温雨雪冰冻灾害应急演练、第三届湖南省应急救援技能竞赛，全方位锻炼队伍、提升战力。

四、基础保障和能力建设稳步推进

（一）厘清体制机制

组建省特种设备和商贸流通安全生产专业委员会，出台《湖南省安全生产委员会成员单位安全生产工作任务分工》，依法厘清新行业新领域新业态安全监管职责，实现职能同“三定”规定有机衔接。创新推动高火险期森林草原防灭火指挥部办公室实体化运行，取得积极成效。合理调整内设机构职能，堵塞监管漏洞，责任链条更加紧密。

（二）强化科技支撑

建设一体化的应急指挥五级联动视频调度系统，建成湖南省应急管理综合应用平台，具备独立组网、快速覆盖事故灾害现场的无线通信保障能力。数字赋能大步迈进，机关效能管理系统、应急管理综合应用平台、“电力+企业安全生产”监测预警平台、“一单四制”隐患排查系统等开发上线，危化、烟花爆竹、煤矿、尾矿库风险监测预警系统作用凸显。

（三）夯实基层能力

发布《湖南省“十四五”应急体系建设规划》《湖南省综合防灾减灾规划（2021—2025 年）》。自然灾害防治重点工程财政累计投入 300.81 亿元。出台应急管理综合行政执法改革方案，创新提出“局队合一”湖南模式。铁腕整治安全评价机构执业行为，积极推动安全生产责任保险扩面。应急管理融媒体中心完成硬件建设，持续推进安全宣传“五进”工作。1584 个乡镇（街道）应急能力得到提升。

（四）锻造应急铁军

印发实施全省应急管理系统“听党指挥铸铁军、较真碰硬敢斗争、雷厉风行提效能、清正务实保民安”作风建设总体要求。坚持素质强队，举办应急管理干部大轮训，推动领导干部在学习实践实战中快速成为行家里手。组建成立应急青年先锋队，让青年干部在急难险重任务中磨砺品格、增长才干。大力实行“点线面”工作法和“一线工作法”，推动工作重心下移、干部力量下沉。坚持从严治队。严明党的政治纪律和政治规矩，完善机关内部管控制度，完善廉政风险清单，用制度管权管人管事，让党员干部知敬畏、存戒惧、守底线。

第十九章　广东省应急管理工作

2021年，广东省应急管理系统坚持以习近平新时代中国特色社会主义思想为指导，全面贯彻党的十九大和十九届历次全会精神，增强政治意识、站稳政治立场、加强政治建设，不断提高政治判断力、政治领悟力、政治执行力，推动形成“全灾种、大应急”工作格局。

一、安全生产和消防安全

（一）完善安全生产责任体系

市、县、镇安委会实现“双主任”制，省委编委明确55个部门的安全生产工作职责，成立水上交通安全工作联席会议制度，实现牵头抓总与行业主责有机统一，安全生产形势持续稳定好转。

（二）系统防范化解道路交通安全风险

完成全省公路3万多处“一清一灯一带”“平安村口”“司机之家”建设，建成“两客一危一重货”智能监控预警融合平台，实现全省40.5万辆重点车辆智能监控，建立重点车辆管控、农村公路安全防护、危险化学品运输全链条监管、事故提级调查、客运本质安全等长效机制。全省各类道路交通事故起数和死亡人数同比分别下降22%和20%，没有发生危险化学品运输较大事故。

（三）严管危险化学品重大危险源

完成全省重大危险源全覆盖检查，对大型油气储存基地、涉反应热风险的精细化工企业开展安全风险评估，零容忍排查整治非法违法“小化工”，全省化工事故起数和死亡人数同比分别下降10%和50%。

（四）强化安全生产专项整治

高标准推进安全生产专项整治三年行动，全省排查整治重大隐患2115项，制定制度措施1362项。清理退出28个化工园区，26个保留园区全部落实封闭化管理、在线监控，1352家危险化学品生产、进口企业全部做到“一企一品一码”电子化跟踪管理。成立水上交通安全工作联席会议制度，实现依港管人管船管安全，实施“不安全、不出海”专项行动。明确监管责任主体，对16个海上风电项目参建单位集中警示约谈。落实地铁防汛措施，逐市、逐线、逐站制定车站、全线、全网紧急停运预案。深化整治，对全省154家经营管道天然气企业负责人进行约谈，推动燃气安全升级。关闭矿山28座、注销尾矿库6座。深入开展危废综合治理，实施城市体检活动，打通消防“生命通道”，严把重大项目、产业、园区安全准入关，切实深化重点领域源头治理、综合治理。

（五）筑牢安全生产底线防线

全面开展安全风险分析研判，建立分级分类监管制度，实行“线上监管+线下执法”，盯紧企业主要负责人，实行“安全三问”现场考核检查、在线抽查，执法处罚次数和经济处罚金额同比分别上升39.9%和46.5%。出台指引指导企业安全复工复产，组建专家团对清远市化工园区、化工企业、钢铁企业开展安全生产专家指导服务。帮助基层和企业解决“不懂不会”的问题。向11家中央企业总部和12家省属企业发布建筑施工安全生产“硬六条”。

（六）加强消防安全工作

省委、省政府印发《关于推动新时代消防救援工作高质量发展的意见》《广东省消防工作若干规定》《广东省消防“十四五”规划》等文件，制定应急救援领域财政事权和支出责任划分改革实施方案，构建新时代消防救援政策制度体系“四梁八柱”。实施化工园区消防安全治理能力提升工程，深化打通消防“生命通道”“敲门行动”和消防“五进”活动，开展“破网砌墙扫街”治理行动。分类分级打造37支地震救援专业队、174支抗洪抢险专业队，深化“一短三快”初战机制改革，升级优化“高低大化”新型作战编成，完善防台抗洪核心圈、响应圈、增援圈作战机制，推行消防救援站“1个中心站+N个执勤分站、小型站、微型站”力量布防模式，初步形成快速响应力量格局。全年落实装备建设经费20.78亿元，购置消防车536辆、器材29.94万件（套）。落实队站建设经费15.85亿元，新建、改建消防救援站79个。

二、防灾减灾救灾

（一）加强自然灾害防治和综合减灾

统筹推进自然灾害防治九项重点工程、53项具体任务实施，全省各级财政累计投入493.5亿元，各项工程完成建设或收官收尾，基本实现“三年明显见效”。积极推进珠三角（肇庆）、粤西（湛江）、粤北（韶关）、粤东（潮州、依托国家东南区域应急救援中心）4个省级区域应急救援中心建设。扎实开展第一次全国自然灾害综合风险普查，全省普查总进度超过95%。扎实推进全国综合减灾示范社区创建，累计建成全国综合减灾示范社区1366个。

（二）落实防汛防旱防风工作

汛前组织开展三防风险隐患大检查，全省24万项隐患逐一落实整改。完善“强预警、强联动、强响应”的工作机制，全年共发布短临预警242次，重现期预警1万多站次，组织转移群众20多万人。建立上下联动、军地联动、粤港澳协同的海上救援机制，在茂名、汕尾、珠江口等海域成功化解多起货船沉没重大险情。细化实施“一地一策”防旱抗旱措施，实现大旱之年无大灾。

（三）做好森林防灭火工作

省政府办公厅印发实施《广东省森林火灾应急预案》，制定出台《广东省森林火灾“四个一”应急处置机制工作指引》。积极推进“林长制”，压紧压实压细镇村干部森林防灭火工作责任。开展森林火灾风险隐患排查，拓展森林航空消防综合应急救援能力，完善森林火险预警系统、卫星遥感监测系统和林火远程视频监控系统，累计投资约4.8亿元加强森林防灭火应急能力建设等4个重点项目建设。举办全省森林火灾灭火指挥员培训班、森林防灭火业务技能大比武活动，提高森林防灭火能力。

（四）做好灾害救助工作

提前部署全年灾害救助工作，前置帐篷1000顶、折叠床4000张、清凉被8000床等省级救灾物资，折款500万元。争取中央抗旱资金500万元，安排省级抗旱资金6000万元。会同省粮食和物资储备局调拨救灾物资，做好寒潮防御工作。会同省财政厅下拨542万元省级自然灾害生活救助资金，帮助各地做好恢复重建和冬春救助，全省85户“全倒户”新房全部竣工，6户“严损户”房屋全部修复。应急物资综合信息系统在全省上线使用，实现全省物资全域搜索、智能调拨及实时跟踪。组织编印和发放2000本灾害信息员培训教材及配套工作手册，指导各级做好日常灾情统计报送、核查评估、会商核定等工作。

三、应急救援

（一）完善应急预案体系建设

省政府修订印发《广东省突发事件总体应急预案》，指导全省突发事件的风险防控、应急准备、监测与预警、应急处置与救援、恢复重建等防范应对工作。以省政府办公厅名义印发省级涉外应急预案及《广东省海上险情应急预案》等8个省级专项应急预案。各地市加快修订总体应急预案和专项应急预案。全省共开展自然灾害和安全生产应急演练65564场，进一步提升各级应对各类灾害事故的应急处置能力。

（二）加强应急救援力量建设

突出重点，大力发展应急航空尖端力量，推动应急救援力量建设。统一标准，以严要求提升专业应急救援队伍战斗力。制定广东省应急救援队伍“四个统一”（统一形象标识、统一着装、统一训练大纲、统一战斗力标准）建设工作方案。加强引导，以优质服务促进社会救援力量融合发展。起草《广东省社会应急力量参与事故灾害应急救援工作指引》，推动社会力量车辆参与抢险救灾公路免费通行政策落地。举办广东省消防行业职业技能竞赛暨首届广东省应急救援员职业技能竞赛，组织社会应急力量积极参加，锻炼队伍，提升能力。

（三）有力应对灾害事故

成功处置梅州“1·3”山火抢险救援、汕尾“1·25”“珠桂6496”粤港澳流动渔船失火沉没事件、深圳赛格大厦“5·18”晃动事件、珠海石景山隧道“7·15”透水事故等突发灾害事故。组建广东支援河南救灾抢险队，前往河南郑州开展抢险救灾，累计执行任务点19个，抽排总量超过123万立方米，独立搜救遇难者1名、协助搜救遇难者1名。

四、基础保障和能力建设

全面加强基层应急管理能力建设，推进乡镇“四个一”基层应急能力建设全覆盖，推动森林防灭火乡镇（街道）“六有”、村（居）“九个一”标准化工作机制。全省22467个行政村（社区）开展了防灾减灾救灾“十个有”建设，占比84.3%，打通直达基层应急指挥“最后一公里”。

推进广东智慧应急建设，充分发挥“1+1+1+N”联合创新机制作用，整合接入24个部门57个方面的应急管理信息资源，建成应急管理大数据平台，实现监测预警“一张图”、指挥协同“一体化”、应急联动“一键通”，形成融合指挥、应急通信、全域感知、短临预警、数据智能“五大优势”。自主研发建成全省自然灾害应急指挥系统、危化品监测预警系统、安全生产执法系统、“两客一危一重货”重点车辆智能监控预警系统等10个业务系统，实现动态监测预警。加快建设发展态势、安全态势、应急态势、统筹趋势“三态势一趋势”四大数据板块，全力推进“一网统管”建设。

第二十章　广西壮族自治区应急管理工作

2021年，广西壮族自治区应急管理系统坚持以习近平新时代中国特色社会主义思想为指导，坚决贯彻落实习近平总书记关于应急管理重要论述以及视察广西"4·27"重要讲话精神和对广西工作系列重要指示，以为建党百年创造安全稳定环境为主线，以开展党史学习教育为动力，稳步推进体制机制创新，着力防范化解安全风险。

一、安全生产和消防安全

（一）狠抓责任落实

自治区党委政府带头学习《生命重于泰山——学习习近平总书记关于安全生产重要论述》电视专题片，贯彻落实新《安全生产法》和《地方党政领导干部安全生产责任制规定》以及自治区实施细则，层层制定责任清单和工作清单，将安全生产工作情况纳入党政领导干部述职内容。打好考核巡查、约谈通报、责任追究、综合激励"组合拳"，党政领导责任、部门监管责任、企业主体责任进一步压实。

（二）狠抓风险防控

印发自治区安全生产工作要点、分工方案和任务清单，完善危化、矿山、工贸等行业领域风险分级管控和隐患排查治理双重预防机制，定期辨识风险，动态分级管理。自治区党委办公厅、自治区政府办公厅印发《关于深化应急管理综合行政执法改革的实施意见》，深化"强监管、严执法"，突出重要时段、重点领域、重大违法，推行"三位一体"安全生产执法方式，监督检查生产经营单位22577次，责令停产整顿140家，关闭取缔7家。

（三）狠抓专项整治

聚焦山区道路交通安全、"两客一危一重货"车辆管理、隧道施工安全、危险化学品重大危险源、矿山致灾因素治理、金属冶炼、粉尘涉爆、自建房"小火亡人"治理、涉危险废物企业环境安全隐患整治、高风险化工项目准入管理、起重机械设备事故防范、露天采石场事故防范、水上渡运和旅游安全事故防范等问题，排查整治突出问题466个、重大隐患1224项，出台制度措施1775项。开展重大事故隐患专项治理行动，聚焦重点监督整改的19项重大生产安全事故隐患和18项重大火灾隐患、国务院安委会对自治区政府2020年度安全生产工作考核巡查反馈意见的5个方面27项问题，自治区政府办公厅印发《关于坚决贯彻落实习近平总书记重要指示批示精神切实做好当前全区安全生产工作的通知》，开展9轮全区性安全生产明查暗访，惩戒一批安全生产失信企业。

（四）狠抓消防安全

自治区党委将消防工作纳入督查内容，自治区政府挂牌督办18家重大火灾隐患单位，将少数民族村寨等12类场所列为全区火灾防控重点，消防安全专项整治三年行动持续深化。增强政府专职消防人员工资待遇保障。投入消防经费20.02亿元，全区新建消防站16个，新购各类消防车73辆、各类器材装备18.3万余件（套），部署建设25个高速公路小型站。

二、防灾减灾救灾

（一）突出灾害应对

防汛抗旱防震方面，落实防汛抗旱防台风责任，完善各部门分工协同机制；成功举办基于情景构建的洪涝巨灾应急演练，打造“柳州样板”；实行防汛抢险“网格化管理”和“一线工作法”，加强隐患排查和薄弱环节整改，抓好强降雨期间风险隐患点人员转移避险；探索解决应对巨灾“断、乱、慢”问题，着力做好抗震救灾工作。森林防灭火方面，建立党委常委+政府分管“双首长”、横向协调+纵向管理“双联动”、国家+地方“双队伍”、线上+线下宣传“双条线”、绩效考评+追责问责“双压力”等五个双模式，衔接“防”“救”责任链条，优化提升防灭火能力。

（二）突出综合减灾

圆满完成全国自然灾害综合风险普查试点任务，扎实推进综合减灾示范县、综合减灾示范社区创建工作，申报9个全国综合减灾示范县、100个自治区综合减灾示范社区。自治区党委办公厅、自治区政府办公厅印发《关于深入推进自然灾害防治九项重点工程建设工作的意见》，实施项目31个。预案编制体系化、管理智能化、文本简明化、执法规范化、演练实战化、响应快速化“六化”建设稳步推进。

（三）突出救灾救助

完成全区2920户因灾倒损民房重建维修任务。坚持民族共同体意识，扎实开展“民族团结一家亲、调配物资援抗疫、强边固防办实事”活动，调拨帐篷、发电机、折叠床（桌凳）、棉被、毛毯等2.5万余件（套、顶、床）价值428.6万元的物资支持边境2个市8个县抗击疫情。

三、应急救援

（一）强化值班值守

严格落实自治区、市、县三级应急管理部门24小时在岗值班、节假日领导在岗带班制度。实行“1+1+3+N”应急值班带班模式。实行公安、自然资源、交通运输、水利、文化旅游、卫生健康、住房城乡建设、农业农村、生态环境、教育、气象、铁路、民航等相关部门信息共享、会商研判机制，提升第一时间获取信息、核实情况、科学决策的能力。

（二）强化应急处突

召开或参加各类视频会商研判、指挥调度会177次，妥善处置河池南丹县车河镇罗家湾河道改造工程山体垮塌、玉林市玉州区大塘镇三和村非法烟花制作点爆燃、柳州市柳南区吴家山采石场环境整治与恢复治理工程施工过程中外架坍塌、北海铁山港海域排筏侧翻、广西籍55艘渔船在超强台风“雷伊”严重影响海域紧急避险等50起较大突发事件和46起森林火灾，以及5次台风、9轮强降雨天气过程，最大限度保障了人民群众生命财产安全。

（三）强化救援力量

加快推进区域性应急救援中心建设，北部湾危险化学品应急救援基地和平果航空护林站实现奠基和开工建设。加快推进应急救援队伍建设，建立八桂应急先锋社区响应队，参与各类灾害应急处置和生产安全事故救援 1723 次。

四、基础保障和能力建设

（一）提升应急指挥能力

扎实推进应急指挥中心建设，建成融合应急值守、信息汇总、监测预警、指挥调度、会商决策、协调联动诸多功能的应急指挥中心，实现“情报、指挥、行动”一体化功能。扎实推进指挥会商系统建设，自治区、市、县指挥中心配置并接通视频会商终端，实现部、省、市、县四级联动和双线备份；建成突发事件信息报送系统、应急“一张图”指挥决策辅助系统、自然灾害现场移动指挥系统。

（二）夯实应急保障能力

贯彻习近平法治思想，出台《推进落实〈法治广西建设规划（2021—2025年）〉实施方案》和《贯彻落实〈广西壮族自治区法治社会建设实施方案（2021—2025 年）〉具体方案》，启动《广西安全生产条例》修订调研工作，发布《社区应急响应队建设管理规范》《涉氨制冷企业安全规范》2 项地方标准；深入推进“放管服”改革，自治区本级受理行政审批事项 181 件；印发《广西应急体系建设“十四五”规划》，编制《广西应急物资保障“十四五”规划》，实现救灾物资储备前置到乡镇和行政村一线。

（三）优化科技支撑能力

以“3+N”（应急管理厅、华为、铁塔+N 个企业、院校）模式，建立智慧应急联合创新实验室，搭建科技研发联动平台；汇聚气象、水利、自然资源等 9 个厅局以及 14 个市 293 类 5.9 亿条数据，实现应急管理“网上采集、网上监测、图上分析、图上会商、图上调度”；开发安全生产、自然灾害监测预警系统，接入前端设备 1912 路视频、5283 个监测数据，在线率达 92.54%，报警 17711 次，危险化学品重大危险源企业、三等以上尾矿库企业全部实现线上监测预警。

（四）强化应急宣教培训

组织开展新《安全生产法》和《刑法修正案（十一）》等普法宣传，认真实施《关于大力宣传普及应急安全常识提高公众应急防护意识和能力的决定》，精心组织“安全生产月”“安全生产八桂行”、防灾减灾宣传周、青年安全生产示范岗等主题活动，持续推进安全宣传“五进”活动，举办安全生产监管、防灾减灾救灾、应急救援处置培训班等 35 个班次和“应急大讲堂”40 期。

第二十一章 海南省应急管理工作

2021年，海南省应急管理系统坚持以习近平新时代中国特色社会主义思想为指导，全面贯彻落实党的十九大和十九届历次全会精神，认真践行习近平总书记关于应急管理重要指示批示精神，不断增强“四个意识”、坚定“四个自信”、做到“两个维护”，积极推进应急管理体系和能力建设。

一、安全生产和消防安全

（一）压紧压实安全生产责任

省委、省政府召开11次常委会会议、专题会议、省安委会会议等，专门研究部署安全生产工作，并多次对安全生产工作作出批示，压实安全生产责任。省委、省政府联合出台《海南省党政领导干部安全生产重点工作清单》，制定64个省级部门及中央驻琼有关单位的安全生产工作职责任务清单，细化责任分工、工作内容。

（二）着力抓好安全风险防控

组织实施海南省道路交通安全专项整治新一轮三年攻坚战，开展中小学生生命安全教育与防护工程，研究制定水上运输和渔业船舶安全风险防范管控实施方案，开展“商渔共治”专项行动，开展农村房屋安全隐患排查整治，启动涉电安全整治三年行动，着力防控采摘槟榔触电事故。启动全省城镇燃气排查整治行动。强化非煤矿山安全监管，组织开展工贸行业百日整治行动。

（三）全面抓好危险化学品安全监管

印发《关于加强危险化学品全产业链条、全生命周期安全生产工作的实施意见》《危险化学品企业可查验防护措施管理规定》《海南省危险化学品生产企业安全管理成熟度动态积分管理办法》等，强化危险化学品安全监管。推进危险化学品安全培训网络建设和“工业互联网+危化安全生产”试点。推动安全生产风险监测预警系统建设，实现全省重大危险源危险化学品企业检测联网全部接入。强化烟花爆竹风险管控，组织对烟花爆竹企业开展安全检查工作。完善易制毒化学品、精麻药品监管工作联席会议机制，推动成立海南省易制毒化学品行业协会，开展联合巡查和“禁毒流动课堂”宣传教育培训。

（四）认真开展隐患排查治理

全省组织开展安全隐患大排查大整治行动，共整治问题隐患264项。组织实施防风险、降事故集中攻坚行动，明确将道路交通、建筑施工、采摘槟榔、电动自行车火灾等重点领域作为攻坚重点，压实行业、属地安全生产责任。组织开展2轮危险化学品重大危险源企业专项检查督导，完成对全省47家重点危险化学品企业163处重大危险源重大风险场景识别核验。印发《海南省大型油气储存基地安全风险评估工作实施方案》，从软硬件等2个方面16项内容开展对标自查和深度评估。

（五）全力开展消防安全工作

完成全国人大《消防法》执法检查迎检工作，编制《海南省“十四五”消防救援事业发展规划》，推进国际化消防救援训练基地建设项目，全面实施《海南自由贸易港消防条例》，制定《关于进一步推动消防救援队伍深化改革工作方案》。修订完善消防安全委员会成员和工作职责，推动乡镇（街道）成立消防安全委员会并实体化运行，2300余名党政领导干部参加消防安全培训。深化消防安全专项整治三年行动和专项火灾防控工作，开展仓储物流、新能源、大型商业综合体、“四类场所”消防安全整治，联合开展危险化学品专项督导、电焊气焊领域安全专项整治，组织开展“七个一”活动。全年全省消防救援机构共检查社会单位23262家，督促整改隐患14059项，临时查封105家，责令“三停”55家，行政拘留24人。全年共接处警1.7万起，出动警力1.9万人次，营救遇险群众991人，疏散1788人，抢救财产价值1.4亿元。

二、防灾减灾救灾

（一）全面推进防风防汛防旱工作

编制《海南省海上防台风应急预案（试行）》《海南省台风灾害风险防控行动方案（2021—2023年）》。建立健全“四个一”会商研判机制，建立水风旱灾害风险研判会商工作机制，加强风险研判。指导各级三防指挥部和成员单位开展业务培训和应急演练，应急响应期实行省、市、县每日视频调度会商机制，健全完善琼粤两省防风防台协同联动机制，及时通报预测预报预警和风险点信息。

（二）全面加强森林火灾防控

修订《海南省森林防灭火指挥部工作规则》，构建全省森林防灭火网格化责任体系。深入开展防灭火宣传教育，着力推动森林防灭火宣传教育常态化。全年发生森林火灾15起，同比下降68.75%，受害森林面积下降91.36%，火灾24小时扑灭率为100%。

（三）全面加强海洋、地质灾害防治

推进海洋灾害风险普查工作，完成文昌、万宁海洋灾害风险普查试点工作，举办海南省海洋灾害风险普查试点经验总结暨海洋灾害风险普查业务技术培训。编制《海南省海平面变化影响调查评估（2009—2019）》。推广应用全国应急避难场所综合信息管理服务系统。

（四）全面加强自然灾害防治和综合减灾

协调推进海岸带保护修复工程、防汛抗旱水利提升工程、灾害监测预警中心项目、自然灾害监测预警信息化工程等自然灾害防治重点工程，落实中央、省级财政资金110.04亿元。积极推进基层综合减灾能力建设，建立灾情统计报送体系。健全自然灾害救助体系，调拨应急救灾物资，有效应对2021年海南罕见寒冷气象灾害，指导县市开展受灾群众救助工作，帮扶救助生活困难群众。

（五）全力推进海南省第一次全国自然灾害综合风险普查

出台文件制度，统筹协调全省普查工作。编制《海南省1949—2020年历史重大自然灾害事件专题报告及图件》等，如期完成2021年全省应急管理系统普查任务。强化专项普查和常态化调查排查融合，扎实开展自然灾害风险调查和重点隐患排查工程。

三、应急救援

（一）持续完善应急值守制度

严格落实厅领导在岗带班，值班长、值班员24小时在岗在位值班制度，加强重大节日、重大活动、敏感时段、防风防汛、森林火险期间值班值守信息调度。打

造专业化值班队伍，提高突发事件应急处置专业化水平，做到应急响应及时快速，值班备勤上下落实。

（二）持续强化应急预案管理和演练

修订出台森林火灾应急预案、生产安全事故应急预案，以及危险化学品、非煤矿山、烟花爆竹等行业专项应急预案。组织开展海南省 2021 年防风防汛应急救援演练、森林火灾扑救应急演练、琼州海峡琼粤桂海上危险货物运输综合应急演练等活动。

（三）持续提升应急救援力量

建立完善海上应急救援军警民联动机制，协同应对较大以上事故灾难和自然灾害。将海南蓝天救援队、金汇通航公司等社会应急力量纳入省综合救援体系建设之中，积极引导社会应急救援力量参与应急救援和应急演练。

（四）持续提高应急保障能力

编制《海南省省级应急物资储备管理暂行办法》，推进海南省应急物资储备中心项目建设，推动省级应急物资储备仓库工程，建立健全海南省应急物资保障体系。全力推进省灾害监测预警中心项目建设。

四、基础保障和能力建设

（一）坚持制度创新，健全应急管理体制

编制《海南省应急管理体系和能力建设“十四五”规划》，稳步推进各专项“十四五”规划编制工作。开展海南台风巨灾保险制度建设试点项目。召开风险治理与应急管理研讨会，成立风险治理与应急管理创新实验室，共同推动前沿技术和研究成果在海南落地。

（二）坚持依法治理，推进法治体系建设

审议通过《海南省铁路安全管理规定》。印发《关于在应急管理领域建立检察公益诉讼协作机制的意见》。

（三）坚持深化改革，助推综合行政执法

出台《海南省应急管理综合行政执法事项（指导）目录（2021 年版）》，整合和优化应急管理行政执法职责，进一步深化“放管服”改革，完成审批事项 14797 件，59 项服务事项通过“全流程网上办”方式实现了“零跑动”。深入推进审批服务标准化，对 49 项审批事项简化审批材料，审批时间压缩率达到 63%。

（四）坚持科技引领，强化信息化支撑

推广使用“海政通”移动办公 App，将“防汛防风内部行动”等 14 款应用程序植入“海政通”，实现应急管理政务信息传送“横向到边、纵向到底”。

（五）精心做好宣传教育与事故调查评估

深入开展全国防灾减灾日、“安全生产月”“6·16 安全宣传咨询日”活动，采取“线上+线下”模式，推动安全生产、防灾减灾宣传教育“五进”活动。完成保亭县“2·15”沉船事故调查处理工作，指导做好儋州市“11·23”、文昌市“1·28”等事故调查工作。

第二十二章　重庆市应急管理工作

2021 年，重庆市应急管理系统坚持以习近平新时代中国特色社会主义思想为指导，全面贯彻落实习近平总书记关于应急管理重要论述，坚持人民至上、生命至上，紧紧围绕“控大事故、防大灾害”工作目标，全力以赴推动安全发展，齐心聚力保障安全稳定，取得了较好的工作成效。

一、安全生产和消防安全

（一）安全生产

市委集中观看《生命重于泰山——学习习近平总书记关于安全生产重要论述》电视专题片，专题学习习近平总书记重要指示批示精神，严格落实党中央、国务院关于安全生产决策部署。市委、市政府建立安全生产明查暗访和督办交办机制，聚焦典型案例制作警示教育片 28 部，实行“面对面交办工作，点对点领取任务，周周听取整改汇报”；全市各区县均建立明查暗访和督办交办机制。严格安全生产目标考核，坚持奖惩兑现激励，加大安全工作追责问责力度。创新实施动员部署、宣传造势、责任到人、隐患排查、督查警示、严格执法、群众举报、诚信管理、应急值守、专家服务“十条措施”，强化统筹、综合把控、推进落实。按照全市“1+3+11”工作方案，细化分解 828 项重点任务，动态更新问题隐患和制度措施“两个清单”，逐一明确时间进度、工作措施、责任人员。出台《重庆市应急管理“十四五”规划（2021—2025 年）》。在全市推动企业一线岗位从业人员责任落实。

（二）消防安全

全年检查各类社会单位 6.9 万余家，督改一般火灾隐患 3.3 万余项、重大火灾隐患 67 项。建成全媒体中心 44 个，应急消防科普教育基地 56 处，学校逃生体验室 39 个，培养消防志愿者 7.3 万名，培训重点人群 8.7 万人。建设两期消防大数据实战应用平台，整合装备、水源、路网等数据 54 类、7 亿余条。打造特勤、机动、水上、轨道 4 支“拳头”力量，建强地震、水域、化工等 8 类专业队伍。全年举行各类实战演练 1.2 万余次。筹备建设应急装备物资储备库 7 个。编制实施《重庆市消防救援事业发展“十四五”规划（2021—2025 年）》《重庆市消防设施管理规定》。全年建成投用消防指挥中心 4 个、消防站 13 个、市级消防训练中心 1 个，为消防救援队伍购置配备消防车 176 辆、远程供水系统 2 套、各类器材装备 11 万余件（套）；新建市政消火栓 1527 个，改造 122 个老旧小区、688 栋建筑消防设施。全年接处警 70739 起，营救疏散被困群众 1.17 万余人，抢救财产价值 2.2 亿余元。

二、防灾减灾救灾

（一）织密灾害防治责任网络

优化“两委四指”组织体系，指挥部办公室实行“双主任”制（应急管理部门+行业防治部门）。实行汛期党委政府领导“双值班”和市领导联系区县、区县领导包乡镇、乡镇干部包村（社区）、村（社区）干部包组的四重分片包干责任制。

（二）提高灾害预警能力

完成“两江四岸”9个水文监测站修复提升、重点林区97套监测设备安装、1万余处隐患点智能监测项目。形成“市-区县-乡镇-村社”四级预警体系。建设长江重庆段航运灾害性天气自动预警系统。常态化落实“1+7+N”会商研判机制。

（三）提高灾害响应能力

清单化制定应对极端天气12条措施，严格“禁停撤疏”管控要求。组织开展“战汛—2021”防汛抗旱综合、专项、单点系列演练。完成全市43万件防汛抗旱物资大清查、大维护。实施资金前置、物资前置、力量前置“一线救灾法”。全年成功应对20次强降水。

三、应急救援

（一）推进预案体系建设

统筹推进全市应急预案修编工作。开展市级专项应急预案审核工作，指导消防、环境、电力等单位修订相关应急预案。扎实开展各类预案演练活动。组织中国安能、长航、中国交建等队伍参加应急管理部会同四川省人民政府组织的“应急使命2021”抗震救灾演习。

（二）强化应急力量体系建设

顺利接管4支矿山救援队伍310名队员，成立重庆市专业应急救援总队。加强区县应急救援队伍正规化建设，制定全市应急救援队伍管理办法，细化区县综合应急救援队伍“十有”验收标准。全市41支区县综合应急救援队伍全部建设完成。督促区县队伍开展共同基础和专业技能训练。

（三）大力推进应急准备工作

统筹申报“十四五”应急救援项目。指导区县应急救援队伍装备配备，印发《区县、乡镇综合应急救援队伍装备配备指导目录》。

（四）有力有效应对灾害事故

制定完善各级各类应急救援队伍快速响应机制，研判灾情发展，定期视频调度14支市级专业队伍，利用重要时间节点、节假日、暴雨洪峰过境等重点敏感时段，集中调度各队伍值班备勤、前置处置，分灾种、分区域协调预置各类应急力量1.3万余人次、装备3300余台（套/件）。

四、基础保障和能力建设

（一）大力开展工程治理

实施4000公里“生命工程”，推进1.2万个农村道路、临崖临水隐患安全整治；改造危旧桥146座，排查跨等级航道桥梁304座；改造更新老旧电梯587台，拆解“三无”船舶1507艘；关闭不符合安全条件锰矿56个、电解锰企业25家、尾矿库18个；整治城乡接合部区域27个、中小微企业2529家；完成23座病险水库除险加固、312处水毁项目修复、中心城区38处易涝点整治；完成17个区县1∶5万详细调查和1∶1万精细化调查工作，发现地质灾害隐患点511处；分类组织开展工程治理和搬迁避让，完成治理工程169个，搬迁避让5635人。

（二）全面强化科技兴安

城市管理、消防、建设、交通等领域实现网络化安全监管。推动非煤矿山和危险化学品“机械化换人、自动化减人”和机器人行动。在非煤矿山、道路交通、危险化学品领域推进远程动态监控，86家危险化学品企业纳入监测预警平台，改造升级 36 个产业园区，可视化安全监管 100%。

（三）强化隐患排查治理

森林消防相关专业力量每日开展带装巡护、严管火源，3700 余个森林防火检查站（哨卡），4 万余名护林员开展扫码入林和森林防火巡护管理。全市已完成 1 万余处地质灾害隐患点智能化监测预警项目，安装设备 5 万余台。开展地质灾害综合遥感识别与调查，精准确认地质灾害隐患点 96 处。

（四）强化宣传教育和社会化治理

深入开展应急知识“五进”和“安全生产月”活动，举办“最美应急人”学习宣传、“12350 安全生产举报奖励”集中宣传和“安全伴我行”文艺创作比赛。开展“消防安全包裹进万家”活动，500 余万份包裹“快递”消防知识。建立重大节日消防安全提示制度，发送提示短信 1.8 亿余条。建成应急消防科普教育基地 55 处，学校逃生体验室 39 个，培养消防志愿者 7.3 万名，培训重点人群 8.7 万人。累计创建全国综合减灾示范社区 267 个。

第二十三章　四川省应急管理工作

2021年，四川省应急管理系统坚持以习近平新时代中国特色社会主义思想为指导，全面贯彻党的十九大和十九届历次全会精神，统筹发展和安全，深入推进体制机制改革，全力防范化解重大安全风险，有效应对处置系列灾害事故。

一、安全生产和消防安全

（一）安全生产

压实安全生产工作责任。突出“行业共性”和“企业个性”优化完善责任清单，实行省安委会成员单位主要负责人履行安全生产工作职责年度述职评议，创新“高考阅卷”方式开展考核，约谈3名市（州）党政负责人，坚决把责任落实到最小工作单元。全力以赴防控重大风险。扎实开展以市（州）为主体的安全生产大排查大整治和以县（市、区）为主体的食品加工企业安全生产专项整治“两个行动”，消除问题隐患148万余项。开展“创安2021”等专项执法行动，查处违法违规行为9万余次。加强安全生产失信联合惩戒，报送失信联合惩戒“黑名单”企业7家。夯实安全生产工作基础。严格安全生产准入条件，关闭取缔248家安全生产不达标企业，整合优化231家工艺技术装备落后企业，明确“禁限控”危险化学品目录（第一批）157类，关闭销号18座停用尾矿库。制定实施“一矿一策”方案，稳妥推进安全保供工作。

（二）消防安全

“十四五”消防事业发展规划首次纳入省级重点专项规划；修订出台《四川省公共消防设施条例》；消防安全基层治理体系改革被纳入7项重点改革之一。打通队伍“双随机”平台与地方“互联网+监管”平台系统隔阂，建成省级消防大数据平台及移动端。推动149家重大火灾隐患单位整改销案，对214家大型商业综合体实施达标验收，完成325处200户以上易地扶贫搬迁安置点的消防安全标准化管理。成功承办部省联合“应急使命·2021”抗震救灾演习，投入消防救援人员实战实训。持续推进地震、石化、水域等七大类29支专业队能力建设。组建县级“轻骑兵”前突小队、志愿消防速报员队伍。在森林火灾高风险区前置部署38支扑火专业队，选拔123名消防救援人员赴攀枝花开展驻防任务。成功处置冕宁“4·20”森林火灾、泸县6.0级地震、天全“9·25”山洪等急难险重任务。完成516个消防救援站整合重组和建设任务，推进年度118个城市消防站建设任务。

二、防灾减灾救灾

深入开展四川省第一次全国自然灾害综合风险普查，建强普查支撑队伍，圆满完成普查试点任务。统筹灾种主管部门抓好灾害风险综合监测预警，对175个河心洲岛落实了“一岛一策”防范应对措施，会同水利、自然资源等部门累计排查点位100万余处，整治隐患7.2万项，有效降低了灾害风险。

深入推进专项整治，全年没有发生重特大火灾，没有出现人员伤亡，火灾发生起数、人为火灾起数、受害森林草原面积同比分别下降 79.6%、85.1%和 89.7%。提升综合防控能力和扑救水平，制定 1677 个应急预案，组建 2600 多支共计 10 万余人的扑火队伍，布防 7 架大中型灭火飞机，新建 3.9 万公里防灭火通道，开设 5.1 万公里隔离带。全面推广运用森林草原火情监测即报系统，应用高分卫星等科技手段，强化热点监测核查和预警预报。顺利完成森林草原防灭火专项整治，巩固拓展专项整治成果，持续加强防火通道、隔离带等基础设施建设和航空消防飞机布防，扎实开展专题培训和应急演练，在常态化治理阶段未发生森林草原火灾，为备战新一轮防火期奠定坚实基础。

加强群众救灾救助，认真履行救灾职能，针对“7·9”洪涝地质灾害和泸县 6.0 级地震分别启动灾害救助应急响应，预拨救灾资金 3 亿元，及时调拨帐篷、凉被、棉被、折叠床等 3.5 万床（顶）救助受灾群众。积极争取国家冬春救助资金物资，全省安排棉被、棉大衣等御寒物资 29.9 万套，确保受灾困难群众安全温暖过冬。

三、应急救援

深入推进重点任务，瞄准“全灾种、大应急”，依托一批重点项目、重大任务，大力提升应急救援能力。一是健全完善预案管理体系。出台省级突发事件总体应急预案，全面修订完善省、市、县应急预案和专项预案。制定暴雨洪涝巨灾应急预案、重点地区重特大地震应急救援行动方案。深化“三联”机制，多维度合成演练、多层次系统培训，开展应急演练 8 万余场次、参与 307 万人次，应急处置能力得到全面提升。二是扎实推进重大项目建设。推进国家西南区域应急救援中心建设，加快推动省应急救援总队基地和 6 个区域性综合应急救援基地建设，全面布局危化、矿山、航空等 28 个专业应急救援基地，着力形成全域覆盖的应急救援保障体系。实施总额 54.4 亿元的应急救援能力提升行动，强力推进 10 项重点任务、14 个重点工程。三是大力实施智慧应急工程。强化与国防科工局、中航集团等紧密协作，深化与科研高校战略合作，整合高分卫星、大数据、云计算等资源，建成投用火情监测即报系统，启动 1.9 亿元省级应急管理信息化建设项目，深化与四川大学、华为公司等科研院所战略合作，搭建科研教育平台，组建川大综合减灾研究中心、四川应急管理学院，推进传统治理向现代“智”理转变。四是高效遂行救援任务。针对泸县 6.0 级地震，组织省、市、县三级救援力量 3800 余人快速集结、科学救援，紧急转移 7.6 万人，集中安置 2.7 万人，营救被困群众 150 余人。迅速应对“9·25”雅安市天全县山洪泥石流灾害，全力搜救失联人员，做好群众转移和善后工作。有效应对 16 轮明显降雨过程，成功处置渠江、嘉陵江“跑船”等险情，安全转移群众 123 万人。

四、基础保障和能力建设

全面完成应急管理系统党组改设党委工作，深化应急管理厅双重管理制度，明确领导干部管理内容，认真履行协管职责，选优配强各级应急管理部门领导班子。调整森林草原防灭火和防汛抗旱指挥体系。认真落实“上下基本对应”工作要求，主动承接森林草原防灭火指挥部办公室、防汛抗旱指挥部办公室职能职责，有效整合行业部门优势和“两支队伍”力量，组建实战化专班，推动实体化运行，形成整体联动格局。推进应急管理综合执法体制改革。

开展新修改《安全生产法》集中宣传月系列活动，省、市、县分级组织学习培训，结合安全宣传“五进”活动，全省开展相关培训3000余场，培训50万余人。设立森林草原防灭火宣传月和警示日，坚持“开学第一课·森林草原防灭火”主题教育制度安排，利用火灾典型案件开展警示教育。开展全国防灾减灾日和国际减灾日宣传活动，线下集中宣传613场次，依托三大运营商发送公益短信8561.1万余条。

第二十四章　贵州省应急管理工作

2021 年，贵州省应急管理系统坚持以习近平新时代中国特色社会主义思想为指导，深入学习贯彻习近平总书记关于应急管理重要论述和视察贵州重要讲话精神，紧紧围绕庆祝建党百年创造良好安全环境，全力以赴防范化解重大安全风险各项工作。全省应急管理工作实现生产安全事故、自然灾害损失大幅下降，应急处置和救援能力大幅上升。

一、安全生产和消防安全

（一）安全生产

将安全生产纳入高质量发展绩效评价监测体系。全面建立和动态更新“三张清单”，累计排查整治安全隐患 54 万余项。对道路交通、建筑施工、矿山、工贸、消防（森防）、危险化学品、旅游等重点行业领域开展专项整治。组织开展道路交通安全专项整治。持续推进非法违法“小化工”专项整治，实行“双签字、零报告”工作机制，取缔关停 31 家，立案查处 23 家。推动实施非煤地下矿山驻矿监管制度，对 30 家高风险地下矿山进行逐矿会诊。配合开展城镇燃气安全专项整治，共检查企业 58 家，发现问题隐患 300 余项。对云岩区等 10 个重点县和全省打火机生产企业及钡（锶）化工生产企业开展“定向体检会诊”式安全检查，对瓦斯防治等“十大突出问题”进行集中专项治理。对 14 起较大事故进行挂牌督办，提级调查 1 起较大事故。

（二）消防安全

开展高层民用建筑、大型商业综合体、危险化学品重大危险源企业、易地扶贫搬迁安置点和革命文物建筑等消防安全专项整治。全省消防救援机构检查单位 30.8 万家次，整改火灾隐患 84.8 万项。强化消防救援人员 15 类岗位基础体能、技能普训和 6 类专业技术培训，组织 3500 余名专职消防员跟班轮训。全省建成投用 16 个新消防站，改建修缮 16 个消防救援站，建成 150 个乡镇标准化应急救援站。全年全省消防救援队伍接警 40128 起，营救遇险群众 4823 人、疏散转移 14788 人，抢救财产价值约 2. 2 亿元。完成 1297 个新冠重点防疫区域消杀任务，有效处置了贵阳“6·12”危化品泄漏等灾害事故。

二、防灾减灾救灾

制定出台《贵州省自然灾害救灾资金管理暂行办法》《贵州省自然灾害受灾人员救助服务标准》。创新推动“早备战、全压实，早会商、全联动，早排查、全管控，早预警、全覆盖，早响应、全转移”的“五早五全”防灾减灾工作机制，“拉网式”排查整治（稳控）隐患 8769 项，发布预警短信 2.15 亿条，紧急提前转移避险 4.6 万人次。有效应对 15 次区域性暴雨过程和 2 次 4 级以上地震，成功避险 16 起地质灾害，妥善处置突发事件 137 起，救助受灾困难群众 64.6 万户、219.68 万人次。深化普查成果运用，风险普查“贵州战法”在全国推广。按时序推进自然灾害防治八大重点工程建设，建成全省自然灾害风险监测预警系统，汇聚省直部门视频资源 23 万余路、接入省直部门数据资源 51 个，融合实现气象、水利等 10 余类“大应急”灾害链数据管理。创建 17 个全国综合减灾示范社区，建成近 2.4 万人的灾害信息员队伍。省级累计下拨各类救灾款物 2.76 亿余元。

三、应急救援

（一）加强预案体系建设

出台省级突发事件总体应急预案，建立 45 个专项应急预案+11 个重要部门应急预案+8 个保障应急预案的省级应急预案体系。出台《贵州省重大以上灾害事故快速响应工作总方案》。面向实战提高应急预案操作性，组织、指导完成各类应急演练 7000 余场次。

（二）加强队伍体系建设

制定突发灾害事故内部协同联动办法和应急救援队伍建设管理办法。完成全省 8 类 817 支应急救援队伍摸底，健全危化、地质灾害等 11 个灾种救援力量一体化调度清单。

（三）加强装备体系建设

在安顺市部署国产大型无人机，参与“应急使命·2021”抗震救灾演习通信保障。采购价值近 1 亿元的应急处置和抢险救援装备。试点推广无人救援机器人等高精尖科技产品。

（四）加强物资保障体系建设

出台《贵州省抢险救灾应急物资保障体系建设实施方案》，着力构建以省级库为中心、市级库为支撑、县级库为依托的应急物资储备分布格局。推广应用应急资源管理平台，基本实现应急物资动态管理。成立应急产业工作专班，推动应急产业发展，提高实物储备和生产能力储备水平。

四、基础保障和能力建设

（一）推进基层应急管理能力标准化

召开基层应急管理（网格化）现场推进会，推动基层网格化管理服务。全省设置网格单元 13.79 万余个，录入网格人员 13 万余人，网格化监管服务对象 112.3 万余个。全面推进乡镇应急管理办、村居应急管理服务站建设，规范提升应急避难场所 1056 个。

（二）推进科技信息化应用

完成全省自然灾害监测系统、安全生产风险监测预警系统、应急指挥平台等“云上贵州·贵州省应急管理云”（一期）三大重点项目建设，融合省直 12 个厅局、9 类应急数据资源共计 1.13 亿条，汇聚视频监控资源 23 万余路。实现气象、水利、自然资源、地震、森林防火、白酒、尾矿库、煤矿等 10 余类灾害链管理，业务覆盖省、市、县三级应急管理部门，以及省安委会、减灾委、防汛抗旱指挥部、森林草原防灭火指挥部等成员单位的“大应急”智慧应急体系。

（三）形成社会协同机制

启动实施安全生产责任保险示范项目，扎实做好政策性农房灾害保险工作，6.4 万次农户获保险赔偿 4950 万余元。在《中国应急管理报》《贵州日报》等主流媒体刊发稿件 200 余篇，编写《农村安全宣传手册》，利用新媒体发布安全提示 3000 余条，覆盖近 1500 万人次。

第二十五章　云南省应急管理工作

2021 年，云南省应急管理系统坚持以习近平新时代中国特色社会主义思想为指导，立足“两个大局”，心系“国之大者”，践行人民至上、生命至上理念，切实扛起防范化解重大安全风险政治责任，有效应对处置各类自然灾害和事故灾难，积极参与平安云南建设，构筑起守护人民群众生命财产安全的铜墙铁壁。

一、安全生产和消防安全

（一）安全生产责任体系

推动制定完善领导干部安全生产责任制，严格责任清单管理。印发《云南省安全生产委员会成员单位安全生产工作职责任务清单》，明确 40 余个省级部门安全监管监察及支持保障职责。指导各级政府、行业主管部门和辖区内企业突出安全风险，抓住关键环节，完善制度机制，建立健全安全风险分级管控、隐患排查治理双重预防机制。与 16 个州市人民政府、23 个负有监督管理职责的省级部门签订年度安全生产目标责任书，强化重点目标任务推进落实。

（二）安全生产专项整治三年行动

督促省级“1+2+10”任务牵头部门，严格对标党中央、国务院有关部署和国务院安委会文件要求，按照规定动作一个不少、重点工作任务一项不漏，列出时间表、路线图，明确责任人员和工作要求，严格按照时间节点推动落实。其他负有监管、管理职责的部门，按照各自行业领域既定方案中规定的自选动作，严格按照时间节点完成目标任务。省安委会办公室全面梳理 86 项重点整治内容，推动分层级、分行业厘清年度重点工作任务，全面推动安全生产专项整治三年行动集中攻坚。

（三）重点领域风险防范

强化部署变型拖拉机、水上运输和渔业船舶、道路交通、城市轨道交通、瓶装液化石油气、燃气等专项治理，对事故易发的 17 个行业领域、54 类生产经营单位开展集中整治，对 86 项重点整治内容实施挂图作战。组织开展煤矿安全生产大排查、秋冬季交通安全整治百日会战、冬春火灾防控、拉网式防汛检查、重点项目隐患排查治理等专项督查检查，对 13 起较大事故查处实施挂牌督办，对 13 起重大隐患报请省政府挂牌督办，对 10 起典型较大事故调查处理和整改落实情况进行督查评估。

（四）消防安全

对全省 2411 个安置点开展消防安全专项检查，推动各地累计投入 1.12 亿元用于火灾隐患整改。制定优化“四名一文一传”① 灭火救援能力建设指导意见，调整低温雨雪冰冻、洪涝、地震等专业救援队编成，开展新能源、光伏、特高压灭火救援技术课题攻关。多次组织全省化工灭火救援、地铁淹积水、水域救援和航空投送等实战演练；连续举办“云岭利剑”

① “四名一文一传”：历史文化名城、名镇、名街、名文、文物建筑和传统村落。

救援技能、指挥能力、消防体能比武竞赛和实战化练兵考核。全年投入3亿元购置消防车218辆、救援装备5万件（套），完成24个消防队站建设项目，分灾种建强16个州市级消防基地的专业化、实战化训练设施。全年省消防救援队伍全年共接处警5.5万起，出动人员42万人次、车辆7.8万辆次，抢救被困人员3778人，抢救财产价值3.9亿元，出色完成多起急难险重救援任务。

二、防灾减灾救灾

（一）自然灾害应急管理机制

完成省防汛抗旱、森林草原防灭火、抗震救灾3个指挥部办公室调整工作，10个州市完成本级防汛抗旱指挥部办公室调整、13个州市完成本级森林草原防灭火指挥部办公室调整、6个州市完成本级抗震救灾指挥部办公室调整。制定省森林草原防灭火指挥部工作规则，出台防震减灾救灾体制机制实施意见，修订颁布地震应急预案，形成应急通信保障、交通投送保障、军地协调联动、区域应急合作等多项应急联动机制，信息互通、灾情会商、善后处置等工作持续加强。

（二）防震减灾

充分发挥统筹协调作用，全面实现“防”和“救”的责任链条无缝衔接，全力构建上下贯通、左右协同的防震减灾救灾工作新格局。制定《进一步健全完善防震减灾救灾体制机制的实施意见》，压紧压实防震减灾救灾责任，持续加强物资储备，加快应急避难场所建设，实施地震易发区房屋加固，常态化开展应急演练，建成专兼结合的救援队2600支11万余人。圆满完成漾濞6.4级、双柏5.1级、盈江5.0级等地震的应急处置工作。

（三）森林草原防灭火

建立联席会议制度，修订完善森林草原火灾应急预案，省政府签发《2021年森林草原防火命令》《森林草原防火工作通告》，向全网推送封闭林区管理通告，大力推进“互联网+”督查及“防火码”运用，深入开展专项整治，确保将火源堵在山下林外。全年应对处置玉龙“4·23”、大理“4·26”等多起燃烧时间长、火场面积大、投入兵力多、影响范围广的森林火灾，全力防范遏制重特大森林火灾。

（四）防汛抗旱

制定《关于进一步做好强降雨期间山丘区人员转移避险工作的指导意见》，组织12.88万人次开展986次防汛应急演练，发布暴雨预警3341条，发布山洪、地质灾害预警3188条，发送预警短信1.37亿条次。投入抢险救援人力126184人次，抢险救援机械设备22689台（套），有力有序应对处置了严重的区域性干旱、多起山洪泥石流灾害等防汛抗旱抢险救灾工作。

三、应急救援

坚持做到第一时间核报信息、调集队伍、跟踪进展、赶赴现场、指导救援，先后启动1次抗震救灾二级响应，1次抗震救灾三级响应，3次抗震救灾四级应急响应，1次防汛抗旱四级应急响应，派出工作组连夜奔赴灾区一线协助指导做好人员搜救、群众转移安置、救灾物资调运发放等工作。

四、基础保障和能力建设

全省应急管理系统不断打基础、补短板、强弱项，全面开展第一次全国自然灾害综合风险普查工作；加强预案体系建设，举办3次省级综合应急演练；编制安全生产、综合防灾减灾、救灾物资储备“十四五”规划；安排 1 亿元专项资金支持以应急物资储备、应急指挥中心建设、救援能力提升等为重点的防灾减灾救灾项目建设；协调 9 架直升机进驻云南、3.7 万余地方专业（半专业）扑火队员靠前驻防；选聘 60 名专家组成云南省首批自然灾害应急管理专家组，组织 2.6 万余名灾害信息员和 2600 余支、11 万余人专兼职救援队伍开展培训、演练和竞技竞赛；储备救灾物资 30 多个品类、价值 1.85 亿元、94.58 万件；组织全省集中观看学习《生命重于泰山——学习习近平总书记关于安全生产重要论述》电视专题片 5000 余场，30 余万人接受教育；强化科技支撑，深入推进数字应急“一张图”、应急通信融合会商、便携式高通量卫星装备、乡镇天通卫星电话覆盖面、370 兆窄带集群通信等建设工作。

深入开展全国防灾减灾日、“安全生产月”和“119”消防宣传月等主题宣教活动。制定印发《深入开展安全宣传“五进”工作实施方案》，开展安全宣传“五进”活动，构建完善“大宣传”格局，筑牢全社会安全风险防线。建立安全体验馆；通过电梯间分众传媒平台，推送安全宣传“五进”公益宣传片。落实季度例行新闻发布和重大事项及时发布制度，共组织新闻发布 4 次。

第二十六章　西藏自治区应急管理工作

2021年，西藏自治区应急管理系统深入学习贯彻习近平总书记关于应急管理重要论述，深入贯彻落实中央第七次西藏工作座谈会和习近平总书记视察西藏重要讲话精神，始终坚持人民至上、生命至上，牢固树立防范化解风险底线思维，扎实推进应急管理体系和能力现代化建设，全力做好“全灾种、大应急”预防和救援工作，以高水平安全服务高质量发展。

一、安全生产和消防安全

（一）安全生产

统筹抓好非煤矿山安全监管与生态环境保护工作，坚决防范因生产安全事故引发环境污染事件。把好准入关，开展化工园区、集中区风险等级评估，对高风险和较高风险新建危化项目实行禁限入，严把非煤矿山安全生产许可，消除无证开采建设行为，退出关闭不符合安全生产条件要求的非煤矿山5座。把好设计关，对13家危险化学品生产企业严格安全条件和安全设施设计审查，审核实施设计诊断和工程质量复核，全面排查工艺固有风险和设计缺陷，严格审查非煤矿山安全设施设计，防止先天不足。把好提升关，实行“应急管理部门+专家+企业”三位一体模式，对非煤矿山和危险化学品企业开展技术指导服务，创建标准化达标企业200多家。突出系统性，集中攻坚安全生产专项整治三年行动12个专题专项难点问题，对道路交通、建筑施工、矿山、危险化学品、消防等重点行业领域开展大排查大整治。突出靶向性，坚持以案示警、以案促改，举一反三组织专项查治，防患于未然。全区各级应急管理部门执法检查企业1200余家次，排查各类问题隐患3000多项。把观看《生命重于泰山——学习习近平总书记关于安全生产重要论述》电视专题片纳入各级党委（党组）中心组、党校培训和干部理论学习。制作全区典型事故案例警示光盘，编印《防灾避险知识宣传手册》引导全区各族人民坚守安全生产红线，提升安全防范避险常识。广泛开展防灾减灾、安全宣传“八进”和“安全生产月”等活动，构筑起安全生产的人民防线。实施企业安全素质提升工程，开展高危行业领域从业人员安全技能培训，2021年培训2200余人次。

（二）消防安全

修订《西藏自治区消防条例》（草案）；召开4类消防管理现场会；“文物建筑智慧消防预报警系统”入选自治区科技项目。全面推广寺庙消防安全管理新举措，出台老旧小区改造技术导则，搭车乡村振兴综合整治易地安置小区消防安全。组建11个类型71支应急救援专业队，创新小口径水带背包控火操等6项实战操法战法。制发各类灾害救援处置规程，出警全程指导安全避险措施。建成三大模块、7类应急救援基础数据索引，为边境和地震带队站前置卫星便携站等装备器材。逐步建立与西藏区情相适应、与“全灾种、大应急”相匹配的车辆装备体系。打造智慧营区等4个正规化建设品牌；推行完善“四级”管理模式。

二、防灾减灾救灾

完成第一次全国自然灾害综合风险普查试点任务，部署启动全区自然灾害综合风险全面普查工作。统筹抓好“十四五”应急管理规划编制申报，加快推进自然灾害防治“九项工程”、自然灾害预警、“智慧应急”、自然灾害防治技术装备现代化、重大危险源监测预警、综合救援队伍标准化建设、草原防灭火工程等重点项目建设，切实提升综合防灾减灾救灾能力。通过科技创新提高自治区应急管理的科学化、专业化、智能化、精细化水平，以信息化推动应急管理现代化，提高监测预警能力、监管执法能力、辅助决策指挥能力、救援实战能力和社会动员能力。完成全区应急指挥信息网和危险化学品风险监测预警系统竣工验收工作；改造升级自治区应急指挥中心、配备急需应急通信装备，整合接入应急管理部和自治区有关涉灾部门资源，推动建设覆盖自治区、市、县三级应急管理部门的天地一体化应急通信网络。指挥调度、远程会商、辅助决策等能力大幅提升，初步形成了多灾种综合监测预警保障网。建立“区市县乡村”五级灾害信息员队伍，明确灾害风险隐患应急责任人和管理员；筑牢防灾减灾救灾人民防线，下拨自然灾害生活救助资金近 3 亿元，保障受灾群众生活；推进《西藏自治区自然灾害生活救助资金管理暂行办法》和《西藏自治区自然灾害救助应急预案》修订工作。开展全国综合减灾示范社区建设，统筹推进边境乡镇、村应急避险设施建设。

三、应急救援

实战检验自治区 27 家单位和西藏自治区消防救援总队、森林消防总队“两支队伍”，全要素、全流程围绕自然灾害类、事故灾难类、公共卫生事件类开展应急演练工作，累计组织实战演练 5365 场次，出动人员和参与人员 856978 人次，投入大型机械设备及其他重要装备 6309 台（套）。出动消防等救援力量参与集中应急救援 37 次，最大程度减轻了灾害损失和事故影响。有效应对那曲 6.1 级地震，牵头完成灾害核查工作；成功扑灭林芝“10·27”等森林火灾，为人民群众生命财产安全筑起强大的保护网、安全墙。

四、基础保障和能力建设

印发《西藏自治区应急总体预案（试行）》《西藏自治区应急管理厅应急响应工作手册（总册）》，推动修编 22 个专项应急指挥部应急预案。建立定期会商协调机制，与相关单位建立灾害事故防范应对工作机制，召开各类会商会 34 次，组建自治区防汛抗旱工作专班，召开各类会商会 30 余次。与驻地解放军和武警部队签订应急救援联动机制对接办法。与青海省签订《青藏两省（区）应急联动战略合作协议》。拟定《关于加强应急救援队伍建设管理若干意见》，明确各类救援队伍建设的标准、管理、训练、保障等内容。推进交通、水利、危险化学品、矿山等专业救援队伍和社会救援力量建设，将 3 家中央企业在西藏救援力量纳入应急救援队伍体系，全区救援队伍达 15 支。开展森林草原航空消防工作，协调中央和自治区资金 2452 万元签约租赁直升机进驻林芝，弥补西藏航空救援短板。建成投用 459 个应急救援物资储备库，基本形成以中央库、区级库为中心，市级库为支撑，县级库为依托的应急物资储备分布格局。健全完善自然灾害救助资金保障机制，自治区财政每年安排2000万元资金用于应急物资采购。储备各类救灾物资约18万件。制定《西藏自治区级应急救灾物资调拨规定（试行）》，与粮储部门建立健全调拨机制。

强化各项应急准备和信息报告制度，制定《西藏自治区自然灾害和事故灾难类突发事件信息报告规定（试行）》《西藏自治区国家综合性消防救援力量调动审批办法（试行）》。严格实行领导带班、双主任值班制度，明确专业应急值守人员职责及信息报告流程。健全事故灾情信息报告报送管理制度，做好突发事件预警信息发布，及时调度各类事故灾害。制定出台《西藏自治区安全生产条例》《西藏自治区自然灾害风险防治办法》《关于建立健全自然灾害综合监测预警制度的实施意见》《西藏自治区安全生产考核办法（暂行）》《西藏自治区安全生产党政同责实施办法（暂行）》等法规制度20多项，编制自治区应急体系建设等“十四五”规划4项。

第二十七章　陕西省应急管理工作

2021 年，陕西省应急管理系统坚持以习近平新时代中国特色社会主义思想为指导，全面贯彻落实党的十九大和十九届历次全会精神，践行初心使命，全力以赴防范化解重大风险，全省安全形势总体稳定。防汛抢险经受严峻考验，森林草原防灭火取得历史最好成绩，应急处置及时高效，实现了“十四五”良好开局。

一、安全生产和消防安全

（一）全力推进责任落实

推动各级党委政府观看学习《生命重于泰山——学习习近平总书记关于安全生产重要论述》电视专题片。提请省委、省政府印发安全生产工作考核办法，首次对市级党委政府开展考核，严格落实党政同责。厘清 64 个省级部门和中央驻陕单位、4 个行业重点领域全链条安全监管职责，建立职责任务清单。约谈 5 市 6 部门负责人，倒逼监管责任落实。印发企业主体责任重点事项清单，铜川创新开展企业班组“一会一卡一宣誓”活动，压实“最小单元”主体责任。

（二）突出做好重点领域安全防范

煤矿领域出台 6 项标准，实施分类处置，全面完成自然灾害综合风险普查，开展全系统各环节 4 个 100% 安全大检查、防治水专家会诊。事故起数、死亡人数和百万吨死亡率同比分别下降 41.67%、46.15% 和 47%，创历史最好水平。工矿商贸领域扎实推广铜川凤凰建材本质安全管理经验，推进非煤矿山“四化”建设，督促事故企业制定“安全生产特别规定”，制定 225 座非煤矿山和秦岭保护区 285 座尾矿库整治方案，完成 61 座尾矿库安全风险治理。危险化学品领域全面完成化工园区安全整治提升，严格高危工艺项目准入，完成 11 家大型油气储存基地安全风险评估，强力整治非法违法“小化工”。榆林投入 4000 余万元帮助危险化学品企业开展安全体系创建。

（三）扎实推进安全生产专项整治三年行动集中攻坚

梳理 247 项工作任务，建立问题隐患和制度措施台账，实施十大专项攻坚，排查治理隐患 33 万余项，攻克了一批重点难点问题。扎实开展中期效果评估，出台有限空间作业安全管理办法等 29 项制度规定，形成了一批长效机制。

（四）不断加大综合执法和事故查处力度

出台深化应急管理综合行政执法改革实施方案，联合省委编办等 7 部门指导市县加快完成改革任务。严格落实行政执法三项制度，全面推行“三位一体”执法模式，常态化开展明查暗访、交叉互检、异地执法等，煤矿执法处罚、隐患查处位居全国监管执法前列。铁腕治理安全评价和培训考试机构违法行为，安全评价市场得到净化，培训考试更加规范。健全重大生产安全责任事故追责问责调查协作机制，挂牌督办 12 起较大事故、5 起典型一般事故，完成 76 起较大以上事故整改措施和责任追究落实情况评估，事故警示效果和查处力度不断强化。

（五）持续做好消防安全工作

编制《陕西省“十四五”消防救援事业发展规划》，推动出台《加强基层消防安全综合治理实施意见》。强力推进消防安全三年专项整治行动，统筹实施8个重点领域消防安全治理，累计检查单位17.2万家次，督改隐患23.5万余项，圆满完成第十四届全国运动会和全国第十一届残运会暨第八届特奥会等重大消防安保任务。全力打造高层地下、地震灾害、抗洪抢险、雨雪冰冻、大跨度综合体等48支救援专业队，开展全国1000平方米煤焦油流淌火实战灭火效能测试。全年共接警5.4万起，抢救疏散被困人员2.5万人，抢救财产价值1.65亿元。全面构建全省“1+3+7+N”四级战勤保障体系，6个省市级战保基地建成投用，总队训练基地开工建设，3个支队级训练基地即将投勤，规划建设90个城市消防站、22个乡镇专职站，30个消防站在建或投勤，2.3亿元特种装备全面列装，战勤保障效能实现大幅跃升。

二、防灾减灾救灾

（一）灾害防范取得新成效

面对60年最强汛情，先后启动省级1次Ⅲ级、3次Ⅳ级防汛应急响应，印发全省防灾避险人员转移工作机制，累计组织122.16万人次撤离避险，洪涝人员伤亡比近10年平均值减少58%。成功应对22轮强降水过程和历史最强秋汛，成功处置镇巴县700万立方米滑坡等9起地质灾害突发事件。森林草原火灾发生起数、过火面积、受害森林面积同比分别下降77.92%、75.34%和81.21%。

（二）灾害救助取得新进展

2次启动省级自然灾害救助Ⅲ级响应，精准查灾核灾，设立集中安置点3640个，下拨各类救灾救助资金15.71亿元，发放各类应急救灾物资38万余件（套），全力保障受灾群众温暖过冬。有序推进灾后恢复重建，安康市应急管理局牵头成立工作专班，制发10个专项方案，确保灾区群众生产生活秩序稳定。

（三）综合减灾能力取得新提升

建立综合会商和预警响应发布机制，扎实推进自然灾害防治能力“八大工程”，年度自然灾害综合风险普查任务圆满完成，咸阳市普查办等23家单位、31名个人受到国务院普查办通报表彰。修订省级综合减灾示范社区创建标准，累计创建348个国家级、627个省级综合减灾示范社区，基层综合减灾能力进一步加强。

三、应急救援

（一）救援体系加快完善

出台全省总体应急预案，修订完成森林草原火灾和地震地质灾害等10个专项预案，6个地市总体预案基本完成，全省应急预案体系初步建立。建成27支省级、239支市级应急救援专业队伍，延安市县两级森林草原防灭火专业队伍建队率100%；协调西藏、新疆、甘肃3支森林消防队伍驻防陕西，租用11架救援直升机驻场246天。

（二）救援处置有力有序

部、省、市、县四级联动，圆满完成宝鸡酒奠梁隧道坍塌涉险事故救援，10名被困人员全部获救。第一时间启动响应，赴大荔决堤现场指挥抢险救援，调用33台大型抽水设备支援排涝。模块化调派驻防陕西的西藏、新疆森林消防队伍投入洛南、蓝田、勉县参与防洪抢险救援。省航空护林中心调度5架直升机飞行94架次空降人员、空投物资参与蓝田救援。

组织省重型机械救援队驰援河南抗洪救灾。

（三）指挥调度全面加强

健全联合值班值守机制，增设 7 个行业专业值守，建立调度日报制度，强化分析研判、在线监管、精准调度，高效指挥应对宝鸡陇县关山大峡谷滑坡等 35 起突发事件。

四、基础保障和能力建设

（一）持续推进法治建设

深入宣传贯彻新《安全生产法》，出台《陕西省防灾避险人员安全转移规定》地方性法规，制定安全生产行刑衔接实施办法，筑牢法治基础。

（二）科学制定“十四五”规划

“十四五”应急管理事业发展规划纳入省级重点专项规划，确定 22 项主要指标和 24 项重点工程。

（三）加快推进科技信息化建设

省应急指挥大厅建成投用，部、省、市、县四级指挥信息网和视频调度系统贯通，综合应用平台（一期）等 7 个重点项目投入使用，524 万余家企业数据和 1520 路视频信息联网接入，178 家危险化学品企业和 25 家尾矿库实现在线监测预警。西安启动城市生命线监测预警平台建设，实现全市水电气暖和城市内涝 5 个专网实时监测。

（四）广泛开展宣传教育

精心组织全国防灾减灾日、“安全生产月”等系列社会宣传教育活动，开通应急广播，召开新闻发布会 6 场。

第二十八章　甘肃省应急管理工作

2021年，甘肃省应急管理系统坚持以习近平新时代中国特色社会主义思想为指导，全面贯彻落实党的十九大和十九届历次全会精神，面对安全风险加大和自然灾害增多的双重压力，面对经济社会发展和疫情防控的双重考验，深入研判安全形势，克服各类困难挑战，主动担当作为，认真履职尽责，推动应急管理体系和能力建设取得新成效，实现安全生产形势总体平稳。

一、安全生产和消防安全

（一）安全生产

安全生产专项整治三年行动开展以来，全省成立检查组1.6万余个，督导检查3.8万余次，检查单位14.4万余家，督导问题14.4万余个，排查隐患28.7万余项，整改率92%，行政处罚12.6万余次，责令停产整顿2269家，暂扣吊销证照、关闭取缔企业478家，移送司法机关66人，约谈警示1.14万家，联合惩戒613家，形成制度措施1361个。实施乡道及以上公路安全生命防护工程1.4万公里，改造公路危桥331座。将“两客一危”车辆全部纳入动态监管平台，对9668辆营运车辆安装智能视频监控系统，为6929辆公交车安装防护隔离栏。推进城市房屋安全隐患排查整治工作，发现和整改安全隐患房屋2055栋，拆除377栋，加固270栋，责令停用停工167栋。明确化工园区产业准入、规划审批以及从业人员能力素质等具体标准要求，持续推进精细化工企业“四个清零”和危险化学品企业安全分类整治，杜绝淘汰落后化工产能和高风险化工项目落地，完成城镇人口密集区危险化学品企业搬迁改造27家。对16个地区、139家企业、389处重大危险源开展“两个全覆盖”检查督导。开展煤矿“铸安2021”和非煤矿山“固安2021”监管执法行动，对全省正常生产和建设的矿山安全大排查进行全覆盖督查，检查整改煤矿隐患833项、高风险地下矿山和“头顶库”重大隐患24项。建立了159座尾矿库“四位一体”包保责任制。开展小冶金、小有色、铝加工、铁合金、有限空间、涉氨制冷等重点行业安全专项整治，对5市（州）的26户企业开展专项检查，查处隐患389项。开展安全评价机构和生产企业专项排查，全力整治安全评价机构弄虚作假、生产经营单位以虚假报告获取相关许可（“两虚假”），安全评价机构出租出借资质、评价人员出租出借资格证书（“两出借”）问题。

（二）消防安全

修订实施《甘肃省消防条例》，修订《消防安全责任制实施办法》、制定《甘肃省“十四五”消防事业发展规划》。累计整改火灾隐患20.5万余项，连续15年未发生重特大火灾事故。举办化工灭火救援技术等培训，累计培训2466人。在全省44个重点火险县组建专业森林消防队伍。完成白银马拉松越野赛事故处置。落实地方消防经费13.2亿元。投入4.1亿元配发远程供水系统和185辆消防车，采购 2.8 万余件（套）装备器材，省级财政一次性投入 8280 万元补齐紧缺车辆装备。落实 4500 余万元推动消防信息化建设，落实 6000 万元推动总队水域救援训练基地建设，完成 32 个消防站建设和老旧营房维修改造。总投资 3240 万元的战勤保障消防站开工建设，招录战勤保障专职人员 260 余人。

二、防灾减灾救灾

（一）加快自然灾害综合风险普查

统筹推进自然灾害防治九大工程，加快实施自然灾害综合风险普查工作和监测预警信息化，压实省、市、县政府主体责任，建立普查办牵头抓总、行业部门通力协作的工作机制，在方案编制、标准规范、组织模式、成果运用、经费管理、软件应用、普查宣传等方面开展探索，创造了风险普查“甘肃模式”，完成了 13 个县普查试点任务。

（二）抓实抓细灾害防治

印发《关于加强强降雨期间山丘区人员转移避险工作的实施意见》，提出 16 项指导措施。细化森林草原防灭火各环节责任，发布“防火令”“禁火令”，组织对各市（州）和重点林区开展暗查暗访，督促各级排查整改森林草原火灾隐患。汛前公示各市（州）防汛抗旱行政责任人、86 个县级山洪灾害防御行政责任人，大江大河、大型及防洪重点中型水库防汛行政责任人，督促各地落实“四级”责任。

（三）加强自然灾害救助

做好灾情处置，及时下拨中央和省级自然灾害救灾资金、冬春临时生活困难救助资金 5.3 亿元，调拨各类救灾物资 17 余万件，妥善安置受灾群众，有效保障群众基本生活。

三、应急救援

修订印发《甘肃省突发事件总体应急预案》和森林草原火灾、防汛抗洪、抗旱、地震、生产安全事故等 7 个专项预案。举办全省应急救援协调和预案管理培训班，联合张掖、金昌、武威等地开展“地震灾害应急救援综合演练”“2021 年地震灾害及非煤矿山事故救援演练”“森林草原灭火演练”等实战应急演练，全省开展防汛演练 3050 场次、参演人员 17.5 万人。加强指挥调度和救灾款物保障，高效应对处置了舟曲、灵台等重大地质灾害；成功应对了玛多 7.4 级、阿克塞 5.5 级、玛曲 4.4 级地震。指导舟曲开展重点地区地质灾害避险搬迁，立节镇、果耶镇 2 处地质滑坡点转移安置 583 户、2346 人。

四、基础保障和能力建设

印发《关于在重大生产安全责任事故追责问责审查调查中加强协作配合的意见》《甘肃省纪委监委开展重大生产安全责任事故追责问责审查调查工作规定》，完善事故调查协调配合机制；出台《甘肃省生产安全事故调查“一案四查”“两个倒查”办法（试行）》，挂牌督办典型事故、着力解决突出问题。全省共派出专项检查组 1948 个，检查企业 3 万余家次，发现隐患 3.7 万余项，挂牌督办 726 项；开展典型事故“两个倒查”16 起，约谈企业单位 2373 家，约谈政府及相关部门 4 个。

围绕“值班值守、信息汇总、会商研判、指挥协调”职能，打造综合性指挥中心，向事前分析研判预警、事发应急响应处置、事中指挥调度救援、事后复盘总结提高等方面拓展。建成安全生产风险监测预警系统，开展视频智能分析。

推进国家西北区域应急救援中心等重点项目建设，安排2050万元推进省级安全生产应急救援基地、化工园区和省级专职森林消防队伍装备建设，在全省布局建设82个航空救援临时起降点。投入300万元购置储备防汛物资，指导各地通过实物储备、签订协议等方式，落实价值7500万元防汛物资。印发《关于在高危行业领域实施安全生产责任保险的意见》，完成安全生产责任保险信息管理平台的招标。

加快推进“十四五”规划编制，应急管理体系建设规划已由省政府办公厅印发实施，防灾减灾规划、安全生产规划已分别由省减灾委、省安委会印发实施。印发《关于深化应急管理综合行政执法改革的若干措施》，结合实际有针对性制定整合应急管理执法职责、明确层级监管执法职责、建立健全监管执法体系、优化完善监管执法队伍等10条具体措施。制定《关于推进安全生产分级分类执法的指导意见》，对改革任务进一步细化实化。全省应急管理系统严格执行24小时专人值班、领导干部在岗带班和信息报告制度。举办灾害信息员师资培训、工贸冶金行业监管人员培训、生产安全事故统计和行政执法统计培训、森林消防队伍灭火技能培训和全系统“应急安全大讲堂”培训。组建甘肃省应急技术研究院，开设应急管理政务平台，与新华社合作建设全省应急管理微信新媒体矩阵。依托广播、报纸、杂志、网络媒体和甘肃公共应急频道，合力搭建“五位一体”新闻平台。

第二十九章　青海省应急管理工作

2021年，青海省应急管理系统坚持以习近平新时代中国特色社会主义思想为指导，认真学习贯彻习近平总书记关于应急管理重要指示批示精神，坚持人民至上、生命至上，统筹发展和安全，坚决扛起保安全、护稳定的政治责任，以防范化解重大安全风险、有力有序有效应对灾害事故的实际行动，全力维护人民群众生命财产安全和社会稳定。

一、安全生产和消防安全

（一）安全生产

印发《青海省强化企业安全生产主体责任落实推进安全生产治理体系和治理能力建设的指导意见》《青海省安全生产委员会工作机制及政府（部门）安全生产工作职责规定》，各级政府制定安全生产责任清单和年度工作清单。

印发《青海省安全生产专项整治三年行动重点工作任务及责任清单》，明确204项重点任务，强化"攻坚之年"整治督导，自上而下健全省、市（州）、县三级隐患排查报送机制，分层级强化落实"一情况两清单"报送制度。组织各类督导检查组1.15万个，累计检查企业、单位及场所8.25万家（处），排查整治隐患10.9万余项。

建立煤矿安全生产联系包保责任名单与应急管理部门联系包保产煤地区名单，制定煤矿联系包保制度。开展非煤地下矿山和尾矿库全系统各环节大排查，制定《青海省尾矿库闭库和注销管理办法》，细化和确定尾矿库闭库销号流程。对全省1家钢铁冶炼企业、11家铝加工企业进行全覆盖执法检查，对29家铁合金企业、46家粉尘涉爆企业和涉及有限空间作业的工贸企业按比例进行抽查检查，对全省8个市（州）105项在建工程、23家预拌混凝土企业开展了监督检查，共提出整改意见3614条，下发执法建议书62份、各类整改通知书138份。修订完善《青海省化工企业分级监督管理规定》，共开展10轮专项整治工作，检查企业920余家次，发现问题隐患并督促整改3600余项，投入整改资金约3.2亿元。开展线上危险化学品专业知识专题系列视频讲座，全年共12000余人次参加视频培训。全省39家重大危险源企业的152个重大危险源和38个重点监管的危险化工工艺装置接入系统，布控风险数据实时在线监测点位2463个，累计巡查危险化学品登记企业15080家次，发现监测指标异常报警55274次，及时向企业、属地应急管理部门推送提醒，督促完成消警55247次，消警率达99.95%，企业每日安全承诺率均达到97%以上。开展岁末年初烟花爆竹"打非"行动，检查烟花爆竹零售店819家次，暂扣烟花爆竹零售店经营许可证20家，行政处罚2家。取缔非法储存经营烟花爆竹窝点16处，查获非法烟花爆竹4681件。

（二）消防安全

将消防安全监管治理融入城乡基层治理、行业部门治理范畴，建立信用监管、联合奖惩工作机制，“双随机”监管、重点监管得到有效规范，消防执法改革既定政策和“五位一体”监管机制全面落实。举办“高原卫士2021”体能比武对抗赛和全省消防行业职业技能大赛，开展石油化工、大型综合体、超高层建筑、文物古迹、水域救援五大实战演训。对全省3支重型、6支轻型地震救援队进行“管理、搜索、营救、后勤、医疗”五大能力专业训练。立足省内“高低大化寺、老幼古标交”等10类主要灾害类型，开展重点和特殊领域技战术研究，加强现代化指挥系统建设，不断提高救援效能，高效处置一系列重大灾害事故。以“组织建设规范化、作战训练实战化、消防执法标准化、工作运行流程化、队站建设精细化、战勤保障系统化”为目标，重点打造6个规范化试点并组织召开正规化建设现场会。按照“布局合理、设施完善、功能齐全”的建设格局，重点推动指挥中心、普通及战勤保障消防站、训练基地训练设施、营房基础设施改造升级等建设项目。

二、防灾减灾救灾

推进自然灾害防治能力工程建设，全年共完成自然灾害综合风险普查试点十一大类43小类调查任务，采集数据24.85万条，争取国家补助资金4541万元。推进重点生态功能区生态修复、防汛抗旱水利设施防御、地震易发区房屋设施加固等重点工程建设。省五级灾害信息员人数达8720名。申报创建全国综合减灾示范社区14个，累计已达174个。妥善转移安置玛多地震受灾群众10.93万人，向受灾地区调拨救灾物资13.7万件（套），下拨中央救灾资金1000万元，争取中央自然灾害救灾补助资金（地震灾害）1.59亿元，修缮房屋1.63万户。争取中央冬春救助资金1.03亿元，确保受灾群众安全、温暖过冬，下达政策性农房保险补助资金625万元，提高农牧民群众住房抗风险能力。修订《青海省森林火灾应急预案》《青海省草原火灾应急预案》《青海省重特大森林火灾应急预案》，强化森林草原火灾现场指挥机制建设，明确工作责任，构建联防联控、资源共享的协同机制。

通过“12379青海预警中心平台”向各地防汛责任人发送预警短信，对影响安全度汛的风险隐患进行全面排查。向各地发送预警提醒函33份，妥善处置龙羊峡库区、大通县良教乡地质灾害、鸭湖应急分水、祁连县山洪泥石流和黑泉水库公路边坡泥石流等灾害事件。

三、应急救援

发布新修订的《青海省突发事件总体应急预案》，规范省、市（州）、县等各级领导指挥机构。印发《青海省突发事件应急响应处置办法（试行）》《青海省突发事件现场指挥长制度（试行）》，规范应急响应程序、现场决策指挥和调度管控机制。举办应急预案编制及演练视频培训班，各市（州）、县级政府及相关部门（单位），省级专兼职应急救援队伍等1100余人参会培训。强化协调联动，签约黄河流域九省区应急救援协同联动协议，统筹应急救援力量、优化应急救援资源、提高应急救援效能。签约青海和西藏应急联动战略合作协议，加强优势互补通力协作，持续推动两地建立工作互联、预案互补、能力共建、信息互通、力量互援、救援互动的应急联动机制。组织开展青海省应急救援无人机队紧急集结拉动演练、“高原砺剑—2021”重特大地震跨区域综合实战拉动演练、应对地震灾害集结拉动综合演练等。组织指导国家矿山应急救援青海队开展 2021 年跨区域雨雪冰冻和抗震救灾岗位练兵应急演练，指导协调城北大堡子巴浪沟“3·14”山火、玛多 7.4 级地震、柴达尔煤矿“8·14”溃砂溃泥等灾害事故救援工作。

初步实现应急指挥调度“一键通”，横向联通省委、省政府、省军区、省公安厅等 49 家部门（单位），纵向联通至县级应急、消防和公安交警等部门及 80 余家危险化学品、重点工贸企业，接入安全生产风险监测预警、交通联网视频监控、道路运输车辆动态监管、山洪灾害监测预报预警、大数据精准位置服务、安全用电运维监管等 12 个专业系统（平台），初步形成突发事件 1 分钟完成信息接报分转、3 分钟启动应急响应、5 分钟开展应对处置的“135”模式。

四、基础保障和能力建设

（一）提升依法行政能力和科技化水平

制定印发《青海省安全生产行政执法与刑事司法衔接工作实施办法》《青海省危险化学品安全管理办法（暂行）》等文件。印发实施《青海省“十四五”应急体系建设规划》。建成全省应急管理视频会议系统，建立覆盖西宁市主城区、德令哈市区的窄带无线通信网络。印发《关于开展全省非煤矿山企业安全生产专项执法的通知》《关于开展企业安全生产第一责任人履职情况专项执法行动的通知》，进一步提升依法行政能力，省级实现行政执法“零复议”“零诉讼”。

（二）深化应急管理体制改革

印发《青海省深化应急管理综合行政执法改革实施方案》，实施青海省应急管理综合行政执法改革，执法制式服装和执法车辆标识正式亮相。将州县地震机构由政府办公室管理整建制调整到同级应急管理部门，将州县防汛抗旱、森林草原防灭火指挥部等议事协调机构的办公机构调整到同级应急管理部门，协调省委编办为全省应急管理部门核增行政编制。

（三）推进社会信用体系建设

积极开展信用查询和信用承诺工作，全年共向信用中国（青海）平台推送法人双公示信息 141 条，自然人行政许可信息 7568 条，公务员奖励信息 18 条，行政奖励信息 76 条。

（四）强化宣传教育培训

全年在门户网站发布各类文件、信息 2331 条，发布公告通知信息 150 条；编发微信 883 条、微博 230 条，覆盖 1.8 万余人次。扎实开展全国防灾减灾日、“安全生产月”等活动，通过多层次、多角度、多方位宣传防灾减灾、抗震救灾、安全生产、应急救援、风险普查等知识。制作发布安全生产科普短片 6 部，其中，新修改的《安全生产法》推广宣传动画荣获第二届全国应急管理普法作品一等奖。

第三十章　宁夏回族自治区应急管理工作

2021年，宁夏回族自治区应急管理系统坚持以习近平新时代中国特色社会主义思想为指导，深入学习贯彻习近平总书记关于应急管理重要论述，坚决扛起为党的百年华诞营造良好安全环境的政治责任，把保护人民群众生命财产安全作为出发点和落脚点，牢固树立安全发展理念，统筹发展和安全，有力防控重大安全风险、坚决遏制重特大事故、积极应对各类灾害，应急管理各项工作取得积极进展，全区安全生产和自然灾害形势持续稳定向好，连续5年未发生重大以上安全事故和自然灾害。

一、安全生产和消防安全

（一）安全生产

集中攻坚安全生产专项整治三年行动重点难点问题，形成七大类288项制度成果。扎实组织开展“安全百日会战、喜庆百年华诞”行动，开展重点行业领域大排查大起底大整治。组织危险化学品专家指导服务，排查整治安全隐患2.7万余项。开展化工园区（集中区）风险等级评估，对高风险和较高风险园区实行新建危化项目禁限入。实时监控477处重大危险源重要安全参数，对177家危险化学品企业和88个在建项目实施设计诊断和工程质量复核，开展2轮“消地协作”检查，全面排查管控安全风险。严把矿山安全生产许可，关闭退出非煤矿山7座、煤矿1座。严格审查整合技改煤矿初步设计和安全设施设计，防止低水平重复建设。出台支持煤矿智能化发展的政策措施，推动建成5个智能化综采示范工作面，基本建成1处智能化示范煤矿。围绕重点时段、重点领域、重点环节开展安全生产集中执法，严厉打击非法违法行为。自治区安委办6个督查组和应急管理厅23个处室（单位）常态化落实“两包”机制，开展安全督导服务。全区应急管理部门全年执法检查企业5970家次，查处违法行为1.7万余项。

（二）消防安全

推动修订部门消防安全标准化管理指南，督促全区2366家重点单位落实主体责任。全区城市建成区、重点镇所有消防规划全部批转实施。以消防安全专项整治三年行动为主线，全年检查单位5.3万家次，督改隐患3.59万项。建设6类场所真火训练设施，举办比训活动14次，开展“高低大化”、地震、抗洪等全要素实战演练1322次。全年接警出动11991起，疏散抢救人员5340人，抢救财产价值1.3亿元。开展跨区域战勤保障拉动演练。申请中央财政补助800万元、协调自治区发展改革委安排2000万元专项资金，持续推动消防队站建设。全年建成消防站6个，开工建设普通站4个、小型站5个。投入3亿元加强装备建设，采购消防车38辆、器材装备5万余件（套）。

二、防灾减灾救灾

建立“督项目进度、查资金投入、评工程效益”工作机制，将重点工程实施成效纳入自治区各部门、各市县年度效能考核。全区自然灾害防治重点工程累计投入资金 250 多亿元，推动实施 360 多个项目。争取中央补助资金 3100 万元，开展第一次全国自然灾害综合风险普查，高标准完成试点任务。强化水旱灾害协同处置，制定全区森林草原消防队伍装备配备标准，基本完成银川市森林草原防灭火项目，推动建立“区市县乡村”五级灾害信息员队伍，明确了灾害风险隐患应急责任人和管理员，灾害防御基础得到加强。大幅提高救助标准，全年下拨自然灾害救助资金 6000 余万元，有效保障了受灾群众基本生活。持续创建全国综合减灾示范社区和示范县，为乡村振兴、城市更新奠定安全基础。

三、应急救援

制修订自治区突发事件总体预案和防汛抗旱等 8 部专项应急预案，协调督促行业部门修订 32 部专项应急预案。圆满保障第五届中阿博览会、首届中国（宁夏）国际葡萄酒文化旅游博览会等重大活动安全举办。出台《关于加强应急救援队伍建设管理若干的意见》，制定配套实施方案，推动应急救援力量建设步入规范化轨道。将 3 家中央企业在宁救援力量纳入自治区应急救援队伍体系，确定 15 类 28 支自治区级专业应急救援队伍。全要素、全流程举办“应急先锋 · 2021”和贺兰山东麓抗洪抢险等演练，科学组织“8 · 19”清水营煤矿涉险事故救援。新建投用 3 个应急物资储备库，全区达到 19 个，基本形成了以区级库为中心、市级库为支撑、县级库为补充的应急物资储备格局。健全完善资金保障机制，及时补充应急救灾物资，可保障 10 万人紧急转移安置。

四、基础保障和能力建设

（一）健全体制机制

推动适应“全灾种、大应急”新形势的体制机制法制建设。深化安全生产领域和防灾减灾救灾体制机制改革，出台“1+1+4”应急管理组织指挥机构工作规则、细则，在压实责任链条、明确部门职责、理顺工作机制上取得新的突破。推进乡镇（街道）、村（社区）应急能力建设，全区所有乡镇（街道）设立了应急管理办公室。制定《自治区灾害事故风险分析研判办法》，促进事前预判、临灾预告和短临预警措施落实，发送预警信息 248 万条，覆盖 1800 余万人次。组建自治区防汛抗旱工作专班，指导各地有效应对年度严重旱情和多轮大范围降雨。制修订《深化应急管理系统行政执法改革实施意见》《安全生产举报奖励实施办法》等制度规定 20 多项，发布《企业安全生产风险分级管控体系建设指南》《农村消防安全技术标准》等地方标准 16 项，编制自治区应急体系建设、消防事业发展等“十四五”规划 7 项，对 93 件法规文件开展专项清理，为法治应急建设提供了制度支撑。

（二）强化能力素质建设

全区各级单位积极组建消防志愿服务队 135 个，先后组织开展“找火灾隐患保家庭平安”“青春助力火焰蓝”等 470 余次消防志愿服务主题活动。投资 5000 余万元全面改造升级自治区应急指挥中心、配备急需应急通信装备，汇入应急管理部和自治区有关部门信息资源，指挥调度、远程会商、辅助决策等能力不断提升，初步构建了多灾种综合监测预警网络。把观看学习《生命重于泰山——学习习近平总书记关于安全生产重要论述》电视专题片纳入各级党委（党组）中心组、党校培训和干部理论学习。规范现场警示会制度，创新开展“9·27”全区煤矿安全警示日活动，编印《全区典型事故案例警示手册》。深入实施“百千万”工程，培训企业安全管理骨干1.2万余名。广泛开展防灾减灾、安全宣传“五进”和“安全生产月”等活动，常态化开展火灾隐患“周六曝光”行动。

第三十一章　新疆维吾尔自治区应急管理工作

2021 年，新疆维吾尔自治区应急管理系统坚持以习近平新时代中国特色社会主义思想为指导，深入学习贯彻习近平总书记关于应急管理重要论述，围绕社会稳定和长治久安总目标，坚持人民至上、生命至上，统筹发展和安全，防风险、保稳定、建制度、补短板，全力推进应急管理体系和能力现代化，为推动经济高质量发展、维护社会和谐稳定、全面建成小康社会提供坚实的安全保障。

一、安全生产和消防安全

（一）加强顶层设计

自治区党委、人民政府印发《贯彻落实习近平总书记关于安全生产的重要论述　推进新时代安全生产高质量发展的意见》，配套出台严管严控 36 条措施、安全生产包保办法、危化品道路运输安全管理 22 条措施、加强农村道路交通安全等一系列安全生产政策措施，形成“1+N”政策体系。制定印发《新疆维吾尔自治区应急体系建设“十四五”规划》《新疆维吾尔自治区安全生产“十四五”规划》《新疆维吾尔自治区综合防灾减灾“十四五”规划》，全力构建应急管理体制机制。

（二）深化安全生产专项整治三年行动

组织开展全覆盖拉网式大排查大整治，确定 26 项行业领域集中攻坚重点。协调自治区省级领导带队，下沉基层、关口前移，开展 3 轮大排查大整治实地督导和“回头看”督导检查。协同自治区纪委监委、政法委、党委政府督查室开展明查暗访，逐级传导压实安全生产责任。全区累计治理各类隐患 50.3 万余项，排查安全生产领域突出问题 124 项并逐一明确整改措施，有效推动从根本上消除事故隐患、从根本上解决问题。

（三）加大风险隐患排查整治力度

强化危险化学品安全生产风险监测预警系统建设，实现对全区 822 个危险化学品重大危险源动态监控。关闭退出 10 家露天矿山，闭库 10 座尾矿库。制定《安全评价机构执业行为专项整治实施方案》，全区共检查安全评价机构 62 家次，法定安全评价报告 405 份，查出问题 890 项，行政处罚 5 家。成立检查组 36859 个，累计检查单位 385233 家，排查各类隐患 622454 项，整改率 89.91%，行政处罚 136759 次，责令停产整顿 2834 家，暂扣吊销 38 家，关闭取缔 41 家，约谈警示 3800 次，将 4 家严重违法生产经营单位纳入自治区安全生产失信联合惩戒名单。

（四）强化消防安全

以消防安全专项整治三年行动为牵引，开展建筑消防设施“三化”建设，召开大型商业综合体消防安全管理示范创建现场会，检查单位 15.5 万家。督改火灾隐患 11.5 万项。新建市政消火栓 3527

个、水鹤 147 个。承办自治区应对复合型灾害实战演习，组织“砺剑天山”“砺剑北疆”实战演练。优化重构地震救援等 297 支专业队，开展比训交流 29 次，组织专业技术培训、业务研讨、案例复盘战评 259 场次。建成 4 个总队级直属应急救援装备物资储备库和 9 个区域性泡沫储备区。成功处置一系列急难险重任务。投入 2.52 亿元配足急需装备、配强高精尖装备。投入 2.14 亿元新建消防站 15 个、多功能室内训练馆 12 个、备勤公寓 146 套。

二、防灾减灾救灾

（一）健全完善体制机制

研究起草自治区灾害防治责任规定，拟定减灾委、防汛抗旱、抗震救灾、森林草原防灭火指挥部等议事协调机构工作规则，确保防灾减灾救灾“统”“分”职责落实到位。

（二）加强会商研判和监测预警

强化监测预警机制建设，研究制定《新疆维吾尔自治区综合风险会商研判制度》《新疆维吾尔自治区自然灾害综合监测预警信息发布管理办法》，立足贯通融合、共建共享，加强与自然资源、水利、农业农村、林草、气象、地震等部门的信息共享、会商研判，督促指导各地加强地震灾害防范应对、森林草原防灭火和防汛抗旱等风险隐患排查治理，累计发布预警信息 153 条，治理灾害事故隐患 2.44 万项，气象灾害预警时效缩短至 30 分钟以内，洪水 24 小时预报准确率达 90% 以上。

（三）提升灾害应对能力

聚焦“三年时间明显见效”，系统布局实施重点工程，累计投入资金 116.3 亿元，推动房屋设施加固、水旱灾害治理、监测预警、重点生态区修复等自然灾害防治重点工程取得阶段性成果，建成 116.98 万套农村安居房，实施 273 个水旱灾害、209 个地质灾害治理项目，完成 2905 户 10987 人避险搬迁。推进第一次全国自然灾害综合风险普查，摸清全区主要灾害风险、资源环境承载体、抗灾减灾能力底数。探索实施城乡居民住宅多灾因巨灾保险制度。组织开展全国防灾减灾日宣传活动。综合治理重点灾害风险，有效治理灾害隐患 2.6 万项，组织开展野外火源治理和查处违规用火行为专项行动，排查梳理森林草原火灾隐患 988 项，制止违规用火 90 起，推动阿克苏航空护林站建设项目、塔城地区草原防火物资储备库建设项目落实；组织和田地区抗洪抢险救援工作，减淹耕地 114.5 公顷，减灾效益 660 余万元，实地指导塔里木河干流防汛抗洪抢险工作。建成 78 个救灾物资储备库、储备 18 类 33 万余件（套）应急救灾物资。争取 2020—2021 年度中央救助资金 2.46 亿元，救助受灾困难群众 319.55 万人次。

三、应急救援

（一）加强预案修订编制和演练

出台《新疆维吾尔自治区突发事件总体应急预案》《森林草原火灾预案》《自治区自然灾害救助应急预案》，指导 14 个地（州、市）编制完成《自治区矿山救援工作方案》，印发《自治区地震易发区房屋设施加固工程工作方案》《自治区家庭应急物资储备建议清单》等。组织开展风险普查、监测预警、应急指挥“三位一体”全链条综合演练，指导协调各地各部门开展实兵实装演练 8378 场，参演人数 108 万余人次。

（二）加强应急救援队伍建设

南疆和北疆区域安全生产应急救援中心分别挂牌成立。安全生产综合基地检验检测中心、应急救援演练场等3个重大项目开工建设，全区应急管理系统24小时全天候、全时段值班值守逐步规范。

（三）提升应急救援能力

应急指挥语音视频调度系统、实体地形和三维影像投射沙盘系统建设完成，“动中通”指挥车升级改造收尾，危险化学品重大危险源、三等尾矿库、防汛抗旱态势分析系统在线监测作用显现。妥善处置拜城5.4级地震、昌吉呼图壁丰源煤矿“4·10”重大透水事故、“7·20”韩国登山失联人员、“8·9”伊朗登山失联运动员等救援工作。统筹调动森林防灭火多支力量，有力处置阿勒泰“8·30”森林火灾。

四、基础保障和能力建设

纵深推进全区各级应急管理系统党组改设为党委，制定实施《自治区应急管理领域法治建设实施方案》，统筹推进应急管理领域法治建设。深入落实“放管服”改革要求，进一步梳理和简化行政许可申报材料，规范许可范围，优化审批程序，提升便民服务水平。全年通过政务服务网平台、投资项目在线审批平台、集中受理窗口受理行政许可452件，办结362件，即办件88件。编制《应急管理立法“十四五”规划》。

第三十二章　新疆生产建设兵团应急管理工作

2021年，新疆生产建设兵团应急管理系统深入学习贯彻习近平总书记关于应急管理重要论述，坚持人民至上、生命至上，统筹发展和安全，着力防风险、保稳定、建制度、补短板，坚决遏制较大事故，有力防范自然灾害，为推动经济高质量发展提供良好安全环境。

一、安全生产和消防安全

（一）安全生产

组织各师市各部门观看《生命重于泰山——学习习近平总书记关于安全生产重要论述》电视专题片，不断强化各级领导干部底线思维和红线意识。兵团领导与14个师市和兵团安委会各成员单位、兵团有关直属机构主要负责人签订2021年度安全生产和消防工作责任书。兵团所有师市、团场、连队、社区、工业园区和经济技术开发区全部签订安全生产责任书，层层压实安全生产责任。

印发《兵团党委、兵团贯彻落实习近平总书记关于安全生产的重要论述推进新时代安全生产高质量发展的意见》和《坚决防范遏制事故安全生产严管严控30条措施》，在深化重点行业领域攻坚治理、切实提高应急处置能力等方面提出明确要求。印发《兵团安全生产专项整治三年行动攻坚阶段实施方案》，细化明确兵团层面68项集中攻坚任务和具体措施。召开安全生产专项整治三年行动推进会，以会代训，针对各层面安全生产专项整治三年行动存在的问题，对兵师团三级有关监管人员、企业管理人员和技术人员等开展业务培训。截至2021年底，全兵团共梳理攻坚任务465项，制定相关制度1824个；排查一般隐患246210项，整改完成229194项，整改率93.2%；排查重大隐患327项，整改完成303项，整改率92.7%。兵团15个重点领域行业部门共开展47次巡查暗访工作，派出各类检查组86个，抽查各类生产经营单位、团场、连队、社区各类生产经营单位667家，查处问题隐患2458项，对7家典型企业违法违规行为进行曝光，对3个师市行业部门分管领导进行约谈。

（二）消防安全

制定《兵团安全生产和消防工作责任制考核细则》，修订《兵团消防安全重点单位界定标准》等文件。发挥防火委员会作用，推动基层消防监管责任落实和监管能力提升，对火灾形势严峻的十二师进行联合约谈。督办一系列火灾事故，督促相关师市严格依法依规处理，追究刑事责任4人，给予行政处罚2人，追究监管部门责任5家、工作人员4人。各师市、各有关部门紧盯商业综合体、高层建筑、学校、医院等人群密集场所，开展火灾隐患排查整治。检查人员密集场所、易燃易爆单位、高层建筑、“九小”场所等共14976家，发现火灾隐患17003项。

二、防灾减灾救灾

高质量完成普查试点工作，8个行业部门上报1525条调查数据。在兵团电视台和兵团日报社，播放普查“公益宣传片”“科普动画片”，形成全民参与普查，支持防灾减灾的工作格局。

印发《兵团森林草原野外火源治理和查处违规用火专项行动方案》《关于开展林牧区输配电设施火灾隐患专项排查治理的通知》，督促指导各师市开展森林草原火灾隐患排查，重点治理祭祀用火、农事用火、野外吸烟、林区施工动火。深入林牧区明查暗访，赴重点区域开展防火检查，推动专项治理工作深入开展，排查隐患920项，下发整改通知书350份，查处制止违规用火行为97起，依法处理涉火案件3起。

协调兵团各级投入40.9亿元，积极推进自然灾害防治八项重点工程建设。组织5次会商研判，印发12期自然灾害风险形势分析报告，发布预警信息31次，调度98次，培训灾害信息员2900余名。指导师市防汛应急演练53次，积极应对3次极端天气，指导处置一师阿拉尔市河道堤坝垮塌、十二师庙尔沟洪水灾害，确保安全度汛。完成对6.81万名受灾群众4790万元中央冬春救灾资金发放。争取2022年中央冬春救灾资金5069万元保障8.53万名受灾群众生活。做好应急物资储备及调拨工作，争取1000万元兵团本级财政资金用于救灾物资储备采购工作，指导各师市投入财政资金1893万元用于救灾物资采购。

三、应急救援

（一）应急预案体系建设

印发《兵团突发事件总体应急预案》和《兵团森林草原火灾应急预案》等7个应急预案，指导督促各部门按照要求开展预案编修工作。在“安全生产月”和“119”消防宣传月等期间组织各类突发事件应急预案培训2000人次，通过应急管理局网站、微信公众号平台宣传安全知识28次。

（二）应急救援力量建设

督促各师市加强专业应急救援队伍建设，加强经费保障和日常管理，提高兵团应急救援能力，除十一师外各师市均完成“一师一队”要求。推进兵团民兵应急救援力量建设，加大对师市民兵应急救援力量训练的指导和帮带。引导社会应急救援力量建设发展，及时调度第一师阿拉尔市胡杨救援队紧急驰援河南新乡；调度胡杨救援队、川粤消防救援等社会救援力量共同参与2021年兵团地震应急救援综合演练。扎实做好重点工作、重要时间节点应急备勤工作。提前预置应急救援力量，指定专业救援力量担负节日备勤任务，确保灾害发生后迅速反应、快速救援。

四、基础保障和能力建设

（一）应急管理能力建设

健全24小时在岗应急值班值守和信息报告制度，随时做好应急准备。在第一师阿拉尔市举行了2021年兵团地震应急救援综合演练，重点演练在新时代背景下的“全灾种、大应急”协同处置模式，检验并优化兵团地震应急预案，锻炼各级应急力量的统一指挥、上下联动、协同行动、信息互通、综合保障能力。参演应急队伍24支，出动演练车辆100余辆，地震救援装备1000余台，演习人员600余人。

（二）应急管理系统改革

印发《关于深化兵团应急管理综合行政执法改革的实施意见》，13个师应急管理综合行政执法队伍完成组建。组建兵团自然灾害监测预警应急管理中心并实体化运行，14 个师市组建相应机构。制定《兵团生产安全事故防范和整改措施落实情况评估实施办法》，按事故调查级别、属地管辖和执法权限组织开展评估。制定《兵团应急管理系统安全生产分类分级执法工作实施办法（试行）》，对生产经营单位的行业领域、隶属关系、经济规模、安全风险程度进行分类，督促 14 个师市做好典型执法案例的上报、核查、评审，推动各级严格、规范、依法处罚。着力提升政务服务能力，梳理依申请事项 43 条，梳理完成 16 个信息系统、114 个信息资源目录，事项可网办率达到 100%，承诺办结时限压缩比从 79.79%提升至 80.38%。深化“放管服”改革，优化规范 6 类 43 项承接授权事项审批流程，明确审批责任清单、办理时间节点，规范行政审批服务程序，2021 年网上审批发放电子证照 25 个。

（三）安全宣传教育工作

各师市、各有关部门围绕“6·16”安全宣传咨询日、“安全生产月”“安全生产法宣传周”和“119”消防宣传日等，积极开展“安康杯”知识竞赛、“安全生产大讲堂”、新《安全生产法》宣贯等活动，累计举办各类宣传活动 5000 余场，32.5 万余人次参加。

第十篇

典型事故案例

案例一　山东五彩龙投资有限公司栖霞市笏山金矿“1·10”重大爆炸事故

2021 年 1 月 10 日 13 时 13 分许，山东五彩龙投资有限公司栖霞市笏山金矿（简称笏山金矿）发生爆炸事故，造成 22 人被困。经全力救援，11 人获救，10 人死亡，1 人失踪，直接经济损失 6847.33 万元。

一、事故经过

笏山金矿隶属的山东五彩龙投资有限公司（简称五彩龙公司）为一家民营与国有混合股份公司。矿井于 2016 年 2 月取得采矿许可证，2016 年 6 月取得项目核准批复，2016 年 8 月安全设施设计通过审查，2019 年 3 月开始建设。

矿井建设主导单位为招金矿业股份有限公司，矿井巷道由浙江其峰矿山工程有限公司（简称浙江其峰工程公司）施工，矿井零星工程由烟台新东盛建筑安装工程有限公司（简称新东盛工程公司）承揽。

矿井设计一条混合竖井和一条回风竖井，-450 米以下采用暗混合竖井+暗回风竖井开拓，形成提升、运输、通风、排水等系统。矿井 0～-650 米标高内每 50 米为一个中段共 14 个中段。

2021 年 1 月 10 日，新东盛工程公司施工队在向回风竖井侧六中段下放启动柜时，发现启动柜无法放入罐笼，施工队负责人安排员工直接用气焊切割掉罐笼两侧手动阻车器，操作过程有高温熔渣块掉入井筒内。12 时 43 分许，浙江其峰工程公司项目部卷扬工在提升六中段的该项目部凿岩工、爆破工等 3 人升井过程中，发现监控视频连续闪屏，至罐笼停在一中段时，视频监控已黑屏。13 时 13 分许，风井提升机房视频显示井口和各中段画面“无视频信号”，几乎同时，变电所跳闸停电，提升钢丝绳松绳落地，接着风井传出爆炸声，井口冒灰黑浓烟，附近房屋、车辆玻璃破碎。

五彩龙公司和浙江其峰工程公司项目部有关人员接到险情报告后，相继抵达事故现场组织救援。14 时 43 分许，采用井口悬吊风机方式开始抽风。在安装风机过程中，因井口槽钢横梁阻挡风机进一步下放，便使用气焊切割掉槽钢，切割作业产生的高温熔渣掉入井筒。15 时 3 分左右，井下发生了第二次爆炸，井口覆盖的竹胶板被掀翻，井口有木碎片和灰烟冒出。

二、应急处置情况

事故发生后，五彩龙公司、浙江其峰工程公司、新东盛工程公司有关负责人先后到达事故现场组织救援。1 月 10 日 19 时许，矿井所在地西城镇有关负责人获悉发生事故，随即向栖霞市政府有关负责人作了报告，时任栖霞市委书记、市长作出暂不上报、继续组织救援的决定。1 月 11 日 18 时许，烟台市应急管理局负责人从其他渠道获悉笏山金矿发生事故，随即要求栖霞市进行核实。随后，栖霞市委、市政府主要负责人决定以 1 月 11 日 20 时 5 分接报的时间上报。

接到事故报告后，山东省委、省政府迅即成立省、市、县一体化救援指挥部，由省委常委、常务副省长任总指挥，副省长及烟台市委、市政府主要负责人任副总指挥，成立综合协调组、现场救援组、专家组、医疗救治组、新闻舆情组、安全保卫与交通保障组、后勤保障组、家属接待组、疫情防控组等 9 个工作组，紧急调集省内外救援队伍 20 支，救援人员 690 余名，救援装备 420 余套，组织开展现场救援工作。

1 月 24 日，救援人员分别在四中段、五中段发现 11 名被困矿工，分批升井送医院救治。之后，陆续又找到 10 名遇难矿工，仍有 1 名矿工失联。1 月 27 日，指挥部决定由现场紧急救援转为常态化搜救，现场抢险救援工作结束。

三、事故原因和性质

（一）直接原因

井下违规混存炸药、雷管，井口实施罐笼气割作业产生的高温熔渣块掉入回风井，碰撞井筒设施，弹到一中段马头门内乱堆乱放的炸药包装纸箱上，引起纸箱等可燃物燃烧，导致混存乱放在硐室内的导爆管雷管、导爆索和炸药爆炸。

（二）间接原因

（1）违法违规组织作业现象严重。企业使用已废止的行政法规核发的“爆炸物品使用许可证”，长期违规购买民用爆炸物品。爆破公司违规销售民用爆炸物品，运输危险货物的车辆和人员未取得相应许可证和从业资格。爆破作业人员未取得“爆破作业人员许可证”。承揽井下机电设备安装工程单位未取得矿山施工资质。

（2）落实安全生产主体责任差距大。企业主要负责人及分管民用爆炸物品、安全生产工作的负责人对施工单位的施工作业情况尤其是民用爆炸物品储存、领用、搬运及爆破作业情况监督检查、协调管理缺失。对外来承包施工队伍安全生产条件和资质审查把关不严，日常管理以包代管，只包不管。未按照规定报告生产安全事故。

（3）现场安全管理不到位。承包方未按规定配备专职安全管理人员和相应的专职工程技术人员。未严格执行动火作业安全管理要求，作业人员使用伪造的特种作业操作证。矿方、承包方有关负责人及工程监理未及时发现并制止违规动火作业行为，井筒提升与井口气焊同时作业，纵容、放任现场违规交叉工作。

（4）技术措施落实不到位。未健全并落实民用爆炸物品出入库、领用、退回等安全管理制度；违规在井下设置民用爆炸物品储存场所，炸药、导爆管雷管和易燃物品混存混放。进行气焊切割作业时未确认作业环境及周边安全条件。事故发生当日井下作业现场没有工程监理。

（5）安全教育培训不到位。企业对外包进场作业人员安全教育培训、特种作业人员资格审查流于形式。承包方对爆破作业人员、安全管理人员进行专业技术培训不到位。监理人员未经监理业务培训，现场监理人员监理业务能力不足。

（6）行业监管责任未有效落实。公安部门未依法履行民用爆炸物品购买、运输、储存和使用安全监管职责；应急管理部门对企业及外包施工单位管理混乱等问题监督不到位；工信部门没有及时发现并纠正民用爆炸物品销售查验职责违规行为；交通运输部门未及时发现并处置从事道路危险货物运输的非法运输行为；地方党委政府未认真履行辖区内生产经营单位安全生产状况监督检查职责，未认真督促相关部门依法履行民用爆炸物品、非煤矿山安全生产监督管理相关职责。

（三）事故性质

经调查认定，山东五彩龙投资有限公司栖霞市笏山金矿“1·10”爆炸事故是一起重大生产安全责任事故。

四、处理建议

本次事故共对45名相关责任人员进行追责问责，其中：对五彩龙公司法定代表人、外包负责爆破作业并严重违规混存爆炸物品的浙江其峰工程公司驻栖霞项目部经理、外包负责井下设备安装并违规井口动火作业的新东盛工程公司实际控制人等15名企业相关责任人，依法追究刑事责任；时任栖霞市委书记和市委副书记、市长因负有迟报瞒报事故责任，由公安机关立案侦查；对烟台市委、市政府主要负责人等28名公职人员给予党纪政务处分和组织处理。

对五彩龙公司、浙江其峰工程公司、栖霞市兴达爆破工程有限公司、栖霞市安达民爆物品有限公司、新东盛工程公司等事故责任单位给予行政处罚，合计罚款2159万元，并纳入安全生产领域失信联合惩戒“黑名单”；依法吊销浙江其峰工程公司矿山工程施工总承包贰级资质和“爆破作业单位许可证”“安全生产许可证”；对烟台市北海民爆器材销售有限公司依法作出行政处罚；对北京康迪建设监理咨询有限公司依据有关法律法规规定作出处理。给予7名责任人行政处罚，其中五彩龙公司法定代表人、新东盛工程公司实际控制人自刑罚执行完毕之日起，5年内不得担任任何生产经营单位的主要负责人，并且终身不得担任相关行业生产经营单位的主要负责人。同时依据《生产安全事故应急条例》规定，责成笏山金矿和上级企业承担应急救援所耗费用。

责成栖霞市委、市政府分别向烟台市委、市政府作出深刻检查；责成烟台市委、市政府分别向省委、省政府作出深刻检查。

五、事故防范和整改措施建议

一是坚决扛起保障安全生产的政治责任。二是压紧压实企业安全生产主体责任。三是全面加强对民用爆炸物品及爆破作业的管理。四是强化施工单位作业的管理。五是建设单位要依法加强对外包工程的管理。六是强化对民用爆炸物品的监管。七是细化明确非煤矿山部门监管责任。八是加强和改进突发事件信息报告工作。九是深入扎实开展安全生产大排查大整治行动。

案例二　沈海高速江苏盐城段“4・4”重大道路交通事故

2021 年 4 月 4 日 0 时 48 分许，沈海高速公路江苏盐城段发生一起多车碰撞的重大道路交通事故，造成 11 人死亡、19 人受伤，直接经济损失 1500 余万元。

一、事故经过

2021 年 4 月 4 日 0 时 30 分许，李××驾驶冀 J7J828（冀 J201B 挂）重型半挂汽车列车沿沈海高速第三车道由北向南行驶至 897 公里+700 米处路段，挂车中轴右外侧车轮脱落在道路上。0 时 31 分许，童××驾驶鄂 S517Q5 小型轿车由北向南行驶至该路段，碰撞遗留在第二车道内的车轮，后其将车辆驶停入应急车道并打 110 电话报警。0 时 41 分许，吉××驾驶苏 J9YB67 小型轿车沿第一车道由北向南行经该路段，发现在第一车道与第二车道分道线上有一个车轮，拨打江苏高速 96777 在线客服反映情况。0 时 48 分 17 秒，董××驾驶辽 BHH576（辽 B3Y69 挂）重型半挂汽车列车由北向南行驶至该路段，向左打方向避让遗留在道路上的车轮，在碰撞碾压该车轮后失控，车辆冲破中央隔离护栏，越过中央隔离带冲入对向车道，与对向第一车道内由南向北行驶的李××驾驶的沪 DL4452 大型普通客车（核载 55 人，实载 27 人，含 2 名驾驶员）相撞。随后在第二车道内由南向北行驶的冯×驾驶的冀 JW8295（冀 J12K3 挂）重型半挂汽车列车与大客车发生碰撞。紧接着因避让应急车道内停驶的故障大货车，杨××驾驶鲁 FBZ268（鲁 FGZ78 挂）重型半挂汽车列车由南向北行驶由第三车道变更进入第二车道内，追尾撞击冀 JW8295（冀 J12K3 挂）重型半挂汽车列车。事故造成 11 人死亡、19 人受伤。

二、应急处置情况

事故发生后，盐城市及响水县公安、交通运输、应急管理、卫生健康等部门以及 120 急救中心人员迅速赶赴现场开展事故处置和救援。事故现场共投入应急处置救援人员 374 名、各类抢险救援车辆 80 辆。至凌晨 4 时，搜救工作全部结束，现场共营救出 30 名被困人员，其中 11 人已无明显生命体征，19 名伤员送医救治。至上午 8 时 10 分，事故现场勘查和清理工作结束，事故路段恢复正常通行。

江苏省及盐城市、响水县立即启动应急响应，省政府主要领导和分管领导，省委分管领导，带领省公安、交通运输、应急管理等相关部门负责同志赶赴现场，协调指导事故应急处置工作。省政府成立由分管领导牵头的应急处置指挥部，设置 6 个工作组有序开展工作。盐城市委、市政府主要负责人在事故现场指挥救援工作，组织公安、交通运输、卫生健康、应急管理等部门开展事故救援处置等各项工作。

三、事故原因和性质

（一）直接原因

李××在明知冀J7J828/冀J201B挂重型半挂汽车列车挂车中轴右外侧车轮缺失一根轮毂螺栓的情况下驾车上道路行驶，导致该车轮在行驶途中脱落于路面，且在知晓该情况后未报警。董××驾驶的辽BHH576/辽B3Y69挂重型半挂汽车列车牵引车右前轮制动失效，驾车行驶时对路面情况疏于观察，在周边无其他车辆且避险空间充足的情况下采取措施不当，导致车辆失控，碰撞、冲破中央隔离护栏后侵入对向半幅道路。李××驾驶沪DL4452大型普通客车违反禁止性规定在对向第一车道内行驶，导致其遇险情时反应时间、避险空间不够。

冀JW8295/冀J12K3挂重型半挂汽车列车因沪DL4452大型普通客车在其左前方遮挡了驾驶人的观察视线，且辽BHH576/辽B3Y69挂重型半挂汽车列车与沪DL4452大型普通客车碰撞后瞬间侵入第二车道，导致发生碰撞。沪DL4452大型普通客车大部分人员未系安全带，事发时脱离座椅，被挤压或甩出车外，加重了事故伤亡后果。

（二）间接原因

（1）南皮凯胜运输有限公司、南皮县文航运输有限公司企业安全生产主体责任和安全制度落实流于形式，车辆安全隐患未及时消除，车辆动态监控落实不到位。

（2）大连民顺飞翔冷链物流有限公司车辆安全隐患未及时消除，驾驶员安全教育培训不到位。

（3）上海新大都客运有限公司车辆动态监控管理不到位，违规站外停靠上客，驾驶员安全教育培训不到位。

（三）事故性质

经调查认定，沈海高速江苏盐城段“4·4”道路交通事故是一起重大生产安全责任事故。

四、处理建议

对已经在事故中死亡的3名责任人员按照法律规定，不追究相关责任；建议对驾驶员李××等13名责任人员进行依法处理，违法行为涉嫌犯罪的，依法移送司法机关。

对南皮凯胜运输有限公司、南皮县文航运输有限公司、大连民顺飞翔冷链物流有限公司、上海新大都客运有限公司，建议属地有关部门依据有关规定依法给予其行政处罚。

五、事故防范和整改措施建议

一是深化专项整治，确保道路交通安全形势总体平稳。二是落实主体责任，切实提升道路交通安全基础保障。三是强化联动执法，严肃纠治道路交通运输安全违法行为。四是坚持统筹协调，做好道路车辆安全全链条管控。五是广泛宣传教育，增强全社会交通安全文明意识。六是立足本质安全，加快新科技新标准新规范运用。

案例三　新疆昌吉州呼图壁县白杨沟丰源煤矿“4·10”重大透水事故

2021 年 4 月 10 日 18 时 11 分，新疆昌吉州呼图壁县白杨沟丰源煤矿（简称丰源煤矿）发生重大透水事故，造成 21 人死亡，直接经济损失 7067.2 万元。

一、事故经过

丰源煤矿为私营企业，位于新疆昌吉州呼图壁县雀儿沟镇白杨沟矿区，隶属于信发集团下设的新疆农六师煤电有限公司（简称农六师煤电公司）。2020 年 3 月，丰源煤矿与中煤五建签订煤矿整改矿务工程合同，主要建设 B4W01 采煤工作面；2020 年 4 月 13 日，该矿安全生产许可证被原新疆煤矿安全监察局依法注销；2020 年 6 月，丰源煤矿与中煤五建签订整体托管合同。丰源煤矿井田西邻关闭的白杨树煤矿，东邻白杨沟煤矿，北邻宽沟煤矿。白杨沟煤矿、宽沟煤矿与丰源煤矿采掘范围之间距离较远，采空区积水对丰源煤矿无影响。丰源煤矿核定生产能力为 60 万吨/年，现开采的 B4 煤层平均厚 12.89 米，煤层倾角 7 度至 14 度。该矿采用斜井开拓，布置有主斜井、副斜井、斜风井。水文地质条件复杂，正常涌水量 238 立方米/小时，最大涌水量 309 立方米/小时。该矿东翼共有 3 个区段，一、二区段已采完封闭，三区段综放面于 2013 年 12 月因自然发火封闭。

事故发生前，该矿无采煤工作面，正在施工 B4W01 采煤工作面，其中 B4W01 运输巷已掘进 646 米，B4W01 回风巷掘进了 1056.6 米，已至开切眼位置，紧邻井田西部边界。

2021 年 4 月 10 日 18 时 11 分许，B4W01 回风巷迎头甲烷传感器信号上传中断，煤矿监控中心站系统报警；同时，当班监控员发现回风巷迎头甲烷传感器断线、回风巷故障闭锁动力电断电，立即向当班调度员汇报。汇报完后发现回风巷其他传感器短时间内陆续断线，当班调度员立即向回风巷打电话，但无人接听，随即电话报告地面值班领导。18 时 14 分 10 秒，当班监控员和调度员从井底车场工业视频中发现有水涌过来。18 时 15 分 20 秒，当班调度员向运输巷工作面打电话，通知井下带班领导抓紧时间撤人。18 时 17 分，当班调度员打电话向矿长报告井下透水情况。18 时 20 分许，井下避难硐室进水。18 时 21 分许，全矿井断电。矿长安排打开风井防爆门，机电科长赶往地面变电所恢复了地面供电。事故造成 B4W01 运输巷 12 人、B4W01 回风巷 8 人、避难硐室 1 人，共计 21 人被困。

二、应急处置情况

事故发生后，国务院安委办工作组迅

速召集国内防治水、物探、钻探方面专家协助救灾，调集大功率潜水泵、排水管路等设备及专业队伍赶赴现场。自治区党委政府第一时间启动应急预案，立即成立现场抢险救援指挥部，指挥部下设现场救援、医疗救治、维护稳定、交通管理、物资供应、后勤保障、善后处置、事故调查、新闻报道等12个工作组，有序进行抢险救援。

现场抢险救援指挥部统筹安排，采取多种方式将11台高压水泵、11趟抽水管路和配套高压电缆运至井下并安装使用，迅速将排水能力由最初的370立方米/小时提升至3325立方米/小时；组织力量修复加固了丰源煤矿上游2公里损毁河道渠底和防渗工程，堵截白杨沟河河水补给井下；充分发挥先进抢险技术，在地面布置6处钻场向井下施钻，为监测井下水位、巷道状况、查明透水原因及开展失联人员搜寻奠定了基础；及时采取措施，解决巷道垮冒、有毒有害气体溢出等突发险情，保障救援安全。

截至5月16日，经37天全力施救，累计排水101.05万立方米，搜寻出20名遇难人员。经反复在井下搜救，仍未找到最后1名矿工。经抢险救援指挥部组织专家论证，并经地方政府研究决定终止救援。

三、事故原因和性质

（一）直接原因

B4W01回风巷掘进至1056.6米（平距）时，掘进迎头与白杨树煤矿1号废弃轨道上山之间的煤柱仅有1.8米。煤矿违章指挥、冒险组织掘进作业，在老空积水压力和掘进扰动作用下，白杨树煤矿老空水突破有限煤柱，通过1号废弃轨道上山溃入丰源煤矿B4W01回风巷，造成重大透水淹井事故。

（二）间接原因

1. 丰源煤矿

一是法律意识淡漠，拒不执行停产指令。二是漠视透水重大风险，违章指挥冒险作业。三是技术工作滞后，防治水基础薄弱。四是主体责任不落实，安全管理松懈。

2. 白杨树煤矿

开采时将轨道上山越界布置，进入丰源煤矿边界煤柱中；向煤炭管理部门报送虚假图纸和闭坑资料，长期隐瞒矿井遗留的重大隐患。

3. 丰源煤矿上级公司

信发集团及农六师煤电公司作为丰源煤矿上级公司，不重视煤矿安全工作，所设世安公司未配齐安全管理职能部门及人员，未建立安全生产责任制；驻矿人员重作业进度和巷道质量，疏于灾害治理、隐患排查整改；抢工期、赶进度，在该矿隐患未整改完成情况下，即督促该矿恢复掘进施工。

4. 丰源煤矿托管单位上级公司

中煤建设集团、中煤五建及新疆分公司作为丰源煤矿托管方上级公司，管理层级多、链条长，安全管理力度层层衰减；对丰源煤矿的监督检查浮于表面，未及时发现和纠正丰源煤矿安全管理混乱、技术管理薄弱、违规恢复掘进、冒险作业等问题。

5. 技术服务单位

承担丰源煤矿水文物探项目的福州华虹智能科技股份有限公司将采空区积水误判为顶板砂岩裂隙水；中煤科工集团西安研究院有限公司未认真收集矿井及周边相关地质资料，编制的水文地质类型划分报告与实际不符；中煤科工集团北京华宇工程有限公司编制矿井初步设计时确定井田西部留设30米边界煤柱，但在采掘工程平面图和施工图中将边界煤柱留设为 20 米，违规将开切眼布置在边界煤柱中。

6. 地方党委政府及相关部门

州、县煤矿安全监管部门未发现丰源煤矿安全管理人员、防治水人员配备不足等问题；对督查发现的丰源煤矿水害隐患，未跟进监督整改；对丰源煤矿违规恢复生产作业问题失察。原驻地煤矿监察分局履行煤矿安全监察职责不严格，对当地人民政府及煤矿安全监管部门落实安全生产属地监管责任监督指导不到位。地方党委政府落实安全生产属地监管责任不严格，落实安全生产专项整治三年行动实施方案流于形式；对煤矿安全监管部门弱化，监管力量不足，监管体制机制不顺畅、机制不健全等突出问题，未采取有效措施整改。

（三）事故性质

经调查认定，新疆昌吉州呼图壁县白杨沟丰源煤矿“4·10”透水事故是一起重大生产安全责任事故。

四、处理建议

本次事故共对 50 名责任人员进行追责问责，其中：丰源煤矿法定代表人委托代理人兼总经理、矿长、总工程师等 3 人被移送司法机关追究刑事责任；对丰源煤矿、农六师煤电公司、信发集团、中煤五建新疆分公司、中煤五建、中煤建设集团、技术服务单位、白杨树煤矿等单位 33 名责任人员分别给予罚款、党纪政务处分和组织处理；新疆维吾尔自治区纪委监委对昌吉州政府分管领导、昌吉州发展改革委主要领导、呼图壁县人民政府主要领导等 12 名公职人员提出了党纪政务处分及组织处理意见，其中对呼图壁县人民政府主要领导给予党务政务撤职、降级处分；对新疆煤矿安全监察局北疆监察分局主要领导、监察三室负责人等 2 人分别给予党纪政务处分。

对丰源煤矿处以罚款 500 万元的行政处罚并提请地方人民政府予以关闭；将农六师煤电公司纳入联合惩戒对象并将其纳入安全生产不良记录“黑名单”管理；对信发集团处以罚款 400 万元的行政处罚；对技术服务单位给予没收违法所得，并处违法所得加倍罚款的行政处罚。

责成中煤能源集团有限公司向国务院国有资产监督管理委员会作出书面检查；责令昌吉州党委、州政府向自治区党委作出书面检查。

五、事故防范和整改措施建议

一是践行安全发展理念，推进煤矿安全工作。二是强化主体责任落实，严格规范管理。三是严格落实防治水措施，全面排查防治水工作漏洞。四是加强技术服务管理，保障技术支撑质量。五是严格托管条件准入，规范煤矿托管工作。六是加强闭坑矿井管理，全面消除隐患盲区。

案例四 山东威海“4·19”“中华富强”轮火灾事故

2021 年 4 月 19 日，威海市海大客运有限公司所属滚装客船“中华富强”轮在由威海港驶往大连港途中，一辆货车载运的硅泥发生自燃，在险情处置过程中发生爆燃，造成直接经济损失约 9233.25 万元，构成重大等级水上交通事故。

一、事故经过

2021 年 4 月 19 日 21 时 44 分，“中华富强”轮解掉所有缆绳离泊。22 时 6 分，当船舶航行至威海新港航道 1 号浮附近时，船舶烟雾报警系统报警。船长立即指令值班水手查看火灾报警面板，确定报警信息及位置；轮机长也安排电机员和机工长查看情况，随后发现辽 FL7637（辽 F6707 挂）货车所载货物（载货为硅泥）冒烟。22 时 20 分，明火被扑灭，但现场灭火人员翻开货物查找起火点时，再次出现明火，无法扑灭。22 时 49 分，船长命令调头返航，随即要求撤离全部现场灭火人员，释放二氧化碳，并向威海市海上搜救中心值班室报告处置情况。4 月 20 日 0 时 3 分，船舶靠妥威海港客 2 号泊位；0 时 25 分，677 名旅客和 85 名船员（含乘警 2 名）全部安全有序疏散。

二、应急处置情况

“中华富强”轮靠泊后，第一时间撤离旅客至安全地带安置，火灾消防应急处置由船上转为岸基应急消防部门负责。威海市迅速启动应急响应，市委、市政府立即成立市级应急救援指挥部，下设 18 个工作组，在国家、省工作指导组、专家组指导下，全力开展灭火消防工作。

由于船体结构复杂、空间受限、大量喷水会影响船体稳性，救援难度较大。市级应急救援指挥部在火势增大后确定了重点保护机舱、一甲舱核心部位的原则，综合采取水炮高空喷淋、消防船艇对船体降温、舷窗注水和泡沫以及向机舱、一甲舱加注二氧化碳惰化保护等多种方式控制火势蔓延。4 月 27 日 17 时 0 分，市级应急救援指挥部宣布船内火点全部扑灭。

三、事故原因和责任认定

（一）直接原因

（1）辽 FL7637（辽 F6707 挂）所载硅泥自燃是起火的直接原因。调查组对存放于辽宁丹东泰威镁业有限公司仓库内同样来自无锡中环应用材料有限公司的硅泥进行了取样，经应急管理部化学品登记中心对样品检测发现，6 份样品中有 5 份呈酸性，1 份呈碱性（pH 值为 8.15）。调查发现，含碱硅泥具有自燃危险特性，其粒度、pH 值、水分等分布不均匀，存在部分化学反应活性强的超细硅粉，分装和长途运输过程中的颠簸、震动、挤压、摩擦，造成掺混、紧密接触，含碱硅泥中的硅粉可与其中的碱性物质、水发生反应放出热量，加速了硅泥的氧化反应和硅泥与水放出氢气的反应，散热不良导致热量积聚，硅泥内部持续升温而发生自燃。

（2）未经充分探火、贸然开舱是发生爆燃、火势蔓延、损失扩大的直接原因。船舶在封舱、释放二氧化碳后，火情得到有效控制，船舶安全返港。应急处置过程中使用海水进行灭火和降温，高温硅泥与海水反应产生氢气，致使舱内氢气及其他可燃气体积聚。现场救援人员在未进行充分探火，未测量可燃气体浓度的情况下贸然开舱，新鲜空气灌入三甲舱，致可燃气体与空气中的氧气混合达到爆炸条件遇明火发生爆燃，造成火势蔓延，导致损失进一步扩大。

（二）间接原因

按照现行有关规定，硅泥为一般固废和普通货物，不属于危险品。然而，调查发现硅泥在特定条件下具有一定的危险性。货物销售方（胡××）和托运人（辽宁丹东泰威镁业有限公司）未履行告知义务，未将硅泥的特性、运输要求、应急处置措施等告知相关方，导致承运人（东港市宏旭物流有限公司）和其驾驶人员对其危险性和理化特性缺乏认知，在发生火灾或自燃时，不能采取恰当而有效的扑救方式控制火势。

（三）责任认定

该起事故是“中华富强”轮航行途中，三甲舱辽 FL7637（辽 F6707 挂）车辆载运的货物硅泥自燃引发的火灾事故。船舶返港后，因为应急措施不当，导致事故升级、损失扩大。

天津鹏泰再生资源回收利用有限公司、胡××、辽宁丹东泰威镁业有限公司、东港市宏旭物流有限公司、无锡中环应用材料有限公司、威海市海大客运有限公司对事故的发生负有责任。

现场应急救援指挥部未认真组织核实火场实际情况，未充分探火，贸然开舱，对事故升级、损失扩大负有责任。

四、处理建议

建议山东海事局依据《中华人民共和国海上交通安全法》等有关法律法规的规定，对威海市海大客运有限公司进行处理。

对于在事故调查过程中发现的其他有关单位和个人的问题线索及相关材料，已移交具有管辖权的相关单位和部门，依法对其进行调查处理。

五、事故防范和整改措施建议

一是加强水上消防应急能力建设。二是加强硅泥海上运输技术研究。三是建立客滚运输货物信息传递管理制度。四是督促企业健全火灾消防应急程序。

案例五 山西省忻州市代县大红才矿业有限公司“6·10”重大透水事故

2021年6月10日7时20分许，山西省忻州市代县大红才矿业有限公司（简称大红才公司）发生重大透水事故，造成13人遇难，直接经济损失3935.95万元。

一、事故经过

大红才公司位于山西省忻州市代县聂营镇云雾村，规划3个采区，独立设计、独立建设、独立开采。2020年9月Ⅰ采区采空区治理竣工验收后，大红才公司擅自将已密闭的1号斜坡道（标高1377米）打开，组织4个施工队伍，在1号斜坡道布置了10个作业面，在4号斜坡道（标高1387米）布置了7个作业面。从2020年10月开始，大红才公司在设计中为废弃巷道的8号硐（斜坡道，硐口位于保安矿柱上，标高1474米）布置了4个作业面。在基建设计范围外组织5个工队，在Ⅰ采区井下布置了12个采矿作业面和9个掘进作业面，至事故发生时已掘进至1266米水平。

2021年6月10日0时20分许，Ⅰ采区司机邓××驾车将9名凿岩工从13号硐送入井下作业点，行至1255米作业面时，将魏×等2人放下；车辆右拐弯后，沿斜坡道向东下行至1200米作业面时，将陈××等3人放下；然后将张××等4人送到1192米作业面，随后原路返回地面。6月10日7时许，班组长杨××开车从13号硐进入井下接即将下班的工人，到达1200米作业面后，将车停在巷道内，下车与陈××等3人汇合，并检查他们当班工作情况。7时15分许，班组长王××开完早班会后，驾车与郭××等5人从13号硐前往1200米作业面实地查看该作业面现场情况，准备在此进行采矿作业。7时20分许，4号斜坡道1310米水平东作业面顶部发生透水，大量涌水倾泻而下，沿巷道向北流至标高1310米处转向西（东高西低），沿斜坡道流至1255米水平作业面。7时25分许，正在1255米作业面作业的魏×等2人发现有大量水涌入，随即沿着硐壁，扒住铁丝向斜坡道爬去，到达斜坡道后，又抓住通风管爬到1270米斜巷，通过4号斜坡道逃出。7时25分许，涌水行至标高1255～1200米之间的斜坡道，将行驶在此路段的皮卡车冲到巷底。7时28分许，涌水行至1200米作业面附近，在此作业面收拾东西准备收工的陈××等4人发现有大量水涌入，立即撤离作业面，向1200米水平巷与主斜坡道交叉处逃跑，斜坡道上水流很大，由陈××带领3人扒住风管沿斜坡道向1255米作业面方向爬行20余米时，陈××发现其余3人未跟上，便继续爬行至1230米水平附近，发现涌水变缓，可蹬地行走，便沿斜坡道从 13 号硐逃出。7 时 30 分许，涌水行至巷道最低处 1192 米作业面，在此作业面进行凿岩作业的张××等 4 人被水淹没。事故共造成 13 人遇难。

二、应急处置情况

事故发生后，山西省重大生产安全事故应急指挥部立即启动省级二级响应，成立了现场指挥部。应急、自然资源、公安、环保等部门负责同志率领工作组第一时间赶赴现场指导救援，忻州市和代县党委政府主要负责同志以及市县有关部门和单位及时赶赴现场参与救援。应急管理部、国家矿山安监局和省、市、县紧急调集国家矿山应急救援大同队、汾西队、大地特勘队和太钢队等地方专业救援队，以及武警山西总队和山西省消防救援总队共 26 支队伍、总计 1084 人，携带水泵 69 台(套)、高压排水管 1.8 万米以及生命探测仪、皮划艇、潜水装具等 17 套装备开展抢险救援。国家卫生健康委及省、市、县卫生健康部门及时开展现场医疗处置、救治和疫情防控工作。经过 7 天 6 夜全力救援，至 16 日 22 时许，13 名遇难者遗体全部找到，救援工作结束。

三、事故直接原因和性质

（一）直接原因

违规开采主行洪沟下方保安矿柱，造成主行洪沟塌陷，降雨汇水径流沿塌陷坑进入采空区，与未彻底治理的采空区积水相汇，积水量迅速增加，水压增大，突破违规在 1310 米水平采矿作业形成的与 1320 米采空区之间的薄弱岩层，导致透水事故发生。

（二）事故性质

经调查认定，山西省忻州市代县大红才矿业有限公司“6·10”透水事故是一起重大生产安全责任事故。

四、处理建议

本次事故对 25 名有关企业人员和 27 名公职人员进行追责问责。其中，对大红才公司董事长、实际控制人陈××等 15 人分别采取强制措施和行政处罚，对大红才公司爆破员江××等 3 人采取行政拘留，建议追究山西震益工程建设监理有限公司法定代表人黄××等 4 人刑事责任和行政处罚，建议对苍南县顺兴矿业有限公司法定代表人卢××等 2 人行政处罚，建议企业内部处理 1 人。对 27 名有关公职人员分别给予党纪政务处分。

对大红才公司、苍南县顺兴矿业有限公司、陕西弘德建筑工程有限公司、陕西耀杰建设集团有限公司、山西震益工程建设监理有限公司、忻州同力爆破工程有限公司、山西瑞源矿业投资有限公司依据有关规定分别给予行政处罚、吊销相关证照、纳入联合惩戒对象和安全生产不良记录“黑名单”管理等处罚。

责成代县县委、县政府向忻州市委、市政府作出深刻检查，忻州市委、市政府向山西省委、省政府作出深刻检查。

五、事故防范和整改措施建议

一是深刻汲取事故教训，坚守安全发展理念。二是压实企业主体责任，提升本质安全水平。三是落实党政领导责任，强化部门安全监管。四是深入开展专项整治，彻底根治带病矿山。五是加强监管队伍建设，优化基层执法力量。

案例六　湖北省十堰市张湾区艳湖社区集贸市场“6·13”重大燃气爆炸事故

2021年6月13日6时42分许，位于湖北省十堰市张湾区艳湖社区的集贸市场发生重大燃气爆炸事故，造成26人死亡，138人受伤，其中重伤37人，直接经济损失约5395.41万元。

一、事故经过

2021年6月13日，艳湖社区集贸市场一层19间商铺（含东西两侧非法加建的2间）正常生产经营，二层为老年人活动中心、培训机构等，事故发生时无人。涉事故建筑物东端下方有一条中压天然气管道由北向南架空穿越河道。十堰市110指挥中心和消防救援支队119指挥中心分别于5时38分和5时53分接到天然气管道泄漏报警；6时，派出所值班民警到达现场，劝导疏散群众；6时4分，张湾区消防中队消防车到达现场，随后进入涉事故建筑物下方河道侦查。6时14分，十堰东风中燃公司抢修队员到达现场；6时22分，抢修队员关闭燃气管网截断阀门。6时30分至38分，两名民警和十堰东风中燃公司抢修队员进入桥下河道观察处置，随后，抢修队员告知公安、消防人员处置结束、可以撤离，119指挥中心要求继续做好现场安全监护。6时38分至40分，民警继续实施现场警戒和劝离群众。6时42分，发生爆炸。

二、应急处置情况

爆炸发生后，党中央、国务院高度重视。湖北省和十堰市主要领导赴现场指挥救援工作。十堰市迅速启动应急响应，成立应急救援现场指挥部，下设8个工作小组。在现场指挥部统一指挥下，调派消防救援力量，携带大型搜救设备、生命探测仪、搜救犬等，紧急开展现场搜救。十堰市相关部门投入1200余名警力进行现场封控、交通管制，对周边3000户居民逐户排查、转移安置。经救援队伍42小时连续奋战，截至15日1时7分，搜寻到最后一名遇难者。救援人员总共从严重坍塌的废墟中搜救出被埋压群众38人，其中生还12人，死亡26人。在涉事故建筑物周边受伤的126人均及时送医院治疗。截至6月16日2时40分，现场废墟全部清理完毕，现场搜救结束，累计清理核心主体建筑废墟面积4000余平方米。

三、事故原因和性质

（一）直接原因

天然气中压钢管严重锈蚀导致破裂，泄漏的天然气在集贸市场建筑下方河道内密闭空间聚集，遇餐饮商户排油烟管道排出的火星发生爆炸。

（二）间接原因

一是违规建设造成事故隐患。2005 年 3 月，东风燃气公司未经主管部门审批同意铺设涉事故管道（D57×4），此时涉事故管道尚未下穿涉事故建筑物。2008 年 10 月，东风燃气公司违规对涉事故管道中压支管进行局部改造，改造后的事故管道穿越涉事故建筑物下方的密闭空间，形成安全隐患。

二是隐患排查整改长期不落实。涉事故管道使用中，先后作为营运维护单位的东风燃气公司和十堰东风中燃公司，多年来未能消除隐患。尤其是十堰东风中燃公司负责涉事故管道巡线人员自公司成立至事发，从未下河道对事故管道进行巡查。此外，先后作为承担城镇燃气安全监管职责的住建部门、城管部门亦未认真履行监管职责。对属于特种设备的涉事故中压金属燃气管道，市场监管部门未依法履行监察职责。

三是企业应急处置严重错误。十堰东风中燃公司应急管理责任不落实，应急预案流于形式，应急反应迟缓，企业主要负责人没有赶往事故现场指挥应急处置；抢修队员第一次进入现场未携带燃气检测仪检测气体；不熟悉所要关闭的阀门位置所在，只关闭了事故管道上游端的燃气阀门，未及时关闭事故管道下游端的燃气阀门以便保持管道内正压和防止回火爆炸；未按企业预案要求采取设立警戒、禁绝火源、疏散人员、有效防护等应急措施；在燃爆危险未消除的情况下，向公安、消防救援人员提出结束处置、撤离现场的错误建议，严重误导现场应急处置工作，以致事故未能避免发生。地方政企之间应急联动机制不完善，基层应急处置能力不足、经验不够。

四是物业安全管理混乱。润联物业安全管理制度未落实，没有督促承租商户严格执行《房屋租赁合同》中约定的“禁止在经营场所内使用明火做饭、过夜留宿”条款，将房屋出租给“聚满园餐厅”等 7 户商户经营餐饮，造成了火星违规排至河道。未提醒制止部分商户留人夜宿守店，结果夜宿守店的 4 名人员在爆炸事故中死亡。此外，还将东西两端的违建商铺出租。

（三）事故性质

经调查认定，湖北省十堰市张湾区艳湖社区集贸市场“6·13”燃气爆炸事故是一起重大生产安全责任事故。

四、处理建议

十堰东风中燃公司对事故负有直接责任，公司负责人黄×等 11 名相关人员涉嫌犯罪，已由司法机关采取刑事强制措施。

中国燃气控股有限公司及其所属十堰东风中燃公司、华润置地（武汉）物业管理有限公司及其所属润联物业、东风汽车集团有限公司及其原所属东风燃气公司等单位对事故负有责任，对上述单位的 32 名责任人，由有关主管部门和上级单位依法依纪依规追究责任。

十堰市委、市政府，张湾区委、区政府，及有关部门、人员，省住房和城乡建设厅、省市场监督管理局等单位及相关人员对事故负有责任。对事故责任人分别给予留党察看并政务撤职 1 人、撤销党内职务并政务撤职 2 人、党内严重警告 6 人（含免职 2 人）、党内严重警告并政务记大过 3 人（含免职 1 人）、政务记大过 2 人（含免职 1 人）、党内警告 4 人、政务警告 5 人、诫勉 6 人、责成作出书面检查 5 人。

对十堰东风中燃公司、润联物业依据《安全生产法》有关规定按照罚款最高限额予以处罚。对中国燃气控股有限公司依据《安全生产法》有关规定予以处罚；十堰市和燃气管理部门对十堰东风中燃公司燃气经营许可证、特许经营协议依法作出处理。

另外，对十堰市、张湾区有关部门在相关行政管理中存在不严格依法办事、履职不到位等问题，责成十堰市委、市政府对有关部门存在的问题进行调查处理。

五、事故教训

一是安全发展理念树得不牢。二是防范化解重大风险不深入不细致。三是应对突发事件能力普遍不足。四是企业主体责任严重缺失。五是部门监管责任缺失脱节。六是党委政府地方属地责任亟待加强。

六、事故防范和整改措施建议

一是坚持将以人民为中心作为统筹发展和安全的根本遵循。二是切实将燃气管道等涉及国计民生的基础设施作为安全风险防控的重点抓紧抓牢。三是始终将提升应急处置能力作为防范化解重大安全风险的基础来抓。四是坚决将压实企业主体责任作为提高公共安全保障水平的核心来抓。五是务必将压实部门监管责任作为当前打击非法违法行为的关键来抓。六是必须将压实地方属地管理责任作为加强安全生产工作的坚强保证来抓。

案例七　河南省柘城县“6·25”重大火灾事故

2021 年 6 月 25 日，河南省柘城县远襄镇北街村 739 号柘城县震兴国际搏击俱乐部（对外称震兴武馆）发生重大火灾事故，造成 18 人死亡、11 人受伤，直接经济损失 2153.7 万元。

一、事故经过

2021 年 6 月 24 日 23 时 43 分许，余××在其房间下层点燃盘式蚊香后，到阁楼上休息；6 月 25 日 1 时 58 分许，余××房间东侧卷帘门上部缝隙有烟气向外飘出；3 时 4 分许，余××被热醒，发现阁楼下着火，到门外呼喊学员及安××。3 时 8 分许，安××及其 3 个孩子被叫醒，随后与到场群众一起采取抛绳索、铺垫子等方式救人。先后有 16 名学员通过室内楼梯以及滑绳、跳楼等方式逃生，其他学员在火灾中遇难。

二、应急处置情况

6 月 25 日 3 时 13 分，柘城县消防救援大队 119 指挥中心接到报警。大队迅速调派力量赶往现场。3 时 36 分，救援力量赶到现场（距火灾现场 14.1 公里），起火建筑已处于猛烈燃烧状态。现场指挥员立即成立 2 个内攻组，进入起火建筑内部强攻搜救被困人员，并同步实施灭火，先后搜救出 18 人，交现场医护人员。远襄镇政府 1 辆消防车到场参与灭火。4 时 25 分许，明火被扑灭。4 时 55 分许，建筑内部残火清理完毕，灭火救援行动结束。省消防救援总队和商丘市消防救援支队接报后，总队、支队全勤指挥部分别出动指挥。

火灾发生后，市、县两级党委政府主要负责同志带领相关部门负责人赶赴现场，组织应急、消防、卫健、公安、民政等有关部门人员全力开展灭火救援和医疗救治工作。120 急救中心先后调派 16 辆救护车、155 名急救人员前往救援。110 指挥中心先后调派 45 辆警车、200 余名警力，对现场及周边道路进行封闭管控，协助消防、卫健部门开展灭火和伤员救治工作。处置期间，共出动各类车辆 73 辆，参与人员 400 余人。

三、事故原因和性质

（一）起火原因

震兴武馆一层余××房间阁楼下层北部因使用蚊香不慎引燃纸箱、衣物等可燃物所致。

（二）火灾蔓延扩大原因

一是建筑内未形成有效的防火分隔。起火房间即余××房间与训练室之间的隔墙采用可燃聚苯乙烯夹芯彩钢板，二层部分隔墙为钢龙骨双面石膏板墙，一、二层之间的楼梯为敞开式楼梯，起不到有效的防火分隔作用。二是起火房间火灾荷载较大。起火房间使用可燃夹芯彩钢板作为阁楼隔墙，房间内有家具、床上用品、衣物和大量杂物，着火后产生大量高温有毒烟气，沿楼梯快速蔓延至二层学员集体宿舍，导致火势扩大。三是火情发现晚。视频监控显示在6月25日1时58分有烟气飘出，3时4分余××才发现着火。四是初期处置不力。余××发现火情后，没有立即进行扑救，打开房门后新鲜空气涌入，火势迅速扩大，周围群众使用盆、桶泼水和灭火器灭火，收效甚微。

（三）造成人员伤亡原因

震兴武馆在不具备安全条件的情况下，在门面房二层违规设置学员集体宿舍并集中留宿学员。起火建筑仅有一部敞开式楼梯，火灾发生后楼梯间迅速充满高温有毒烟气，学员难以通过楼梯逃生。二层西侧学员集体宿舍4个外窗均安装有防盗网，学员无法通过西侧外窗疏散逃生。

（四）事故性质

经调查认定，河南省柘城县“6·25”火灾是一起因使用蚊香不慎引发的重大火灾事故。

四、处理建议

对震兴武馆3名责任人，司法机关依法采取刑事措施，并移送检察机关进行公诉。建议对事故涉及的31名有关公职人员，给予党纪政务处分和诫勉谈话、责令检讨。其中1名公职人员被采取刑事措施，并移送检察机关进行公诉。

建议依法吊销柘城县震兴国际搏击俱乐部营业执照。

建议责成远襄镇党委政府向柘城县委、县政府作出深刻检查，责成柘城县委、县政府向商丘市委、市政府作出深刻检查，责成商丘市委、市政府向省委、省政府作出深刻检查。

五、事故防范和整改措施建议

一是牢固树立安全发展理念。二是强化针对性排查整治。三是持续强化校外培训机构监管。四是建立完善部门协同配合工作机制。五是尽快补齐基层消防安全短板。

案例八　江苏省苏州市吴江区“7·12”四季开源酒店辅房坍塌事故

2021 年 7 月 12 日 15 时 31 分许，位于江苏省苏州市吴江区松陵街道油车路 188 号的苏州市四季开源餐饮管理服务有限公司（简称四季开源酒店）辅房（以下称事故建筑）发生坍塌事故，造成 17 人死亡、5 人受伤，直接经济损失约 2615 万元。

一、事故经过

2021 年 7 月 6 日，四季开源酒店在未办理施工许可的情况下，由苏州出彩装饰建筑工程公司（简称出彩建筑公司）在事故建筑一楼现场组织墙体拆除施工。7 月 8 日，完成一楼走廊南北两侧房间各 5 垛横墙拆除。7 月 9 日，开始拆除一楼走廊两侧纵墙。7 月 12 日，事故建筑一楼过道北侧内纵向砖墙拆除后，在由西向东拆除过道南侧内纵向砖墙约完成 1/3 时，15 时 31 分 38 秒事故建筑中部偏西区域开始下沉，至 15 时 31 分 46 秒完全坍塌，持续时间 8 秒。事故发生时楼内共有 23 人被困。

二、应急处置情况

7 月 12 日 15 时 35 分，苏州市消防救援支队接警后第一时间调派力量赶赴现场，立即开展前期搜救。省消防救援总队接报后迅速启动重特大灾害事故应急处置预案，调集重轻型地震救援队携带生命探测仪、蛇眼探测仪、搜救犬以及特种救援装备驰援现场，全力搜救被困人员。市、区两级卫健部门开通绿色通道，先后派出 15 辆救护车，按照“就近就急”原则，开展现场施救，有序转运伤员；统筹派出 21 名省市医学专家，开展救治和评估，实行“一患一组一策”，开展多学科联合会诊，尽一切可能减少死亡和伤残。公安部门先后调集 400 余名警力协同救援处置。经过 41 小时全力救援，搜救出 23 名被困人员，其中 17 人遇难，5 人受伤，1 人未受伤。7 月 14 日 9 时，经反复确认无其他被埋人员后搜救工作结束。

三、事故原因和性质

（一）直接原因

在无任何加固及安全措施情况下，盲目拆除了底层六开间的全部承重横墙和绝大部分内纵墙，致使上部结构传力路径中断，二层楼面圈梁不足以承受上部二、三层墙体及二层楼面传来的荷载，导致事故建筑自下而上连续坍塌。事故调查组对事故现场进行勘查、取样、实测，未发现基础明显静载缺陷；根据当地提供的气象、地震等资料，逐一排除了气象、地震等可能导致坍塌的因素。

（二）间接原因

（1）建设单位将事故建筑一楼装饰装修工程设计和施工业务发包给无相应资质的出彩建筑公司，施工图设计文件未送审查，在未办理施工许可证的情况下擅自组织开工，改变经营场所建筑的主体和承重结构。

(2) 施工单位在未依法取得相应资质的情况下承揽了事故建筑装修改造项目，并将其承揽的装饰装修设计业务和拆除业务分包给不具有相应资质（资格）的个人，未建立质量责任制，未确定项目经理、技术负责人和施工管理负责人，未编制墙体拆除工程的安全专项施工方案，无相应的审核手续，未对施工作业人员进行书面安全交底并进行签字确认，在事故建筑一楼装饰装修工程无施工许可证的情况下组织墙体拆除施工。

(3) 房屋产权人未履行房屋使用安全责任人的义务。

(4) 设计人员未取得设计师执业资格，未受聘于任何设计单位，在没有真实了解事故建筑结构形式的情况下，提供了错误的拆墙图纸，并错误地指导了承重墙的拆除作业。

(5) 墙体拆除作业承包方无相应资质。

(三) 事故性质

经调查认定，江苏省苏州市吴江区“7·12”四季开源酒店辅房坍塌事故是一起涉及建筑主体和承重结构变动的装修工程非法委托与承揽、错误的改造设计、混乱的施工管理及临时拼凑的拆墙作业人员等多因素叠加在一起导致的房屋坍塌重大生产安全责任事故。

四、处理建议

四季开源酒店、君缘餐饮公司实际控制人，事故建筑产权人王××等 7 人涉嫌构成事故犯罪，已被公安机关采取刑事强制措施。

对于在事故调查过程中发现的地方党委政府及有关部门的公职人员履职方面等问题线索及相关材料，已移交省纪委监委苏州市吴江区“7·12”四季开源酒店辅房坍塌事故追责问责审查调查组。对有关人员的党纪政务处分和有关单位的处理意见，由省纪委监委提出；涉嫌刑事犯罪人员，由省纪委监委移交司法机关处理。

对四季开源酒店、君缘餐饮公司、出彩建筑公司、吴城测绘公司等相关企业建议给予行政处罚。

责成苏州市委、市政府向江苏省委、省政府作出深刻书面检查；责成吴江区委、区政府向苏州市委、市政府作出深刻书面检查，认真总结和吸取事故教训，进一步加强安全生产等工作。

五、事故教训

一是安全发展理念未牢固树立。二是企业无许可、无资质违规建设肆意妄为。三是建筑领域“只管合法、不管非法”问题较为突出。四是基层“漏管失控”现象较为严重。五是既有建筑使用安全管理存在明显短板。

六、事故防范和整改措施建议

一是树牢安全发展理念。二是健全安全生产责任体系。三是及时发现制止非法违法施工行为。四是有效管控人员密集场所装修施工安全风险。五是防范化解既有建筑重大安全风险。六是持续深化城市建设安全专项整治。七是积极构建群防共治工作格局。

案例九　广东省珠海市兴业快线（南段）一标段工程石景山隧道“7·15”重大透水事故

2021 年 7 月 15 日 3 时 30 分，位于广东省珠海市香洲区的兴业快线（南段）一标段工程石景山隧道右线在施工过程中，掌子面拱顶坍塌，诱发透水事故，造成 14 人死亡，直接经济损失 3678.677 万元。

一、事故经过

2021 年 7 月 14 日 18 时 29 分，爆破公司作业人员在珠海市兴业快线（南段）一标段工程石景山隧道右线隧道掌子面 RK2+015.8 处进行爆破施工，作业完成后离开隧道。18 时 55 分开始清渣出土，后因 21 时 10 分至 22 时 35 分停电而停止，7 月 15 日凌晨 1 时 52 分恢复，2 时 35 分清渣完毕。至事故发生时，长达 9 小时未进行喷锚支护。7 月 15 日凌晨 2 时 35 分，右线隧道掌子面清渣完毕后，进行洞内抽水。其间，掌子面拱顶位置出现少量掉渣滴水现象。3 时 23 分，掌子面拱顶位置持续掉渣滴水，同时水量变大。3 时 28 分，右线隧道掌子面拱顶位置突然一次性掉落大量砂石土（约 0.5 立方米）。3 时 30 分，右线隧道拱顶发生坍塌冒顶，水库水开始大量涌入右线隧道，并通过 1 号车行横通道涌入左线隧道。至 4 时 12 分，右线隧道作业人员 2 人安全撤离，左线隧道作业人员 24 人中 8 人安全撤离，2 人逃生，14 人被困。事故发生后 1.5 小时内，隧道上方的吉大水库水位下降 1.93 米，库容减少 22.059 万立方米，减少水量主要通过坍塌处涌入隧道内，给救援工作造成了极大困难。

二、应急处置情况

7 月 15 日 3 时 40 分，现场管理人员向现场施工负责人报告隧道内有施工人员被困。3 时 48 分，现场施工负责人报告项目经理，项目经理组织项目部开展救援工作。4 时 6 分，项目经理向中铁二局三公司报告。中铁二局三公司立即成立应急救援领导小组，调集珠海周边救援队伍赶赴珠海参与抢险救援。7 时，珠海市成立现场救援指挥部，全面指挥协调现场应急救援工作。珠海市各支救援力量陆续抵达现场。11 时，广东省现场救援总指挥部成立，统筹指挥现场救援各项工作，下设救援组、医疗组、水文地质综合监测组、新闻舆论组、信息综合组、善后工作组和联勤办公室等 7 个组。15 时 30 分，省应急管理厅协调的广州、深圳、佛山、韶关、东莞、中山、清远等周边 8 支救援力量到达事故现场，广东省消防救援总队调集的救援力量也相继到达事故现场。17 时，应急管理部紧急调动国家隧道救援昆明队、湖南邵阳矿山救护队增援。来自珠海、周边地市和兄弟省份的69支救援队伍、6968名救援人员，携带了500余套大型设备和260余辆救援车全力开展搜救工作。

经过持续不间断搜救，7月19日，救援人员发现2名遇难人员；7月20日，发现1名遇难人员；7月21日晚，发现10名遇难人员；7月22日，发现最后1名遇难人员。至此，14名被困人员已全部找到并确认遇难。

三、事故原因和性质

（一）直接原因

隧道下穿吉大水库时遭遇富水花岗岩风化深槽，在未探明事发区域地质情况、未超前地质钻探、未超前注浆加固的情况下，不当采用矿山法台阶方式掘进开挖（包括爆破、出渣、支护等）、小导管超前支护措施加固和过大的开挖进尺，导致右线隧道掌子面拱顶坍塌透水。泥水通过车行横通道涌入左线隧道，导致左线隧道作业人员溺亡。

（二）间接原因

1. 施工和监理单位

（1）中铁二局三公司施工风险管控措施落实不力；未严格执行危大工程专项施工方案；未严格按照设计和安全规范要求施工；专项应急救援演练缺失，应急救援设施配备不足；违法组织爆破施工；对分包单位安全管理不到位。

（2）中铁二局存在转包行为，对全资子公司的监督、指导、检查不力。

（3）珠海兴地公司未依法履行监理单位安全生产职责。

2. 建设和代建单位

（1）市公路中心对代建单位管理、监督不力；未与代建单位签订代建协议，未明确各方对项目的权利义务，安全生产职责约定不明。

（2）城建集团对下属单位代建工作监督不力，未依法明确代建项目安全生产管理职责。

（3）城建市政公司未按要求组织实施超前地质钻探，未向施工单位提供事发区域准确、完整的地质情况；对项目建设安全工作统一协调、管理不到位；工程管理制度不健全；安全教育培训缺乏针对性；对代建项目现场安全检查组织不力。

（4）华昕公司对代建项目现场安全检查组织不力。

3. 勘察和设计单位

（1）珠海工勘院勘察报告未真实、准确反映地质情况；勘察布孔、钻探及岩芯采取率不符合规范；勘察项目管理不严。

（2）上海市政院未督促驻现场代表人严格执行本单位的规章制度；未履行联合体主办人牵头责任。

（3）正青咨询公司审图工作不严。

4. 爆破和劳务单位

（1）吉祥爆破公司不再具备安全生产许可条件，违规违法实施爆破作业，民用爆炸物品流向登记制度不落实。

（2）华源爆破公司未落实爆破监理职责。

（3）福建卓智公司未按照施工技术标准施工，未落实劳务分包单位安全生产工作职责。

5. 地方党委政府和部门

（1）住建部门安全生产责任制不健全；未按标准配备专业人员，对涉事隧道工程监督能力不足；对事故工程的日常监督检查流于形式。

（2）水务部门未将吉大水库纳入检查重点，组织开展执法检查；未阻止未经行政许可进入水库管理和保护范围内施工的违法行为；未按法定时限送达不予许可的行政决定。

（3）公安部门未严格督促爆破作业项目技术负责人规范实施爆破后检查，未严格督促吉祥爆破公司落实民用爆炸物品流向登记“日清点、周核对、月检查”制度，行政检查不符合法定程序。

（4）珠海市香洲区党委政府压实党政领导责任、部门监管责任及企业主体责任不力，落实属地监管责任不到位；未有效督促住建、水务等部门按照“三个必须”和“谁主管谁负责，谁审批谁监管”要求履行安全生产工作职责；未能有效管控辖区内重大安全风险。珠海市党委政府安全发展理念不牢，红线意识不强，落实党政领导干部安全生产责任制不到位。未能有效防范化解建设领域重大安全风险，未能协调解决建设领域安全生产突出问题。

（三）事故性质

经调查认定，广东省珠海市兴业快线（南段）一标段工程石景山隧道“7·15”透水事故是一起重大生产安全责任事故。

四、处理建议

公安机关对中铁二局三公司、珠海兴地公司等公司有关负责人采取强制措施共 6 人，另建议移送司法机关依法追究刑事责任 6 人，并建议待司法机关依法作出处理后，由涉事企业或其上级主管部门按照管理权限及时给予相应的党纪政务处分。

对于在事故调查过程中发现的地方党委政府、有关部门和国企公职人员履职方面的问题及相关材料，已移交省纪委监委；对中铁二局等涉事企业人员和公职人员，按照党组织关系和管理权限交由有关单位按规定处理。其中，省纪委监委对事故属地党委政府、有关监管单位公职人员和地方国企人员共 27 人予以追责问责。

建议给予城建市政公司、珠海工勘院、中铁二局三公司、珠海兴地公司、福建卓智公司、吉祥爆破公司行政处罚，纳入联合惩戒对象，纳入安全生产不良记录“黑名单”管理，列入建筑市场主体“黑名单”。

建议对中铁二局三公司暂扣其安全生产许可证并限期整改。将中铁二局列入建筑市场主体“黑名单”。对珠海工勘院、正青咨询公司、吉祥爆破公司、华源爆破公司依法予以处理。

建议对中铁二局三公司 3 人、珠海兴地公司 2 人、珠海工勘院及勘察相关人员 3 人、正青咨询公司 3 人、吉祥爆破公司 2 人、华源爆破公司 2 人、城建市政公司 1 人给予行政处罚。

建议责成珠海市委、市政府向省委、省政府作出深刻检查。建议责成香洲区委、区政府向珠海市委、市政府作出深刻检查。建议责成珠海市公路事务中心、珠海市住房和城乡建设局向珠海市人民政府作出深刻检查。建议责成香洲区住房和城乡建设局、香洲区农业农村和水务局向香洲区人民政府作出深刻检查。4 人依据有关规定进行企业内部处理。

五、事故教训

一是人民至上、生命至上理念没有牢固树立，对重大安全风险辨识不到位。二是项目建设管理混乱，安全机制不健全，履职尽责不到位。三是对复杂地质条件下的隧道施工风险意识较差，参建各方防范化解事故风险工作亟待提升。四是应急设备设施严重缺失，企业应急措施落实不到位。五是职能部门监管缺位，安全生产存在薄弱环节。

六、事故防范和整改措施建议

一是深入贯彻习近平总书记重要指示精神，牢固树立安全发展理念。二是切实做好涉水地下工程建设安全管理工作，坚决防范遏制重特大事故发生。三是建立复杂地质条件下隧道施工的安全动态管控机制，切实防范化解重大安全风险。四是明确建设项目参建各方的安全生产责任，建立完善的企业安全生产管理体系。五是切实提升安全设施水平和应急处置能力，有效避免人员伤亡降低事故损失。六是全面落实中央驻粤建筑企业安全生产主体责任，自觉接受属地政府部门安全监管。七是严格履行安全监管责任，加大对违法违规行为执法力度。

案例十　吉林省长春市李氏婚纱梦想城“7·24”重大火灾事故

2021 年 7 月 24 日 15 时 40 分许，吉林省长春市净月高新技术产业开发区银丰路 472 号，吉林省李氏婚纱影楼有限公司（简称李氏婚纱公司）拍摄基地李氏婚纱梦想城发生火灾，造成 15 人死亡、25 人受伤，建筑物过火面积 6200 平方米，直接经济损失 3700 余万元。

一、事故经过

2021 年 7 月 24 日，李氏婚纱梦想城正常营业，当日下午在岗员工 130 人，顾客 40 人。15 时 40 分许，员工齐×和朴×在李氏婚纱梦想城二楼南侧“许愿树”影棚内为两名顾客拍照时，朴×看到“婚礼现场”影棚内东南侧拱形装饰门上部的仿真植物着火，便大喊“着火了”，随后跑到一楼寻找灭火器。紧邻“许愿树”北侧影棚内的摄影师于×和助理崔×听到喊声后，立即让他的三名顾客撤离，并指示了撤离出口和方向。于×拿起灭火器试图灭火，但由于火势太大无法扑灭，于是于×、齐×、崔×三人跑出影棚区，跑到一楼逃生。

15 时 40 分许，在二楼办公区的总经理邹×与技术部曲×看到南侧下方错层的影棚区有大量浓烟蔓延，向下的楼梯被浓烟淹没，无法撤离，二人跑到办公区西侧的数码部内。此时数码部内被困人员 30 余人，邹×和众人砸开了窗户（窗口距硬质地面约 7 米），多人从窗户跳出，曲×跳下后摔伤，邹×欲跳窗时被浓烟熏倒在窗口。15 时 48 分，李氏婚纱公司员工拨打了 119 火警电话，邹×后被消防救援人员救出。火灾于当日 19 时 28 分被扑灭，事故共造成 15 人死亡（李氏婚纱公司从业人员 7 人、顾客 8 人），25 人受伤。经现场勘查，南侧影棚区内 2 人中毒窒息死亡，数码部室内 10 人中毒窒息死亡，跳窗人员中 3 人经抢救无效死亡。

二、应急处置情况

15 时 48 分，长春市消防救援支队指挥中心接警，15 时 58 分许，聚业大街、南四环、金宝街、新立城消防站，迅驰小型站等相继到达现场，现场指挥员立即组织实施救援，同时向支队汇报情况。省、市应急管理部门和消防救援机构第一时间启动预案，迅速调集力量赶赴现场进行处置。18 时 30 分许，火势得到有效控制，19 时 28 分，明火被全部扑灭。至 25 日 5 时，成立 6 个搜救小组先后完成现场 5 轮“地毯式”搜救工作。此次灭火救援，共从起火建筑内疏散营救群众 100 余人，疏散转移下风方向居民楼内人员 350 余人，最大限度减少了人员伤亡和财产损失，确保了救援人员安全。省、市卫生健康部门选调 36 名专家组成专家组，开展了近 6 小时的院前急救和伤者转运工作，第一时间将 25 名伤者（危重 7 人、较重 14 人、较轻 4 人）进行转运救治。

三、事故原因和性质

（一）起火原因

起火原因系李氏婚纱梦想城二楼“婚礼现场”摄影棚上部照明线路漏电击穿其穿线蛇皮金属管，引燃周围可燃仿真植物装饰材料所致。

（二）火灾蔓延扩大原因

李氏婚纱公司违规对李氏婚纱梦想城进行改扩建及采用可燃材料装修装饰。

（1）现场提取的聚氨酯泡沫及仿真植物装饰材料，经消防救援局天津火灾物证鉴定中心鉴定，引燃温度分别为270 ℃、205 ℃，燃烧产生大量苯类等可燃有毒物质。火灾发生后，上述物质燃烧产生的大量高温可燃有毒气体扩散，火势迅速蔓延，导致室内全面燃烧。

（2）李氏婚纱梦想城室内违规增建楼板，扩大了建筑面积；未设置封闭楼梯间，疏散通道距离过长；在室外改变原有建筑立面，增加了附属用房，未经相关审批，致使该单位存在“先天性”隐患。

（3）李氏婚纱公司擅自将工业厂房改为商业用途，违规搭建附属建筑，占用防火间距，砌筑实体墙封闭消防车通道，影响灭火救援及应急疏散。

（三）事故性质

经调查认定，吉林省长春市李氏婚纱梦想城“7·24”火灾事故是一起重大生产安全责任事故。

四、处理建议

李氏婚纱公司法定代表人、实际管理人、李氏婚纱梦想城改扩建工程平面规划设计及施工现场管理人、摄影棚装修设计及摄影棚施工工程实际负责人、配电系统日常维护保养负责人、摄影棚装修工程设计负责人、店长、行政部主管、摄影棚装修工程施工参与人等 9 人被公安机关采取强制措施，建筑顶棚内保温工程材料提供者及施工负责人涉嫌重大责任事故罪，建议由公安机关调查处理。对于在事故调查过程中发现的地方党委政府及有关部门公职人员履职方面的问题线索及相关材料，移交纪检监察机关；对有关人员的党纪政务处分，由纪检监察机关提出。

建议对李氏婚纱公司、大连摩玛嘉颂装饰设计工程有限公司、大连摩玛世纪城装饰设计工程有限公司、长春昊合硕保温工程有限公司及李氏婚纱公司法定代表人邹××依法给予行政处罚。

五、事故防范和整改措施建议

一是落实属地责任，强化消防安全监管合力。二是加强新兴业态风险研判，夯实行业部门消防安全责任。三是深刻吸取事故教训，落实生产经营单位消防安全主体责任。四是举一反三，大力开展相关领域专项整治。

案例十一　河北省石家庄市平山县“10·11”车辆落水重大事故

2021 年 10 月 11 日 6 时 43 分，石家庄燕赵旅游汽车运输集团有限公司（简称燕赵公司）一辆大客车（冀 AY5228）通过平山县钢城路滹沱河段临时绕行便道漫水路段时发生落水事故，造成 14 人溺水死亡，直接经济损失约 3500 万元。

一、事故经过

2021 年 10 月 11 日 6 时 5 分，任××驾驶事故车辆从停车场发车，依次在 6 个上客站点停靠，共搭载 50 人，均为敬业钢铁有限公司（简称敬业公司）职工。6 时 37 分 3 秒，车辆行驶至平山县钢城路安通机动车检测站北约 150 米处开始逆行。6 时 38 分 35 秒，逆行至事故路段南侧管控卡点后停车，任××询问敬业公司车队队长张××前方漫水路段能否行车。张××未明确答复，随后离开 2 分 21 秒后又回到车前告知任××“觉得没事”。6 时 41 分 18 秒，张××移开第一排的 2 个隔离路锥，随即又移开第二排的 1 个隔离路锥。平山县交通运输综合行政执法大队人员也随即将身边的 2 个隔离路锥移开，将车辆放行。平山县交警大队机动中队 2 名执勤辅警在执勤车上看到车辆通过但未予以制止。同时，张××电话通知敬业公司保安王××，一会儿通勤车下去，让这辆通勤车从钢城路王母桥过水路面上过一趟，试试能否过去。王××随即当面转告刚接班的敬业公司保安张×。6 时 42 分，事故车辆驶至滹沱河南岸，张×移开 3 个隔离路锥。6 时 43 分 25 秒，任××驾驶车辆沿双黄线进入漫水路段，行驶过程中路面水深逐渐增加。6 时 43 分 30 秒，车辆稍向东转向，行进过程中水流浪涌和紊动现象明显，车辆逐渐偏移至路面东侧。6 时 43 分 42 秒，车辆碾压到路面东外侧不规则形状的沥青混凝土面层产生颠簸、晃动。6 时 43 分 52 秒，驾驶人向左纠正方向。6 时 43 分 53 秒，车辆右前轮驶出路基，车身向路外倾斜，随即侧翻落入水中。

二、应急处置情况

事故车辆落水后，在水流作用下逐渐转为“头东尾西”，半浮于水面，同时车内进水、车身逐渐回正下沉，乘客砸开车窗、推开顶部逃生窗进行逃生自救互救，部分乘客被水流冲走。6 时 59 分，附近工地值守人员听到呼救后，联系钩机司机前往事发地点开展先期救援处置。接到事故报告后，7 时 5 分左右，平山县消防救援大队和县应急管理局调集的救援力量分别到达现场展开救援。至 7 时 45 分，51 名遇险人员中 39 人获救，其中 2 人抢救无效死亡，另外 12 人失联。

平山县迅速成立现场指挥部，平山县委、县政府及应急、消防、公安、卫健等相关负责同志参与救援处置工作，下设应急救援、医疗救治等 7 个工作组。河北省领导第一时间赶到事故现场指挥调度，省应急管理厅、省公安厅、省交通运输厅、省卫生健康委、省消防救援总队和石家庄市迅速组织各类救援力量，开展人员搜救、医疗救治等各项处置工作。应急管理部、公安部、交通运输部分别派出工作组到现场指导工作。省、市两级调集消防救援队伍、武警部队、民兵以及蓝天救援队等9支社会应急力量，出动救援人员3146人次，调配各类主要救援装备365台（套）。

救援队伍利用无人机、水下机器人、声呐等救援设备全力搜救。10月11日13时56分，第1名落水失联人员被打捞上岸。至18时35分，共打捞出11名落水人员（全部溺亡）。10月12日14时28分，最后1名落水失联人员（已溺亡）被打捞上岸，救援行动结束。

三、事故原因和性质

（一）直接原因

事故车辆行经漫水路段时，驾驶人未停车察明水情，冒险驶入，在水流、路面颠簸等影响下，未能及时修正车辆行驶方向，致使车辆驶出路外翻车落水。

（二）间接原因

（1）管控卡点执勤人员不正确履行职责。事发当日，事故车辆行驶至交通管控卡点后，县交通运输行政综合执法大队现场执勤人员对张××挪开隔离路锥的行为不但未予以制止，而且主动挪开路锥，放行事故车辆驶入禁行路段；县公安交警大队执勤辅警未制止现场违法行为，放任车辆违法通行。

（2）敬业公司人员违反防汛禁行规定。断交管控期间，敬业公司有关人员组织铲车驶入禁行路段，清理漫水路面，以便通勤车辆涉水通行；事发当日，敬业公司车队队长张××挪开路锥，放行事故车辆通过卡口驶入禁行路段。

（3）任××违法行驶。事发当日，任××为绕避拥堵，逆向行驶至管控卡点，现场人员挪开隔离路锥后，通过卡口，驶入禁行路段。

（4）平山县迅捷会议服务有限公司（简称迅捷公司）存在未取得道路运输经营许可，长期违法从事敬业公司的通勤业务等问题。石家庄燕赵旅游汽车运输集团有限公司存在对事故车辆疏于管理，将事故车辆对外承包后，对承包经营者擅自更换驾驶员等违规行为失管失察等问题。敬业公司存在将通勤业务发包给不具备相应资质的运输公司，且未按合同约定实施有效监督等问题。

（5）平山县委、县政府对县公安局、交通运输局落实防汛安全措施和责任情况监督检查不力，对部门执法不严、监管不力和有关人员不正确履行职责问题失察失管。石家庄市委、市政府组织督促有关部门对平山县落实防汛安全属地责任情况监督检查不到位。

（三）事故性质

经调查认定，河北省石家庄市平山县“10·11”车辆落水事故是一起相关企业人员和管控人员违反防汛禁行规定，挪开隔离路锥放行车辆，驾驶人冒险驶入不具备安全通行条件的漫水路段，受水流、路面颠簸等因素影响，未能及时有效控制车辆，引发的一起通勤车载客运输落水重大责任事故。

四、处理建议

（一）被采取刑事强制措施的人员

事故车辆驾驶员任××，燕赵公司法定代表人刘××，事故车辆实际承包经营人吴××，迅捷公司法定代表人董××，敬业公司车队队长张××，敬业公司保安张×、王××，平山县交通运输综合行政执法大队七中队中队长王××，平山县公安局交警大队机动中队辅警韩××、张×等 10 人已被公安机关采取刑事强制措施。

（二）给予党纪政务处分及组织处理的人员

纪检监察机关按照干部管理权限，依规依纪依法对在该起事故中存在失职失责问题的平山县交通运输局、平山县西柏坡经济开发区管委会、平山县公安局、石家庄市交通运输综合执法支队桥西大队、平山县委、县政府等部门 16 名公职人员进行了严肃问责。石家庄市委、市政府及平山县委、县政府分别向上一级党委政府作出深刻检查。另外，由石家庄市人民政府对 10 月 9 日、10 日平山县公安局交警大队和平山县交通运输综合行政执法大队的相关执勤人员不正确履行职责，未严格管控，断交期间仍有大量社会车辆通行等问题另案调查处理。

（三）给予行政处罚的单位及人员

（1）迅捷公司。对事故发生负有责任，依照《安全生产法》对迅捷公司及安全负责人李××实施行政处罚；依照《道路运输条例》，对迅捷公司违法从事敬业公司通勤业务的问题实施行政处罚。按照有关规定纳入安全生产“黑名单”。

（2）燕赵公司。对事故发生负有责任，依照《安全生产法》对燕赵公司及总经理王××、副总经理（兼安全科长）王××实施行政处罚。按照有关规定纳入安全生产“黑名单”。

（3）敬业公司。对迅捷公司违法从事本公司通勤业务负有责任，依据《安全生产法》对敬业公司及法定代表人焦××、办公室主任刘××实施行政处罚。对敬业公司通勤业务及车队、保安管理等相关制度和政策进行全面排查，依法纠正违法违规行为。

五、事故防范和整改措施建议

一是提高政治站位，坚决遏制重特大事故。二是强化安全管理，严格落实运输企业主体责任。三是加强源头治理，强化道路运输行业安全监管。四是强化防范措施，加大道路交通安全管控力度。五是强化协调联动，严格落实“双告知”制度。

第十一篇

附　录

大　事　记

1月

1月1日至3日　应急管理部党委书记黄明每日主持召开视频调度会，会商研判元旦假期全国安全形势，检查各地安全防范和值班值守情况，调度部署安全防范工作。部领导尚勇、刘伟、宋元明、徐平、琼色、张永利分别出席有关会议。

1月4日　应急管理部党委书记、副部长黄明主持召开部党委会议、部务会议，传达学习中央政治局民主生活会和中央农村工作会议精神，研究部署贯彻落实措施；听取关于应急管理工作会议有关筹备情况和近期全国安全生产形势和自然灾害情况的汇报，研究部署岁末年初重点工作。

同日　国务院决定，任命宋元明为应急管理部副部长、国家安全生产应急救援中心主任。免去孙华山的应急管理部副部长、国家安全生产应急救援中心主任职务；免去宋元明的国家矿山安全监察局副局长职务。

同日　应急管理部公布2020年全国应急救援和生产安全事故十大典型案例。

1月6日　应急管理部党委书记、消防救援总监黄明出席消防救援队伍新任总队主官集体谈话暨宣布任职命令视频会议并讲话。部党委委员、消防救援局局长琼色主持会议，驻部纪检监察组组长蒲宇飞出席会议。

1月7日　全国应急管理工作会议召开。会议要求，全系统要坚持以习近平新时代中国特色社会主义思想为指导，深入学习贯彻习近平总书记关于加强应急管理和安全生产工作的重要论述，全面贯彻党的十九大和十九届二中、三中、四中、五中全会精神，认真落实中央经济工作会议部署，立足新发展阶段，贯彻新发展理念，紧紧围绕构建新发展格局，准确把握新形势新挑战新要求，坚持人民至上、生命至上，坚持统筹发展和安全，坚持党对应急管理事业的全面领导，改革创新、担当作为，补短板，强弱项，在着力防范化解重大安全风险上狠下功夫，在进一步健全完善体制机制上狠下功夫，在加快提升综合应急救援能力上狠下功夫，在筑牢夯实应急管理基层基础上狠下功夫，在加强全系统党的建设和干部队伍建设上狠下功夫，以更加扎实有力的工作，努力开创应急管理事业发展新局面。应急管理部党委书记黄明在会上作工作报告。副部长黄玉治主持会议，部党委同志出席会议。

1月8日　2021年全国消防救援工作会议和森林消防局党委扩大会议召开，应急管理部党委书记、消防救援总监黄明出席会议并讲话。部领导蒲宇飞、徐平、琼色出席会议。

1月10日　应急管理部党委书记黄明主持召开部党委会议，传达学习中央政治局民主生活会和中央农村工作会议精神，研究部署贯彻落实措施；听取国家综合性消防救援队伍总队领导班子和领导干部考核有关情况的汇报。

同日　山东烟台栖霞市笏山金矿发生

重大爆炸事故，造成井下 22 名矿工被困失联，经全力救援，11 名被困工人安全升井。应急管理部党委书记黄明在部指挥中心多次调度指导事故救援和应急处置工作，派出由副部长黄玉治带队的工作组和专家赴现场指导地方工作。部领导宋元明、琼色参加有关调度。国务院安委会决定对该起事故查处实行挂牌督办。救援通道在第 7 天打通后，井下被困矿工先后传出两张纸条，纸条后被中国共产党历史展览馆收藏，并在 2021 年建党百年史展中展出。

1 月 13 日　国务院安委会办公室、应急管理部召开岁末年初全国安全防范工作视频会议，国务院安委会副主任、应急管理部党委书记黄明主持会议并传达中央领导同志批示要求，通报山东烟台栖霞市笏山金矿“1·10”爆炸等近期重大涉险事故情况，深入分析当前安全生产形势，部署加强安全防范工作。在京部党委同志出席会议。

1 月 18 日　应急管理部党委书记、副部长黄明主持召开部党委会议、部务会议，传达学习贯彻习近平总书记在省部级主要领导干部学习贯彻党的十九届五中全会精神专题研讨班开班式上的重要讲话精神，研究贯彻落实措施；听取全国安全生产形势的汇报，研究部署当前重点工作。

1 月 20 日　十三届全国人大常委会第二十五次会议第一次全体会议召开，应急管理部党委书记黄明列席会议并对国务院提请审议的《安全生产法（修正草案）》议案作说明。

1 月 23 日　全国安全生产电视电话会议召开，国务院副总理、国务院安委会主任刘鹤出席会议并讲话，国务委员、国务院安委会副主任王勇主持会议，国务委员、国务院安委会副主任赵克志出席会议并讲话，国务院安委会副主任、应急管理部党委书记黄明通报有关工作。在京部党委同志参加会议。

1 月 25 日　应急管理部党委书记、副部长黄明主持召开部党委会议、部务会议，传达学习习近平总书记重要讲话和十九届中央纪委五次全会精神，研究贯彻落实措施；听取近期全国安全生产形势的汇报，研究部署当前重点工作。

1 月 26 日　应急管理部举行首次部机关退休干部光荣退休仪式，部党委书记黄明为 2020 年度部机关退休干部代表颁发光荣退休荣誉证书，代表部党委向大家致以崇高的敬意。部领导周学文、尚勇、宋元明出席仪式。

1 月 28 日　应急管理部党委书记黄明主持召开 2020 年度民主生活会。中央第二十七督导组全体同志到会指导，部党委同志出席会议。

2 月

2 月 1 日　应急管理部党委书记、副部长黄明主持召开部党委会议、部务会议，传达学习习近平总书记对福州市鼓楼区三坊七巷消防救援站全体指战员重要勉励语精神，研究贯彻落实措施；听取贯彻落实全国组织部长会议精神有关意见建议的汇报；听取近期全国安全生产形势的汇报，研究部署春节前后安全防范工作。

2 月 4 日　应急管理部办公厅印发《危险化学品企业重大危险源安全包保责任制办法（试行）》。

2 月 5 日　国务委员王勇到应急管理部调研指导春节应急值班值守和科技信息化建设情况，看望慰问值班值守人员。应急管理部党委书记黄明汇报全国应急管理系统春节值班值守有关情况。在京部党委同志参加。

同日　国务院安委会办公室、应急管理部召开春节安全防范视频会议，国务院安委会副主任、应急管理部党委书记黄明主持会议并深入分析当前面临的安全形势，安排部署春节前后安全防范工作。在京部党委同志出席会议。

2月8日　应急管理部党委书记、副部长黄明主持召开部党委会议、部务会议，学习贯彻2021年中央和国家机关党的工作暨纪检工作会议精神、全国老干部局长会议精神，研究贯彻落实措施；听取近期全国安全生产形势的汇报，对春节前后安全防范工作再安排、再部署。

2月9日　应急管理部党委书记黄明主持召开冰川灾害防范应对会商会，分析研判我国冰川灾害形势，加强冰川灾害风险隐患排查，全力做好各项应对工作。部领导周学文、闵宜仁、琼色出席会议。

2月10日　应急管理部党委书记黄明致电慰问在抗击疫情、防汛救灾工作中牺牲的安徽省合肥市庐江县消防救援大队原政治教导员陈陆，天津市滨海新区应急管理局原党组书记、局长单玉厚，河北省保定市应急管理局防汛抗旱和地质灾害救援处原处长张继清等同志的家属。部领导徐平、琼色在春节前夕分别致电慰问因公牺牲消防指战员和应急管理干部家属。

2月11日　应急管理部党委书记黄明在北京市检查应急值班值守工作并代表部党委看望慰问坚守岗位的干部职工和消防指战员。部领导徐平、琼色参加。

2月11日至12日　应急管理部党委书记黄明每日主持召开安全防范工作视频调度会，研判全国灾害事故形势，调度检查各地区应急值守和防范准备工作，进一步调度部署春节安全防范工作。部领导周学文、徐平、闵宜仁、琼色、张永利分别出席有关会议。

2月13日至16日　应急管理部党委书记黄明每日主持召开全国灾害事故形势研判会商会，听取有关司局、单位节日期间全国自然灾害、安全生产形势汇报，分析存在的突出问题，对防范应对重点领域风险隐患工作进行再部署。部领导尚勇、刘伟、宋元明、琼色分别出席有关会议。

2月17日　应急管理部党委书记黄明主持召开视频调度会，总结春节假期安全防范工作，分析当前安全形势和突出问题，部署节后安全防范重点工作。部领导黄玉治、宋元明、徐平、闵宜仁、琼色、张永利出席会议。

同日　山东烟台招远市夏甸镇曹家洼金矿在设备检修时发生火灾事故，造成6人死亡。应急管理部党委书记黄明在部指挥中心调度指导事故救援处置工作，派出工作组赴现场指导地方工作。部领导黄玉治、宋元明、徐平、琼色、张永利参加调度。

同日　中国消防忠诚卫士、安徽省合肥市庐江县消防救援大队原政治教导员陈陆烈士当选“感动中国2020年度人物”。

2月21日　应急管理部党委书记黄明在部指挥中心视频连线山西陵川、河南辉县、河北武安等地现场指挥部，调度了解两起跨省森林火灾情况，研判分析火势发展，指导做好火灾扑救工作。部领导徐平、琼色、张永利参加调度。

2月22日　应急管理部党委书记、副部长黄明主持召开部党委会议、部务会议，传达学习贯彻习近平总书记在党史学习教育动员大会上的重要讲话和中共中央关于在全党开展党史学习教育的通知精神，研究贯彻落实措施；听取近期全国安全生产形势的汇报，研究部署当前重点工作。

2月23日　北京市西城区西长安街

街道西绒线胡同 1 号北京德峰餐厅发生燃气爆炸事故，造成 1 人死亡、6 人受伤。应急管理部党委书记黄明赴事故现场指导救援处置工作。部党委委员、消防救援局局长琼色参加。

2 月 26 日 应急管理部党委书记黄明主持召开视频会议，部署元宵节和节后复工复产安全防范工作，进一步细化实化各项安全防范措施，确保全国两会期间安全形势稳定。在京部党委同志出席会议。

2 月 28 日 甘肃省甘南州舟曲县果耶镇磨里村发生山体滑坡。应急管理部党委书记黄明在部指挥中心调度指导抢险救灾和应急处置工作。应急管理部会同自然资源部派出工作组赴现场指导地方工作。应急管理部启动特别重大灾害四级应急响应。部党委委员、中国地震局局长闵宜仁参加调度。

3月

3 月 1 日 应急管理部党委书记、副部长黄明主持召开部党委会议、部务会议，传达学习习近平总书记在全国脱贫攻坚总结表彰大会上的重要讲话精神，研究贯彻落实措施；听取近期全国安全生产形势和自然灾害情况的汇报，研究部署当前重点工作。

3 月 3 日 国务院安委会办公室印发《生产安全事故防范和整改措施落实情况评估办法》。

3 月 4 日 应急管理部党委书记黄明主持召开全国两会期间安全形势研判会商会，分析研判灾害事故形势，进一步调度部署全国两会期间安全防范工作。部领导宋元明、徐平、闵宜仁、琼色、张永利出席会议。

3 月 5 日 应急管理部党委书记黄明出席应急管理部党委党史学习教育动员会并讲话，对应急管理系统高标准高质量开展党史学习教育进行动员部署。部党委同志出席会议。

3 月 10 日 应急管理部党委书记黄明主持召开重点地区地震灾害防范应对准备工作调度视频会议，了解重点地区地震灾害防范应对准备工作情况，部署相关工作。部领导周学文、徐平、闵宜仁、琼色、张永利出席会议。

3 月 12 日 应急管理部党委书记黄明主持召开全系统视频会议，传达学习贯彻习近平总书记在全国两会期间的重要讲话和全国两会精神，研究贯彻落实措施。部党委同志出席会议。

同日 国家减灾委员会办公室印发《关于做好 2021 年全国防灾减灾日有关工作的通知》。

3 月 13 日 宁夏回族自治区固原市原州区张易镇马场村二林沟荒山起火，过火面积约 33 公顷，造成 2 人死亡、6 人受伤。应急管理部党委书记黄明在部指挥中心调度指导火灾扑救工作。应急管理部启动国家森林草原火灾Ⅳ级应急响应。

3 月 17 日 国务院举行宪法宣誓仪式，国务院总理李克强监誓。应急管理部党委书记黄明，副部长、国家矿山安全监察局局长黄玉治参加宪法宣誓仪式，副部长宋元明参加宪法宣誓。

3 月 18 日 全国森林草原防灭火工作电视电话会议召开，李克强总理作出重要批示，国务委员、国家森林草原防灭火指挥部总指挥王勇出席会议并讲话，国家森林草原防灭火指挥部副总指挥、应急管理部党委书记黄明主持会议。部领导周学文、徐平、琼色、张永利参加会议。

3 月 19 日 国务院安委会办公室和交通运输部、农业农村部、应急管理部联合召开视频会议，国务院安委会副主任、应急管理部党委书记黄明出席会议并讲话。会议深入分析水上运输和渔业船舶安全形势，查找存在的突出问题和薄弱环节，安排下一步水上运输和渔业船舶安全重点工作，并对全国安全生产专项整治三年行动2021年重点攻坚任务措施落实作出部署。副部长宋元明主持会议，部领导刘伟、琼色出席会议。

同日 西藏自治区那曲市比如县(北纬31.94度，东经92.74度)发生6.1级地震，震源深度10公里，无人员伤亡。应急管理部党委书记黄明在部指挥中心调度指导抢险救灾和应急处置工作。部领导尚勇、闵宜仁、琼色、张永利参加调度。

3月23日 应急管理部党委书记黄明主持召开部党委理论学习中心组集中学习研讨暨部机关党史学习教育读书班开班式并作动员讲话。

3月24日至27日 国务委员王勇在云南省调研森林草原防灭火、防汛抗旱和防震减灾工作。应急管理部党委书记黄明，部领导周学文、闵宜仁陪同考察。

3月28日 应急管理部办公厅印发《“工业互联网+危化安全生产”试点建设方案》。

3月29日 国家森林草原防灭火指挥部办公室、国家林业和草原局、公安部、应急管理部联合印发《关于联合组织开展野外火源治理和查处违规用火行为专项行动的通知》。

同日 财政部、应急管理部向云南、浙江、福建、江西、湖南、广西、广东等7个省区下拨中央自然灾害救灾资金8000万元，用于支持受灾地区抗旱减灾工作，全力保障群众生活生产用水。

4月

4月2日 国务院安委会办公室、应急管理部召开清明假期安全防范工作视频会议，国务院安委会副主任、应急管理部党委书记黄明主持会议并分析当前面临的安全生产形势，部署全国清明假期安全防范工作。在京部党委同志出席会议。

4月3日至5日 应急管理部党委书记黄明每日主持召开清明节安全防范工作视频调度会，分析研判各地风险隐患和灾害事故形势，有针对性地部署各地加强森林防灭火、安全防范和应急准备等工作，连线指导沈海高速响水段重大交通事故和舟山外海海域一渔船沉没事故救援处置工作，总结清明节假期安全防范工作情况，分析研判突出问题，部署节后安全防范重点工作。部领导尚勇、宋元明、徐平、琼色、张永利分别出席有关会议。

4月4日 江苏省盐城市响水县沈海高速K898公里处发生客货车多车相撞交通事故，造成11人死亡、19人受伤。应急管理部党委书记黄明立即作出部署，派出工作组赴现场指导地方工作。应急管理部启动特别重大灾害四级应急响应。

同日 江苏籍渔船“苏启渔03434”在浙江省舟山市朱家尖以东公海海域沉没，造成12人死亡。应急管理部党委书记黄明立即作出部署，派出工作组赴现场指导地方工作。应急管理部启动特别重大灾害四级应急响应。

4月5日 四川省凉山州木里县博科乡洛腊村发生森林火灾，未造成人员伤亡。应急管理部党委书记黄明在部指挥中心调度指导火灾扑救工作。应急管理部启动国家森林草原火灾Ⅳ级应急响应。部领导刘伟、琼色、张永利参加调度。

同日 中海油天津分公司蓬莱19-3V平台V29井发生井涌事故，随后发生浅层气火灾，造成3人死亡。应急管理部党委书记黄明在部指挥中心调度指导救援处置工作，派出工作组赴现场指导地方工作。应急管理部启动特别重大灾害四级应急响应。部领导刘伟、琼色、张永利参加调度。

4 月 7 日 河北省张家口市赤城县安宸保安爆破服务有限责任公司在销毁民用爆炸物品时发生意外爆炸，造成 9 人死亡、3 人受伤。应急管理部党委书记黄明立即作出部署，派出工作组赴现场指导地方工作。应急管理部启动特别重大灾害四级应急响应。

4 月 9 日 贵州省毕节市金沙县东风煤矿井下发生煤与瓦斯突出事故，造成 8 人死亡。应急管理部党委书记黄明在部指挥中心调度指导抢险救援工作。应急管理部启动特别重大灾害四级应急响应。部领导刘伟、宋元明、闵宜仁、琼色参加调度。

4 月 10 日 新疆维吾尔自治区昌吉州呼图壁县白杨沟丰源煤矿发生透水事故，造成 21 人死亡。应急管理部党委书记黄明在部指挥中心指导事故抢险救援工作。部领导黄玉治、闵宜仁参加调度。应急管理部派出由副部长黄玉治带队的工作组赴现场指导地方工作，并启动特别重大灾害四级应急响应。

4 月 12 日 2020 年度省级政府安全生产和消防工作考核巡查及国务院安委会成员单位安全生产工作考核动员会召开，这是首次国务院安委会对 39 个安委会成员单位开展考核。国务委员、国务院安委会副主任王勇出席会议并讲话。国务院安委会副主任、应急管理部党委书记黄明主持会议。部领导刘伟、宋元明、琼色参加会议。

同日 应急管理部党委书记、副部长黄明主持召开部党委会议、部务会议，传达学习贯彻《中共中央关于加强对“一把手”和领导班子监督的意见》精神，研究防范化解疫情后风险有关工作；进一步部署新疆维吾尔自治区昌吉州呼图壁县丰源煤矿透水事故救援工作，研究落实稳控当前安全形势各项措施。

4 月 14 日 应急管理部印发《危险化学品安全生产风险监测预警系统分级巡查抽查管理办法（试行）》等五项制度，以及“工业互联网+危化安全生产”建设试点单位和咨询专家组名单。

4 月 15 日 全国防汛抗旱工作电视电话会议召开，李克强总理作出重要批示，国务委员、国家防汛抗旱总指挥部总指挥王勇出席会议并讲话，国家防汛抗旱总指挥部副总指挥、应急管理部党委书记黄明主持会议。部领导周学文、琼色参加会议。

同日 应急管理部党委书记黄明，部领导周学文、尚勇参观首都博物馆“伟大征程——庆祝中国共产党成立 100 周年特展”。

4 月 16 日 北京市丰台区北京国轩福威斯光储充技术有限公司储能电站发生火灾爆炸事故，造成 2 名消防员牺牲、1 名工人死亡。应急管理部党委书记黄明在部指挥中心调度指导事故抢险救援工作。部党委委员张永利参加调度。应急管理部派出由部党委委员、消防救援局局长琼色带队的工作组赴现场指导地方工作，并启动特别重大灾害四级应急响应。

4 月 17 日 山西省太原市兴安化工厂一工房发生爆炸事故，造成 2 人死亡。应急管理部党委书记黄明在部指挥中心调度指导事故抢险救援工作。部领导琼色、张永利参加调度。

4 月 19 日 应急管理部政治部印发《关于做好先进典型培育选树工作的通知》。

同日 山东省威海港“中华富强”轮滚装客船发生硅泥自燃，处置过程中发生爆燃，未造成人员伤亡。应急管理部党委书记黄明在部指挥中心调度指导事故救援处置工作，派出工作组赴现场指导地方工作。应急管理部启动特别重大灾害四级应急响应。部党委委员、消防救援局局长琼色参加调度。

同日 应急管理部、北京市政府分别批准在北京市丰台区一储能电站火灾扑救中牺牲的北京市丰台区大红门消防救援站一级消防士陈刘飞同志、专职消防队员曹群同志为烈士，应急管理部消防救援局为2名烈士追记个人一等功。

4月20日 应急管理部党委书记黄明主持召开应急管理部系统党史学习教育专题宣讲报告会。会议邀请党史学习教育中央宣讲团成员、中央党史和文献研究院院长曲青山作专题宣讲报告。部领导徐平、闵宜仁、琼色、张永利出席会议。

同日 四川省凉山州冕宁县石龙镇马鞍村发生森林火灾，未造成人员伤亡。应急管理部党委书记黄明在部指挥中心调度指导火灾扑救工作。部党委委员、消防救援局局长琼色参加调度。应急管理部派出由部党委委员张永利带队的工作组赴现场指导地方工作，并启动国家森林草原火灾Ⅳ级应急响应。

同日 应急管理部首次在博鳌亚洲论坛年会期间举办应急管理分论坛，分论坛以“灾害管理与可持续发展”为主题。副部长尚勇出席并讲话。

4月22日 上海市金山区林盛路171弄116号胜瑞电子科技有限公司一处5层钢混结构厂房发生火灾，造成2名消防救援人员牺牲和6名企业相关人员死亡。应急管理部党委书记黄明在部指挥中心调度指导救援处置工作，派出工作组赴现场指导地方工作。应急管理部启动特别重大灾害四级应急响应。部党委委员、消防救援局局长琼色参加调度。

4月23日 云南省丽江市玉龙县石头乡桃花村和兰香村交界处的国有林区发生森林火灾，未造成人员伤亡。应急管理部党委书记黄明在部指挥中心调度指导火灾扑救工作。部领导宋元明、徐平、琼色分别参加调度。应急管理部派出由部党委委员张永利带队的工作组赴现场指导地方工作，并启动国家森林草原火灾Ⅱ级应急响应。

4月25日 应急管理部批准上海市金山区金卫消防救援站副站长、三级指挥员丰晨敏同志为烈士。

4月26日 应急管理部党委书记、副部长黄明主持召开部党委会议、部务会议，部署党史学习教育“我为群众办实事”实践活动；分析近期全国安全生产形势，研究加强当前安全防范工作措施。

同日 云南省大理州宾川县拉乌乡来凤溪村老古董山发生森林火灾，蔓延至楚雄州大姚县三岔河镇境内，未造成人员伤亡。应急管理部党委书记黄明在部指挥中心调度指导火灾扑救工作。应急管理部派出由部党委委员张永利带队的工作组赴现场指导地方工作，并启动国家森林草原火灾Ⅳ级应急响应。

同日 国务院安委会办公室、应急管理部印发《关于开展2021年全国“安全生产月”活动的通知》。

4月27日 应急管理部副部长尚勇会见以色列驻华大使潘绮瑞一行。

4月28日至29日 国务委员王勇在贵州省调研检查安全生产和消防安全工作，应急管理部副部长黄玉治、刘伟陪同调研。

4月29日 十三届全国人大常委会

第二十八次会议经表决，决定任命黄明为应急管理部部长。全国人大常委会举行宪法宣誓仪式，副委员长张春贤主持并监誓。应急管理部党委书记、部长黄明出席并进行宪法宣誓。副部长宋元明参加仪式。

同日 第十三届全国人民代表大会常务委员会第二十八次会议审议通过修改《中华人民共和国消防法》的决定，于4月29日公布，并自公布之日起施行。新修改的《中华人民共和国消防法》全面实行公众聚集场所投入使用、营业前消防安全检查告知承诺管理等制度。

同日 国务院安委会办公室、应急管理部召开“五一”假期安全防范工作视频会议，国务院安委会副主任、应急管理部部长黄明主持会议并深入分析当前面临的形势任务，部署全国“五一”假期安全防范工作。在京部党委同志出席会议。

5月

5月1日 应急管理部党委书记、部长黄明主持召开视频调度会，研判全国灾害事故形势，进一步安排部署“五一”假期安全防范工作。部领导徐平、闵宜仁、琼色、张永利出席会议。

5月2日至4日 应急管理部党委书记、部长黄明每日主持召开安全形势研判调度会，与部有关司局会商研判全国自然灾害、安全生产和森林草原火险形势，部署相关工作。部领导尚勇、刘伟、宋元明、徐平、琼色分别出席有关会议。

5月5日 应急管理部党委书记、部长黄明主持召开视频调度会，总结假期安全防范工作情况，分析研判突出问题，部署节后安全防范重点工作。部领导宋元明、徐平、琼色、张永利出席会议。

5月6日 邮政局、应急部、民政部联合印发《救灾捐赠包裹寄递服务和安全管理规定》。

5月7日 应急管理部召开全系统2021年党风廉政建设工作视频会议，部党委书记、部长黄明出席会议并讲话。中央和国家机关纪检监察工委、中央纪委国家监委有关负责同志到会指导。在京部党委同志出席会议。

同日 应急管理部副部长周学文，部党委委员、中国地震局局长闵宜仁，部党委委员、消防救援局局长琼色出席“防范化解灾害风险筑牢安全发展基础”新闻发布会。

5月8日 应急管理部系统2021年第一轮巡视巡察动员部署会召开，对部党委和国家矿山安全监察局、中国地震局党组以及消防救援局、森林消防局党委巡视巡察工作进行统一动员和部署安排，决定成立24个巡视巡察组，对24家单位开展常规巡视巡察，对10家单位开展整改情况专项巡视巡察。部党委书记、部长黄明出席会议并讲话。部领导黄玉治、蒲宇飞、徐平、闵宜仁出席会议。

5月10日 昆明航空救援支队308号直升机在扑救云南省大理州大理市湾桥镇森林火灾任务中失控坠入洱海，造成4名机组人员牺牲。应急管理部党委书记、部长黄明在部指挥中心调度指导救援处置工作。部领导琼色、张永利参加调度。应急管理部派出由森林消防局局长徐平带队的工作组赴现场指导地方工作。

5月11日 国务院第一次全国自然灾害综合风险普查领导小组办公室、中共中央宣传部联合印发《第一次全国自然灾害综合风险普查宣传工作方案》。

同日 应急管理部印发《关于贯彻实施新修改〈中华人民共和国消防法〉全面实行公众聚集场所投入使用营业前消

防安全检查告知承诺管理的通知》。

5月12日至13日　国务委员王勇在四川省调研森林防灭火、防汛抗旱和防震减灾工作。应急管理部党委书记、部长黄明陪同考察。

5月12日　应急管理部批准森林消防局昆明航空救援支队副支队长、三级指挥长刘洪，飞行大队一中队飞行一组飞行员、专业技术一级指挥员李凯涛，机务大队一中队中队长、专业技术三级指挥长刘超，机务大队一中队机务二组空中机械师、专业技术三级指挥长孙中杰4名同志为烈士。

5月14日　国务委员、国务院抗震救灾指挥部指挥长王勇在四川省雅安市观摩“应急使命·2021”抗震救灾演习。国务院抗震救灾指挥部副指挥长、应急管理部部长黄明，部领导周学文、闵宜仁、琼色在现场陪同观摩演习。部领导尚勇、蒲宇飞、宋元明、张永利在部指挥大厅观摩演习。

5月15日　应急管理部党委书记、部长黄明主持召开部分地区紧急视频调度会，组织中国气象局会商近期暴雨与强对流天气发展趋势，视频调度山西、上海、江苏、浙江、安徽、江西、湖北、湖南、贵州、广东、广西、重庆、四川等省（区、市）防汛抗旱指挥部和应急管理厅，安排部署新一轮强降雨与强对流天气防范应对工作。国家防汛抗旱总指挥部办公室、应急管理部派出两个工作组分赴江苏、湖北两地，协助指导地方做好救灾救助和下一步防范应对工作。

同日　应急管理部办公厅印发《安全评价机构执业行为专项整治方案》。

5月16日　国家防汛抗旱总指挥部副总指挥、应急管理部部长黄明主持召开国家防汛抗旱总指挥部办公室、应急管理部视频会商会，会商研判近期强对流天气灾害情况，指导重点地区防范应对、灾害处置工作。部领导周学文、宋元明、张永利出席会议。

5月18日　深圳赛格大厦发生不明原因摇晃，应急管理部党委书记、部长黄明在部指挥中心调度指导摇晃事件处置工作。部领导宋元明、琼色、张永利参加调度。

同日　国家减灾委员会秘书长、国务院第一次全国自然灾害综合风险普查领导小组办公室主任郑国光出席第一次全国自然灾害综合风险普查情况新闻发布会。

5月21日　云南省大理州漾濞县（北纬25.67度，东经99.87度）发生6.4级地震，震源深度8公里，造成3人死亡。应急管理部党委书记、部长黄明在部指挥中心调度指导抢险救灾和应急处置工作，派出工作组赴现场指导地方工作。应急管理部启动特别重大灾害三级应急响应。部领导黄玉治、徐平、闵宜仁、琼色、张永利参加调度。

5月22日　青海省果洛州玛多县（北纬34.59度，东经98.34度）发生7.4级地震，震源深度17公里，造成19人受伤。应急管理部党委书记、部长黄明在部指挥中心持续调度指导抢险救灾和应急处置工作，派出工作组赴现场指导地方工作。应急管理部启动特别重大灾害二级应急响应。部领导黄玉治、周学文、徐平、闵宜仁、琼色分别参加有关调度。

同日　国务院抗震救灾指挥部专题会议召开，国务委员、国务院抗震救灾指挥部指挥长王勇出席会议并讲话，紧急部署云南、青海抗震救灾工作，国务院抗震救灾指挥部副指挥长、应急管理部部长黄明主持会议。部领导周学文、尚勇、宋元明、徐平、闵宜仁、琼色、张永利参加会议，国务院抗震救灾指挥部有关成员单位负责同志参加会议。

同日　财政部、应急管理部向青海省、云南省分别紧急预拨中央自然灾害救灾资金各 1000 万元，支持帮助地方做好抗震救灾工作，妥善保障受灾群众基本生活。

同日　甘肃省白银市景泰县黄河石林公园马拉松越野赛遇极端天气，造成 21 名参赛人员遇难。应急管理部党委书记、部长黄明在部指挥中心调度指导事件救援处置工作。部领导周学文、徐平、琼色参加调度。

5 月 23 日　国务院抗震救灾指挥部副指挥长、应急管理部部长黄明主持召开国务院抗震救灾指挥部办公室视频调度会，进一步研究部署云南、青海地震抗震救灾工作。部领导周学文、徐平、闵宜仁、琼色参加会议，国务院抗震救灾指挥部有关成员单位联络员参加会议。

5 月 24 日　应急管理部党委书记、部长黄明主持召开部党委会议、部务会议，深入贯彻习近平总书记关于抗震救灾工作的重要指示精神，研究部署建党 100 周年庆祝活动安保工作；进一步部署云南、青海地震受灾群众安置和当前重大安全风险防范等工作。

5 月 26 日　《人民日报》二版头条刊发应急管理部系统党史学习教育重点综述文章《应急管理部扎实推进党史学习教育——坚定信念凝聚力量坚决扛起责任担当》，充分展现应急管理部党委深入开展党史学习教育的进展成效。

5 月 27 日　应急管理部党委书记、部长黄明在北京市检查中国共产党成立 100 周年庆祝活动应急救援安保工作。部党委委员、消防救援局局长琼色参加。

同日　应急管理部党委书记、消防救援总监黄明在北京市消防救援总队机关调研并召开座谈会，看望慰问基层消防指战员，听取工作意见建议。部领导徐平、琼色参加座谈会。

同日　应急管理部与科学技术部签署战略合作协议。应急管理部党委书记、部长黄明和科学技术部党组书记、部长王志刚出席签约仪式并讲话。副部长尚勇参加。

5 月 29 日　上海市金山区上海石化烯烃部管道发生爆炸，造成 1 人死亡、13 人受伤。应急管理部党委书记、部长黄明立即作出部署，派出工作组赴现场指导地方工作。应急管理部启动特别重大灾害四级应急响应。

5 月 31 日　应急管理部党委书记、部长黄明主持召开部党委会议、部务会议，学习《中国共产党组织工作条例》，研究贯彻落实措施；听取近期全国安全生产形势和防汛抗旱工作情况的汇报，研究部署当前安全防范重点工作。

同日　河北省沧州市南大港东兴工业园区鼎睿石化有限公司 6 个油罐发生火灾，未造成人员伤亡。应急管理部党委书记、部长黄明在部指挥中心持续调度指导事故抢险救援工作，派出工作组赴现场指导地方工作。应急管理部启动特别重大灾害四级应急响应。部领导刘伟、宋元明、琼色分别参加有关调度。

6月

6 月 1 日　国务院安委会办公室、应急管理部举办 2021 年全国“安全生产月”活动启动视频会议，国务院安委会副主任、应急管理部部长黄明出席会议并讲话。副部长尚勇主持会议，在京部党委同志出席会议。

同日　国务院抗震救灾指挥部办公

室、应急管理部、四川省人民政府召开“应急使命·2021”抗震救灾演习总结评估视频会议，国务院抗震救灾指挥部副指挥长、应急管理部部长黄明，四川省省长黄强出席会议并讲话。部党委委员、消防救援局局长琼色主持会议，部领导尚勇、闵宜仁出席会议。

6月2日至4日　国务委员、国家防汛抗旱总指挥部总指挥王勇在江西省、福建省调研检查防汛度汛工作。国家防汛抗旱总指挥部副总指挥、应急管理部部长黄明陪同调研。

6月3日　应急管理部党委书记、消防救援总监黄明在福建省福州市鼓楼区三坊七巷消防救援站调研并看望慰问消防指战员。

6月5日　黑龙江龙煤矿业集团鸡西矿业公司滴道盛和煤矿发生煤与瓦斯突出事故，造成8人被困。应急管理部党委书记、部长黄明视频调度指导事故救援处置工作。副部长宋元明参加调度。截至6月6日20时许，8名被困矿工全部升井。

6月7日　应急管理部党委书记、部长黄明主持召开部党委会议、部务会议，传达学习贯彻习近平总书记在两院院士大会和中国科协第十次全国代表大会上的重要讲话精神，研究部署遏制煤矿事故反弹和防范油罐区事故措施；听取近期全国安全生产形势和自然灾害情况的汇报，研究部署当前安全防范重点工作。

同日　应急管理部办公厅印发《关于对危险化学品领域安全生产新情况新问题开展专项排查整治的通知》。

6月10日　山西省忻州市代县大红才矿业有限公司4号井发生透水事故，造成13人死亡。应急管理部党委书记、部长黄明在部指挥中心调度指导事故救援处置工作，派出工作组赴现场指导地方工作。部领导黄玉治、宋元明、琼色参加调度。

同日　云南省楚雄州双柏县（北纬24.34度，东经101.91度）发生5.1级地震，震源深度8公里，未造成人员伤亡。应急管理部党委书记、部长黄明在部指挥中心调度指导抗震救灾工作。部领导黄玉治、宋元明参加调度。

6月11日　国务院安委会办公室、应急管理部召开全国安全防范工作视频会议，国务院安委会副主任、应急管理部部长黄明主持会议并部署庆祝建党100周年重大活动和端午假期安全防范工作。在京部党委同志出席会议。

同日　应急管理部党委书记、部长黄明在中共中央党校（国家行政学院）为中青年领导干部培训班授课。

同日　应急管理部副部长刘伟、宋元明出席贯彻落实《安全生产法》推动安全发展新闻发布会。

6月13日　湖北省十堰市张湾区艳湖社区集贸市场发生燃气爆炸事故，造成26人死亡、138人受伤。应急管理部党委书记、部长黄明在部指挥中心调度指导抢险救援处置工作。部领导周学文、琼色、张永利参加调度。应急管理部派出由副部长宋元明带队的工作组赴现场指导地方工作。

6月14日　国务院安委会办公室、应急管理部召开全国安全防范工作视频会议，国务院安委会副主任、应急管理部部长黄明主持会议并传达学习贯彻习近平总书记关于湖北省十堰市张湾区艳湖社区集贸市场燃气爆炸事故重要指示精神和李克强总理批示要求，对当前安全防范工作进行再部署、再推动、再落实。在京部党委同志出席会议。

6月15日　应急管理部党委书记、

部长黄明主持召开部党委会议、部务会议，传达学习贯彻习近平总书记关于湖北省十堰市张湾区艳湖社区集贸市场燃气爆炸事故重要指示精神，研究部署重点领域安全防范工作；听取近期全国安全生产形势的汇报，研究部署当前安全防范重点工作。

6月16日 国务委员、国务院安委会副主任王勇出席全国“安全宣传咨询日”主场活动。国务院安委会副主任、应急管理部部长黄明，部领导尚勇、宋元明、琼色参加活动。

同日 山西楼俊集团泰业煤业有限公司发生冒顶事故，造成7人被困。应急管理部党委书记、部长黄明在部指挥中心调度指导事故救援处置工作。部领导黄玉治、刘伟、宋元明、张永利参加调度。经抢险救援，7名被困人员成功获救。

同日 青海省海西州茫崖市（北纬38.14度，东经93.81度）发生5.8级地震，震源深度10公里，未造成人员伤亡。应急管理部党委书记、部长黄明在部指挥中心调度部署抗震救灾工作。部领导刘伟、闵宜仁参加调度。

6月17日 全国安全生产电视电话会议召开，国务院副总理、国务院安委会主任刘鹤出席会议并讲话。国务委员、国务院安委会副主任王勇主持会议，国务委员、国务院安委会副主任赵克志出席会议并讲话，国务院安委会副主任、应急管理部部长黄明通报有关工作。在京部党委同志参加会议。

6月19日 湖南省郴州市汝城县发生一起民房垮塌事故，造成5人死亡、7人受伤。应急管理部党委书记、部长黄明在部指挥中心调度指导救援处置工作，派出工作组赴现场指导地方工作。部领导宋元明、琼色参加调度。

6月21日 应急管理部党委书记黄明主持召开部党委理论学习中心组集体学习，观看《生命重于泰山——学习习近平总书记关于安全生产重要论述》电视专题片。

同日 中华人民共和国应急管理部令（第5号）公布《高层民用建筑消防安全管理规定》，自2021年8月1日起施行。

6月22日 第一次全国自然灾害综合风险普查工作电视电话会议召开，国务委员、国务院第一次全国自然灾害综合风险普查领导小组组长王勇出席会议并讲话，国务院第一次全国自然灾害综合风险普查领导小组副组长、应急管理部部长黄明主持会议。部领导黄玉治、周学文、闵宜仁、张永利，国家减灾委员会秘书长郑国光参加会议。

6月25日 河南省商丘市柘城县一民房发生火灾，造成18人死亡。应急管理部党委书记、部长黄明在部指挥中心调度指导事故救援处置工作。部领导周学文、琼色参加调度。应急管理部派出由副部长宋元明带队的工作组赴现场指导地方工作。

同日 应急管理部党委书记黄明到中国共产党历史展览馆参观“不忘初心、牢记使命——中国共产党历史展览”，并率领部党委委员、部直属机关党员代表重温入党誓词。在京部党委同志参加。

6月27日至28日 国务委员王勇在湖南省考察防汛和安全生产工作。应急管理部副部长周学文、刘伟陪同考察。

6月27日 应急管理部批准江苏省昆山市鹿城路消防救援站政治指导员、三级指挥员汤彪同志为烈士。

6月28日 应急管理部党委书记、部长黄明出席应急管理部专题党课报告会暨部直属机关“两优一先”表彰大会。

在京部党委同志出席会议。

同日　应急管理系统5名同志被中共中央授予“全国优秀共产党员”称号，陈陆被追授“全国优秀共产党员”称号；9个基层党组织被中共中央授予“全国先进基层党组织”称号。

6月29日　应急管理部党委书记、部长黄明致电慰问安徽省合肥市庐江县消防救援大队原党委书记、政治教导员陈陆烈士的家属和因公殉职的湖南省浏阳市应急管理局原党委副书记、局长陈建的家属。部党委同志分别慰问了荣获党内功勋荣誉表彰的党员、生活困难党员、老党员、老干部和烈士遗属、因公殉职党员干部家属。

7月

7月2日　应急管理部党委书记、部长黄明主持召开部党委会议、部务会议，专题学习习近平总书记在庆祝中国共产党成立100周年大会上的重要讲话精神；听取近期全国安全生产形势和自然灾害情况的汇报，研究部署当前安全防范重点工作。

7月4日至6日　国务委员、国家防汛抗旱总指挥部总指挥王勇在吉林省、黑龙江省检查指导防汛救灾工作。国家防汛抗旱总指挥部副总指挥、应急管理部部长黄明陪同检查。

7月11日　应急管理部党委书记、部长黄明主持召开防汛专题视频会商调度会，与中国气象局、水利部、自然资源部会商研判，视频连线四川、陕西、河南、山西、河北、北京等地防指、消防救援总队和森林消防总队，会商部署当前防汛和北方强降雨防范应对工作。部领导周学文、徐平、闵宜仁、琼色出席会议。

7月12日　应急管理部党委书记黄明主持召开部党委理论学习中心组集体学习研讨暨部机关党史学习教育第2期读书班开班式并作动员讲话。

同日　江苏省苏州市吴江区四季开源酒店辅房发生坍塌，造成17人死亡。应急管理部党委书记、部长黄明在部指挥中心持续调度指导救援处置工作，派出工作组赴现场指导地方工作。部领导宋元明、琼色分别参加有关调度。

7月13日　国家防汛抗旱总指挥部召开专题会议，国务委员、国家防汛抗旱总指挥部总指挥王勇出席会议并讲话，国家防汛抗旱总指挥部副总指挥、应急管理部部长黄明主持会议。部领导周学文、徐平、闵宜仁、琼色参加会议。

7月14日　应急管理部党委书记、部长黄明主持召开专题会议，研究北京2022年冬奥会和冬残奥会开闭幕式极端天气应急处置有关工作。

7月15日至17日　国务委员、国家防汛抗旱总指挥部总指挥王勇在河南省、安徽省考察防汛工作。应急管理部副部长周学文陪同考察。

7月15日　国务院督导四川省森林草原防灭火专项整治工作总结会议召开，国务院四川森林草原防灭火专项整治督导组组长、应急管理部部长黄明出席会议并讲话，四川省省长黄强主持会议。部领导徐平、张永利，督导组常务副组长付建华出席会议。

同日　广东省珠海市石景山隧道发生透水事故，造成14人死亡。应急管理部党委书记、部长黄明在部指挥中心调度指导救援处置工作，派出工作组赴现场指导地方工作。部党委委员、消防救援局局长琼色参加调度。

7月16日　应急管理部举办应急管理系统学习贯彻习近平总书记“七一”

重要讲话精神专题宣讲报告会，部党委书记、部长黄明主持报告会。会议邀请党史学习教育中央宣讲团成员欧阳淞作专题宣讲报告。部领导黄玉治、尚勇、刘伟、蒲宇飞、徐平、琼色、张永利出席会议。

同日 福建省三明市永安市大湖镇一在建民房发生坍塌事故，造成 8 人死亡。应急管理部党委书记、部长黄明在部指挥中心调度指导事故救援处置工作。副部长尚勇参加调度。

7 月 18 日 内蒙古自治区呼伦贝尔市莫旗永安水库、新发水库相继出现决口、垮坝。应急管理部党委书记、部长黄明在部指挥中心调度指导抢险救援处置工作。部领导周学文、琼色、张永利参加调度。

7 月 19 日 应急管理部、司法部、中华全国总工会、全国普及法律常识办公室联合印发《关于开展第三届全国应急管理普法知识竞赛活动的通知》。

7 月 20 日 应急管理部党委书记、部长黄明以普通党员身份参加所在的办公厅第一党支部组织生活会，与支部党员一起深入学习领会习近平总书记“七一”重要讲话精神。

7 月 21 日 国家防汛抗旱总指挥部召开专题会议，国务委员、国家防汛抗旱总指挥部总指挥王勇出席会议并讲话，国家防汛抗旱总指挥部副总指挥、应急管理部部长黄明主持会议。部党委委员、消防救援局局长琼色参加会议。

同日 应急管理部党委书记、部长黄明主持召开重点地区防汛专题视频会商调度会，组织河南省、黄河防总和水利、自然资源、气象等部门进一步会商研判雨情汛情灾情，对河南省和黄河等流域防汛救灾工作进行再部署、再落实。部领导徐平、琼色、张永利出席会议。

同日 财政部、应急管理部紧急向河南省预拨中央自然灾害救灾资金 6000 万元；30 日，财政部、应急管理部再次向河南省预拨中央自然灾害救灾资金 10 亿元，支持和帮助地方做好防汛救灾工作。

同日 应急管理部印发《关于追授陈建同志“全国应急管理系统二级英雄模范”称号的决定》。

7 月 22 日 国家防汛抗旱总指挥部召开全体会议，国务委员、国家防汛抗旱总指挥部总指挥王勇出席会议并讲话，国家防汛抗旱总指挥部副总指挥、应急管理部部长黄明主持会议。部领导徐平、闵宜仁、张永利参加会议。

7 月 23 日 应急管理部党委书记、部长黄明主持召开国家防办防汛专题会商调度会，组织气象、水利、自然资源等部门进一步会商研判雨情汛情风情，视频连线河南、浙江、上海、河北等 10 个省级防指、应急管理厅、消防救援总队，会商部署当前防汛防台风工作。部领导琼色、张永利出席会议。

7 月 24 日 应急管理部党委书记、部长黄明主持召开防汛防台风专题视频会商调度会，组织气象、水利、自然资源等部门进一步会商研判雨情汛情风情，视频连线浙江、上海、江苏、福建、安徽、河南等省级防指，以及应急管理部消防救援局河南前方指挥部，对台风“烟花”防御和河南防汛救灾工作进行再部署、再落实。部领导尚勇、宋元明、徐平、琼色、张永利出席会议。

7 月 25 日 中华人民共和国应急管理部令（第 6 号）公布《工贸企业粉尘防爆安全规定》，自 2021 年 9 月 1 日起施行。

同日 应急管理部印发《关于给予魏存曦等 102 名同志和四川省消防救援总

队等 11 个集体奖励的决定》。

7 月 26 日 国务院总理李克强在国家防汛抗旱总指挥部主持召开抗洪抢险救灾和防汛工作视频会议。国务委员、国家防汛抗旱总指挥部总指挥王勇，国务委员兼国务院秘书长肖捷，全国政协副主席、国家发展和改革委员会主任何立峰出席会议，国家防汛抗旱总指挥部副总指挥、应急管理部部长黄明代表国家防汛抗旱总指挥部作工作汇报。在京部党委同志出席会议。

同日 应急管理部党委书记、部长黄明主持召开部党委会议、部务会议，深入学习贯彻习近平总书记关于防汛救灾工作和城市地铁安全问题的重要指示精神，按照国务院常务会议、抗洪抢险救灾和防汛工作视频会议部署，进一步研究贯彻落实措施；听取近期全国安全生产形势的汇报，研究部署当前安全防范重点工作。

同日 国务院安委会办公室、国家防汛抗旱总指挥部办公室、应急管理部、交通运输部联合召开全国城市地铁安全防范专题视频会议，深入贯彻落实习近平总书记重要指示精神和党中央、国务院决策部署，对城市地铁安全防范工作进行再动员、再部署、再落实。国务院安委会副主任、国家防汛抗旱总指挥部副总指挥、应急管理部部长黄明，交通运输部副部长汪洋出席会议并讲话。应急管理部副部长宋元明主持会议，部领导琼色、张永利出席会议。

7 月 27 日至 28 日 应急管理部党委书记、部长黄明在河南郑州、新乡卫辉、鹤壁浚县等地指导抢险救援救灾工作，看望慰问从各地调派增援的消防救援队伍、安全生产应急救援队伍和专业救援力量。部党委委员、消防救援局局长琼色陪同。

7 月 28 日 应急管理部副部长周学文出席防汛救灾工作情况新闻发布会。

7 月 29 日 人力资源社会保障部、应急管理部印发《国家综合性消防救援队伍消防员招录办法》。

7 月 31 日 国务委员、国家防汛抗旱总指挥部总指挥王勇在河北省检查指导防汛减灾工作，国家防汛抗旱总指挥部副总指挥、应急管理部部长黄明陪同检查。

8月

8 月 1 日至 3 日 国务委员、国家防汛抗旱总指挥部总指挥王勇在河南省检查指导防汛救灾和受灾群众安置等工作，国家防汛抗旱总指挥部副总指挥、应急管理部部长黄明陪同检查。

8 月 1 日 人力资源社会保障部、应急管理部印发《关于开展首届全国应急管理系统先进集体和先进工作者、中国消防忠诚卫士评选表彰工作的通知》。

8 月 9 日 应急管理部批准黑龙江省齐齐哈尔市消防救援支队新录用干部李若瑀同志为烈士。

8 月 12 日 应急管理部党委书记、部长黄明在部指挥中心调度部署湖北随州、襄阳、孝感等地汛情险情抢险救援工作。部领导周学文、徐平、琼色、张永利参加调度。

8 月 13 日 应急管理部党委书记、部长黄明主持召开防汛专题视频会商调度会，与中国气象局、水利部、自然资源部会商研判，视频连线湖北、安徽、江西、贵州、黑龙江等 12 个省级防指和消防救援总队、森林消防总队，分析研判当前雨情水情汛情发展形势，进一步部署重点地区防汛工作。部领导周学文、琼色、张永利出席会议。

同日 针对湖北严重洪涝灾害，财政部、应急管理部向湖北省紧急预拨中央自然灾害救灾资金 3000 万元，支持开展防汛救灾工作。

8 月 14 日 青海省海北州柴达尔煤矿发生冒顶事故，造成 20 人死亡。应急管理部党委书记、部长黄明在部指挥中心调度指导事故救援处置工作。部领导宋元明、琼色、张永利参加调度。应急管理部派出由副部长黄玉治带队的工作组赴现场指导地方工作。

8 月 16 日 国务院安委会办公室、应急管理部召开全国安全防范工作紧急视频会议，国务院安委会副主任、应急管理部部长黄明主持会议并强调，认真贯彻落实习近平总书记坚决抓好安全生产和防范化解重大安全风险的重要指示精神，按照李克强总理批示要求，对安全防范工作进行再部署、再推动、再落实。部党委同志出席会议。

8 月 17 日 应急管理部党委书记、部长黄明主持召开部党委会议、部务会议，集体学习习近平总书记在中央政治局会议上的重要讲话和关于防汛救灾、安全生产、疫情防控工作重要指示精神，认真落实国务院常务会议要求，进一步研究部署稳定当前安全形势措施。

8 月 18 日至 19 日 国务院总理李克强在河南省鹤壁、新乡、郑州考察，看望受灾群众并主持召开灾后恢复重建专题会议。应急管理部党委书记、部长黄明陪同考察。

8 月 20 日 国务院调查组组长、应急管理部部长黄明在河南省郑州市主持召开国务院河南郑州“7·20”特大暴雨灾害调查组第一次全体会议。副部长周学文、国家减灾委员会秘书长郑国光出席会议。

同日 国务院调查组组长、应急管理部部长黄明在河南省郑州市出席国务院河南郑州“7·20”特大暴雨灾害调查组进驻动员会并作动员讲话，河南省委书记楼阳生作表态讲话，河南省省长王凯主持会议。副部长周学文、国家减灾委员会秘书长郑国光出席会议。

8 月 26 日 甘肃省酒泉市阿克塞县（北纬 38.88 度，东经 95.50 度）发生 5.5 级地震，震源深度 15 公里，未造成人员伤亡。应急管理部党委书记、部长黄明在部指挥中心调度指导抗震救灾工作。部领导闵宜仁、张永利参加调度。

8 月 27 日 辽宁省大连市开发区凯旋国际大厦发生火灾，未造成人员伤亡。应急管理部党委书记、部长黄明在部指挥中心调度指导火灾扑救工作。部党委委员、消防救援局局长琼色参加调度。

8 月 30 日 应急管理部党委书记、部长黄明主持召开部党委会议、部务会议，深入贯彻习近平总书记关于防汛救灾、森林防火工作重要指示精神，分析近期全国安全生产形势，研究部署当前安全防范重点工作。

同日 陕西省宝鸡市凤县酒奠梁隧道发生坍塌事故，造成 10 人被困。应急管理部党委书记、部长黄明在部指挥中心调度指导事故救援处置工作。9 月 1 日，10 名被困人员全部获救。

8 月 31 日 国务院安委会办公室、交通运输部、农业农村部、应急管理部联合召开视频会议，部署加强水上安全防范工作，国务院安委会副主任、应急管理部部长黄明出席会议并讲话。副部长宋元明主持会议，在京部党委同志出席会议。

9月

9 月 6 日 应急管理部印发《关于进一步做好安全生产责任保险工作的紧急通知》。

9 月 9 日至 10 日 国务委员王勇在

山西省考察安全生产和防灾减灾工作。应急管理部党委书记、部长黄明，副部长黄玉治陪同考察。

9 月 11 日 应急管理部党委书记、部长黄明在部指挥中心调度指导辽宁省大连市普兰店区商业大街一居民住户“9·10”爆炸事故和陕西省汉中市镇巴县“9·9”山体滑坡救援处置工作。部领导刘伟、宋元明、琼色参加调度。

9 月 12 日 应急管理部党委书记、部长黄明主持召开防汛防台风视频会商调度会，与中国气象局、水利部、自然资源部会商研判，视频连线浙江、上海、福建、海南、江苏、四川、重庆等 12 个省（市）级防指、应急管理厅和消防救援总队、森林消防总队，分析研判当前雨情水情汛情和台风发展趋势，安排部署防汛防台风工作。部领导周学文、徐平、琼色、张永利出席会议。

9 月 13 日 中华人民共和国应急管理部令（第 7 号）公布《社会消防技术服务管理规定》，自 2021 年 11 月 9 日起施行。

同日 应急管理部、工业和信息化部、公安部、交通运输部、海关总署联合印发《关于进一步加强硝酸铵安全管理的通知》。

9 月 14 日 国务院安委会办公室、应急管理部召开中秋国庆假期安全防范工作视频会议，国务院安委会副主任、应急管理部部长黄明主持会议并讲话。在京部党委同志出席会议。

9 月 15 日 应急管理部办公厅、公安部办公厅印发《开展打击假冒政府网站制售假冒安全生产证书专项行动工作方案》。

9 月 16 日 四川省泸州市泸县（北纬 29.20 度，东经 105.34 度）发生 6.0 级地震，震源深度 10 公里，造成 3 人死亡。应急管理部党委书记、部长黄明在部指挥中心持续调度指导抗震救灾工作。部领导闵宜仁、琼色、张永利分别参加有关调度。

9 月 17 日 应急管理部党委书记、部长黄明主持召开四川泸县 6.0 级地震灾害应急处置专题会议。部领导闵宜仁、琼色、张永利出席会议。

同日 财政部、应急管理部向四川省紧急预拨中央自然灾害救灾资金 3000 万元，支持帮助地方做好四川泸县 6.0 级地震抢险救援、受灾群众紧急转移安置、基本生活救助等抗震救灾工作。

9 月 19 日 国务院安委会办公室、应急管理部召开中秋节安全防范工作视频调度会，国务院安委会副主任、应急管理部部长黄明主持会议并研判全国灾害事故形势，进一步安排部署中秋假期安全防范工作。部领导徐平、闵宜仁、琼色、张永利出席会议。

同日 应急管理部印发《关于给予王谋生等 15 名同志奖励的决定》。

9 月 21 日 国务院调查组组长、应急管理部部长黄明主持召开河南郑州“7·20”特大暴雨灾害调查有关工作汇报会，听取监测预报组、城市内涝专项组调查情况汇报。

同日 应急管理部批准贵州省安顺市消防救援支队北二环路特勤站消防员郭伟同志为烈士。

9 月 22 日 应急管理部党委书记、部长黄明主持召开部党委会议、部务会议，集体学习习近平总书记在陕西榆林考察期间的重要讲话精神和关于安全生产领域重要批示精神，研究贯彻落实措施；研究贯彻中央党史学习教育领导小组通知有关措施；听取近期全国安全生产形势的汇报，研究部署当前安全防范重点工作。

9月23日 国务院安委会办公室印发《城市安全风险综合监测预警平台建设指南（试行）》。

9月24日 全国秋冬季森林草原防灭火工作电视电话会议召开，国务委员、国家森林草原防灭火指挥部总指挥王勇出席会议并讲话，国家森林草原防灭火指挥部副总指挥、应急管理部部长黄明主持会议。部领导徐平、琼色、张永利参加会议。

9月25日 应急管理部党委书记、部长黄明在部指挥中心调度指导河南省南阳市强降雨灾情救援处置工作。部党委委员、消防救援局局长琼色参加调度。

9月26日 应急管理部党委书记、部长黄明主持召开视频会议，连线北京、河北、山西、山东、河南、湖北、重庆、四川、贵州、云南、陕西、甘肃等省（市）防办、应急管理厅（局）和消防救援总队、森林消防总队，深入贯彻落实习近平总书记关于防灾减灾救灾和安全生产重要指示精神，传达落实李克强总理关于秋汛防范重要批示要求，调度部署防秋汛和近期安全生产工作。部领导尚勇、琼色出席会议。

同日 四川省雅安市天全县喇叭河镇发生泥石流灾害，造成7人死亡。应急管理部党委书记、部长黄明在部指挥中心调度指导救援处置工作。部领导尚勇、琼色参加调度。

9月27日 应急管理部印发《关于批准建设应急管理部重点实验室的通知》。

同日 国家减灾委员会办公室印发《关于做好2021年国际减灾日有关工作的通知》。

9月29日 应急管理部党委书记、部长黄明主持召开部党委会议、部务会议，传达学习习近平总书记在中央人才工作会议上的重要讲话和会议精神，研究贯彻落实措施；听取近期全国安全生产形势的汇报，研究部署当前安全防范重点工作。

9月30日 应急管理部印发《关于给予钟浪锋等15名同志奖励的决定》。

10月

10月1日 应急管理部党委书记、部长黄明主持召开国庆假期全国应急管理系统视频调度会，分析研判节日期间全国自然灾害、安全生产形势，调度检查各地值班值守工作，听取重点地区工作汇报，进一步部署国庆假期安全防范工作。部领导周学文、刘伟、徐平、闵宜仁、琼色、张永利出席会议。

10月7日 应急管理部党委书记、部长黄明主持召开国庆假期全国应急管理系统视频调度会，总结国庆假期安全防范工作情况，分析当前安全形势和突出问题，部署节后安全防范重点工作。部领导周学文、宋元明、徐平、闵宜仁、琼色、张永利出席会议。

10月7日至8日 国务院调查组组长、应急管理部部长黄明在河南省开展河南郑州“7·20”特大暴雨灾害调查工作。副部长周学文参加。

10月9日 应急管理部办公厅印发《特种作业操作证电子证照标准》。

10月11日至12日 国务委员、国家防汛抗旱总指挥部总指挥王勇在山东省调研指导防秋汛和民生保障工作。应急管理部副部长周学文陪同调研。

10月11日 应急管理部党委书记、部长黄明主持召开部党委会议、部务会议，深入学习习近平总书记关于安全生产、防汛救灾工作重要指示精神，研究贯彻落实措施；分析近期全国安全生产形势和雨情汛情，研究部署第四季度安全防范重点工作。

同日 财政部、应急管理部向山西、陕西两省紧急预拨中央自然灾害救灾资金8000万元，支持和帮助地方做好防汛救灾工作。

10月14日 首届中国-东盟灾害管理部长级会议召开，应急管理部党委书记、部长黄明出席会议并讲话，部领导尚勇、琼色出席会议。

10月15日 国务院调查组组长、应急管理部部长黄明主持召开国务院河南郑州“7·20”特大暴雨灾害调查组第二次全体会议。副部长周学文、国家减灾委员会秘书长郑国光出席会议。

同日 应急管理部印发《消防救援机构办理行政案件程序规定》《消防行政法律文书式样》。

10月18日 应急管理部党委书记、部长黄明主持召开部党委会议、部务会议，传达学习贯彻习近平总书记在中央人大工作会议上的重要讲话精神和会议精神，研究贯彻落实措施；听取近期全国安全生产形势和自然灾害救灾工作情况的汇报，研究部署当前安全防范重点工作。

同日 国务院调查组组长、应急管理部部长黄明主持召开国务院河南郑州“7·20”特大暴雨灾害调查组专家组会议。副部长周学文、国家减灾委员会秘书长郑国光出席会议。

10月19日 应急管理部党委书记黄明主持召开部党委理论学习中心组集体学习研讨，围绕深入学习贯彻习近平总书记在2021年秋季学期中共中央党校（国家行政学院）中青年干部培训班开班式上的重要讲话精神，结合学习领会习近平总书记“七一”重要讲话精神开展集体学习研讨。党史学习教育中央第二十三指导组、中央和国家机关工委有关同志到会指导。

10月21日 辽宁省沈阳市和平区太原南街一饭店发生爆炸事故，造成5人死亡。应急管理部党委书记、部长黄明在部指挥中心调度指导事故救援处置工作。部领导刘伟、宋元明、琼色参加调度。

10月25日 应急管理部党委书记、部长黄明主持召开部党委会议、部务会议，传达学习习近平总书记在深入推动黄河流域生态保护和高质量发展座谈会上的重要讲话精神，研究贯彻落实措施；听取近期全国安全生产形势的汇报，研究部署当前安全防范重点工作。

10月26日 应急管理部办公厅印发《关于做好“互联网+执法”系统工贸专项执法模块推广应用工作的通知》。

10月27日、29日 中央政治局委员、全国人大常委会副委员长王晨在北京开展消防法执法检查。应急管理部党委书记、部长黄明陪同检查，部党委委员、消防救援局局长琼色参加。

10月27日 西藏自治区林芝市察隅县空档村发生森林火灾，未造成人员伤亡。应急管理部党委书记、部长黄明在部指挥中心持续调度指导扑救工作。部党委委员、消防救援局局长琼色参加调度。

同日 应急管理部印发《企业安全生产标准化建设定级办法》。

10月29日 湖南省郴州市苏仙区白露塘镇发生一起直升机坠毁事故，造成3人死亡。应急管理部党委书记、部长黄明在部指挥中心调度指导救援处置工作。部党委委员、消防救援局局长琼色参加调度。

10月31日 应急管理部印发《关于表彰全国应急管理系统二级英雄模范的决定》。

11月

11月1日 应急管理部党委书记、部长黄明主持召开部党委会议、部务会议，专题学习研讨习近平总书记关于加强安全生产工作的重要指示精神；听取贯彻落实习近平总书记关于安全检查重要批示精神情况的汇报，检查各单位落实成效并研究进一步加强改进的措施；听取近期全国安全生产形势的汇报，研究部署当前安全防范重点工作。

同日 财政部、应急管理部向河北、内蒙古、山东、重庆、四川等22个省（区、市）下拨中央自然灾害救灾资金16.95亿元，支持地方开展灾害抢险救援和灾区群众生活救助等工作。

同日 人力资源社会保障部、应急管理部印发《关于表彰全国应急管理系统一级英雄模范、先进集体和先进工作者、中国消防忠诚卫士的决定》。

11月3日 “一带一路”自然灾害防治和应急管理国际合作部长论坛召开，国务委员王勇出席并讲话，应急管理部党委书记、部长黄明主持论坛，副部长尚勇出席。

同日 中共中央宣传部向全社会宣传发布肖文儒同志的先进事迹，授予他“时代楷模”称号。

11月4日 全国应急管理系统先进模范和消防忠诚卫士表彰大会召开，国务委员王勇出席并讲话，应急管理部党委书记、部长黄明主持会议。部党委同志出席会议。

11月5日 中共中央总书记、国家主席、中央军委主席习近平在人民大会堂亲切会见全国应急管理系统先进模范和消防忠诚卫士表彰大会代表并合影留念。王沪宁、韩正、丁薛祥、刘鹤、王勇、赵克志等党和国家领导同志参加。部党委同志参加会见。

11月7日 应急管理部党委书记、部长黄明主持召开全国视频调度会，针对近期部分行业领域事故多发，以及新一轮寒潮天气带来的安全风险，会商研判风险形势，对安全防范工作进行部署。部领导黄玉治、周学文、刘伟、宋元明、徐平、闵宜仁、琼色、张永利出席会议。

11月8日 应急管理部副部长周学文、宋元明，部党委委员、消防救援局局长琼色出席应急管理部贯彻落实习近平总书记重要训词精神，加快推进应急管理体系和能力现代化新闻发布会。

11月9日 针对部分省份遭受洪涝灾害、地震灾害，财政部、应急管理部向河南、山西、陕西、甘肃、四川5省拨付中央自然灾害救灾资金32.92亿元，支持地方开展抢险救援、受灾群众救助等工作。

同日 应急管理部党委印发《关于向全国应急管理系统先进模范和消防忠诚卫士学习的决定》。

11月12日 应急管理部党委书记黄明主持召开部党委会议，传达学习贯彻习近平总书记重要讲话和党的十九届六中全会精神。

同日 应急管理部党委书记黄明主持召开传达学习贯彻党的十九届六中全会精神动员部署会议。部党委同志出席会议。

11月15日 应急管理部党委书记、部长黄明主持召开部党委会议、部务会议，深入学习贯彻习近平总书记在党的十九届六中全会上的重要讲话和全会精神；听取近期全国安全生产形势和应对雨雪冰冻灾害准备情况的汇报，研究部署当前安全防范重点工作。

同日 应急管理部批准安徽省亳州市蒙城县齐山路消防救援站消防员、三级消防士陈建军同志为烈士。

11月18日 国务院安委会副主任、应急管理部部长黄明赴江苏省盐城市响水县陈家港镇调研并在响水县主持召开安全生产和应急管理工作座谈会。应急管理部副部长宋元明出席会议。

11月19日 国务院安委会副主任、应急管理部部长黄明，江苏省委书记吴政隆在江苏省南京市出席安全生产和应急管理工作座谈会并讲话，江苏省代省长许昆林主持会议。应急管理部副部长宋元明出席会议。

11月25日 应急管理部党委书记、部长黄明出席应急管理“大讲堂”。会议邀请10名全国应急管理系统先进模范和消防忠诚卫士代表作报告。部党委委员、副部长尚勇主持，在京部党委同志出席。党史学习教育中央第二十三指导组有关同志到会指导。

11月26日 应急管理部办公厅印发《矿山(隧道)事故救援联络信号(试行)》。

11月29日 应急管理部党委书记黄明主持召开部党委理论学习中心组集体学习研讨，围绕学习贯彻习近平总书记在党的十九届六中全会上的重要讲话精神和全会精神开展集体学习研讨。会议邀请党史学习教育中央第二十三指导组组长姜洋到会指导。党史学习教育中央第二十三指导组以及中央和国家机关工委有关同志参加。

同日 财政部、应急管理部向河北等25个省（区、市）和新疆生产建设兵团下达2021—2022年度中央冬春临时生活困难救助资金51.98亿元，支持地方开展冬春救助工作。

同日 应急管理部批准福建省泉州市消防救援支队特勤大队二站站长助理张晓杰同志为烈士。

11月30日 应急管理部、司法部印发《应急管理综合行政执法技术检查员和社会监督员工作规定（试行)》。

同日 应急管理部印发《关于给予苏洁等16名同志和办公厅等6个集体奖励的决定》。

12月

12月2日 全国城镇燃气安全排查整治动员部署电视电话会议召开，国务委员、国务院安委会副主任王勇出席会议并讲话，国务院安委会副主任、应急管理部部长黄明主持会议。部领导黄玉治、宋元明、琼色参加会议。

12月10日 人力资源社会保障部、应急管理部印发《关于实施危险化学品企业工伤预防能力提升培训工程的通知》。

12月13日 应急管理部党委书记、部长黄明主持召开部党委会议、部务会议，传达学习贯彻习近平总书记在中央经济工作会议上的重要讲话和会议精神，研究部署贯彻落实措施；听取近期全国安全生产形势的汇报，研究部署当前安全防范重点工作。

12月15日 应急管理部党委书记、消防救援总监黄明出席国家综合性消防救援队伍新任总队级干部集体谈话暨宣布命令视频会议并讲话。驻部纪检监察组组长蒲宇飞作廉政谈话，部领导徐平、琼色出席会议。

同日 山西省吕梁市孝义市西辛庄镇杜西沟村因盗采煤炭资源引发透水事故，造成22人被困。应急管理部党委书记、部长黄明在部指挥中心持续调度指导事故救援处置工作。部领导黄玉治、宋元明、徐平、琼色分别参加有关调度。应急管理部派出由副部长黄玉治带队的工作组赴现场指导地方工作。经全力营救，截至17

日 18 时许，20 人成功升井，2 人不幸遇难。国务院安委会决定对该起事故查处实行挂牌督办。

12 月 16 日 国务院安委会办公室、应急管理部召开岁末年初全国安全防范工作紧急视频会议，国务院安委会副主任、应急管理部部长黄明主持会议并讲话。在京部党委同志出席会议。

12 月 17 日 应急管理部党委书记、部长黄明在中共中央党校（国家行政学院）为全校学员作形势与任务报告。

12 月 19 日 青海省海西州茫崖市（北纬 38. 95 度，东经 92. 73 度）发生 5. 3 级地震，震源深度 10 公里，未造成人员伤亡。应急管理部党委书记、部长黄明在部指挥中心调度指导应急处置工作，并指导开展队伍拉动演练和震情趋势分析。部领导刘伟、琼色参加调度。

12 月 20 日 应急管理部党委书记、部长黄明主持召开部党委会议、部务会议，传达学习贯彻习近平总书记在中央全面深化改革委员会第二十三次会议上的重要讲话精神；听取近期全国安全生产形势的汇报，研究部署当前安全防范重点工作。

12 月 23 日 应急管理部党委书记、部长黄明主持召开应急管理系统学习贯彻党的十九届六中全会精神专题宣讲报告会。会议邀请中共中央党校（国家行政学院）副校（院）长谢春涛作专题宣讲报告。在京部党委同志出席会议。

12 月 24 日 老挝（北纬 22. 33 度、东经 101. 69 度）发生 6. 0 级地震，震源深度 15 公里，震中距云南省最近县普洱市江城县约 4 公里。应急管理部党委书记、部长黄明在部指挥中心持续调度指导抢险救灾和应急处置工作。

12 月 27 日 应急管理部党委书记、部长黄明主持召开部党委会议、部务会议，传达学习贯彻习近平总书记重要指示和党史学习教育总结会议精神，听取 2021 年以来习近平总书记关于安全生产重要批示精神贯彻落实情况的汇报；听取近期全国安全生产形势的汇报，研究部署当前安全防范重点工作。

12 月 30 日 应急管理部党委书记、部长黄明主持召开党史学习教育总结会议。会议邀请党史学习教育中央第二十三指导组组长姜洋及相关同志到会指导。在京部党委同志出席会议。

同日 应急管理部党委书记、部长黄明在北京市调研北京冬奥会和冬残奥会应急救援工作。部党委委员、消防救援局局长琼色陪同调研。

12 月 31 日 应急管理部党委书记、部长黄明会见中国石化董事长马永生一行，并出席共建合作协议签署仪式。部领导尚勇、刘伟参加。

图书在版编目（CIP）数据

中国应急管理年鉴 . 2021 年卷 / 中华人民共和国应急管理部编 . -- 北京：应急管理出版社，2022

ISBN 978-7-5020-9385-3

Ⅰ. ①中…　Ⅱ. ①中…　Ⅲ. ①突发事件—公共管理—中国—2021—年鉴　Ⅳ. ①D63-54

中国版本图书馆 CIP 数据核字（2022）第 101915 号

中国应急管理年鉴（2021 年卷）

编　　者　中华人民共和国应急管理部

出版发行　应急管理出版社（北京市朝阳区芍药居 35 号　100029）
电　　话　010-84657898（总编室）　010-84657880（读者服务部）
网　　址　www. cciph. com. cn
印　　刷　北京盛通印刷股份有限公司
经　　销　全国新华书店

开　　本　787mm × 1092mm 1/16　**印张**　30 1/2　**字数**　705 千字
版　　次　2022 年 9 月第 1 版　2022 年 9 月第 1 次印刷
书　　号　ISBN 978-7-5020-9385-3
社内编号　20220853　　**定价**　298.00 元